KEYGUIDE

GUIA PORTUGAL

PUBLIFOLHA

161

SUMÁRIO

LEGENDA

- Localização no mapa
- Endereço
- Telefone
- Horários de funcionamento
- Entrada paga
- Estação de metrô
- Número do ônibus
- Estação de trem
- Ferryboat/barco
- Orientações
- Informação turística
- Visitas guiadas
- Guia turístico
- Restaurante
- Café
- Bar
- Loja
- Número de quartos
- Ar-condicionado
- Piscina
- Sala de ginástica
- Mais informações
- ▷ Outras referências
- ★ Início do percurso

112

128

269

220

INTRODUÇÃO A PORTUGAL

"Introdução a Portugal" faz um resumo do país e de suas atrações. "Portugal vivo" aborda as principais características nacionais – o povo, a arquitetura, as artes, o jeito de viver português, o comércio, a política. E "A história de Portugal" reconstitui o rico passado do país.

INTRODUÇÃO A PORTUGAL

Portugal tem muitas faces – desde regiões menos desenvolvidas e intocadas até sofisticados balneários já estabelecidos no circuito turístico há mais de 40 anos. Lisboa, a capital, é uma perfeita e peculiar combinação de modernidade e charme antigo. As capitais regionais, como Porto, Coimbra e Évora, também encantam. Mas a costa e suas ilhas são os destaques de Portugal, tanto física quanto historicamente. Em resumo, aonde quer que você vá, encontrará variedade e locais de interesse histórico ou natural. Há muitos Portugais autênticos a descobrir.

PAISAGEM

Com seus 89.106km², Portugal é um país de pequena extensão, mas com grande diversidade geográfica. Ao norte do rio Tejo, as montanhas e terras altas são uma continuação da meseta, bloco de planaltos e montanhas que ocupa boa parte da Península Ibérica. O clima da região propicia uma paisagem verde, cultivada e bem povoada, em especial no Minho e no Douro.

A região mais distante e montanhosa de Trás-os-Montes é típica área de criação de carneiros. Mais ao sul, em Beiras, Estremadura e Ribatejo, o solo, em geral, é fértil e rico em bosques, videiras e oliveiras.

Ao sul do Tejo, as vastas, descampadas e ensolaradas planícies do Alentejo são o celeiro do país, com imensos trigais entremeados por extensões de cortiça, bosques de oliveiras e outros cultivos. Ao sul, passagens entre as montanhas baixas levam ao fértil Algarve e ao litoral sinuoso, com mais de 2.000km de extensão total (incluindo-se a região insular) e belas praias de areia, além de grandes rochedos, cabos e enseadas, dunas, pinheirais e pântanos.

ECONOMIA

Em 1974, ano da Revolução dos Cravos, o país estava economicamente atrasado pelo menos cinco décadas em relação ao resto da Europa, devido às políticas de Salazar. Desde então, tem melhorado bastante, sobretudo a partir da entrada na União Europeia (UE) em1986. Nos anos 1990, o crescimento da economia esteve bem acima da média da UE.

Portugal é o maior produtor mundial de cortiça e um dos maiores de vinho. Seus principais setores econômicos são a construção civil, a área têxtil e a de calçados, além da fabricação de papel. O turismo tem participação cada vez mais importante na economia do país, enquanto a agricultura é notoriamente ineficiente. Muitas fazendas viraram pouco mais que pequenos sítios.

POLÍTICA

Portugal é uma república. Administrativamente, o país é dividido em 18 distritos, responsáveis por sua própria saúde, educação e finanças. O poder municipal fica nas mãos de 305 concelhos, similares às nossas câmaras municipais, eleitos a cada quatro anos. A região insular, formada pelos arquipélagos da Madeira e dos Açores, é autônoma.

DEMOGRAFIA E RELIGIÃO

O país tem quase 11 milhões de habitantes. A taxa de natalidade, ao contrário do que ocorre em muitos outros países europeus, está aumentando, embora em uma porcentagem bem baixa (0,4%). A maioria dos portugueses ainda vive no campo ou em cidades pequenas, em geral perto do litoral, com os maiores índices populacionais registrados no Minho e os menores no Alentejo.

Os portugueses são católicos. Embora em queda, a prática religiosa é mais alta que em outros países católicos da Europa. Isso se reflete no grande número de eventos religiosos que fazem parte da vida cotidiana dos portugueses.

REGIÕES DE PORTUGAL

LISBOA

Lisboa é exuberante. Suas atrações são inúmeras e imperdíveis: o Castelo de São Jorge, a área de Alfama, a elegante Baixa, o Chiado e o Bairro Alto, Belém e o magnífico Mosteiro dos Jerónimos, além do moderno complexo Parque das Nações e alguns ótimos museus, como o Museu Calouste Gulbenkian e o Museu Nacional de Arte Antiga. As compras e a vida noturna, que deve incluir uma noite de fado (a música típica de Portugal), dão outra dimensão a qualquer visita à capital portuguesa.

Página ao lado *A Ponte D. Luís, no Porto, vista do Douro*
À dir. *Os bem cuidados jardins do Solar de Mateus, em Trás-os-Montes*
Abaixo *As antigas lojas do Porto são um paraíso para os gourmets*

ARREDORES DE LISBOA

Nos arredores de Lisboa, de ambos os lados do estuário do Tejo, é possível relaxar no litoral ou visitar alguns dos mais belos palácios reais de Portugal. Os mais importantes estão em Sintra, uma cidade tranquila que abriga o medieval Palácio Nacional e o Palácio da Pena, do século XIX. Há outro palácio em Queluz, e mais um em Mafra. Daqui, um curto trajeto de carro até o litoral leva ao cabo da Roca, o ponto mais ocidental do continente europeu. Ao sul ficam os modernos balneários de Cascais e Estoril. Cruzando o Tejo, as dunas se curvam ao longo da costa da Caparica até o distante cabo Espichel, com seus fortes ventos.

MINHO E TRÁS-OS-MONTES

O Minho é considerado por muitos portugueses a região mais bonita do país. É aqui que se localizam os vales férteis dos rios Minho e Lima, grandes extensões de praia ao longo da Costa Verde, além das espetaculares gargantas e montanhas de Peneda-Gerês, único parque nacional de Portugal. As maiores cidades, as históricas Guimarães e Braga, núcleo eclesiástico de Portugal, ficam ao sul da região. O principal balneário litorâneo é Viana do Castelo, e Barcelos é famosa por seu exuberante mercado semanal, um dos maiores da Europa. Os vales desses rios abrigam uma série de cidades pequenas encantadoras, e a área é famosa por sua grande variedade de artigos de artesanato tradicional.

Trás-os-Montes é uma região remota e pouco povoada, dividida de modo não oficial em uma parte sul mais fértil, a Terra Quente, e, ao norte, com clima mais extremo, a Terra Fria, onde as condições de vida são mais difíceis. As cidades fronteiriças fortificadas de Chaves e Bragança são as principais bases do Norte, e a sudoeste fica Vila Real, mais próxima da destacada mansão senhorial Solar de Mateus. Distantes destas, as principais atrações são as pequenas cidades e vilarejos, como Miranda do Douro, na fronteira com a Espanha, e a magnífica área do campo, onde o modo de vida parece ser o mesmo há séculos. A região tem três parques naturais: o de Serra de Alvão, a oeste; o Parque Natural de Montesinho, na fronteira norte com a Espanha; e o Parque Natural do Douro, que se espraia pela fronteira com a Espanha, a leste.

PORTO E DOURO

Porto, ou Oporto, a segunda maior cidade de Portugal, é um eixo comercial perto da foz do rio Douro. Um grande trabalho de reurbanização revigorou a cidade, antes degradada. Entre tantas atrações, destacam-se a histórica área da Ribeira, junto ao rio, a românica catedral da Sé, os belos edifícios, os ótimos museus e as variadas opções de entretenimento e compras. Vila Nova de Gaia, na margem oposta do Douro, está indissociavelmente ligada ao comércio do vinho do Porto. Lá é possível saber tudo sobre o produto, além de degustá-lo. Esse vinho fortificado é, sem dúvida, o mais famoso produto de exportação do país.

O Douro é a região que fica na margem norte do magnífico rio de mesmo nome. A área oferece um dos cenários mais impressionantes de Portugal. A paisagem abrange montes e vinhedos em terraços íngremes, pontuados por depósitos de vinho do Porto. As principais atrações da região são a bela cidade de Amarante e os agitados balneários de Póvoa de Varzim e Vila do Conde, no litoral norte do país.

BEIRAS

Beiras é uma região dividida em três partes – Beira Alta, a nordeste; Beira Baixa, a sudeste; e Beira Litoral, ao longo da costa. Beira Alta e Beira Baixa são as menos visitadas de todas as regiões portuguesas, com sua magnífica zona rural que inclui a Serra da Estrela, a mais alta cadeia montanhosa do país, e vilas esplêndidas e remotas, como Almeida, Belmonte, Trancoso e Monsanto. As cidades principais são Guarda (situada a mais de 1.000m de altitude) e Viseu, local de nascimento de Grão Vasco, maior pintor renascentista português. A oeste, Beira Litoral tem como destaque a grande cidade universitária de Coimbra, de onde se chega ao sítio romano de Conímbriga, a Montemor-o-Velho e seu castelo e à antiga floresta do Buçaco. Ao norte fica Aveiro, cidade-estuário cercada de canais e lagoas. A partir de Aveiro, uma longa costa de praias se estende para o norte e para o sul – Figueira da Foz é um dos melhores locais para apreciar a impressionante costa portuguesa.

ESTREMADURA E RIBATEJO

Estremadura e Ribatejo estão repletas de atrações. Arquitetonicamente, Alcobaça e Batalha se destacam, assim como Tomar e o antigo quartel-general dos Cavaleiros Templários (mais tarde Ordem de Cristo). A leste, cruzando a Serra de Aire, fica Fátima, um dos mais importantes santuários da Igreja Católica. Ao norte, no interior, localiza-se a elegante cidade de Leiria.

A cidade está perto da costa, onde uma série de lindos balneários se estende para o sul em direção a Lisboa. É possível visitar as cidades de Nazaré, Peniche – boa base para ir até as Ilhas Berlenga – e Ericeira. Entre as joias do continente estão a medieval Óbidos, o castelo em Almourol, erigido em uma ilhota do Tejo, e a linda Abrantes.

ALENTEJO

A região do Alentejo divide-se em duas partes: Alto Alentejo e Baixo Alentejo. É uma vasta área de agricultura, com suas planícies ondulantes pontuadas de plantações de cortiça e pequenas cidades e vilas. Évora, uma das cidades mais atraentes de Portugal, é a principal atração ao norte, enquanto Beja, que já foi um importante assentamento mouro, domina o sul. O Alto Alentejo tem algumas das mais pitorescas cidades montanhosas do país, como Elvas, com suas magníficas fortificações, e Monsaraz, Marvão, Castelo de Vide e Evoramonte, todas com belas construções medievais. A agitada Estremoz, famosa por seu mercado, e Vila Viçosa, sede de um palácio real, ficam a leste de Évora. A estrada para leste passa pela graciosa Alcácer do Sal até o litoral e pela adorável serra da Arrábida. Ao sul, no Baixo Alentejo, também vale a pena conhecer Serpa e Mértola.

ALGARVE

O Algarve é o reduto de férias do país. As principais cidades são Faro, Portimão e Lagos, mas em termos turísticos elas são suplantadas por balneários como Albufeira, Carvoeiro, Praia da Rocha e Vilamoura. A leste de Faro, há várias ilhas junto à costa, com longas praias, e a oeste, baías e rochedos. Mas os melhores balneários ficam em Albufeira, Carvoeiro, Praia da Rocha e Vilamoura. Há também centros de esportes (Vale do Lobo e Quinta do Lago). Para fugir das multidões, Sagres e a costa oeste, em volta do cabo de São Vicente, ou a pacata Tavira, a leste, são as ideais. No interior, ainda há belas cidades praticamente intocadas, como Silves, e vilas pitorescas, como Alte, Castro Marim e Estoi. A serra de Monchique e o Parque Natural da Ria Formosa, no litoral, oferecem belas paisagens.

COMO APROVEITAR AO MÁXIMO SUA ESTADA

Muitos vêm a Portugal por causa do sol, do mar e das praias, mas como o país é relativamente pequeno, é bem possível dedicar-se a mais de uma região ou tipo de férias na mesma viagem.

Para isso, o melhor é usar o carro, pois o transporte público, embora adequado para uso cotidiano, pode comprometer sua autonomia. Explorar algumas das regiões mais remotas do interior proporciona uma visão melhor e totalmente nova do país, e dá a oportunidade de conhecer os aspectos mais antigos da vida portuguesa. Saindo dos balneários do Algarve, a algumas horas de carro para o norte, alcança-se a região pouco povoada do Alentejo, além da capital. A partir de Lisboa, é fácil chegar a Beiras, Ribatejo e Estremadura, onde ficam algumas das grandes cidades e monumentos do país. Quem visita o norte pode combinar a agitação do Porto com uma visita às lindas regiões do Douro e do Minho, e a remota Trás-os-Montes fica a um trajeto relativamente curto de carro para leste. Ao passar um tempo fora de Lisboa e do Algarve você poderá sentir o sabor de Portugal "real", e experimentar a sincera e gentil acolhida dos portugueses.

Acima *Localizada em uma das recônditas baías do Algarve, perto de Lagos, a Praia de Dona Ana tem areia fofa e exibe espetaculares falésias e rochedos*

O MELHOR DE PORTUGAL

LISBOA

Alfama (▷ 70-1): Passeie pelas pitorescas ruas do bairro medieval de Lisboa.

Bairro Alto (▷ 69): Passe a noite aqui, comendo, bebendo e ouvindo fado, música típica de Portugal com uma tradição própria.

Belém (▷ 73-6): Visite alguns dos monumentos e museus mais importantes da capital.

Castelo de São Jorge (▷ 78): Aprecie o espaço, a sombra, o verde e a magnífica vista a partir desta antiga fortificação da cidade.

Chiado (▷ 69, 92-5): Conheça algumas das lojas mais sofisticadas da capital portuguesa.

Hotel As Janelas Verdes (▷ 104): Depois de um dia vendo as atrações, relaxe nesta elegante mansão do século XVIII com vista para o rio Tejo.

Museu Calouste Gulbenkian (▷ 80-2): Aprecie um acervo de arte de nível internacional, com obras do Oriente e do Ocidente, século a século.

Parque das Nações (▷ 85-7): Visite o Oceanário, passeie nos jardins da beira do rio e faça compras.

Mercado da Ribeira (▷ 83): Fique com água na boca enquanto passeia por este grande mercado de alimentos.

ARREDORES DE LISBOA

Cascais (▷ 109): Permita-se uma "terapia de compras" neste popular e elegante balneário de férias.

Costa da Caparica (▷ 109): Pegue o trenzinho e dê um pulo até uma das tranquilas praias.

Sintra (▷ 112-3): Visite dois dos palácios reais de Portugal – o Palácio Nacional de Sintra e o extraordinário Palácio Nacional da Pena, em estilo neogótico.

MINHO E TRÁS-OS-MONTES

Barcelos (▷ 127): Compre um galo de cerâmica – a lembrança mais típica de Portugal – no mercado de quinta-feira.

Bom Jesus do Monte (▷ 129-31): Suba os degraus desta grande obra arquitetônica barroca de Portugal.

Citânia de Briteiros (▷ 133): Visite um dos sítios arqueológicos mais impressionantes do país, com muitos vestígios celtas.

Guimarães (▷ 134-5): Arrume uma mesa em um dos cafés da esplêndida Praça de Santiago para ver a vida passar.

Miranda do Douro (▷ 136): Fique acima do rio Douro e observe a Espanha, na outra margem.

Parque Natural de Montesinho (▷ 136-7): Passeie a pé ou de bicicleta por esta área rural intocada.

Solar de Mateus (▷ 142): Caminhe pelos jardins, os mais bonitos de Portugal.

Taberna do Valentim, Viana do Castelo (▷ 151): Coma peixe fresco ou prove o melhor da culinária regional do Minho em meio a uma paisagem simples e rústica.

PORTO E DOURO

Café Majestic, Porto (▷ 172): Faça uma pausa para um café e doces, servidos por garçons uniformizados neste elegante café.

Cais da Ribeira (▷ 159): Explore o labirinto de ruas estreitas do Porto antigo até a beira do rio.

Casa da Calçada, Amarante (▷ 174): Hospede-se e usufrua de um entorno luxuoso, ótimo serviço, linda vista do rio Douro e belos jardins. Isso tudo proporcionará uma estada perfeita.

Fundação de Serralves (▷ 161): Conheça um pouco da estimulante arte moderna do Porto.

Ponte Dom Luís I (▷ 159): Cruze a famosa ponte em dois andares para desfrutar lindas vistas do rio e da cidade.
Torre dos Clérigos (▷ 160): Do alto desta torre você pode se deslumbrar ainda mais com a cidade do Porto.
Vila Nova de Gaia (▷ 164-5): Descubra mais sobre a história do vinho do Porto e deguste-o em um dos armazéns na cidade.

BEIRAS

Almeida (▷ 179): Ande os 4km em volta dos muros com relva e vislumbre a cidade do alto. Os muros também oferecem lindas vistas do planalto.
Coimbra (▷ 182-5): Visite o famoso complexo da Velha Universidade.
Conímbriga (▷ 186): Veja o melhor do passado romano de Portugal no sítio arqueológico e no museu.
Palace Hotel do Bussaco (▷ 206): Permita-se uma estada neste luxuoso hotel, antigo alojamento real de caça no coração da floresta nacional, perto de Luso.
Parque Arqueológico do Vale do Coa (▷ 189): Descubra a arte rupestre de 20 mil anos atrás.
Serra da Estrela (▷ 191): A mais alta cadeia montanhosa do país – com cenários incríveis e ar puro.
A Taberna, Coimbra (▷ 204): O melhor da culinária tradicional na cidade da famosa universidade.
Viseu (▷ 193): Aprecie as obras-primas de Grão Vasco, maior pintor de Portugal do século XVI.

ESTREMADURA E RIBATEJO

Alcobaça (▷ 212-3): Passe algumas horas neste grande mosteiro, um dos mais belos edifícios góticos de Portugal.
Batalha (▷ 214-7): Veja as maravilhosas esculturas de pedra, no estilo manoelino, das Capelas Imperfeitas.
Castelo de Almourol (▷ 211): Pegue um barquinho pelo rio Tejo e visite este castelo de conto de fadas erigido em uma ilha.
Ericeira (▷ 211): Prove a ótima lagosta e o peixe fresco neste porto pesqueiro na costa, ao norte de Lisboa.
Estalagem de Santa Iria, Tomar (▷ 233): Fuja das multidões e curta a paz perfeita deste hotel, em uma das ilhas do rio.
Fátima (▷ 217): Visite o maior santuário católico do país.
Óbidos (▷ 218): Passe uma noite nesta cidade medieval murada, depois que as multidões tiverem ido embora.
Peniche (▷ 219): Pegue um barco para ver as inúmeras aves marinhas nas Ilhas Berlenga.
Serras de Aire (▷ 219): Visite as impressionantes cavernas de calcário.
Tomar (▷ 220-2): Explore o Convento de Cristo, antigo quartel-general dos sucessores dos Cavaleiros Templários.

ALENTEJO

Alcácer do Sal (▷ 237): Localize os ninhos de cegonha nesta pacata cidade ribeirinha.
Arraiolos (▷ 237): Compre os magníficos tapetes locais.
Beja (▷ 237): Veja aqui alguns dos melhores azulejos de Portugal no Convento de Nossa Senhora da Conceição.
Estremoz (▷ 239): Visite o mercado de sábado no Rossio antes de explorar a Vila Velha.
Evoramonte (▷ 239): Suba ao castelo e tenha impressionantes vistas do Alentejo.
O Fialho, Évora (▷ 254): Este restaurante oferece o melhor da culinária alentejana.
Vila Nova de Milfontes (▷ 246): Junte-se aqui aos portugueses em férias para uma fabulosa estada.

ALGARVE

Almancil (▷ 261): Visite a Igreja de São Lourenço para apreciar alguns dos melhores azulejos azuis de Portugal.
Carvoeiro (▷ 266): Pegue um barco para ver as fabulosas enseadas escondidas e as formações rochosas.
Faro (▷ 263-5): Explore a cidade antiga antes de ir às compras.
Parque Natural da Ria Formosa (▷ 267): Saiba mais sobre a natureza da região.
Portimão (▷ 268): É aqui que os moradores compram.
Sagres (▷ 269): Boa base para explorar as áreas inóspitas próximas.
Silves (▷ 270): Vale a pena conhecer esta cidade histórica, ex-capital moura do Algarve.
Tavira (▷ 270): Aprecie a bela arquitetura e o ritmo de vida tranquilo.

Página ao lado *A imponente Ponte 25 de Abril, ponte suspensa que atravessa o rio Tejo, em Lisboa*
Abaixo *O Rossio, principal largo da Baixa lisboeta*

AS DEZ MELHORES EXPERIÊNCIAS

Visitar uma loja de vinho do Porto e provar algumas variedades da bebida – como o delicado porto branco servido gelado.

Fazer um cruzeiro pelo vale do Douro, a melhor maneira de apreciar esta linda área.

Comer um pastel de nata, bastante doce, de massa folhada e creme de ovos, cuja receita é mantida em segredo, na Antiga Confraria de Belém, em Lisboa (▷ 98).

Visitar o mercado de Barcelos para sentir como é Portugal rural.

Ouvir um fado em uma casa de fados do Bairro Alto em Lisboa, ou em Coimbra, seu outro lar.

Assistir a uma partida de futebol no Estádio da Luz, em Lisboa, ou no Estádio das Antas, no Porto.

Passar uma noite grandiosa numa pousada histórica, talvez em um castelo ou em um antigo convento.

Ver o grande acervo de arte do Museu Calouste Gulbenkian, em Lisboa.

Comprar artesanato local, já que há uma imensa variedade em cada região.

Visitar Coimbra, uma dinâmica cidade em torno da universidade local, com suas construções medievais, igrejas e monumentos, além das boas oportunidades de compras e gastronomia.

Acima *A Praia da Rocha, uma das mais belas do Algarve*
Abaixo *Pratos esmaltados com padrões coloridos são típicos da cerâmica produzida em Portugal*

PORTUGAL VIVO

BELEZAS NATURAIS

Portugal tem áreas geográficas diversas, mas a influência do Atlântico é sempre predominante. Isso significa que, na maior parte do território, o clima é ameno, porém chuvoso. Na região do Minho, que faz divisa com o noroeste da Espanha, as variações de clima são similares às do norte da Europa. O Parque Nacional de Peneda-Gerês – que já foi lar do urso-marrom – abriga predadores, como o lobo e a águia-imperial, e a rara samambaia Gerês. Altas planícies e montanhas surgem no território espanhol e avançam no português, mas aos poucos dão lugar a ricos pastos na área central do país. Ao sul de Lisboa, o lince-ibérico, em risco de extinção, vagueia pelas partes mais remotas das áridas planícies do Alentejo. Como em outros lugares do mundo, essa zona sofre de um grave problema ambiental: tem se desertificado. O clima da região é ameno. Mais de 3.000 horas de sol por ano aquecem o oceano Atlântico desde o Cabo de São Vicente até o mar Mediterrâneo. Mais ao norte, as águas são frias e podem ser traiçoeiras. Os vinhedos marcam a paisagem em 30 regiões vinícolas diferentes – do vale do rio Douro ao vale do rio Dão, nas montanhas da Beira Alta, e das planícies do Alentejo às ilhas vulcânicas da Madeira e dos Açores.

Sentido horário, a partir do alto *A paisagem verdejante e ondulada nas imediações do vilarejo de Monsaraz, no Alentejo; A imensa Ponte Vasco da Gama, em Lisboa; A Barragem de Alqueva, parte do poderoso sistema hidrelétrico do sul português*

PAÍS DO VINHO

Portugal tem diversas variedades de uvas nativas e produtores pioneiros. Muitas das melhores variedades de uvas portuguesas foram extintas pela devastadora praga filoxera que se espalhou pela Europa no século XIX. Mas agora essas variedades foram recriadas e estão florescendo sob a administração de uma nova geração de vinicultores com treinamento internacional. Nas últimas duas décadas, os vinhos portugueses foram redefinidos, com tecnologia moderna e maior preocupação com a qualidade do que com a quantidade, o que acabou resultando em produtos bem mais sofisticados. Ainda há muito a fazer para promover esse tesouro relativamente desconhecido no mercado internacional, mas conforme mais marcas de qualidade se consolidam, a confiança dos compradores no exterior também aumenta.

PROJETO PIONEIRO

Questões ambientais nem sempre foram prioridade na agenda portuguesa, mas nos últimos anos cresceu a preocupação em preservar as paisagens e os recursos naturais.

A Central Solar Fotovoltaica de Amareleja, que iniciou a produção para o mercado doméstico em 2008, é um bom exemplo dessa preocupação. Considerada a maior estação de geração de energia solar do mundo, a central tem instalações que se estendem por mais de 250ha junto à ensolarada cidade de Amareleja, no Alentejo, com 2.500 painéis giratórios que acompanham o curso do sol ao longo do dia.

Ao operar em sua capacidade total, a Central Solar fornecerá energia para mais de 30 mil casas. Além de prover uma fonte limpa e renovável de energia, espera-se que o investimento de cerca de 240 milhões de euros inspire a criação de mais instalações desse tipo em outras partes do sul de Portugal.

CEMITÉRIO NA ÁGUA

A maior represa e reservatório hidrelétrico da Europa, construída para irrigar o ensolarado sul de Portugal, dividiu a comunidade local.

As comportas de Alqueva foram fechadas em 2002, represando o rio Guadiana e criando um lago artificial de 250km^2. Mas antes que a Barragem de Alqueva fosse construída, a vila de Aldeia da Luz – e seu cemitério – foram transferidos para outro local. Várias pinturas rupestres da Idade da Pedra e um forte romano também ficaram submersos.

Não só os seres humanos foram forçados a sair do lugar: águias-imperiais, linces-ibéricos, cegonhas-pretas, javalis e morcegos perderam seus hábitats na área, assim como algumas raras espécies de vegetais. O governo afirma que o reservatório irá fomentar a agricultura, os esportes aquáticos e o turismo, mas ainda não se sabe se os benefícios para a economia local e nacional irão compensar o impacto sobre o meio ambiente.

SOLUÇÕES DA ERA ESPACIAL

Florestas e bosques formam cerca de 9% do território português, e o governo trabalha para proteger esses hábitats naturais. Mas a onda de calor e os incêndios florestais de 2003 devastaram grandes áreas de bosques e provocaram a erosão do solo superficial.

Em 2003, satélites da Agência Espacial Europeia enviaram imagens para os bombeiros em Portugal, mostrando o trajeto das chamas, para auxiliá-los. Agora o país já está mais preparado para uma emergência como essa. Em 2004, os planos de prevenção incluíam patrulhas florestais, com 26 mil soldados e engenheiros aptos a criar barreiras antifogo.

Ainda assim, incêndios (às vezes intencionais) continuam devastando florestas no verão, já que os planos de prevenção não conseguem proteger todas as áreas e muitas continuam sendo afetadas por esse problema.

PONTE VASCO DA GAMA

Inaugurada em 1998, a Ponte Vasco da Gama é a mais nova da capital portuguesa e a mais longa da Europa. Quase metade de seus 16km se estende pelo estuário do Tejo. A imensa ponte sustentada por cabos permite que boa parte do tráfego não passe por Lisboa, aliviando os congestionamentos na velha Ponte 25 de Abril e melhorando a qualidade do ar na capital. Já virou um dos ícones da cidade.

Apesar de seus benefícios, o projeto sofreu oposição, em especial dos ornitólogos, que ficaram preocupados com o efeito que as obras de construção poderiam ter sobre o santuário de aves próximo. Isso levou o consórcio Lusoponte, responsável pela construção, a concordar em tomar medidas para não perturbar os flamingos, garças e cormorões que se alimentam na área, e a fazer o possível para minimizar o impacto sobre o ambiente.

HISTÓRIA VIVA

A estátua de Cristo Rei elevando-se sobre o estuário do Tejo desde Cacilhas é um lembrete constante da herança católica de Portugal. As estatísticas dizem que a influência da Igreja Católica declina entre os jovens, embora as multidões de peregrinos ao santuário de Fátima indiquem que a fé continua. Em uma casa portuguesa é comum encontrar um galo ornamental, símbolo do país. Os galos são confeccionados em Barcelos, onde, segundo a lenda, o cacarejar milagroso de um galo morto salvou um peregrino da forca há 500 anos. Durante séculos, a forma de governo do país foi a monarquia. Mas, há quase cem anos, a república foi instaurada. Apesar disso, o reclamante do trono é uma figura popular. Muitos outros costumes e tradições também sobrevivem ou se adaptaram aos novos tempos – por exemplo, as feiras e mercados locais. Em Trás-os-Montes, a sempre popular Festa dos Rapazes, celebrada por volta do solstício de inverno, é firmemente enraizada em antigos rituais de passagem pagãos, com homens mascarados provando sua bravura ao saltar fogueiras ferozes; em Ponte de Lima, a feira originária do século XII, ainda próspera, demonstra claramente que a tradição sobrevive em Portugal.

Sentido horário, a partir do alto *Azulejo de Lamego belamente decorado; Estudante universitário do Porto veste um traje tradicional de festa; o duque dom Duarte de Portugal e sua esposa, a duquesa dona Isabel de Bragança*

O ALTAR DE PORTUGAL

O santuário de Fátima é o centro religioso católico de Portugal e local de devoção de peregrinos do mundo todo. Recebe cerca de 2 milhões de visitantes por ano.

Em 2007 um número excepcional de visitantes marcou os 90 anos das aparições de Nossa Senhora. O monsenhor Guerra convidou o papa Bento XVI a comparecer à cerimônia de encerramento das celebrações em 13 de outubro e a presidir a inauguração da nova e controversa Igreja da Santíssima Trindade, uma basílica de concreto que se assenta de modo incongruente ao lado da antiga. O ano marcou ainda o centésimo aniversário de nascimento da irmã Lúcia, enterrada ao lado de seus dois primos na Capela das Aparições, em 2006.

VIDA UNIVERSITÁRIA

Realizada todo mês de maio, a queima das fitas é o auge de uma série de rituais universitários que começa no dia da matrícula. Eles incluem a latada (batismo), quando os calouros recebem um trote com corte de cabelos e são obrigados a desfilar em público com prendas ridículas.

O melhor local para assistir à queima é Coimbra, sede da universidade mais antiga do país. O nome vem da queima simbólica de uma fita pelos estudantes antes de iniciarem seus exames de fim de ano.

Só depois da conclusão do ritual é que os finalistas podem decorar suas tradicionais pastas com fitas que representam suas faculdades. A festa dura uma semana e termina com desfile pela cidade – a última chance de se divertir na queima.

AZULEJOS

Os azulejos que decoram as fachadas e os interiores de muitos edifícios portugueses são resultado de vários séculos de tradição. No Museu Nacional do Azulejo, em Lisboa, há murais que retratam vistas panorâmicas da capital antes de ser devastada pelo grande terremoto de 1755.

Para ver azulejos contemporâneos você só precisa pegar o metrô de Lisboa, que é decorado com azulejos criados pelos artistas lisboetas Maria Keil e Rolando Sá-Nogueira. O projeto de Keil na Estação Intendente é considerado uma obra-prima dessa arte e marca o fim de um longo período de declínio. Para conhecer uma abordagem diferente, vá até a Estação Laranjeiras, onde Rolando Sá-Nogueira usou o fotorrealismo para criar imagens de laranjas maduras, de dar água na boca. É uma justa homenagem à fruta que dá nome ao bairro.

A CASA DE BRAGANÇA

Quando se pensa nas casas reais da Europa, é perdoável deixar Portugal de fora. Mas dom Duarte Pio de Bragança é reconhecido internacionalmente como rei de direito, e representa a nação nos encontros reais realizados pela Europa. Pretendente ao trono abolido de Portugal – a revolução de 1910 depôs a monarquia –, dom Duarte nasceu no exílio em 1945. A família voltou ao país cinco anos depois, quando a lei que bania os antigos monarcas foi abolida. Casado com a plebeia portuguesa Isabel de Herédia, o 24º duque de Bragança tem três filhos – o mais velho e herdeiro Afonso, Maria Francisca e Dinis. Eles têm o carinho e o apoio de muitos portugueses, que os consideram os representantes vivos de séculos de história, e que continuam na campanha pela restauração da monarquia em Portugal.

VINHO DO PORTO

O vinho é produzido no vale do Douro desde o domínio romano, mas só teve impacto fora de Portugal quando os ingleses passaram a importá-lo em grande quantidade, a partir de 1703.

Apesar de sua popularidade, as exigências do mercado atual de bebidas fizeram os produtores repensar a imagem do produto. Esse vinho já foi considerado antiquado, porém retomou seu caráter sofisticado, sobretudo entre os jovens. As exportações para a América do Norte estão crescendo, e diversos mercados vêm provando novas alternativas aos clássicos.

O Porto branco, de baixo teor alcoólico, é ótimo como aperitivo gelado, e quem aprecia coquetéis vai gostar do Equinócio de Outono: duas doses de Porto, uma de Grand Marnier e meia de licor de amêndoas. É um dos drinques mais degustados no país e fora dele.

O MAR

A história de Portugal está muito ligada ao mar desde que os mouros cruzaram o estreito de Gibraltar. Eles ocuparam o "Al-Gharb" – nome mouro do atual Algarve – durante 500 anos, até o século XII. A expansão portuguesa começou cerca de 400 anos mais tarde, quando grandes exploradores, como Vasco da Gama, enfrentaram o Atlântico, contornando o Cabo da Boa Esperança e abrindo novas rotas comerciais para o Oriente. Hoje, o mar continua definindo a nação. Com o turismo, as belas e lotadas praias do Algarve, na costa sul, são uma fonte de divisas crucial. Em contraste, as agitadas águas da costa atlântica, ao norte, constituem uma das mais importantes áreas pesqueiras da Europa, e também são vitais para a economia. O mar fornece aos portugueses grande parte da dieta diária – apenas o Japão e a Islândia consomem mais peixe per capita do que Portugal. Para viver o melhor dessa experiência gastronômica portuguesa, vá a qualquer aldeia do litoral e peça peixe grelhado com batatas, salada e uma generosa quantidade de azeite de oliva.

Da esq. p/ dir. *Pescadores consertam suas redes na praia de Figueira da Foz ao pôr do sol; Surfista pega onda em praia portuguesa; A erosão provocada pelo vento e pela água criou as belas formações rochosas de Ponta da Piedade*

"365 RECEITAS DE BACALHAU"

O bacalhau é um dos ingredientes mais famosos da culinária portuguesa. Um ditado popular diz que há uma receita de bacalhau para cada dia do ano, e basta olhar a maioria dos cardápios para confirmar isso – o sempre presente bolinho de bacalhau está no cardápio dos restaurantes de todas as regiões do país.

A história começa no século XVI, quando os marinheiros passaram a salgar o bacalhau em suas épicas viagens, deixando-o secar no convés até ficar bastante duro. Nas praias de Nazaré ainda se veem estantes de peixe secando ao sol, da maneira tradicional. O bacalhau salgado é, hoje, responsável por um quarto das importações de peixe do país. Ou seja, a maior parte do pescado consumido pela população provém de águas portuguesas.

ARCOS MARINHOS

Na costa sul do país, em Ponta da Piedade, perto da pitoresca cidade de Lagos, há um cabo de rochedos esculpidos que reúne talvez a maior coleção de arcos marinhos do mundo. As rochas são perfuradas por grutas, buracos fundos e túneis naturais, indícios de séculos de erosão marinha.

Agora a Câmara de Lagos decidiu agir para proteger essa impressionante paisagem, muito visitada. O farol, o caminho pelos rochedos e a profunda garganta arenosa – que abriga inúmeras formas de vida marinha – atraem muitos turistas. A verba arrecadada pela Câmara foi usada para evitar a erosão, regenerando a vegetação, construindo caminhos e mirantes para os visitantes e melhorando os controles de tráfego e os locais para estacionamento.

Uma alternativa para apreciar os arcos rochosos de perto é contratar uma das várias empresas que oferecem o passeio pelo mar, em escunas ou em botes menores.

MUITO MAIS PEIXE?

Os portugueses comem por ano em média 70kg de peixe (a média da Europa é 22,5kg), e são os terceiros maiores consumidores de peixe do mundo.

Há muitas comunidades na costa que dependem da pesca de cavala e de sardinha, mas os pescadores do país não conseguem atender à demanda. Hoje pescam apenas 68% do que Portugal precisa – atualmente há muita sardinha sendo importada da Rússia e bacalhau de países como a Noruega.

A preocupação com a rápida queda no estoque de peixe do Atlântico Norte levou a cortes nas cotas estipuladas pela União Europeia, e os pescadores de Portugal estão sofrendo as consequências. A frota pesqueira local, costeira e de alto-mar, está sendo reduzida, e as empresas do setor concordaram em manter as cotas atuais, na tentativa de contribuir para a renovação dos estoques de pescado.

OBSERVAÇÃO DE BALEIAS

O arquipélago dos Açores é um dos melhores locais do mundo para observar baleias. Há muitos cachalotes, além de outras 24 espécies de mamíferos marinhos. Quando o Europhlukes – projeto fundado pela Comissão Europeia – começou a compilar a maior base de dados de baleias e golfinhos do mundo, a Whale Watch Azores (WWA) também se envolveu nesse ambicioso projeto.

A WWA, que também promove passeios para observação de baleias pelas ilhas, tem o maior registro de cachalotes da Europa. Já identificou mais de 1.500 exemplares, das mais variadas espécies. A base de dados Europhlukes está completa – por isso, qualquer pessoa pode mandar fotos para o site e saber se determinada espécie de baleia ou golfinho foi localizada também em outras partes do continente europeu.

ONDAS DE CATEGORIA MUNDIAL

Tiago Pires é o surfista mais famoso de Portugal, conhecido no mundo inteiro. Estrela em ascensão, tem vencido competições no circuito mundial desde que foi considerado a revelação no esporte, em 2000.

Mas a cidade natal do esportista, Ericeira, ainda é um dos locais em que Tiago mais gosta de surfar. Conhecido simplesmente como "O Recife", esse dedo de lava, na ponta sul da baía de Ribeira, não é para amadores. As ondas se formam nas profundezas do Atlântico e vêm bater nas rochas, formando, segundo Tiago, um dos "tubos" mais rápidos – e perigosos – do mundo. Em janeiro de 2005, Tiago Pires se equilibrou sobre as maiores ondas já surfadas em Portugal, junto à costa de Cascais. Foi um dia memorável para o surfe português e ainda é motivo de conversas entre os surfistas do país.

ARTES MODERNAS

Portugal, como outros países da Europa, é um grande palco das artes. Os pintores, poetas, escritores, dançarinos e músicos portugueses têm contribuições indiscutíveis. Desde a Idade Média, muitas obras clássicas se firmaram como marcos culturais da cena artística portuguesa. A arte figurativa de Portugal remonta às obras rupestres da Idade da Pedra e aos *berrões* – touros e javalis rusticamente esculpidos –, que provavelmente foram usadas em rituais de fertilidade em torno de 4000 a.C. A literatura é um dos grandes destaques das artes portuguesas. No século XVI, surge uma obra-prima da poesia: *Os Lusíadas*, relato épico das viagens de descobrimento, escrito por Luís de Camões (*c.* 1524-80). A obra registra a transição da época medieval para a Renascença. Seu retrato de Vasco da Gama lembra o que Virgílio fez de Enéas, e o tema escolhido assemelha-se ao de Homero, em sua *Odisseia*. Outro destaque é o poeta Fernando Pessoa (1888-1935), cuja obra é um marco fundamental da literatura em língua portuguesa.

Sentido horário, a partir do alto *A pianista Valentina Igoshina se apresenta no Festival de Música de Sintra;* A viagem do elefante, *publicado em 2008 pelo escritor José Saramago, Nobel de Literatura em 1998; A cantora de fado portuguesa Mariza Nunes*

SEMANA DE MODA DE LISBOA

A ModaLisboa – que teve sua primeira edição em 1991 – é a versão portuguesa dos desfiles de Londres, Paris, Nova York e Milão. Lisboa tem trabalhado bastante para se firmar como uma capital da moda, e seu evento anual vem rapidamente conquistando projeção. Mais de 20 mil pessoas comparecem ao evento todo ano, e ele constitui hoje uma vitrine para o talento de estilistas e modelos.

O maior destaque é Ana Salazar, amplamente reconhecida como o grande nome da moda portuguesa. Sua contribuição a essa indústria lhe valeu o prêmio da Ordem de Dom Infante Henrique, conferido pelo presidente. A ModaLisboa também vem revelando novos talentos – como os estilistas José António Tenente, Lena Aires, Fátima Lopes e Maria Gambina – ao circuito da moda internacional.

PRÊMIO NOBEL

Quando José Saramago ganhou o Prêmio Nobel de Literatura em 1998, ele brincou: "Este prêmio é para todos aqueles que falam português, mas já que mencionamos o assunto, eu tenciono ficar com o dinheiro". Nascido em 1922 em Azinhaga, o maior escritor de Portugal produziu romances, peças, contos, poesia e não ficção. Em alguns de seus livros o autor revê eventos históricos – o que os historiadores chamam de contrafatuais. Sua literatura fantástica é bastante apreciada.

Membro do antigo Partido Comunista Português, Saramago sempre esteve atento à política contemporânea.

A jangada de pedra – uma obra sobre as sociedades portuguesa e espanhola – apresenta quatro personagens que têm a vida tumultuada quando a Península Ibérica se desprende da Europa e navega pelo Atlântico em direção aos Estados Unidos, detonando uma crise geopolítica.

José Saramago faleceu em 18 de junho de 2010, aos 87 anos.

FESTIVAL DE MÚSICA E DANÇA DE SINTRA

Realizado há mais de 40 anos, este festival, que ocorre todos os anos em junho e julho, tem fiéis seguidores entre os amantes da arte da região.

Apresentações de música de câmara, recitais de piano e espetáculos de balé são realizados tanto no Centro Cultural Olga Cadaval como em cenários indescritíveis, como os palácios Pena, Regaleira e Queluz, além das igrejas locais.

Visando promover artistas em ascensão, o festival costuma apresentar jovens talentos, como fez em 2008 com recitais do pianista Denis Matsuev. Nascido na Sibéria em 1975, Matsuev chegou ao estrelato no Concurso Internacional Tchaikovsky de 1998 em Moscou, e desde então vem sendo muito requisitado como concertista internacional. Sua memorável interpretação de Rachmaninoff em Sintra foi muito elogiada pelos críticos da imprensa local.

DIVA DO FADO

Aclamada como a nova Amália Rodrigues – a mais famosa fadista portuguesa –, a cantora Mariza Nunes destaca-se em mais de um aspecto.

A moçambicana Mariza tem tanto a voz como a aparência adequadas ao gênero, e sua habilidade vocal impressiona o público.

Espera-se que uma fadista fique cantando parada para um público silencioso de bares e clubes de Lisboa e Coimbra.

Mas Mariza desafia todas as convenções desse estilo musical. Movimentando-se como uma cantora de jazz, ela criou estilo próprio, que inclui elementos do soul, do gospel e do rock a essa forma tradicional de canção, típica de Portugal. Em 2004, Mariza Nunes gravou um dueto com o astro da música pop Sting para os Jogos Olímpicos de Atenas; em 2008, cumpriu extensa turnê por cidades europeias, e no ano seguinte foi chamada a se apresentar nos Estados Unidos.

OÁSIS MUSICAL

Em uma fazenda em Castelo Branco, Maria João Pires realizou um sonho antigo. A virtuose portuguesa do piano abriu um retiro onde músicos podem trabalhar num ambiente em perfeita sintonia com suas necessidades artísticas. Foi preciso muito trabalho para concluir o projeto e concretizar o sonho da pianista.

A falta de verba atrapalhou o andamento do plano no início, mas o governo português acabou ajudando.

Atualmente, o Centro de Belgais para o Estudo das Artes tem uma sala de concertos com uma ótima acústica e um estúdio onde Maria João Pires gravou *Moonlight*, uma reinterpretação das sonatas de Beethoven que fez sua carreira deslanchar. Desde então esse oásis musical vem se fortalecendo, com cursos para estudantes de todas as partes do mundo e um coro infantil, que representou Portugal na Zaragoza Expo em 2008.

ECONOMIA E POLÍTICA

Portugal percorreu longo caminho desde que entrou para a Comunidade Europeia, em 1986. Na época, era tido como primo pobre da Espanha, mas a entrada logo rendeu frutos. Décadas mais tarde, constata-se que a nação já organizou uma Expo internacional, sediou uma Copa Europeia de futebol e está ativamente envolvida na política do continente. Em 2007, os líderes europeus desembarcaram na capital em meio a forte esquema de segurança para formalizar o controvertido Tratado de Lisboa, com o ex-primeiro-ministro José Manuel Durão Barroso empossado como presidente da Comissão Europeia. Há bem pouco tempo teria sido difícil imaginar Portugal numa posição tão proeminente. No entanto, apesar dessas conquistas importantes, o país, como o resto do mundo, vem sofrendo nos últimos anos com a elevação dos preços dos alimentos e do combustível e consequentemente, segundo argumentam alguns, registrou um aumento nos índices de criminalidade. A polícia de Lisboa queixa-se da onda de furtos de carteiras de turistas no verão, a mídia diária relata um aumento nos casos de assalto a mão armada e a conversa entre os portugueses gira muito em torno de salários baixos, preços altos e futebol. Mas Portugal é adaptável – e, quando a economia mundial permitir, sem dúvida irá reencontrar o caminho da recuperação.

Sentido horário, a partir do alto *A imponente entrada do Palácio de São Bento, em Lisboa, que abriga o Parlamento português; A agricultura em Portugal ainda tem muitos desafios a superar; O novo metrô do Porto, símbolo da recuperação urbana*

ECONOMIA E METAS

O estádio municipal de Braga é um marco da arquitetura. Construído para a Eurocopa 2004, foi escavado da encosta da montanha no local de uma antiga pedreira. Mas essa não é a única história de sucesso do evento, apesar das críticas de quem achava que em uma época de recessão o governo deveria investir em hospitais e não no esporte. Hoje, o país conta com sete novos estádios, que custaram 500 milhões de euros. Se isso parece muito dinheiro, basta lembrar que o novo estádio de Wembley, em Londres, custará 800 milhões de euros. Há mais motivos de orgulho para os portugueses. Três dos novos estádios recém-construídos receberam da UEFA a melhor cotação (cinco estrelas), o que os situa no mesmo nível dos melhores estádios da Europa ocidental.

A IMPORTÂNCIA DA CORTIÇA

Gerações de famílias do Alentejo, sul de Portugal, vêm ganhando a vida com a cortiça. Portugal é líder mundial no setor, produzindo 50% de todas as rolhas utilizadas no mundo. Hoje a indústria corticeira abriga 15 mil pessoas, mas esses empregos estão ameaçados com a nova tendência de engarrafar vinho usando rolhas de plástico ou de rosquear.

Há outro lado dessa história. Segundo o WWF (Worldwide Fund for Nature), não é apenas a economia do país que pode sofrer com isso. O cultivo de cortiça é incompatível com o meio ambiente, e se as florestas de corticeiras não forem manejadas de modo responsável, podem virar desertos. Isso traria ainda mais problemas e dificuldades para várias espécies de animais em risco de extinção – como o lince-ibérico – que já enfrentam dificuldades para garantir sua sobrevivência.

COTAS DE PRODUÇÃO

O ano de 2003 foi ruim para os fazendeiros de Portugal, que saíram perdendo quando o país foi o único membro da UE a votar contra a reforma da Política Comum de Agricultura. Segundo o ministro da Agricultura, os cortes da UE nas cotas de leite para os produtores de laticínios dos Açores – uma das regiões mais pobres da Europa – iriam enfraquecer a economia das ilhas.

Além do problema de cotas, o alto preço da terra significa que a maioria das fazendas do país tem menos de 5ha, ou seja, pequenas propriedades que não conseguem alcançar preços competitivos.

As reformas de Bruxelas fizeram pouco para aliviar esses problemas.

Muitos fazendeiros portugueses esperam que a tendência para a agricultura orgânica melhore o quadro atual da agropecuária do país.

MAIS EMPREGOS

O desemprego tem sido um problema de Portugal nos últimos anos, sendo 2007 o ano de maior índice desde 1987. Mas um novo curso MBA (com ênfase em criação de empresas), oferecido na escola de negócios ISCTE, em Lisboa, já teve impacto positivo. Uma das primeiras formandas em 2003, Helena Serdoura, virou sócia de uma das poucas agências de recrutamento de empregadas domésticas em Portugal. O curso a ajudou a ampliar e refinar seu talento para negócios por meio do estudo de técnicas de marketing e de administração. Ao se formar, ela montou a Housekeeping, uma escola onde as domésticas podem melhorar seu conhecimento de cozinha, arranjos florais, etiqueta, cuidados com bebês e primeiros socorros. Foi inaugurada em 2004 e, em poucos meses, 70 pessoas já haviam concluído o treinamento e ampliado suas perspectivas de conseguir um bom emprego.

O METRÔ DO PORTO

Os visitantes em férias adoram tomar o velho bonde pela Avenida do Boavista até o bairro de Foz do Douro, à beira-mar, mas as demais pessoas do Porto há tempos ansiavam por um modo mais rápido de chegar ao trabalho. Quem cruzava o rio de carro vindo de Vila Nova de Gaia também queria se ver livre dos congestionamentos. A partir de 2002, com a inauguração do metrô do Porto – maior projeto de transporte urbano da UE –, 60 milhões de passageiros por ano foram beneficiados pelo sistema.

O arquiteto Eduardo Souto de Moura projetou as 66 estações e o engenheiro Adão de Fonseca construiu a Ponte Infante Dom Henrique, com vão de 371m sobre o Douro. O sistema tem cinco linhas identificadas por cores, que se juntam na estação central de Trindade, reduzindo bastante o tempo de viagem e aliviando o trânsito da cidade.

AS FACES DE PORTUGAL

Talvez pela escassez de terras, o povo português sempre esteve unido por três fatores: uma língua comum, a fé católica e o mar. Essa coesão ajudou Portugal a se tornar a primeira nação-Estado unificada da Europa ocidental. Os portugueses podem rastrear seus ancestrais em diversos grupos étnicos. No Norte, muitas famílias têm raízes nas antigas tribos celtas que se instalaram na área bem antes da chegada dos romanos. O sul do país foi palco de cinco séculos de ocupação moura, particularmente na região do Algarve. A própria língua portuguesa foi influenciada por expressões do idioma árabe, como "Inshallah" (se Alá quiser), que deu origem ao nosso "oxalá". Atualmente, as diferenças regionais se devem mais à tradição e ao clima do que a guerras e batalhas ocorridas nos séculos anteriores. O ditado popular que afirma que "enquanto Lisboa brinca, Braga reza e o Porto trabalha" dá a folclórica impressão de que a vida no Norte sempre foi mais conservadora e devota do que no Sul, mais quente e voltado para uma vida mais amena.

Sentido horário, a partir do alto *A Igreja de São Gonçalo, em Amarante, é o centro de um pródigo festival em junho; Tomar abriga um dos festivais tradicionais mais animados de Portugal; Garota em elaborado traje folclórico*

LEGADO MOURO

Na pequena cidade de Arraiolos, perto de Évora, no centro de Portugal, os habitantes confeccionam tapeçarias usando técnicas mouras tradicionais que passaram de mãe para filha por mais de cinco séculos.

A autenticidade de cada tapete é garantida pela Associação dos Produtores de Arraiolos.

As raízes dessa elaborada forma de artesanato remontam à época da Inquisição, quando todos os não católicos (sobretudo mouros e judeus) eram perseguidos ou forçados a fugir das cidades por conta de suas crenças. Alguns mouros se refugiaram nas planícies do Alentejo, onde passaram a confeccionar os tapetes.

Seu legado sobrevive até hoje em Arraiolos, onde acabou alimentando uma próspera atividade artesanal.

CORRIDAS DE TOUROS

Vila Franca de Xira, a nordeste de Lisboa, no centro da região de corridas de touros do país, é famosa como local de criação de touros. Duas vezes por ano, os visitantes se reúnem aqui para ver as corridas. Por vários dias, em julho, na Festa do Colete Encarnado, há corridas de touros e fugas, quando touros jovens saem em disparada pelas ruas, e uma multidão de temerários, bêbados, ou simples desorientados, tenta se esquivar deles.

O nome do festival deriva do traje tradicional usado pelos *campinos* (vaqueiros), que tomam conta dos bois nos pântanos do Ribatejo.

Os corajosos garanhões lusitanos tradicionalmente cavalgados pelos toureiros portugueses também são criados na região.

Ao contrário do que ocorre na Espanha, o objetivo final aqui não é matar o touro, mas mostrar o domínio sobre o cavalo.

RIVALIDADE HISTÓRICA

As relações entre Portugal e Espanha, seu único vizinho, sempre foram de intensa rivalidade. Um ditado popular diz que da Espanha não se podem esperar "nem bons ventos, nem bons casamentos".

A cidade de Olivença, no Alto Alentejo, é uma lembrança viva dessa rivalidade histórica com a Espanha. Tanto a cidade como os 600km^2 de sua área rural foram anexados pelos espanhóis em 1801, e, embora Portugal não tenha conseguido a área de volta, a cidade não desistiu de tentar.

As campanhas do Grupo de Amigos de Olivença buscam encerrar o que consideram uma ocupação ilegal.

Já outros habitantes da região são menos radicais e até brincam com a situação. Eles se orgulham das mulheres de Olivença, que consideram únicas em sua combinação da beleza portuguesa com a graça da mulher espanhola.

FESTA DE SÃO GONÇALO

A Igreja de São Gonçalo, em Amarante, é o edifício mais famoso nessa linda cidade às margens do rio Tâmega, a leste do Porto. Todos os anos, no primeiro fim de semana de junho, ela celebra a Festa de São Gonçalo, padroeiro da cidade e conhecido na região por promover o casamento das moças solteiras.

Como no resto de Portugal, o folclore convive lado a lado com a fé católica, na qual costuma encontrar base e inspiração. Como parte das festividades, os jovens casais de Amarante e visitantes trocam tremoços – um antigo símbolo português de fertilidade – ou bolos em forma de falo, incorporando um costume pagão nas celebrações do dia do santo.

Esses pequenos e fascinantes símbolos representam o amor mútuo de cada casal participante.

RURAL X URBANO

A vila de Casais, na cidade montanhosa de Monchique, no sul de Portugal, oferece aos visitantes a paz e a tranquilidade típicas da vida rural. Mas por trás dessa fachada aparentemente idílica, a realidade é um pouco diferente. Tem-se a impressão de que a sedução da vida urbana pode um dia pôr fim a essa existência pastoral e à cultura regional que a acompanha.

Fazendas abandonadas são visões cada vez mais comuns na serra, a fronteira montanhosa que separa o Algarve do Alentejo.

A falta de perspectivas econômicas está forçando muitas famílias a irem para as cidades e áreas costeiras à procura de empregos que lhes garantam melhor padrão de vida. Atualmente a população rural da região é de apenas 17 pessoas por quilômetro quadrado.

VIDA ESPORTIVA

Portugal é muito ligado ao futebol, e tem projeção internacional – na década de 1960, o talento de Eusébio, o "Pantera Negra", era comparado ao de Pelé. Em 2004, o país confirmou seus dotes esportivos quando o FC Porto venceu a Liga dos Campeões. Os olhos do mundo se voltaram de novo para Portugal quando o país sediou o terceiro maior evento esportivo do mundo, a Eurocopa, também em 2004. A seleção nacional chegou à final e, apesar de perder para a Grécia, a boa organização do evento fez da nação anfitriã uma vencedora. Nos anos que se seguiram, o mundo do futebol testemunhou a ascensão do astro Cristiano Ronaldo. Mas não é apenas no futebol que o país se destaca, por mais que fanáticos da modalidade discordem. De fantásticos campos de golfe a praias de surfe de fama mundial e grandes instalações para a prática de esportes radicais, as possibilidades são muitas.

Da esq. p/ dir. *Cristiano Ronaldo durante a Copa do Mundo de 2006; O windsurfe é um esporte popular em Portugal*

ACIMA DO PAR

O golfe é um negócio importante no Algarve, onde, por muitos anos, os campos locais foram projetados para exploração puramente comercial. Porém atualmente há uma crescente e séria preocupação com o impacto dos campos de golfe no meio ambiente local.

O Vila Sol Golf Resort, perto de Almansil, sediou dois Abertos de Portugal e fez da preocupação ambiental um ponto-chave de sua estratégia de marketing para o crescente número de golfistas que pensam nos efeitos a longo prazo de seu esporte sobre o meio ambiente.

No Vila Sol, água de esgoto tratada irriga o campo, e boa parte da floresta original foi mantida intacta. Há grandes populações de aves e répteis selvagens, incluindo lagartos e camaleões, que fazem do resort um destino turístico muito especial.

OS ASTROS DO FUTEBOL

A grande estrela do futebol português atual é o atacante Cristiano Ronaldo, que hoje defende o Real Madrid, depois de brilhante passagem pelo Manchester United.

Eleito melhor jogador do mundo em 2008, Cristiano Ronaldo repetiu o feito do compatriota Luís Figo, meio-campo que fez grande sucesso na década de 1990 e foi escolhido jogador do ano pela Fifa em 2003.

Os dois astros são em grande parte responsáveis por recolocar a seleção portuguesa numa posição de destaque no cenário mundial. Desde a década de 1960, quando o grande Eusébio comandava o Benfica de Lisboa, a seleção lusitana não chegava a conquistas como o vice-campeonato na Eurocopa de 2004, sediada no país, e a quarta colocação na Copa do Mundo de 2006, na Alemanha. Em ambos os campeonatos, o técnico era o brasileiro Luís Felipe Scolari.

A HISTÓRIA DE PORTUGAL

2000 a.C.-711 d.C.: CELTAS, ROMANOS E VISIGODOS

Situado na Península Ibérica, Portugal divide sua história antiga com a Espanha, e é difícil separar os dois até a criação, no século XII, de um reino português autônomo, quando os cristãos expulsaram os mouros. Separada do resto da Europa pelas montanhas ao norte, esta era uma terra à parte. Os primeiros ocupantes se instalaram em algumas regiões do país por volta de 5500 a.C., mas a era histórica se iniciou de fato com o estabelecimento de uma cultura celta no Norte entre 700 e 600 a.C. Mais ao sul, por volta de 300 a.C., fenícios e cartagineses, que formavam grandes impérios do mundo antigo, se instalaram em torno da atual Lisboa. Eles foram seguidos pelos romanos, que chegaram em 210 a.C. No século V d.C., com a queda do Império Romano, vândalos, alanos, suevos e visigodos cruzaram os Pireneus vindo do norte e se instalaram na área entre os rios Douro e Minho. Por volta do século VI, os visigodos sobrepujaram seus principais rivais, os suevos. Os visigodos governaram a partir de Toledo, na atual Espanha, e tiveram pouco interesse, e menor influência, no que viria a se tornar Portugal. No século VIII d.C. sua falta de coesão resultou em uma facção que pediu ajuda aos mouros do norte da África. Mas por volta de 711 as forças muçulmanas haviam vencido os visigodos e tomaram de assalto a Península Ibérica.

Acima *O Templo de Diana, em Évora, é a evidência mais bem preservada da ocupação romana de Portugal*

LEGADO VIVO

Em Portugal, não há muitos vestígios da presença dos romanos. Os principais registros dizem respeito à passagem dos povos da Fenícia e de Cartago. O português é uma língua românica, derivada do latim, que se desenvolveu durante os sete séculos de ocupação romana na Península Ibérica.

O português moderno sofreu várias influências, mas provavelmente descende do galego-português, língua falada durante a Idade Média na região que engloba hoje Portugal e o noroeste da Espanha (Galícia). Ao longo dos anos, adotou termos do norte, do árabe, da Índia e da China. É a língua oficial também de colônias históricas de Portugal, como Angola e Moçambique, além do Brasil. É o quinto idioma mais falado no mundo.

PAVIMENTAÇÃO E ENCANAMENTOS

Espalhadas pelo Minho, há mais de 40 *citânias*, fortificações no alto de montanhas, construídas pelos celtas da Idade do Ferro que chegaram a Portugal vindos do norte da Europa entre os anos 700 e 600 a.C. A mais importante *citânia* é Briteiros, onde as ruas pavimentadas, sistemas de drenagem e abrigos circulares estão muito bem preservados.

Há relatos acerca do estilo de vida dos celtas que habitaram Portugal por volta do ano 20 a.C. Eles viviam de maneira simples. Em determinadas ocasiões especiais, toda a comunidade se reunia para dançar ao som de música tradicional. Há indícios de que faziam sacrifícios humanos em massa e previam o futuro observando as entranhas de seus prisioneiros enquanto estes ainda estavam vivos.

VIRIATO: HERÓI DO SEU TEMPO

Em 193 a.C., os lusitanos, tribo assentada entre os rios Tejo e Lima, se rebelaram contra os romanos, iniciando uma luta que durou 50 anos.

Em 147 a.C., Viriato emergiu como líder dos rebeldes, reuniu um exército, ganhou território e derrotu os romanos seguidas vezes.

O Senado romano enviou um exército para sufocar a revolta de uma vez por todas, mas Viriato conseguiu armar uma cilada e forçar as legiões a se renderem.

Astutamente, o líder lusitano usou seus prisioneiros como instrumento de barganha e teve seu governo reconhecido pelos romanos.

Mas em 139 a.C., emissários romanos, aparentemente enviados para negociar com Viriato, o assassinaram. Seus seguidores foram esmagados pelas legiões e transformados em escravos.

PONTE SECULAR

Em Chaves, Trás-os-Montes, pode-se andar por uma ponte do final do século I. Chaves era uma cidade militar e um importante centro de comércio de metais.

Tal era a sua projeção que o imperador romano Trajano encomendou a construção de uma ponte de 12 arcos, com 140m de extensão, estrategicamente posicionada na estrada entre Braga e Astorga.

Duas colunas, com inscrições dos nomes de governadores e generais, ainda resistem, junto a marcos que mostram as distâncias até cidades ao longo da estrada.

A ponte suporta trânsito pesado desde então e já foi reforçada várias vezes.

Com a construção de uma nova ponte rio acima, a antiga parece destinada a resistir ainda por mais alguns séculos.

SUÍNO DIVINO

Povos pré-históricos centram seus rituais de fertilidade em objetos bem bizarros, como é o caso do porco.

Reverenciadas pelas tribos celtas, há mais de 200 robustas estátuas de porcos (feitas de granito) em Trás-os-Montes, todas elas com, no mínimo, 2.000 anos de idade. Esculpidas sem muita definição, mas com traços suínos marcados, as porcas medem até 2m de comprimento e eram adoradas por sua força, poder, fertilidade e carne saborosa.

Originalmente ficavam em recintos sagrados, em geral circulares, mas migraram ao longo dos anos, e são agora orgulhosamente exibidas em praças nas vilas, em museus locais e à beira da estrada. A maior e mais bem conservada fica em Murça, entre Vila Real e Mirandela.

À dir. *Piso de mosaico romano em Vilamoura*
Abaixo *Esculturas de pedra pré-históricas retratando porcos são comuns na região de Trás-os-Montes*

711-1249: OS MOUROS

As montanhas verdes e úmidas do norte de Portugal atraíam pouco os mouros, que se sentiam bem em concentrar seus esforços no irrigado vale do Tejo, nas ricas terras do Alentejo e, principalmente, no Algarve. Esse era o centro de seus domínios territoriais em Portugal. Por volta do século IX d.C., o Algarve era um rico e importante reino, totalmente independente do vizinho al-Andalus. Xelb, atual Silves, era sua deslumbrante capital, de onde se expediam leis tolerantes para os moçárabes (cristãos sujeitos ao domínio mouro). A agricultura e o ensino floresceram, com cidades crescendo nos domínios mouros. Enquanto isso, os cristãos se reagrupavam no norte (nas terras entre os rios Minho e Douro), região batizada por eles de Portucale. Foi dali que Afonso Henriques lançou ofensiva para o sul a fim de expulsar os infiéis. A vitória portuguesa em Ourique em 1139 representou um grande golpe para os mouros. Em 1148, Lisboa estava nas mãos dos cristãos, e o título de Afonso Henriques como primeiro rei de Portugal havia sido confirmado pelo tratado de Zamora. O século seguinte assistiu à expansão cristã. Em 1249, a cidade de Faro foi incorporada ao país, e Portugal cristão foi estabelecido.

Sentido horário, a partir do alto *O castelo do século X em Guimarães era um bastião de Afonso Henriques; Os mouros introduziram técnicas de irrigação em Portugal, deixando como legado poços como este; Imponente estátua de Afonso Henriques empunhando uma espada*

INFLUÊNCIA MOURA

Os mouros viveram em Portugal por mais de 500 anos. Deixaram sua marca no ensino e na ciência, na construção de barcos e de edifícios, e, a mais duradoura, na agricultura. Eles represaram a água e construíram canais para usá-la na irrigação e para mover moinhos.

Praticavam o rodízio de culturas, introduziram a laranja e o limão, plantaram amêndoas e figos e cultivaram algodão e arroz. Sua preferência por doces fixou o açúcar no cardápio dos portugueses, e seus temperos deram mais vida à dieta nacional.

A paisagem portuguesa, particularmente na fortaleza moura do Algarve, teria aspecto muito diferente hoje sem o legado mouro.

HONRAS ANTIGAS

Eram necessários guerreiros para expulsar os mouros, e em 1166 Afonso Henriques recrutou uma elite de cavaleiros que viria a se tornar a grande Ordem de Avis.

Como a dos Templários, essa era uma ordem militar monástica, cujos membros faziam votos de pobreza, castidade e obediência. Sua principal obrigação era combater os mouros sempre que o rei comandava. Sua sede ficava na cidade de Avis, e os monarcas posteriores doaram vastas extensões de terras reconquistadas aos cavaleiros.

Em 1789 a ordem foi secularizada, mas seus membros ainda vinham da aristocracia. Ela ainda existe e é uma das mais antigas ordens de cavalaria sobreviventes da Europa, sendo chefiada pelo presidente de Portugal.

Entre seus membros estão destacados oficiais do Exército.

O PRIMEIRO REI DE PORTUGAL

Nascido em 1109, Afonso Henriques era filho de Henrique da Borgonha e de Teresa de Leão, filha ilegítima de Afonso VI, rei de Leão e Castela, na Espanha. Henrique morreu em 1114, deixando Teresa como regente do reino embrionário.

Aos 30 anos, Afonso Henriques já tinha tomado o poder de sua mãe, fixado a capital em Guimarães, conseguido uma impressionante vitória sobre os mouros em Ourique, repudiado a vassalagem a Leão e Castela e declarado a si mesmo rei de Portucale. Em 1143, Leão, embora relutando em abrir mão de sua influência sobre o reino, reconheceu o direito de Afonso ao trono. Logo a seguir veio a aprovação do papa. Afonso então expulsou os mouros de Santarém e de Lisboa. Morreu em 1185, quando o Alentejo e o Algarve ainda continuavam sob domínio mouro.

A BATALHA DE OURIQUE

Foi a partir de Portucale que Afonso Henriques lançou sua ofensiva rumo ao sul para expulsar os infiéis. Segundo a lenda, Deus com certeza estava ao lado do futuro rei na Batalha de Ourique em 1139, pois Cristo teria aparecido a ele numa visão, pouco antes do confronto, e abençoado seu escudo.

Protegido por essa bênção, Afonso enfrentou nada menos do que cinco reis mouros em combate aberto. Ele e seus soldados obtiveram uma vitória decisiva.

Seus feitos são celebrados na bandeira portuguesa, que exibe cinco escudos.

Alguns sustentam que esse número representa os governantes mouros que Afonso derrotou, outros dizem que os escudos simbolizam as cinco feridas de Cristo na cruz.

RAINHA DO SUL

Exemplo do *al-Gharb* (Algarve), *Xelb* (atual Silves) era uma dinâmica capital moura, com uma população de mais de 30 mil pessoas, um imenso castelo e muitos tesouros arquitetônicos. Em 1189 foi sitiada por Sancho I, filho de Afonso Henriques, que queria saqueá-la.

O suprimento de água do castelo resistiu durante todo o verão, mas quando as cisternas secaram, os mouros foram forçados a se render, estimulados pelas promessas de Sancho de que seriam poupados.

Porém o que se seguiu foi um massacre, com mais de 6.000 mortos. Em 1191, os mouros retomaram a cidade, mas em 1249 Xelb virou definitivamente cristã.

Houve então um longo período de declínio e, por volta de 1500, a população era de apenas 140 pessoas.

1249-1520: OS GRANDES DESCOBRIMENTOS

Com as fronteiras definidas e uma monarquia estável, a preocupação de Portugal, por um século e meio, passou a ser Castela, seu vizinho a leste. O reino era poderoso e territorialmente ambicioso. O heroico dom Dinis (que reinou de 1279 a 1325) conseguiu que Castela reconhecesse as fronteiras de Portugal em 1297, mas só a vitória lusa na Batalha de Aljubarrota em 1385 é que levou a uma paz duradoura. Com Castela em seu devido lugar, não é de surpreender que o pensamento de Portugal se voltasse para o mar. O século seguinte representou uma época de descobertas e explorações sem precedentes. O príncipe Henrique, o Navegador, filho de dom João I e de Filipa de Lencastre, mandou projetar um novo tipo de embarcação, a caravela, e fundou a Escola de Navegação de Sagres, no Algarve, para planejar as grandes viagens de exploração. Entre 1419 e 1497, os marinheiros portugueses descobriram os arquipélagos da Madeira e dos Açores, na costa ocidental da África, contornaram o Cabo da Boa Esperança e inauguraram uma rota marítima para a Índia. Como resultado, Portugal tornou-se a primeira nação comercial do mundo. Em 1494, Portugal e Espanha assinaram o Tratado de Tordesilhas. Negociado pelo papa, ele estabeleceu uma linha imaginária que dava a Portugal partes do Brasil e as terras a leste. A Espanha ficava com o restante das Américas.

Sentido horário, a partir do alto *João e Henrique IV da Inglaterra durante um banquete; Henrique, o Navegador, serviu como inspiração para que os portugueses tivessem sucesso no empreendimento explorador; A grande rosa dos ventos em Sagres*

UMA BATALHA E UMA PROMESSA

A proclamação de João I como rei de Portugal em 1385 levou a um confronto imediato com Castela, que apoiava o pretendente rival ao trono. Juan I, de Castela, invadiu o país à frente de um forte exército de 30 mil homens.

Às vésperas da batalha, João prometeu erguer uma grande abadia em honra à Virgem Maria caso saísse vitorioso. Os dois exércitos se enfrentaram em Aljubarrota e, sem dúvida com a ajuda de um empréstimo de 500 arqueiros da Inglaterra, os portugueses capturaram o estandarte de Castela em uma hora. Juan foi perseguido até Castela, e a independência portuguesa ficou assegurada pelos dois séculos seguintes. Três anos mais tarde, João manteve sua promessa e iniciou a construção da grande abadia em Batalha.

DEFESA DA FRONTEIRA

Dom Dinis herdou um país recém-recuperado dos mouros e que precisava de estabilidade e fortalecimento. A principal ameaça vinha de Castela, a leste, e Dinis passou logo a negociar com seu poderoso vizinho. No Tratado de Alcañices, em 1297, ele conseguiu de Castela o reconhecimento das fronteiras de Portugal. Mesmo assim, pensou em algo bem mais concreto para se certificar de que o tratado seria cumprido. O resultado foi uma cadeia de mais de 50 grandes castelos ao longo da fronteira leste de Portugal. Muitos ainda resistem, entre eles Monsaraz, com sua ótima localização; Belmonte, que guarda a Serra da Estrela; Marvão e Castelo de Vide, bem perto da Espanha; e o antigo Leiria, a leste, que Dinis mais tarde reconstruiu como residência real.

NO "MAR DAS TREVAS"

No início do século XV, contornar o Cabo Bojador na costa oeste da África era um grande desafio. Tratava-se do ponto mais ao sul dos mapas marítimos, tido como o limite do mundo. Foi apelidado de "mar das trevas".

Não surpreende que os marinheiros tivessem pavor da região. Entre 1421 e 1433, nada menos do que 14 expedições fracassaram em ultrapassar o cabo, e Henrique, o Navegador, estava perdendo a paciência com seus capitães sem fibra.

Em 1434, ele despachou o explorador Gil Eanes com instruções de dar a volta no cabo sem falta, prometendo-lhe rica recompensa se conseguisse. Eanes viajou para o sul, voltou até as Canárias e deu a volta no cabo. A superstição havia sido quebrada, e o caminho para o sul estava aberto.

A LIGAÇÃO COM OS INGLESES

Quando o nobre inglês João de Gante enviou seus arqueiros para ajudar dom João I na Batalha de Aljubarrota, abriu caminho para uma das mais antigas alianças da Europa. Agradecido pelo auxílio inglês, João concentrou-se em fortalecer os laços entre os dois países.

Em 1386, ele assinou o Tratado de Windsor e, em 1387, casou-se com Filipa de Lencastre, filha de João de Gante. Eles tiveram cinco filhos; o terceiro foi Henrique, o Navegador.

Henrique IV, Henrique V e Henrique VI da Inglaterra ratificaram o Tratado de Windsor. Henrique IV concedeu a João a ordem de cavaleiro de Garter, a maior de todas as concedidas pela cavalaria inglesa, como recompensa por sua lealdade.

COMÉRCIO ESCRAVO

A partir da década de 1440, navios mercantes portugueses navegavam para as ilhas atlânticas e para o sul, na costa da África, atrás de escravos, já que havia demanda de mão de obra para trabalhar nas plantações de açúcar nos Açores e na ilha da Madeira.

A escravidão era uma realidade na Península Ibérica desde os romanos, mas o volume disparou na década de 1450, e o número de escravos crescia a cada ano. Africanos do norte e da costa ocidental não eram mais escravos domésticos, e sim mão de obra rural, paga em bens e despachada em condições terríveis para Açores, Madeira, Cabo Verde e São Tomé.

Por volta de 1460, a Ilha da Madeira era o maior produtor de açúcar do Ocidente.

1520-1640: O DOMÍNIO ESPANHOL

Por volta de 1520, a riqueza e o poder dos portugueses estavam no auge, mas um império tão extenso ocultava problemas que logo viriam à tona. Uma parte muito pequena do dinheiro que entrava no país chegava às mãos do povo, e não houve o desenvolvimento de uma classe empresarial para lidar com as finanças nacionais. Após a expulsão dos judeus e o estabelecimento da Inquisição, Portugal tinha um imenso império comercial, sem pessoal habilitado para administrá-lo. Por volta de 1580, o dinheiro que entrava do império não era mais suficiente para mantê-lo, e as dívidas e os custos aumentavam. Alguém tinha que ceder – e essa cessão coube à monarquia. Três anos após a morte de dom Sebastião, seu tio, dom Filipe II da Espanha, invadiu Portugal, derrotou os portugueses em Alcântara e coroou a si mesmo rei em 1581. Depois de um bom início, o domínio espanhol trouxe poucos benefícios. Por volta de 1640, os portugueses já estavam cansados e começaram a agir. Conspiradores derrubaram o governador espanhol, e a pressão popular persuadiu o relutante duque de Bragança, chefe da mais poderosa e nobre família portuguesa, a assumir o trono como João IV.

Sentido horário, a partir do alto *Filipe II da Espanha tomou a coroa portuguesa em 1581; Uma caravela, a embarcação que ajudou os portugueses a estabelecer um império; Fortificação portuguesa em Marrocos, onde terminou a cruzada contra os mouros*

GRANDE DEMAIS

Portugal geriu seu império com as feitorias, postos comerciais fortificados na costa, espalhados pela África até a Índia e o Extremo Oriente. Seguras e fáceis de reabastecer por mar, as feitorias fizeram os portugueses acreditar que poderiam manter o controle de seu vasto império com um mínimo de esforço.

Durante anos, o sistema funcionou a contento, mas em meados do século XVI ficou claro que confiar em 10 mil homens para manter tão vasto império não era possível. O reabastecimento, que era vital, ficou mais difícil e mais caro – a viagem marítima a Goa, na Índia, podia levar até 18 meses. De lá a Macau, mais alguns meses. As recompensas, antes tão atraentes, não eram suficientes para fazer frente às despesas.

A INQUISIÇÃO EM PORTUGAL

"Auto de fé" não é uma expressão espanhola, e sim portuguesa – a Inquisição em Portugal foi tão temida e ativa como na Espanha. Foi instituída em 1531, sobretudo para lidar com os judeus que haviam supostamente abraçado a fé cristã para ter permissão de ficar no país após as expulsões em massa de 1496. Mas a Inquisição tratou também de investigar e punir todas as formas de heresia. Seus processos eram extremamente injustos. Os promotores, partindo em geral de denúncias anônimas, tinham liberdade de prender quem bem entendessem, e o acusado não tinha direito a defesa, tampouco a questionar o acusador. Criminosos conhecidos costumavam ser os acusadores. Obviamente, não havia o direito de apelar. A morte na fogueira era a punição suprema.

UMA ODISSEIA PORTUGUESA

Luís Vaz de Camões, um expoente da literatura portuguesa, nasceu provavelmente em 1524 e morreu em 1580. Em Portugal e no exterior, sua fama se apoia na obra-prima, *Os Lusíadas*. Esse poema épico, de grande fervor patriótico, celebra as conquistas portuguesas na grande Era dos Descobrimentos, por meio da viagem de Vasco da Gama às Índias. Ele é o herói do poema.

Camões tinha as condições ideais para escrever sobre o Oriente. Seu pai morreu em Goa e ele passou 16 anos de sua vida viajando. Perdeu um olho no Marrocos, escapou de um naufrágio. São atribuídos diversos amores ao poeta, inclusive a própria irmã do rei dom Manuel I.

Voltou a Lisboa em 1570, e em 1572 publicou *Os Lusíadas* sem obter sucesso. Morreu na pobreza oito anos depois.

DESASTRE NO MARROCOS

As coisas podiam não ir muito bem em Portugal, mas dom Sebastião (que reinou de 1557 a 1578), muito religioso e igualmente sanguinário, estava determinado a reviver os dias de glória da reconquista cristã. Obcecado por guerra e avesso a assuntos de Estado, ele teve a ambição de lançar uma grande cruzada contra os mouros no norte da África.

Em 1578, reuniu um impressionante exército de 14 mil homens e partiu para o Marrocos. Perto de Alcácer Quibir encontrou 40 mil muçulmanos que arrasaram as forças cristãs, matando dom Sebastião e mais da metade de seus soldados.

Apenas três anos mais tarde, os remanescentes do exército português também tiveram pouca chance contra Filipe II da Espanha, quando ele invadiu Portugal para reclamar o trono.

DIAMANTES

Até serem descobertos no Brasil, em 1725, os diamantes vinham da Índia, e os portugueses eram os principais fornecedores. Comerciantes de diamantes judeus-portugueses se instalaram em Antuérpia. No início do século XVI, eles já dominavam o negócio técnica e comercialmente, incluindo a lapidação e o polimento das pedras. Estavam mais do que aptos a lidar com as importações que vinham da Índia, passavam por Lisboa e se dirigiam para o norte.

A maioria das pedras preciosas (diamantes, safiras e ametistas) vinha do sul da Índia, onde foi encontrado mais tarde o fabuloso diamante Koh-i-noor. Governadores indianos locais atuavam como intermediários entre os mineradores e os portugueses. Geralmente eles conseguiam as melhores e maiores pedras.

1640-1826: A RECUPERAÇÃO DO PODER

Com a casa de Bragança instalada no trono, as relações com os ingleses foram reatadas, e a descoberta de ouro e diamante no Brasil abriu novas perspectivas ao império português. Entrava dinheiro nos cofres reais e saía quase com a mesma rapidez, já que dom João V (que reinou de 1706 a 1750) esbanjava altas somas em luxuosos edifícios. Seu filho, José I (que reinou de 1750 a 1777), teve como ministro-chefe o marquês de Pombal, ligado ao despotismo esclarecido. Seu governo foi marcado por grandes modernizações, além de fatalidades como o grave terremoto de Lisboa em 1755. A ascensão de Napoleão representou outra grande ameaça para o país. Lisboa foi tomada pelos franceses em 1808, fazendo com que dom João VI fugisse para o Brasil, deixando Portugal envolvido na Guerra Peninsular. Dois generais britânicos, o duque de Wellington e lorde Beresford, tiveram papel crucial na expulsão dos franceses, embora nada de novo tivesse ocorrido até 1820, quando liberais portugueses criaram nova Constituição. Quando voltou do Brasil, o rei aceitou-a, mas a rainha e seu filho mais jovem, Miguel, discordaram. Eles lideraram um movimento reacionário que, após morte de dom João, em 1826, levou a monarquia a um declínio lento mas inexorável, até que foi extinta no início do século seguinte.

Sentido horário, a partir do alto *Barris de vinho do Porto prontos para embarque; O marquês de Pombal salvou a população lisboeta da fome depois do terremoto de 1755; O Convento do Carmo, em Lisboa, foi destruído durante o terremoto*

UM BOM CHÁ

Quase 5.000 anos atrás, os chineses foram os primeiros a apreciar uma xícara de chá, mas foi só em 1560 que a Europa o conheceu – por meio do jesuíta português Gaspar da Cruz. Em um século, Portugal passou a importá-lo da China.

Os holandeses também começaram a apreciar a bebida, e foi na Holanda que um jovem exilado, mais tarde dom Carlos II da Inglaterra, começou a tomá-lo.

Em 1662, Carlos se casou com a infanta portuguesa Catarina de Bragança, também apreciadora de chá. O rei e a rainha foram sempre espelho para seus súditos e, com a aprovação real, o chá passou a ser tão apreciado na Inglaterra como era em Portugal.

O MARQUÊS DE CAMPO MAIOR

Com a família real instalada no Brasil, dois generais britânicos foram os primeiros a mover a campanha para expulsar Napoleão de Portugal e da Espanha. Eram sir Arthur Wellesley, futuro duque de Wellington, e William Carr, visconde de Beresford.

Carr teve o primeiro contato com os portugueses quando era governador da Ilha da Madeira. Obstinado, mergulhou no estudo da língua e do país. Isso o ajudou muito em 1809, quando recebeu a tarefa de reorganizar o exército português, o que fez de forma brilhante, transformando-o em uma força de combate eficiente, apta a participar da Batalha de Buçaco em 1811. Foi agraciado com o título de marquês de Campo Maior e ficou em Portugal como administrador do país até 1821.

O TERREMOTO DE LISBOA

Em 1º de novembro de 1755, as igrejas de Lisboa estavam lotadas para a missa anual dos mortos. O desastre veio na forma de um intenso terremoto, que foi sentido até o norte da África.

Durante seis minutos o chão tremeu, telhados e domos desabaram, matando centenas de pessoas. Uma onda gigante subiu do Tejo e inundou grande parte da cidade. As velas, acesas para a festa, provocaram incêndios que duraram dias.

O ministro-chefe, Sebastião José de Carvalho e Melo, mais tarde marquês de Pombal, interveio dizendo "Enterrem os mortos, deem comida aos vivos". Graças ao ministro, ninguém morreu de fome, não houve epidemias e, em duas décadas, a Baixa, centro histórico da cidade, tinha sido reconstruída.

VINHO DO PORTO

As seguidas guerras entre Inglaterra e França, de 1679 a 1714, fizeram do vinho do Porto um grande negócio. Caiu a importação de vinhos franceses, deixando uma brecha no mercado, logo ocupada por outros produtos. O Porto inundou a Bretanha, estimulado pelo Tratado de Methuen, de 1703, que baixou o imposto de importação para um terço daquele dos vinhos franceses. Os empreendedores ingleses começaram a fundar vinícolas ao longo do Douro, e surgiram nomes como Graham, Sandeman, Croft e Cockburn. Em 1756 os ingleses tinham total controle do negócio e começaram a vender vinho de qualidade inferior como se fosse o verdadeiro Porto. Isso levou à criação de critérios, seguidos até hoje, sobre o que é e o que não é Porto.

A QUESTÃO DO BRASIL

Com as tropas de Napoleão prestes a invadir o país, em 1807, a família real, a corte e o governo cruzaram logo o Atlântico para se instalar no Rio de Janeiro. Foi um lance infeliz para a pátria-mãe. Por volta de 1815, Portugal, agora administrado por Beresford, era economicamente mais fraco que sua mais importante colônia.

Tentativas de tomada do poder espreitavam o país, e em 1821 dom João VI, debilitado, indeciso e doente, viajou para Lisboa com 4.000 oficiais e todo o caixa do recém-fundado Banco do Brasil. Ele deixou seu filho Pedro como regente. No ano seguinte, Pedro se recusou a voltar para Portugal. Em 1822, declarou a independência do Brasil. Portugal perdia assim sua maior colônia.

1826-1910: RUMO À REPÚBLICA

Quando dom João VI morreu em 1826, seu filho e herdeiro Pedro, imperador do recém-independente Brasil, instalou seu irmão Miguel como regente de Portugal – com a condição de que aceitasse a nova Constituição, mais liberal. Miguel concordou, mas sua primeira decisão como governante foi restaurar o poder absolutista e ignorar a Constituição. França, Inglaterra e Espanha apoiaram os liberais, que conseguiram colocar dom Pedro – o qual abdicara no Brasil – como rei em 1834. Durante a segunda metade do século XIX, o país esteve dividido entre os que apoiavam a Constituição de dom Pedro e os liberais, que queriam voltar à versão mais democrática de 1820, elaborada por eles. Por volta de 1850, as duas facções se assentaram em um sistema bipartidário mais estável. A monarquia, praticamente falida, já que outras potências europeias mais fortes disputavam territórios na África, tornava-se cada vez mais impopular. Dom Carlos (que reinou de 1889 a 1908) tentou governar de modo ditatorial, apegando-se a uma concepção antiquada de realeza. Numa tentativa de golpe em 1908, ele e o filho mais velho foram assassinados. Seu sucessor, dom Manuel, ficou mais dois anos até ser destronado e exilado quando o Exército e a Marinha se rebelaram.

Sentido horário, a partir do alto *A pomposa inauguração da ferrovia Lisboa-Porto, em 1856; Manuel, último rei de Portugal, foi forçado a renunciar ao trono depois da Revolução de 1910; O Palácio da Pena, um dos mais exuberantes exemplos da arquitetura vitoriana gótica*

LIBERTADOR E USURPADOR

Em fevereiro de 1828, o irmão de dom Pedro IV, dom Miguel, chegou a Portugal. Ele prometeu apoiar a nova Constituição. Mas, em julho, desconsiderou-a e coroou-se rei.

A manobra não foi impopular em Portugal, mas dom Pedro a viu como uma usurpação dos direitos de sua filha Maria – ela se casara com Miguel aos 7 anos. Dom Pedro abdicou do trono brasileiro e foi até os Açores, onde, em 1832, montou um governo no exílio. Dali, tomou a cidade do Porto, mas não foi adiante. Porém, com o auxílio das forças do duque de Terceira, marchando do sul, Lisboa se rendeu a ele em 1833. Quando dom Pedro morreu, em 1834, Maria foi coroada como dona Maria II, e dom Miguel foi para o exílio.

A CONEXÃO SAXE--COBURG-GOTHA

Dom Pedro IV, rei de Portugal e ex-imperador do Brasil, morreu em 1834, e a filha Maria herdou o trono português. Após a morte de seu segundo marido, ela se casou em 1836 com Fernando de Saxe-Coburg--Gotha, um primo do adorado consorte da rainha Vitória, o príncipe Albert.

Fernando foi também um marido dedicado. Como era apreciador das artes, ajudou a projetar o neogótico Palácio da Pena em Sintra, na década de 1840. Também ajudou a restaurar os tesouros de Mafra e de Alcobaça, ambos danificados por anticlericais.

O filho mais velho do casal, que se tornaria dom Pedro V, assumiu o trono quando tinha apenas 16 anos, tendo Fernando sido regente nos dois anos anteriores.

RETIRADA DA ÁFRICA

Após 1860, os exploradores portugueses alcançaram o interior da África a partir da costa, assim como faziam os ingleses, os franceses e, mais tarde, os alemães. Com isso, surgiram muitos problemas sobre o direito aos territórios.

Em 1884, a Conferência de Berlim tentou resolvê-los dividindo o continente. Portugal ficou com Angola, Guiné-Bissau e Moçambique, com a condição de que ocupasse efetivamente os territórios.

Na África, Portugal logo entrou em choque com os ingleses, numa disputa por uma área entre Moçambique e Angola. Portugal protestou contra as incursões dos ingleses. A Inglaterra alegou que os chefes locais haviam reconhecido seus direitos.

Diante da perspectiva de uma guerra desastrosa, Portugal recuou em 1890.

ESTRADAS DE FERRO

Portugal demorou a se preocupar com o sistema ferroviário do país. Mas, na segunda metade do século XIX, foram construídas linhas por toda a nação. A colocação dos trilhos começou em 1852, com a supervisão dos ingleses, na linha Lisboa--Porto, inaugurada em 1856. Logo depois vieram as linhas para o leste e o sul.

Na década de 1880, Portugal estava ligado ao norte e a leste com a Espanha por linhas ferroviárias. Em 1890 foi inaugurada em Lisboa a Estação do Rossio, e tanto Lisboa como o Porto adquiriram suas linhas urbanas. Por volta de 1915, uma rede de linhas, algumas passando por paisagens maravilhosas e ainda operantes hoje, já cobria todas as partes de Portugal, exceto as mais isoladas.

A QUEDA DA MONARQUIA

Por volta de 1910, após anos de crescente agitação republicana, a revolução pairava no ar. Ela começou em 4 de outubro, quando unidades do Exército e da Marinha se rebelaram, apoiadas por civis. A Rotunda de Lisboa foi ocupada, e dois navios de guerra bombardearam a residência do rei. No meio da manhã, a bandeira republicana tremulava sobre a cidade e Manuel foi para Mafra.

No dia seguinte, pescadores levaram a família real para o seu iate, que partiu para Gibraltar. Antes de sair, Manuel escreveu: "Sou português e sempre o serei... Viva Portugal". Passou todo o período do exílio na Inglaterra. Morreu em Twickenham em 1932 e foi enterrado no panteão real da Igreja de São Vicente de Fora, em Lisboa.

1910-1974: A DITADURA E A REVOLUÇÃO

Entre 1910 e 1926 a nova república portuguesa era caótica. Houve 45 governos, levantes militares, confusão nas finanças e crescente hostilidade em relação aos políticos por todo o país. Em 1926, a situação piorou muito, sobretudo com a suspensão apoiada pelos militares da Constituição republicana e a instalação do general Carmona como presidente – ele iria permanecer no cargo até sua morte, em 1951. O palco estava pronto para a ascensão de António de Oliveira Salazar, economista da Universidade de Coimbra que iria controlar o país até 1968. Em 1928, ele foi designado ministro das Finanças, tornando-se primeiro-ministro – e ditador – em 1932. Equilibrou as contas, mas a um custo imenso para o país. A vida política, econômica e cultural de Portugal ficou estagnada por quatro décadas. O investimento externo foi desestimulado, a censura era absoluta, a agricultura subdesenvolvida e os pobres continuaram analfabetos. A ideia era manter as massas em seu lugar à base de "fado, Fátima e futebol". Mas o cenário mundial não permitiu que isso perdurasse. Havia reivindicações por liberdades democráticas, e a resistência ao clamor por independência das colônias empobrecia o país ainda mais. O resultado foi a revolução.

Sentido horário, a partir do alto *Estátua colonial derrubada por rebeldes da UNITA em Angola; As crianças que, ao alegar terem visto a Virgem Maria, fizeram a fama de Fátima; Celebração popular pela derrubada do governo salazarista, na Revolução dos Cravos, em 1974*

MÃO DE FERRO

Salazar dispensou a pompa e a retórica do fascismo, mas admirava Hitler e Mussolini – tinha até uma foto dele em sua mesa.

Seguindo o exemplo dos nazistas, criou a temida PIDE (Polícia Internacional e de Defesa do Estado), uma força policial especial nos moldes e inicialmente treinada pela Gestapo. Com o apoio de uma vasta rede de informantes pagos, a PIDE se infiltrou em todas as faces da sociedade portuguesa.

Em 1936 Salazar montou a Mocidade Portuguesa, um movimento militar de jovens, e a Legião Portuguesa, organização paramilitar, de extrema direita. Ambas adotavam a saudação nazista e sobreviveram até a Revolução de 1974.

SEGUNDA GUERRA

Foi necessária muita habilidade para manter Portugal fora da Segunda Guerra Mundial. Salazar, apesar de admirar Hitler e Mussolini, sabia que a neutralidade era essencial para o seu país. Em 1939, assinou um pacto de mútua proteção com o regime de Franco na Espanha para obter essa garantia.

Portugal virou uma base para ricos, refugiados políticos, espiões e para a realeza exilada. Manteve satisfeitos os alemães fornecendo-lhes tungstênio, mineral vital para a indústria bélica, e também os britânicos, que puderam instalar bases militares nos Açores. Os próprios portugueses eram em geral pró-aliados, demonstrando sua lealdade batendo os pés ou tossindo alto sempre que Hitler ou Mussolini apareciam nos noticiários de cinema. A visão de Winston Churchill na tela era saudada com gritos de "Viva... o Benfica" – não haveria melhor elogio do que compará-lo ao time de futebol mais amado do país.

OS ÚLTIMOS ANOS DE SALAZAR

Em agosto de 1968, passando o verão em Estoril, Salazar caiu de sua cadeira de lona, batendo a cabeça no chão de cerâmica. O golpe não teve consequências imediatas mas, em setembro, dores de cabeça muito fortes indicaram a presença de um coágulo cerebral. A operação para drená-lo foi bem-sucedida, mas seguiu-se uma intensa hemorragia do outro lado do cérebro. Marcelo Caetano assumiu, porém o medo que Salazar inspirava era tamanho que ninguém ousava dizer ao ditador que seus dias de poder tinham terminado. Ele viveu por mais dois anos, recebendo ministros e até jornalistas, e acreditou até o fim que ainda tinha controle absoluto sobre Portugal. Morreu em julho de 1970, legando a Caetano a missão de continuar o governo autoritário de direita do Estado Novo. Em 1974, a Revolução dos Cravos pôs fim ao salazarismo, mas a influência do ditador ainda hoje é sentida em alguns momentos.

A REVOLUÇÃO DOS CRAVOS

A oposição a Marcelo Caetano, sucessor de Salazar, cristalizou-se no Exército com a formação do Movimento das Forças Armadas (MFA), um grupo de jovens oficiais desiludido com o desperdício da luta colonial e com as condições do país. Depois de uma tentativa abortada, houve um desfecho em abril de 1974, sob o comando do major Otelo Saraiva de Carvalho. Após a meia-noite de 25 de abril, o início da revolução foi anunciado pela irradiação de uma canção de protesto proibida. Às 3h, Lisboa tinha sido tomada. Às 8h o MFA fez seu primeiro pronunciamento por rádio, e em poucas horas os cravos vermelhos, flores da estação, brotavam dos canos de fuzis por todo o país – símbolo da revolução e da liberdade recuperada.

O FIM DO IMPÉRIO

Por volta de 1960, Portugal tinha crescentes problemas com as colônias. Em 1961, a Índia marchou sobre Goa, encerrando mais de 400 anos de domínio luso. Na África, Salazar tentou neutralizar os movimentos de libertação com campanhas de propaganda e uma dura ação militar contra as guerrilhas.

Depois da Revolução de 1974, a opinião popular do país pressionava para garantir às colônias sua independência. Exaustos após longos anos de guerra, os portugueses se retiraram de Angola em 1975, deixando por conta dos movimentos de libertação a luta pelo poder. Milhares de angolanos foram mortos na guerra que se seguiu. Em 1975, os portugueses saíram do Timor-Leste, e o resultado foram mais de 20 anos de sanguinário governo indonésio.

1974-HOJE: PORTUGAL MODERNO

A Revolução de 1974 anunciou o surgimento do verdadeiro regime democrático em Portugal. As dificuldades previstas para as décadas de 1970 e 1980 foram aliviadas pela entrada do país na Comunidade Europeia em 1986, que trouxe crescimento econômico sem precedentes. A autoconfiança dos portugueses deslanchou com o grande sucesso da Expo '98 em Lisboa, e problemas de ordem socioeconômica, como inflação, mortalidade infantil e analfabetismo, são administrados com sucesso cada vez maior. O euro substituiu o escudo como moeda nacional em 2002, e em 2004 a Eurocopa de futebol colocou Portugal em evidência, destacando-o como destino turístico. O país ainda tem problemas, mas enfrenta o futuro com mais otimismo.

Da esq. p/ dir. *O shopping center Vasco da Gama, em Lisboa; Teleférico no local da EXPO '98, também na capital portuguesa*

UM ESTADO DEMOCRÁTICO

Apesar dos problemas de "crescimento" nas décadas de 1970 e 1980, Portugal consolidou-se como uma democracia, com um governo eleito por cidadãos acima de 18 anos. Tem um presidente, que é comandante-chefe das Forças Armadas, um primeiro-ministro, um conselho de ministros, uma assembleia e um judiciário independentes. O presidente é eleito por cinco anos e conta com um conselho de Estado de 16 membros. Guiado pelos resultados da eleição da Assembleia, nomeia o conselho de ministros, que apresentam seu programa para debate no Legislativo.

Portugal tem duas regiões autônomas: os arquipélagos da Madeira e dos Açores. Macau, última colônia, voltou ao controle da China em 1999.

TURISMO

Os turistas descobriram o Algarve na década de 1960, e a região, com a abertura do aeroporto de Faro, não demorou a virar um grande destino de férias para visitantes estrangeiros. Hoje, o turismo responde por mais de 25% do investimento externo do país e por cerca de 10% do PIB.

Os turistas que procuram Portugal não buscam apenas sol, areia e mar. Cresce o número de pessoas que visitam Lisboa e exploram o interior do país.

Os empreendimentos mal-planejados da costa foram coibidos quando ficou claro que iriam destruir as qualidades que atraíam os visitantes, e procura-se agora desenvolver um setor de turismo mais sustentável e que ajude a preservar o meio ambiente.

COMO CHEGAR E CIRCULAR

Esta seção oferece informações detalhadas sobre as várias opções de viagem para Portugal e explica as melhores maneiras de circular pelo país depois de sua chegada. Dicas práticas vão ajudar você com tudo de que precisar – da compra de bilhetes ao aluguel de um carro.

CHEGADA

DE AVIÃO

A maioria dos visitantes chega a Portugal de avião, e o número se eleva a cada ano conforme aumentam as opções de empresas aéreas econômicas operando no país e cresce a procura nos fins de semana prolongados.

Portugal tem três aeroportos no continente: Lisboa, Porto e Faro, que atendem respectivamente o centro, o norte e o sul do país. Se você vem do Brasil, descerá em Lisboa ou no Porto (há voos diários para Lisboa e alguns voos semanais para o Porto). Porto, no Norte, entrada para a região mais populosa de Portugal, está sempre cheio de gente viajando a negócios e é um bom ponto para chegar às regiões do Minho, Douro, Trás-os-Montes e Beiras. Faro, que atende a região do Algarve, bom ponto de entrada para explorar o sul do país, é o aeroporto mais agitado nas épocas de férias, recebendo voos fretados de capitais europeias.

A TAP Portugal opera voos diários para Lisboa a partir de São Paulo, Rio de Janeiro, Brasília, Salvador e Recife (e tem também alguns voos semanais a partir de Belo Horizonte e Natal). A TAM voa diariamente para Lisboa a partir de São Paulo, Rio de Janeiro e Brasília. TAP e TAM também voam diretamente (três vezes por semana) para o aeroporto internacional da cidade do Porto.

Há ainda outras maneiras de chegar a Portugal a partir do Brasil. Outras companhias europeias – como por exemplo Air France, British Airways, KLM, Iberia e Lufthansa – voam para Lisboa a partir de São Paulo, mas é preciso fazer conexão nas capitais dos países de origem dessas empresas (Paris, Londres, Amsterdã, Madri, Frankfurt etc.).

LISBOA

O Aeroporto da Portela situa-se 7km ao norte de Lisboa, no centro do país. É um aeroporto movimentado, que possui dois terminais. Um deles, o Terminal 1, tem três níveis. As chegadas são no

TRANSPORTES DOS PRINCIPAIS AEROPORTOS

AEROPORTO	LISBOA (LIS)	PORTO (OPO)	FARO (FAO)
DISTÂNCIA ATÉ O CENTRO	7km	11km	4km
TÁXI	Preço: €15-€20 Tempo: 20-30min	Preço: €15-€18 Tempo: 30-45min	Faro €10-€12 (15min), Albufeira €41-€49 (30min), Carvoeiro €59-€70 (45min), Portimão €63-€75 (50min), Lagos €78-€93 (60min), Vilamoura €28-€35 (25min), Vila Real de Santo António €57-€70 (55min)
TREM/METRÔ	A estação de metrô mais próxima é a Areeiro ou a Gare do Oriente, no Parque das Nações (2,8km); não recomendado	Metrô. Linha Violeta (E) Tempo: 25-35min. Frequência: a cada 20min (6h-1h30). Preço: €1,35	Não há
ÔNIBUS	Aerobus nº 91 para a Avenida da Liberdade, Rossio, Praça do Comércio e Cais do Sodré. Frequência: a cada 20min (7h45-20h15). Preço: €3,35 (vale o dia inteiro para todo o transporte público), acesse www.carris.pt Ônibus Carris adicionais para a área do centro: 5, 22, 44, 45, 83. Frequência: a cada 20-30min. Preço: €1,40	Ônibus STCP para áreas centrais: 601 a cada 30min (6h-12h30); 602 a cada 20min (6h-12h45); 604 a cada 20min (6h-1h30). Preço: €1,30, acesse www.stcp.pt	Ônibus EVA para o centro de Faro. Frequência: a cada 30min (7h08-21h17 diariam). Preço: €1,65
CARRO	Centro de Lisboa: na rotatória do aeroporto é preciso seguir a Avenida Almirante Gago Coutinho até o Rossio Outros destinos: Norte: rodovia A1 seguindo as placas para o Porto Noroeste: segunda circular norte (direção Porto), depois a IC17 para A8 Sul: segunda circular norte para a Ponte Vasco da Gama ou sul para a Ponte 25 de Abril via Eixo Norte-Sul Cascais/Estoril: segunda circular sul, depois a rodovia A5	Centro do Porto: rodovia IC1 seguindo as placas até a cidade Outros destinos: Norte: rodovia A3 (IP1) para Braga Sul: rodovia A1 sinalizada "Porto/ Lisboa" Leste: rodovia A4 (IP4) para Vila Real/ Bragança	Centro de Faro: pegue a estrada de ligação N125-10, depois a N125 Outros destinos: pegue a estrada de ligação N125-10, depois a N125 leste ou oeste, ou a rodovia A22 (IP1) leste ou oeste

térreo e o check-in e as partidas, no segundo andar.

O check-in internacional fica atrás e à direita da área de lojas no segundo andar, com um balcão de informações de voo à direita da entrada principal. Chegue com antecedência, pois o aeroporto é um tanto confuso e o check-in e os trâmites aduaneiros podem demorar. O Terminal 2, para voos domésticos, fica a dois minutos de ônibus a oeste.

O aeroporto tem balcão de informações no andar do check-in e no saguão de chegadas. Há ainda balcões para reservas de hotel e aluguel de carros. Também oferece lojas, um banco, restaurantes, lanchonetes, correios, posto de bagagem perdida e guarda-volumes. Há acesso fácil às rodovias.

PORTO

O Aeroporto Francisco Sá Carneiro fica 11km ao norte do Porto. Um dos terminais foi ampliado e concluído em 2006 e agora oferece mais serviços e é mais espaçoso. Porto (ou Oporto) recebe voos domésticos e internacionais em seu único terminal.

Entre os serviços oferecidos no aeroporto estão balcões de informação turística e de aluguel de carros.

FARO

O Aeroporto de Faro localiza-se 4km a oeste do centro da cidade.

ATRASOS NOS AEROPORTOS

» Na alta estação, os atrasos são inevitáveis, particularmente em Faro, que tem de operar volume excepcionalmente alto de voos de férias.

» Se o seu voo atrasou, o melhor é ficar na área externa do aeroporto o maior tempo possível.

» Se o tempo estiver bom, fique no terraço do bar, ao ar livre, que tem uma bela vista da lagoa até a praia de Faro.

» Se o atraso for superior a duas horas e você já tiver despachado a bagagem, é possível pegar um táxi e dar uma volta na cidade, mas fique atento ao horário.

EMPRESAS AÉREAS

NO BRASIL		
Air France / KLM	tel (11) 4003 9955 / 1888	www.airfrance.com.br
British Airways	tel (11) 4004 4440	www.britishairways.com
Iberia	tel (11) 3218 7130	www.iberia.com.br
Lufthansa	tel (11) 3048 5800	www.lufthansa.com.br
TAM	tel 4002 5700 (capitais) 0800 570 5700 (outras localidades)	www.tam.com.br
TAP Portugal	tel 0300 210 60 60	www.flytap.com.br
EM PORTUGAL		
Air France / KLM	tel 707 202 800	www.airfrance.pt
British Airways	tel 808 200 125	www.britishairways.com
Iberia	tel 707 200 000	www.iberia.pt
Lufthansa	tel 707 782 782	www.lufthansa.pt
TAP Portugal	tel 707 205 700	www.flytap.com.pt

Trata-se de um aeroporto moderno que recebe voos internacionais programados, voos charter, domésticos e os das companhias europeias de baixo custo.

Pode ficar lotado, especialmente nos fins de semana de julho e agosto, na alta estação.

O check-in e a segurança podem ser demorados, sobretudo para os voos charter. Dispõe de banco, centro de informações ao visitante, balcões de aluguel de carros (em geral fora do terminal), restaurante self-service, lanchonetes, lojas e uma agência de correio.

CONTATOS COM OS AEROPORTOS

Geral		www.worldairportguide.com
Lisboa	tel 218 413 500 (geral)	www.ana.pt
Porto	tel 229 432 400	www.ana.pt
Faro	tel 289 800 800	www.ana.pt

DE CARRO E DE ÔNIBUS

Se estiver de carro, pese bem os prós (como mobilidade e boas rodovias) e os contras (como locação, taxas e entrega). Se vier da Europa continental, o acesso rodoviário é bastante simples, mas se vier do Reino Unido, terá que colocar o carro em um barco e ir até o norte da Espanha.

DE CARRO

Se estiver indo de carro até Portugal, você vai precisar dos seguintes documentos:

» Carteira de habilitação válida;
» Documentos originais do veículo;
» Documentos de seguro do carro (o seguro de terceiros é facultativo);
» Passaporte.

Os trajetos para Portugal passam pela França e pela Espanha. Há duas opções principais: as duas iniciam descendo pela costa oeste da França pela E5, cruzando a fronteira espanhola em Irún; para o centro ou norte de Portugal, a partir de Irún siga para oeste cruzando Bilbao e depois Valladolid e Salamanca, até a fronteira em Vilar Formoso. Daqui, continue para oeste pela A25 em direção ao Porto e ao norte, ou sentido sudeste pela A23 até a região central e Lisboa. Para destinos mais ao sul, a rota mais rápida ainda é por Bilbao, depois Burgos, Madri e Badajoz. Siga então para oeste pela A26 até Lisboa ou pegue a A6 e depois a A2 até o sul e Algarve.

DE ÔNIBUS

Ônibus internacionais para Portugal são uma boa opção a partir da Espanha. A Eurolines (www.eurolines.es) oferece diversas linhas que ligam as principais cidades espanholas às portuguesas, com motoristas bilíngues. Entre os destinos estão Lisboa, Porto, Coimbra, Guarda, Viseu, Beja, Faro e Portimão, entre outros.

O preço de uma passagem de Madri a Lisboa é de cerca de €50. A viagem dura oito horas e há descontos para menores de 12 anos e maiores de 60.

A Rede Nacional de Expressos (tel 213 581 460 ou 969 502 050; www.rede-expressos.pt) opera linhas regulares de ônibus entre as cidades portuguesas. A viagem do Porto a Lisboa (312km) dura pouco mais de três horas e custa €18. De Lisboa a Faro (297km) são aproximadamente quatro horas, a um custo de €18.

DE BARCO

Não há linhas regulares de barcos que transportem carros entre Portugal e outros portos da Europa continental ou do Reino Unido. Para quem vem de carro do Reino Unido, os principais portos de acesso são Santander e Bilbao, no País Basco espanhol, de onde é preciso dirigir um dia inteiro, a maior parte pela Espanha, até chegar ao destino em terras portuguesas.

SITES

Você pode encontrar informações úteis para planejar sua viagem nestes sites:

» www.theAA.com
» www.autoroutes.fr
» www.autopistas.com
» www.brisa.pt

FERRYBOATS A PARTIR DO REINO UNIDO

DE PLYMOUTH ATÉ SANTANDER

A Brittany Ferries (tel 44 (0) 08709 076 103; www.brittany-ferries.com) opera uma linha entre Plymouth e Santander duas vezes por semana, entre 30 de março e 28 de outubro. A viagem leva 20 horas e 30 minutos. Todos os passageiros são obrigados a reservar uma cabine ou um assento. Os barcos atracam no centro de Santander. Para a rota de carro até Portugal, veja acima.

DE PORTSMOUTH ATÉ BILBAO (SANTURTZI)

A P&O Ferries (tel 44 (0) 08716 645 645; www.poferries.com) administra um serviço entre Portsmouth e Bilbao ao longo do ano todo, a cada três dias (a exceção é janeiro, quando há apenas duas viagens). A jornada leva 35 horas, e os pasageiros devem reservar cabines. Os ferryboats aportam em Santurtzi, 15km a noroeste da cidade. A partir do porto, siga a A8 no sentido oeste até Santander, depois tome o sentido sul até Bilbao e escolha uma das rotas destacadas acima.

DICAS DE VIAGEM

» Ao viajar por terra, arrume uma sacola pequena com tudo o que vai precisar para a viagem e deixe-a à mão.
» Mantenha documentos e dinheiro bem guardados, para a eventualidade de você dormir no ônibus ou no trem.
» Se viajar com crianças, prepare-se para mantê-las entretidas.
» Reserve dinheiro trocado para os pedágios automáticos, ou compre o passe antes.

DE TREM

Caso esteja em outro país europeu, viajar de trem até Portugal pode ser uma boa experiência, mas tem suas desvantagens: é caro (há passagens de avião mais baratas que as de trem) e demorado.

Muitas pessoas aproveitam a viagem a Portugal para conhecer outros países europeus. Os destinos mais comuns são Espanha, França e Reino Unido.

O trem é uma das maneiras de chegar a Portugal vindo desses países, e também de outras partes da Europa, como por exemplo Alemanha e Itália. A partir do Reino Unido, é preciso ir para Paris e de lá para Lisboa. É melhor usar o Eurostar até Paris, de onde os trens para o sul são mais rápidos e frequentes. É preciso chegar meia hora antes da partida. Pode-se levar duas malas e uma bagagem de mão, todas etiquetadas com nome, endereço e o número do assento.

A partir da Espanha, a empresa espanhola Renfe (tel 213 512 980, www.renfe.es) oferece duas rotas – Trenhotel Lusitania, de Madri a Lisboa, e Extrella Superexpreso, de Irún a Lisboa. A primeira dura cerca de dez horas e passará por Cáceres, Marvão-Beirã, Abrantes e Entroncamento. De Lisboa é possível chegar ao Porto, a Coimbra e ao sul.

O trajeto principal de Paris a Lisboa inclui Bordeaux, Biarritz, Irún, Donostia, Salamanca e Guarda. É preciso fazer baldeação em Irún para o trem até a capital portuguesa e de novo em Guarda, para conexões até a cidade do Porto e Coimbra.

INFORMAÇÕES E BILHETES

ESTAÇÕES FERROVIÁRIAS

Lisboa Oriente: Av. D. João II, 1990-233, Gare do Oriente, piso 1, Lisboa

Lisboa Santa Apolónia: Av. Infante Dom Henrique, Lisboa

Porto Campanhã: Largo da Estação, 4300-173, Porto

Porto São Bento: Praça Almeida Garrett, 4000-069, Porto, tel 808 208 208 www.cp.pt

SISTEMA FERROVIÁRIO PORTUGUÊS

Portugal é um país pequeno, com um sistema ferroviário relativamente fragmentado e tarifas razoáveis. Para fazer apenas uma ou duas viagens de trem, provavelmente sairá mais barato comprar os bilhetes individuais.

Para quem visita Portugal como parte de uma viagem à Europa, os passes da Eurail são uma boa opção. Eles são válidos por 22 dias ou um mês e permitem viagens ilimitadas em zonas determinadas.

A empresa Caminhos de Ferro Portugueses (www.cp.pt) é a administradora da rota ferroviária do país. Oferece rotas urbanas (em Lisboa e no Porto, ambas com quatro linhas), seis rotas intermunicipais (as principais são de Lisboa ao Porto e do Porto a Faro), 17 rotas regionais e inter-regionais e três rotas internacionais (para Madri e Vigo, na Espanha, e Paris).

Os trens da Caminhos de Ferro são parte da Rail Europe, grande rede ferroviária europeia. Assim, é relativamente fácil chegar à maioria dos países do continente, já que as linhas são interligadas.

O sistema é bastante eficiente, embora um tanto caro e demorado (em alguns países é também muito desorganizado), sobretudo nas rotas extremas, como é o caso de Portugal. O site www.raileurope.com é simples e bem completo. É possível consultar as diversas opções de rotas, preços e horários dos trens.

CHEGADA PELA ESPANHA

Se você quer combinar visitas a Portugal e à Espanha, existem conexões fáceis de trem para e de Madri, Sevilha e Santiago. Há também linhas diretas de trem entre Madri e Lisboa (10 horas); Sevilha e Ayamonte, na fronteira portuguesa (2 horas e 30 min); e Vigo, na Galícia (norte da Espanha), e Valença, na fronteira (45 min). Fazer uma visita combinada a Portugal e Espanha também é uma boa ideia se você decidir alugar um carro, mas é bom verificar antes se o seu contrato de locação lhe permite levar o veículo de um país até o outro.

PASSES EURAIL

PASSES DE TREM EUROPEUS

Os passes de trem comercializados pela Eurail (www.eurail.com) são:

» Global Pass (US$519): permite circular por 20 países.

» Select Pass (US$329): para viagens entre três e cinco países.

» Regional Pass (US$179): para escolher a região que deseja viajar.

» One Country Pass (US$49): um país.

EURAIL PORTUGAL PASS

A Eurail disponibiliza um passe para viajar de trem em Portugal. É vendido em três versões:

» 3 dias (US$155).

» 4 dias (US$199).

» 6 dias (US$265).

O Portugal Pass dá direito a viagens ilimitadas na primeira classe, durante o período escolhido.

COMO CIRCULAR

COMO CIRCULAR EM LISBOA

A Carris opera o sistema de transporte público de Lisboa, uma rede integrada que inclui ônibus, trens e funiculares, ou elevadores de rua, todos eles frequentes, baratos e confiáveis. É possível ver tudo o que se quer na cidade usando apenas alguns poucos trajetos – qualquer um deles é, de fato, uma experiência que realmente vale a pena.

ÔNIBUS

» Os chamados *autocarros* cobrem a cidade inteira e podem ficar lotados. Há poucos assentos, por isso é comum viajar em pé. Embora Lisboa tenha baixa taxa de crimes, é bom ficar atento.

» As *paragens* (paradas ou pontos) indicam o número de linhas e as paradas. Cada parada é anunciada eletronicamente no ônibus.

» Embarque pela frente e valide seu bilhete. Saia pela traseira.

ÔNIBUS NOTURNOS

A Carris opera linhas de madrugada nos principais trajetos; os ônibus trafegam entre 23h45 e 5h30, dependendo do trajeto.

BONDES

Os maravilhosos *eléctricos* (bondes) de Lisboa valem o prazer da viagem. Eles circulam por cinco trajetos e sobem por algumas das mais íngremes ladeiras urbanas do mundo.

Os de nº 28, 12 e 25 são bondes antigos, tradicionais, que circulam pelo coração do centro. Fique atento aos batedores de carteira nessa região. O nº 18 segue para oeste rumo a Belém, enquanto o nº 15 é um novo "superbonde" que segue pelo rio desde o Cais do Sodré, passando por Belém, até Algés.

ELEVADORES

Existem três funiculares muito úteis (da Bica, Glória e Lavra), que facilitam ir da Baixa até o Bairro Alto. A passarela do elevador de rua de Santa Justa liga a Baixa à Igreja do Carmo e ao Largo do Carmo. É um passeio muito prazeroso.

METRÔ (METROPOLITANO)

São quatro linhas, com interconexão na Baixa-Chiado, Marquês de Pombal, Alameda e Campo Grande (tel 213 500 115, www.metrolisboa.pt). As regras do sistema são:

» funciona das 6h30 à 1h;

» as entradas são marcadas por um "M" branco e vermelho;

» os bilhetes custam 80¢ (zona 1) ou €1,10 (duas zonas), por viagem. O múltiplo de dez, ou *caderneta*, custa €7,30 (1 zona) ou €10,40 (duas zonas). Há o cartão "7 colinas", válido para metrô, ônibus e bonde, além do Lisboa Card (acima) e das combinações Carris/Metrô;

» é preciso validar o bilhete na caixa perto da catraca;

» os quadros informativos (verdes, azuis, amarelos ou vermelhos, dependendo da linha) indicam a direção da viagem pelo nome da estação final da linha;

» há mapas do metrô nas principais estações.

TRENS LOCAIS

Para visitar Cascais, Estoril, Queluz ou Sintra, pegue os trens locais. Eles vão de Cais do Sodré a Estoril e Cascais, e param em Belém. Para Queluz e Sintra, pegue o trem na

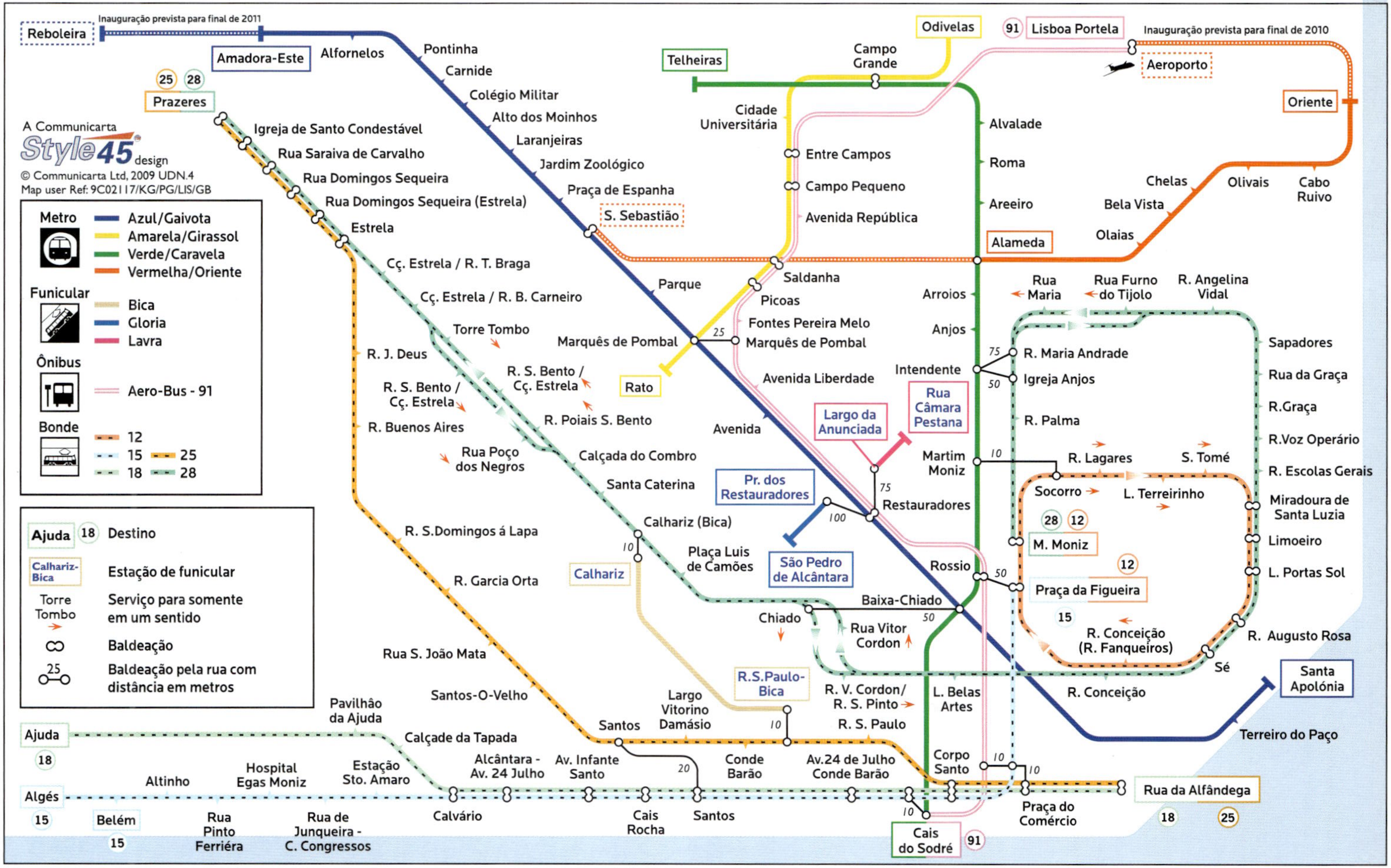

Reboleira
Inauguração prevista para final de 2011
Amadora-Este
Alfornelos
Pontinha
Carnide
Colégio Militar
Alto dos Moinhos
Laranjeiras
Jardim Zoológico
Praça de Espanha
S. Sebastião
Parque
Marquês de Pombal
Avenida
Restauradores
Rossio
Baixa-Chiado
Terreiro do Paço
Santa Apolónia
Odivelas
Campo Grande
Cidade Universitária
Entre Campos
Campo Pequeno
Avenida República
Saldanha
Picoas
Fontes Pereira Melo
Marquês de Pombal
Rato
Telheiras
Alvalade
Roma
Areeiro
Alameda
Arroios
Anjos
Intendente
Martim Moniz
Cais do Sodré
Olaias
Bela Vista
Chelas
Olivais
Cabo Ruivo
Oriente
Aeroporto
Lisboa Portela
91
Inauguração prevista para final de 2010
Avenida Liberdade
A Communicarta
Style45 design
© Communicarta Ltd, 2009 UDN.4
Map user Ref: 9C0217/KG/PG/LIS/GB
Metro
Azul/Gaivota
Amarela/Girassol
Verde/Caravela
Vermelha/Oriente
Funicular
Bica
Gloria
Lavra
Ônibus
Aero-Bus - 91
Bonde
12
15
25
18
28
Ajuda
18
Destino
Calhariz-Bica
Estação de funicular
Torre Tombo
Serviço para somente em um sentido
Baldeação
25
Baldeação pela rua com distância em metros
Prazeres
25
28
Igreja de Santo Condestável
Rua Saraiva de Carvalho
Rua Domingos Sequeira
Rua Domingos Sequeira (Estrela)
Estrela
Cç. Estrela / R. T. Braga
Cç. Estrela / R. B. Carneiro
Torre Tombo
R. J. Deus
R. S. Bento / Cç. Estrela
R. S. Bento / Cç. Estrela
R. Buenos Aires
R. Poiais S. Bento
Rua Poço dos Negros
Calçada do Combro
Santa Caterina
Calhariz (Bica)
Calhariz
Plaça Luis de Camões
Chiado
Rua Vitor Cordon
R. V. Cordon/ R. S. Pinto
R. S. Paulo
R.S.Paulo-Bica
Largo Vitorino Damásio
Pr. dos Restauradores
São Pedro de Alcântara
Largo da Anunciada
Rua Câmara Pestana
R. Maria Andrade
Igreja Anjos
R. Palma
R. Lagares
Socorro
L. Terreirinho
S. Tomé
M. Moniz
28
12
12
Praça da Figueira
15
R. Conceição (R. Fanqueiros)
Rua Maria
Rua Furno do Tijolo
R. Angelina Vidal
Sapadores
Rua da Graça
R.Graça
R.Voz Operário
R. Escolas Gerais
Miradoura de Santa Luzia
Limoeiro
L. Portas Sol
R. Augusto Rosa
Sé
R. Conceição
L. Belas Artes
Corpo Santo
Praça do Comércio
Rua da Alfândega
18
25
R. S.Domingos á Lapa
R. Garcia Orta
Rua S. João Mata
Santos-O-Velho
Calçade da Tapada
Pavilhão da Ajuda
Santos
Alcântara - Av. 24 Julho
Av. Infante Santo
Conde Barão
Av.24 de Julho Conde Barão
Ajuda
18
Algés
15
Belém
15
Altinho
Hospital Egas Moniz
Estação Sto. Amaro
Rua Pinto Ferriéra
Rua de Junqueira - C. Congressos
Calvário
Cais Rocha
Santos
75
50
10
25
75
100
10
50
50
10
20
10
10
10
10

INFORMAÇÃO DA CARRIS

Informação sobre o transporte público em Lisboa pela empresa responsável, Carris, no telefone 213 613 000 ou pelo site: www.carris.pt. Há quiosques da empresa na Praça da Figueira, Restauradores, Cais do Sodré ou em qualquer agência de turismo. Eles dão detalhes a respeito de viagens, bilhetes e mapas gratuitos sobre o sistema de transporte. Para serviços ao turista, entre em contato com o escritório da Carristur na Praça do Comércio (tel 213 582 334; www.carristur.pt).

BILHETES

Antes de embarcar, compre bilhetes nos quiosques que têm o logo da Carris. Bilhetes de ida também são vendidos a bordo por €1,40.

Bilhete 1 dia Carris/Metrô

Passe para 1 dia (€3,70) válido da hora da compra até meia-noite para ônibus, trens, elevadores e metrô.

Bilhete de Bordo

Bilhete de ida (€1,40) vendido a bordo, válido apenas em uma zona.

BUCs

Bilhetes únicos em blocos de 10 (€7,51 pela zona 1, €11,48 pelas zona 1 e 2), à venda nos quiosques. Também estão disponíveis os blocos com 2 ou 5 bilhetes.

Todos os bilhetes combinados são agora vendidos também na forma de um cartão eletrônico chamado "7 Colinas". O cartão é comprado separadamente por 50¢ e depois carregado com os bilhetes desejados. É conhecido como "zapping". Valores entre €1,50 e €10 podem ser adicionados ao seu cartão e usados em ônibus e metrô. Se você tem algum tipo de bilhete combinado, ele deve ser validado na primeira utilização, passando-o pela máquina que fica junto ao motorista quando você embarca.

Acima *Horários em parada de bonde lisboeta*
Abaixo *Trem na moderna Gare do Oriente, também na capital portuguesa*

PASSEIOS PELAS ATRAÇÕES DE LISBOA

Passeio de bonde Carris

Passeio completo pelo centro de Lisboa, em um bonde tradicional, com direito a audioguia (comentários em um fone de ouvido em vários idiomas). Saídas a cada meia hora da Praça do Comércio, €17.

Cityline-Sightline Tour

City tour que inclui Belém. Saídas a cada meia hora (abr-out), a cada 20min (sex-dom e feriados) e a cada uma hora (nov-mar) do terminal BUS (metrô: Marquês de Pombal). Adultos: €15; crianças (6-11) €7,50; menores de 5 anos, gratuito.

Transtejo

Cruzeiro pelo rio Tejo. Saídas às 15h (abr-out) do Terminal Fluvial do Terreiro do Paço. Adultos €20; crianças (5-12) €10; tel 882 46 71, www.transtejo.pt/pt/turismo/turismo.html.

Estação Rossio. O Lisboa Card também vale para esses trens.

BARCOS

Há venda de passeios de barco pelo rio Tejo em vários pontos, o dia todo. A Estação Fluvial, perto da Praça do Comércio, liga Lisboa a Cacilhas, Montijo e Barreiro. Há também uma linha do Parque das Nações até Cacilhas, e de Belém a Trafaria. Compre os bilhetes no ponto de embarque; o bilhete simples custa de 81¢ a €2,10, dependendo do trajeto.

TÁXIS

Os táxis de Lisboa têm cor creme ou preta e verde. Uma luz vermelha indica que o táxi está ocupado. Todos têm taxímetro – verifique se está ligado; gorjetas ficam a seu critério. Há pontos no Rossio, Estação Fluvial, Praça da Figueira, Chiado, Largo da Misericórdia e Avenida da Liberdade. Os táxis não são caros, mas as tarifas sobem depois das 22h e nos fins de semana e feriados. As principais empresas de radiotáxi são:

» Autocoope tel 217 932 7560;
» Rádio Táxis tel 218 119 000;
» Teletáxis tel 218 111 100.

DICA

Se você planeja passear bastante em Lisboa, vale a pena adquirir o Lisboa Card. Com ele você viaja o quanto quiser de ônibus, bondes, elevadores e metrô, e entra de graça – ou com bom desconto – em muitas das principais atrações da cidade (1 dia €15, 2 dias €26, 3 dias €32). Acesse www.askmelisboa.com.

COMO CIRCULAR NO PORTO

A cidade do Porto tem uma abrangente rede de transporte público, que inclui ônibus e bondes STCP e um moderno sistema de metrô, em expansão. A maioria das atrações, no entanto, fica no compacto centro da cidade, e pode ser facilmente alcançada a pé, por isso é pouco provável que você precise usar muito o transporte público.

ÔNIBUS

A extensa rede de ônibus opera das 6h às 21h, ficando mais restrita entre 21h e 1h, quando entra em vigor o serviço noturno, que cobre os principais trajetos até 5h. Os ônibus costumam andar sempre lotados e têm poucos assentos. Os bilhetes são validados no embarque, em uma máquina na entrada, perto do motorista. Os pontos de ônibus mostram o número e o tipo da linha (diurna, vespertina ou noturna), o destino e a zona.

METRÔ

A construção do metrô do Porto foi iniciada em 1999. Compreende cinco linhas, num total de 60km e 69 estações. A Linha Azul foi inaugurada em 2002, indo de Trindade, no centro, a Senhor de Matosinhos, no noroeste. Foi ampliada em 2004, ligando Trindade ao Estádio do Dragão, a sudeste. Os trens operam das 6h à 1h. As entradas das estações são sinalizadas por um "M" azul estilizado sobre fundo branco. Os bilhetes custam entre 85¢ e €1,95, dependendo da extensão do trajeto. Para mais informações, visite o site do sistema metropolitano www.metrodoporto.pt.

BONDES

Há dois trajetos curtos de bonde que valem a pena pelo seu charme. O nº 1E roda 4km, de Passeio Alegre a Infante, e o nº 18 percorre 1km entre Massarelos e Carmo. O bilhete simples (95¢) é vendido a bordo; todos os cartões de viagem valem para o bonde.

TÁXIS

Há pontos de táxi na maioria das praças principais. A tarifa é barata (€4-€5 para quase todos os destinos centrais). Os táxis comuns têm taxímetro; os que são identificados por uma letra "A" *(carros de aluguer)* não rodam com taxímetro e são mais adequados para longas distâncias; negocie o preço antes de embarcar. As principais empresas de radiotáxi são:

» Rádio Táxis tel 225 073 900;
» Táxis Invicta tel 225 076 400;
» Rádio Táxis Os Unidos tel 225 029 898.

BARCOS

No rio Douro, há um serviço de barcos entre Passeio Alegre (próximo ao farol), no Porto, e Afurada, em Vila Nova de Gaia, com partidas a cada cinco minutos, das 7h30 às 21h, diariamente, ao preço de €1.

DICA

O Porto Card permite circulação gratuita em praticamente toda a rede de transportes da cidade. Além disso, dá descontos nas entradas de museus e gratuidade em vários museus municipais. Oferece também descontos em outras atrações, incluindo cruzeiros pelo rio e city tours. Compre-o nos escritórios de informação turística de Fenianos, Ribeira ou Casa da Câmara (antiga prefeitura, junto à Sé). Custa €7,50 (1 dia), €11,50 (2 dias) ou €15,50 (3 dias). Também há um cartão de um dia que dá descontos em atrações mas sem incluir transporte.

INFORMAÇÃO DE VIAGEM

O principal lugar para informações sobre transportes é a Loja de Mobilidade (tel gratuito 800 220 905; www.cm-porto.pt), no centro de informações turísticas na Rua Clube dos Fenianos 25. (Devido à falta de pessoal, há atendentes apenas à tarde; confirme no centro de informações turísticas.) A Loja informa horários e oferece um excelente livreto gratuito sobre o sistema de transportes. Existe outro escritório da STCP na Praça Almeida Garrett, em frente à Estação São Bento.

Bilhetes

Você compra bilhetes nos ônibus (€1,50) ou múltiplos de dois ou de dez nos quiosques STCP, bancas de jornais e lojas com o logo da STCP. Os bilhetes comprados com antecedência são bem mais baratos, custando €1,65 para duas viagens ou €7,05 para dez, na zona central. Os bilhetes de metrô estão à venda nas máquinas automáticas das estações. São combinados com o sistema STCP e custam 95¢ para uma viagem e €9,50 para dez (+1), na zona central.

Passes

A STCP e o metrô do Porto oferecem os seguintes tipos de passe:

» Andante Tour 1 vale por 24 horas (a contar do primeiro uso), para todos os meios de transporte e zonas da cidade, e custa €5.

» Andante Tour 3 vale por 72 horas (a contar do primeiro uso), para todos os meios de transporte e zonas da cidade, e custa €11.

» Andante 24 vale por um dia em ônibus e metrô (€3,35 na zona central, ou €6,85 para as 6 zonas).

O bilhete precisa ser validado na hora em que você embarca pela primeira vez.

CRUZEIROS PELO RIO DOURO

Porto é o ponto inicial de muitos cruzeiros pelo Douro. Há desde cruzeiros de uma hora em volta da área da cidade até luxuosos cruzeiros de sete dias com visitas a quintas históricas e excelentes jantares incluídos. Os preços vão de €10 por uma excursão de uma hora até €945 por cruzeiros luxuosos de sete dias do Douro até a Espanha. Principais operadoras:

» Douro Azul tel 223 402 500; www.douroazul.com.

» Rent Douro tel 224 646 352; www.rentdouro.com.

ALUGUEL DE CARRO

Há muitas opções de locação de carro em Portugal, já que as tarifas estão entre as mais baixas da Europa. Todas as grandes redes têm filiais no país e balcões nos principais aeroportos, estações de trem e no centro das grandes cidades portuguesas. Para encontrar a melhor opção, faça uma pesquisa entre as diversas empresas e reserve antes de partir. O Algarve tem várias empresas menores, locais, com preço razoável, mas talvez você não consiga fazer o agendamento com antecedência a partir do seu país de origem. A solução é ir do aeroporto de Faro até o seu destino usando transporte público ou táxi e alugar um carro quando chegar ao hotel. Caso a viagem esteja sendo organizada por uma agência especializada, peça para que já providenciem a locação quando você agendar suas férias ou seu voo.

» Antes de partir, verifique seu seguro, para ver se precisa de alguma cobertura adicional. Em geral vão lhe oferecer a opção de um seguro especial para danos de colisão, que é recomendável em Portugal.

» É necessário possuir cartão de crédito para deixar um depósito ao pegar o carro, e é raro pagar qualquer adicional para o aluguel de outra forma que não por meio de cartão de crédito.

» A idade mínima é de 23 anos, e é preciso ter carteira de habilitação.

» A carteira de habilitação brasileira é válida em Portugal por seis meses, desde que esteja dentro do prazo de validade no Brasil e desde que o motorista esteja em situação regular em Portugal (seja na condição de turista, seja na de portador de visto temporário ou permanente).

» Se outra pessoa também for dirigir, avise na hora da locação, pois o outro condutor também terá que assinar o contrato de aluguel. Se pretende dirigir fora de estradas públicas, verifique se o seguro cobre essas vias.

» Antes de sair com o carro, verifique o exterior e o interior do veículo para ver se não há nada danificado. Se houver algum dano, mostre na hora para um funcionário da locadora e peça para deixar registrado.

» Em geral, tem-se a opção de devolver o carro com ou sem o tanque cheio. Mas a opção mais barata é você mesmo encher o tanque antes de devolver o veículo.

DICAS

Se você vai alugar carro em Lisboa, procure evitar dirigir logo cedo ou em horário de pico, no fim do dia. O trânsito dentro e em volta da cidade é muito intenso nesses períodos. As ruas principais e as pontes sobre o Tejo podem ficar congestionadas durante horas.

EMPRESAS DE LOCAÇÃO DE AUTOMÓVEIS

Reserve o aluguel de carro antes de partir, por telefone ou internet. As principais locadoras internacionais estão listadas a seguir.

	NO BRASIL	EM PORTUGAL	SITE
Avis	0800 725 2847	800 201 002	www.avis.com.br www.avis.com.pt
Budget	0800 725 2000	21 032 3605	www.budget.com.br www.budget.com.pt
Europcar	não tem no Brasil	21 353 5115	www.europcar.com
Hertz	0800 701 7300	21 942 6300	www.hertz.com.br www.hertz.com.pt
Sixt	não tem no Brasil	21 836 4040	www.sixt.com
Thrifty	(11) 64224555	21 940 5350	www.thrifty.com.br www.thrifty.com

DE CARRO

Até a década de 1990, Portugal tinha uma das redes rodoviárias menos desenvolvidas da Europa, com apenas uma rodovia (incompleta) fazendo a ligação entre Lisboa e Porto. Desde então, uma maciça entrada de investimentos da União Europeia para a construção de estradas proporcionou ao país uma malha rodoviária que permite acesso fácil às principais cidades e também às áreas antes mais inacessíveis. Com isso, Portugal tem hoje um sistema rodoviário adequado, com pistas duplas e grandes rodovias ligando as cidades principais, além de estradas secundárias interligando as cidades menores.

O carro é ótimo quando se deseja visitar áreas rurais e cidades menores. Mas leve em conta que as rodovias de Portugal têm uma qualidade variável e algumas estão em más condições. O país tem estradas sinuosas, com asfalto irregular, má iluminação e sinalização precária, além de tráfego pesado e lento.

Como o número de carros particulares aumentou, os congestionamentos são comuns, especialmente nas cidades e em seus arredores, e em estradas menores. Além disso, os portugueses não têm uma boa fama quando estão ao volante. Portugal quase sempre é o primeiro da Europa em número de acidentes e mortes no trânsito. Também lidera em número de atropelamentos de pedestres. Muitas medidas vêm sendo tomadas para sanar o problema, com melhora do policiamento e punições mais severas, além de campanhas educativas. Portugal é um dos poucos países da Europa em que as dicas de trânsito são um assunto recorrente nos noticiários matinais de TV.

Uma boa medida é preferir as rodovias para longas viagens e evitar as grandes cidades, como Lisboa e Porto. Ruas estreitas, de mão única, com trânsito pesado e poucas vagas para estacionar, tornam estressante dirigir, e mesmo nas cidades menores é melhor evitar guiar durante as manhãs agitadas e no início da noite. O trânsito é bem pesado nos fins de semana de verão, quando as estradas que passam pelas grandes cidades ficam lotadas, e as que vão para o Algarve, maior refúgio de férias do país, recebem um número gigantesco de turistas e portugueses motorizados.

DOCUMENTOS

É indispensável ter os documentos pessoais (passaporte e carteira de habilitação).

Caso a Guarda Nacional Republicana (GNR) pare o veículo, esses documentos serão solicitados. A carteira de motorista brasileira é válida em Portugal, mas é bom sempre ter o passaporte à mão.

No Brasil, é possível também solicitar, junto ao Departamento Nacional de Trânsito (Denatran), uma carteira de habilitação internacional.

NORMAS DA ESTRADA

Algumas das seguintes normas da estrada são flagrantemente ignoradas pela maioria dos motoristas portugueses. Mas elas fazem parte da lei e devem ser observadas:

» O motorista deve ter, no mínimo, 18 anos de idade, além da carteira de habilitação válida.

» Quem é habilitado há menos de um ano não deve ultrapassar os 90km/h ou qualquer outro limite de velocidade.

» A não ser quando indicado de outro modo, a preferencial é dos veículos que se aproximam vindo da direita nos cruzamentos.

» Veículos que já trafegam pela rotatória têm preferência sobre os que estão entrando nela.

» O uso do cinto de segurança é obrigatório.

» Crianças menores de 3 anos não devem viajar no assento dianteiro, a não ser em um assento especial aprovado por lei.

» Todas as crianças entre 3 e 12 anos devem usar sistemas de contenção independentemente do lugar que ocupam.

» Limites de velocidade: áreas urbanas, 50 km/h; fora dessas áreas, 90 ou 100 km/h; autoestradas, 120 km/h. A velocidade mínima nas autoestradas é de 40 km/h.

» Ligar a lanterna do farol quando houver pouca visibilidade e em túneis.

» Bebida e direção: quando os níveis de álcool no sangue ficam entre 0,05 e 0,08%, as penalidades incluem multa e suspensão da carteira de habilitação pelo período de um

CARTEIRA NACIONAL DE HABILITAÇÃO (CNH)

VALIDADE DA CNH BRASILEIRA EM TERRITÓRIO PORTUGUÊS

Segundo o Código de Estrada de Portugal, promulgado em 21 de março de 2000, as carteiras de habilitação brasileiras são aceitas em todo o território português, desde que estejam dentro do prazo de validade e desde que seus portadores estejam em situação regular em Portugal. De acordo com o mesmo código, o turista brasileiro pode utilizar, na condição de motorista, a carteira de habilitação brasileira por seis meses no território português. Após esse prazo, passa a ser aceita somente a carta de habilitação portuguesa. Para obter tal carta, o cidadão brasileiro deve estar legalmente em território português, portando visto de estudante, de trabalho, de estada temporária ou de residência. Esse visto deve ter sido emitido por órgãos diplomáticos portugueses no Brasil (embaixada, em Brasília, e consulados, em diversas cidades brasileiras). Para maiores informações, acesse o site do Departamento Nacional de Trânsito (www.denatran.gov.br) ou da Direcção-Geral de Viação, órgão português responsável pela legislação de trânsito (www.dgv.pt). O Consulado-Geral do Brasil em Lisboa (www.consulado-brasil.pt) mantém seção específica para esse assunto e pode também informar a respeito.

mês a um ano; níveis acima de 0,08% ocasionam multa e suspensão da carteira por dois meses a dois anos. Nunca é demais lembrar que bebida e direção, definitivamente, não combinam.

» Todos os não residentes têm que pagar as multas de trânsito na hora em que forem autuados.

O pagamento é feito diretamente ao policial. Caso o turista se recuse ou não tenha como pagar no momento da infração, terá que fazer um depósito baseado na multa máxima para o delito cometido. A punição para o não cumprimento dessa segunda hipótese (não ter dinheiro) é a apreensão do veículo pela polícia, no momento da infração, até que o pagamento do valor total seja efetuado. Ou seja, respeite as leis de trânsito.

CONSELHOS E SEGURANÇA

» Cuidado sempre com veículos ultrapassando, especialmente em esquinas, faixas duplas e à sua direita.

» Algumas estradas (em geral as de tipo IP, Itinerário Principal) são de tolerância zero. Se elas mostrarem placas azuis com lanternas de faróis, acenda-as, seja qual for o tempo. Se guiar com os faróis apagados, poderá ser parado pela polícia rodoviária e receber uma multa de €25 (os cidadãos portugueses têm a habilitação suspensa por um mês).

» Os limites de velocidade e outras normas da estrada são controlados por radar e carros policiais.

» Atenção para os semáforos controlados por radar nas cidades pequenas. Neles, a luz verde muda para vermelho quando se está acima do limite de velocidade (50km/h). Essa ameaça faz os motoristas locais dirigirem de modo imprevisível. Em geral, esses semáforos têm a placa: *velocidade controlada*, mais o limite de velocidade.

» Algumas pessoas e determinados veículos, como bicicletas e charretes, não são facilmente identificáveis à noite. Por isso, dirija com cuidado e atente para pedestres, que podem estar usando roupas escuras.

» Tenha paciência em estradas rurais, onde às vezes trafegam veículos puxados a tração animal.

» Preste atenção a automóveis e a veículos rurais nas áreas mais remotas e na cidade. Raramente eles dão sinal.

» Os motoristas costumam parar bem próximos ao carro da frente, mesmo nas autoestradas.

» Sinais de trânsito e placas muitas vezes são difíceis de localizar.

» Nunca deixe objetos visíveis dentro do carro quando estiver estacionado e mantenha-o sempre trancado, mesmo que seja por alguns momentos.

» Abaixe a antena e recolha os espelhos ao estacionar.

RODOVIAS

O sistema rodoviário de Portugal é construído e gerenciado por empresas privadas, sendo a Brisa a principal (tel 808 508 508; www.brisa.pt).

As rodovias (autoestradas) correm de norte a sul do país, de Valença, na fronteira da Espanha, a Lagos, no Algarve.

Elas ligam as cidades de Braga, Aveiro, Coimbra, Leiria e Lisboa ao Algarve, e há uma rede adicional em volta de Lisboa. Além disso, a A23 corre a nordeste, de Entroncamento a Vilar Formoso, na fronteira com a Espanha. A A6 liga Lisboa a Badajoz, na Espanha. E a A22 vai do oeste do Algarve à fronteira com a Espanha, em Vila Real de Santo António.

Todas as autoestradas são claramente sinalizadas e com bons acessos que levam, na maioria dos casos, aos pedágios. Neles, é só pegar o tíquete na cabine automática à esquerda do automóvel, e a barreira irá levantar. Esse tíquete precisa ficar bem guardado enquanto você estiver na estrada, pois será usado na saída das rodovias, quando for a hora de pagar o pedágio. O pagamento é efetuado em dinheiro para o caixa da cabine na saída. A quantia devida é mostrada em uma tela do lado de fora da janela do caixa.

Todas as cabines de pedágio têm uma "Via Verde", sistema semelhante ao "Sem Parar", no Brasil. Nesse caso, o valor do pedágio é descontado automaticamente da conta bancária do usuário. Mas ele só é disponível para quem se registra previamente na Via Verde e tem seu disco de identificação. Para maiores informações, acesse www. viaverde.pt.

As vias de acesso para entrar e sair das autoestradas portuguesas são curtas e, às vezes, é preciso parar e esperar antes de conseguir entrar na pista principal. É necessário tomar cuidado com motoristas que guiam rápido e próximos demais do carro da frente, pois eles costumam arrancar velozmente e sem dar nenhum sinal. Há áreas de serviço nas autoestradas a cada 50km mais ou menos, com postos de combustível, restaurante, áreas de descanso, lojas e banheiros. Algumas contam até com hotéis.

As tarifas de pedágio são relativamente altas: uma viagem de Lisboa ao Porto, por exemplo, custa cerca de €19.

PROBLEMAS

Caso o carro quebre, ligue o pisca-alerta, vista um colete fluorescente e coloque o triângulo 50m atrás do veículo.

Se estiver guiando o próprio carro, poderá obter ajuda do ACP (Automóvel Clube de Portugal; tel 707 509 510; www.acp. pt), que tem acordos

DICAS PARA CIDADES

» Estude o mapa da cidade antes de chegar. Reconhecer seus principais marcos (como rio, castelo, catedral ou grande avenida) vai ajudá-lo a se orientar.

» Tenha em mente por qual estrada você está entrando na cidade, para decidir melhor quando virar à esquerda ou à direita.

» Fique atento, pois às vezes as placas estão muito mal localizadas.

» Tenha cuidado, pois muitos semáforos são pequenos e ficam em locais de difícil visualização.

» Vá devagar, sem pressa, e preste atenção nos outros motoristas. Se tiver problemas, lembre que a maioria dos motoristas portugueses está habituada a lidar com o inesperado, e pode lhe dar preferência.

recíprocos de assistência em caso de defeito com organizações similares de outros países, fornecendo ajuda 24 horas por dia.

Muitos seguros cobrem problemas com o carro em Portugal, mas é bom contar com seguro adicional para o caso de quebra no exterior.

Se porventura ocorrer um acidente, o número da polícia, em todo o país, é 112. É imprescindível que as testemunhas fiquem no local para prestar depoimento sobre o ocorrido. Além disso, é preciso solicitar todas as informações dos envolvidos para a seguradora (nome, endereço, detalhes do carro, além do nome e do endereço da seguradora do outro envolvido, se for o caso).

A Guarda Nacional Republicana (GNR) pode solicitar a documentação pessoal e do carro de qualquer cidadão ou turista. Talvez não deem qualquer justificativa, mas é provável que o motivo seja excesso de velocidade ou alguma outra infração de trânsito, como dirigir sem as lanternas acesas em uma estrada de tolerância zero. Os guardas irão calcular uma multa na hora para não residentes a partir do manual da polícia rodoviária, e expedir um recibo pela quantia cobrada. A GNR é bastante respeitada e exige respeito de seus interlocutores (cidadãos portugueses, europeus ou turistas estrangeiros).

ESTACIONAMENTO

É difícil estacionar nas grandes cidades de Portugal. O trânsito é intenso, as ruas são congestionadas. Muitas delas foram construídas há séculos e são muito estreitas, ou seja, não são apropriadas para o estacionamento de veículos.

Achar uma vaga pode levar horas. Só os grandes hotéis de rede têm estacionamento privativo.

As pequenas e muito visitadas cidades históricas, como Évora, Beja e Marvão, têm áreas de estacionamento de boas dimensões na periferia e são suficientemente pequenas para que os centros antigos possam ser percorridos a pé, sem maiores problemas. Em grandes cidades, talvez seja preciso caminhar bastante desde a área de estacionamento.

Coimbra é um dos poucos locais que instituiu um sistema de estacionamento acoplado com transporte até o centro, que deve ser copiado por outras cidades.

» Desempregados às vezes ganham uns trocados apontando vagas para os motoristas. Por uma gorjeta de cerca de 50¢, eles darão uma olhada no carro.

» O melhor momento para chegar a uma cidade é a hora do almoço, quando as ruas estão calmas e pode haver mais vagas.

» Os estacionamentos do centro costumam ter preços razoáveis, mas alguns ficam muito lotados, especialmente em épocas de festas.

» Os estacionamentos com tempo marcado, quando têm vaga, costumam oferecer bons preços.

» Estacionar à noite requer atenções. É preciso verificar se a rua escolhida não tem restrições como, por exemplo, tráfego de caminhões e/ou outros veículos de carga e descarga. Os carros podem ser guinchados para abrir espaço para mercados ou feiras semanais.

COMBUSTÍVEL

» Postos de combustíveis em geral abrem às 7h e fecham à meia-noite. Alguns são 24 horas.

» Os tipos de combustível disponíveis são gasolina 95 (octanagem 95, sem chumbo), gasolina 98 (octanagem 98, sem chumbo) e *gasóleo* (diesel).

» Em geral o preço, por litro, é de €1,52 (sem chumbo) e de €1,42 (diesel).

» Alguns postos ainda têm frentistas.

» Menos comuns são as bombas 24 horas. Elas aceitam cartões e, ocasionalmente, notas de €5, €10 e €20, liberando combustível até se completar o valor inserido. Mas algumas só aceitam cédulas novas.

MOTOCICLETAS E MOTONETAS

A estada no litoral português, particularmente em algum dos balneários do Algarve, permite o aluguel de uma motocicleta ou motoneta (scooter), que facilita bastante a locomoção. Elas são fáceis de alugar, mas é bom lembrar que é necessário ter carteira de habilitação que confirme a aptidão para esses veículos. Deve-se ter muito cuidado com os pedestres que transitam pela rua. Feita a ressalva, esses veículos são econômicos e fáceis de estacionar.

É preciso ter, no mínimo, 18 anos e acima de 23 para motos com mais de 125cc. A habilitação tem que ter, pelo menos, um ano. O aluguel (a partir de €25 por dia) geralmente inclui seguro de terceiros, capacete e maleiro.

BICICLETAS

A bicicleta é ótima para conhecer certas regiões, embora seja mais apropriada para estradas calmas do interior, ou do Noroeste montanhoso. Os escritórios de turismo informam sobre aluguel (a partir de €10 por dia) e também sugerem trajetos, embora quase não existam rotas específicas para bicicletas. Paga-se uma taxa para embarcar uma bicicleta nos trens.

CLASSIFICAÇÃO DAS RODOVIAS

EM – Estradas Municipais

Variam em largura e condições, mas costumam ser bastante estreitas, com pouca sinalização e pouca proteção.

EN ou N – Estradas Nacionais

Estradas de duas pistas com largura variável. Normalmente têm sinalização horizontal e vertical. Às vezes, apresentam mau estado de conservação. Algumas delas, como a rodovia N125, no Algarve, têm fama de abrigar muitos acidentes.

IC – Itinerários Complementares

Podem ter duas ou quatro pistas e costumam passar por áreas bem povoadas.

IP – Itinerários Principais

Estradas de três ou quatro pistas com acesso controlado, ligando cidades importantes e caracterizadas por trânsito pesado e motoristas impacientes. A IP5, que liga Aveiro à fronteira com a Espanha, tem um conceito particularmente ruim, assim como a IP4 (de Amarante a Bragança).

A – Autoestradas

Autoestradas pedagiadas, todas construídas nos últimos 20 anos.

O quadro abaixo lista as principais cidades na malha rodoviária portuguesa. Use a tabela para saber a distância em quilômetros (verde) e o tempo estimado em horas e minutos (azul) de cada viagem de carro.

	Aveiro	Beja	Braga	Bragança	Chaves	Coimbra	Évora	Faro	Guarda	Guimarães	Leiria	Lisboa	Miranda do Douro	Portimão	Porto	Sagres	Valença do Minho	Viana do Castelo	Vila Real de Santo Antonio	Vilar Formoso	Viseu
Aveiro		601	202	531	441	104	521	826	308	211	204	436	558	821	123	914	331	235	835	359	137
Beja	337		909	1023	1037	518	123	233	639	1056	356	312	1001	524	810	309	1017	922	213	730	732
Braga	114	513		410	223	307	745	1038	441	024	429	635	540	1032	059	1126	123	121	1038	533	347
Bragança	309	582	234		147	538	859	1256	344	341	659	837	130	1250	407	1344	534	532	1235	435	407
Chaves	263	595	134	100		438	913	1209	435	247	559	737	317	1203	304	1257	345	347	1247	503	304
Coimbra	60	297	175	316	260		438	722	246	255	121	259	542	717	208	810	416	320	731	337	134
Évora	300	78	435	504	517	260		356	516	932	317	226	838	632	647	725	854	758	336	607	609
Faro	473	143	596	725	681	413	221		912	1329	601	416	1234	118	939	212	1146	1051	057	1059	905
Guarda	176	373	263	209	257	155	295	516		418	407	545	322	907	351	1000	605	603	852	051	131
Guimarães	122	613	22	207	156	164	535	756	241		417	623	604	1324	047	1417	145	144	1306	509	323
Leiria	116	221	251	392	336	76	184	337	231	240		232	704	605	330	658	537	441	609	458	255
Lisboa	258	179	369	483	427	167	136	239	322	358	142		907	410	536	504	758	756	524	636	432
Miranda do Douro	335	562	318	84	184	320	484	705	189	340	396	511		1229	537	1323	704	702	1214	306	421
Portimão	468	303	591	720	676	408	366	73	511	751	341	234	700		934	054	1141	1045	215	1053	859
Porto	78	458	55	231	172	120	380	541	216	44	196	314	315	536		1027	207	112	939	442	220
Sagres	518	177	641	770	726	458	416	123	561	801	391	284	750	50	586		1234	1139	308	1147	952
Valença do Minho	197	577	78	312	210	239	499	660	341	98	315	447	396	655	119	705		056	1146	656	510
Viana do Castelo	145	525	76	310	212	187	447	608	339	97	263	445	394	603	67	653	52		1051	654	332
Vila Real de Santo Antonio	481	124	596	706	717	421	202	53	497	735	345	303	686	126	541	176	660	608		943	943
Vilar Formoso	224	421	311	257	283	203	343	616	48	289	279	370	174	611	264	661	389	387	545		222
Viseu	91	423	212	231	172	88	345	509	85	190	164	255	244	504	131	554	290	198	545	133	

DE TREM

Os trens em Portugal são operados pela CP – Caminhos de Ferro Portugueses (tel 808 208 208; www.cp.pt). Sua rede, ampliada em algumas áreas por conexões com ônibus, cobre a maior parte do país e inclui algumas linhas com paisagens maravilhosas. Existem diferentes tipos de trens e serviços. Os trens locais podem ser lentos, por isso para alguns destinos pode ser mais fácil e rápido ir de ônibus, embora às vezes seja mais caro. Pode ser difícil conseguir informações sobre horários quando se deseja ir de uma parte para outra do país, mas os horários das linhas individuais estão às vezes disponíveis nas principais estações. O melhor é planejar a viagem com antecedência, usando o excelente site da empresa.

DIFERENTES TIPOS DE TREM

» Tanto o Porto como Lisboa têm uma rede local de trens de subúrbio. As linhas Cascais e Sintra, fora de Lisboa, são muito úteis para visitantes.

» Algumas linhas menores foram substituídas por ônibus operados pela CP, que aceitam passes e bilhetes de trem.

» Há linhas de bitola estreita no norte, que também fazem parte da rede, como as de Tâmega, Corgo, vales do Tua e do Douro, com suas lindas vistas.

» As estações podem ficar um pouco distantes do centro da cidade que atendem, e nem sempre há conexões fáceis.

ESTAÇÕES

Lisboa e o Porto têm mais de uma *estação de comboios* (estação de trem), com bares, cafés, bancas de jornais e guarda-volumes. No resto do país, as grandes cidades têm só uma estação. Estações menores dispõem de pouco mais que uma bilheteria e uma sala de espera, e em algumas não há funcionários. Diversas estações são decoradas com os típicos azulejos azuis.

BILHETES

» Os trens portugueses oferecem primeira e segunda classes. Os bilhetes podem ser comprados pela internet (www.cp.pt) ou nas estações. Há diferentes patamares de preços para as várias categorias de trens. Os regionais (veja quadro abaixo) são os mais baratos. De modo geral, viajar de trem é relativamente barato.

» Quem tem passes de trem deve pagar adicional nas linhas mais rápidas, como as *inter-regionais*, *intercidades* e a linha Alfa, entre Lisboa e o Porto.

» Grupos de dez ou mais pessoas podem requerer bilhetes de grupo (bilhete combinado) nos serviços regionais. Ele geralmente oferece descontos entre 20% e 30%, mas deve ser requisitado com quatro dias de antecedência, e os descontos são calculados caso a caso (tel 808 208 208).

» O Cheque Trem, disponível em dois valores diferentes, pode ser no nome de um indivíduo ou de uma empresa e não tem limite de tempo; dá um desconto de 10% e pode ser usado para comprar bilhetes pelo preço normal e para outros serviços da ferrovia. Consulte o site da CP para maiores informações.

» Há uma redução de 10% para viagens de ida e volta em trajetos com mais de 91km.

» Crianças entre 4 e 11 anos pagam meia passagem. As menores de 4 anos não pagam.

» Idosos (acima de 65) têm direito a desconto de 50%, mas devem comprovar a idade.

» Passageiros que viajam sem bilhete podem sofrer uma multa, que será paga na hora ao funcionário da empresa.

» Algumas estações do interior não têm funcionários. Nesse caso, compra-se o bilhete dentro do trem.

NA ESTAÇÃO

» Toda estação tem sua bilheteira ou máquina de bilhetes, que irá aceitar notas ou moedas como pagamento. No guichê, os preços são exibidos no caixa – o que é útil principalmente para visitantes que não falam português, que não é o caso dos brasileiros. Sempre que planejar voltar à cidade de partida, peça um bilhete ida e volta e verifique se o funcionário o emitiu corretamente.

PASSES DE TREM

PASSE INTER-RAIL
(para cidadãos europeus)

Válido por um mês de viagens de trem sem limite, dentro de uma região especificada. A não ser que você pretenda fazer muitas viagens de trem, é quase certo que a melhor opção é comprar os bilhetes individuais. Para informações: www.interrailnet.com.

PASSE EURAIL
(para cidadãos não europeus)

Válido para trens de primeira classe e para viagens de barco no grupo de transportes Eurail, para períodos de 15 ou 21 dias, ou ainda um, dois ou três meses. É útil para as viagens longas e por vários países da Europa, quando viajar de trem é quase inevitável.

EURAIL FLEXIPASS
(para cidadãos não europeus)

Como o Passe Eurail, mas válido por 10 ou 15 dias dentro de um período de dois meses para viagens de primeira classe.
No Brasil, é comercializado pela Central de Intercâmbio (www.ci-com.br/passes-de-trem). Há filiais em várias cidades brasileiras.

» As principais estações portuguesas têm painéis informativos que dão todos os detalhes da viagem. Caso não consiga localizar o trem correto no painel, pergunte a algum funcionário como chegar até a plataforma de partida de seu trem.

» Os horários são afixados nas paredes, no interior da estação. Se a viagem exigir algum tipo de conexão, será preciso saber hora e plataforma do trem para o destino final.

» Para objetos perdidos nas estações ou nos vagões, ligue para a estação de origem ou destino.

TIPOS DE TRENS

REGIONAL E INTER-REGIONAL

A maioria dos trens portugueses é desta categoria. Eles circulam por todo o país, usando tanto vagões de primeira como de segunda classe com um nível de conforto aceitável. Os trens regionais param na maioria das estações; os inter-regionais são mais rápidos, parando apenas nas principais estações. Há alguns serviços a bordo, mas os vagões não dispõem de banheiro.

INTERCIDADES

Estes trens são rápidos, confortáveis e disputados. É bom reservar com antecedência, ainda que o preço seja 60% mais alto. A bordo, o trem oferece bar/café, telefones e banheiros, além de assentos de primeira e de segunda classe. As principais linhas intercidades são: Lisboa-Porto-Braga; Lisboa-Guarda; Lisboa--Covilhã; Lisboa-Évora e Lisboa-Algarve. Um bilhete de segunda classe (ida e volta) entre Lisboa e o Porto custa €39.

ALFA

Esta linha rápida e de luxo opera entre Lisboa e o Porto, com paradas em Coimbra e Aveiro. Recomenda-se reservar com antecedência, e alguns trens Alfa são compostos apenas por vagões de primeira classe, com todo o conforto que se espera de um serviço de primeira. Um bilhete de segunda classe (ida e volta) entre Lisboa e o Porto, nesse tipo de trem, custa €55.

A tabela mostra a duração média, em horas e minutos, de uma viagem de trem entre vários destinos em Portugal. Consulte o site da CP para mais detalhes (www.cp.pt)

	Abrantes	Aveiro	Barcelos	Beja	Coimbra	Entroncamento	Figueira da Foz	Guarda	Guimarães	Leiria	Lisboa	Marvão-Beira	Mirandela	Pampilhosa	Portimão	Porto-Campanha	Setúbal	Tomar	Valença do Minho	Viana do Castelo
Aveiro	232																			
Barcelos	504	204																		
Beja	C545	C559	805																	
Coimbra	216	038	232	517																
Entroncamento	022	130	323	400	059															
Figueira da Foz	242	142	340	611	039	147														
Guarda	419	228	504	830	158	302	314													
Guimarães	515	203	128	820	238	349	401	543												
Leiria	406	307	505	C658	141	310	050	459	640											
Lisboa	A147	A230	A430	B230	A159	A102	A252	A410	A509	236										
Marvão-Beira	116	409	633	1036	334	139	447	559	654	744	A255									
Mirandela	1000	553	539	C1152	633	738	852	915	531	1037	A842	1327								
Pampilhosa	236	023	216	C549	009	114	058	149	249	219	224	417	628							
Portimão	C833	C823	1115	310	652	631	C833	C1005	C1108	C908	448	C1200	1333	716						
Porto-Campanha	319	042	053	C630	108	216	215	336	103	351	310	503	434	113	C855					
Setúbal	C353	C427	630	152	356	C253	405	C607	C736	C440	B114	C532	1037	C413	422	507				
Tomar	059	233	427	C424	149	022	228	352	515	413	134	219	804	201	C701	316	C332			
Valença do Minho	641	320	108	C947	410	522	529	710	320	802	627	854	705	357	1250	206	C850	616		
Viana do Castelo	532	232	027	C906	257	439	404	525	148	620	526	652	624	316	1126	122	C736	534	039	
Vilar Formoso	531	335	559	941	238	357	344	028	617	456	509	709	1118	226	1012	405	C707	504	712	554

DE ÔNIBUS

Portugal tem uma boa rede de ônibus locais, regionais e nacionais. Pode-se ir de ônibus a praticamente qualquer lugar, em geral gastando menos tempo que nos trens.

» Os ônibus de Portugal são operados por diversas empresas, todas privadas, que em geral prestam serviços em suas próprias regiões. A privatização levou a uma feroz competição entre as operadoras, com a proliferação de linhas regulares nos trajetos mais concorridos, e inevitáveis cortes ou cancelamentos de muitas linhas locais.

» Não há nenhuma empresa nacional de ônibus de longa distância. A rede de ônibus expressos de longa distância do país é operada por diversas empresas, que combinam entre si seus horários e tarifas. Embora não seja obrigatório, é melhor reservar com antecedência, em especial nas épocas mais movimentadas do ano. Para obter informações e fazer reservas, acesse www.rede-expressos.pt ou ligue para 969 502 050. Itinerários, preços, horários e reservas são disponibilizados no site. Os ônibus são confortáveis e dispõem de ar-condicionado. Não é permitido fumar a bordo.

» Nas cidades maiores, pode haver diversas linhas de empresas diferentes para o mesmo trajeto. Elas saem de vários terminais, conforme a empresa – o Porto tem mais de 20 empresas, cada uma com seu próprio terminal.

» Nas cidades menores a *estação de camionetas* é onde se obtêm informações e se faz reserva de passagens.

» As empresas, linhas, endereços e horários podem mudar sem aviso prévio. É necessário verificar com o escritório local de turismo as informações mais atualizadas a respeito de rotas.

» Os serviços locais são voltados para as necessidades da população, por isso buscam se adequar a horários de trabalho, das escolas, das feiras e mercados.

» Aos sábados e domingos os ônibus são bem menos frequentes, e algumas vezes simplesmente não circulam.

DE TÁXI

Há táxis disponíveis em todas as cidades, e inclusive em alguns vilarejos. As tarifas em Portugal são baratas para os padrões europeus. Caso não esteja de carro, o táxi será uma boa opção para circular pelas áreas rurais, até porque, exceto nas grandes cidades, é possível negociar um preço para uma corrida de várias horas.

» Os táxis portugueses em geral têm taxímetro e a tarifa inicial é de €1,50.

» Cobra-se um extra para levar bagagem no porta-malas.

» Há uma taxa adicional para o período entre 22h e 6h.

» Os táxis no Algarve são os mais caros do país.

» A gorjeta não é obrigatória, mas é comum dar 10% – os taxistas portugueses costumam ser muito solícitos.

» Verifique se o taxímetro está funcionando, está ligado e marcando a tarifa mínima antes de iniciar a corrida.

» Se não houver taxímetro, combine antes o preço com o taxista.

» Ao pagar, confira o troco.

» Em aeroportos e estações de trem, aguarde no ponto de táxi, que às vezes é controlado por um funcionário.

» Às vezes é mais fácil ligar e pedir um táxi ou ir até um ponto de táxi do que tentar pegar um na rua. Estações de ônibus e de trem também são bons lugares para encontrar táxis.

VOOS DOMÉSTICOS

Como país pequeno (a distância de Lisboa ao Porto é de pouco mais de 300km), Portugal tem poucos voos domésticos, mas conta com linhas regulares para os arquipélagos da Madeira e dos Açores.

Lisboa tem conexões aéreas com o Porto e Faro, mas só há voos diretos do Porto para Lisboa.

TAP PORTUGAL
Reservas: tel 707 205 700
www.flytap.pt
Lisboa ao Porto
Lisboa a Funchal e Porto Santo
Lisboa a Faro
Lisboa aos Açores

COMO CHEGAR À MADEIRA E AOS AÇORES A PARTIR DE PORTUGAL

A TAP Portugal opera voos a partir de Lisboa e do Porto para a Ilha da Madeira, e a partir de Lisboa para o arquipélago dos Açores (para a cidade de Ponta Delgada, na Ilha de São Miguel, e para as ilhas de Terceira, Faial e Pico). A SATA Air Açores liga Lisboa e o Porto a Ponta Delgada, de onde opera voos para outras ilhas açorianas.

» SATA Air Açores: www.sata.pt

» TAP Air Portugal: www.flytap.pt

PORTADORES DE DEFICIÊNCIA

Em Portugal, os maiores problemas para portadores de deficiência não são tanto as condições de transporte, de hospedagem e dos edifícios públicos, mas a própria natureza das antigas cidades. As coisas estão melhorando, mas no geral as instalações para portadores de deficiência ainda estão um pouco defasadas em relação às de outros países da Europa e da América do Norte. Isso é em parte compensado pelo caráter solícito dos portugueses, que sempre se esforçam muito para tornar sua visita o mais descomplicada e agradável possível.

» Se você é portador de alguma deficiência, planeje antes os detalhes da viagem. É bom viajar com amigos ou fazer a reserva com uma agência especializada. Entre em contato com os aeroportos de partida e de chegada e com a empresa aérea do seu voo antes da data de partida, para saber de que tipo de assistência irá precisar. É mais difícil contar com isso em cima da hora.

» Os táxis podem levar cadeiras de rodas dobradas no porta-malas, mas em geral são do tipo sedã, por isso entrar e sair deles pode ser complicado.

» Em Lisboa, há serviços de transporte para portadores de deficiência (seg-sex 6h30-22h, sáb-dom 8h-22h, tel 213 613 141, www.carris.pt). Cada viagem custa €1,40. É preciso marcar um dia antes, e, para utilizar o serviço, deve-se apresentar certificado médico, documento de identidade e uma foto na sede da Carris em Santo Amaro, para emissão de um cartão de usuário – algo bastante complicado para turistas.

» Os ônibus não têm acesso para cadeiras de rodas.

» Cães para deficientes visuais viajam de graça.

» Motoristas estrangeiros podem usar a vaga para deficientes dos estacionamentos em Portugal.

» Muitas ruas nos bairros antigos das cidades são de pedra, e algumas delas são muito íngremes.

» Edifícios públicos costumam ter bom acesso.

» Nem todos os grandes museus têm acesso apropriado para cadeira de rodas.

» Os degraus são o maior problema para o acesso em catedrais e igrejas.

» Reserve com antecedência e especifique suas necessidades.

» As férias serão mais calmas fora das grandes cidades. Use o carro para explorar áreas rurais, o litoral e as cidades menores.

CONTATOS ÚTEIS

Accessible Portugal
www.accessibleportugal.com
Única empresa sediada em Portugal que oferece viagens especificamente para pessoas com mobilidade restrita, usuários de cadeira de rodas e suas famílias. São viagens curtas, cruzeiros, roteiros de aventura ou viagens mais longas e aprofundadas pela Espanha e Portugal, e até viagens sob medida para as necessidades e preferências pessoais. Confira detalhes no site. A empresa oferece transporte em veículos especialmente adaptados e fornece cuidados abrangentes de enfermagem, a pedidos.
✉ Rua João Freitas Branco 21D, 1500-714 Lisboa
☎ 217 203 130 ou 926 910 990
🕘 Seg-sex 10h-19h

European Network for Accessible Tourism (ENAT)
www.accessibletourism.org
Associação criada em 2006, patrocinada e ratificada por seis países-membros da União Europeia, cujos objetivos principais são discutir e propor ações para tornar o turismo no continente europeu cada vez mais acessível aos deficientes físicos.

Secretariado Nacional de Reabilitação
www.inr.pt
Site do governo português com informações sobre condições dos transportes. Também publica o *Accessible Tourism Guide*, com listas de hotéis, agências de viagem, restaurantes, clubes etc.
✉ Conde de Valbom 63, 1069-178 Lisboa
☎ 217 929 500

Society for Accessible Travel and Hospitality (SATH)
www.sath.org
Ótimo site com dicas para viajantes com limitações auditivas, visuais ou de mobilidade.

Wheeling Around the Algarve (Rodando Pelo Algarve)
www.player.pt
Esta empresa ajuda portadores de deficiência que estão de férias no Algarve. Pode providenciar tudo, desde traslado do aeroporto e aluguel de casas até aluguel de cadeiras de rodas e atividades de esporte e lazer. Funciona 24 horas por dia, sete dias por semana.
✉ Rua Casa do Povo 1, Apartado 3421, 8135-905 Almancil ☎ 289 393 636

REGIÕES

Esta seção é dividida conforme as oito grandes regiões de Portugal (▷ 7-9). As atrações estão listadas em ordem alfabética dentro de cada região.

Regiões de Portugal (▷ 62-290)

VIRTVTIBVS
MAIORVM
VT SIT OMNIBVS DOCVMENTO. P. P. D.

LISBOA

Chamada de Cidade das Sete Colinas, Lisboa fica junto ao amplo estuário do rio Tejo. A bela localização e sua extraordinária luminosidade fazem da cidade uma das capitais mais encantadoras da Europa. Cheia de contrastes, Lisboa preserva os bairros antigos – com ruas estreitas calçadas de pedra em que se espremem casas e prédios envelhecidos, com a pintura a descascar – e ao mesmo tempo abraça a modernidade e a mudança. A importância dada à preservação da herança histórica é visível no traçado das ruas e na arquitetura, desde a mourisca Alfama, com sua Sé do século XII, até o ultramoderno Parque das Nações, no extremo nordeste da cidade, passando pelas obras-primas de Belém da fase áurea manuelina e a meticulosamente planejada Baixa, do século XVIII.

Além de muita história e arquitetura, Lisboa tem ótimos museus, como o Gulbenkian, o Museu de Arte Antiga, a Coleção Berardo, no Centro Cultural de Belém, e o Museu do Oriente, o mais recente deles, um dos principais acervos de objetos de arte asiáticos em todo o mundo. Para quem quer fazer compras, há desde lojas especializadas em determinados períodos históricos, com interiores originais, até lojas de rede e shoppings imensos; e quem aprecia gastronomia encontra também ampla variedade de culinárias.

Lisboa não é uma cidade grande, e um dos maiores prazeres que oferece é simplesmente caminhar por suas ruas. Reserve um tempo para ficar sentado nos cafés com mesas na calçada em imponentes praças, passeie nos bondes do século XIX que sobem íngremes ladeiras e saboreie as castanhas assadas embrulhadas em papel de jornal no inverno, ou os pastéis de Belém, em qualquer época do ano. E, claro, delicie-se com as caminhadas à beira do Tejo, carinhosamente chamado pelos lisboetas de "mar de palha", uma referência aos reflexos dourados de suas águas quando o sol se põe.

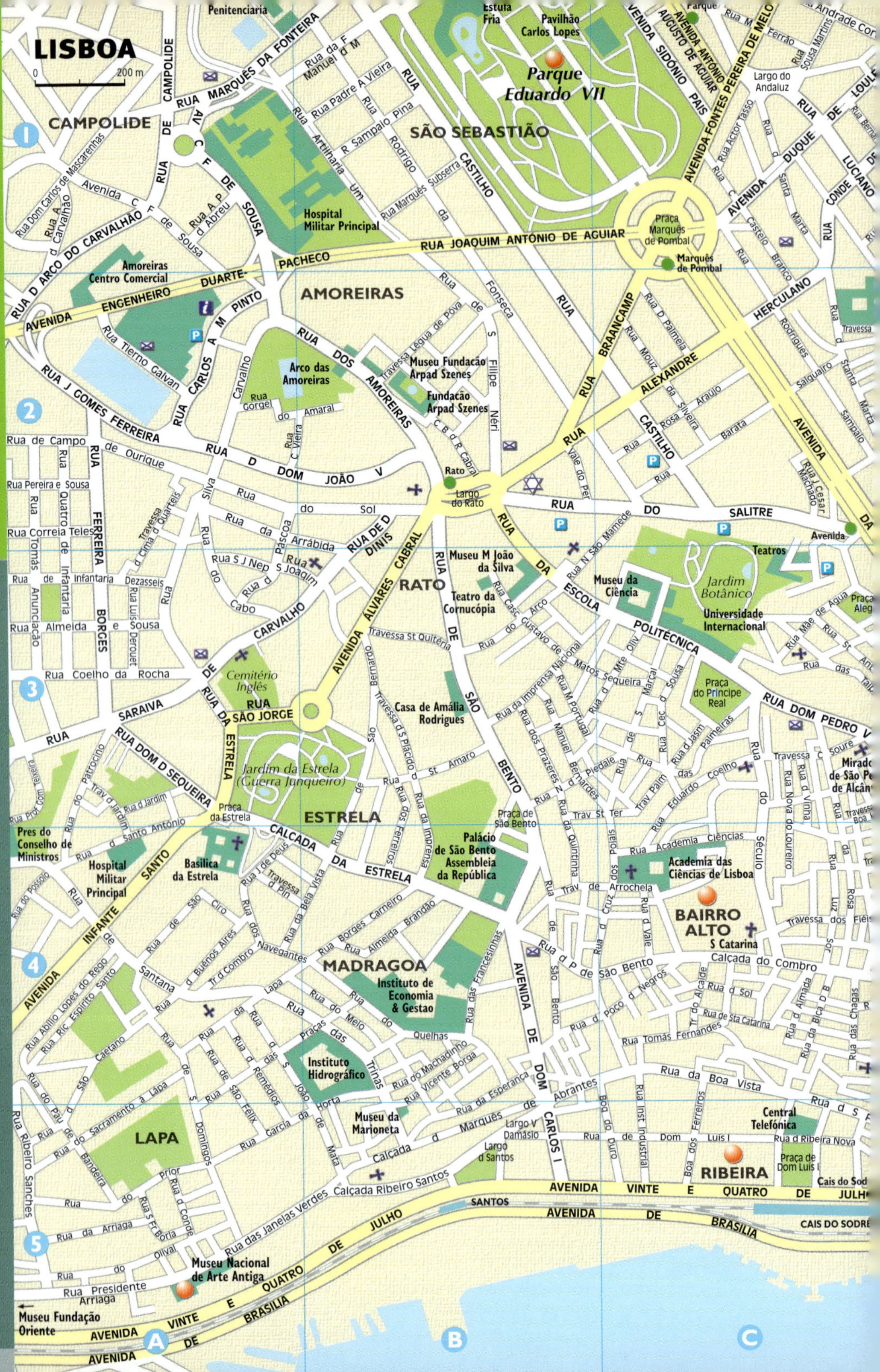
LISBOA
0
200 m
CAMPOLIDE
AMOREIRAS
SÃO SEBASTIÃO
Parque Eduardo VII
Pavilhão Carlos Lopes
Estufa Fria
Penitenciaria
Hospital Militar Principal
Amoreiras Centro Comercial
Arco das Amoreiras
Museu Fundação Arpad Szenes
Fundação Arpad Szenes
Praça Marquês de Pombal
Marquês de Pombal
Rato
Largo do Rato
RATO
Museu M João da Silva
Teatro da Cornucópia
Museu da Ciência
Jardim Botânico
Universidade Internacional
Teatros
Praça do Príncipe Real
Cemitério Inglês
Jardim da Estrela (Guerra Junqueiro)
ESTRELA
Casa de Amália Rodrigues
Praça de São Bento
Palácio de São Bento Assembleia da República
Basílica da Estrela
Praça da Estrela
Pres do Conselho de Ministros
Hospital Militar Principal
Academia das Ciências de Lisboa
BAIRRO ALTO
S Catarina
MADRAGOA
Instituto de Economia & Gestao
Instituto Hidrográfico
Museu da Marioneta
LAPA
Central Telefónica
RIBEIRA
Praça de Dom Luís I
Cais do Sodré
CAIS DO SODRÉ
SANTOS
Museu Nacional de Arte Antiga
Museu Fundação Oriente
RUA MARQUÊS DA FONTEIRA
RUA JOAQUIM ANTÓNIO DE AGUIAR
AVENIDA FONTES PEREIRA DE MELO
AVENIDA DUQUE DE LOULÉ
AVENIDA ENGENHEIRO DUARTE PACHECO
RUA D ARCO DO CARVALHÃO
RUA J GOMES FERREIRA
RUA D DOM JOÃO V
RUA DAS AMOREIRAS
RUA BRAANCAMP
RUA ALEXANDRE HERCULANO
RUA DO SALITRE
RUA DA ESCOLA POLITÉCNICA
RUA DOM PEDRO V
AVENIDA ÁLVARES CABRAL
RUA DE SÃO BENTO
RUA SARAIVA DE CARVALHO
RUA DOM D SEQUEIRA
RUA DA ESTRELA
RUA SÃO JORGE
CALÇADA DA ESTRELA
AVENIDA INFANTE SANTO
AVENIDA DE DOM CARLOS I
Calçada do Combro
Rua da Boa Vista
AVENIDA VINTE E QUATRO DE JULHO
AVENIDA DE BRASÍLIA
Calçada Ribeiro Santos
Rua das Janelas Verdes
1
2
3
4
5
A
B
C

BURACA
RADIAL DA BURACA
IC19
ALFRAGIDE
Palácio dos Marquêses de Fronteira
SETE RIOS
AVENIDA DA REPÚBLICA
ARCO CEGO
OLAIAS
Forte de Monsanto
Museu Calouste Gulbenkian
PICHELEIRA
MONSANTO
Parque Florestal
de Monsanto
ESTRADA DA CIRCUNVALAÇÃO
ESTEFÂNIA
AVENIDA ALMIRANTE REIS
BAIRRO LOPES
CAMPOLIDE
PORTELA
A5
Parque das Nações
Estoril
CAMPO DE OURIQUE
RATO
AVENIDA DA LIBERDADE
GRAÇA
Castelo de São Jorge
CASELAS
ESTRÊLA
A2 IP7 E90
BAIRRO ALTO
ALFAMA
AVENIDA INFANTE DOM HENRIQUE
AV DAS DESCOBERTAS
CARAMÃO
LAPA
Tejo
RESTELO
AJUDA
SANTO AMARO
ALCÂNTARA
PEDROUÇOS
BELÉM
AVENIDA DA ÍNDIA
PONTE DO 25 DE ABRIL
Setúbal
0
1 km
a
b
c
1
2
ANJOS
Hospital de São José
RUA DA PALMA
Miradouro Nossa Senhora do Monte
GRAÇA
Largo do Anunciada
Museu Ethnologico da Sociedade de Geografia
Martim Moniz
Convento Nossa Senhora da Graça
Coliseu
Praça dos Restauradores
Miradouro da Graça
Igreja de Graça
Palácio Foz
Restauradores
Campo de Santa Clara
Panteão Nacional de Santa Engrácia
ESTAÇÃO CENTRAL DO ROSSIO
Teatro Dona Maria II
Largo São Domingos
MOURARIA
São Vicente de Fora
Museu de Arte Sacra
Igreja de São Roque
Rossio
Praça da Figueira
Castelo de São Jorge
SANTA APOLÓNIA
Praça Dom Pedro IV
RUA DA BETESGA
Largo S C do Castelo
ALFAMA
Museu Nacional do Azulejo, Igreja da Madre de Deus
Museu Arqueológio do Carmo
Elevador de Santa Justa
Museu-Escola de Artes Decorativas
Museu Nacional Militar
Santa Apolónia
Largo do Carmo
Santa Luzia
Miradouro de Santa Luzia
Alfândega
Baixa-Chiado
Largo São Miguel
CHIADO
BAIXA
Santo Antonio de Lisboa
Museo e Casa do Fado
Teatro Nacional de São Carlos
Sé (Catedral)
Nossa Senhora Conceição Velha
Casa dos Bicos
Doca do Terreiro do Trigo
Largo da Biblioteca Pública
RUA DA ALFÂNDEGA
Jardim do Tabaco
Museu do Chiado
Ministérios
Praça do Município
Doca da Marinha
Praça do Comércio
Terreiro do Paço
Ministério
Welcome Center
Cais das Colunas
Estação Fluvial Terreiro do Paço
AVENIDA DA RIBEIRA DAS NAUS
Gare Fluvial
Tejo
D
E
F

ÍNDICE DE RUAS DE LISBOA

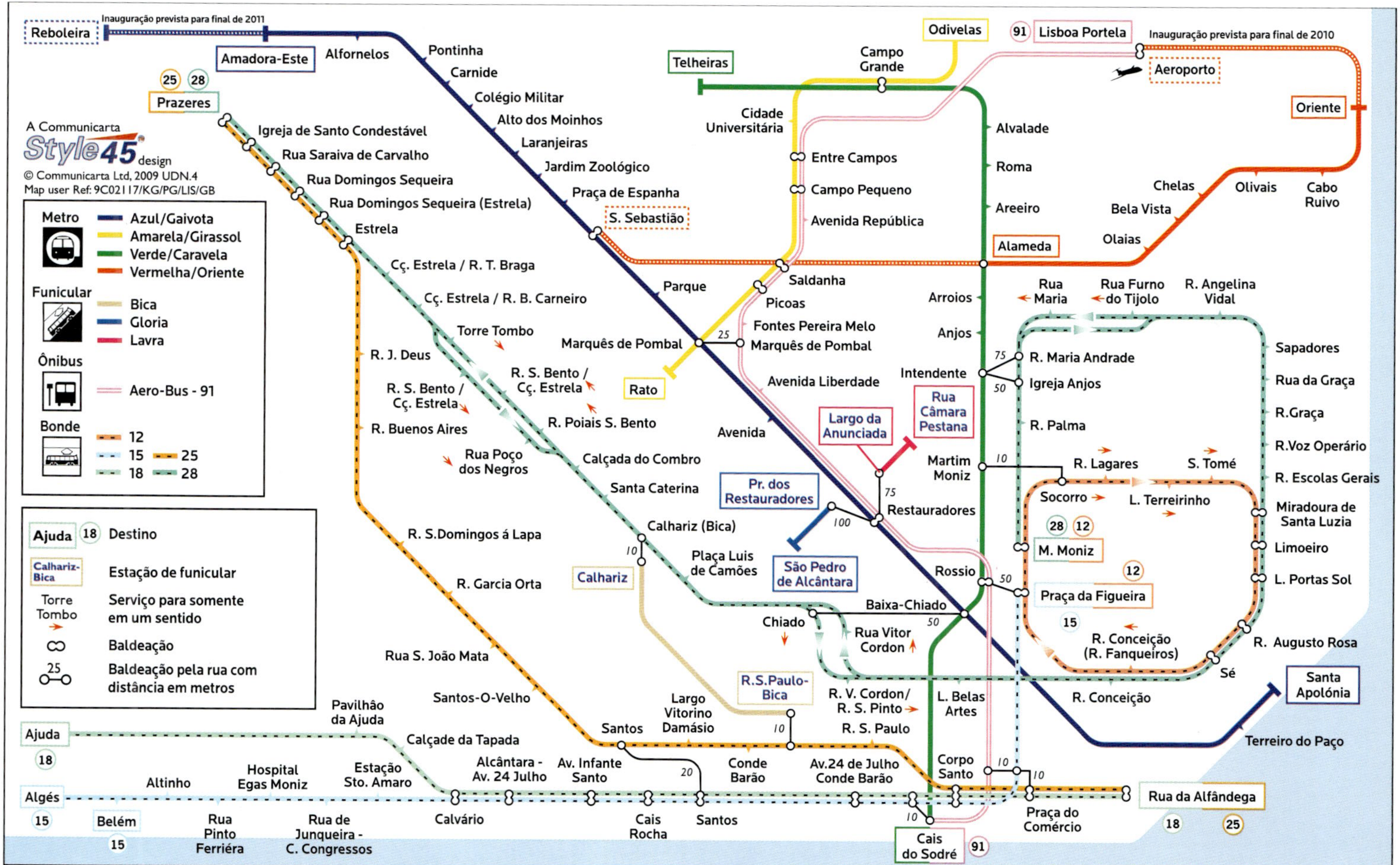
Reboleira
Inauguração prevista para final de 2011
Amadora-Este
Alfornelos
Pontinha
Carnide
Colégio Militar
Alto dos Moinhos
Laranjeiras
Jardim Zoológico
Praça de Espanha
S. Sebastião
Parque
Marquês de Pombal
Rato
Avenida
Restauradores
Rossio
Baixa-Chiado
Terreiro do Paço
Santa Apolónia
Odivelas
Campo Grande
Telheiras
Cidade Universitária
Entre Campos
Campo Pequeno
Avenida República
Saldanha
Picoas
Fontes Pereira Melo
Marquês de Pombal
Avenida Liberdade
Alvalade
Roma
Areeiro
Alameda
Arroios
Anjos
Intendente
Martim Moniz
Cais do Sodré
Olaias
Bela Vista
Chelas
Olivais
Cabo Ruivo
Oriente
Aeroporto
Inauguração prevista para final de 2010
91 Lisboa Portela
25 28 Prazeres
A Communicarta
Style 45 design
© Communicarta Ltd, 2009 UDN.4
Map user Ref: 9C02117/KG/PG/LIS/GB
Metro
Azul/Gaivota
Amarela/Girassol
Verde/Caravela
Vermelha/Oriente
Funicular
Bica
Gloria
Lavra
Ônibus
Aero-Bus - 91
Bonde
12
15
18
25
28
Ajuda 18 Destino
Calhariz-Bica
Estação de funicular
Torre Tombo
Serviço para somente em um sentido
Baldeação
25
Baldeação pela rua com distância em metros
Igreja de Santo Condestável
Rua Saraiva de Carvalho
Rua Domingos Sequeira
Rua Domingos Sequeira (Estrela)
Estrela
Cç. Estrela / R. T. Braga
Cç. Estrela / R. B. Carneiro
Torre Tombo
R. J. Deus
R. S. Bento / Cç. Estrela
R. S. Bento / Cç. Estrela
R. Poiais S. Bento
R. Buenos Aires
Rua Poço dos Negros
Calçada do Combro
Santa Caterina
Calhariz (Bica)
Calhariz
Plaça Luis de Camões
Pr. dos Restauradores
São Pedro de Alcântara
Largo da Anunciada
Rua Câmara Pestana
Chiado
Rua Vitor Cordon
R.S.Paulo-Bica
R. V. Cordon/ R. S. Pinto
R. S. Paulo
L. Belas Artes
R. S.Domingos á Lapa
R. Garcia Orta
Rua S. João Mata
Santos-O-Velho
Calçade da Tapada
Pavilhâo da Ajuda
Ajuda
18
Algés
15
Belém
15
Altinho
Rua Pinto Ferriéra
Hospital Egas Moniz
Rua de Junqueira - C. Congressos
Estação Sto. Amaro
Calvário
Alcântara - Av. 24 Julho
Av. Infante Santo
Santos
Cais Rocha
Santos
Largo Vitorino Damásio
Conde Barão
Conde Barão
Av.24 de Julho Conde Barão
Corpo Santo
Praça do Comércio
Rua da Alfândega
18
25
91
R. Maria Andrade
Igreja Anjos
R. Palma
Rua Maria
Rua Furno do Tijolo
R. Angelina Vidal
Sapadores
Rua da Graça
R.Graça
R.Voz Operário
R. Escolas Gerais
Miradoura de Santa Luzia
Limoeiro
L. Portas Sol
R. Augusto Rosa
Sé
R. Conceição
R. Conceição (R. Fanqueiros)
Praça da Figueira
15
12
M. Moniz
28 12
Socorro
L. Terreirinho
R. Lagares
S. Tomé
75
50
25
10
100
20

TERRA
AGUA
BAR
TRINDADE
OLÁ

BAIRRO ALTO E CHIADO

As ruas estreitas do Bairro Alto concentram parte da melhor vida noturna de Lisboa, e o Chiado tem lojas tradicionais, cafés com estilo e edifícios elegantemente restaurados.

BAIRRO ALTO

O Bairro Alto tem três agradáveis praças: o Largo Trindade Coelho, no limite com a parte alta do Chiado; a Praça Luís de Camões, na ponta sul do bairro; e o Jardim de São Pedro de Alcântara, com seu miradouro, que oferece esplêndidas vistas da região da Avenida da Liberdade. Essas praças são ligadas por um labirinto de ruas e alamedas, onde é tão fácil se perder como na Alfama (▷ 128-9). Aqui estão algumas das lojas mais peculiares da cidade – butiques alternativas de moda, lojas especializadas em música e em livros usados (sebos) perto do Largo Trindade. À noite, o cenário muda totalmente, com milhares de pessoas lotando as ruas, os bares e os restaurantes. O Bairro Alto é também um dos redutos tradicionais do fado, a contribuição de Portugal à música popular (a área abriga mais de 20 clubes de fado, alguns voltados para turistas, outros lotados de portugueses que ouvem as canções atentamente).

CHIADO

O ponto central do bairro é o Largo do Carmo e duas vias principais: a Rua Garrett e a Rua do Carmo, ambas abrigando lojas luxuosas. Grandes nomes internacionais ficam lado a lado com lojas tradicionais de Portugal vendendo artigos de luxo de todos os gêneros. Há também as grandes redes europeias e um elegante shopping na parte de baixo da Rua Garrett.

MUSEU ARQUEOLÓGICO DO CARMO

O museu fica nas ruínas do gótico Convento do Carmo, destruído no terremoto de 1755. A nave inteira está a céu aberto, com túmulos de ambos os lados do altar principal. Um deles é o lugar de descanso de dom Fernando I. Abriga também o túmulo de Gonçalo de Sousa, chanceler de Henrique, o Navegador, celebrado com uma estátua sobre seu túmulo. Entre o restante da eclética coleção, há múmias pré-colombianas, um sarcófago egípcio, pedras e setas da Idade do Ferro, moedas romanas e cerâmica antiga.

65 D4 · Largo do Carmo, 1200-092 Lisboa · 213 478 629 · Abr-set: seg-sáb 10h-19h; resto do ano: seg-sáb 10h-18h · €2,50

INFORMAÇÕES

64 C4, 65 D4

Baixa-Chiado

DICA

» Use os elevadores para subir as colinas.

Acima *A Igreja de São Roque*

Página ao lado *Fachada de prédio no Chiado*

Abaixo *Ruela estreita típica do Bairro Alto*

ALFAMA

INFORMAÇÕES
www.visitlisboa.com
65 F4

INTRODUÇÃO

Ônibus e bondes servem a área, mas caminhar é a melhor opção – o labirinto de ruas estreitas não dá acesso a carros em muitos pontos. Comece pela Sé, depois suba a colina em direção à Graça, e desça passando pela Igreja de São Vicente de Fora para explorar o bairro mais antigo de Lisboa. Há muito para ver no caminho, incluindo alguns pontos para fotos nos miradouros. Eles também são bons locais para uma pausa, embora muita gente prefira seguir adiante e encontrar um lugar para almoçar na Alfama. Reserve um tempo para explorar detalhadamente o bairro e apreciar melhor suas agitadas ruas.

Durante o domínio mouro, esta era a área mais rica da cidade – e isso se manteve nos primeiros anos depois da reconquista cristã –, mas uma sucessão de terremotos fez a nobreza se mudar, preservando o ar mourisco do bairro. Isso pode ser visto hoje em suas ruas labirínticas, com curvas e atalhos destinados a confundir os inimigos, e nas grades de janela arábicas de muitas casas. Por ser construída bem em cima da rocha junto à montanha do castelo, a área sofreu poucos danos no grande terremoto de 1755. Ainda é um bairro de trabalhadores, vibrante, muito populoso, embora jovens profissionais de Lisboa comecem a ocupar apartamentos de cobertura e a área receba cada vez mais visitantes.

DESTAQUES

SÉ

A Catedral de Lisboa – a Sé – fica no local antes ocupado pela principal mesquita da cidade. Foi fundada por Afonso Henriques em 1150. Como as outras grandes catedrais românicas portuguesas em Évora (▷ 240-3) e Coimbra (▷ 182-5), parece mais uma fortaleza, herança dos tumultuados tempos em que foi construída. Sofreu danos ao longo dos séculos devido a terremotos – o pior deles em 1755, quando a torre sul desabou e o coro, as capelas e o altar sofreram danos estruturais. A lenta restauração durou boa parte do século XIX, resultando em um edifício cuja aparência românica se perdeu, em razão dos

Acima *Os telhados avermelhados da Alfama, vistos das Portas do Sol*

acréscimos barrocos e neoclássicos. Isso foi corrigido na década de 1930, quando os elementos barrocos foram removidos, restaurando-se a rosácea e as torres baixas.

À direita, fica o tesouro e o claustro. Neste último, construído no século XIII, foram encontrados vestígios da romana Olisipo, dos visigodos e de partes dos muros da mesquita.

65 E4 Largo da Sé, 1100-585 Lisboa Catedral: seg-sáb 9h-19h, dom 9h-17h. Museu e claustros: diariam 10h-17h Museu e claustros: €2,50 37; bonde: 28, 12

MUSEU-ESCOLA DE ARTES DECORATIVAS

www.fress.pt

Fundado em 1947 pelo banqueiro Ricardo do Espírito Santo Silva, o museu abriga uma grande coleção de mobiliário e oficinas de artesanato – a loja do museu vende as peças produzidas nas oficinas. A coleção é muito bem exposta em salas reconstruídas, luxuosamente decoradas com azulejos contemporâneos e objetos de arte. Outros destaques são peças chinesas antigas e algumas raras pratarias – não perca a toalete portátil, inspirada nas usadas pela corte francesa em Versalhes mas produzida em Lisboa.

65 E4 Largo das Portas do Sol, 1100-411 Lisboa 218 881 991 Diariam 10h-17h €4; 20% de desconto com o Lisboa Card 37; bonde: 12, 28

IGREJA DE SÃO VICENTE DE FORA

Uma igreja dedicada a são Vicente, padroeiro de Lisboa, foi erguida primeiro aqui em 1147. Em 1580, dom Filipe II trouxe seu arquiteto Juan Herrera para construir algo mais no estilo maneirista italiano. Muito danificada pelo terremoto de 1755, a igreja foi restaurada e é hoje um dos melhores exemplos de arquitetura barroca de Lisboa. A alta nave, com uma bela abóbada em caixotões, guia o olhar até o altar dourado com seu baldaquino. As paredes são decoradas com belos painéis de azulejos. No claustro, há mais painéis de azulejos com cenas da corte e de caça extraídas das fábulas de La Fontaine. O refeitório é o panteão da dinastia dos Bragança.

65 F3 Largo de São Vicente, 1100-572 Lisboa 218 824 400 Igreja: ter-sáb 9h-17h, dom 9h-12h30. Claustro: ter-sáb 10h-17h, dom 10h-11h30 Igreja: grátis. Mosteiro e claustro: €4 37; bonde: 12, 28

OUTROS DESTAQUES

CASA DOS BICOS

Casa de mercador de 1523, erguida por Brás de Albuquerque. Não fica aberta ao público, mas vale a pena ver sua fachada, decorada com *bicos* (pontas piramidais), daí o nome. Quando da restauração, em 1983, foram encontrados vestígios romanos e mouriscos sob o edifício.

65 E4 Rua dos Bacalhoeiros 10, Campo das Cebolas, 1100-070 Lisboa 28, 35, 39, 745, 746, 759, 794

IGREJA DE SANTO ANTÓNIO DE LISBOA

Esta pequena igreja barroca substituiu uma destruída em 1755, e acredita-se que fica no local em que nasceu Santo António de Pádua, em 1195. Há um museu anexo repleto de lembranças do santo.

65 E4 Largo de Santo António da Sé, 1100-401 Lisboa 218 869 145 Diariam 9h-12h30, 15h-19h Grátis 37; bonde: 28

PANTEÃO NACIONAL DE SANTA ENGRÁCIA

Esta igreja foi designada panteão nacional em 1916. Oferece lindas vistas da Alfama e do Tejo a partir de seu domo. A parte externa abriga, às terças e aos sábados, a Feira da Ladra, mercado de pulgas de Lisboa.

65 F3 Campo de Santa Clara, 1100-471 Lisboa 218 854 820 Ter-dom 10h-17h €2,50 Bonde: 28

DICAS

» Se você se perder na Alfama, não se preocupe. É só descer a colina para se orientar; você vai acabar saindo perto do rio.

» Tome cuidado com os batedores de carteira. Fique de olho na bolsa, na carteira e em equipamentos como câmeras. Evite ruas estreitas, mal iluminadas e desertas depois do anoitecer.

» Pegue o bonde até Graça para se poupar da subida cansativa. Depois, desça a pé.

Abaixo *A aparência de forte da Catedral de Lisboa, fundada em 1150, não mudou muito desde a época medieval*

INTRODUÇÃO

O subúrbio de Belém, 6km a oeste do centro de Lisboa, abriga atrações que vão deixá-lo ocupado o dia inteiro. Seus monumentos e museus estão espalhados por uma área relativamente grande junto ao Tejo, com vistas do rio e com parques, jardins e fontes. A melhor maneira de chegar aqui é pegar o bonde 15 do centro da cidade. Outra opção é tomar o trem do Cais do Sodré, na linha Cascais. Lembre que quase tudo fecha às segundas-feira e que aos domingos, quando a entrada para alguns locais é gratuita, pode haver longas filas. Reserve um tempo para passear ao longo do rio e apreciar as plantas e as flores nos dois parques de Belém – o tropical Jardim Ultramarino e o Jardim Botânico da Ajuda.

A área de Belém já foi um assentamento marítimo situado na água. Era conhecida como Restelo e ficava separada da cidade de Lisboa. Dom Manuel I mudou seu nome para Belém no início do século XVI, e nessa época o bairro era sinônimo de exploração marítima. Em 1493, Colombo parou aqui ao voltar das Américas para a Espanha, e em 1497 o local foi o ponto de partida para a viagem de Vasco da Gama de descoberta do caminho marítimo para as Índias. O Mosteiro dos Jerónimos foi construído no decorrer do século XVI como agradecimento pelo sucesso da viagem de Vasco da Gama.

O regime de Salazar remodelou a orla e fez os lagos e os jardins em frente ao Mosteiro dos Jerónimos. O Padrão é de 1960, e em 1992 foi erguido o Centro Cultural de Belém (▷ 76) para marcar a fase em que Portugal presidiu a União Europeia. Hoje resta pouco da velha Belém, exceto as casas na Rua de Belém, mas a área atrai milhares de visitantes que vêm apreciar os monumentos e museus.

INFORMAÇÕES

65 A2

Rossio, Baixa-Chiado Bonde 15

DESTAQUES

PADRÃO DOS DESCOBRIMENTOS

www.padraodescobrimentos.egeac.pt

A ideia de um monumento para celebrar a era das grandes descobertas portuguesas começou a ser debatida em 1940 durante a Exposição do Mundo Português, para a qual a área de Belém foi reconstruída. O primeiro padrão foi temporário, e o amplo edifício branco que vemos hoje é de 1960. A parte saltada lembra a proa de uma caravela, com um trio de formas curvas atrás das velas estufadas. Suas linhas duras são suavizadas pelas figuras que se juntam na proa inclinada. Em destaque está Henrique, o Navegador (1399-1460), com um navio na mão. Atrás, as 32 outras figuras incluem dom Manuel I, cujo reinado (1495-1521) coincidiu com algumas das grandes viagens, e Luís de Camões, o aclamado poeta português. Para chegar ao alto do monumento e apreciar as vistas do estuário há um elevador. O espaço de exposições abriga mostras temporárias sobre aspectos da história de Lisboa. A calçada em frente combina o desenho de uma bússola com um mapa-múndi mostrando as grandes viagens lusitanas e suas datas, permitindo ver seu avanço contínuo para o sul, o leste e o oeste. Foi um presente da África do Sul nas comemorações dos quinhentos anos da morte de Henrique, o Navegador.

Avenida de Brasília, 1400-038 Lisboa 213 031 950 Mai-set: diariam 10h-18h30; out-abr: ter-dom 10h-17h30 €2,50; grátis com o Lisboa Card e aos dom 10h-14h 28, 714, 727, 729, 751; bonde: 15 Linha de Cascais a Belém

TORRE DE BELÉM

www.mosteirojeronimos.pt

Construída entre 1515 e 1519, a Torre de Belém, um dos mais famosos símbolos nacionais de Portugal, originalmente ficava mais para dentro do rio, uma for-

Página ao lado *O belo memorial aos grandes navegadores portugueses*
Abaixo *Erigida como posto de observação na entrada de Lisboa, a Torre de Belém fica na margem do Tejo*

taleza destinada a proteger o porto de Lisboa de possíveis ataques vindos do oeste. O grande terremoto de 1755 alterou o curso do rio Tejo, e a torre hoje fica à beira da água, embora ainda cercada pelo mar por três dos seus lados. Foi projetada para dom Manuel I por Francisco de Arruda, que já trabalhara em edifícios portugueses no Marrocos, e a influência moura é visível em muitos dos detalhes arquitetônicos, especialmente nas pequenas torres com seus domos redondos. A combinação desses elementos com toques góticos, venezianos e bizantinos a torna única. Também é o único exemplo completo de estilo manuelino que sobreviveu em Portugal, pois os outros são edifícios mais antigos remodelados ou concluídos mais tarde.

Na decoração há várias esferas armilares, que eram instrumento de navegação e símbolo pessoal de dom Manuel, além da cruz da Ordem de Cristo, militar, da qual ele era grão-mestre. O intrincado entalhe de corda na pedra, típico do estilo manuelino, ou a primeira escultura europeia de um rinoceronte, embaixo da torre do canto noroeste, são outros destaques. Há uma serena estátua gótica da Virgem das Calmas Viagens em um canto do terraço do segundo andar – daqui, alguns degraus levam ao alto da torre com vista panorâmica do Tejo. Os terraços podem ser alcançados pelo interior surpreendentemente despojado e sem ornamentos, que tem como principal ponto de interesse a "galeria dos cochichos", cuja acústica amplifica o mais leve sussurro.

✉ Avenida de Brasília, 1400-038 Lisboa ☎ 213 620 034 🕐 Out-abr: ter-dom 10h-17h; mai-set: ter-dom 10h-18h30 (última admissão 30min antes de fechar) ✋ €4; €8 para ingresso combinado Torre de Belém/Mosteiro dos Jerónimos; grátis com Lisboa Card e dom 10h-14h 🚌 28, 714, 727, 729, 751; bonde: 15 🚆 Linha de Cascais a Belém 🛍 Poucas e caras lojas de suvenires

MOSTEIRO DOS JERÓNIMOS

www.mosteirojeronimos.pt

O Mosteiro dos Jerónimos é o símbolo triunfal da grande era dos descobrimentos de Portugal e também o melhor monumento de Lisboa. Foi construído no local de uma antiga igreja fundada por Henrique, o Navegador, onde Vasco da Gama passou a última noite antes de partir para o Oriente. Dom Manuel I prometeu erguer uma igreja maior se a viagem fosse bem-sucedida, mas foi apenas em 1551 que o complexo inteiro ficou praticamente pronto. Os principais arquitetos foram Diogo de Boitaca, pioneiro do estilo manuelino, e o espanhol Juan de Castillo. A porta oeste, desenhada por Nicolas Chanterene, mostra Manuel e sua segunda esposa, seus santos padroeiros, os quatro evangelistas e os apóstolos. Em todo o mosteiro, inclusive nos claustros, há detalhes manuelinos. Na entrada sul aparecem mais detalhes nos trabalhos dos arquitetos Boitaca e Castillo. A estátua central é do príncipe Henrique, o Navegador, a figura barbada entre as duas portas.

Dentro, colunas decoradas se erguem em direção às vigas aparentes do teto abobadado. Sob a galeria à esquerda fica o túmulo de Vasco da Gama, e o de Luís de Camões está junto ao corredor. O sarcófago de Vasco da Gama é apoiado por leões e decorado com seu brasão de armas, esculturas de corda em pedra e seis caravelas. É fácil reconhecê-lo com seu barrete e sapatos com pompons.

O claustro, em dois andares, é alcançado quando se sai da igreja. Combina influências góticas e renascentistas, que contrastam com toques inovadores como as âncoras, as cordas e os motivos marítimos, em um exemplo perfeito do estilo manuelino. O andar superior, além de ser o melhor local para se ter uma visão geral do claustro, dá acesso à galeria do órgão da igreja, de onde há ótimas vistas do interior da igreja e é possível admirar de perto os entalhes das colunas.

✉ Praça do Império, 1400-206 Lisboa ☎ 213 620 034 🕐 Out-abr: ter-dom 10h-17h; mai-set: ter-dom 10h-18h (última admissão 30min antes de fechar) ✋ Igreja: grátis. Claustro: €6 ou €8 para ingresso combinado Mosteiro/Torre de Belém; grátis com o Lisboa Card e dom até as 14h 🚌 28, 714, 727, 729, 751; bonde: 15 🚆 Linha de Cascais a Belém 🛍 A preços altos, vende reproduções do museu, porcelana e camisetas de todas as regiões de Portugal; alguns livros (não vende guias)

Abaixo *A entrada do Museu da Marinha, em que se destacam duas torres*

MUSEU DA MARINHA

www.museu.marinha.pt

O Museu Naval de Lisboa fica na ala oeste do Mosteiro dos Jerónimos, para onde se mudou em 1962 após incêndio nas suas instalações originais no Arsenal. É um dos melhores museus marítimos da Europa e abriga um imenso acervo. Nas seções dedicadas à era dos grandes descobrimentos, há fascinantes maquetes, globos e mapas, além do tesouro mais antigo do museu, um entalhe de madeira em cores do Arcanjo Gabriel que parece ter acompanhado Vasco da Gama em suas grandes viagens. A sala Oriental também contém astrolábios e outros instrumentos de navegação. Barcas reais com muito dourado contrastam com equipamento de pesca em águas profundas e com o hidroavião pilotado por dois portugueses para cruzar o Atlântico até o Brasil em 1922. No vizinho Museu das Crianças, há diversas mostras interativas para entretê-las.

Praça do Império, 1400-206 Lisboa 213 620 019 Out-abr: ter-dom 10h-17h; mai-set: ter-dom 10h-18h €3; 25% de desconto com o Lisboa Card, grátis dom 10h-13h 28, 714, 727, 729, 751; bonde: 15 Linha de Cascais a Belém Moderado-caro A preços altos, vende reproduções do museu, porcelana e camisetas de todas as regiões de Portugal; alguns livros (não vende guias)

MUSEU NACIONAL DOS COCHES

www.museudoscoches-ipmuseus.pt

Este edifício do século XVIII abrigava anteriormente a Escola Real de Equitação. Ricamente decorado, hoje é sede do Museu Nacional dos Coches. Faz parte do complexo do Palácio de Belém, residência oficial do presidente português. Entalhes de madeira dourados, painéis pintados e luxuosas tapeçarias dependuradas enfeitam a imensa coleção de veículos. Também estão expostos liteiras, carrinhos e cabines. Vale a pena ver as carruagens do século XVIII feitas para o marquês de Frontes, embaixador de Portugal na Santa Sé, a carruagem enviada por dom Filipe III da Espanha em 1619 e uma carruagem inglesa do século XIX, construída em Londres e usada pela última vez pela rainha Elizabeth II em sua visita oficial a Portugal, em 1957.

Praça Afonso de Albuquerque, 1300-044 Lisboa 213 610 850 Ter-dom 10h-17h30 €4; grátis com o Lisboa Card e dom 10h-14h 28, 714, 727, 729, 751; bonde: 15 Linha de Cascais a Belém A preços altos, vende reproduções do museu, porcelana e camisetas de todas as regiões de Portugal; alguns livros (não vende guias)

Acima *Os tranquilos e ornamentados claustros do Mosteiro dos Jerónimos ocupam dois andares*

Acima *Uma das diversas carruagens luxuosas em exposição no Museu Nacional dos Coches*

OUTROS DESTAQUES

PLANETÁRIO CALOUSTE GULBENKIAN

www.planetario.online.pt

Neste local há mostras sobre as estrelas e o céu, algumas com ênfase no uso de navegação celeste durante a era das grandes descobertas.

Praça do Império, 1400-206 Lisboa 213 620 002 Sessões: qua-qui 16h, sáb-dom 11h, 15h30 Adultos €4, menores de 17 €2; €2 de desconto com o Lisboa Card 28, 714, 727, 729, 751; bonde: 15 Linha de Cascais a Belém

CENTRO CULTURAL DE BELÉM

www.ccb.pt

Um local de cultura moderno que promove exposições, concertos e entretenimento ao vivo, o CCB também é a sede do Museu Colecção Berardo. Este acervo de renome internacional inclui uma exposição permanente de cerca de 800 obras de arte moderna e contemporânea, com peças de Miró, Mondrian, Warhol e Picasso, entre outros artistas (www.berardomuseum.com; sáb-qui 10h-19h, sex 10h-22h; grátis).

Praça do Império, 1499-003 Lisboa 213 612 400 Seg-sex 8h-20h, sáb-dom 10h-19h Varia de acordo com a programação 28, 714, 727, 729, 751; bonde: 15 Linha de Cascais a Belém

JARDIM BOTÂNICO TROPICAL

www.iict.pt

Em uma travessa a leste do Mosteiro dos Jerónimos fica um jardim pouco conhecido. Criado em 1906, ele tem uma bela coleção de plantas e árvores tropicais e subtropicais. Um bom lugar para descansar depois de ver as atrações de Belém.

Largo dos Jerónimos, 1400-209 Lisboa 213 620 210 Mai-out seg-sex 10h-17h30, sáb-dom 11h-17h30; resto do ano diariam 10h-16h30 Adultos €1,50, crianças (8-17) €0,75 28, 714, 727, 729, 751; bonde: 15 Linha de Cascais a Belém

MUSEU NACIONAL DE ARQUEOLOGIA

www.mnarqueologia-ipmuseus.pt

Para quem se interessa pela herança romana de Portugal, aqui há mosaicos, sarcófagos e esculturas de todas as partes do país.

Praça do Império, 1400-206 Lisboa 213 620 000 Ter-dom 10h-18h (última admissão 17h45) €4; grátis com o Lisboa Card e dom 10h-14h 28, 714, 727, 729, 751; bonde: 15 Linha de Cascais a Belém

BAIXA

O catastrófico terremoto de 1755 e os incêndios que se seguiram mataram milhares de pessoas e destruíram a maior parte do centro histórico da cidade, incluindo toda a área da orla. O marquês de Pombal, primeiro-ministro de Portugal, decidiu reconstruir tudo no estilo da época. O resultado é a Baixa, uma rede muito bem planejada de ruas ladeadas por elegantes edifícios clássicos. Seu eixo é a movimentada Rua Augusta, com fachadas de azulejos, calçadas de mosaico e lojas peculiares.

PRAÇA DO COMÉRCIO

Passando por um monumental arco, o Arco Triunfal, concluído em 1873, a Rua Augusta conduz ao sul até a Praça do Comércio, uma ampla praça junto à orla, que fica no local do Terreiro do Paço. Pombal queria uma praça que rivalizasse com qualquer outra da Europa, e o resultado foi esse imenso espaço. Com arcadas em três de seus lados, tem o seu quarto lado aberto para o Tejo, a saída de Lisboa para o mar.

PRAÇA DOM PEDRO IV

O outro grande espaço aberto do bairro, a Praça Dom Pedro IV, conhecida como Rossio, deve muito à remodelação feita por Pombal no século XVIII. O majestoso edifício no lado norte é o Teatro Nacional Dona Maria II, construído na década de 1840 no local do antigo Palácio dos Estaus, sede da Inquisição. A estátua no meio homenageia dom Pedro IV.

O Rossio se abre a noroeste para a Praça dos Restauradores e a fachada neomanuelina da Estação do Rossio. No alto, fica o Elevador da Glória, um funicular em precárias condições que liga a Praça dos Restauradores ao Bairro Alto.

ELEVADOR DE SANTA JUSTA

Junto à Rua do Ouro fica o Elevador de Santa Justa, um dos marcos mais famosos e benquistos de Lisboa. Inaugurado em 1901, este elevador de 45m de altura foi construído para ligar a Baixa ao Largo do Carmo, no alto. Foi projetado por Raul Mesnier de Ponsard, um discípulo de Gustave Eiffel. O passeio de elevador oferece vistas fantásticas da Baixa, e o viaduto, no alto, leva os turistas às ruínas do Convento do Carmo.

DICAS

» No inverno, ambulantes vendem castanhas assadas aqui.

» O fim da tarde é uma boa hora para explorar a área e conhecer as ruas animadas.

Abaixo *A ampla Praça do Comércio, às margens do Tejo*

INFORMAÇÕES
www.castelosaojorge.egeac.pt
65 E3 Castelo de São Jorge, 1100-129 Lisboa 218 800 620
Ingressos: mar-out 9h-20h30; resto do ano 9h-17h30. Castelo e Olisipónia: nov-fev: diariam 9h-17h30; mar-out: diariam 9h- 20h30. Câmara Escura: nov-fev: diariam 11h-14h30 (com bom tempo); mar-out: diariam 10h-17h Castelo: €5 (inclui Olisipónia e Câmara Escura); 30% de desconto com o Lisboa Card
37; bonde: 28, 12 Casa do Leão: restaurante elegante e caro em uma das salas da Alcáçova Pequeno café self-service com bebidas quentes e frias, lanches e sorvetes Pequena loja com limitadas opções de suvenires

DICAS
» O castelo e seus jardins são obrigatórios no roteiro de qualquer turista que vem a Lisboa.
» O pavimento é irregular, por isso ande com cuidado e use calçados baixos, confortáveis.

Abaixo *A espetacular vista de Lisboa e do Castelo de São Jorge, a partir da Esplanada da Igreja da Graça*

CASTELO DE SÃO JORGE

O local de nascimento da cidade é um oásis de paz. Fica em uma tranquila área verde, com lindas vistas das ruas agitadas e do majestoso rio Tejo, embaixo. Se tiver tempo depois de ver o Castelo, visite o bairro medieval de Santa Cruz.

O Castelo de São Jorge sempre foi uma fortificação – já havia um forte aqui antes da chegada dos romanos em 138 a.C. Eles ergueram uma cidadela no local do atual castelo, de onde a cidade romana se espalhou encosta abaixo.

Os mouros construíram um castelo sobre a antiga fortificação romana com a Alcáçova no meio. Os reis de Portugal viveram aqui de 1279 a 1511, mudando-se somente após a construção do Palácio da Ribeira.

DEFESAS, MUROS E JARDINS

Com ameias e dez torres, os muros internos cercam dois pátios, dos quais saem escadas de acesso às passarelas sobre os muros. A partir das escadas, pode-se subir até as torres, uma das quais contém uma câmara escura. Ela dá uma visão aérea privilegiada das ruas que ficam nos níveis inferiores. Outras escadas levam encosta abaixo até a Torre de São Lourenço. Todo o complexo foi reformado antes da Expo '98, assim como os jardins que o circundam. Hoje, o Castelo de São Jorge é uma das áreas mais bem cuidadas do centro de Lisboa.

ALCÁÇOVA E OLISIPÓNIA

A Alcáçova era o palácio mourisco original, que serviu de residência real do século XIV ao XVI. O pouco que restou foi restaurado, mas se pode ter uma boa ideia de seu estado e de suas dimensões originais na série de câmaras que hoje abrigam a Olisipónia, uma exposição multimídia sobre a história da capital.

Uma série de telas e de efeitos sonoros, com duração de 25 minutos, mostra o passado de Lisboa, com boas informações sobre os séculos XV e XVI, sobretudo os grandes descobrimentos e o grande terremoto de 1755, que destruiu a capital portuguesa. De forma pouco comum em se tratando de Portugal, também há audioguia com comentários em inglês.

CENTRO DE ARTE MODERNA

www.cam.gulbenkian.pt

O complexo de arte moderna de Lisboa faz parte da Fundação Calouste Gulbenkian (⊳ 80-2). Para chegar até ele, é só caminhar pela parte externa do Museu Gulbenkian, apreciando a coleção de esculturas ao ar livre, que inclui obras de Henry Moore. O edifício modernista leve e arejado é o cenário perfeito para abrigar as obras de artistas portugueses do século XX, entre as quais as de José de Almada Negreiros (1873-1970). O *Autorretrato* (1925) mostra Negreiros e seus amigos no café A Brasileira, de Lisboa. Outros artistas de destaque representados no acervo são os futuristas Amadeu de Souza Cardoso e Guilherme Santa-Rita, além de Paula Rego, pintora contemporânea radicada na Inglaterra.

65 B1 Rua Dr. Nicolau de Bettencourt, 1050-078 Lisboa 217 823 474 Ter-dom 10h-18h (última admissão 17h45) Adultos €4; museu e exposições temporárias: €5; museus de arte moderna e Gulbenkian (⊳ 80) mais exposições temporárias €7; grátis dom Praça de Espanha ou São Sebastião 746

MUSEU CALOUSTE GULBENKIAN

⊳ 80-2.

MUSEU DO CHIADO

www.museudochiado-ipmuseus.pt

Fundado em 1914 como museu nacional de pintura e escultura contemporâneas, o Museu do Chiado foi todo remodelado após o incêndio de 1988. Reinaugurado em 1994, com renovação contemporânea a cargo do arquiteto francês Jean Michel Wilmotte, ele agora se concentra na arte portuguesa entre 1850 e 1950. Cobre diversos movimentos, do Romantismo, Naturalismo, Modernismo e Surrealismo ao Abstracionismo. As melhores obras são *A sesta*, de Almada Negreiros, e *O desterrado*, de Soares dos Reis, mas a maioria acha mais interessantes as cenas de Lisboa, como as que aparecem na obra *Lisboa e o Tejo*, de Carlos Botelho.

65 D5 Rua Serpa Pinto 6, 1200-444 Lisboa 213 432 148 Ter-dom 10h-18h €4; Grátis com o Lisboa Card Baixa-Chiado 758, 790; bonde: 28

Acima *Obras em exposição no Centro de Arte Moderna*

MUSEU NACIONAL DE ARTE ANTIGA

www.mnarteantiga-ipmuseus.pt

O museu de arte nacional de Portugal localiza-se em um palácio do século XVII muito bem adaptado, com um belo jardim.

O Museu Nacional de Arte Antiga é o lugar ideal para apreciar o melhor da pintura portuguesa, ter uma boa visão de outras escolas europeias de pintura e ver a abrangente coleção de móveis, tecidos e objetos de várias manifestações de artes decorativas. O forte do museu são as pinturas portuguesas e as coleções do Extremo Oriente, particularmente os exemplos de arte japonesa datados do fim do século XVI. Os portugueses chegaram ao Japão no início do século XVI e ficaram até os japoneses fecharem o país aos europeus.

Pintura portuguesa – Terceiro piso. Cobre as escolas dos séculos XV e XVI, quando a pintura do país foi influenciada por flamengos como Jan van Eyck e Rogier van der Weyden. Os grandes nomes são Nuno Gonçalves, Gregório Lopes e Frei Carlos. A principal peça de Gonçalves é o *Políptico de São Vicente*, peça de altar com seis painéis que mostram uma multidão homenageando são Vicente, padroeiro de Lisboa.

Pintura europeia – Térreo. As escolas flamenga e alemã são o destaque do andar, com a *Tentação de Santo Antônio*, de Hieronymus Bosch. Há também algumas obras de Lucas Cranach, o Velho, Albrecht Dürer, Rafael Sanzio e Francisco de Zurbarán.

Arte do Extremo Oriente – Segundo Piso. Esta é uma importante coleção de arte decorativa, que inclui porcelana e metal e data do período colonial na África e no Extremo Oriente. As peças de cerâmica e prata rivalizam com as do acervo do Museu Calouste Gulbenkian (⊳ 80-2), particularmente a porcelana chinesa e o imenso e reluzente serviço de jantar e decoração de mesa de 1756 de F. T. Germain, de Paris. As telas japonesas do século XVI retratam a chegada dos portugueses a Nagasaki, e estão repletas de figuras europeias bizarras, representadas com narizes longos e pontudos e pernas finas.

64 A4 Rua das Janelas Verdes, 1249-017 Lisboa 213 912 800 Ter 14h-18h, qua-dom 10h-18h €4; grátis com o Lisboa Card 60, 713, 727; bonde: 25

MUSEU CALOUSTE GULBENKIAN

INFORMAÇÕES

www.museu.gulbenkian.pt

65 B1 Avenida de Berna 45A, 1067-001 Lisboa 217 823 000

Ter-dom 10h-18h (última admissão 17h45) Adultos €4; museu e exposições temporárias €5, Gulbenkian e Centro de Arte Moderna (▷ 79) mais exposições temporárias €7; audioguia €4; crianças (12-18) €2, menores de 12 grátis

Praça de Espanha, São Sebastião

746 Restaurante self-service que serve comida e lanches o dia inteiro

Café que serve também bebidas e lanches; faz parte do restaurante

Loja com ampla seleção de livros de arte, boa parte deles em português, e algumas reproduções e lembranças do museu, de boa qualidade. Tem alguns artigos para crianças. Vende cartões-postais e guias.

INTRODUÇÃO

O único museu de renome internacional de Lisboa fica em um belo edifício rodeado de jardins. Abriga uma coleção abrangente, embora compacta, com obras de séculos e artistas variados. O Museu Calouste Gulbenkian faz parte da Fundação Calouste Gulbenkian, poucos minutos a pé ao norte do Parque Eduardo VII. A coleção é relativamente pequena, mas cada peça é um exemplo superlativo do seu gênero. As obras estão claramente dispostas em grupos geográficos e cronológicos: há duas seções principais, uma dedicada à arte europeia e outra à arte dos mundos antigo e oriental. Há um folheto gratuito com uma planta do museu, e pode-se alugar um audioguia; o guia completo do museu está à venda na loja.

A Fundação Calouste Gulbenkian é uma entidade que patrocina as coleções de arte do museu, o Centro de Arte Moderna (▷ 79), uma orquestra, um coral e uma companhia de balé, além de administrar três salas de concerto, uma editora e duas galerias de exposições em Lisboa. A fundação também apoia museus, bibliotecas e vários projetos assistenciais em todo o território português. Tudo isso foi possível graças a Calouste Gulbenkian (1869-1955), magnata armênio do petróleo que fez fortuna no Oriente Médio. Coleções de arte eram sua grande paixão e o Museu Calouste Gulbenkian é o resultado da astúcia de um capitalista interessado em artes. Na Segunda Guerra Mundial, os ingleses assumiram o controle de seus ativos, mas foi a neutra nação portuguesa que ofereceu um lar a um dos mais importantes patronos culturais do século XX.

DESTAQUES

ARTE ISLÂMICA ORIENTAL E ARMÊNIA – SALAS 4 E 5

Duas galerias interligadas abrigam as coleções de arte islâmica oriental e armênia, oferecendo uma visão geral do melhor dessas regiões, com ênfase particular em obras dos séculos XV a XVII. Os tapetes de seda e lã, alguns de chão, outros de parede, são um dos pontos altos, assim como os numerosos exemplos de azulejos do Império Otomano – destaca-se um belo painel de faiança do século XV com uma subcamada de turquesa, azul e branco.

A cerâmica persa e turca, especialmente as tigelas turcas, em azul e branco, são um dos destaques desta ala. Elas têm uma influência Ming marcante, provavelmente devido ao contato dos comerciantes com a China à medida que a cerâmica chinesa começou a chegar ao Ocidente ao longo da chamada Rota da Seda. Há uma vitrine inteira cheia de sofisticadas luminárias de vidro egípcias de mesquita, do século XIV – douradas, translúcidas e iridescentes, elas mostram uma técnica de incrível especialização para o período em que foram criadas.

ARTE DO EXTREMO ORIENTE – SALA 6

Entre as peças desta ala, há bonitas tigelas fundas Ming com uma camada translúcida de verde-acinzentado, embora os vasos de porcelana chinesa e os potes cobertos sejam mais atraentes aos olhos, principalmente os dos séculos XVII e XVIII. Há dois belos conjuntos de porcelana laqueada, uma decorada com crisântemos em rosa-claro, turquesa e verde sobre fundo branco, a outra com flores rosa e verde e motivos naturais sobre uma camada de preto. À direita ao sair da galeria, fica o intrincado biombo de coromandel chinês do século XIV, com incrustações de laca e desenhos em papel.

ARTE EUROPEIA (PINTURA) – SALAS 7 A 17

Entre os destaques da coleção de pinturas inclui-se *Retrato de uma jovem*, obra de Ghirlandaio; ela está com um vestido cor-de-rosa com mangas verdes e seu colar de coral chama a atenção para os delicados fios de cabelo em volta do seu rosto. Há outras belas moças retratadas pelos ingleses Gainsborough, Romney e Lawrence, e uma outra mais sombria de Rembrandt, a *Palas Athena* (escura representação da deusa com escudo e elmo emplumado). Rubens está representado por um simpático retrato de sua segunda esposa, Helena Fourment, e há ainda um atmosférico Turner, *Foz do Sena*, representada por redemoinhos de água e cores peroladas. Os fãs de Veneza não devem perder a sala lateral dedicada a Guardi – 19 cenas venezianas, incluindo uma que mostra o desenho de Palladio para a Ponte Rialto. Corot, Monet, Renoir e Degas representam os impressionistas franceses. Dessa escola, destacam-se duas cenas, um pastel de Millet, *Montes de feno cobertos de neve*, contrastando com um quadro de Monet, *Gelo flutuando*.

ESCULTURA, MOBILIÁRIO E PORCELANA

Entre as esculturas há um medalhão de Florença do século XV de Luca della Robbia, um baixo-relevo de Rossellino com a Virgem e o Menino, e o mármore *Diana*, de Houdon (1780).

A mobília francesa Luís XV e Luís XVI é soberba e inclui cadeiras, armários, bufês e mesas com incrustações, juntamente com tapeçarias. Há mais luxo francês pré-revolucionário nas pratarias e talheres e objetos de mesa de ouro, ao lado de uma grande mostra de porcelana de Sèvres, algumas com fundo azul, outras com fundo verde.

RENÉ LALIQUE

A última sala é dedicada ao trabalho do joalheiro e designer art nouveau René Lalique. Há 169 peças de sua joalheria, intrincados e sinuosos desenhos embelezados por laca, ouro, diamantes, pérolas e outras pedras preciosas.

DICAS

» Reserve cerca de três horas para uma visita tranquila.

» Aproveite para apreciar os belos jardins em volta dos edifícios da Fundação Calouste Gulbenkian.

» Combine a visita ao Museu Gulbenkian com uma ida ao Centro de Arte Moderna (▷ 79), que também faz parte da fundação e fica bem próximo do museu.

Página ao lado *A galeria de artes decorativas francesas do século XVIII é repleta de tesouros*
Abaixo *A impressionante* Diana, *estátua de mármore de Nicholas Houdon*

GUIA DO MUSEU

1. Arte egípcia
2. Arte greco-romana
3. Arte mesopotâmica
4. Arte islâmica oriental
5. Arte armênia
6. Arte do Extremo Oriente
7. Obras de mármore; manuscritos com iluminuras
8. Pintura e escultura dos séculos XV, XVI e XVII
9. Arte renascentista
10. Arte decorativa do século XVIII: França
11. Pintura e escultura do século XVIII: França
12. Prataria dos séculos XVIII e XIX: França
13. Pintura dos séculos XVIII e XIX: Inglaterra
14. Pinturas de Francesco Guardi
15. Pintura e escultura do século XIX: França

16. e 17. Obras de René Lalique

Arte Egípcia – sala 1
Uma pequena coleção de alta qualidade – procure uma colher de mármore esculpida no século XVI a.C.; uma coluna de pedra, em relevo, que mostra uma oferenda feita ao faraó (1580 a.C.); e gatos de bronze (664-525 a.C.).

Arte Greco-Romana – sala 2
Aqui os destaques são um vaso grego ático (450 a.C.) com cenas de carruagens e jogos, objetos romanos de vidro iridescente, um cântaro grego de prata (século III a.C.) e intrincada joalheria romana dos séculos II a.C. a IV d.C.

Arte Mesopotâmica – sala 3
Procure um baixo-relevo assírio do palácio de Assurbanípal em Nimrud mostrando um guerreiro barbado com um quepe de plumas (datado do século IX a.C.).

Mármores e Iluminuras – sala 7
O medieval livro de horas, missais e evangelhos, todos com luxuosas ornamentações.

À esq. *Azulejos adornam os jardins do Palácio dos Marqueses de Fronteira*

MUSEU FUNDAÇÃO ORIENTE

www.museudooriente.pt

O edifício Pedro Álvares Cabral, reformado, com sua imponente fachada da década de 1940, abriga um acervo dedicado à presença portuguesa na Ásia e à impressionante coleção Kwok On, que compreende mais de 12 mil peças. O foco da coleção são as artes cênicas orientais, com máscaras, teatros de sombra e de marionetes, trajes e instrumentos musicais.

Fora do mapa 64 A5 · Avenida de Brasília, Doca de Alcântara, 1350-362 Lisboa · 213 585 200 · Qua-seg 10h-18h (última admissão 17h30), sex 10h-22h (última admissão 21h30) · Adultos €4, crianças (6-12) €2, menores de 6 grátis, família €9; grátis sex 18h-22h · 12, 28, 714, 738, 742; bonde 15, 18 · Linha de Cascais a Alcântara

MUSEU NACIONAL DO AZULEJO E IGREJA DA MADRE DE DEUS

www.mnazulejo-ipmuseus.pt

O museu traça a história do azulejo do século XV até hoje. Um dos destaques é a vista de Lisboa em azul e branco, que mostra a cidade antes do terremoto de 1755. Há mais azulejos interessantes na igreja vizinha.

Fora do mapa 65 F4, 65 C1 · Rua da Madre de Deus 4, 1900-312 Lisboa · 218 100 340 · Ter 14h-17h30, qua-dom 10h-17h30 · €4; grátis com o Lisboa Card · Arroios e depois · 794

PALÁCIO DOS MARQUESES DE FRONTEIRA

Esta pequena casa de campo cor-de-rosa foi originalmente construída na década de 1670, mais de 130 anos após são Francisco Xavier ter supostamente rezado missa na capela antes de sua viagem para a Índia. O palácio sofreu danos no terremoto de 1755, e o que se vê hoje é do fim do século XVIII. Ele se destaca particularmente por seus azulejos, que decoram tanto o interior da casa como os jardins. Dentro, a maior atração é a Sala das Batalhas, onde painéis ilustram batalhas contra os espanhóis durante as guerras de Restauração, que ocorreram entre 1640 e 1668. Os jardins são em estilo italiano renascentista, com canteiros, topiarias e fontes.

65 B1 · Largo de São Domingo de Benfica, 1500-554 Lisboa · 217 782 023 · Palácio: apenas visitas guiadas. Out-mai: seg-sáb 11h, 12h; jun-set: 10h30, 11h, 11h30, 12h. Jardins: seg-sáb 14h30-16h30 · Palácio e jardins: €7,50; jardins: €3 · Sete Rios e depois · 70

PARQUE EDUARDO VII E ESTUFAS

www.cm-lisboa.pt

Não há melhor lugar para passar algumas horas tranquilas do que o principal parque de Lisboa, o Parque Eduardo VII, que fica no extremo norte da monumental Avenida da Liberdade. Ele foi inaugurado em 1903, em homenagem a Eduardo VII, da Inglaterra, que naquele ano visitou Portugal para reconfirmar a aliança anglo-portuguesa (vigente desde 1382). O desenho é bem formal, em volta de dois amplos caminhos com chão de mosaico, cortados por trilhas menores e com cercas-vivas muito bem aparadas. O grande edifício neobarroco, junto à entrada leste, é o Pavilhão Carlos Lopes, um ginásio de esportes rebatizado em memória do campeão de maratonas português. Ao norte, as belas vistas são mais um convite para explorar as estufas. Três delas são interconectadas: a estufa fria, a quente e a doce (contendo plantas que crescem em condições áridas). Inauguradas em 1930, elas são cheias de flores, arbustos e árvores, plantados em volta de água corrente, lagos e fontes.

126 B1 · Praça Marquês de Pombal 1070-099 Lisboa · 213 882 278 · Estufas: out-abr diariam 9h-16h30; mai-set diariam 9h-17h30 · €1,61 · Marquês de Pombal · Todas linhas para a Avenida da Liberdade

PARQUE DAS NAÇÕES

▷ 84-7.

MERCADO DA RIBEIRA

www.espacoribeira.pt

Para sentir a verdadeira atmosfera de Lisboa, é preciso visitar o mercado da Ribeira e o Cais do Sodré – todo mundo vem comprar aqui. O Cais do Sodré é um dos principais núcleos de transporte, lotado nos horários de pico. Daqui, é só pegar um trem para Estoril e Cascais, o metrô ou um barco para atravessar o rio Tejo. A estação fica do outro lado do Mercado da Ribeira, principal mercado de alimentos de Lisboa. As melhores ofertas de produtos são as do final da manhã, quando o mercado tem seu maior movimento e chegam os vendedores de flores.

A oeste do mercado, a área junto ao rio foi remodelada e abriga modernos bares e restaurantes, além de pessoas que praticam cooper e andam de skate. Algumas quadras adiante, fica a Bica, com seus restaurantes e lojas. Subindo o Elevador da Bica, da Rua de São Paulo, dá para chegar à Calçada do Combro, no Bairro Alto, antes de passear pelo Miradouro de Santa Catarina, que tem uma vista maravilhosa.

64 C5 · Avenida 24 de Julho, Cais do Sodré, 1200-479 Lisboa · 213 244 980 · Seg-sáb 5h-14h · Cais do Sodré

PARQUE DAS NAÇÕES

INTRODUÇÃO

É uma viagem fácil de metrô até a sofisticada Estação do Oriente, da qual você só tem que atravessar a pé o imenso e tentador shopping Vasco da Gama para chegar ao Parque das Nações propriamente dito. O lugar é imenso, e as distâncias podem enganar, mas usando bem o trenzinho (minicomboio) e o teleférico você vai circular sem problemas. Procure visitar o Oceanário antes que a fila fique grande demais. Depois passe o restante do dia explorando as outras atrações. Durante a semana, a área é bem calma, mas nos fins de semana a animação é maior, com muita gente para desfrutar as atrações e o lazer nos passeios junto à água. Você pode também visitar o parque sem passar por Lisboa, pois há acesso fácil pelo sistema de estradas.

Até o início da década de 1990 o local que hoje abriga o Parque das Nações era uma área industrial, com armazéns degradados, uma refinaria de petróleo e um matadouro municipal. O lugar foi escolhido como núcleo da Expo '98, a Feira Mundial de Lisboa, que deu a Portugal um destaque internacional definitivo. A feira transcorreu de maio a setembro de 1998 e foi um grande sucesso, atraindo milhares de visitantes.

Quando a Expo acabou, o local foi reaberto como distrito urbano e ganhou seu atual nome. A construção em volta do parque e dos imensos jardins da margem do rio ainda prossegue, visando criar uma bem planejada zona residencial e de negócios. A área abriga dois dos maiores locais de concertos de Lisboa e inúmeras lojas, cafés e restaurantes. É servida por ótimo sistema de trem, metrô e ônibus na futurista Estação do Oriente, projetada por Santiago Calatrava.

DESTAQUES

OCEANÁRIO

www.oceanario.pt

Projetado pelo arquiteto americano Peter Chermayeff, o Oceanário de Lisboa foi inaugurado em 1998 como parte da Expo '98. Seu papel era dar à cidade uma lembrança permamente da Expo ao fazer uma clara ligação entre o passado marítimo do país e o papel futuro dos oceanos. O edifício, que fica junto à margem do rio, mais parece uma espécie de máquina submarina

INFORMAÇÕES

www.parquedasnacoes.pt

Fora do mapa 65 C1 Alameda dos Oceanos, 1990-223 Lisboa 218 919 333 linha Oriente até Oriente 28

Acima *A Gare (Estação) do Oriente foi construída para a Expo '98*
Página ao lado *Alguns dos habitantes do Oceanário*

DICAS

» O posto de informação fica fora do shopping Vasco da Gama; tem a planta do parque e detalhes sobre os eventos.

» Se você pretende ver tudo, talvez valha a pena comprar o Cartão do Parque – adultos €17, crianças (4-12) €9. Ele dá acesso às principais atrações e descontos nas demais.

» Se não quiser andar, há um trenzinho que circula por todo o parque e para onde você quiser descer ou subir (out-mar: 10h-16h, abr-set: 10h-19h). Ele sai de hora em hora da parte externa do Pavilhão Atlântico (adultos €2,50, menores de 14 €1,50). Pode-se também alugar uma bicicleta (€4 por hora); pergunte no balcão de informações.

» Você pode pegar grandes filas nas horas de pico, por isso talvez compense chegar cedo ao parque e ir diretamente até o Oceanário.

futurista, mas é a vida marinha em seu interior que atrai as pessoas. O imenso tanque central, com dois níveis, contém mais de 7 milhões de litros de água salgada e é habitado por peixes e criaturas marinhas dos oceanos do mundo inteiro – tubarões, arraias e cardumes de peixes menores vivendo em profundidades diferentes. Ele é rodeado por quatro áreas que representam diversos ecossistemas oceânicos: o Atlântico, o Antártico, o Pacífico e o Índico, e têm habitats tanto acima quanto abaixo da água, que permitem aos visitantes ver aves, animais e vegetação típicos dessas zonas, além da vida marinha dentro da água. Papagaios-do-mar e araus-comuns da zona Atlântica são muito populares, assim como os pinguins-de-magalhães saltitando na neve da zona Antártica e as lontras no Pacífico. Todos podem ser vistos embaixo d'água quando você se instala no nível inferior, onde a luz do sol se filtra pela água sobre as algas e corais, e inúmeros cardumes de peixes deslizam suavemente.

Tanques adicionais cobrem hábitats marinhos tão diversos como recifes de coral e mangues das florestas. Aqui os destaques são os peixes-dragão australianos, tão bem camuflados que não se distinguem das algas onde vivem; a luminosa água-viva tropical; as brilhantes anêmonas e uma incrível variedade de caranguejos. Há mais de 15 mil animais e plantas, com 450 diferentes espécies representadas. Mostras interativas com fins educativos dão informações sobre pesca, produtos do oceano, correntes, ventos, marés e preservação. No Oceanário, tudo está bem identificado.

Esplanada D. Carlos I, Doca dos Olivais, 1990-005 Lisboa 218 917 002/6 Inverno: diariam 10h-19h (bilheteria fecha às 18h); verão: diariam 10h-20h (bilheteria fecha às 19h). Inverno/verão horários alterados com a mudança de hora Adultos €11, crianças (4-12) €5,50, menores de 4 grátis, família (2 adultos e menor de 12) €26,50; há serviço de reserva de ingresso pela internet Oriente 28 Planta ilustrada grátis Excelente loja com muitos livros relacionados à vida no mar, suvenires, papelaria e brinquedos de pelúcia

PAVILHÃO DO CONHECIMENTO – CENTRO DA CIÊNCIA VIVA

www.pavconhecimento.pt

Esta é outra grande atração para famílias. Trata-se de um parque de ciências que procura – e consegue – transmitir às pessoas comuns a mensagem de que ciência e tecnologia são divertidas. Há muitas mostras interativas permanentes, que explicam desde o funcionamento dos hologramas até o uso de tecnologia no dia a dia, e os jovens e adolescentes podem passar horas no cibercafé com acesso grátis à internet. Administrado pelo Ministério da Ciência e Tecnologia de Portugal, o local também promove exposições temáticas, apoiadas nos recursos dos maiores institutos de ciência do mundo. Dentre elas, destacam-se a Casa Inacabada, projetada pela Cité des Sciences de Paris, o Exploratório de São Francisco e a mostra Veja, Faça, Aprenda, concebida conjuntamente pelas universidades de Cardiff e Helsinque. Todas essas exposições interativas são áreas de aprendizagem onde os visitantes podem vivenciar a ciência de maneira participativa.

Alameda dos Oceanos, Parque das Nações, 1990-223 Lisboa 218 917 100 Ter-sex 10h-18h, sáb-dom 11h-19h Adultos €7, crianças (7-17) €4, (3-6) €2,50, menores de 2 grátis, família €15 Oriente 28 Folheto explicativo em inglês €1,50 Boa loja de livros e presentes, com muitos suvenires a preço razoável

Abaixo *A notável escultura* Sun Man, *de Jorge Vieira*

ORLA E JARDINS

Neste ponto, o rio Tejo tem quase 10km de largura e há alamedas, com arbustos e árvores das antigas colônias de Portugal, ao longo da margem do rio, desde o Oceanário até a Ponte Vasco da Gama. Durante os fins de semana, milhares de portugueses vêm aqui descansar e apreciar as lindas vistas. Nos dias úteis, porém, é uma das áreas mais tranquilas da cidade. Os Jardins d'Água, com lagos ligados por degraus de pedra e fontes, são uma atração imperdível.

OUTROS DESTAQUES

ARQUITETURA

O Parque das Nações tem vários edifícios de valor arquitetônico, como o Pavilhão de Portugal, com sua cobertura de cimento que parece uma folha de papel, e o Pavilhão Atlântico, em forma de cogumelo. As obras são do famoso arquiteto português Álvaro Siza Vieira.

TELEFÉRICO

Um teleférico circula em toda a extensão da orla entre o Oceanário e a Torre Vasco da Gama, oferecendo uma bela vista aérea do parque.

✉ Parque das Nações, 1990 Lisboa 🕐 Jul-set: diariam 11h-20h; resto do ano: diariam 11h-19h ✋ Ida: adultos €3, crianças (4-13) €1,65, menores de 4 grátis. Ida e volta: adultos €6, crianças (4-13) €3,30, menores de 4 grátis

JARDINS D'ÁGUA

A oeste do Oceanário ficam os encantadores Jardins d'Água, onde uma série de alamedas e pontes conduz o turista por correntes, canais, fontes e jatos de água.

✉ Passeio de Ulisses, Parque das Nações, 1990-288 Lisboa ✋ Grátis

PAVILHÃO ATLÂNTICO

www.pavilhaoatlantico.pt

Este é o maior ginásio coberto de Portugal, usado para eventos esportivos, palestras e shows.

✉ Rossio dos Olivais, 1990-231 Lisboa ☎ 218 918 409

TEATRO CAMÕES

www.cnb.pt

Sede da Companhia Nacional de Bailado de Portugal, este teatro supermoderno oferece uma programação variada. Confira na bilheteria.

✉ Passeio de Neptuno, 1990-193 Lisboa ☎ 218 923 477

Acima *O Oceanário, construído para a Expo '98, é um dos melhores exemplos de seu gênero em todo o mundo*
Abaixo *A Torre Vasco da Gama marca um dos pontos finais do teleférico à beira-rio*

CHIADO E BAIRRO ALTO

Neste variado passeio você verá algumas das lojas mais elegantes da capital portuguesa e terá a oportunidade de passear nos famosos funiculares.

O PASSEIO
Distância: 2,4km
Duração: 1 hora (sem paradas), de 2 a 3 horas (com visitas sugeridas)
Início/fim: Praça dos Restauradores

★ Comece na Praça dos Restauradores com o Palácio Foz à sua esquerda e dobre a esquina até o Elevador da Glória.

❶ O elevador foi inaugurado em 1885 como a segunda linha de funicular da cidade, ligando o Bairro Alto ao centro de Lisboa. Desfrute essa real experiência de Lisboa e vire à esquerda no alto dos degraus ao sair dele.

Desça a Rua São Pedro de Alcântara, mantendo à sua esquerda o muro lateral da Igreja de São Roque.

❷ A opulenta Igreja de São Roque, com seu suntuoso teto de madeira pintado, foi erguida no fim do século XVI pelos jesuítas. A mais ornamentada das capelas laterais é a dedicada a São João Batista. Ela foi construída em Roma e despachada para Lisboa depois de uma bênção especial do papa em 1749.

Vire à esquerda em frente à igreja e dê a volta na praça até o canto oposto, onde há um lance de escadas. Desça, depois pegue a segunda à direita pela Rua da Condessa, uma rua calma com pequenas lojas e uns poucos bares. Ela leva até o Largo do Carmo.

❸ O Largo do Carmo é uma praça atraente com bancos e acácias. É onde fica o Museu Arqueológico do Carmo.

Atravesse a praça e ande pela Calçada do Sacramento até a Rua Garrett, onde você dobra à direita.

❹ A Rua Garrett é uma das ruas comerciais mais luxuosas de Lisboa. Suba por ela, apreciando as maravilhosas fachadas das tradicionais lojas e a belíssima Basílica de Nossa Senhora dos Mártires.

Logo depois da basílica fica a Rua Serpa Pinto. Você pode voltar por ela para visitar o Museu do Chiado ou ficar na Rua Garrett e parar para um drinque no café A Brasileira, no nº 120, famoso por seus frequentadores literatos e associações do gênero (▷ 99).

Tendo o café às suas costas, atravesse a rua, cruze o Largo do Chiado e siga pela Rua Duques de Bragança. Logo depois você verá o Largo São Carlos abaixo e à esquerda. Pegue os degraus que descem para a praça, que é dominada pela fachada do Teatro Nacional de São Carlos.

❺ O Teatro Nacional de São Carlos é a principal casa de ópera de Lisboa. Foi construído no século XVIII seguindo o modelo do La Scala, de Milão. Tem um esplêndido interior rococó, que você pode apreciar durante a temporada de ópera, nos meses de inverno (▷ 95).

Passando o teatro, continue em frente pela Rua do Capelo, depois vire à esquerda na Rua Ivens, uma bonita via, cheia de edifícios harmoniosos do início do século XIX. Isso irá levá-lo de volta à Rua Garrett. Vire à direita e você verá a moderna área de lojas do Chiado à sua frente.

❻ A área de compras do Chiado foi criada durante a grande reconstrução que a região sofreu após o incêndio de 1988. O projeto do novo bairro é de Álvaro Siza Vieira, um arquiteto sediado no Porto. Vieira foi muito bem-sucedido em manter um toque de tradição nesta parte histórica, e sempre charmosa, da capital portuguesa.

Vire à esquerda no final da Rua Garrett e siga pela Rua do Carmo, outra rua de lojas de grife. O viaduto do Elevador de Santa Justa fica bem à frente.

❼ O Elevador de Santa Justa é um elevador de rua, projetado em 1901 por um discípulo de Gustave Eiffel, o construtor da Torre Eiffel, para ligar a Baixa ao Largo do Carmo. O caminho da passarela do elevador até a praça foi reaberto alguns anos atrás, e quando você pega o elevador pode apreciar belas vistas – vire à direita descendo os degraus até a entrada.

No final da Rua do Carmo, vire à direita no Rossio. Você pode simplesmente cruzar a praça até seu ponto de partida, virando à esquerda ao passar a estação, ou prolongar o passeio virando à direita e cruzando a Rua Áurea, a dos Sapateiros e a Augusta para chegar até a Praça da Figueira. Vire à esquerda aqui e atravesse a praça, depois vire de novo à esquerda para voltar ao Rossio – e daí outra vez para a Praça dos Restauradores.

ONDE COMER

O café A Brasileira, na Rua Garrett, é ótimo para um lanche (▷ 99), e a Cervejaria Trindade, na Rua Nova da Trindade, é boa para camarões e cerveja bem gelada (▷ 99).

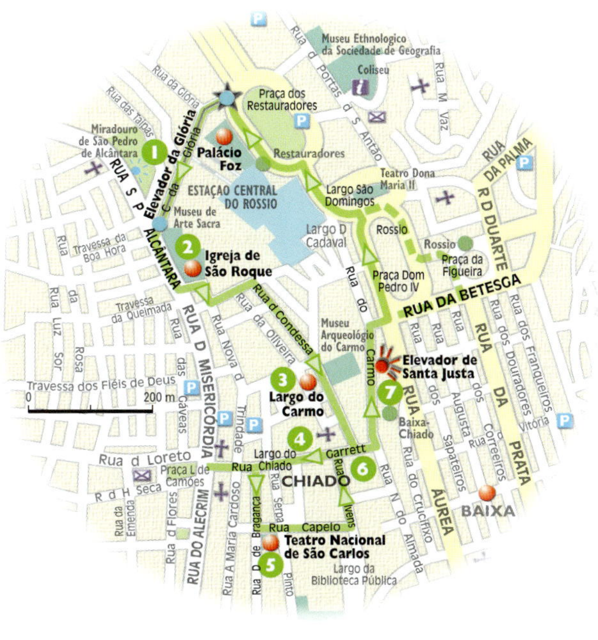

QUANDO IR

Vá no horário comercial, para aproveitar as ofertas de algumas das melhores lojas de Lisboa.

O QUE VISITAR

IGREJA DE SÃO ROQUE E MUSEU DE ARTE SACRA

✉ Largo Trindade Coelho, 1200-470 Lisboa ☎ 213 235 381 🕑 Igreja: seg-sex 8h30-19h, sáb-dom 9h30-17h. Museu: ter, qua, sex, sáb e dom 10h-18h; qui 14h-21h

MUSEU ARQUEOLÓGICO DO CARMO

(▷ 69)

MUSEU DO CHIADO

(▷ 79)

Acima *Interior da Igreja de São Roque*
Página ao lado *Elegantes vitrines art déco na Baixa*

BAIRRO DE ALFAMA

Neste interessante passeio pelo bairro de Alfama, o mais antigo de Lisboa, você poderá visitar várias igrejas históricas e apreciar algumas das melhores vistas da cidade.

O PASSEIO
Distância: 3,7km
Duração: De 1 a 2 horas (sem paradas), de 2 a 4 horas (com visitas sugeridas)
Início: Praça do Comércio
Fim: Sé

★ Comece na Praça do Comércio, com o rio Tejo às suas costas. Na esquina mais à direita, vire à esquerda e suba a Rua da Prata. Vire a primeira à direita, na Rua do Comércio, e cruze a Rua dos Fanqueiros. Depois pegue a primeira à esquerda e a segunda à direita (siga as placas marrons) morro acima. Você verá a Igreja da Madalena, à direita. Siga a curva da rua à direita até a Rua de Santo António da Sé.

Em frente você verá a fachada da Sé (▷ 70-1). As partes mais antigas da catedral são de 1150, quando se iniciou sua construção. Com a catedral à direita, suba o morro seguindo os trilhos do bonde pela Rua de Augusto Rosa.

❶ Na Rua de Augusto Rosa, o alto muro à sua direita esconde a Escola de Direito, parte da Universidade de Lisboa.

Continue morro acima pelo Largo de São Martinho até a Rua do Limoeiro e suba os degraus à direita junto ao gramado para chegar ao miradouro e apreciar a vista.

❷ O Miradouro de Santa Luzia tem esse nome devido à pequena Igreja de Santa Luzia, cuja fachada é decorada com azulejos do século XVIII. Procure a cena que retrata a Praça do Comércio. A partir deste ponto, as cúpulas e agulhas que se veem à esquerda são as da Igreja de São Vicente de Fora (▷ 71). Os degraus em frente levam até o Castelo de São Jorge (▷ 78).

Continue circulando pelo lado esquerdo da igreja e siga pelo Largo das Portas do Sol, onde ficam o Museu-Escola de Artes Decorativas, alojado num antigo palácio do século XVII (▷ 71), outro miradouro com vista para o rio e uma estátua de são Vicente. Siga a rua – e os trilhos do bonde – morro acima, pegue a bifurcação à direita e siga pelas ruas de pedra até ver uma placa marrom de miradouro apontando para a Calçada da Graça. Essa rua é uma ladeira íngreme até a Igreja da Graça, de onde se tem uma vista magnífica da capital portuguesa.

❸ A Igreja da Graça foi fundada em 1271 para alojar uma imagem sagrada da Virgem, e ampliada no século XVI. Mas o grande terremoto que abalou a cidade em 1755 destruiu-a completamente. Foi reconstruída, no fim do século XVIII, em estilo rococó. É palco de fervorosas procissões durante a Quaresma. Dê uma espiada no interior antes de apreciar as vistas, que abrangem o castelo, o rio Tejo e suas pontes, além dos telhados da Baixa. A fachada da estação do

Rossio é fácil de localizar, e você verá também a cúpula da Basílica da Estrela no horizonte.

Com a Igreja da Graça atrás de você, ande pelo lado sul do Largo da Graça e vire à direita. Desça os degraus e entre pela Rua Voz do Operário – oriente-se pelos trilhos do bonde. Desça o morro pela rua até chegar à Igreja de São Vicente de Fora, à sua esquerda.

4 A Igreja de São Vicente de Fora é dedicada ao padroeiro de Lisboa. Segundo a lenda, o santo, que deve ter vivido no século IV, foi martirizado na Espanha, e seu corpo seguiu caminho para Portugal em um barco guiado por dois corvos, chegando a terra firme no Cabo de São Vicente, no extremo sudoeste do país. Seus restos vieram para Lisboa em 1173.

Continue morro abaixo, seguindo os trilhos do trem à direita. Cerca de 300m à frente, onde a rua vira à direita, atravesse e desça as Escadinhas das Escolas, uma longa escadaria. No final dos degraus, vire à direita no Largo do Salvador, onde você deve pegar a bifurcação à esquerda e descer o morro. Essas ruas íngremes e estreitas vão até o coração do histórico bairro de Alfama (▷ 70).

5 Alfama é o bairro mais antigo de Lisboa, de aspecto mourisco e formado por um emaranhado de becos e travessas. Tem uma atmosfera vibrante em suas ruas e praças sempre movimentadas.

Continue descendo até uma pequena praça onde fica o Centro Paroquial de Alfama, depois da esquina à direita. Vire à direita perto do Centro e siga por uma fileira de lojas. Você sairá no Largo São Miguel.

6 O Largo São Miguel é outra pequena praça, com uma igreja à direita e uma solitária palmeira plantada no meio.

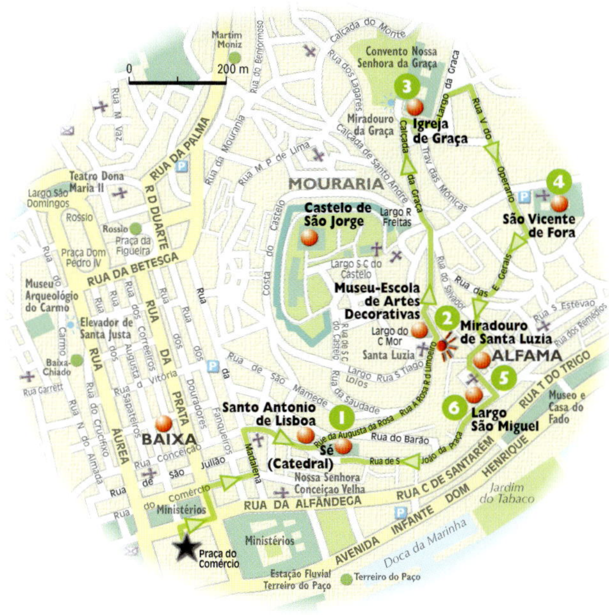

Atravesse a praça, mantendo a igreja à direita, e siga direto até a Rua de São Miguel. Essa rua vira Rua de São João da Praça, devido à despretensiosa igreja do século XVIII que fica aqui. Dobre à esquerda pela lateral da igreja, gradualmente subindo o morro. Em poucos minutos você estará no lado sul da catedral da Sé.

ONDE COMER

Há muitas opções, mas procure experimentar o Lautasco, no Beco do Azinhal, com seu pátio sombreado, ou o Malmequer Bemmequer, na Rua de São Miguel.

QUANDO IR

Este é um bom passeio em praticamente qualquer época, durante o dia, exceto talvez na hora mais movimentada. Muita gente considera o miradouro na Graça o melhor ponto de Lisboa para ver o pôr do sol.

O QUE VISITAR

IGREJA DE SÃO VICENTE DE FORA

(▷ 129)

IGREJA DA GRAÇA

✉ Largo da Graça, 1170-165 Lisboa
☎ 218 873 943 🕘 Ter-sex 9h30-12h30, 15h-18h, sáb-dom 9h30-12h30, 15h-18h
✋ Grátis

Página ao lado *Detalhe de azulejo no Miradouro de Santa Luzia mostrando Lisboa antes do terremoto*
Abaixo *A grande catedral medieval lisboeta*

ARTE, COMPRAS, DIVERSÃO E NOITE

Acima *Coliseu dos Recreios*

COMPRAS

A CARIOCA

Este excelente café foi inaugurado em 1936 e continua sendo um dos melhores da cidade. Por trás de sua fachada e instalações originais, oferece todos os tipos de café, recém-moído ou em grãos inteiros, além de ótimos chás e grande variedade de chocolates.

✉ Rua da Misericórdia 9, Bairro Alto, 1200-270 Lisboa ☎ 213 420 377 🕒 Seg-sex 9h-19h, sáb 9h-13h 🚇 Baixa-Chiado

ALFAIATARIA NUNES CORRÊA

Com o nome de seu fundador, esta alfaiataria clássica inaugurada em 1856 vestiu os homens da família real portuguesa por mais de meio século e ditou a moda entre a alta sociedade. Oferece ternos e camisas de alta qualidade.

✉ Rua Augusta 250, Baixa, 1100-056 Lisboa ☎ 213 240 930 🕒 Diariam 10h-19h 🚇 Rossio

ANA SALAZAR

www.anasalazar.pt

Provavelmente a estilista mais conhecida de Portugal, Ana Salazar lançou sua própria grife na década de 1980 e abriu um showroom em Paris em 1985. Seus desenhos costumam usar intrigantes tecidos stretch em tons neutros de cinza e marrons terrosos.

✉ Rua do Carmo 87, 1200-093 Lisboa ☎ 213 472 289 🕒 Seg-sáb 10h-19h 🚇 Baixa-Chiado

AZEVEDO RUA

O lugar certo para chapéus de todos os tipos. É um negócio familiar desde 1886, uma instituição da Baixa com armários originais de madeira, teto com estuque e vasto estoque de panamás, barretes, bonés e chapéus-coco. É um dos poucos que fazem chapéus de três picos para toureiros.

✉ Praça Dom Pedro IV 69-73, Baixa, 1100-202 Lisboa ☎ 213 427 511 🕒 Seg-sex 9h30-19h, dom 9h-13h 🚇 Rossio

CASA DAS VELAS LORETO

Esta loja vende velas desde 1789. O interior pequeno, de teca e mogno, tem balcões de vidro cheios de velas de todas as formas e dimensões: religiosas, moldadas, aromáticas, grandes e pequenas. Todas são produzidas no local.

✉ Rua do Loreto 53, Bairro Alto, 1200-241 Lisboa ☎ 213 425 387 🕒 Seg-sex 9h-19h, sáb 9h-13h 🚇 Baixa-Chiado 🚌 Bonde 28

CASA HAVANESA

Com fachada discreta e interior datado, esta tabacaria e loja de presentes é ponto de referência desde que abriu em 1861. Frequentada pelos mais refinados e pelos mais humildes fregueses de Lisboa, aparece em romances de Eça de Queirós e Ramalho Ortigão. Por muitos anos funcionou como banco informal, oferecendo empréstimos juntamente com os charutos. Conta-se que em 1876 o Banco de Portugal recorreu à Havanesa para trocar cédulas por ouro. Hoje, entre outras coisas, vende charutos e acessórios finos para fumantes.

✉ Largo do Chiado 24, Chiado 1200-108 Lisboa ☎ 213 420 340 🕒 Seg-sex 10h-19h, sáb 10h-13h 🚇 Baixa-Chiado

CENTRO COMERCIAL AMOREIRAS

www.amoreiras.com

O mais antigo shopping da cidade fica nas pós-modernas Torres das Amoreiras. Apesar dos muitos shoppings da capital, ainda é popular entre os lisboetas, que o consideram mais refinado do que vários dos novos megashoppings. Tem várias salas de cinema.

Avenida Duarte Pacheco, 1070-103 Lisboa 213 810 200 Diariam 10h-23h Marquês de Pombal, Rato 48, 53, 58, 83, 711

CENTRO COMERCIAL COLOMBO

www.colombo.pt

Ao norte da cidade, este templo terracota dedicado ao consumismo fica em frente ao estádio do Benfica. Ao ser concluído no fim da década de 1990, era o maior da Península Ibérica, com três andares de lojas, praças de alimentação e de diversões, além de uma montanha-russa.

Avenida Lusíada, 1500-392 Lisboa 217 113 600 Diariam 9h-24h Colégio Militar

CENTRO COMERCIAL VASCO DA GAMA

www.centrovascodagama.pt

No local que abrigou a Expo '98, a leste do centro, o shopping Vasco da Gama tem todas as principais redes de lojas e outras menores. Nos fins de semana, costuma ficar lotado.

Parque das Nações, Avenida Dom João II, 1990-094 Lisboa 218 930 600 Diariam 10h-24h Oriente

CONFEITARIA NACIONAL

Fundada em 1829 e vendendo todo tipo de doces, esta loja vale a visita, mesmo que seja apenas por seu interior. Os balcões de madeira e vidro e os espelhos antigos da Confeitaria Nacional compõem um cenário perfeito para as fileiras de doces tentadores feitos com receitas tradicionais. Os doces de amêndoas são um dos destaques.

Praça da Figueira 18-B, 1100-241 Lisboa 213 424 470 Seg-sáb 8h-20h Rossio

EL CORTE INGLÉS

www.elcorteingles.pt

Esta gigantesca loja de departamentos, parte da rede espanhola, oferece ampla linha de artigos de qualidade e de boas marcas: entre outros, roupas, acessórios, perfumes e cosméticos, material elétrico e artigos domésticos. No subsolo há uma delicatéssen, restaurantes e várias salas de cinema que exibem filmes estrangeiros, todos legendados.

Avenida António Augusto de Aguiar, 1069-413 Lisboa 213 711 700 ou 707 211 711 Seg-qui 10h-22h, sex-sáb 10h-23h30 São Sebastião 2, 12, 746

FEIRA DA LADRA

Este é o principal mercado de pulgas da cidade, vendendo as quinquilharias usuais: vitrolas antigas, rádios de carro e velhos cacarecos que se fazem passar por genuínas antiguidades. Também tem discos, CDs e muitos brasileiros vendendo artesanato.

Campo de Santa Clara, Graça, 1100 Lisboa Ter 8h-13h, sáb o dia inteiro Bonde 28

JOSÉ ANTÓNIO TENENTE

www.joseantoniotenente.com

Depois de trabalhar para Ana Salazar, Tenente abriu sua própria loja na década de 1990. Desde então tornou-se um dos maiores estilistas internacionais do país. As camisas e ternos de algodão são populares pelo desenho inovador, limpo, assim como a fabulosa linha de acessórios.

Travessa do Carmo 8, Chiado, 1200-095 Lisboa 213 422 560 Seg-sáb 10h30-19h30 Baixa-Chiado

LIVRARIA BERTRAND

www.bertrand.pt

É a mais antiga livraria de Portugal. Foi fundada em 1773 e ainda preserva muito de seu interior do século XIX. Tem entre seus inúmeros títulos um bom número de livros sobre temas portugueses que são ótima sugestão para presentes.

Rua Garrett 17, Chiado, 1200-203 Lisboa 213 476 122 Seg-sáb 9h-22h, dom 11h-20h Baixa-Chiado

LUVARIA ULISSES

Inaugurada em 1925, esta pequena loja preserva o interior de época e o atendimento personalizado. Tem ótima seleção de luvas de couro, seda, cetim e caxemira.

Rua do Carmo 87a, Chiado, 1200-093 Lisboa 213 420 295 Seg-sáb 10h-19h Rossio

MANUEL TAVARES

www.manueltavares.com

Fundado em 1860, em um canto sudeste da Praça da Figueira, o armazém e delicatéssen de Manual Tavares vale uma visita. As prateleiras originais de madeira estão sempre repletas de produtos do país inteiro. A casa oferece queijos, vinhos, frutas secas, pão de mel da Madeira e muitos doces sofisticados.

Rua da Betesga 1A, Baixa, 1100-090 Lisboa 213 424 209 Seg-sáb 9h30-19h30 Rossio

MERCADO ABASTECEDOR DA RIBEIRA

O maior mercado coberto de Lisboa fica perto da Estação Cais do Sodré e é um dos mais importantes fornecedores de peixe fresco da cidade. É bom também para frutas, legumes, verduras, carnes e queijos curados regionais.

Avenida 24 de Julho, Cais do Sodré, 1200-479 Lisboa 213 244 980 Seg-sáb 6h-14h Cais do Sodré

OURIVESARIA W. A. SARMENTO

Também conhecida pelo nome antigo de Rua do Ouro, a Rua Áurea era o local tradicional de joalheiros e ourives. A W. A. Sarmento, fundada em 1870, ainda produz sofisticadas filigranas e escultura de pedra, e tem algumas raras peças expostas.

Rua Áurea 251 (também conhecida como Rua do Ouro), 1100-062 Lisboa 213 426 774 Seg-sex 10h-13h30, 15h-19h, sáb 10h-13h Baixa-Chiado

PARIS EM LISBOA

Quando se anda pela elegante Rua Garrett, no Chiado, é difícil não notar o sinuoso exterior art nouveau desta loja de tecidos, tão majestosa na fachada quanto em seu interior. Em atividade desde 1888, hoje se especializou em toalhas de qualidade produzidas nas fábricas do norte de Portugal.

Rua Garrett 77, Chiado, 1200-203 Lisboa 213 424 329 Seg-sáb 10h-19h Baixa-Chiado

RETROSARIA BIJOU
Belíssima loja art déco que oferece um vislumbre de como era em outros tempos uma loja de armarinhos, com seus balcões de madeira e atendimento personalizado. Fundada em 1922, tem todo tipo de botões, fitas, retrós, elásticos e contas.
✉ Rua da Conceição 91, Baixa, 1100-152 Lisboa ☎ 213 425 049 🕐 Seg-sex 9h30-19h, sáb 9h-13h Ⓜ Baixa-Chiado

ROSA & TEIXEIRA
Dentre as lojas de grife da Avenida da Liberdade, esta popular butique é uma das lojas de roupa clássica para homem mais respeitadas da cidade. Além de roupas exclusivas de sua própria grife, oferece modelos sob medida e muitas opções de roupas de outros designers.
✉ Avenida da Liberdade 204, 1250-147 Lisboa ☎ 213 110 350 🕐 Seg-sáb 10h-19h30 (ago seg-sex apenas) Ⓜ Avenida

SANTOS OFÍCIOS
www.santosoficios-artesanato.pt
Loja aberta em 1995 com o intuito de promover o artesanato de qualidade. Fica em um estábulo do século XVIII. Com peças de todas as regiões do país, tem estoque de cerâmica, tapetes, roupa de cama e mesa bordada, estatuetas, azulejos e esculturas. Pode despachar para o exterior.
✉ Rua da Madalena 87, Baixa, 1100-319 Lisboa ☎ 218 872 031 🕐 Seg-sáb 10h-20h 🚌 Bonde 28

SOLAR
A Rua Dom Pedro V, perto da Rua do Alecrim, tem muitas lojas de antiguidades. Uma das mais conhecidas é a Solar, que oferece ótimos azulejos antigos e pintados à mão, alguns deles do século XV. Há uma boa seleção de mobília e objetos de peltre.
✉ Rua Dom Pedro V 68-70, Bairro Alto, 1250-094 Lisboa ☎ 213 465 522 🕐 Seg-sex 10h-19h, sáb 10h-13h (jul-ago seg-sex apenas) Ⓜ Restauradores e depois Elevador da Glória 🚌 758, 790

VISTA ALEGRE
www.vistaalegre.pt
Produzindo porcelana sofisticada desde 1824, a Vista Alegre é renomada por seus desenhos clássicos de alta qualidade. Sua luxuosa sede apresenta os produtos em um rico cenário de mármore polido e vidro. Tem também filiais menores nos principais shoppings.
✉ Largo do Chiado 20-23, Chiado, 1200-108 Lisboa ☎ 213 461 401 🕐 Seg-sáb 10h-19h Ⓜ Baixa-Chiado

VIÚVA LAMEGO
www.viuvalamego.com
Para comprar azulejos de faiança como os que enfeitam muitas fachadas, visite a loja central da fábrica de azulejos Viúva Lamego, sediada em Sintra. Ela se especializou na reprodução de motivos dos séculos XVI a XVIII.
✉ Largo do Intendente 25, 1100-285 Lisboa ☎ 218 852 408 🕐 Seg 12h-19h, ter-sex 10h-19h, sáb 10h-13h Ⓜ Intendente

DIVERSÃO E NOITE

BUDDHA
www.buddha.com.pt
Se você for comer ou beber num dos restaurantes ou bares da Doca, este clube do outro lado da rua é um bom lugar para terminar a noite. Alojado num terminal marítimo da década de 1940, tem decoração de toque asiático, com madeiras exóticas, mesas baixas e muitos Budas. Toca house music e sons mais tranquilos no lounge.
✉ Gare Marítima de Alcântara 30, Docas, 1350-049 Lisboa ☎ 213 950 555 🕐 Ter-qui 10h-16h, sex-sáb 10h-18h ✋ A critério do porteiro 🚌 28, Bonde 15

CASINO DE LISBOA
www.casinolisboa.pt
Inaugurado em 2006, o Casino de Lisboa é uma das boas novidades da cena noturna da capital portuguesa. Fica em frente ao Oceanário, no Parque das Nações, e sua arquitetura minimalista chama a atenção. Você tem à escolha mil máquinas caça-níqueis, vários andares de jogos, shows de teatro, música e dança, bares e restaurantes.
✉ Alameda dos Oceanos, Parque das Nações, 1990-204 Lisboa ☎ 218 929 000 🕐 Sex-sáb e vésperas de feriados 16h-4h, dom-qui 15h-3h Ⓜ Oriente 🚌 28

CHAPITÔ
http://chapito.org
Tranquilo restaurante e bar ao ar livre, fica logo abaixo do castelo e oferece lindas vistas da cidade. Ao lado há uma escola de circo, por isso são comuns os shows de clowns, malabarismo e sapateado. Bandas ao vivo a partir das 23h, de quinta a sábado.
✉ Rua Costa do Castelo 1-7, 1149-079 Lisboa ☎ 218 855 550 🕐 Bar (Bartô): ter-dom 22h-2h. Restaurante (Restô): seg-sex 19h30-2h, sáb-dom 24h-2h 🚌 37; bonde 12, 28

COLISEU DOS RECREIOS
www.coliseulisboa.com
Inaugurado em 1890, foi um dos primeiros edifícios públicos de Portugal a usar ferro forjado, tanto na sua estrutura como em seus acabamentos. Um pouco degradado, embora ainda majestoso, costuma abrigar espetáculos de balé e concertos de música atual.
✉ Rua das Portas de Santo Antão, 1150-269 Lisboa ☎ 213 240 585 🕐 Bilheteria: seg-sáb 13h-19h30 ou até meia hora depois do início do espetáculo ✋ €20-€100 Ⓢ Ⓜ Restauradores 🚌 36, 44, 91, 709, 711, 732, 745

DOCA DE ALCÂNTARA
Este armazém das docas reformado sob a Ponte 25 de Abril abriga vários restaurantes e bares, com terraços que dão para a marina. Experimente a Doca de Santo, com música ao vivo de domingo a quinta.
✉ Alcântara, 1350-352 Lisboa
🕐 Restaurantes: 12h-14h30, 19h30-22h30. Bares: 21h-2h ou mais tarde nos fins de semana Ⓜ Alcântara 🚌 28; bonde 15

EL CORTE INGLÉS
www.uci.pt
Um complexo de cinema no subsolo da grande loja de departamentos mostra os mais recentes lançamentos legendados. Pagando um pouco a mais por um ingresso VIP, você tem direito a um drinque antes do filme e assentos reservados.
✉ Avenida António Augusto de Aguiar, 1069-413 Lisboa ☎ 707 232 221

Bilheteria: diariam 13h30-24h30 €5,70, VIP €7,50 São Sebastião 2, 12, 746

FUNDAÇÃO CALOUSTE GULBENKIAN

www.gulbenkian.pt

A Fundação Gulbenkian é uma das instituições culturais mais importantes de Portugal. Tem sua própria orquestra e coro, com espetáculos regulares ao longo do ano. Também abriga exposições de arte nacionais e internacionais.
Avenida de Berna 45A, 1067-001 Lisboa 217 823 030 Bilheteria: seg-sex 10h-19h, nos fins de semana de espetáculos: 13h-início do espetáculo €10-€60 São Sebastião 746

HOT CLUB

www.hcp.pt

Inaugurado há mais de 60 anos, o Hot Club é a melhor escolha de Lisboa para os entusiastas do jazz, com shows aos vivo toda semana. Grandes nomes já tocaram aqui.
Praça da Alegria 39, 1250-004 Lisboa 213 467 369 Ter-sáb 22h-2h €7-€15 (dias de show) Avenida

INSTITUTO DA CINEMATECA PORTUGUESA

A cinemateca fica em uma casa do final do século XIX, junto à Avenida da Liberdade. Exibe filmes contemporâneos de Portugal, além de clássicos internacionais.
Rua Barata Salgueiro 39, 1250-042 Lisboa 213 596 262 Seg-sáb 12h30-24h30; ingressos 14h30-15h30, 18h-22h €2,50 Avenida

LONDRES

www.castellolopescinemas.com

Se você se cansou de cinemas multiplex e quer um pouco de nostalgia, vá assistir a um filme no Cinema Londres. A escolha será limitada a apenas duas telas, mas depois de um bom filme há alguns cafés e lanchonetes excelentes por perto.
Avenida Roma 7A, 1000-010 Lisboa 707 220 220 Bilheteria diariam 14h30-0h30 €5,50 Roma

LUX

www.luxfragil.com

Esta é uma das casas noturnas mais disputadas da cidade. Fica logo depois da estação de trem Santa Apolónia. Atrai um público eclético, mas sofisticado. Seus três andares tocam estilos de música diferentes. No verão, há um terraço ao ar livre de frente para o Tejo.
Avenida Infante D. Henrique, Armazém A, Cais da Pedra, Santa Apolónia, 1950-376 Lisboa Ter-sáb 22h-6h A critério do porteiro 745, 759, 781, 794

PAVILHÃO ATLÂNTICO

www.pavilhaoatlantico.pt

Construído para a Expo '98, dentro do Parque das Nações, este pavilhão azul em forma de cogumelo é o local dos shows de grandes astros internacionais do pop-rock, das peças da Broadway e dos eventos esportivos internacionais.
Rossio dos Olivais, Parque das Nações, 1990-231 Lisboa 218 918 409 Bilheteria: diariam 13h-19h ou até meia hora antes do início do espetáculo. Ingressos também nas lojas da FNAC da cidade, que aceitam cartões de crédito, e na ABEP de Alvalade (▷ 311-2) €20-€120 dependendo do show Estação do Oriente 28

SÉTIMO CÉU

Sempre acompanhando as últimas tendências tanto na decoração de interiores como na música, o Sétimo Céu é um dos bares GLS mais populares da cidade. Sua especialidade é a excelente caipirinha brasileira.
Travessa da Espera 54, Bairro Alto, 1200-176 Lisboa 213 466 471 Seg-sáb 22h-2h Restauradores e depois Elevador da Glória 758; bonde 28

SOLAR DO VINHO DO PORTO

www.ivp.pt

Esta mansão do século XVIII é sede do Instituto do Vinho do Porto, fundado em 1933 para controlar a qualidade desse produto e promovê-lo no exterior. Com sua atmosfera de clube, é um lugar ideal para provar os diversos vinhos do Porto oferecidos. Você pode optar por uma degustação guiada ou experimentar o que quiser.
Rua de São Pedro de Alcântara 45, Bairro Alto, 1250-237 Lisboa 213 475 707 Seg-sáb 11h-24h Preços por cálice a partir de €1 Baixa-Chiado, Restauradores e depois Elevador da Glória

TEATRO NACIONAL DE SÃO CARLOS

www.saocarlos.pt

Inaugurado em 1793, o esplêndido auditório dourado e vermelho é, desde sempre, palco dos mais prestigiosos espetáculos de ópera e concertos de música sinfônica.
Rua Serpa Pinto 9, Baixa, 1200-442 Lisboa 213 253 045 Bilheteria: seg-sex 13h-19h ou até meia hora depois do início do espetáculo. Temporada de ópera: set-jun €20-€100 Baixa-Chiado 758, 790; bonde 28

Abaixo *Mercado de pulgas da Ladra*

ESPORTES E ATIVIDADES

CARRIS-TUR

www.carristur.pt

Faça um passeio em ônibus panorâmico, sem teto, para ver as principais atrações da capital portuguesa, saindo do lado leste da Praça do Comércio. A outra opção que a empresa oferece é o passeio em um dos belíssimos e restaurados bondes de madeira do início do século XX.

Praça do Comércio, 1100-148 Lisboa 213 582 334 As saídas são regulares, mas o horário pode variar. Para bilhetes e informações, veja endereço acima ou vá até o escritório de turismo Baixa-Chiado

CITYLINE

www.cityline-sightline.pt

Os passeios mais frequentes e abrangentes são os da gigante multinacional Cityline, saindo do seu terminal na Praça Marquês de Pombal, junto ao parque. Alguns trajetos populares: Avenida, Baixa, Belém e Estrela. Todos terminam na praça.

Avenida Duque d'Ávila 116B, 1050-084 Lisboa Abr-out: a cada 30min entre 9h e 18h; nov-mar: saídas a cada 1 hora entre 10h e 17h, sex-sáb saídas mais frequentes Adultos €15, crianças (6-11) €7,50, menores de 5 grátis Marquês de Pombal

CLUBE DE GOLFE PAÇO DO LUMIAR

www.golfepacodolumiar.pt

Se você não quer deixar a cidade para jogar golfe, este campo de nove buracos, ao norte do centro, é uma boa opção. Sua atraente sede tem um elegante restaurante com vista do campo, que serve cozinha portuguesa tradicional.

Quinta dos Alcoutins, Rua Principal, Lumiar, 1600 Lisboa 217 591 719 Seg 10h-19h, ter 8h30-20h, qua e sex 8h30-21h, qui 8h30-22h, sáb 8h-20h, dom 8h-19h 18 buracos €35 durante a semana, €40 final de semana, aluguel de tacos €20, buggies €25 Lumiar depois táxi ou ônibus 3 até Estrada Velha do Paço de Lumiar

ESTÁDIO DE ALVALADE

www.sporting.pt

Sede do time do Sporting de Lisboa, este estádio de azulejos verdes e brancos acomoda 54 mil pessoas. Tem bares, restaurantes, pista de boliche e cinemas. Para informações sobre jogos, consulte os jornais ou o site oficial do clube.

Sporting Clube de Portugal, Edifício Visconde de Alvalade, Rua Professor Fernando da Fonseca, 1600-616 Lisboa 707 204 444 Bilheteria: diariam 12h30-19h30, dias de jogo 10h-intervalo €12-€40 para jogos regulares Campo Grande 78, 767

ESTÁDIO DA LUZ

www.slbenfica.pt

O Estádio da Luz é a sede de um dos principais times de futebol do país e da Europa, o Benfica. Veja informações sobre os jogos nos jornais locais.

S. L. Benfica (clube), Avenida General Norton de Matos, Benfica, 1501-805 Lisboa 707 200 100 (geral e ingressos) Bilheteria: diariam 10h-19h, dias de jogo 10h-intervalo €15-€40 Colégio Militar-Luz 3, 750, 767

PRAÇA DE TOUROS

www.campopequeno.com

Vale a pena visitar o edifício neo-mourisco do século XIX do Campo Pequeno durante a temporada para apreciar a famosa habilidade de cavalgar dos toureiros portugueses. Aqui o touro não é morto na arena, como na Espanha, mas derrubado no chão.

Campo Pequeno, Avenida João XXI-Avenida da República, 1969 Lisboa 217 820 575 Temporada: mai-set. Touradas: qui 22h €20-€50, dependendo dos toureiros Campo Pequeno 36, 108, 732, 745

TEJO BIKE

www.parquedasnacoes.pt

Uma ótima maneira de circular pelo Parque das Nações é de bicicleta. Alugue uma do lado de fora do Pavilhão Atlântico ou do Oceanário. Há modelos para crianças.

Rossio dos Olivais, Parque das Nações, 1990-231 Lisboa 218 919 333 15 abr-15 set: diariam 10h-20h, 16 set-14 abr: seg-sex 12h-18h, sáb-dom 10h-18h Adultos €2,50 por 30min, €4 por 1 hora; crianças €2 por 30min, €3 por 1 hora Oriente 28

TRANSTEJO

www.transtejo.pt

Estes cruzeiros de rio, de duas horas e meia, são uma ótima maneira de ver a cidade de uma perspectiva diferente. A vista das colinas de Lisboa, pontuadas por igrejas e pelo castelo, é ainda mais bonita ao cair da tarde, quando a luz é fantástica. Informações também em inglês, francês e espanhol.

Estação Fluvial do Terreiro do Paço, Praça do Comércio, 1100-148 Lisboa 808 203 050 ou 218 824 671 Abr-out: diariam 15h Adultos €20, crianças (5-12) €10, menores de 5 anos, grátis Baixa-Chiado 9, 45, 732, 746, 759

SAÚDE E BELEZA

FOUR SEASONS HOTEL RITZ LISBON SPA

www.fourseasons.com

O Ritz, da rede Four Seasons, tem um dos spas mais luxuosos da cidade. Os tratamentos incluem massagem com sal e óleos e facial. Oferece ainda piscina, sauna e banho turco.

Rua Rodrigo da Fonseca 88, 1099-093 Lisboa 213 811 400 Diariam 6h30-22h30, tratamentos 8h-20h. Reserve com antecedência Varia conforme o tratamento. Massagem com sal e óleos €80, faciais €120-€160 Marquês de Pombal

PARA CRIANÇAS

FUNCENTER

www.funcenter.pt

Se o tempo estiver ruim, e as crianças, indóceis, o Funcenter pode ser uma boa opção. Localizado no último andar do gigantesco shopping center Colombo (▷ 93), oferece boliche com 24 pistas, sinuca, diversões eletrônicas e uma montanha-russa indoor.

Loja A-206, Centro Comercial Colombo, Avenida Lusíada, 1500-392 Lisboa 217 113 700 Dom-qui 12h-24h, sex-sáb 12h-2h Cada atividade tem um preço diferente Colégio Militar

JARDIM ZOOLÓGICO

www.zoolisboa.pt

Lar de cerca de 400 espécies, o zoo de Lisboa fica em bonitos jardins e tem muitas atrações para as crianças, como shows de golfinhos e leões-marinhos, uma mostra de aves de rapina e araras, uma fazendinha para as crianças menores e um bondinho.

✉ Praça Marechal Humberto Delgado, Sete Rios, 1500-423 Lisboa ☎ 217 232 910 ⏲ Abr-set: 10h-20h; out-mar: 10h-18h 🖐 Adultos €15, crianças €11,50, menores de 3 grátis Ⓜ Jardim Zoológico 🚌 16, 54, 70, 746, 758, 768 🚆 Sete Rios

OCEANÁRIO

www.oceanario.pt

O bem planejado Oceanário (▷ 85-6) é um dos maiores da Europa, com um grande tanque central e outros tanques menores. Pode ser apreciado de dois diferentes níveis e abriga inúmeras espécies marinhas, como arraias, tubarões e enguias. Nos tanques menores, as crianças podem conhecer espécies de quatro diferentes oceanos.

✉ Esplanada D. Carlos I, Doca dos Olivais, Parque das Nações, 1990-005 Lisboa ☎ 218 917 002 ou 218 917 006 ⏲ Verão: 10h-19h; inverno:10h-18h 🖐 Adultos €11, crianças (4-12) €5,50, menores de 4 grátis, família €26,50; 1 visita gratuita com o Cartão do Parque Ⓜ Oriente 🚌 28

TELEFÉRICO

www.parquedasnacoes.pt

Correndo 20m acima do solo, este teleférico liga a Torre Vasco da Gama ao Oceanário. Oferece esplêndidas vistas do rio Tejo, da Ponte Vasco da Gama e de todo o Parque das Nações. Você verá a Torre Vasco da Gama, o edifício mais alto de Lisboa, com 140m.

✉ Parque das Nações, 1990 Lisboa ☎ 218 919 333 ⏲ Jul-set: diariam 11h-20h; out-jun diariam 11h-19h 🖐 Adultos só ida €3, volta €6, crianças (5-15) só ida €1,65, volta €3,30, 1 viagem de volta gratuita com o Cartão do Parque Ⓜ Oriente 🚌 28

À dir. *Modelo desfila roupas do estilista Osvaldo Martins na Semana da Moda de Lisboa, a Modalisboa, realizada em março*

FESTIVAIS E EVENTOS

FEVEREIRO

CARNAVAL

Celebrado em todo o país com fogos de artifício e desfiles, o Carnaval de Lisboa gira em torno da Avenida da Liberdade, onde um cortejo bem planejado de trajes, dançarinos de samba e carros alegóricos desfila pela avenida.

☎ 210 312 810 (escritório de turismo)
⏲ Data variável

MARÇO

MODALISBOA

www.modalisboa.pt

Realizado em diversos locais da cidade, é o principal evento de moda de Lisboa. Desfiles e outras atividades ligadas à moda estendem-se por vários dias, atraindo os principais estilistas de moda do país e de outras cidades, como Londres, Paris, Nova York e Milão. É realizado também em outubro.

☎ 213 213 000
⏲ Data variável, em geral fim mar (confira no site)

ABRIL

ABERTO DE TÊNIS DO ESTORIL

www.estorilopen.net

Realizado no complexo do Jamor, a oeste da cidade, o Aberto do Estoril é a principal competição de tênis de Portugal, atraindo jogadores de nível internacional.

✉ Clube de Tênis do Complexo Desportivo do Jamor, 1495 Cruz Quebrada ☎ 800 211 010 ⏲ Início abr

MAIO-JUNHO

ROCK IN RIO LISBOA

Este é o maior e mais longo festival de verão, no Parque da Bela Vista. Recebe artistas de renome internacional, como Amy Winehouse, Bon Jovi e Rod Stewart.

⏲ Último fim de semana mai-1º fim de semana jun 🖐 Bilhete de 1 dia para diversos palcos e shows €53 Ⓜ Bela Vista 🚌 22, 794

JUNHO

FESTAS DOS SANTOS POPULARES

São as festas mais tradicionais da cidade. Alfama, Mouraria e Madragoa ficam enfeitadas com bandeirinhas e abrigam todo tipo de eventos.

☎ 210 312 810 (escritório de turismo)
⏲ Jun

SANTO ANTÓNIO

Em homenagem ao padroeiro de Lisboa, marca o início das Festas dos Santos Populares. O bairro de Alfama é decorado e os moradores assam sardinhas nas ruas.

⏲ 12-13 jun

DEZEMBRO

MARATONA DE LISBOA

www.lisbon-marathon.com

Cerca de 3.500 corredores competem no circuito em volta da cidade, que começa e termina na Praça do Comércio. A meia-maratona é realizada no mesmo dia. É preciso se inscrever pelo tel 213 616 160.

☎ 210 312 810 (escritório de turismo)
⏲ Data variável, em geral início dez

ONDE COMER

Acima *Clientes no café A Brasileira, no bairro do Chiado*

PREÇOS E SÍMBOLOS

Os restaurantes são listados em ordem alfabética. Os preços são os médios para um almoço com dois pratos (A) e um jantar com três pratos (J) para uma pessoa, sem bebidas. O preço do vinho é o da garrafa mais barata. Todos os restaurantes aceitam cartões de crédito, a menos que seja especificado o contrário.

Para a legenda dos símbolos, ⊳ 2.

ALI-À-PAPA

Com um acolhedor interior à luz de velas, que lembra um pouco uma tenda, o restaurante marroquino Ali-à-Papa oferece um cardápio limitado mas de qualidade, até tarde da noite. O tagine moderbel, feito com cordeiro e berinjela frita, é sempre uma grande pedida, assim como o exótico cuscuz tifaya, servido com cordeiro e uva-passa e temperado com canela. O cuscuz vegetariano de legumes e grão-de--bico também é bom. Para terminar, prove a musse de iogurte com leite condensado, limão e morangos. Recomenda-se reservar nos meses de verão.

Rua da Atalaia 95, Bairro Alto, 1200-038 Lisboa 213 474 143 Qua-seg 19h-24h J €17, vinho €10 Baixa--Chiado

ANTIGA CONFRARIA DE BELÉM

www.pasteisdebelem.pt

A visita a Belém não será completa sem uma parada neste estabelecimento famoso no país inteiro para um café e um pastel de nata (tortinha de creme de ovos). Nem os próprios donos desta loja de bolos sabem o segredo da receita que produz a massa crocante dessas tortas, que vem sendo guardada pelos mestres confeiteiros desde 1837. Servidas quentes, saindo do forno, devem ser salpicadas com açúcar cristal e canela.

Rua de Belém 84-92, Belém, 1300-085 Lisboa 213 637 423 Mai-out: diariam 8h-24h; nov-abr: seg-sáb 8h-23h, dom 8h-22h €1,50 por um pastel de Belém e um café 28, 714, 727, 729, 751; bonde 15 Belém

ANTIGO 1º DE MAIO

O cardápio deste restaurante informal muda todo dia, mas costuma incluir açorda (cozido à base de pão), lula frita ou atum fresco. Termine com creme de caramelo ou torta de frutas silvestres. O serviço é agradável, e há uma ótima seleção de vinhos.

1º de Maio, Rua Atalaia 8, Bairro Alto, 1200-041 Lisboa 213 426 840 Seg-sex 12h-15h, 19h-22h30, sáb 19h-22h30. Fechado 3 primeiras semanas ago A €15, J €20, vinho €8 Baixa-Chiado

BICA DO SAPATO

www.bicadosapato.com

O Bica do Sapato é um dos restaurantes da moda de Lisboa. Com uma localização privilegiada nas docas, logo em frente à estação de trem Santa Apolónia, e um terraço de frente para o rio e interior supermoderno, ele tem três espaços diferentes: o restaurante, que oferece a sugestão da semana; o café, que serve pratos tradicionais portugueses; e o sushi bar, que às quartas-feiras dispõe de cardápio fixo Dia dos Sabores, com boa relação custo-benefício.

Avenida Infante Dom Henrique, Armazém B, Cais da Pedra, Santa Apolónia, 1900-001 Lisboa 218 810 320 Restaurante: seg 20h-23h30, ter-sáb 12h-14h30, 20h-23h30. Café: seg 17h-1h, ter-sáb 12h30-15h30, 19h30-1h. Sushi bar: seg-sáb 19h30-1h A €30, J €50, vinho €12 Terreiro do Paço 745, 759, 781

A BRASILEIRA

Esta instituição do Chiado é uma das mais famosas casas de café de Lisboa, com interior original de madeira e espelhos. Já foi reduto de artistas e escritores, como o poeta Fernando Pessoa (cuja estátua fica do lado de fora), e continua a servir excelentes cafés e bolos. As mesas na calçada são um bom lugar para ver a vida passar.

✉ Rua Garrett 120, Chiado, 1200-024 Lisboa ☎ 213 469 541 🕐 Diariam 8h-2h 💳 €9 por um lanche leve e bebida 🚇 Baixa-Chiado

BÚFALO GRILL

www.bufalogrill.com.pt

Os amantes da carne não devem deixar de visitar este excelente rodízio brasileiro, no qual todos os tipos de carne de primeira são trazidos continuamente até a mesa. Também tem um bufê de saladas quentes e frias, além de um carrinho de sobremesas com frutas tropicais, bolos e doces. Com frequência há shows de música brasileira ao vivo.

✉ Rossio dos Olivais, Parque das Nações, 1990-231 Lisboa ☎ 218 922 740 🕐 Diariam 12h30-15h, 19h30-24h 💳 Rodízio completo com bufê de saladas €18,95, bufê de sobremesas €4,50, vinho €11, finais de semana rodízio no almoço €14,30, sobremesas €3,30 🚇 Oriente

CASA DA COMIDA

www.casadacomida.pt

Vista de fora, a Casa parece um pouco despretensiosa, mas depois de passar pelo porteiro e descer a escada de madeira você entra em um restaurante sofisticado. Nos salões serve-se comida tradicional portuguesa com um toque francês. Sopa de mariscos, tamboril com alho-poró e limão ou pato com azeitonas são de praxe. Há uma excelente adega, além de ótimas sobremesas.

✉ Travessa das Amoreiras 1 (junto à Av. Alexandre Herculano), 1250-025 Lisboa ☎ 213 885 376 🕐 Ter-sex 13h-15h, 20h-23h, sáb-seg 20h-23h 💳 A €26, J €35, vinho €14 🚇 Rato 🚌 758, 709

CASA DO BACALHAU

Se o que você procura é bacalhau, não deixe de ir a este antigo estábulo com arcos de tijolo que teria pertencido ao duque de Lafões, situado logo depois da estação de trem de Santa Apolónia. Mais de 20 pratos de bacalhau à sua escolha. Comece com um caldo ou uma travessa de pataniscas (bolinhos de bacalhau), depois passe para o bacalhau com broa de milho. Também tem sobremesas, como a sericaia (bolo de limão e canela) com ameixas.

✉ Rua do Grilo 54, 1900-706 Lisboa ☎ 218 620 000 🕐 Seg-sáb 12h-15h, 20h-23h 💳 A €25, J €30, vinho €8 🚌 742

CASANOVA

Situado em um armazém reformado, cruzando a rua da estação de trem Santa Apolónia, este é um genuíno restaurante italiano, alternativa barata ao fast-food. Tem grande variedade de pizzas, todas de massa fina e feitas no forno a lenha tradicional, à vista de todos. Você pode também saborear ótimos crostini, bruschettas e outros pratos italianos tradicionais, como a linguiça napolitana com feijão ou a berinjela com mussarela.

✉ Avenida Infante Dom Henrique, Armazém B, Cais da Pedra, Santa Apolónia, 1900 Lisboa ☎ 218 877 532 🕐 Ter-dom 12h30-1h. 💳 A €14, J €18, vinho €8 🚇 Terreiro do Paço 🚌 745, 759, 781

O CASEIRO

Este restaurante próximo ao Mosteiro dos Jerónimos é atraente e despretensioso. Serve carne e peixes grelhados, além de pratos mais elaborados da gastronomia portuguesa, como cordeiro ao forno ou açorda de marisco (cozido de pão com mariscos). As porções são generosas. Prove o doce de amêndoas.

✉ Rua de Belém 35, 1300-083 Lisboa ☎ 213 638 803 🕐 Seg-sáb 12h-15h, 19h-22h30. Fechado ago 💳 A €16, J €22, vinho €9 🚌 714, 727, 732, 759; bonde 15 🚆 Belém

CERVEJARIA TRINDADE

www.cervejariatrindade.pt

No ramo desde 1836, a Cervejaria Trindade é também um dos restaurantes mais antigos de Lisboa. A comida aqui não tem nada de excepcional – oferece carne grelhada, omeletes e frutos do mar frescos, embora um pouco caros. Mas o lugar é um marco de Lisboa. Alojado em um antigo convento, tem teto abobadado, magníficos painéis de azulejos e um público animado. Vale a pena a visita, nem que seja apenas para um chope. A Cervejaria tem ala para não fumantes.

✉ Rua Nova da Trindade 20c, Bairro Alto, 1200-303 Lisboa ☎ 213 423 506 🕐 Diariam 12h-1h 💳 A €13, J €23, vinho €6,50 🚇 Baixa-Chiado 🚌 758, 790; bonde 28

CHÁ DA LAPA

Este é um local ideal para um almoço tranquilo ou um chá da tarde se você visitar o Museu Nacional de Arte Antiga (▷ 79). É um restaurante que lembra um salão de chá, em estilo belle époque, com sofás de veludo vermelho, painéis de madeira e papel de parede, onde tudo é recém-preparado. No almoço oferece dois tipos de prato do dia. Tem sempre uma ótima seleção de bolos e sobremesas. A torta de maçã e os cheesecakes são excelentes.

✉ Rua do Olival 8-10, Lapa, 1200-742 Lisboa ☎ 213 900 888 🕐 Diariam 9h-19h; fechado 2 últimas semanas ago 🚌 60, 713, 727; bonde 25 🚆 Santos 🚘 Vire à direita ao sair do museu e depois à esquerda subindo pelo lado direito da praça. No alto, vire à direita. O Chá da Lapa fica do lado esquerdo

A CHARCUTARIA

O dono e chef da Charcutaria começou cozinhando para os amigos, mas foi convencido a abrir para o público. Tons naturais com painéis de madeira clara, arcos de tijolo originais e cadeiras de vime criam uma atmosfera calma. Escolha algum prato de caça, como as minitortas de perdiz ou lebre com feijão. Oferece também pratos tradicionais, como o carpaccio de bacalhau. Para finalizar, experimente os elogiados doces conventuais, com ovos e muito açúcar, originalmente feitos nos conventos portugueses.

✉ Rua do Alecrim 47A, Bairro Alto, 1200-014 Lisboa ☎ 213 423 845 🕐 Seg-sáb 12h30-15h, 19h30-23h 💳 A €25, J €35, vinho €12 🚇 Baixa-Chiado 🚌 758, 790

CLUBE DE JORNALISTAS

Este restaurante, com seu pátio florido, é um dos melhores da cidade para se comer ao ar livre. O terraço fica aberto para almoço e para lanches leves ao longo do dia, enquanto os dois salões de jantar internos servem cardápio mediterrâneo com base em produtos locais. Comece com pão com azeite, depois prove o patê com presunto e ervas finas. A sobremesa delirium de chocolate faz jus ao nome.

✉ Rua das Trinas, 129-r/c (térreo), Lapa, 1200-857 Lisboa ☎ 213 977 138 ◷ Seg-sáb 12h30-15h, 19h30-24h ✋ A €36, J €44, vinho €10 🚌 60, 727; bonde 25 🚉 Santos

COMIDA DE SANTO

www.comidadesanto.com.pt

Junto à Rua da Escola Politécnica, este animado restaurante brasileiro traz um toque tropical à cena de Lisboa. Ele é especializado em caipirinha, com limão e cachaça. Pratos brasileiros, como as moquecas no leite de coco e a deliciosa feijoada acompanhada de mandioca frita e laranja, são servidos em generosas porções. De sobremesa, o restaurante oferece frutas tropicais bastante conhecidas dos brasileiros. São só 12 mesas, por isso é essencial reservar.

✉ Calçada Engenheiro Miguel Pais 39, Rato, 1200-172 Lisboa ☎ 213 963 339 ◷ Diariam 12h30-15h30, 19h30-1h ✋ A €20, J €35, vinho €8 Ⓜ Rato 🚌 758

CONVENTUAL

Em uma das mais bonitas praças da cidade, este restaurante oferece um dos melhores cardápios de Lisboa. Decorado com antiguidades e arte sacra moderna, mantém a temática religiosa nos nomes de alguns pratos, como os caramujos à papa de Avignon, e os excelentes doces conventuais, feitos com ovos e açúcar, a partir de receita tradicional de freiras. O arroz de pato é magistral.

✉ Praça das Flores 44-45, Rato, 1200-192 Lisboa ☎ 213 909 246 ◷ Ter-sex 12h30-15h30, 19h30-23h, sáb, dom, seg e feriados 19h30-23h. Fechado ago ✋ A €25, J €35, Vinho €10 Ⓜ Rato 🚌 758

ENOTECA – CHAFARIZ DO VINHO

www.chafarizdovinho.com

Junto à Praça da Alegria, o Chafariz do Vinho é um excelente lugar para petiscos de pernil defumado, linguiças temperadas, queijos e uma boa garrafa de vinho. Como opção, oferece o menu de prova, com três escolhas de excelentes pratos portugueses, incluindo a sobremesa.

✉ Rua Mãe d'Água/Praça da Alegria, 1250-000 Lisboa ☎ 213 422 079 ◷ Ter-dom 18h-2h. Fechado 23 dez-10 jan ✋ J €25, vinho €14 Ⓜ Avenida

GAMBRINUS

www.gambrinuslisboa.com

Localizado em um rua cheia de restaurantes, o Gambrinus é o melhor e o mais caro deles. Com seu interior confortável e calmo, é frequentado por políticos, jornalistas e celebridades portuguesas. Sente no balcão do bar ou em um dos salões de jantar e escolha uma das inúmeras opções de frutos do mar, peixe fresco (tamboril, perca e linguado, conforme a estação) ou carne de caça.

✉ Rua das Portas de Santo Antão 23, Baixa, 1150-264 Lisboa ☎ 213 421 466 ◷ Diariam 12h-1h30 ✋ A €35, J €50, vinho €18 Ⓜ Restauradores

EL GORDO

Para sentir o gostinho da vizinha Espanha visite este local informal com suas mesas de café e paredes ocre em estilo clássico mediterrâneo. O longo cardápio de petiscos inclui delícias como tortilhas, pimentões recheados e aspargos verdes. Também aparecem influências galegas, como o risoto de lulas, o polvo à galega e um excelente escabeche de perdiz.

✉ Rua São Boaventura 16-18, Bairro Alto, 1200-409 Lisboa ☎ 213 424 266 ◷ Qui-ter 17h-2h ✋ J €25, vinho €8 Ⓜ Baixa-Chiado

MARTINHO DA ARCADA CAFÉ

Este antigo café, fundado em 1782, era local de reunião de literatos lisboetas – era aqui, por exemplo, que o poeta Fernando Pessoa vinha tomar seu copo diário de absinto. O restaurante é bastante caro, mas o bar, com seu belo balcão de madeira, ainda é um bom ponto para um café e um lanche leve. Prove a cataplana (cozido de mariscos) do Algarve.

✉ Praça do Comércio 3, Baixa, 1100-148 Lisboa ☎ 218 879 259 ◷ Bar: seg-sáb 7h-23h. Restaurante: seg-sáb 12h-16h, 19h-23h ✋ €7 para bebida e petisco no bar Ⓜ Baixa-Chiado

MEGAVEGA

Para uma opção leve, vá até este local ultramoderno na Baixa, voltado para a vida saudável. A casa oferece inúmeros pratos vegetarianos, saladas e sucos de frutas, todos ricos em vitaminas, minerais e fibras. Você pode levar para viagem, e o local tem ala para não fumantes. A lojinha de produtos naturais vende vinho orgânico, azeite de oliva, geleias e chás. Não aceita cartões de crédito.

✉ Rua dos Sapateiros 113, 1100-577 Lisboa ☎ 213 468 063 ◷ Seg 11h-19h, ter-sáb 11h-22h ✋ A €10, J €15, vinho €8 Ⓜ Baixa-Chiado

NICOLA CAFÉ

Este marco da cidade data de 1777 e ganhou fama como reduto de grupos literários e liberais. Seu belo interior art déco tem imensos espelhos. A localização faz dele um dos cafés mais populares da cidade, embora o serviço não seja lá muito atencioso. Você pode apreciar refeições leves e sem muita imaginação nas mesas da calçada.

✉ Praça Dom Pedro IV 24, Baixa, 1100-200 Lisboa ☎ 213 460 579 ◷ Seg-sáb 8h-22h, dom 9h-19h ✋ €10 por lanche leve e bebida Ⓜ Rossio

PAP'AÇORDA

Este restaurante da moda fica em uma antiga padaria no Bairro Alto. Tem ostras, mexilhões e diversas açordas (cozido denso de pão e ovos com camarões e lagosta). A musse de chocolate é ótima.

✉ Rua da Atalaia 57-59, Bairro Alto, 1200-037 Lisboa ☎ 213 464 811 ◷ Ter-sáb 12h-14h, 20h-23h. Fechado 2 primeiras semanas jul e nov ✋ A €33, J €45, vinho €14 Ⓜ Baixa-Chiado

LA PAPARRUCHA

www.lapaparrucha.com

Como seria de esperar de um restaurante argentino, a carne tem forte presença no cardápio. Servida com batata, milho grelhado e feijão-preto, a carne de alta qualidade à la parrilla (grelhada) é razão suficiente para vir aqui, mas o que diferencia La Paparrucha de outros restaurantes argentinos é seu magnífico terraço e a vista que oferece. Como abre tarde, atrai um público jovem e animado, especialmente nos fins de semana.

✉ Rua Dom Pedro V 18-20, Bairro Alto, 1250-094 Lisboa ☎ 213 425 333 🕐 Diariam 12h-15h, 19h30-2h ✋ A €20, J €25, vinho €8 Ⓜ Baixa-Chiado 🚌 758, 790

PAVILHÃO CHINÊS

Vale a pena conhecer este bar-café, uma das excentricidades gastronômicas de Lisboa. Cada centímetro de parede é coberto de objetos do mundo inteiro, que o dono, Luís Pinto Coelho, colecionou. O resultado é uma mistura de objetos, com belas porcelanas orientais dependuradas junto com soldadinhos de lata, capacetes de ferro, leques, estátuas e bonecas. Com certeza isso irá entretê-lo enquanto você toma um café ou um aperitivo.

✉ Rua Dom Pedro V 89, Bairro Alto, 1250-093 Lisboa ☎ 213 424 729 🕐 Seg-sáb 18h-2h, dom 21h-2h Ⓜ Baixa-Chiado ou Restauradores, depois Elevador da Glória

PORTUGÁLIA RIO

www.portugalia.pt

Parte de uma rede de cervejarias espalhada pela cidade, a Portugália Rio é muito bem localizada, pois fica à beira do Tejo. Esses estabelecimentos têm um cardápio limitado de filés, servidos com fritas e arroz, camarões e, é claro, cerveja. Bom local para uma refeição rápida, relativamente cara, bem tarde da noite, mas inviável para vegetarianos.

✉ Cintura do Porto de Lisboa, Doca de Santos, 1200-109 Lisboa ☎ 213 422 138 🕐 Dom-qui 12h-1h, sex-sáb 12h-2h ✋ A €16, J €22, vinho €6,50 Ⓜ Cais do Sodré 🚆 Cais do Sodré

LA RÚCULA

www.larucula.com.pt

Pizzas, massas, ou uma seleção de ótimas entradas – como sopa de rúcula, bruschetta ou mussarela fresca e cogumelos –, são algumas das opções do cardápio. Sente no arejado salão ou no terraço, para apreciar a linda vista do Tejo.

✉ Rossio dos Olivais, Parque das Nações, 1990-231 Lisboa ☎ 218 922 747 🕐 Diariam 12h30-15h, 19h30-23h30 ✋ A €15, J €20, vinho €4,85 Ⓜ Oriente

A SEVERA

www.asevera.com

Batizado em homenagem à primeira grande intérprete de fado de Portugal, Maria Severa, que morreu em 1836 com apenas 26 anos, este local serve pratos tradicionais portugueses e tem dança folclórica ao vivo e shows de fado. Mas não se preocupe – o clima é excelente e os shows, muito profissionais, contribuem para uma noite de diversão. As alcovas d'A Severa são decoradas com uma interessante mistura de objetos relacionados ao fado.

✉ Rua das Gáveas 51-61, 1200-206 Lisboa ☎ 213 428 314 🕐 Qui-ter 12h-15h, 20h-3h ✋ A €18, J €40, vinho €14 (o preço do jantar inclui €18 para o fado e o show de dança) Ⓜ Baixa-Chiado

SOLAR DOS PRESUNTOS

www.solardospresuntos.com

É um dos melhores dos muitos restaurantes desta rua popular. Você irá reconhecê-lo pelos presuntos pendurados na janela. Dentro, as paredes são cheias de objetos relacionados ao futebol e de elogios ao restaurante, feitos por clientes famosos. A especialidade são pratos tradicionais do Minho, como cabrito assado e, na estação, as apreciadas lampreias frescas. O Solar dos Presuntos serve também ótimas opções de peixe fresco e de frutos do mar cozidos (caldeirada) ou grelhados. O serviço é cordial e altamente profissional.

✉ Rua das Portas de Santo Antão 150, 1150-269 Lisboa ☎ 213 424 253 🕐 Seg-sáb 12h-15h30, 19h-23h. Fechado ago ✋ A €16, J €25, vinho €8,50 Ⓜ Restauradores

OS TIBETANOS

www.tibetanos.com

No Centro Budista, junto à Avenida da Liberdade, Os Tibetanos é o melhor – e praticamente o único – restaurante totalmente vegetariano da capital portuguesa. As salas de jantar espalham-se por diversos andares, com agradáveis vistas da cidade e um belo pátio interno. O cardápio, extenso e barato, inclui pratos como lasanha de queijo fresco, curry de legumes e momos (bolinhos tibetanos). Não aceita cartões.

✉ Rua Salitre 117, Rato, 1250-198 Lisboa ☎ 213 142 038 🕐 Seg-sex 12h-14h, 19h30-21h30 ✋ A €12, J €16, vinho €8 Ⓜ Avenida ou Rato

VALLE FLOR

Para uma ocasião especial, vale a pena fazer uma refeição neste restaurante – o mais luxuoso de Lisboa. Situado no atual Pestana Palace Hotel (▷ 104), o nacionalmente aclamado Valle Flor tem pisos de madeira polida, teto alto dourado e mobília de época. O chef francês cria gostos e texturas raros a partir de ingredientes tradicionais, variando o cardápio conforme a semana e a estação.

✉ Pestana Palace Hotel, Rua Jau 54, Santo Amaro, 1300-314 Lisboa ☎ 213 615 600 🕐 Diariam 12h30-15h, 19h-22h30 ✋ A €40, J €60, vinho €15 🚌 738; bonde 18

XL

Localizado perto da esquina do edifício da Assembleia Nacional, só funciona à noite e é ideal para os que preferem jantar tarde. O restaurante tem atmosfera caseira, graças às suas paredes pintadas de ocre, à mobília rústica e às antiguidades da decoração, e tem uma adega excepcional. Os suflês são o forte da cozinha. Também vale a pena provar o camembert em crostas de pão com molho de framboesa e os pratos tradicionais portugueses, que incluem um bom bacalhau. Termine com um delicioso crepe ou crème brûlée.

✉ Calçada da Estrela 57, Estrela, 1200-661 Lisboa ☎ 213 956 118 🕐 Seg-qua 20h-24h, qui-dom 20h-2h. Fechado 3 semanas ago ✋ J €35, vinho €15 🚌 727; bonde 25, 28

ONDE FICAR

PREÇOS E SÍMBOLOS
Os preços correspondem à diária mais baixa e mais alta em um quarto duplo, incluído o café da manhã, a menos que haja indicação em contrário. Todos os hotéis aceitam cartões de crédito, a menos que indicado. Note que os preços variam ao longo do ano.

Para a legenda dos símbolos, ▷ 2.

ALBERGARIA SENHORA DO MONTE

www.maisturismo.pt/sramonte.html
Com ótima localização, no tranquilo bairro da Graça, este hotel tem vista panorâmica da cidade. O bar do café da manhã, na cobertura, dá vista para o rio Tejo, até a estátua do Cristo e a Ponte 25 de Abril. Vale a pena pagar um pouco mais por um quarto face sul com terraço. Fica a um curto trajeto de bonde do centro.
✉ Calçada do Monte 39, Graça, 1170-250 Lisboa ☎ 218 866 002 €95-€130 28 (4 com terraço) Martim Moniz Bonde 28

HOTEL AVENIDA PALACE

www.hotel-avenida-palace.pt
Construído em 1892, foi o primeiro hotel de luxo da cidade. Oferece luxo palaciano no coração da área cultural e de negócios de Lisboa. Mantém sua aura romântica desde os dias da Belle Époque. Os quartos e as áreas comuns são prodigamente decorados e têm mobília em estilo império do século XVIII, francesa e portuguesa. Todos os quartos têm os confortos modernos, inclusive vidro triplo. Entre os detalhes especiais destacam-se a escadaria de contos de fada em preto e dourado, os salões magníficos e a sala do café da manhã, com painéis de madeira, lustres imensos e delicados e vista da Avenida da Liberdade.
✉ Rua 1º de Dezembro 123, Rossio, 1200-359 Lisboa ☎ 213 218 100 €195-€215 65 quartos, 17 suítes Rossio

BAIRRO ALTO HOTEL

www.bairroaltohotel.com
Aclamado pela imprensa internacional e localizado no coração da área chique do Chiado, esta fachada clássica do século XVIII esconde um interior de elegância e luxo discretos. Escolha um dos quartos Deluxe, de onde se veem tanto a Praça Luís de Camões como a Rua das Flores, com o Tejo ao longe. Além de restaurante e bar, tem terraço panorâmico onde são servidos lanches e drinques; é um ótimo lugar para almoço. No final de um dia de passeios, passe pelo Centro de Bem-Estar e ganhe uma massagem.
✉ Praça Luís de Camões 2, 1200-243 Lisboa ☎ 213 408 288 €340-€480 55 Baixa-Chiado

Acima *Lisboa tem diversos hotéis de estilo*

HOTEL BORGES

www.hotelborges.com
Este hotel, no exclusivo bairro do Chiado, perto do café art nouveau A Brasileira (▷ 99), com sua estátua de Fernando Pessoa na parte externa, tem boa relação custo-benefício. Tenha paciência com o lobby espelhado e sua mobília datada, pois a maioria dos quartos foi reformada e hoje conta com tapetes novos e é bem equipada. Quem tem sono leve deve evitar os quartos da frente, especialmente nos fins de semana, quando o café fica aberto até tarde.
✉ Rua Garrett 108-110, Chiado, 1200-205 Lisboa ☎ 213 461 951 €85 96 Baixa-Chiado Bonde 28

HOTEL BRITANIA

www.heritage.pt
Se você gosta de arquitetura art déco fantástica, fique neste hotel, junto à Avenida da Liberdade. Ele foi

construído em 1944 pelo arquiteto modernista Cassiano Branco e, embora restaurado, preserva todo o seu charme. Os quartos são grandes e bem decorados, com cofre e acesso à internet. Note os lindos lustres da década de 1940 no hall de entrada de mármore polido. Repare na simetria dos salões de café da manhã e de leitura.
✉ Rua Rodrigues Sampaio 17, 1150-278 Lisboa ☎ 213 155 016 €201-€265 café da manhã à parte (€14) 32 (alguns para não fumantes), 1 suíte Avenida

HOTEL DUAS NAÇÕES
www.duasnacoes.com
No meio do bairro só para pedestres da Baixa, o Hotel Duas Nações oferece boa relação custo-benefício. Instalado em uma bela residência do século XIX com entrada de mármore e pedra, tem quartos simples, alguns deles com banheiro compartilhado. Mas todos foram reformados e, embora simples, são impecavelmente limpos. O bufê do café da manhã é servido em um amplo salão decorado com painéis de azulejos e mobília escura.
✉ Rua da Vitória 41, Baixa, 1100-618 Lisboa ☎ 213 460 710 €35-€75 69 (24 com banheiro compartilhado) Baixa-Chiado

HOTEL HERITAGE AV. LIBERDADE
www.heritage.pt
Como mais recente unidade do grupo de hotéis Heritage, este edifício do século XVIII foi muito bem restaurado e pintado em um atraente tom de azul. O exterior de época leva a um interior contrastante, contemporâneo, decorado com tons suaves, mobília elegante e bonitos tecidos. Os quartos são totalmente equipados com CD, DVD, internet sem fio e TV por satélite. Tem um relaxante lounge onde você pode tomar um café e planejar seu dia antes de cair na agitada avenida principal da capital portuguesa.
✉ Avenida da Liberdade 28, 1250-145 Lisboa ☎ 213 404 040 €206-€315 café da manhã à parte (€14) 41 quartos, 1 suíte Coberta Restauradores

HOTEL IBIS LISBOA LIBERDADE
www.ibishotel.com
Parte da grande rede francesa, os hotéis Ibis estão espalhados pelo país. Embora todos os quartos pareçam iguais e sejam bem básicos, oferecem ótima relação custo-benefício e são confortáveis e funcionais para um pernoite. Este hotel, em particular, é totalmente para não fumantes, o que é uma mudança bem-vinda no caso de Portugal. Serve café da manhã a partir das 4h30, caso haja viagem (de trem, ônibus, carro ou avião) marcada para as primeiras horas da manhã.
✉ Rua Barata Salgueiro 53, 1250-043 Lisboa ☎ 213 300 630 €65-€75 70 Avenida ou Marquês de Pombal

HOTEL JORGE V
www.hoteljorgev.com
Hotel bem estabelecido, instalado em um edifício da década de 1960 junto à Avenida da Liberdade. Os quartos não são grandes e a decoração não é muito moderna – os tapetes com padrões não combinam muito com as cortinas e colchas de cores mais berrantes –, mas todos têm banheiros modernos de mármore, cofre e alguns contam com pequena sacada. Serve bufê de café da manhã no salão do térreo e há serviço de bar 24 horas. A equipe é bastante prestativa.
✉ Rua Mouzinho da Silveira 3, 1250-165 Lisboa ☎ 213 562 525 €75-€95 43 quartos, 6 suítes (algumas para não fumantes) Avenida

HOTEL LISBOA PLAZA
www.heritage.pt
Junto à Avenida da Liberdade, o Hotel Lisboa Plaza foi construído em 1953 e reformado em 1988 por Graça Viterbo, uma das mais famosas designers de interiores de Portugal. Os quartos grandes, modernos, têm tons quentes e tecidos luxuosos. Todos oferecem acesso à internet. As áreas comuns parecem salas de casas particulares, com estantes de livros, quadros e ornamentos. O restaurante serve todas as refeições, incluindo café da manhã, e tem cardápios de bufê e à la carte. Os hóspedes podem nadar no Sheraton.
✉ Travessa do Salitre 7, 1269-066 Lisboa ☎ 213 218 218 €160-€240 café da manhã à parte (€14) 94 quartos, 12 suítes (há quartos para não fumantes e alérgicos) Avenida

HOTEL LISBOA REGENCY CHIADO
www.regency-hotels-resorts.com
O Regency fica no exclusivo bairro de compras do Chiado, dentro dos edifícios reconstruídos dos Armazéns do Chiado, destruídos pelo fogo em 1988. Sua principal atração é a inspiradora vista de Lisboa e de seu castelo, a partir das áreas comuns e dos terraços dos quartos superiores. A decoração segue os princípios do feng shui, os quartos são uma fusão de design oriental e português, com tons vivos de vermelho, verdes profundos e madeira escura. Oferecem acesso à internet. O bufê de café da manhã é ótimo.
✉ Rua Nova do Almada 114, Chiado, 1200-290 Lisboa ☎ 213 256 100 €175-€285 38 quartos, 2 suítes Baixa-Chiado

HOTEL MÉTROPOLE
www.almeidahotels.com
Hotel imponente, elegante, o Metrópole tem localização de prestígio no lado oeste do Rossio. Abriu em 1917 e foi totalmente reformado em 1993, quando muitas de suas características originais foram retomadas. Os melhores quartos ficam nos andares superiores defronte à praça, com lindas vistas do castelo. Todos os quartos do Metrópole são elegantemente mobiliados em estilo década de 1920 e têm vidro duplo para isolar o ruído.
✉ Praca Dom Pedro IV 30, Rossio, 1100-200 Lisboa ☎ 213 219 030 €134-€190 36 Rossio

HOTEL VIP INN VENEZA
www.viphotels.com
Alojado no que era um palacete do século XIX e com uma fachada de arcos de influência mourisca, o Vip Inn tem decoração luxuosa com ferro batido, madeira polida e vitrais, e alguns murais sobre Lisboa

enfeitam a monumental escadaria. Alguns quartos dão para a Avenida da Liberdade.

Avenida da Liberdade 189, 1250-141 Lisboa 213 522 618 €113 café da manhã à parte (€8,50) 37 Avenida

AS JANELAS VERDES

www.heritage.pt

Esta mansão do século XVIII, perto do Museu Nacional de Arte Antiga, oferece serviço pessoal em ambiente intimista. As luxuosas áreas comuns poderiam ser confundidas com as de uma casa particular, e essa sensação é ainda mais clara quando se veem os bares self-service e a equipe, bastante atenciosa. Os quartos são bem equipados e têm acesso à internet. No verão, o café da manhã é servido em um pátio revestido de hera. No último andar, a biblioteca e o terraço oferecem amplas vistas do rio Tejo.

Rua da Janelas Verdes 47, Lapa, 1200-690 Lisboa 213 968 143 €195-€298 café da manhã à parte (€14) 29 (há quartos para não fumantes) 60, 727; bonde 25 Santos

LAPA PALACE

www.lapapalace.com

O Lapa Palace era a antiga residência do conde de Valença. O edifício do século XIX fica no meio de calmos jardins com vistas do rio Tejo. É um dos hotéis mais luxuosos e caros de Lisboa, e um dos poucos com piscina aquecida ao ar livre. Dentro, a opulência original foi muito bem restaurada, em especial na sala Columbano, com seus afrescos, e na suíte Conde de Valença, a mais luxuosa. Outros quartos são decorados em estilos art déco, belle époque e oriental. As instalações do Lapa Palace incluem acesso à internet.

Rua do Pau da Bandeira 4, Lapa, 1249-021 Lisboa 213 949 494 €365-€575 89 quartos, 15 suítes Coberta e ao ar livre 713, 773; bonde 25 Santos

PALÁCIO DE BELMONTE

www.palaciobelmonte.com

Se dinheiro não é problema, não perca a oportunidade de ficar aqui, na casa de 500 anos dos condes de Belmonte. Este monumento nacional passou por uma restauração que custou US$24 milhões, e usou antigos métodos de construção juntamente com os mais recentes sistemas de economia de energia. Os quartos são tranquilos, simples, com ricas sedas, e oferecem linda vista da cidade ou dos jardins. A piscina ao ar livre tem mármore preto em volta. Tome o café da manhã no terraço do Palácio de Belmonte.

Páteo Dom Fradique 14, Alfama, 1100-624 Lisboa 218 816 600 €300-€1.200 11 suítes Ao ar livre Bonde 28

PENSÃO ALEGRIA

www.alegrianet.com

Localizada em uma agradável praça junto à Avenida da Liberdade, esta pensão pintada de verde--limão oferece serviço básico mas acolhedor. Todos os quartos foram redecorados e têm banheiro privativo. Apesar da simplicidade dos pisos e da mobília de madeira, os quartos são bem decorados e impecavelmente limpos. O salão serve apenas o café da manhã.

Praça da Alegria 12, 1250-004 Lisboa 213 220 670 €58-€73 35 Avenida

PENSÃO LONDRES

www.pensaolondres.com.pt

Na famosa área de Príncipe Real, na parte norte do Bairro Alto, esta pensão ocupa uma antiga residência. Oferece boa relação custo-benefício e é receptiva ao público GLS. Quartos bem mobiliados com peças um pouco fora de moda. Os do quarto andar têm bela vista do Castelo de São Jorge e da Ponte 25 de Abril. O café da manhã é servido em um ensolarado salão nos fundos.

Rua Pedro V 53, 1º-4º andares, Bairro Alto, 1250-092 Lisboa 213 462 203 €50-€80 40 Rossio depois Elevador da Glória 758, 773, 790

PENSÃO RESIDENCIAL ROYAL

A Pensão Royal é uma das melhores opções econômicas da cidade. Tem quartos simples, decorados com tecidos atraentes, todos com banheiro privativo. Serve café da manhã, mas há muitos cafés na própria rua. Se estiver cheia, tente a Pensão Galícia no andar de cima, que é da mesma família. É mais antiga, tem piso de linóleo e os quartos não têm banheiro, embora alguns disponham de chuveiro privativo; mas é limpa e acolhedora (€35-€50, tel 213 428 430).

Rua do Crucifixo 50, 3º andar, Baixa, 1100 Lisboa 213 479 006 €45-€70 6 Baixa-Chiado

PESTANA PALACE HOTEL

www.pestana.com

Cerca de 5km a oeste da cidade, este fabuloso palacete do século XIX foi restaurado e recuperou sua antiga glória romântica. A maioria dos quartos fica em alas modernas que se fundem com amplos jardins. As áreas sociais, com muitos lustres, são luxuosas, assim como as quatro suítes no edifício principal. O Valle Flor, restaurante do hotel Pestana, serve excelente cozinha internacional (▷ 101).

Rua Jau 54, Santo Amaro, 1300-314 Lisboa 213 615 600 €180-€290 173 quartos, 17 suítes Coberta e ao ar livre 738; bonde 18

POUSADA DE JUVENTUDE DE LISBOA

www.pousadasjuventude.pt

Este albergue da juventude de Lisboa, com 176 camas, tem quartos duplos com banheiro privativo e vagas em dormitórios. Os dormitórios são simples, no estilo albergue da juventude. Se for dividi--lo, lembre-se de trazer cadeado para o seu armário. O bar fica aberto das 18h à meia-noite.

Rua Andrade Corvo 46, 1050-009 Lisboa 213 532 696 €43 quarto duplo com banheiro, €16 vaga em dormitório 176 camas (13 quartos duplos, um com acesso para cadeira de rodas) Picoas 36, 44, 727, 738, 745

RESIDÊNCIA ROMA

Junto à Avenida da Liberdade, o Residência Roma tem custo--benefício imbatível se você estiver

em grupo e disposto a preparar a própria comida. Há quartos-padrão, mas, pelo mesmo preço e subindo mais um ou dois lances de escada, você encontra apartamentos para até cinco pessoas que já têm cozinha equipada. Oferece ótimo custo-benefício para estadas de três dias ou mais. O interior dos apartamentos é simples e um pouco antigo, mas mesmo assim a limpeza do lugar é impecável.
Travessa da Glória 22a, 1º andar, 1250-118 Lisboa 213 460 557 Quartos ou apartments (até 5 pessoas, pessoa extra €10-€15) €50-€80 28 quartos, 12 apartmentos Avenida

RESIDENCIAL AVENIDA PARQUE

www.avenidaparque.com
No lado leste do Parque Eduardo VII, este residencial despretensioso oferece serviço eficiente e boa relação custo-benefício. Os quartos são comparáveis em padrão aos de muitos hotéis três e quatro-estrelas, com mobília moderna de madeira clara e janelas de vidro duplo. O café da manhã é servido no salão do térreo.
Avenida Sidónio Pais 6, 1050-214 Lisboa 213 532 181 €53-€85 44 Parque, Marquês de Pombal

RESIDENCIAL CAMÕES

www.pensaoresidencialcamoes.com
No coração do Bairro Alto, este residencial de bom preço tem mobília simples, um pouco datada, mas é limpo e acolhedor. Alguns quartos dispõem de chuveiro privativo e outros têm combinações de pia e bidê com banheiro compartilhado. De quinta a sábado à noite os quartos do lado da rua são barulhentos. Não aceita cartões.
Travessa do Poço da Cidade 38, Bairro Alto, 1200-334 Lisboa 213 467 510 €40-€50 abr-set inclui café da manhã; €30-€35 out-mar café da manhã à parte 10 quartos com banheiro, 9 quartos com banheiro compartilhado Baixa-Chiado 758, 790

SOLAR DO CASTELO

www.heritage.pt
Este palacete do século XVIII divide seus muros antigos com o Castelo de São Jorge, cujos traços medievais foram aproveitados como elementos arquitetônicos. Com apenas 14 quartos e serviço discreto, tem o ar de uma casa particular. Os quartos exibem tons quentes e finos tecidos, em padrões que mesclam o moderno e o clássico. As janelas em estilo pombalino dão para um atraente pátio de azulejos onde se serve um bom café da manhã quando faz sol.
Rua das Cozinhas 2, 1100-181 Lisboa 218 806 050 €230-€340 café da manhã à parte (€14) 14 quartos (há quartos para não fumantes) 37; bonde 12, 28

SOLAR DOS MOUROS

www.solardosmouros.pt
Fica abaixo do Castelo de São Jorge, em um edifício amarelo. O hotel é decorado em cores vivas e com estranhas pinturas contemporâneas. Os quartos são modernos, com mobília minimalista, objetos de arte e esculturas africanas. Alguns quartos têm escadas em espiral (um problema para crianças ou pessoas com necessidades especiais) e tetos estilo loft. O salão do café da manhã oferece lindas vistas de Lisboa e do rio Tejo.
Rua do Milagre de Santo António 6, 1100-351 Lisboa 218 854 940 €119-€259 12 37; bonde 12, 28

VIP EDEN APARTHOTEL

www.viphotels.com
Este edifício art déco cor-de--rosa já foi um dos cinemas mais conhecidos da cidade. Reformado em 1996, é hoje um ótimo apart--hotel, com estúdios e apartamentos, para duas, três ou quatro pessoas. São todos modernos e funcionais, com banheiros e cozinhas bem equipadas. A vista do terraço de cobertura e da piscina ao ar livre é simplesmente o imponente Castelo de São Jorge. Serve-se o café da manhã no terraço, mediante pagamento de taxa adicional.
Praça dos Restauradores 24, 1250-187 Lisboa 213 216 600 Estúdios €110-€127, apartamentos €156-€185, café da manhã à parte (€8,50) 34 estúdios para 1 ou 2 pessoas, 56 apartamentos com 2 quartos para até 4 pessoas Ao ar livre Restauradores

YORK HOUSE

www.yorkhouselisboa.com
É essencial reservar com alguma antecedência se você quer ficar neste tranquilo e requintado antigo convento carmelita do século XVII, em localização discreta na refinada Lapa. Sete dos quartos são decorados em estilo tradicional, e o resto teve tratamento elegante e minimalista. Em dias de sol, você pode tomar café da manhã sob a imensa palmeira do pátio. Um restaurante de primeira, frequentado também por não hóspedes, serve versão refinada da cozinha tradicional portuguesa.
Rua das Janelas Verdes 32, Lapa, 1200-691 Lisboa 213 962 435 €65-€250 café da manhã à parte (€15) 32 60, 727; bonde 25 Santos

À esq. *Elegante sala de estar do Hotel Lisboa Regency Chiado*

ARREDORES DE LISBOA

Embora a periferia próxima de Lisboa seja formada por áreas residenciais de altos edifícios, mais para o campo, de ambos os lados do Tejo, você descobre estradas ribeirinhas impressionantes, caminhadas pelas montanhas, praias lindas e montes e colinas verdejantes.

Se quiser ver paisagens de rocha espetaculares, pegue o litoral a partir de Cascais e cruze o Parque Natural de Sintra-Cascais até o Cabo da Roca, local de fortes ventos onde quebram as ondas do Atlântico. Para uma paisagem mais tranquila, dirija para o sul do Tejo pela sinuosa estrada costeira depois de Setúbal, seguindo pelo Parque Natural da Serra da Arrábida até a vila pesqueira de Sesimbra.

As colinas cobertas de musgo de Sintra oferecem passeios interessantes pelas florestas e lindas vistas de toda a região, inclusive das elegantes cidades turísticas de Cascais e Estoril, ao sul. Aqui o visitante tem todos os luxos modernos, como hotéis cinco-estrelas, lojas elegantes e ótimos restaurantes; e as famílias podem desfrutar as praias. Para mais opções de praias, atravesse o Tejo e siga até a Costa da Caparica, uma extensão contínua de areia que segue por 25km em direção ao sul.

Quem gosta de palácios e monumentos deve ficar mais tempo em Sintra. Os frisos e azulejos do Palácio Nacional, as fortalezas do Castelo Mouro, as excentricidades do Palácio Pena e os jardins místicos da Regaleira são alguns dos destaques. Se houver tempo, vale a pena ver também o monolítico Palácio de Mafra, com seus 880 quartos e 4.700 portas e janelas, além do delicado palácio rococó em Queluz. Para relaxar, tome um copo de vinho gelado e saboreie uma queijada na praça de Sintra, ou um peixe fresco grelhado em Sesimbra.

Acima *Na Costa da Caparica o turista encontra uma infinidade de praias desertas*
Página ao lado *Jardim florido em Cascais, porto pesqueiro agitado e popular destino de férias*

CABO ESPICHEL

www.visitcostaazul.com

Uma estrada solitária corre por pequenas vilas e por uma área cada vez mais deserta e de ventos mais fortes até Cabo Espichel, onde um farol se ergue acima do mar.

À direita, fica uma igreja barroca localizada em uma praça, ladeada por alojamentos de peregrinos do século XVIII. A igreja é dedicada a Nossa Senhora do Cabo, a padroeira dos pescadores locais. Em seu sombrio interior, luzes de vela brilham em volta da imagem dourada de Ave Maris Stella (Nossa Senhora do Mar). Uma multidão se aglomera aqui para a Festa de Nossa Senhora do Cabo no terceiro domingo de setembro, quando os pescadores pedem segurança e boa pescaria para o ano vindouro. Este remoto cabo foi também uma das locações do filme *O céu de Lisboa,* de Wim Wenders.

✚ 330 A10 ℹ Largo da Marinha 26-27, 2970-635 Sesimbra ☎ 212 288 540

CABO DA ROCA

www.estorilcoast-tourism.com

O Cabo da Roca fica no extremo da Serra de Sintra. Rústico e com espetaculares vistas da costa, é o ponto mais ocidental da Europa continental. Há pouco para ver além do farol e de um monumento com inscrições de Luís de Camões. O escritório de turismo vende um certificado para provar que o turista esteve nesse ponto, mas é melhor passar o tempo admirando as vistas da costa. Praias intocadas se estendem para o norte e para o sul: a Praia Grande, ao norte, e a de Guincho, de surfistas, ao sul. Ao norte fica a pitoresca vila de Azenhas do Mar, com fileiras de chalés parecendo despencar dos rochedos para a água do mar.

✚ 330 A9 ℹ Cabo da Roca, Azoia, Colares 2705-001 ☎ 219 280 081
🚆 Sintra ou Cascais, depois ônibus 403

CASCAIS

www.estorilcoast-tourism.com
www.cm-cascais.pt

Cascais é uma cidade bem popular entre portugueses, exilados e visitantes estrangeiros, sobretudo por sua proximidade da capital. É importante porto pesqueiro do litoral português, além de famoso balneário de férias. Barcos de pescadores ainda são arrastados para a areia em uma de suas praias, e quem acorda cedo ainda os vê partindo ao alvorecer. A poderosa cidadela domina a orla. Foi construída no século XVI para proteger a baía e a capital do país dos ataques inimigos. Atrás da cidadela ficam as estreitas ruas da cidade antiga. Elas formam um atraente labirinto florido, com lojas, bares e restaurantes chiques. A principal área para vida noturna fica no novo bairro em torno da Rua Federico Arouca, só para pedestres, a leste.

Cascais tem muitos parques e jardins – o atraente Parque Municipal da Gandarinha abriga a mansão dos condes de Guimarães, hoje um museu de acervo eclético, principalmente do século XIX (tel 214 815 304; ter-dom 10h-17h, grátis). Ao longo do parque fica o Museu do Mar (tel 214 815 906; ter-dom 10h-17h, €2,04), cheio de peças como maquetes de barcos, velhas linhas e redes de pesca, roupas e equipamentos de marinheiros. A cidade tem três praias e uma completa marinha de iates, mas não é recomendada para banhos. As melhores ficam a oeste e ao norte, como é o caso da Praia de Guincho. É possível alugar bicicletas na Guia (▷ 118). No verão, a cidade fica lotada de turistas, especialmente nos fins de semana, quando está cheia de lisboetas.

✚ 330 A9 ℹ Avenida Combatentes da Grande Guerra, 2750-326 Cascais ☎ 214 868 204 🚆 Cascais

COSTA DA CAPARICA

www.visitcostaazul.com

Para quem procura um balneário tipicamente português, é obrigatório conhecer a Costa da Caparica, o trecho de litoral praticamente intocado para o sul, a partir do estuário do rio Tejo. É fácil chegar de Lisboa até aqui de carro ou de ônibus, saindo da Praça de Espanha no centro de Lisboa ou pegando o barco de Lisboa a Cacilhas, de onde saem ônibus regulares até Caparica. Grandes praias se estendem pelo litoral a partir desse agitado balneário. Elas são ligadas por uma pequena ferrovia que corre pelas dunas, com 18 paradas entre Caparica e Fonte da Telha ao sul. A ferrovia provê fácil acesso à praia, cada vez mais deserta e intocada em direção ao sul, mas há quiosques de praia que oferecem petiscos e bebidas, a cada parada.

Cada trecho tem sua característica, com famílias nas áreas mais ao norte, jovens ricos no trecho entre a Praia da Riviera e a do Rei. As praias do extremo sul são reservadas para nudistas. O mar é limpo, mas as correntes podem ser perigosas, principalmente para crianças pequenas, por isso é preciso cuidado. Para um vislumbre da beleza intocada desse litoral, vale a pena pegar o trem à altura da Praia da Mata (oitava parada), a partir da qual há pouquíssimas construções, exceto um ou outro bar de praia. É, de fato, um passeio imperdível.

✚ 330 A10 ℹ Avenida da República 18, 2825-399 Caparica ☎ 212 900 071

ESTORIL

www.estorilcoast-tourism.com

A sofisticada Estoril ficou famosa após a Segunda Guerra Mundial, quando virou reduto de asilados ricos e da realeza no exílio. É um famoso balneário, com muitos hotéis de luxo e mansões bem perto de suas longas praias de areia. Todas elas são ladeadas por passeios em direção ao oeste. Dá para ir andando até Cascais em mais ou menos meia hora, parando em algum dos bonitos bares da orla. As principais atrações da cidade são seu campo de golfe e o cassino no Parque do Estoril, com suas árvores tropicais e fontes.

330 A9 Arcadas do Parque, 2765-267 Estoril 214 663 813 Estoril

MAFRA

www.cm-mafra.pt

O ouro do Brasil pagou o impressionante legado arquitetônico de dom João V. Erguido entre 1717 e 1755, o Palácio e Convento de Mafra (qua-seg 10h-17h30; últ adm 4h30, €5, dom grátis até 14h) segue o modelo do El Escorial de Madri. Seu destaque é a magnífica basílica, que tem de ambos os lados as alas dos apartamentos reais e atrás as instalações monásticas. Mais de 50 mil pessoas trabalharam no local, construindo um edifício de 220m de comprimento por 68 m de altura, com 880 quartos, 4.700 portas e janelas, além de 29 pátios. O domo da basílica é um dos maiores do mundo. É a única que possui seis órgãos e seus campanários têm 114 sinos – há concertos gratuitos de sinos todo domingo às 16h. As visitas ao palácio incluem os apartamentos reais, a biblioteca e a Sala de Troféus de Caça, onde toda a mobília é feita de chifres de cervo e forrada com a pele desse animal. A sala rococó da biblioteca exibe um elaborado trabalho de estuque e um piso de mármore em xadrez. Mafra abriga ainda um Festival de Música internacional de outono, com concertos de música barroca e contemporânea na basílica e na biblioteca.

330 A9 Palácio Nacional de Mafra, Torreão Sul, Terreiro Dom João V, 2640-492 Mafra 261 817 170

PALÁCIO NACIONAL DE QUELUZ

www.ippar.pt

Elegante palácio cor-de-rosa que antes servia de alojamento de caça, até que dom Pedro III decidiu reconstruí-lo em 1747. Isso o transformou no melhor exemplo de arquitetura rococó no país, com jardins do século XVIII. Em 1760, dom Pedro casou com sua sobrinha, a futura rainha dona Maria I, e foi aqui que ela passou 27 anos, ficando gradativamente louca devido à dor pela morte de seu filho. Vieram outras reformas após a morte da rainha e Queluz acabou se tornando propriedade estatal em 1908. Hoje, é preservado como um museu que retrata a vida aristocrática do século XVIII, decorado com belas peças das antigas coleções reais. A Sala do Trono, rodeada de espelhos, os elegantes edifícios públicos e a Câmara do Embaixador, onde se recebiam diplomatas em visita e dignitários estrangeiros, traça o desenvolvimento da arquitetura, do rococó ao neoclássico. Nos jardins, tanques, fontes, terraços e canteiros formam um cenário perfeito para o palácio. O Palácio da Guarda Real é hoje um luxuoso hotel.

330 A9 Largo do Palácio, 2745-191 Queluz 214 343 860 Palácio: qua-seg 10h-17h (últ adm 16h30). Jardins: mai-fim set qua-seg 9h-18h; out-fim dez e jan-fim abr qua-seg 9h-17h Palácio: €4, grátis dom até 14h. Jardins: grátis. Palácios Reais: €6, inclui palácios de Sintra, Mafra e Ajuda Queluz-Belas Restaurante Cozinha Velha, nas cozinhas originais do palácio, serve almoço e jantar

SESIMBRA

www.visitcostaazul.com

Este balneário, amparado por rochedos, foi um antigo assentamento mouro. É possível visitar o castelo mourisco (diariam 7h-19h, grátis) no alto de uma montanha passando a cidade. Em volta das estreitas ruas e da praça da cidade antiga, blocos de apartamentos e hotéis se espalham pela encosta da montanha e o passeio ladeado por palmeiras fica cheio de visitantes que apreciam o peixe fresco dos cafés-restaurantes.

Seguindo as placas para Porto do Abrigo, chega-se a um porto pesqueiro, deixando o setor hoteleiro para trás. Toda manhã, ambos os lados de Sesimbra parecem um só, quando a praia e as ruas ficam repletas de pescadores fazendo manutenção de suas grandes redes.

330 A10 Largo da Marinha 26-27, 2970-657 Sesimbra 212 288 540

À esq. *Praia na cidade de Sesimbra*
Página ao lado *Construção antiga no arborizado calçadão do Estoril*

SINTRA

INFORMAÇÕES

www.cm-sintra.pt
330 A9 Praça da República 23, 2710-616 Sintra ou Estação de Sintra, Avenida Dr Miguel Bombarda, 2710-590 Sintra 219 231 157 ou 219 241 623 Jun-set diariam 9h-20h; resto do ano diariam 9h-19h Sintra Folhetos ilustrados disponíveis para ambos os palácios em português, inglês, francês, alemão, espanhol, italiano e japonês, grátis. Guias gerais disponíveis nas lojas de suvenires em vários idiomas. Os preços são variados.

Acima *O imponente exterior do Palácio Nacional da Pena*

INTRODUÇÃO

Residência de verão dos mouros e, mais tarde, dos reis de Portugal, Sintra fica nas montanhas cheias de bosques com lindas vistas do mar. É Patrimônio da Humanidade, com seus belos palácios, jardins e museus.

Sintra é formada por três vilas separadas, em montanhas de exuberantes bosques e ao longo de vales. Dirigir é a melhor maneira de explorar todas as atrações de modo rápido, mas há um ônibus turístico de meia em meia hora que liga as principais atrações. Os trens de Lisboa chegam a Estefânia. Sintra-Vila, onde se erguem o Palácio Nacional de Sintra e a Quinta da Regaleira, fica a uma curta caminhada montanha acima. A terceira vila, São Pedro de Sintra, está a 20 minutos daqui. O Palácio Nacional da Pena situa-se no alto de uma montanha não muito distante de Sintra-Vila. Visitar os jardins de Monserrate e o Convento dos Capuchos implica tomar um táxi, a não ser que você prefira andar 9km pelas montanhas.

Sintra também tem ótimas instalações esportivas, com golfe, tênis, passeios a cavalo e locais para nadar (o mar fica perto).

Sua vida cultural é agitada – o Festival de Música e Dança (jun-jul, ▷ 21) é um dos eventos de maior prestígio de Portugal. São Pedro de Sintra é ótima para antiguidades e compras especializadas. Tem um excelente mercado, domingo sim, domingo não.

Os romanos usaram Sintra como posto defensivo, mas foram os mouros que se apaixonaram por este local verde, com muita água, erguendo um palácio aqui antes do século X. Sintra foi tomada pelos cristãos em 1147 e o palácio virou propriedade dos reis de Portugal, até a extinção da monarquia em 1910. Os reis usaram o palácio como base de caça e como refúgio para o calor de verão de Lisboa, ampliando-o e criando os jardins. Muitos aristocratas ricos seguiram os passos reais e, no século XIX, as colinas de Sintra estavam cheias de grandes mansões. Algumas delas ainda são propriedades particulares, outras, estatais.

DESTAQUES

PALÁCIO NACIONAL DA PENA

www.ippar.pt; www.parquedesintra.pt

Desde o século XIV, sempre houve um edifício no local onde hoje é o Palácio Nacional da Pena, no alto de Sintra-Vila. Originalmente, era uma capela com um claustro do gótico tardio ao lado, que ficou degradado depois dos danos do terremoto de 1755. Em 1836, a rainha Maria II casou-se com o príncipe Ferdinando de Saxe-Coburg-Gotha, um entusiasta do Romantismo. Ele encomendou ao arquiteto alemão Von Eschwege o projeto do extraordinário palácio atual, que felizmente foi preservado apesar do fim da monarquia, em 1910.

O que o turista encontrará aqui é uma fantasia neogótica, soberba combinação de decoração manuelina, ornamentos germânicos e aspectos mouriscos. Estes últimos são vistos nas torres, cúpulas, domos e ameias, e o interior não é menos bizarro, uma celebração do gosto vitoriano tardio no qual toda superfície é ricamente decorada. Ele já foi descrito como um "manual de artes decorativas do século XIX e da Belle Époque em transição para o século XX" e mais se parece com o Castelo de Neuschwanstein, construído por Luís II, o "rei louco" da Bavária. Os destaques são alguns notáveis trabalhos de estuque, os esplêndidos banheiros e cozinhas, e algumas pinturas sutilmente eróticas feitas por dom Carlos I, último rei de Portugal. O bosque ajardinado embaixo do palácio, um oásis de sombra verdejante e água tranquilizadora, é imperdível.

✉ Estrada da Pena, 2710-609 Sintra ☎ 219 105 340 ◷ Mai-meados set parque diariam 9h30-20h (últ adm 19h), palácio diariam 9h45-19h (últ adm 18h15); resto do ano parque diariam 10h-18h (últ adm 17h), palácio diariam 10h-17h30 (últ adm 16h45) €11 todas as áreas do parque e palácio; grátis com o Lisboa Card; seg €7,50 somente algumas áreas ao ar livre Sintra e depois ônibus Scotturb 434

PALÁCIO NACIONAL DE SINTRA

www.ippar.pt

Duas extraordinárias chaminés cônicas, envoltas por um estilo arquitetônico decorativo, dominam o coração de Sintra-Vila. É o Palácio Nacional de Sintra, residência de verão da monarquia portuguesa.

A maior parte dele foi construída entre fins do século XIV até meados do XV por dom João e seu sucessor, dom Manuel. No estilo, é uma esplêndida mistura de gótico e manuelino, com muitos toques mouriscos.

DICAS

» Pegue o ônibus 434, para circular; o bilhete que permite subir e descer em qualquer ponto de Sintra custa €4,50, e o bilhete para o dia inteiro em todos os trajetos do Scotturb custa €10. Use-o para ir até Cascais via Cabo da Roca, voltando a Lisboa pela linha Cascais (www.scotturb.com).

» Se for de táxi a Monserrate ou Capuchos cheque o preço primeiro, pois nem todos têm taxímetro; o preço fica em torno de €12. Há táxis na estação e na Praça de República em Sintra-Vila.

» Reserve com antecedência se for ficar em Sintra.

» Visitantes interessados em jardins podem comprar o ingresso '4 Parks' (€12) que inclui Pena, Castelo dos Mouros, Monserrate e Capuchos.

Vista do Palácio Nacional de Sintra

Balaustradas e torretas com domos foram acréscimos mouriscos ao Palácio Nacional da Pena

Há um trajeto definido pelo palácio, que inclui as alas principais, com incríveis vislumbres de pátios escondidos e vistas impressionantes da paisagem em volta. A primeira parada é a Sala dos Cisnes, com lindos azulejos e teto decorado com cisnes pintados, ostentando colares de ouro. No reinado de dom João I era a principal câmara de recepção e é o maior aposento do palácio. Na frente, fica um pátio central, com uma gruta ornada de estuque, que funcionava como fonte.

A escada leva até a Sala das Pegas, uma antecâmara privada. Aqui, tanto o friso como o teto são pintados com um bando de vistosas pegas, cada uma tendo no bico os dizeres 'Por bem'. Foi pintada por ordem de dom João para pôr fim às fofocas das senhoras da corte – que levaram sua esposa Filipa de Lencastre a descobrir o caso que teve com uma de suas damas de companhia.

Daqui, uma sucessão de salas menores e corredores leva à estupenda Sala dos Veados, com seus azulejos azuis e seu teto em caixotões mostrando os brasões de 72 famílias nobres. As vistas em direção ao mar são fabulosas – dizem que os reis podiam ver daqui suas frotas partindo para a África, Brasil e Índia.

Largo Rainha Dona Amélia, 2710-616 Sintra 219 106 840 Qui-ter 10h-17h30 (últ adm 17h) €5; grátis com Lisboa Card Sintra

QUINTA DA REGALEIRA

A Quinta da Regaleira, perto da praça principal de Sintra-Vila, é uma requintada propriedade particular que conquistou status de Patrimônio da Humanidade em 1995. É um belo exemplo de arquitetura neomanuelina da virada do século XX, construída pelo rico proprietário de terras António Carvalho Monteiro (1850-1920) e projetada pelo arquiteto italiano Luigi Mannini (1848-1936), responsável também por Buçaco (▷ 179). A extraordinária casa principal, com suas torres e ornamentos de pedra, tem elaboradas salas. Os destaques são os tetos de madeira rococó e os pisos e mosaicos incrivelmente detalhados.

Mas são os jardins que roubam a cena, um labirinto de caminhos em uma íngreme encosta plantada com camélias, hortênsias e samambaias. É pontuada por lagos, fontes, terraços e estatuária.Os jardins são cheios de temas e imagens maçônicas, com destaque para o Poço da Iniciação, inspirado nos maçons e nos Cavaleiros Templários, ao qual se chega por uma porta giratória de pedra. Degraus cobertos de limo levam, por um estranho túnel, até o fundo do poço.

Rua Barcosa du Bocage, 2710-567 Sintra 219 106 650 Abr-fim set: diariam 10h-20h (últ adm 19h); fev-fim mar, out: diariam 10h-18h30 (últ adm 18h); resto do ano: diariam 10h-17h30 (últ adm 17h); visitas guiadas (reserve antes) Desacompanhada €5; visitas guiadas (pré-agendadas) €10 Sintra

À dir. *Estátuas embelezam os magníficos jardins da Quinta da Regaleira*
Abaixo *Detalhe do imaginativo exterior do Palácio Nacional de Sintra*

OUTROS DESTAQUES

CASTELO DOS MOUROS

www.cm-sintra.pt
www.parquesdesintra.pt
As ruínas do castelo mourisco são duas posições defensivas, com uma mesquita entre eles.
Parque de Sintra, 2710 Sintra 219 107 970 Mai-meados set diariam 9h30-20h; resto do ano diariam 10h-18h (últ adm 1h antes de fechar) €5 Sintra

CONVENTO DOS CAPUCHOS

www.cm-sintra.pt
www.parquesdesintra.pt
Ermida a cerca de 9km de Sintra, com celas escavadas na rocha e forradas de cortiça dos bosques. Foi ativa de meados do século XVI até 1836.
Serra de Sintra, 2710 Sintra 219 289 621 Mai-meados set diariam 9h30-20h; resto do ano diariam 10h-18h (últ adm 1h antes de fechar) €5 Visita guiada €10, reserve por telefone com antecedência Sintra

MONSERRATE

www.cm-sintra.pt
www.parquesdesintra.pt
Parque que fica na saída da cidade, repleto de plantas e arbustos subtropicais.
Estrada de Monserrate, 2710-405 Sintra 219 107 806 Jardins: Mai-meados set diariam 9h30-20h; resto do ano diariam 10h-18h (últ adm 1h antes de fechar). Palácio: Mai-meados set 10h-13h, 14h-19h; resto do ano 10h30-13h, 14h-17h (últ adm 30mim antes de fechar). Para visitar o palácio, ligue 219 237 300 e reserve. Jardins e parte do palácio: adultos €5, crianças (6-17) €3 Sintra

MUSEU DE ARTE MODERNA

www.cm-sintra.pt
www.berardocollection.com
Este museu de arte moderna tem uma enorme coleção. Abriga mostras temporárias que mudam a cada dois meses.
Avenida Heliodoro Salgado, 2710-575 Sintra 219 248 170 Ter-dom 10h-18h (últ adm 17h30) €3; €2,10 com Lisboa Card; grátis dom 10h-14h Sintra

Acima *O Castelo dos Mouros fica a cavaleiro da cidade de Sintra*
Abaixo *A arquitetura do Palácio Nacional da Pena exibe a maestria no uso de detalhes de acabamento*

PASSEIO A PÉ

PARQUE DA PENA

Esta trilha circular sinalizada pelos bosques do Parque da Pena é perfeita para um dia de verão. Ela desce o morro por bosques frescos e sombreados e tem lindas vistas em meio a um vale com plantas exóticas, além de quatro lagos cheios de pássaros.

O PASSEIO
Distância: 3,3km
Duração: 1 hora ou 2 horas, se for visitar o Palácio da Pena
Início: Entrada principal
Fim: O último portão perto do quarto lago

★ Da entrada principal, siga as placas verdes morro acima pelo caminho de piche e pedrinhas. Logo você verá uma placa para o Picadeiro na intersecção.

❶ O Picadeiro já foi local de pequenas touradas e ainda mantém seu aspecto original.

Quando a trilha chegar à estrada, atravesse e suba os degraus se você for visitar o Palácio Nacional da Pena (▷ 113).

❷ Do exterior do Palácio Nacional da Pena, você poderá apreciar a ampla vista por sobre pinheirais e formações de granito até o mar, cenário bem típico do gosto romântico do século XIX e que combina com os excessos do próprio palácio. Erguido sobre as ruínas de um mosteiro do século XVI, o palácio foi concebido por Fernando de Saxe-Coburg-Gotha, o marido alemão de dona Maria II. Auxiliado pelo arquiteto compatriota barão von Eschwege, Fernando ergueu uma extravagância em estilo medieval que, para o olhar contemporâneo, é uma obra-prima do kitsch.

Saia do palácio e volte morro abaixo pelo túnel de acesso à estrada principal. Atravesse a estrada e desça dois degraus, virando à esquerda no caminho sinalizado – note a placa verde com seta, "caminho pedonal". Na próxima placa ("Alto de Santo António"), pegue à direita para andar pelo caminho de piche e pedrisco, por uma vegetação densa de pinheiros e loureiros. O caminho desvia-se para a direita até uma intersecção. Aqui, siga as setas verdes à esquerda por um caminho de cascalho. Na bifurcação, pegue à direita e siga as setas em frente.

❸ No meio do parque você pode ver como a inspiração para o desenho da paisagem veio da ideia de combinar elementos da floresta do norte com plantas mediterrâneas e asiáticas. Um dos propósitos originais do parque era ser usado como jardim de aclimatação para o constante fluxo de novas descobertas trazidas da China e do Extremo Oriente pelos caçadores de plantas, durante todo o século XIX.

Na próxima intersecção você pode retornar à direita até o miradouro ou continuar a caminhada seguindo a placa para o Gigante.

❹ O Gigante é uma estátua muito grande de um homem sobre uma formação de granito acima do caminho, 490m acima do nível do mar.

Continue morro abaixo até a intersecção e vire à direita seguindo as placas para Alto de Catarina. No trajeto, uma trilha sobe à esquerda até Cruz Alta, ponto mais elevado do parque; não siga essa placa. Em vez disso, fique na trilha de areia que cruza uma área densa até uma intersecção com o caminho de piche e pedra. Siga as placas morro abaixo para o vale da Samambaia da Rainha, até uma clareira com um pequeno lago circundado por samambaias. Saia da trilha e suba os degraus pela abertura no muro à direita pegando um caminho de pedra.

❺ O vale da Samambaia da Rainha é uma das partes mais bonitas do parque, uma área cheia de samambaias, algumas com até 7m. O abrigo para essas delicadas espécies é proporcionado por grandes faias, castanheiros e carvalhos, além dos bosques de camélias. Conforme o caminho segue montanha abaixo, você é acompanhado sempre pelo burburinho de pequenas correntes de água que cortam o vale. É um emaranhado de pequenas trilhas, por isso siga seu instinto, e fique atento às pedras, que às vezes são escorregadias.

No final, o caminho se junta à trilha principal perto de um magnífico cedro vermelho. Vire aqui à direita e ande os 50m até a Fonte dos Passarinhos, pavilhão estilo mourisco revestido de azulejos, com bancos e uma fonte dentro. Tendo o pavilhão à sua direita, continue a descer o morro, seguindo as placas de "lagos". Ao chegar aos lagos, desça a trilha, com a água a sua esquerda.

❻ Há quatro lagos artificiais, ladeados por muros e pedras e supridos pela água do vale da Samambaia da Rainha. Eles abrigam várias espécies de aves aquáticas, incluindo um par de cisnes negros. O maior é o lago ao fundo, com um monumento a dom Fernando II, que iniciou as plantações aqui em 1839. Não perca a casa dos patos, com ameias, ornamentos mouriscos e rampas por onde os patos têm acesso à água.

Saia do parque pelo portão do fundo. Há um ônibus para turistas na parada à direita.

ONDE COMER

No próprio parque não existe nenhum lugar para comer. Você pode fazer um piquenique ou procurar restaurante em Sintra antes ou depois do passeio.

QUANDO IR

Com suas trilhas sombreadas e trajeto fácil de descida de montanha, este passeio é particularmente agradável nas tardes de verão.

O QUE VISITAR

PALÁCIO NACIONAL DA PENA

(⊳ 113)

Página ao lado *O Palácio da Pena destaca--se no alto de um morro verdejante*
Abaixo, à esq. *O parque mescla espécies vegetais europeias e asiáticas*
Abaixo *Vista das áreas florestadas a partir do Castelo dos Mouros*

ARTE, COMPRAS, DIVERSÃO E NOITE

Acima *O balneário do Estoril oferece muita elegância aos turistas*

CARCAVELOS

CARCAVELOS SURF SCHOOL

www.windsurfcafe.pt

O surfe é um esporte de destaque em Portugal, e a praia de Carcavelos é popular entre profissionais e iniciantes. Você pode marcar aulas com um profissional no Windsurf Café, o mais bem montado dos bares da orla de Carcavelos, a meio caminho da praia.

Windsurf Café, Praia de Carcavelos, Avenida Marginal, 2775 Carcavelos 962 850 497 ou 966 131 203 Qua-sex 17h-19h, sáb-dom 11h-13h, 16h-18h. Fecha ago Matrícula €10; 1 aula €25; pacote de 4 aulas €75

CASCAIS

BAR DO GUINCHO

www.bardoguincho.pt

Defronte às ondas da Praia do Guincho, este é um bom lugar para lanche ou refeição completa. Também é um ponto de agito à noite, com uma lareira no inverno, mas fresco e arejado no verão. Nos fins de semana tem bandas ao vivo e karaokê.

Estrada do Abano, Praia do Guincho Norte, 2750-715 Cascais 214 871 683 Dom, ter-qui 12h-2h, sex-sáb 12h-4h 415, 405 de Cascais

BICAS

Para circular pela cidade pegue uma bicicleta de graça do lado de fora da estação de Cascais. Se preferir, vá até a Praia do Guincho pela ciclovia e depois pegue uma no quiosque do forte da Cidadela ou na Guia. (É preciso apresentar um documento com foto ou o passaporte.)

214 868 204 (escritório de turismo) Diariam 9h-17h

BOCA DO INFERNO

A Boca do Inferno, onde as ondas batem em uma fenda na orla rochosa, é a atração mais popular de Cascais. Em volta dela, desenvolveu-se um mercado de artesanato, que, entre outros artigos, vende cerâmica, roupas de lã e tecidos.

Estrada da Boca do Inferno, 2750 Cascais 214 868 204 (escritório de turismo) Diariam 10h-19h

CASCAISHOPPING

www.cascaishopping.pt

Este shopping, ampliado em 2003, tem cerca de 160 lojas, com filiais das principais redes internacionais, como FNAC, Mango, C&A, Benetton, Zara e muitas outras. Tem ainda duas praças de alimentação e várias salas de cinema.

Estrada Nacional 9, 2645-543 Alcabideche 210 121 628 Diariam 10h-23h 417 de Cascais

MERCADO MUNICIPAL DE CASCAIS

Fica atrás do Cascais Villa Shopping. Embora as bancas dentro dele permaneçam abertas a semana toda, os melhores dias para compra são quarta e sábado, quando o pátio central fica cheio de bancas que vendem produtos locais frescos.

Avenida 25 de Abril, 2750 Cascais 214 868 204 (escritório de turismo) Manhãs de qua e sáb 7h-13h

CENTRO CULTURAL DE CASCAIS

www.cm-cascais.pt

O foco da cultura em Cascais é o CCC, que ocupa um conjunto de inusitados edifícios reformados perto do castelo. Promove eventos de música erudita, dança, exposições e teatro, e apresentações ao vivo no Largo de Camões, no verão.

Avenida Rei Humberto II de Itália, 2750-641 Cascais 214 848 900 Ter-dom 10h-18h €5-€10, mas muitos eventos são gratuitos

CENTRO HÍPICO DA QUINTA DA MARINHA

www.quintadamarinha-centrohipico.pt

As corridas de cavalo começaram aqui em 1924 e hoje o local é um dos maiores e mais bem equipados do país, com paddocks, áreas de exibição, arenas ao ar livre, uma pista de corridas e cavalos para alugar por hora.

✉ Quinta da Marinha Areia, 2750-004 Cascais ☎ 918 140 674 ou 918 139 434 ⏲ Diariam 9h-13h, 15h-19h ✋ €30 por hora

COCONUTS

www.nuts-club.com

O clube mais conhecido de Cascais fica encravado nas rochas sobre o oceano, perto da marina. Com várias áreas de bares e salões, tem música eletrônica com os melhores DJs.

✉ Avenida Rei Humberto II de Itália 7, 2750-461 Cascais ☎ 214 844 109 ⏲ Jun-set: ter-sáb 23h-6h; out-mai: sex-sáb; vésperas de feriado 23h-6h ✋ Em geral €10 (inclui drinques), mas pode subir até €250 para desestimular clientes indesejáveis

JARDIM DA GANDARINHA

Este grande parque é muito bom para crianças na hora de relaxar. Além de gramados, tem playground com escorregador, balanço e trepa-trepa, lago com patos e cisnes, trilhas de terra para bicicleta e um aviário. Os pavões passeiam soltos pelo parque. É a opção ideal para um descanso.

✉ Parque Municipal da Gandarinha, 2750-475 Cascais ☎ 214 868 204 (escritório de turismo)

OITAVOS GOLFE

www.quintadamarinha-oitavosgolfe.pt

www.portugalgolf.pt

Projetado por Robert Trent Jones e considerado um dos melhores da Europa, Oitavos tem 18 buracos e um par de 71. A casa do clube é fina, com terraços ao ar livre e vistas panorâmicas do oceano.

✉ Quinta da Marinha, Casa da Quinta 25, 2750-004 Cascais ☎ 214 860 600 ⏲ Mai-out: diariam 7h30-20h30; nov-dez, mar, abr: diariam 7h30-19h ✋ Jul-ago e 15 nov-15 fev €75 18 buracos; resto do ano €150 18 buracos; aluguel de tacos €40; carrinho €18; buggy €55

FESTIVAIS E EVENTOS

JUNHO-JULHO

FESTIVAL DE MÚSICA E DANÇA

O festival (▷ 21) tem como sede principal o Centro Cultural Olga Cadaval na Praça Francisco Sá Carneiro e é o destaque do calendário cultural de Sintra, com nomes da dança e da música erudita do mundo todo.

✉ Sintra ☎ 219 231 157 (informações do escritório de turismo na Praça da República) ou 219 107 117 (Centro Cultural Olga Cadaval na Praça Francisco Sá Carneiro) ⏲ Meados jun-meados jul

JULHO

ESTORIL JAZZ FESTIVAL

O festival traz nomes do jazz internacional para tocar em Estoril durante o mês de julho. Durante os fins de semana, as apresentações são realizadas em vários locais. Por isso confira os detalhes no escritório de turismo, em frente à estação de trem da Avenida Marginal.

✉ Estoril ☎ 214 663 813 (escritório de turismo)

JULHO-AGOSTO

FEIRA DO ARTESANATO

Realizada no verão, esta feira de artesanato é montada todos os dias, ao lado do cassino. Tem artesanato regional, pinturas, joias feitas à mão, artigos de couro e outros suvenires.

✉ Estoril ☎ 214 663 813 (escritório de turismo) ⏲ No verão diariam 18h-24h

ESTORIL

CASINO ESTORIL

www.casinoestoril.pt

O cassino do Estoril tem mais de mil máquinas de apostar, além das tradicionais mesas de jogo. As salas de shows apresentam dançarinas e alto entretenimento musical, os jardins têm luzes laser e o restaurante chinês é um dos melhores do país.

✉ Praça José Teodoro do Santos, 2769-327 Estoril ☎ 214 667 700 ⏲ Diariam 15h-3h, shows seg-sáb 23h, dom 22h

CLUBE DE GOLF DO ESTORIL

www.portugalgolf.pt

Projetado por Mackenzie Ross em 1945, este clube sofreu mudanças quando a rodovia Cascais foi construída na década de 1960. Mas ainda é um grande campo de par 69, com um 16º buraco considerado por muitos o melhor de Portugal.

✉ Avenida da República, 2765-273 Estoril ☎ 214 680 054 ou 214 660 367 ⏲ Diariam 7h30-20h ✋ 18 buracos seg-sex €65, sáb-dom reservado para membros; aluguel do clube €35; carrinho de mão €4 🚗 Pegue o desvio Estoril/Sintra da rodovia A5. Vire à direita na EN9 sentido Sintra. O Campo de Golf do Estoril fica 200m à esquerda

SINTRA

MUSEU DO BRINQUEDO

www.museu-do-brinquedo.pt

O museu fica em um antigo quartel dos bombeiros. Tem mais de 20 mil brinquedos, como trens de corda.

✉ Rua Visconde de Monserrate, 2710-591 Sintra ☎ 219 242 171 ⏲ Ter-dom 10h-18h ✋ Adultos €4, crianças (3-16) €2 ☕

PIRIQUITA

O café Piriquita serve as deliciosas queijadas (doce folhado de queijo) desde a década de 1860. Também é conhecido pelos travesseiros de amêndoas.

✉ Rua das Padarias 1-7, 2710-603 Sintra ☎ 219 230 626 ⏲ Qui-ter 9h-22h. Subindo a mesma rua fica o Piriquita II, aberto às quartas

SINTRATUR PASSEIO DE CARRUAGEM E A CAVALO

www.sintratur.com

Para ver Sintra de carruagem a cavalo, alugue uma no pelourinho, logo abaixo do Palácio Nacional, ou na entrada do Parque da Liberdade. Confirme os preços no escritório de turismo.

✉ Sintratur, Rua João de Deus 82, 2710-579 Sintra ☎ 219 241 238 ou 219 231 157 (escritório de turismo) ⏲ Mai-set 10h-18h; resto do ano 11h-17h ✋ €30-€90

ONDE COMER

Acima *Bar na cidade de Sintra*

PREÇOS E SÍMBOLOS

Os restaurantes são listados em ordem alfabética. Os preços são os médios para um almoço com dois pratos (A) e um jantar com três pratos (J) para uma pessoa, sem bebidas. O preço do vinho é o da garrafa mais barata. Todos os restaurantes aceitam cartões de crédito, a menos que seja especificado o contrário.

Para a legenda dos símbolos, ▷ 2.

Para chegar a Cascais, Carcavelos e Estoril pegue um trem em Lisboa na estação Cais do Sodré. Para Guincho é melhor tomar um táxi em Cascais (aproximadamente €6), mas também são fornecidos aqui os números dos ônibus que saem de Cascais. Para Sintra, pegue um trem em Lisboa, na Estação do Rossio.

CASCAIS

CARVOARIA

Logo depois do Jardim Visconde da Luz, a Carvoaria é uma ótima opção para quem procura peixe fresco grelhado por preço razoável. Você pode escolher entre perca, tamboril ou o que houver de pesca do dia, todos feitos no carvão, como indica o nome do restaurante. O menu oferece, ainda, vários pratos de carne bovina e de porco, que também são servidos grelhados.

✉ Rua João Luís de Moura 24, 2750-387 Cascais ☎ 214 830 406 🕑 Dom-sex 12h-15h, 19h-23h, sáb 12h-15h. Fechado duas primeiras semanas abr, duas primeiras semanas out 🖐 A €12, J €15, vinho €7,50 🚆 Cascais

CASA DA GUIA

www.casadaguia.com

Junto à Estrada do Guincho, este grupo de restaurantes é um bom lugar para almoço ou para um chá da tarde. Você pode optar pelos salgados ou quiches da Confeitaria do Monte ou provar um pedaço de bolo no Chá da Guia e ver o sol se pôr no mar. À noite, pode ir ao Dom Grelhas ou aos Prazeres da Carne para comer grelhados de peixe ou carne.

✉ Estrada do Guincho, 2750 Cascais 🕑 Diariam 10h-22h 🖐 A €10, J €20, vinho €7 🚌 415, 405 de Cascais

ENOTECA DE CASCAIS

www.enotecadecascais.com

Situado no centro de Cascais, este lugar é o sonho dos amantes de vinho. Tem mais de 400 vinhos em sua carta, 50 deles servidos por copo. O cardápio variado inclui ótimos queijos e carnes curadas, javali com maçã e chutney de manga e brema com espinafre. Recomenda-se experimentar um dos menus de preço fixo para duas pessoas, em vez de pedir alguns dos grandes pratos em oferta (€55-€60 para dois).

✉ Rua Visconde da Luz 17 ℹ j-3, 2750-415 Cascais ☎ 214 822 328 🕑 Seg-qui 19h30-1h, sex-sáb 19h30-2h 🖐 A €25, J €35, vinho €10

FORTALEZA DO GUINCHO

www.guinchotel.pt

Encravado junto ao oceano, em um imponente forte do século XVI, este restaurante premiado tem vista para o mar e os rochedos. O preço é alto, mas reflete a qualidade da experiência e o serviço impecável. Prove o tamboril com erva-doce e anis ou a perdiz assada e, como sobremesa, trufas de chocolate com sorvete de limão. Tem uma extensa carta de vinhos portugueses e estrangeiros.

✉ Estrada do Guincho, 2750-642 Cascais ☎ 214 870 491 🕑 Diariam 12h30-15h, 19h30-22h30 🖐 A €50, J €75, vinho €15 🚌 415, 405 de Cascais

MELTING POT

No centro de Cascais acima do Largo de Camões, este restaurante à luz de

velas serve um cardápio fixo de dez pratos. Eles variam todos os dias e são preparados com maestria. Uma refeição típica pode incluir uma ou duas saladas, queijo grelhado com frutas silvestres e cozido de perdiz. Não aceita cartões de crédito.
✉ Rua Nova da Alfarrobeira 4A, Cascais ☎ 214 820 627, 919 916 123 🕒 Ter-sáb 19h30-22h 🖐 J €30 com vinho 🚆 Cascais

PEREIRA

Restaurante simples que oferece cozinha tradicional. A comida vem em travessas de metal, em grandes quantidades, por isso peça meia-porção. Destacam-se o cabrito assado e o pato com arroz, assim como os outros pratos de carne, servidos com fritas e arroz. Para sobremesas, uma boa pedida é o leite creme (crème brûlée). Não aceita cartões.
✉ Rua Bela Vista 92, 2750-304 Cascais ☎ 214 831 215 🕒 Sex-qua 12h-15h, 19h-22h30 🖐 A €12, J €17, vinho €6,50 🚆 Cascais

PORTO DE SANTA MARIA

www.portosantamaria.com
Um dos mais respeitados restaurantes de peixe dessa estrada da costa, o premiado Porto de Santa Maria fica em frente ao oceano Atlântico e oferece também vista da serra. Após a taça de champanhe, escolha uma das variadas opções de frutos do mar e peixe fresco, que é apenas grelhado no carvão ou frito de leve. No que se refere a sobremesas, os suflês são o forte da casa.
✉ Estrada do Guincho, Guincho, 2750-640 Cascais ☎ 214 879 450 🕒 Ter-dom 12h30-15h30, 19h30-22h30 🖐 A €40, J €55, vinho €11 🚌 415, 405 de Cascais

SOMOS UM REGALO

O melhor restaurante de frango grelhado de Cascais tem grandes chaminés cônicas. Peça com ou sem picante (molho de pimenta), acompanhado de arroz, fritas, uma grande salada de tomate e uma jarra de sangria. É uma boa opção para crianças. Os funcionários são prestativos.
✉ Avenida Vasco da Gama 36, 2750-509 Cascais ☎ 214 842 109 🕒 Qui-ter 12h-14h30, 19h-22h 🖐 A €12, J €16, vinho €8

COLARES

MOINHO DOM QUIXOTE

Se você vem dirigindo de Cascais para Colares e Sintra, via Cabo da Roca, este é um ótimo lugar para almoçar ou tomar um chá da tarde, especialmente quando o tempo está bom. É um moinho de vento adaptado com terraços que têm vista magnífica das montanhas de Sintra e dos rochedos do litoral de Cascais. As saladas e os hambúrgueres são ótimos e, à noite, o bar atrai um público agitado.
✉ Rua do Moinho, Azoia, 2705-001 Sintra ☎ 219 292 523 🕒 Diariam 12h-2h 🖐 A €12, J €20, vinho €8 🚌 403 de Sintra ou da estação Cascais 🚗 Pegue a saída de Cabo da Roca a partir da estrada litorânea principal Cascais-Colares e depois a segunda à esquerda, com placa para Moinho

ESTORIL

AL FRESCO

Embora situado dentro de um shopping meio sem graça, depois do cassino, o restaurante Al Fresco serve cozinha italiana genuína, bem distante da variedade fast-food. Comece com um carpaccio delicadamente temperado e passe para um dos deliciosos pratos de massas. Foram seus ótimos risotos que deram fama a este restaurante, e há várias opções deles, como o de funghi porcini (cogumelos secos) e o de camarões com menta.
✉ Centro Comercial Estoril Parque, Lj 45 (shop 45), Rua de Lisboa 5, 2765-240 Estoril ☎ 214 676 770 🕒 Ter-dom 12h30-15h30, 19h30-23h30 🖐 A €15, J €22, vinho €8 🚆 Estoril

ESTORIL MANDARIN

O luxuoso Mandarin Sol é um dos melhores restaurantes chineses do país. Alojado no complexo do cassino do Estoril, oferece linda vista da extensão do parque até o mar. À noite, árvores e fonte ficam iluminadas e há um show de laser, diário, às 21h30. Os salões são amplos e arejados. O cardápio é cantonês. Pratos populares são o dim sum e o pato à Pequim. Termine com fasi (bolinhos) de banana, maçã e abacaxi.
✉ Praça José Teodoro dos Santos, Cassino do Estoril, 2769-237 Estoril ☎ 214 667 270 🕒 Qua-seg 12h-15h, 19h-23h 🖐 A €25, J €30, vinho €10 🚆 Estoril

PRAIA DO TAMARIZ

Um bom ponto para almoçar no passeio litorâneo que vai de Cascais a Estoril é o lugar onde monarcas, refugiados políticos e espiões europeus fixaram residência entre as décadas de 1940 e 1950. Junto à praia de Tamariz, o restaurante oferece lanches rápidos, além de refeições generosas com vista da praia e do mar de seus terraços.
✉ Praia do Tamariz, 2765-289 Estoril ☎ 214 681 010 🕒 Abr-set: diariam 9h-24h; out-mar: qua-seg 9h-18h 🖐 A €12, J €22, vinho €7 🚆 Estoril

SINTRA

LAWRENCE'S HOTEL

www.lawrenceshotel.com
Este esplêndido edifício do século XVII abriga o Lawrence's Hotel. Já teve clientes como Lord Byron, Eça de Queiroz e outras destacadas figuras literárias do século XIX. Você pode escolher comer em um dos clássicos salões, com sua decoração acolhedora, ou, se o tempo estiver bom, no terraço, apreciando a bela vista da serra. Prove o bacalhau à Lawrence's ou a deliciosa sopa de peixe servida com massa fofa. (▷ 123 para detalhes de hospedagem)
✉ Rua Consiglieri Pedroso 38-40, Vila Velha, 2710-550 Sintra ☎ 219 105 500 🕒 Diariam 12h30-15h, 19h30-22h 🖐 A €35, J €50, vinho €14

TACHO REAL

Este restaurante fica no centro histórico da cidade antiga e oferece aos clientes uma variedade de pratos portugueses, como bacalhau, lulas, cação em uma cama de mariscos, curry de camarão e medalhões de bife no estilo Tacho Real. Para vegetarianos há uma boa seleção de legumes assados. Como sobremesa, peras cozidas no vinho tinto.
✉ Rua da Ferraria 4, Vila Velha, 2710-555 Sintra ☎ 219 235 277 🕒 Qui-ter 12h-15h, 19h30-22h; nov-fev seg 12h-15h; os meses podem variar 🖐 A €25, J €30, vinho €16

ONDE FICAR

Acima *O Hotel Tivoli Palácio de Seteais, em Sintra, fica em um palácio do século XVIII*

PREÇOS E SÍMBOLOS

Os preços correspondem à diária mais baixa e mais alta em um quarto duplo, incluído o café da manhã, a menos que haja indicação em contrário. Todos os hotéis aceitam cartões de crédito, a menos que indicado. Note que os preços variam ao longo do ano.

Para a legenda dos símbolos, ▷ 2.

AZOIA

CONVENTO DE SÃO SATURNINO

www.saosat.com

Encravado na encosta voltada para o Atlântico, este convento do século XII é um oásis de calma, local ideal para relaxar depois de um dia de passeios. Nos quartos, a atmosfera criada pela combinação de antigas vigas no teto e belos tecidos é imbatível. O café da manhã é servido na cozinha e capela reformadas. Nos dias de sol, é servido no terraço coberto. Você pode pedir o jantar antes da hora e comer vendo o pôr do sol. Do lado da piscina, tem um pavilhão onde se acende uma lareira nos dias mais frios.

2705-001 Azoia 219 283 192 €140-€190 6 quartos, 3 suítes Ao ar livre 403 de Cascais Saia da estrada principal Cascais-Colares no desvio à esquerda com a placa "Cabo da Roca". Entre à esquerda na segunda, passe pelo Moinho de Dom Quixote e procure pela placa que indica "Convento" do lado esquerdo

CASCAIS

CASA DA PÉRGOLA

www.pergolahouse.com

Esta casa no centro de Cascais é fácil de reconhecer pelo azul, branco e vermelho dos azulejos que decoram sua fachada (presentes em muitos postais da cidade). O interior é bem formal, e os quartos têm camas de madeira esculpida, tetos de estuque e belas luminárias antigas. A Casa da Pérgola fecha entre 1º de dezembro e 28 de fevereiro.

Avenida Valbom 13, 2750-508 Cascais 214 840 040 €99-€131 8

ESTALAGEM SENHORA DA GUIA

www.senhoradaguia.com

A 3km de Cascais, na estrada para Guincho, este edifício da década de 1970 já foi o retiro rural da família da cervejaria Sagres. Como hotel é incrível, oferecendo uma das mais sofisticadas acomodações da área, com acesso imediato ao mar e vários campos de golfe. No meio de lindos jardins com piscina panorâmica de água salgada e um grande restaurante no terraço, o hotel é decorado com bom gosto, com peças de época e contemporâneas.

Estrada do Guincho, 2750-642 Cascais 214 869 239 €150-€300 40 quartos, 1 suíte (há quartos para não fumantes) Ao ar livre

ESTALAGEM VILLA ALBATROZ

www.albatrozhotels.com

Bem acima da baía de Cascais, esta linda mansão do século XVIII foi construída pelos duques de Palmela. Já foi frequentada por romancistas e poetas. Hoje oferece uma das acomodações mais requintadas de Cascais. Os quartos da Villa Albatroz (que é um hotel cinco-estrelas)

são arejados e decorados sob a inspiração da época de dona Maria, com tecidos raros e gravuras. O restaurante, muito elegante, serve cozinha nacional e internacional.
Rua Fernandes Tomás 1, 2750-342 Cascais 214 863 410 €177-€385 11

FAROL DESIGN HOTEL

www.farol.com.pt
Perto da marina e da Boca do Inferno, este edifício do século XIX já foi a casa do conde de Cabral. Agora foi reformado com estilo e acrescentou-se uma ala moderna. Sete dos quartos foram projetados por designers portugueses bem conhecidos, alguns com cores vibrantes e outros com tons pastel. Uma piscina ao ar livre, de água salgada, e todas as opções de um spa aumentam o prazer dessa interessante homenagem ao design. O ultramoderno restaurante Rosa Maria, preto, branco e vermelho-vivo, tem vista para o mar e um cardápio de pratos descritos como "fusão mediterrânea". Os terraços são perfeitos para drinques à noite. O hotel tem muito orgulho em afirmar que ao se hospedar lá, "praticamente você toca o mar".
Avenida Rei Humberto II de Itália 7, 2750-461 Cascais 214 823 490 €130-€300 33 Ao ar livre, de água salgada

HOTEL ALBATROZ E ALBATROZ PALACE

www.albatrozhotels.com
A parte mais antiga e arquitetonicamente mais impressionante deste hotel, formado por quatro edifícios sobre rochas na praia, é o palácio do duque, de 1873. Aqui, o neomanuelino encontra o neogótico com um toque de influência árabe. O design do espaçoso interior mostra grande atenção aos detalhes. O bar do terraço é ótimo para ver o pôr do sol e o restaurante tem excelente cardápio internacional.
Rua Frederico Arouce 100, 2750-353 Cascais 214 847 380 €275-€365 48 quartos, 11 suítes (no palácio) Ao ar livre

VILA BICUDA

www.vilabicuda.com
Se você quer ficar em local que lhe permita cozinhar, a Vila Bicuda é uma ótima opção, pois está a meio caminho entre o centro de Cascais e a Praia do Guincho, ao norte. O resort oferece todos os serviços de hotel com a independência de acomodações privativas, ideal para quem viaja com crianças. Há uma creche no local. É útil contar com um carro.
Rua dos Faisões, Vila Bicuda, 2750-689 Cascais 214 860 200 Apartamento studio €90-€300, apartamento com 1 quarto €150-€375, apartamento com 2 quartos €180-€450, apartamento com 3 quartos €250-€600 78 studios, villas e apartamentos Ao ar livre

ESTORIL

HOTEL PALÁCIO DE ESTORIL

www.palacioestorilhotel.com
Este hotel foi inaugurado em 1930 como parte de um plano para incentivar o turismo na área, e durante a Segunda Guerra Mundial virou um refúgio para muitos exilados ricos da Europa, incluindo diversos monarcas. Daqueles que haviam escapado mas estavam sem dinheiro, a compreensiva direção do hotel aceitava pagamento em diamantes, rubis ou ouro. Felizmente, muito do charme antigo do hotel permanece intacto. Seus luxuosos salões sociais e salas íntimas levam até dormitórios estilo regência, muitos com vistas esplêndidas.
Rua Particular, 2769-504 Estoril 214 648 000 €350-€380 130 quartos, 30 suítes Ao ar livre

SINTRA

HOTEL TIVOLI PALÁCIO DE SETEAIS

www.tivolihotels.com
Situado em jardins clássicos em volta da piscina, este palacete do século XVIII é um paraíso. As áreas sociais, com mobília de época e elaborados murais pintados à mão, já abrigaram festas da família real, que costumava passar o verão na vizinha Sintra. Quartos com janelas de correr são mobiliados com peças de época. A majestosa escadaria de mármore desce até o restaurante Panoramic, decorado com murais no estilo do século XVIII. O terraço do Palácio de Seteais é coberto e dá para os jardins. O atendimento é simpático e prestativo e o hotel tem quadra de tênis.
Rua Barbosa do Bocage 8-10, 2710-517 Sintra 219 233 200 €480-€750 29 quartos, 1 suíte Ao ar livre

LAWRENCE'S HOTEL

www.lawrenceshotel.com
Inaugurado em 1764, a pousada afirma ser o hotel mais antigo de toda a Península Ibérica. Já foi refúgio de escritores do século XIX como Lord Byron. Fechado por vários anos, foi restaurado em 1999 e costuma ser chamado de "restaurante com quartos". A biblioteca, com painéis de madeira, tem lareira e os quartos são bastante acolhedores. O hotel tem ainda murais pintados à mão e vistas incríveis. O ótimo restaurante serve cozinha portuguesa moderna (▷ 121).
Rua Consigliéri Pedroso 38-40, 2910-550 Sintra 219 105 500 €205-€256 11 quartos, 5 suítes

QUINTA DA CAPELA

www.quintadacapela.com
Esta ex-residência ducal na estrada rural que liga Sintra a Colares foi praticamente destruída no terremoto de 1755. A fachada que vemos hoje data da reconstrução feita no século XVIII, quando a capela ganhou azulejos decorativos. Os quartos são mobiliados com uma mistura de estilos antigo e rural. O café da manhã é servido no atraente salão que dá para jardins tranquilos. Entre os acréscimos modernos estão piscina, academia e sauna, mas a quinta ainda permanece como exemplo de uma típica mansão rural de Sintra. Fecha de novembro até o fim de fevereiro.
Turismo de Habitação, Estrada Velha de Colares, Monserrate, 2710-502 Sintra 219 290 170 €150-€160 9 Ao ar livre

MINHO E TRÁS-OS-MONTES

Estas regiões vizinhas são bem contrastantes. Uma delas é bastante povoada, devido a suas fábricas e à agricultura, que disputam a predominância com o Atlântico, a oeste; a outra é natural, indômita, com pântanos, vales e uma população esparsa. O que une as duas regiões do norte é o onipresente granito – seja aquele empregado na construção, seja o que ainda permanece em forma de rochas monolíticas. Em dias de chuva, quando a névoa do mar e dos montes se espraia, o granito parece sombrio e desagradável, mas num dia de sol seus grãos de cristal cintilam e dão brilho à paisagem verdejante.

A localização remota de Trás-os-Montes permitiu-lhe preservar não só sua geografia escarpada de granito, mas também suas tradições. Aqui você assistirá a festas medievais ritualísticas, como a dos Rapazes, em Miranda do Douro; provará iguarias gastronômicas como as alheiras (linguiças defumadas), que datam da época da Inquisição; e, espalhados pelas montanhas, verá pombais do século XIX pintados de branco, hoje restaurados e promovidos a atração turística. Se você vier no início da primavera, terá ainda a agradável surpresa de observar os inclinados terraços do rio cheios de brotos de amendoeira.

Enquanto em Trás-os-Montes a natureza se destaca, no Minho ela é mais domesticada. Na parte baixa, as rochas de granito foram cortadas para a construção das cidades. Viana do Castelo tem um dinâmico comércio tradicional e arquitetura do século XVI de influência flamenga. Em semanas alternadas, Ponte de Lima abriga o mercado mais antigo de Portugal, criado por decreto real no século XII, e Barcelos tem uma feira em que se encontram ótimas cerâmicas e o tradicional galinho colorido. Braga reúne muitas igrejas, enquanto Guimarães oferece lindas praças históricas. Com chuvas frequentes e muitas nascentes de água, a terra do Minho é fértil e bastante cultivada. Preste atenção nas vinhas apoiadas em granito – elas dão origem ao vinho verde da região (jovem, levemente frisante), que vale a pena provar.

BARCELOS

www.rtam.pt

O melhor dia para visitar Barcelos é a quinta-feira, quando esta atraente cidade vibra com sua feira semanal, uma das maiores da Europa. Aqui compra-se de tudo – de frutas, legumes e verduras cultivados pelos fazendeiros nas chácaras dos arredores, a coelhos vivos, roupas e CDs, além do maravilhoso artesanato que faz a fama do Minho. É também o local para escolher um galinho preto e vermelho de cerâmica, emblema da cidade. Diz a lenda que um peregrino de Santiago, injustamente acusado de roubo, declarou que o frango assado do jantar do juiz iria ficar em pé e cantar se ele fosse sentenciado à forca. O galo cantou, o peregrino foi libertado e para lembrar o milagre foi erigido um monumento, que ainda pode ser visto no museu arqueológico localizado nas ruínas do antigo palácio ducal. Ele fica acima do rio Cávado, compondo a paisagem com a bela Igreja Matriz, do século XIII. Seu interior, com ricos azulejos azuis, reluz com o ouro que ostenta. Há mais azulejos e cerâmicas no Museu de Olaria, que guarda uma imensa série de exemplares do Minho. Vale a pena conhecer também o Templo de Bom Jesus da Cruz, de 1704, que fica diante do Campo, local da feira. Seu exterior, branco e granito, define o padrão de todas as igrejas do Minho. Ainda há as tentadoras ruas de compras e a margem do rio, que merecem ser apreciadas com atenção.

326 B3 Torre de Menagem, Largo da Porta Nova, 4750-329 Barcelos 253 811 882 Barcelos

BRAGA E BOM JESUS

▷ 128-31.

BRAGANÇA

▷ 132.

CAMINHA

www.rtam.pt

Caminha, tranquilo porto de rio e importante cidade histórica de fronteira, fica na confluência do rio Coura com a desembocadura do rio Minho. A cidade ainda guarda a fronteira entre Portugal e Espanha, e pode-se cruzar o rio de barco até a cidade espanhola de La Guardia. Caminha é um local calmo para uma parada quando se vai para o sul do país. Há vários monumentos em volta de sua espaçosa praça principal, a Praça Conselheiro Silva Torres. Há também uma bela fonte de granito do século XVI, além da majestosa sede da prefeitura e uma torre de igreja que já fez parte das fortificações do século XIV. A rua que atravessa o arco leva à principal atração da cidade, a linda Igreja Matriz. Esta magnífica igreja foi construída entre os séculos XV e XVI, no auge da prosperidade da cidade. A porta sul do edifício renascentista, entalhada, é emoldurada por pilastras que sustentam uma galeria com estátuas de São Pedro e São Paulo. Dentro, há um belíssimo teto de madeira, um púlpito muito bem esculpido e azulejos intrincados.

326 B2 Rua Ricardo Joaquim Sousa, 4910-155 Caminha 258 921 952 Caminha

CHAVES

www.rt-atb.pt

Por séculos, esta cidade, a apenas 12km da fronteira com a Espanha, foi disputada por espanhóis e portugueses. Hoje, as coisas estão mais pacíficas, e a moderna Chaves se orgulha de suas conexões com a Galícia, celebradas durante as Festas da Cidade, em julho. Além de ser a capital de Trás-os-Montes, Chaves é também conhecida como spa – as fontes quentes jorram do chão a 73°C e têm valiosas propriedades terapêuticas. A área produz também delícias gastronômicas, como alguns dos melhores presuntos, linguiças e vinhos tintos do país.

O bairro antigo fica logo acima do rio Tâmega, com a estação de spa a oeste, abaixo dos antigos muros. A área abriga duas fortalezas do século XVII, o Forte de São Francisco, que hoje é um hotel de luxo, e o Forte de São Neutel, onde às vezes são realizados concertos. Há também o interessante Museu da Região Flaviense, na Praça Luís de Camões (tel 276 340 500; seg-dom, 9h-12h30, 14h-17h30, €1), que conta a história da cidade desde sua fundação como um spa romano – um bom lugar para visitar depois de ter visto a Ponte Trajana, batizada em homenagem ao imperador homônimo. As principais igrejas, a Igreja da Misericórdia, com seus imensos painéis de azulejos, e a sóbria Igreja Matriz, com seu pórtico ainda retendo orgulhosamente elementos românicos, valem a visita.

326 D2 Terreiro de Cavalaria, 5400-531 Chaves 276 340 661

Página ao lado *A Torre de Menagem, em Barcelos, abriga o centro de informação turística*
Abaixo *A bela e antiga Chaves cresceu a partir da ponte romana*

BRAGA E BOM JESUS

INTRODUÇÃO

Braga é uma boa base para passear pelo sul do Minho, ainda mais se for depender de transporte público. Para quem vai fazer apenas uma visita de poucas horas, o melhor é começar pela Praça da República, situada com suas arcadas, no alto da cidade antiga. Dali, desça pela Rua do Souto; as atrações de Braga ficam nessa agitada rua comercial e arredores. A Rua do Souto desce até a Porta Nova e cruza toda a cidade antiga. A escadaria barroca e a igreja de romeiros de Bom Jesus do Monte ficam em uma encosta de montanha 5km a leste da cidade. Dá para ir de carro até a igreja, próxima do alto da montanha, ou pegar um dos ônibus que vai de Braga até a escadaria, ao pé da montanha, de onde se sobe de funicular até a igreja.

Braga, a Bracara Augusta dos romanos, tem longa história, boa parte dela ligada à da Igreja Católica em Portugal, desde a reconquista cristã do século XI. A cidade era provavelmente um assentamento celta. Depois de longo período de ocupação romana, caiu nas mãos de suevos e visigodos antes de ser conquistada pelos mouros. Recuperada pelos cristãos em 1070, seus arcebispos fizeram forte pressão para serem reconhecidos como Primazes das Espanhas, a mais importante posição religiosa ibérica, contra os rivais de Toledo e Tarragona.

Braga é sinônimo de catolicismo em Portugal. Segundo o dito popular, "enquanto Coimbra estuda e Lisboa brinca, Porto trabalha e Braga reza". Isso resume bem sua posição tradicional na vida portuguesa, conforme mostram os muitos exemplos de edifícios renascentistas e barrocos da cidade, erguidos no período de maior força da história eclesiástica de Portugal. A linda escadaria ornamental de Bom Jesus do Monte, à saída da cidade, é um exemplo das conquistas arquitetônicas do período.

Braga ainda é a sede dos arcebispos portugueses, e suas procissões religiosas e celebrações estão entre as mais fervorosas do país. Ao longo das últimas décadas, no entanto, a cidade soube se desvencilhar um pouco de sua imagem tradicional de conservadora e religiosa e trabalhou duro no sentido de promover questões mais comerciais, particularmente estimulando as dinâmicas indústrias da periferia. O papel proeminente da cidade no torneio de futebol da Eurocopa 2004 com certeza enfatizou muito seu lado secular.

INFORMAÇÕES

www.cm-braga.pt
326 C3 Avenida da Liberdade 1, 4710-305 Braga 253 262 550 Jun-fim set seg-sex 9h-19h, sáb-dom 9h-12h30, 14h-17h30; resto do ano seg-sex 9h-12h30, 14h-18h, sáb-dom 9h-12h30, 14h-17h30 Braga

Acima *A fachada barroca do Hospital de São Marcos, em Braga*
Página ao lado *A escadaria dupla que conduz ao Santuário do Bom Jesus do Monte tem mais de mil degraus*

DICAS

» Entrar e sair de Braga de carro é complicado – chegue bem cedo ou ao meio do dia quando o trânsito é menor.

» Há um estacionamento no subsolo, sob a Praça da República na Avenida Central, próximo às principais atrações.

» A festa mais importante de Braga é a da Semana Santa, além das Festas de São João em 23 e 24 de junho e a do Bom Jesus, seis semanas após a Páscoa, no domingo de Pentecostes. É bastante aconselhável reservar hospedagem com boa antecedência se você planeja ficar na cidade durante esses períodos.

» Bom Jesus fica bem lotada durante os fins de semana.

Abaixo *O exterior do Santuário do Bom Jesus do Monte, em Braga, combina belamente o granito com a caiação*

Sua contínua diversificação demonstra que Braga é bem mais que apenas uma cidade profundamente religiosa e politicamente reacionária.

DESTAQUES

SÉ

www.se-braga.pt

A catedral de Braga foi fundada imediatamente após a reconquista cristã em 1070 no local de uma mesquita moura. Resta pouco do edifício românico original de influência francesa, mas o pórtico sul na parede lateral à direita da fachada principal é decorado com bizarras cenas da lenda da Raposa Renard. A frente leste principal tem um pórtico com arcos góticos, erguida no século XVI para o arcebispo Diogo de Sousa por trabalhadores bascos. Ao se aproximar, é mais provável que seu olhar seja atraído para o beiral da catedral, com seus pináculos e balaústres. Estes também foram encomendados pelo arcebispo e são obras de João de Castilho, que depois iria trabalhar no Mosteiro dos Jerónimos em Lisboa (▷ 74), um dos maiores edifícios manuelinos.

O interior é surpreendentemente pequeno, uma nave simples contrastando com os ricos entalhes barrocos e a fonte manuelina, com entalhes bem elaborados. Ande pela nave até o cruzamento, com seus vitrais antiquíssimos, para ver melhor o altar, onde as paredes de granito fornecem o fundo perfeito para uma adorável estátua da Virgem (do século XIV) e um altar esculpido com cenas da Ascensão. Os azulejos na capela à esquerda datam do século XVIII. A partir do altar, tem-se a impressionante visão dos ornamentados órgãos duplos barrocos do Coro Alto, uma obra-prima que esbanja ouro e é coberta com trombetas e anjos.

Uma porta abaixo do Coro leva ao claustro, dando acesso a um pátio rodeado por três capelas. A Capela dos Reis, onde ficam os túmulos (ambos do século XVI) dos fundadores da catedral, Henrique de Borgonha e sua mulher Tareja, pais de Afonso Henriques, primeiro rei de Portugal, é a mais importante. Do claustro, escadas levam até o Tesouro, um dos mais ricos de Portugal, onde as visitas guiadas obrigatórias levam você por tesouros que abrangem 800 anos de obras de perfeição artesanal. Há muitas vestimentas, prataria e relíquias; entre os destaques há uma arca moçárabe de mármore do século X, um estupendo ostensório do século XVIII folheado a prata e ornado com diamantes, além de uma cruz de cristal de rocha, do século XIV.

✉ Rua Dom Paio Mendes, 4700-424 Braga ☎ 253 263 317 🕐 Museu: jun-ago ter-dom 9h-12h, 14h-17h30; resto do ano ter-dom 9h-12h, 14h-18h30 ✋ Museu e capelas €3, capelas e coro €2

BOM JESUS DO MONTE

A igreja e o acesso ornamentado de Bom Jesus, um dos edifícios mais famosos de Portugal e exemplo excepcional de arquitetura barroca, foram encomendados pelo arcebispo Maura-Teles em 1723 e concluídos em 1783. Harmoniosa combinação de estuque caiado e granito, a dupla escadaria leva até a majestosa igreja, celebrando por meio de alegorias simples, a cada patamar, a vida e o sacrifício de Cristo. O acesso à igreja é a impressionante escadaria, ou pela Via-Sacra, um caminho sagrado ladeado por capelas cujos painéis de madeira mostram cenas da Paixão de Cristo. Cada um dos patamares da escada tem uma fonte, o que se destina a relembrar as cinco feridas de Cristo, os seis sentidos e as três Virtudes. Os peregrinos sobem as escadas de joelhos, mas a maioria dos visitantes vem simplesmente apreciar os bosques e jardins dos arredores e as lindas vistas. Há vistas ainda melhores no Santuário do Sameiro, uns 2km adiante, construído na década de 1830. Sua vasta esplanada de concreto da década de 1950 e a pesada estatuária testemunham a importância atribuída ao santuário pelo regime de Salazar.

✚ 326 C3 ☎ Bom Jesus do Monte 🕐 Igreja: diariam 8h-20h ✋ Funicular €1

OUTROS DESTAQUES

ANTIGO PAÇO EPISCOPAL

Este imenso edifício no estilo de uma fortaleza consiste em três blocos, dos séculos XIV, XVII e XVIII. Hoje, abrigam a biblioteca municipal e algumas das faculdades da universidade. A ala norte medieval tem uma ótima sala de leitura com um teto folheado a ouro. O palácio dá para o agradável Jardim de Santa Bárbara.

Largo do Paço, 4700-415 Braga · 253 601 187 · Seg-sex 9h-12h, 14h-17h30 · Grátis

MUSEU DOS BISCAINHOS

www.ipmuseus.pt

É um interessante museu de artes decorativas alojado no Palácio Episcopal, erigido nos séculos XVII e XVIII. As salas foram guarnecidas com mobília, pinturas, tapetes e esculturas contemporâneos, todos combinando com a época e com o estilo do edifício. O térreo preserva suas lajotas originais, dispostas para permitir o acesso de carruagens até os estábulos. Atrás do palácio há belos jardins.

Rua dos Biscainhos, 4700-415 Braga · 253 204 650 · Ter-dom 10h-12h15, 14h-17h30 · €2

PRAÇA DE REPÚBLICA

A praça principal é o elo entre a cidade velha e a nova. Tem duas arcadas interligadas que abrigam vários cafés históricos com painéis de madeira, que já foram ponto de reunião dos intelectuais de Braga. Atrás ergue-se a Torre de Menagem, que era parte do sistema defensivo de muros da cidade. A praça tem ainda um belo trio de fontes modernas.

Acima *Afrescos e ouro conferem grande luxo ao interior da Sé de Braga*

Abaixo *O túmulo de dom Henrique da Borgonha, fundador da catedral*

INFORMAÇÕES
www.cm-braganca.pt
www.bragancanet.pt/braganca
327 F2 Avenida Cidade de Zamora, 5300-111 Bragança 273 381 273 Out-abr: seg-sex 9h-12h30, 14h-17h, sáb 10h-12h30; mai-set: seg-sex 10h-12h30, 14h-18h30, sáb 9h-12h30, 14h-17h, dom 9h-13h

DICAS

» Os invernos na área de Terra Fria, em Trás-os-Montes, são gélidos e os verões escaldantes. O melhor é visitar Bragança na primavera ou no outono.

» Se tiver pouco tempo, concentre-se na Cidadela, e, para captar bem o sabor do local, talvez valha a pena voltar à noite quando a multidão já foi embora.

» O centro de Bragança antiga é bem compacto, por isso estacione o carro e explore a cidade a pé.

Acima *A imensa Cidadela domina a cidade medieval de Bragança*

BRAGANÇA

A cidade medieval de Bragança deriva seu nome da dinastia de Bragança, que adquiriu o ducado em 1442. Durante a ocupação espanhola do século XVII, os Braganças aumentaram seu poderio; dom João IV subiu ao trono em 1640 e a família foi a casa real que mais permaneceu no poder (ficou até a queda da monarquia, em 1910). Nos anos mais recentes, Bragança se beneficiou muito das verbas da União Europeia, mas, felizmente, continuou a preservar seu velho espírito.

A CIDADELA

Em uma elevação a leste da cidade fica um dos locais mais evocativos de Portugal, um círculo de muros medievais que encerra um conjunto de casas caiadas sobre as quais se ergue um grande castelo e um forte. A imensa Torre de Menagem, construída em 1187, domina o espaço aberto no alto da montanha – 33m de altura com 15 torreões em volta de seus muros. Dentro, os dois salões são iluminados por janelas góticas e há lindas vistas do alto de um pequeno museu militar. Em frente fica a Igreja de Santa Maria, um edifício românico remodelado no século XVIII, quando recebeu os nichos do portal e o teto em abóbada pintado. Apertado junto à igreja fica o Domus Municipalis, construído no século XIII como uma sala da câmara, e um dos poucos edifícios românicos civis sobreviventes da Europa. O Domus é pentagonal e tem um primeiro andar com arcadas e um reservatório no subsolo. Era aqui que os homens bons se reuniam para dispensar justiça. Infratores podiam acabar indo para o pelourinho perto do castelo – que fica apoiado sobre um pré-histórico porco de granito. Acredita-se que ele seja um símbolo de fertilidade e é um dos mais de duzentos encontrados na região.

MUSEUS

A qualidade das peças expostas no Museu do Abade de Baçal em Bragança, na Rua Conselheiro Abílio Beça (tel 273 331 595; www.rpmuseus-pt.org; ter-sex 10h-17h, sáb-dom 10h-18h, €2), revela o papel que a cidade desempenhou como capital administrativa, fiscal e judicial. Em um palácio muito bem convertido do século XVIII, antiga casa do bispo, tendo no fundo belos jardins, o museu se concentra predominantemente na arte celta da área e dos arredores, mas algumas salas contêm também esculturas, arte religiosa e lindas tapeçarias. Também há uma atraente coleção de vestuário local e pinturas da topografia de Trás-os-Montes. (tel 273 381 008; www.mascaraiberica.com; ter-dom 10h-12h30, 14h-18h; €1).

CITÂNIA DE BRITEIROS

www.guimaraesturismo.com

O Minho está cheio de vestígios das citânias, assentamentos celtas sobre colinas. A mais destacada é a Citânia de Briteiros, que ocupa ótima posição nas florestas de carvalhos entre Braga e Guimarães. Grande parte dessas vilas da Idade do Ferro foram criadas entre 600 e 500 a.C. e estiveram ocupadas até o século III d.C.

Briteiros, um dos sítios arqueológicos mais impressionantes de Portugal, foi talvez a última fortificação a cair nas mãos dos romanos, e seus muros, ruas e abrigos dão um vislumbre de um modo de vida muito antigo. As escavações começaram na década de 1870 e continuam até hoje. O local tem ruas pavimentadas, com fileiras de cabanas de ambos os lados. Um par delas foi reconstruído para mostrar os bancos de pedra junto às paredes circulares e o pilar central que sustentava os telhados de sapé. Na casa de banhos comunitária, abaixo do assentamento principal, há tanques e um fogão antigo, usado para aquecer água e produzir vapor.

326 C3 · Escritórios de turismo: Alameda de São Dâmaso 83, 4810-286 Guimarães ou Praça de Santiago, 4810-300 Guimarães · 253 412 450 ou 253 518 790 · Al. São Dâmaso: seg-sex 9h30-12h30, 14h-18h30; Praça de Santiago: seg-sex 9h30-18h30, sáb 10h-18h, dom 10h-13h

COSTA VERDE

www.rtam.pt

A Costa Verde percorre o norte do Minho, vindo do Porto até o rio Minho e a fronteira da Espanha, e compondo um trecho de belas praias e vários hotéis. As principais cidades de férias são Viana do Castelo (▷ 143) e Póvoa de Varzim (▷ 162), ambas bastante agitadas no verão, mas há uma infinidade de locais mais calmos, com trechos de areia praticamente exclusivos. Para chegar lá, é só acessar a estrada principal N13 e pegar as estradas menores até o mar para conhecer o melhor da área. Uma série de resorts populares, ao norte do Porto, leva até Póvoa, onde as áreas urbanas são mais raras, especialmente na região preservada ao sul do rio Neiva, onde ainda há fazendas tradicionais próximas às dunas.

Vale a pena ver outras vilas, como Esposende, um resort discreto, e Mar, uma comunidade pesqueira dinâmica com um negócio paralelo de coleta de algas marinhas – usadas como fertilizante. Ao norte de Viana, dunas e pinheiros descem até o mar. Afife e Carreço têm lindas praias, mas as melhores instalações ficam na praia da Âncora. No verão, chove bastante nessa parte do litoral, por isso há a possibilidade de você enfrentar alguns dias nublados, chuva e ventos.

326 B3 · Rua do Hospital Velho (em frente à Praça da Erva), 4900-540 Viana do Castelo · 258 822 620 · Viana do Castelo

FREIXO DE ESPADA À CINTA

www.cm-freixoespadacinta.pt

Em um vale fértil, cercado por sóbrias e belas montanhas, Freixo foi fundada por dom Dinis no fim do século XIII. Dizem que o rei cortou um freixo nesse local, com sua espada, vindo daí o nome da cidade.

A igreja local é uma estrutura do gótico tardio, com um portal decorado com motivos do final do século XV na forma de colunas retorcidas e pináculos. No interior, há uma bela estrutura em abóbada e a capela-mor tem um excelente retábulo do grande artista do século XVI Grão Vasco.

327 F4 · Avenida do Emigrante, 5180-103 Freixo de Espada à Cinta · 279 653 480

GUIMARÃES

▷ 134-5.

LINDOSO

www.adere-pg.pt

Uma autêntica vila de montanha, Lindoso está encravada em encostas de granito bem no coração do Parque Nacional da Peneda-Gerês (▷ 139-41). Apesar da presença de uma represa e de alguns edifícios modernos, é um assentamento tradicional. Como muitas vilas da área, é dominada por um conjunto de espigueiros, armazéns de grãos construídos sobre palafitas nos séculos XVIII e XIX. Eles têm cruzes nos telhados para trazer bênçãos às colheitas e ficam próximos para facilitar o cultivo comunitário. O Castelo de Lindoso (mai-set: ter-sex 10h-12h30, 14h-18h, sáb-dom 10h-12h30, 14h-17h; out-abr: ter-sex 9h30-12h30, 14h-17h, sáb-dom 10h-12h30, 14h-16h30) é uma fortaleza medieval com ameias, com um pequeno museu repleto de informações sobre o parque.

326 C2 · Escritório: ADERE Peneda-Gêres, Largo da Misericórdia 10, 4980-613 Ponte da Barca · 258 452 250

À esq. *Muitas das mais belas praias da Costa Verde continuam despovoadas*

GUIMARÃES

INFORMAÇÕES

www.guimaraesturismo.com
326 C3 Alameda de São Dâmaso 83, 4810-286 Guimarães e Praça de Santiago 37, 4810-300 Guimarães
253 412 450 ou 253 518 790
Escritório da Alameda de São Dâmaso: seg-sex 9h30-12h30, 14h-18h30; Escritório da Praça de Santiago: seg-sex 9h30-18h30, sáb 10h-18h, dom 10h-13h
Guimarães

Acima *O Paço dos Duques de Bragança, fortificado, em estilo medieval francês*

INTRODUÇÃO

O centro histórico de Guimarães tem praças tranquilas, ligadas por arcadas e ruas de pedra e rodeadas por edifícios pintados de tons beges. A parte sul tem amplas avenidas em volta de áreas ajardinadas. O imponente castelo e o Paço dos Duques de Bragança ficam ao norte.

Entre na cidade antiga pela ponta sul vindo do Largo República do Brasil. O Museu Alberto Sampaio fica quase imediatamente à sua direita, e mais adiante a rua se amplia no Largo da Oliveira, uma praça ligada por arcadas à adjacente Praça de Santiago. Dali, você pode subir a Rua de Santa Maria até o castelo e o palácio. Há algumas lojas finas na região, mas as mais interessantes ficam nos arredores da Rua Paio Galvão, fora do centro histórico, em direção a oeste.

Guimarães foi o local de nascimento de Afonso Henriques, que se tornou primeiro rei de Portugal, em 1143. A capital foi logo transferida para Coimbra (▷ 182-5), mas Guimarães sempre preservou seu orgulho histórico, como atesta o slogan da cidade, "Portugal nasceu aqui". Atualmente, essa cidade muito bem preservada é cercada por construções modernas. Sede da Universidade do Minho, ela tem também uma agitada vida cultural. Por conta dos estudantes, a vida noturna é bem interessante.

DESTAQUES

PAÇO DOS DUQUES DE BRAGANÇA

Este palácio fortificado, com telhado inclinado, ameias e numerosas chaminés, não pareceria fora de lugar no norte da Europa. Foi construído no início do século XV por dom Afonso, duque de Borgonha e filho ilegítimo de dom João I, cuja familiaridade com a arquitetura francesa é evidente. Usado como residência real por um século, o palácio caiu em desgraça quando a corte se mudou para Vila Viçosa (▷ 247), e só foi restaurado na década de 1930 sob o regime de Salazar. Ainda é uma residência oficial do presidente. O interior é composto por uma série de amplas salas, com lareiras de tamanho suficiente para assar um boi, e cheio de tapeçarias pelas paredes, tecidas com desenhos de Rubens. A mobília, pinturas, armas e porcelanas datam principalmente dos séculos XVII e XVIII.

✉ Rua Conde D. Henrique, 4810-245 Guimarães ☎ 253 412 273 🕒 Jul-ago ter-dom 9h30-18h; resto do ano ter-dom 9h30-12h, 14h-17h 🖐 €4, grátis dom de manhã

LARGO DA OLIVEIRA E PRAÇA DE SANTIAGO

O Largo da Oliveira tem dois edifícios contrastantes, a Igreja de Nossa Senhora da Oliveira e a antiga câmara, um edifício com arcadas, remodelado no século XVII. A igreja deriva seu nome de uma lendária oliveira, plantada para fornecer óleo para as lamparinas da igreja. A árvore morreu, mas em 1342 voltou milagrosamente à vida depois que uma cruz foi pendurada em um de seus galhos. A adjacente Praça de Santiago, com suas casas de pedra e sacadas de madeira, é do século XIII. Recebeu o nome do santo que, segundo a lenda, trouxe uma estátua da Virgem ao local para substituir um santuário pagão.

MOSTEIRO DE SANTA MARINHA DA COSTA

Este mosteiro fica na encosta da Penha, a 617m de altitude, 2km ao sul de Guimarães, e foi fundado em 1154 pela rainha Mafalda, mulher de Afonso Henriques, em homenagem a Santa Marinha, padroeira das mulheres grávidas. A elaborada fachada da igreja é rococó, mas o interior é uma mistura de diferentes estilos arquitetônicos. O mosteiro sofreu grandes danos em um incêndio em 1951, mas foi muito bem restaurado. Hoje é um hotel.

✉ 4810-011 Guimarães 🕒 Capela: não é gerida pelo hotel e deve ser aberta pelo padre que mora ao lado

MUSEU ALBERTO SAMPAIO

O acervo do museu é muito bem apresentado no claustro e no capítulo da Oliveira. O destaque da coleção de prata é um Tríptico da Natividade, que dizem ter sido roubado pelos soldados de dom João I depois da vitória sobre os castelhanos em Aljubarrota, em 1385. Há também a túnica usada pelo rei na mesma batalha, o cálice gótico de prata banhada a ouro e a ornada cruz manuelina gravada com cenas da Paixão de Cristo.

✉ Rua Alfredo Guimarães, 4800-407 Guimarães ☎ 253 423 910 🕒 Jul-ago: ter-dom 10h-24h, resto do ano: ter-dom 10h-18h 🖐 €3,50, grátis dom de manhã

OUTROS DESTAQUES

CAPELA DE SÃO MIGUEL

Pequena capela românica do século XII. Dizem que Afonso Henriques foi batizado aqui.

✉ Rua Conde D. Henrique, 4810-245 Guimarães ☎ 253 412 273 🕒 Diariam 9h30-12h30, 14h-17h 🖐 Grátis

CASTELO

Castelo do século X ampliado por Afonso Henriques e restaurado por volta de 1940. Causa impacto com seus 28m de altura, sete torres e lindas vistas.

✉ Rua Conde D. Henrique, 4810-245 Guimarães ☎ 253 412 273 🕒 Diariam 9h30-12h30, 14h-17h 🖐 Grátis

IGREJA DE SÃO FRANCISCO

Capela do século XVIII, ricamente decorada. A sacristia e os claustros também são impressionantes.

✉ Rua do Infante D. Henrique, 4835-001 Guimarães 🕒 Ter-sáb 9h30-12h, 15h-17h, dom 9h30-13h 🖐 Grátis

MUSEU ARQUEOLÓGICO MARTINS SARMENTO

Este museu abriga achados de sítios arqueológicos pré-romanos situados ao redor dos claustros de São Domingos.

✉ Rua Paio Galvão, 4814-509 Guimarães ☎ 253 414 011 🕒 Ter-sáb 9h30-12h, 14h-17h, dom 10h-12h, 14h-17h 🖐 €1,50

DICAS

» É possível ver Guimarães em um dia, mas você irá absorver mais da atmosfera da cidade se pernoitar nela.

» É difícil estacionar perto da parte antiga da cidade – use algum dos estacionamentos de subsolo fora dos muros da cidade antiga e vá a pé.

» Se você planeja ficar, reserve com bastante antecedência, particularmente nos meses de julho e agosto, quando há muitas festas.

Abaixo *A masmorra do castelo e duas das sete torres quadradas*

Acima *Miranda do Douro fica na fronteira com a Espanha e é dominada por uma bela catedral gótica*

MIRANDA DO DOURO

www.rt-nordeste.pt
A cidade de fronteira de Miranda do Douro encara as montanhas de pedra da Espanha por meio de uma garganta rochosa, posição que lhe deu importância estratégica por mais de 600 anos. Em 1762 esse papel teve um fim, quando uma explosão durante um ataque franco-hispânico destruiu 200 casas e boa parte do castelo, e a cidade ficou meio esquecida. Mas a partir de 1955, quando foi construída a represa do Douro, a cidade se dinamizou e há um fluxo constante de tráfego pela fronteira, atraída pela promessa de preços baixos em Portugal. Você verá a prova disso na nova cidade, cheia de lojas de ofertas.

Para conhecer a cidade, é só ir até o centro antigo, com seus majestosos edifícios e estreitas ruas de pedra flanqueadas por casas caiadas, com remates de granito. Um dos destaques é a catedral da Sé, por séculos a principal catedral de Trás-os-Montes. Foi construída como reação do papa Paulo III a um pedido local de tornar Miranda a sede do bispado. O trabalho começou em 1552. É um edifício austero e bonito, com um interior gótico cheio de luz; a severidade de seu piso e paredes de granito contrasta com o dourado do altar, dedicado à Ascensão da Virgem.

Passando a Sé, chega-se às ruínas do velho palácio episcopal. A praça em frente tem lindas vistas da Espanha.

Perto dali, fica o Museu da Terra de Miranda (tel 273 431 164; www.ipmuseus.pt; jun-fim set: ter-dom 9h30-12h30, 14h-18h; resto do ano: ter-dom 9h-12h30, 14h-17h30; €2), na Praça Dom João III, com uma esplêndida coleção de peças locais que tentam desvendar os mistérios da cidade e da região. Os trajes dos pauliteiros, homens que dançam com paus, merecem atenção especial. Há também grossas capas de lã pelas quais a região é tradicionalmente famosa. Não perca *A pequena estátua do Menino Jesus* à direita do altar da Sé. Muito venerada pelos moradores, tem um guarda-roupa completo, com pequenos ternos, chapéus e sapatos.

327 G3 Largo do Menino Jesus da Cartolinha, 5210-191 Miranda do Douro
273 431 132

PARQUE NACIONAL DA PENEDA-GERÊS

▷ 138-41.

PARQUE NATURAL DO DOURO INTERNACIONAL

www.rt-nordeste.pt/douro.php
Ótimo exemplo de cooperação internacional, o Parque Natural do Douro estende-se pelo lado espanhol e português do vale superior do Douro. Fundado em 1998, o parque cobre uma imensa área que vai de Barca de Alva, no sul, até Miranda do Douro, no norte. Escondida por séculos para além das montanhas de Trás-os--Montes, a região toda permaneceu relativamente intocada pela indústria e pela agricultura do século XX, o que ajudou a preservar suas variadas flora e fauna. Como a cidade tem uma das maiores taxas de desemprego do país, as autoridades do parque estão ansiosas para desenvolver o ecoturismo na área e estimular a agricultura sustentável de pequena escala.

Meteorologicamente, a área tem um microclima mediterrâneo, que garante a sobrevivência de espécies já extintas mais ao sul. Para quem gosta de passar um tempo ao ar livre, o parque oferece muitas atividades. Ele é particularmente bom para observação de pássaros, com mais de 170 espécies, tanto residentes como visitantes de verão, incluindo o maior grupo da Europa de abutres-do-egito. Entusiastas de botânica devem vir na primavera, quando as montanhas estão cobertas de amendoeiras em flor e há muitas orquídeas, cistos e plantas aromáticas. O principal escritório do parque fica em Mogadouro. A equipe fornece mapas e orientação sobre onde ir e o que ver, além de indicar ótimos passeios guiados.

327 F3 Escritório: Rua de Santa Marinha 4, 5200-241 Mogadouro
279 340 030

PARQUE NATURAL DE MONTESINHO

www.icn.pt
Cobrindo mais de 750 km² entre Bragança e a fronteira da Espanha, o Parque Natural de Montesinho é o único lugar de Trás-os-Montes que ainda não foi atingido pelo desenvolvimento. A população, de cerca de 8.000 pessoas, está espalhada pelas 92 vilas do parque e cultua um modo de vida tradicional, extremamente básico (as mulheres da região lavam as roupas no rio).

A Vila de Rio de Onor, na fronteira, oferece um fascinante vislumbre do modo de vida local, que é objeto de vários estudos antropológicos. Espanhóis e portugueses vêm se casando há gerações e praticamente criaram seu próprio estado autônomo, com um sistema particular de justiça e de cooperação mútua. Aqui, e em outras vilas, como Guadramil, o burro é um meio de transporte bastante comum.

A linda paisagem, com ricos bosques e charnecas de urze, abriga aves de rapina e animais como javalis e lobos. Quem leva caminhada a sério e vai bem equipado irá apreciar trajetos de

longa distância entre as vilas, e há também muitos passeios mais curtos (que podem ser feitos a cavalo ou de bicicleta). Na região, é possível alugar casas tradicionais (por semana), e algumas delas oferecem até café da manhã simples. A própria Bragança (▷ 132) e a vila de Vinhais a oeste são as melhores bases para explorar a área.
✚ 327 E2 ℹ Escritório do parque: Rua Cónego Albano Falcão, Lote 5, Bairro Rubacar, 5300-044 Bragança ☎ 273 300 400 ⊙ Seg-sex 9h-12h30, 14h-17h30

PONTE DA BARCA

www.rtam.pt
O nome da cidade vem dos barcos que levavam passageiros para atravessar o rio Lima antes que a ponte fosse construída no século XV – a cidade era um importante ponto de travessia para peregrinos em seu caminho para Santiago de Compostela, na Espanha.

Velhas ruas cheias de mansões, acima da ponte, passam pelo pelourinho e pelo mercado dos arcos, ambos do século XVIII, e levam até uma bela praça e duas igrejas.

O trajeto de 4km, descendo o rio até o vilarejo de Bravães, pode ser feito a pé ou de carro. Lá, fica uma das maiores realizações arquitetônicas de Portugal, a românica Igreja de São Salvador. Ela foi construída entre os séculos XII e XIII segundo projeto francês, um estilo que deve ter sido trazido pelo caminho de Santiago. Simples e rústica, sua solidez de granito é compensada pelos entalhes em volta do incrível portal. Ele tem figuras de macacos, pombas e motivos geométricos, enquanto o tímpano repousa nas cabeças de dois bois de longos chifres, também encontrados no Minho. Acima deles, dois anjos adoram o Cristo Pantocrátor, uma figura esculpida do Glorioso Cristo, dentro de um oval de pedra, com a mão erguida em bênção. No interior escuro, iluminado por sete estreitas janelas, ficam os belos afrescos de São Sebastião e da Virgem.
✚ 326 C2 ℹ Rua D. Manuel I, 4980-637 Ponte da Barca ☎ 258 452 899

PONTE DE LIMA

www.rtam.pt
Cerca de 30km a leste da cidade costeira de Viana do Castelo (▷ 143), esta pequena e calma cidade é uma mistura de velhas mansões, jardins e caminhos à beira do rio. Ela deriva seu nome da ponte medieval de pedra sobre o rio, construída em lugar de uma ponte romana que fazia parte do circuito militar de Astorga a Braga. Ainda há vestígios da ocupação romana nos cinco arcos e nos poucos marcos construídos na ponte.

À beira do rio, depois da ponte, fica o Largo Principal, uma pacata praça rodeada por cafés ao ar livre, e depois dela ficam as ruas da cidade antiga. Lá estão localizados os diversos edifícios, cada um relativo a um estilo arquitetônico – românico, manuelino, gótico e barroco –, além de igrejas, fontes e pequenas áreas verdes. A Alameda, um passeio arborizado, corre junto ao rio. É nessa região que fica o Museu Rural (ter-dom 14h-18h, grátis), com seu acervo de implementos agrícolas. Outro destaque de Lima é a Igreja-Museu dos Terceiros (checar horários e preços com o escritório de turismo), uma igreja e convento com trabalhos de madeira e azulejos do século XVI.

A área dos arredores é cheia de solares e quintas, dois tipos de casas senhoriais. Muitas delas oferecem hospedagem e produzem o famoso vinho verde, um vinho branco seco, levemente espumante e de baixo teor alcoólico, característico da região.
✚ 326 C2 ℹ Paço do Marquês, 4990-063 Ponte de Lima ☎ 258 942 335

SOLAR DE MATEUS

▷ 142.

TORRE DE MONCORVO

www.cm-moncorvo.pt
A estrada que vem do sul sobe íngreme pelas montanhas até Moncorvo, uma cidade no estilo fortaleza perto da margem de um alto platô no nordeste de Trás-os-Montes. Abaixo ficam os férteis vales dos rios Douro e Sabor, e acima da cidade, estão as áridas montanhas que seguem em direção à Espanha. A leste ficam as montanhas da Serra de Reboredo e, em volta da cidade, os amendoeiros nas encostas ficam floridos de branco na primavera.

Diz a lenda que eles foram plantados para aliviar a saudade de uma princesa do Norte. Ela se casara com um príncipe mouro, e, embora fosse feliz no verão, consumia-se de saudades da neve de sua terra natal no inverno. O príncipe foi correndo até o Algarve, no sul de Portugal, e trouxe de lá centenas de amendoeiros, cujas flores brancas faziam-na lembrar das colinas cobertas de neve de seu país. A cidade é famosa por suas árvores e por seus frutos. Na primavera, atrai milhares de visitantes, que vêm admirar o espetáculo da natureza e aproveitar para comprar as amêndoas açucaradas produzidas no local.

O principal monumento de Moncorvo é a Igreja Matriz, a maior da região, construída entre 1544 e 1650. A fachada é dominada por uma torre central e um portal renascentista, enquanto o interior abriga um lindo altar do século XVII. Atrás da igreja, um labirinto de ruas medievais rodeia a praça central.
✚ 327 E4 ℹ Travessa Dr. Campos Monteiro, 5160-234 Torre de Moncorvo ☎ 279 252 289

Abaixo *Ponte de Lima deve seu nome à ponte de pedra, da época medieval*

PARQUE NACIONAL DA PENEDA-GERÊS

INTRODUÇÃO

O Parque Nacional da Peneda-Gerês cobre um trecho de terra em forma de meia-lua no norte do Minho, com suas duas pontas abraçando o sudoeste da província espanhola de Orense. Paisagem incrível de rochas e escarpas, vales e reservatórios, suas áreas montanhosas separadas, as serras de Peneda, Soajo, Amarela e Gerês, estão divididas pelos vales de três rios – o Lima, o Homem e o Cávado. O acesso por estrada é restrito em certas áreas do parque e há poucos trajetos no sentido norte-sul. Assim, a maneira mais rápida para ir de carro da seção de Peneda ao norte até Gerês é pela Espanha. A parte oeste da serra de Gerês é a área mais silvestre, onde as estradas margeiam o lado sul do maciço.

Para explorar a parte sul do parque, a cidade-spa de Caldas do Gerês é a melhor base, com várias opções de hospedagem e alguns impressionantes passeios e caminhadas. Para ir rumo norte, é preciso pegar a rodovia N101 até Ponte da Barca (▷ 137), de onde uma estrada relativamente boa sobe o Vale do Lima até a Vila de Lindoso (▷ 133) perto da fronteira com a Espanha. Daqui, é possível andar um trecho pela Espanha e entrar novamente no parque em Ameijoeira para explorar a intocada Serra da Peneda.

Mas, para aproveitar bem o glorioso cenário, o melhor é caminhar – e são muitas as opções de trilhas. Uma boa ideia é consultar os funcionários do parque, que estão sempre dispostos a ajudar a planejar roteiros de caminhadas. Eles também podem fornecer detalhes sobre passeios guiados e indicar guias particulares, especialistas em caminhadas e conhecedores do local, para tornar o passeio mais seguro e agradável.

Peneda-Gerês fica no distrito norte de Braga, Viana do Castelo e Vila Real. Historicamente, essa área de fronteira foi uma das grandes rotas entre

INFORMAÇÕES

www.icnb.pt

ESCRITÓRIO DO PARQUE

Escritório Central de Braga

326 C2 Avenida António Macedo, 4704-538 Braga ☎ 253 203 480

HOSPEDAGEM

Ponte da Barca

www.adere-pg.pt

326 C2 ADERE Peneda-Gerês, Largo da Misericórdia 10, 4980-613 Ponte da Barca ☎ 258 452 250

PONTOS DE INFORMAÇÕES

Caldas do Gerês

326 C2 Vidoeiro 99, 4845-081 Caldas do Gerês ☎ 253 390 110

Seg-sex 9h-12h, 14h-17h30

Acima *O rio Cávado atravessa o centro do Parque Nacional da Peneda-Gerês*

Página ao lado *O parque serve de pastagem para o característico gado minhoto*

DICAS

» Pegue folhetos sobre caminhadas nos postos de informação e nos escritórios do parque – eles dão detalhes sobre trilhas variadas, de passeios curtos a caminhadas de três a quatro dias.

» Para caminhadas longas, leve roupas impermeáveis e que esquentem, bússola, água e comida. Informe a alguém aonde você vai e a que horas espera estar de volta.

» O tempo muda de repente nas montanhas, e partes do parque ficam sob neve no inverno.

» Ao dirigir, lembre que as distâncias do mapa podem enganar – as estradas aqui são lentas, íngremes e tortuosas, por isso a duração pode ser maior.

Portugal e Espanha, e os vales e as passagens dali são cortados por trilhas que faziam parte do Caminho de Santiago, a grande rota de peregrinação ao santuário de Santiago de Compostela, na Galícia. O próprio parque foi fundado em 1971 e tem 72 mil ha de área. Assim como parques nacionais de outros países, suas principais missões são proteger a incrível beleza natural da ameaça do desenvolvimento e conservar os sítios arqueológicos, além da flora, fauna e das aves.

Um número considerável de pessoas vive dentro das vilas do parque, mas essas comunidades estão declinando e envelhecendo. Assim, seus costumes tradicionais correm o risco de se extinguirem. Atualmente, as autoridades do parque tentam obter um equilíbrio – além de proteger o ambiente e o modo de vida tradicional, precisam também lidar da maneira mais produtiva possível com o crescente número de visitantes que vêm conhecer o parque todos os anos.

DESTAQUES

SERRA DO GERÊS

Prepare-se para fazer um pouco de caminhada e escalada se quiser penetrar mais fundo nesta área de montanha, embora seja possível apreciá-la mais de longe, a partir do Vale do Rio Cávado (▷ 143). É possível começar a exploração por Confluente de Caniçada, onde há dois lagos formados por uma represa que fica 10km a oeste. Daqui, siga para Caldas do Gerês, uma calma cidade-spa ao pé de uma garganta cheia de bosques, cujas águas dizem ser muito boas para auxiliar no tratamento de distúrbios digestivos e do fígado.

À dir. *A cidade-balneário de Caldas do Gerês fica em um vale arborizado*
Abaixo *Vendedoras de laranja na beira da estrada*

Uma estrada ladeada por hortênsias sobe pela cidade, cruzando o rio Homem ao penetrar pela sua garganta rochosa, e continua até a fronteira com a Espanha. Um pouco antes dela, uma trilha que leva a Campo do Gerês atravessa a estrada romana que ligava Braga e Astorga – você pode ver ainda os marcos de distância com suas inscrições comemorativas. Abaixo fica o intenso azul da represa de Vilarinha das Fumas, um belo reservatório rodeado de pedras.

Indo para o sul a partir de Gerês e virando à direita em direção a Campo do Gerês, há incríveis vistas de montanhas, embora a estrada seja cheia de curvas. Do ponto mais alto, você pode caminhar até o Miradouro de Junceda, um dos mirantes mais bonitos da área. Se tiver tempo, dirija até o outro extremo do reservatório de Vilarinha, e ande pela trilha até alcançar a estrada romana.

SERRA DA PENEDA

Para sentir a parte selvagem da Peneda, entre por Lamas de Mouro e faça um retorno imediato para Castro Laboeiro, uma antiga vila que já foi famosa por seus cães, criados para proteger os carneiros dos lobos. O castelo em ruínas oferece lindas vistas e há algumas caminhadas excelentes em torno da vila. Vá para o sul por um vale de bosques e você chegará ao Santuário de Nossa Senhora da Peneda, em Peneda. Localizado ao pé de um rochedo, esse local de peregrinação segue o modelo de Bom Jesus, perto de Braga (▷ 129-31); em setembro, centenas de romeiras vêm pagar suas promessas aqui.

A partir desse ponto, o cenário fica mais selvagem, com pequenos campos recortados da paisagem entre grandes blocos de granito. Fique atento para ver nas vilas os tradicionais espigueiros, depósitos de granito para armazenamento de grãos. Há alguns nos campos em terraço em volta de Rouças, e um grande grupo adiante, em Soajo. Dali, você pode seguir a estrada que corre pelo Vale do Lima até Lindoso (▷ 133).

Abaixo *Os silos de granito para armazenar grãos são muito característicos do norte português*

SOLAR DE MATEUS

Este exemplo perfeito de uma casa senhorial portuguesa do século XVIII, em meio a lindos jardins, é mundialmente famoso como símbolo do Mateus Rosé.

A Casa de Mateus foi construída na década de 1740 pelo terceiro Morgado de Mateus. Seus descendentes ainda vivem em uma das alas. Acredita-se que o arquiteto foi Nicolau Nasoni, um italiano que teve imensa influência no desenvolvimento do Barroco português.

A FACHADA

É dos grandes exemplos de arquitetura barroca portuguesa. A seção central é recuada. A porta principal, no nível do térreo, é flanqueada por duas janelas, acessadas por uma dupla escada com balaustrada e encimada por um frontão triangular com estátuas alegóricas de ambos os lados. As severas alas clássicas, rematadas por pináculos, encerram um pátio que leva a uma passagem com arcos embaixo da escadaria principal. Ela conduz ao pátio interno, com mais uma escadaria dupla. À esquerda do palácio fica uma capela barroca, datada de 1750.

O INTERIOR

O saguão, como muitas outras dependências, tem um belo teto de castanheiro esculpido. Ele dá acesso ao ricamente decorado Salão das Quatro Estações. Dali, o Salão Azul, com suas cerâmicas chinesas, leva à Sala de Jantar, com uma faustosa coleção de prataria e porcelana. No Salão dos Quatro Cantos, procure a escrivaninha portátil indoportuguesa de madeira e marfim. Duas salas na ala sul foram convertidas em museu, cujos destaques são as chapas de gravura originais feitas por Jean Fragonard para ilustrar uma edição de 1817 de *Os Lusíadas*, do poeta Luís de Camões.

OS JARDINS

Foram alterados na década de 1930, quando se acrescentou um lago. Os canteiros, de arbustos e flores, são cercados por plantas podadas e terrários, espelhando a arquitetura da casa. Predominam camélias, hortênsias e rosas. É preciso um pouco mais de tempo para explorar a pérgola de glicínias, o denso túnel de cedros, os tanques de água em três níveis e o velho pátio de separação de grãos, com vistas da Serra do Marão e dos famosos vinhedos que se estendem à frente.

INFORMAÇÕES

www.casademateus.com

326 D3 · Fundação da Casa de Mateus, 5000 Vila Real · 259 323 121 · Jun-set: diariam 9h-19h; out-mai: diariam 9h-18h; só passeios guiados (no máximo 10 visitantes; só 3 tours por vez), por isso reserve com antecedência no verão · Casa e jardim: €7,50. Só jardim: €4 · Todas as visitas são guiadas (cerca de 30 minutos) · Não há folhetos. O livro sobre o solar custa €40 · Pequeno café, que também oferece drinques e bolos · Livraria, que vende também vinhos e geleias

DICAS

» Há placas indicativas do "Palácio de Mateus" desde a periferia de Vila Real – pegue a estrada de Bragança e procure as placas.

» Chegue cedo no verão para evitar as multidões e conseguir vaga para estacionar.

» O escritório de turismo de Vila Real e o solar oferecem detalhes sobre os diversos eventos culturais.

Acima *Os bonitos jardins formais e as elaboradas fachadas ajudam a fazer do Solar de Mateus um dos orgulhos da arquitetura barroca portuguesa*

VALE DO RIO CÁVADO

www.cm-braga.pt

Para uma ótima combinação de altas montanhas, encostas verdejantes, bonitas vilas e cenários de lagos, é preciso chegar ao vale superior do rio Cávado, que corre ao longo da face sul da Serra do Gerês até Braga. Depois, o rio atravessa um vale rochoso, represado pela primeira vez em 1946, criando uma série de belos lagos. São sete represas ao todo, que respondem por 18% da demanda de hidroeletricidade do país.

A estrada principal (N103) sobe a leste por uma série de vilas. Há lindas vistas dos reservatórios até se chegar ao platô, onde a vasta extensão do maior lago do vale, a Barragem do Alto Rabagão, constitui uma vista inigualável.

A infraestrutura turística é reduzida, já que a população conseguiu preservar seu modo de vida tradicional – ainda se veem primitivas barragens de terra nos campos, para acumular água para os pastos no verão.

Aqui é melhor sair da estrada principal e ir para o norte, até Montalegre, antiga vila com as ruínas de um castelo do século XIV que tem vistas deslumbrantes das montanhas. Também vale a pena visitar as quase intactas vilas de Boticas e Vilarinho, a partir de uma estrada secundária ao sul do reservatório.

326 D2 Avenida da Liberdade 1, 4710-305 Braga 253 262 550

Abaixo *Animada e elegante, a Vila Real de Santo António é um bom lugar para passar alguns dias em uma viagem ao vale do Douro*

VALENÇA DO MINHO

www.rtam.pt

A antiga cidade de Valença é uma pitoresca confusão de estreitas ruas de pedra, ladeadas por esplêndidos edifícios e encerradas dentro de uma sólida fortaleza dupla. Há também dois grandes fortes de frente para o rio Minho, na direção da Espanha. A maior parte da fortaleza é do século XVII, com desenho em estrela e defesas muito influenciados pelo arquiteto militar francês Vauban. Uma cidade cresceu dentro da cidadela, com suas duas seções ligadas por uma passarela sobre um fosso seco. Os portões das paredes leste ou sul dão acesso às ruas e aos baluartes, com suas lindas vistas.

326 D2 Avenida de Espanha, 4930-677 Valença do Minho 251 823 374 Valença do Minho

VIANA DO CASTELO

www.rtam.pt

Próxima de uma das melhores praias do norte de Portugal, Viana do Castelo tem fama de ser um dos melhores balneários do Minho. Amparada pelo verdejante monte de Santa Luzia e coroada por uma maravilhosa basílica, a cidade tem muita coisa a ser explorada e seu elegante centro histórico é cheio de boas lojas e restaurantes. Ela ganha mais vida ainda na romaria de agosto, um carnaval de três dias com desfiles de rua animados por bandas, fogos e dança.

A história de Viana é ligada ao mar. O dinheiro de suas atividades marítimas financiou os belos edifícios da cidade, a maioria na região da praça central, a Praça da República. É onde se localiza o Asilo da Misericórdia, de 1589, com forte influência veneziana e flamenga. Sua fachada é decorada com uma maciça colunata. Perto dele fica a sede da prefeitura, do século XVI, ornada com arcos no térreo e com o brasão de armas da cidade.

Junto à praça fica a Igreja Matriz, um adorável edifício cujas formas e detalhes arquitetônicos combinam muito bem elementos românicos arredondados e sólidos com toques delicados de gótico. O Museu Municipal (tel 258 820 678; out-mai: ter-dom 10h-13h, 15h-18h; jun-set: ter-dom 10h-13h, 15h-19h, €2) fica em um palácio do século XVIII. As paredes internas têm azulejos que retratam cenas de caça e pesca. Ele exibe uma ótima coleção de cerâmica vitrificada.

A sudeste, na orla, barcos navegam pelo rio Lima e a bela marina é amparada por jardins. Para chegar à Praia do Cabedelo, é preciso pegar um barco. É uma extensão curva de areia fina ótima para prática de surfe e outros esportes aquáticos. Na região, há bares que oferecem petiscos e bebidas. Há boas oportunidades para caminhadas nas encostas do monte de Santa Luzia, onde as trilhas invadem bosques de eucaliptos com ótimas vistas – melhores ainda quando se sobe os degraus até o domo da basílica, no alto do monte.

326 B2 Rua do Hospita Velho (em frente à Praça da Erva), 4900-540 Viana do Castelo 258 822 620 Viana do Castelo

VILA REAL

www.cm-vilareal.pt

Vila Real fica acima do rio Corgo, com as montanhas de Marão e Alvão ao fundo. Sede da universidade da região, a cidade é uma base agradável para passar duas noites, especialmente se estiver sem carro, pois é o eixo do sistema de transportes regional. No centro, há graciosos edifícios, como a sede da prefeitura e a Sé, do século XV, mas o que mais encanta é sua atmosfera animada, que pode ser mais bem apreciada na feira matinal e ao longo das ruas no final da tarde. A cidade é o local de nascimento do explorador Diogo Cão, primeiro a chegar no Zaire e no Congo, em 1482.

326 D3 Avenida Carvalho Araújo 94, 5000-657 Vila Real 259 322 819 Vila Real

PASSEIO DE CARRO

VALE DO DOURO

Este passeio espetacular percorre as melhores partes do vale produtor do vinho do Porto, o vale do rio Douro, onde encostas íngremes estão cobertas por vinhedos em terraço. Você terá a oportunidade de visitar vinícolas, degustar e comprar vinho do Porto, e apreciar a beleza do famoso Solar de Mateus e seus lindos jardins.

O PASSEIO
Distância: 130km
Duração: 4-5 horas
Início/fim: Vila Real

★ De Vila Real (▷ 143) pegue a rodovia IP4 sentido Porto e Amarante. Siga essa estrada por 24km. Na placa "pousada", deixe a estrada principal e atravesse o rio para chegar à Pousada de São Gonçalo.

❶ A Pousada de São Gonçalo é um hotel moderno, construído como base para quem vai visitar as montanhas da Serra de Marão.

Saindo da pousada, vire à esquerda na rodovia N15, uma estrada secundária, e siga pelas florestas de pinheiros do Vale do Ovelha por 12km até Candemil.

❷ Candemil fica no coração da Serra de Marão, uma cadeia de montanhas de granito e xisto cujo ponto mais alto é o Pico de Marão (1415m). Você provavelmente irá vê-lo da estrada no trecho entre São Gonçalo e Candemil. É uma paisagem extraordinária, com a estrada descendo por uma garganta fechada sobre o Ovelha, um rio conhecido pela pesca de trutas.

Logo depois de Candemil, vire à esquerda em uma pequena aldeia e suba uma estrada íngreme com placas para Bustelo. Ela desce e se junta à N101, onde você vira à esquerda. Nesse ponto você já atravessou a Serra de Marão, mas a rodovia N101 agora cruza a serra de novo, por um planalto com lindas vistas das montanhas, antes de descer por vinhedos até a pequena cidade de Mesão Frio no rio Teixera.

❸ Em Mesão Frio, cruze o rio, dirija pela cidade e você terá sua primeira visão das vinhas em terraços e da extensão do rio Douro a distância. Você agora está bem no coração da terra do vinho do Porto, onde as íngremes encostas do vale foram cortadas em terraços formando uma das áreas mais férteis para cultivo da uva da Europa. Muito bem cuidados, os terraços são uma obra de arte; como dizem no local, "Deus criou a Terra, mas o homem criou o Douro".

Em uma interseção acima do rio, vire à esquerda na N108 ao longo da margem norte do Douro. Ande 12km por essa estrada até Peso da Régua. Antes da interseção, atente para a pousada Solar da Rede, uma casa de campo do século XVIII cercada por 27ha de vinhedos. É um bom lugar para parar e comer ou para pernoitar. Você também irá passar pela cidade-spa de Caldas de Moledo, antes de chegar a Peso da Régua.

Acima *Muita gente considera os jardins formais do Solar de Mateus como os mais bonitos de Portugal*

❹ Peso da Régua, uma dinâmica cidade provincial, já foi chamada de "Capital do Alto Douro", quando era o centro do comércio do porto na parte alta do rio. Todo o vinho ainda passa por aqui ao descer o rio, mas o papel de Régua como núcleo comercial foi assumido por Pinhão, a leste. Ainda há os enfeitados barcos rabelos, tradicionais meios de transporte do Porto, ancorados no rio; você pode visitar a Quinta de São Domingos, para ver a vinícola e degustar vinhos.

Cruze o rio Douro pela mais baixa das duas pontes, mantendo a direita para passar por baixo da ponte e sair perto do rio na rodovia N222. Siga 25km por essa estrada até Pinhão.

❺ Pinhão é o foco principal da produção de vinho do Porto de qualidade. Várias empresas têm vinícolas aqui. O trecho do passeio que leva até a cidade é muito atraente, passando junto ao rio com vista dos vinhedos em terraço, olivais e uma procissão de vinícolas, cada uma com o nome do produtor escrito na encosta.

Em Pinhão, cruze o rio Douro e volte para a margem norte. Saia de Pinhão e pegue a rodovia N323 para o norte, com placas para Sabrosa e Vila Real.

❻ Sabrosa, onde nasceu o explorador Fernão de Magalhães, vire à esquerda na rodovia N322 seguindo as placas para Vila Real.

❼ O Solar de Mateus (▷ 142) é o destaque dessa parte do passeio. Trata-se de uma casa rural magnífica cuja fachada é familiar, pois aparece em milhões de garrafas do vinho Mateus Rosé.

Em seguida, vire à direita e siga as placas de volta para Vila Real.

ONDE COMER

Tente a Pousada de São Gonçalo (abre todo dia para almoço 12h-14h30), mais ou menos a meio caminho entre Amarante e Vila Real, ou a Pousada Solar da Rede (também abre todo dia 12h-14h30) em Peso da Régua. Ambas servem saborosa comida regional.

QUANDO IR

A melhor época é no fim do verão e durante o outono.

O QUE VISITAR

SOLAR DE MATEUS

(▷ 142).

QUINTA DE SÃO DOMINGOS

✉ Juncal de Cima, 5050-244 Peso da Régua ☎ 254 320 260 🕐 Mai-set: diariam 9h30-18h30; resto do ano diariam 9h-18h ✋ Grátis

QUINTA DO PANASCAL

✉ 5120-496 Valença do Douro
☎ 254 732 321 🕐 Abr-out: diariam 10h-13h, 14h-18h; resto do ano: seg-sex 10h-13h, 14h-18h ✋ Grátis
Um curto retorno pelo vale do Távora irá levá-lo até este vinhedo. Promove visitas com áudio e passeios pelo vinhedo

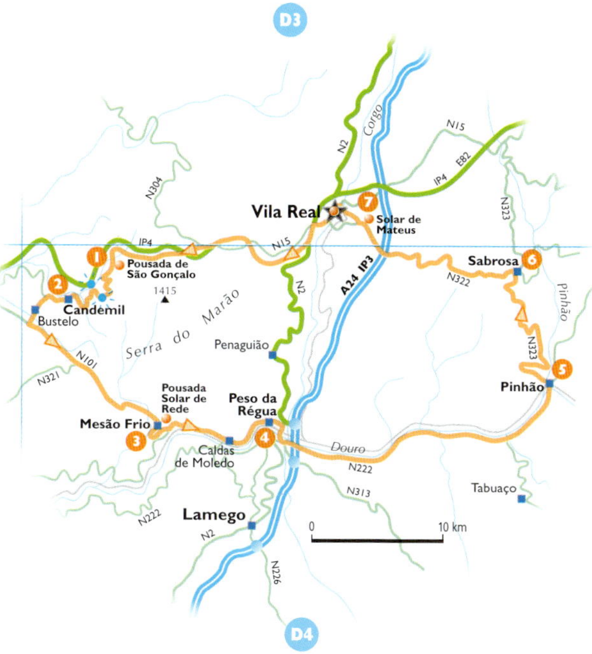

Abaixo *O vale do Dão é a segunda área vinícola mais produtiva de Portugal; em sua maioria, os vinhos que saem daqui são tintos*

ARTE, COMPRAS, DIVERSÃO E NOITE

Acima *Braga tem elegantes butiques de moda e também excelentes mercados*

BARCELOS

AMIGOS DA MONTANHA

www.amigosdamontanha.com

Para caminhadas, mountain-bike ou canoagem, a melhor empresa da cidade é a Amigos de Montanha. Ela oferece um calendário fixo de eventos; para detalhes, ligue, visite o escritório ou entre no site.

✉ Rua Custódio José Gomes Vilas Boas 47, 4755-059 Barcelinhos, Barcelos ☎ 253 831 647 ou celular 960 486 617 🕐 Escritório central: Seg-sex 6h-20h. Celular: 9h-19h 🖐 Mountain-bike €15, canoagem €20, paintball €15, rafting de água doce €35; informações sobre caminhadas, grátis 🚗 Na rua que leva à ponte medieval

FEIRA DE BARCELOS

É uma das melhores feiras de cerâmica de Portugal. Peças de barro tradicionais e o sempre presente galo português são muito procurados por turistas, e vendidos junto com cestaria, objetos de lata, artigos domésticos e muitos produtos frescos.

✉ Campo da República, 4750-275 Barcelos 🕐 Qui

CENTRO DE ARTESANATO DE BARCELOS

Dentro da Torre da Menagem, do século XVI, esta grande loja de artesanato oferece qualidade e bom custo-benefício. Dois andares são cheios de artigos variados; talvez o melhor de tudo sejam as figuras cômicas em verde e marrom dos herdeiros da famosa Rosa Carvalho – a mãe dos ceramistas portugueses.

✉ Largo da Porta Nova, 4750-329 Barcelos ☎ 253 812 135 🕐 Mar-out: seg-sex 9h30-18h, sáb 10h-12h30, 14h30-17h30, dom 14h30-17h30; resto do ano seg-sex 9h30-17h30, sáb 10h-12h30, 14h30-17h 🚗 Da Praça da República, siga pela Dom António Barroso indo para o rio; fica na mesma torre do escritório de turismo, em frente à Igreja Santa Cruz

BRAGA

FEIRA DE BRAGA

A feira semanal de Braga vende os produtos usuais, mas tem boa seleção de calçados e tecidos do norte, graças à proximidade com as fábricas. Na feira, é possível encontrar marcas internacionais a preços bem baixos.

✉ Parque de Exposições, 4705-104 Braga (perto da Ponte São João) 🕐 Ter

INSÓLITO

http://insolitobar.netfirms.com

Voltado para a população estudantil de Braga, o Insólito tem três áreas de bares, e a terceira, conhecida como Grill, oferece lanches leves, torradas, hambúrgueres e cachorros-quentes para que os clientes recomponham as forças e possam dançar mais. Jazz, indie e house agitam a noite, dependendo da hora.

✉ Avenida Central 47, 4710-228 Braga ☎ 968 016 240 🕐 Seg-sáb 22h-4h 🖐 €3 seg-qui, €5 sex-sáb

JOSÉ GONÇALVES

http://violeiro.no.sapo.pt

Entre os produtos artesanais mais importantes de Braga estão ótimos violões folk. Esta oficina perto do Campo da Vinha é especialista em violões clássicos, cavaquinhos, bandolins e guitarras portuguesas.

✉ Rua da Boavista 69-71, 4700-416 Braga ☎ 253 612 428 🕐 Seg-sex 10h30-13h, 14h-19h, sáb 14h-19h

QUINTA PEDAGÓGICA DE BRAGA

Para conhecer os costumes agrícolas locais, leve as crianças até a Quinta Pedagógica, uma fazenda tradicional do Minho transformada em estabelecimento educacional. Aqui se promovem os antigos métodos de cultivo e pesca e se debatem

questões ambientais. A quinta abre ao público aos fins de semana, e fica a noroeste do centro da cidade.
✉ Caminho dos Quatro Caminhos, Real (perto da Capela de S. Frutuoso), 4700-288 Braga ☎ 253 623 560 ⌚ Sáb-dom e feriados públicos 14h-18h30

SVBVRA – TABERNA ROMANA

http://tabernasubura.blogspot.com
Perto da Sé, a Svbvra apresenta música portuguesa ao vivo, filmes de arte e comédias. Os clientes têm um violão da casa à disposição, para quem se sentir inspirado a tocar e cantar. Serve elogiados petiscos a noite inteira.
✉ Rua Frei Caetano Brandão 101, 4700-031 Braga ☎ 964 254 144 ⌚ Diariam 20h-2h 💰 €5-€15, dependendo do petisco/drinque

BRAGANÇA

FEIRA DE BRAGANÇA

No oeste da cidade, esta feira vende os produtos usuais, incluindo cerâmica, artigos domésticos e alimentos típicos da região.
✉ Em volta do Estádio Municipal, Avenida Abade de Baçal, 5300-068 Bragança ☎ 273 381 273 (escritório de turismo) ⌚ 3º, 12º e 21º dias do mês ou na seg mais próxima quando essas datas caem em fins de semana

MERCADO MUNICIPAL

Vale uma parada rápida, pois as bancas têm artesanato regional, carnes e queijos curados, além de artigos típicos da região, como tripa seca para fazer linguiças em casa.
✉ Forte São João de Deus, 5300-263 Bragança ☎ 273 325 474 ⌚ Seg-sáb 7h-19h, dom 8h-13h

PARQUE NATURAL DE MONTESINHO

www.icnb.pt
A reserva que se estende ao norte de Bragança até a fronteira com a Espanha é cheia de montanhas cobertas de urze e de vales cheios de carvalhos e salgueiros, criando um terreno agradável para caminhadas. O escritório do parque dá informações detalhadas.
✉ Escritório do parque: Bairro Rubacar, Rua Cónego Albano Falcão, Lote 5, Apartado 90, 5300-044 Bragança ☎ 273 300 400 ⌚ Seg-sex 9h-12h30, 14h-17h30

ROSÁRIO E JULIETA

Para ver duas ceramistas locais em ação, visite a loja de Rosário e Julieta, que entre outras coisas produzem pratos pintados à mão e maquetes dos pombais locais. Não se assuste com o feio centro comercial em que se situam as oficinas.
✉ Shopping Loreto, Shop 26, Avenida Sá Carneiro, 5300-252 Bragança ☎ 919 130 366 ou 919 130 346 ⌚ Seg-sex 9h-19h 🚗 O centro comercial, meio decadente, fica no térreo do prédio mais alto da Avenida Sá Carneiro. Suba os degraus para entrar no centro e vire à esquerda para encontrar a loja

CHAVES

FEIRA DE CHAVES

Bom lugar para comprar artesanato local, como as cestas feitas nas vilas dos arredores, ou a típica cerâmica preta de Chaves, que é queimada em um poço coberto de cinzas e terra para ganhar seu brilho escuro.
✉ Perto do estádio, Chaves ☎ 276 340 661 (escritório de turismo) ⌚ Qua

NATURBARROSO

www.naturbarroso.net
Com sede cerca de 35km a noroeste de Chaves, a NaTurBarroso organiza atividades ao ar livre, com ênfase na preservação ambiental e cultural. Os passeios temáticos incluem identificação e coleta de espécies de cogumelo e trilhas por florestas virgens de carvalhos e caminhos medievais pelas montanhas de Barroso.
✉ Rua João Rodrigues Cabrilho 265, 5470-204 Montalegre, Chaves ☎ 276 518 125, 935 663 060, 965 663 068 ⌚ Escritório: seg-sex 9h-17h 💰 Variável, dependendo da atividade. Caminhadas €15-€20, mínimo de 10 pessoas

NORTE AVENTURA

A Norte Aventura oferece guias e instrutores qualificados para todos os tipos de atividades ao ar livre, como caminhadas, mountain-bike, passeios com veículos off-road, escaladas, canoagem, rapel ou rafting.
✉ Turismo e Animação Lda, Largo de São Roque, Loja R/C Dt, 5400-504 Chaves ☎ 966 047 700 ⌚ Jun-out: seg-sáb 10h-13h, 15h-19h30; nov-mai: sáb 10h-13h, 15h-19h30 💰 Preços dependem da atividade

TERMAS DE CHAVES

http://termas.mj-multimedia.net
A fonte natural daqui é uma das mais quentes da Europa, jorrando do chão a 71°C. O spa é geralmente cheio de pacientes idosos em longos tratamentos, mas visitantes ocasionais podem provar as águas.
✉ Largo das Caldas, 5400-460 Chaves ☎ 276 332 445 ⌚ 1º mar-30 nov: diariam 8h-20h 💰 €4,70 tratamento diário, até €190 pelo pacote de 5 dias

VIDAGO PALACE GOLF CLUB

www.vidagopalace.com
Para uma partida de golfe, siga 20km ao sul de Chaves até a cidade-spa de Vidago. O Palace Hotel tem um acidentado campo de 18 buracos. As competições de setembro realizadas aqui atraem visitantes que vêm de Lisboa e do Porto. A sede do clube serve refeições leves.
✉ Parque de Vidago, 5425-307 Vidago ⌚ Veja detalhes no site 🚗 A sudoeste de Chaves é só pegar a rodovia IP3 até Vidago, depois seguir as placas

GUIMARÃES

A OFICINA

www.aoficina.pt
Para uma boa variedade da famosa roupa de cama e mesa de Guimarães, incluindo toalhas, guardanapos e toalhas de mão, vá a esta loja da prefeitura, que foi criada para promover os artesãos da cidade. Vende outros artesanatos regionais, como peças de ouro e prata, bordados e cerâmica.
✉ Rua Paio Galvão 11, 4810-426 Guimarães ☎ 253 515 250 ⌚ Seg-sáb 9h-13h, 15h-19h

FEIRA DE GUIMARÃES

Esta feira vende roupas, calçados e produtos regionais, como cangas de animais de madeira esculpida, cerâmica, artigos de couro e têxteis de excelente qualidade, fiados, tecidos e bordados à mão.
✉ Praça de São Tiago e Largo da Oliveira ⌚ 1º sáb do mês

TERMAS DAS TAIPAS

www.termasdeportugal.pt

Tire um dia para cuidar de você banhando-se nas águas de um dos mais tradicionais spas do país. Em um verdejante parque no rio Ave, as Termas das Taipas prometem ajudar a curar reumatismo, alergias de pele e problemas respiratórios.

✉ 4805-079 Caldas das Taipas ☎ 253 577 898 🕐 Mar-dez: seg-sex 8h-12h, 16h-19h, sáb 8h-12h 🖐 €5-€32, conforme o tratamento

ULTIMATUM JAZZ CAFÉ

Com uma mistura de canções clássicas, de jazz e de piano-bar, o Ultimatum apresenta jazz às quintas e monta uma discoteca às sextas e aos sábados, que começa à 1h e toca uma mistura de pop-rock e música latina.

✉ Rua Rei do Pegu, 4810-025 Guimarães ☎ 253 415 294 🕐 Ter-sáb 20h-2h 🖐 Ter-qui entrada gratuita, sex-sáb €5 para mulheres, €8 para homens (inclui drinques)

MIRANDA DO DOURO

ASSOCIAÇÃO PARA O ESTUDO E PROTECÇÃO DO GADO ASININO

www.aepga.pt

Criada para o estudo e para a proteção dos burros, além de zelar pela sua importância na sociedade rural tradicional, a associação promove passeios pelas planícies e visitas educativas pelas fazendas. Reserve com antecedência.

Abaixo *A canoagem – no Douro ou em outro dos diversos rios portugueses – pode ser uma experiência divertida para toda a família*

✉ Largo da Igreja, 5225-011 Atenor ☎ 273 739 307 ou 960 173 863 🕐 Seg-sex 9h30-12h30, 14h30-18h 🖐 €30 por cerca de 3 horas de excursão 🚗 De Miranda do Douro siga para o sul para Sendim e depois 5km a noroeste até Atenor

EUROPARQUES PORTUGAL

www.europarques.com

O cenário mais impressionante de Miranda do Douro é sua belíssima garganta de rio, com a represa, que fica a 80m de altura, a leste da cidade. Você pode fazer um cruzeiro de uma hora nas águas internacionais do rio partindo do Parque Náutico, no lado português da represa.

✉ Centro Ambiental Luso-Espanhol, Parque Náutico, Miranda do Douro ☎ 273 432 396 🕐 Os barcos saem de seg-sex às 16h, sáb-dom 11h e 16h; ago: seg-sex 11h 🖐 €14

PARQUE NATURAL DO DOURO INTERNACIONAL

www.icnb.pt

O parque abrange o trecho do rio Douro que demarca a fronteira com a Espanha. É uma região muito bonita, sobretudo no fim de fevereiro e em março, quando o íngreme vale do rio fica coberto de amendoeiras em flor. No parque, há várias trilhas sinalizadas, que seguem caminhos antigos. Mas algumas delas não são para principiantes. Se você for por sua conta, em vez de seguir um passeio guiado, é melhor contatar antes o escritório do ICN, que fornece orientação, mapas e detalhes.

✉ ICN (Instituto de Conservação da Natureza), Rua do Convento, Palácio da Justiça, 5210 Miranda do Douro ☎ 273 431 457 🕐 Escritório do ICN: seg-sex 9h-12h30, 14h-17h30

SILBOTE

www.hrplanalto.pt

Esta empresa organiza caminhadas e passeios de mountain-bike em Miranda. Se você quiser um ritmo mais tranquilo, pode contratar um passeio em lombo de burro.

✉ Hotel Residencial Planalto, Rua 1º de Maio 25, 5210-191 Miranda do Douro ☎ 273 431 362 🕐 Diariam

PONTE DE BARCA

MINHO ALEGRE

http://minhoalegre.no.sapo.pt

Se você quer fazer caminhadas na área, mas tem receio de se perder se for sozinho, é uma boa ideia contratar um dos guias da Minho Alegre. Além de passeios pelo Parque Nacional Gerês, a empresa organiza expedições de canoagem, mountain-bike e passeios a cavalo. Reservas com três dias de antecedência.

✉ Caixa Postal 47 4980, Ponte da Barca ☎ 258 455 500 ou 966 129 218 🕐 Telefone: 9h-22h. Não tem escritório central 🖐 A partir de €12, dependendo da atividade

PONTE DE LIMA

AXIS GOLFE DE PONTE DE LIMA

www.golfe-pontedelima.com

A curta distância para o sul da cidade, este campo de 18 buracos, par 71, oferece lindas vistas. A moderna casa do clube tem restaurante, sauna e loja de equipamentos.

✉ Quinta de Pias, Fornelos, 4990-620 Ponte de Lima ☎ 258 743 414 🕐 18 buracos €57; aluguel dos tacos €30; carrinho €5 🍴 🚗 Ao sul de Ponte de Lima, pela rodovia EN307. O clube de golfe é bem sinalizado

CLUB NÁUTICO

www.cnplima.com

Cruze o rio até Arcozelo e vire à esquerda descendo o rio. Perto da ponte da N201 fica o Club Náutico, que aluga caiaques e canoas.

✉ São Gonçalo Arcozelo, 4990-150 Ponte de Lima ☎ 258 944 899 🕐 Jul-set: diariam 9h30-13h, 14h-20h; out-jun: sáb-dom 10h-12h30, 14h-17h30 🖐 €3 por 1h

JOAQUIM CERQUEIRA DA SILVA

Para ver de perto a fabricação artesanal de calçados, visite a oficina de Cerqueira da Silva, especializada em chinelas de lavradeiras, tamancos de madeira com belos bordados na parte de cima usados tradicionalmente pelas mulheres para trabalhar nos campos. Ligue antes para confirmar se está aberta.

✉ Lugar do Boudilhão, Moureira do Lima ☎ 966 721 154 🕐 Seg-sex 10h-18h, mas ligue antes de visitar 🚗 Saia da cidade pela rodovia EN202, sentido Viana do Castelo. Vire à direita na placa para Moureira do Lima e, ao chegar à vila, procure a placa para Boudilhão. Depois da placa, pegue a primeira à esquerda, primeira à direita e de novo à direita

FEIRA DE PONTE DE LIMA

Na ativa desde 1125, esta é a feira mais antiga do país. Em segundas alternadas, ela se estende pelo leito seco do rio Lima, vendendo desde implementos agrícolas e barris de vinho a roupas e pão.

258 942 335 (escritório de turismo) Segundas alternadas

VIANA DO CASTELO

CAVALEIROS DO MAR

www.cavaleirosdomar.com

Para lazer ao ar livre na área do litoral do Minho, esta empresa oferece várias opções. Em terra, você pode escolher arco e flecha, escaladas e paintball. Se tiver treinamento, pode fazer mergulho no mar.

Avenida do Meio 726, 4900-834 Viana do Castelo 964 397 021/926 Escritório: seg-sex 10h-13h, 14h30-18h. Telefone: diariam 10h-20h €15-€30 conforme a atividade. Canoagem: meio dia, mínimo 6 pessoas, €30 por pessoa (almoço incluído); mergulho €25, escalada €30, arco e flecha €15-€18, paintball €20

ISILDA PARENTE

www.rtam.pt

Para finos bordados típicos do Minho, o melhor é ir até a vila de Perre, 5km a leste de Viana, especialmente na loja da artesã Isilda Parente. Ela se especializou nos trajes do norte, ricamente decorados, e os comercializa nesta loja.

Caminho do Mestre Parente 37, 4925-582 Perre Viana do Castelo 258 841 047 Seg-sex 9h-12h, 13h-17h; para visitas no final de semana, ligar antes A leste de Viana pela rodovia N202 até Santa Maria de Portuzelo. Vire à esquerda para Perre

KARTÓDROMO

www.kartodromodeviana.com

Perto da Praia da Amorosa, ao sul de Viana do Castelo, é o maior cartódromo de Portugal. São duas pistas – 468m e 1.117m. O local sediou várias competições nacionais e internacionais.

Praia da Amorosa, 4935-581 Chafé 258 320 080 Jul-ago diariam 10h-13h, 14h-24h; resto do ano qua-dom 9h30-13h, 14h-18h30 €14-€30 conforme o tamanho do kart por 10 minutos Saia da rodovia IC1 na saída para Castelo de Neiva. Em Castelo de Neiva siga para a Praia da Amorosa. O kartódromo é sinalizado

QUINTA DO SANTOINHO

www.avic.pt/santoinho

Para uma experiência única do Minho, visite a Quinta do Santoinho, um imenso celeiro rústico dedicado a todos os costumes da região. O ingresso dá direito a uma refeição com sardinhas frescas e vinho verde servido diretamente do barril e a um interessante show de dança folclórica com canções regionais.

Estrada Nacional 13, Darque 258 806 180 Ago: ter, qui, sáb 20h-1h; mai-jul e set-nov: sáb 20h-13h Jul-set e nov: adultos €15; mai-jun e out: adultos €13; crianças (4-10) €7 qualquer mês 5km ao sul de Viana do Castelo, pela rodovia EN13

MERCADO DE VIANA DO CASTELO

Realizada na parte oeste da cidade, a feira de Viana do Castelo vende os artigos usuais, mas foi se especializando em uma imensa variedade de calçados e tecidos das fábricas do norte de Portugal. Na feira, eles são vendidos a preços bem baratos.

Campo da Agonia, Viana do Castelo 258 822 620 (escrit. de turismo) Sex

VILA REAL

CENÁRIOS D'OURO

www.cenarios.pt

Empresa especializada em organizar e realizar todo tipo de atividade esportiva no Douro. Oferece também passeios a cavalo ou em lombo de burro, caminhadas com guia e viagens a cavalo e de carruagem.

Praceta Aureliano Barrigas 6, 1º andar, 5000-418 Vila Real 259 338 135 Escritório: seg-sex 9h30-13h, 14h30-18h30 Passeios em lombo de burro (Castelo Rodrigo) €38,50 por 3 horas; passeios a cavalo (Sabrosa) €20; passeios de carruagem (Sabrosa e São Martinho da Anta) €20

FESTIVAIS E EVENTOS

MAIO

FESTA DAS CRUZES

Esta festa celebra o "milagre da cruz", quando um pavimentador do século XVI teve uma visão de uma cruz gravada no chão. Os fogos de artifício, danças regionais e flores espalhadas pelas ruas marcam a festa.

Barcelos 253 811 882 (escritório de turismo) 3 mai

JUNHO

FESTA DE SÃO PEDRO

A maior e mais animada festa da cidade tem bandas, diversões e farturas (doces fritos em forma de palito). Há também uma grande feira – um bom lugar para comprar a típica cerâmica preta local e finos bordados das vilas dos arredores.

Vila Real 259 322 819 28-29 jun

AGOSTO

FESTA DAS GUALTERIANAS

Celebrada desde 1452, a Festa das Gualterianas é a celebração mais importante de Guimarães, realizada em homenagem a São Gualter, o santo padroeiro da cidade. Durante três dias, Guimarães abriga danças folclóricas, shows de rock, fogos de artifício e, na segunda-feira, ocorre um grandioso desfile pela cidade.

Guimarães 253 412 450 (escritório de turismo) 1º fim de semana ago

DEZEMBRO

FESTAS DOS RAPAZES

Festa herdada de antigos ritos de passagem, em que homens solteiros vestindo máscaras e panos saltam fogueiras e abordam as jovens – acompanhadas pelos "pauliteiros".

Miranda do Douro 273 431 132 (escritório de turismo) 27-30 dez

ONDE COMER

Acima *O Café Vianna, em Braga, serve excelentes petiscos*

PREÇOS E SÍMBOLOS

Os restaurantes são listados em ordem alfabética. Os preços são os médios para um almoço com dois pratos (A) e um jantar com três pratos (J) para uma pessoa, sem bebidas. O preço do vinho é o da garrafa mais barata. Todos os restaurantes aceitam cartões de crédito, a menos que seja especificado o contrário.

Para a legenda dos símbolos, ⊳ 2.

BARCELOS

PEDRA FURADA

Serve pratos regionais do Minho, como as famosas lampreias do rio Minho, quando é época, ou o indiscutível favorito do país, o cozido à portuguesa, feito com carnes, linguiças e legumes cozidos, servidos em seu próprio caldo. Há também suculentos assados de porco ou cabrito.
✉ Lugar da Rua Nova, Pedra Furada, 4755-392 Barcelos ☎ 252 951 144 🕒 Ter-dom 12h-15h, 19h-22h, seg 12h-15h. Fechado última semana ago ✋ A €17, J €20, vinho €3,50 🚗 Pegue a rodovia N306 sentido sul, de Barcelos para Pedra Furada

BRAGA

ABADE DE PRISCOS

O restaurante serve comida regional, e também pratos de lugares mais distantes, como o camarão ou lula ao curry, a carne açoriana, a galinha mourisca (temperada com canela) e coelho com ervas aromáticas. Para encerrar, prove a sobremesa mais famosa da região: um pudim de leite feito com ovos, limão, canela e um toque de presunto, chamado abade de Priscos. Não aceita cartões.
✉ Praça Mouzinho de Albuquerque 7, Campo Novo, 4710-301 Braga ☎ 253 276 650 🕒 Ter-sáb 12h-15h, 19h30-22h10, seg 19h30-22h. Fechado jun e 24-31 dez ✋ A €15, J €20, vinho €7,50

CAFÉ VIANNA

Bom lugar para um lanche leve, este café art nouveau no centro da cidade serve um café excelente e doces e bolos irresistíveis. Prove um prego (finas fatias de carne dentro de um enrolado de pão) ou uma empada de galinha. Entre os doces há os charutos de chila (tubinhos de massa recheados com abóbora) ou as famosas rabanadas. Se o Vianna estiver lotado, vá ao vizinho Astória.
✉ Praça da República, 4710-228 Braga ☎ 253 262 336 🕒 Diariam 9h-19h ✋ Petisco leve e drinque cerca de €5 por pessoa

CASA DAS ARTES

Rústico, com móveis de madeira escura e armários de época, a Casa das Artes concentra-se em carnes de caça, quando for época. Favorito o ano todo é o arroz de polvo. Encerre com um abade de Priscos, o doce da região. Há belo terraço.
✉ Rua Costa Gomes 353, Real, 4700-262 Braga ☎ 253 622 023 🕒 Seg-sáb 12h-15h, 19h-24h ✋ A €20, J €25, vinho €7,50 🚗 Pegue a rodovia EN201 sentido noroeste, de Braga para Ponte de Lima, e siga indicações para Real, onde há placas que sinalizam o caminho para o restaurante

SAMEIRO 'MAIA'

Com esplêndidas vistas, este restaurante à moda antiga serve refeições há mais de 90 anos. Prove o delicioso bacalhau à Sameiro (frito com cebola e batata) ou o bacalhau com natas (ao creme). Rosbife e pato com arroz são outras duas ótimas opções de carne, e o vinho verde da casa é excelente.
✉ Lugar de Sameiro, 4715-450 Braga ☎ 253 675 114 🕒 Ter-dom 12h-15h, 19h-22h. Fechado na última semana out ✋ A €15, J €20, vinho €4 a jarra 🚗 Pegue a rodovia EN309, a sudeste de Braga e siga as placas para Sameiro por uns 10km. O restaurante fica bem perto do Santuário de Sameiro

BRAGANÇA

LÁ EM CASA

Este restaurante é uma vitrine da gastronomia de Trás-os-Montes. As entradas são queijos, linguiças e sopa de alho e azeite. Como pratos principais, escolha arroz de polvo, bacalhau assado recheado com presunto doce, truta com pernil, coelho, perdiz e javali. Na sobremesa, prove a torta de maçã ou de abóbora.

✉ Rua Marquês do Pombal 7, 5300-197 Bragança ☎ 273 322 111 🕐 Diariam 12h-16h, 19h-23h ✋ A €12, J €16, vinho €6,50

O GEADAS

Tem interior de ardósia e ampla vista do rio Fervença. Como entrada, serve linguiças regionais, como a salpicão com alcaparras, crepes com cogumelos silvestres e sopas, incluindo caldo de perdiz. Como prato principal, prove o arroz com lebre ou a deliciosa truta de rio. Deixe espaço para o pudim de castanhas.

✉ Rua do Loreto 32, 5300-189 Bragança ☎ 273 326 002 🕐 Diariam 12h-16h, 19h-23h ✋ A €20, J €30, vinho €8

SOLAR BRAGANÇANO

O Solar Bragançano fica em uma casa do século XVIII, no centro da cidade, e tem um terraço ajardinado. Serve cozinha regional com ênfase em caça. Prove sopa de castanha, javali com repolho e maçã frita, coelho à monsenhor ou perdiz com uvas.

✉ Praça da Sé 34, 5300-265 Bragança ☎ 273 323 875 🕐 Diariam 12h-15h30, 19h-23h. Fechado seg e nov-mar ✋ A €14, J €20, vinho €8

CHAVES

ADEGA FAUSTINO

Restaurante simples com refeições boas e baratas. O cardápio, com tortinhas de ovos, presunto, linguiças caseiras, polvo ao vinagrete com cebola, carne de porco e bacalhau, é ótimo. O vinho tinto local é servido direto de barris, que ficam em volta das paredes.

✉ Travessa do Olival, 5400-423 Chaves ☎ 276 322 142 🕐 Seg-sáb 10h-24h ✋ A €10, J €16, vinho €4

GUIMARÃES

FLORÊNCIO

www.restauranteflorencio.com

O velho forno a lenha ainda produz deliciosos assados. As numerosas entradas podem constituir uma refeição por si só. Prove bacalhau, polvo, cordeiro, cabrito ou carne, e leite creme (crème brûlée) para encerrar. Vale a pena provar os vinhos verdes da casa.

✉ Madre de Deus, Azurém, 4800-022 Guimarães ☎ 253 415 820 🕐 Diariam 12h-23h ✋ A €15, J €20, vinho €6 🚘 Siga para o norte saindo de Guimarães para São Torcato. O restaurante fica cerca de 2km saindo de Guimarães à esquerda, perto de uma capelinha

SÃO GIÃO

Considerado por um jornal nacional o melhor restaurante do Minho, é moderno, com linhas elegantes. O cardápio é vasto, com fortes raízes na cozinha tradicional do Minho. Há pratos espetaculares de carne, caça e peixe, ótimas sobremesas, queijos e uma carta de vinhos de primeira linha.

✉ Lugar das Vinhas, Moreira dos Cónegos, 4800-270 Guimarães ☎ 253 561 853 🕐 Ter-sáb 12h-15h30, 19h30-22h30, dom 12h-15h30 ✋ A €20, J €26, vinho €8 🚘 Pegue a rodovia N105 para o sul, sentido Santo Tirso. Moreira de Cónegos fica nessa estrada. O restaurante é vizinho ao Estádio Moreirense

MIRANDA DO DOURO

CAPA D'HONRAS

Esta casa de aldeia com um interior moderno tem um cardápio que tende para carnes assadas e cozidas. Os donos são simpáticos e se orgulham de sua renomada linguiça caseira e das carnes curadas, produzidas a partir de porcos criados soltos. Também tem ótimas opções de bacalhau.

✉ Travessa do Castelo 1, 5210-324 Miranda do Douro ☎ 273 432 699 🕐 Diariam 12h-15h, 19h-22h ✋ A €14, J €17, vinho €4 🚘 Entre na parte murada da cidade e pegue a primeira à direita

PONTE DE LIMA

CARVALHEIRA

Rústico restaurante com uma lareira no inverno, o Carvalheira é um pouco mais sofisticado do que muitos outros e oferece o melhor da culinária do Minho. Entradas como feijão com chouriço, pataniscas (tiras de bacalhau frito) e polvo ao vinagrete podem ser seguidos por bacalhau com broa de milho, lombo de porco assado, ou pato com arroz. O serviço é atencioso e a carta de vinhos é de boa qualidade.

✉ Arcozelo, 4990-231 Ponte de Lima ☎ 258 742 316 🕐 Ter-dom 12h-15h, 19h15-22h ✋ A €16, J €22, vinho €12 🚘 Em Ponte de Lima, cruze a ponte nova e siga as placas para Arcos de Valdevez. Na rotatória vire à direita. O restaurante fica 700m depois do semáforo, à direita

VIANA DO CASTELO

TABERNA DO VALENTIM

Esta típica casa antiga do Minho, com paredes de granito e teto de madeira, não se presta muito à admiração, mas é famosa por servir apenas peixe que vem direto dos barcos de pesca locais. Em dias de mau tempo, se os barcos não conseguem ir para o mar, o restaurane não abre. A chorinha (sopa de peixe) é muito elogiada, assim como a caldeirada, um saboroso cozido de batata e peixe. Na estação prove o sável frito, um peixe muito apreciado pelos moradores do local. Encerre com um leite creme (crème brûlée).

✉ Rua Monsenhor Daniel Machado 180, 4900-356 Viana do Castelo ☎ 258 827 505 🕐 Seg-sáb 12h30-15h, 19h30-22h ✋ A €14, J €20, vinho €7

VILA REAL

PASSOS PERDIDOS

Este restaurante de iluminação suave é decorado com tons quentes e toalhas de algodão cru. Os donos promovem pratos tradicionais, como porco no borralho (grelhado e servido com feijão-fradinho e repolho ou com arroz e castanhas), carne de porco marinada em alho e vinho tinto e bacalhau com broa de milho. A casa serve também diversas sobremesas regionais.

✉ Casa da Coutada Vilarinho de Samardã, 5000-781 Vila Real ☎ 259 347 322 🕐 Ter-sáb12h-14h30, 19h-22h30, dom 12h-14h30 ✋ A €18, J €22, vinho €5,50 🚘 Pegue a N2 para o norte saindo da cidade em direção a Chaves. Depois de 10km tome a saída para Vilarinho de Samardã. O restaurante está sinalizado a partir do extremo mais distante da vila.

ONDE FICAR

Acima *Muitos dos hotéis portugueses contam com belos jardins*

PREÇOS E SÍMBOLOS

Os preços correspondem à diária mais baixa e mais alta em um quarto duplo, incluído o café da manhã, a menos que haja indicação em contrário. Todos os hotéis aceitam cartões de crédito, a menos que indicado. Note que os preços variam ao longo do ano.

Para a legenda dos símbolos, ▷ 2.

BRAGA

HOTEL DO TEMPLO

Perto da igreja no monte do Bom Jesus, este quatro-estrelas oferece linda vista de Braga e, em dias ensolarados, do mar. Reformado para atender ao público da Eurocopa 2004, tem hoje quartos modernos (mas um pouco sem estilo), academia, e, para os dias mais frios, uma piscina coberta. Nos meses de verão, sente no terraço e aprecie a esplêndida vista panorâmica.

✉ Monte do Bom Jesus, Tenões, 4710-455 Braga ☎ 253 603 610 €80-€99 42 Coberta

POUSADA DE SANTA MARIA DO BOURO

www.pousadas.pt

Esta monumental pousada, toda de granito, a nordesde de Braga, era um mosteiro cisterciense do século XII. Uma engenhosa transformação em 1997 fundiu as ruínas cobertas de plantas com vidro e madeira modernos, e converteu as celas dos monges em quartos contemporâneos com vista fantástica do campo. O imenso tanque de água de granito ainda alimenta o sistema de canais que corre pelo convento, inclusive pelas cozinhas do mosteiro que hoje abrigam um restaurante especializado em culinária do Minho. Tem quadras de tênis.

✉ Santa Maria do Bouro, 4720-688 Amares ☎ 253 371 970 €170-€270 30 quartos, 2 suítes Ao ar livre Da N101 ao norte de Braga, vire à direita na EN206 sentido Amares. A 14km aproximadamente de Braga

BRAGANÇA

LAGOSTA PERDIDA

www.lagostaperdida.com

Este tesouro escondido, perto da fronteira com a Espanha no parque Montesinho, é de um casal inglês/alemão que fez a restauração para oferecer acomodações requintadas mas mantendo o charme original e rústico da casa de pedra. Os quartos são luxuosos, com acesso a internet de banda larga e TV por satélite. Os jardins são charmosos e há uma piscina aquecida ao ar livre para os meses de verão, mas você pode emprestar uma bicicleta e explorar os arredores. Conta também com uma biblioteca e sala de jogos.

✉ Aldeia de Montesinho, 5300-542 Bragança ☎ 273 919 031 €90-€140, inclui jantar (com vinho e café) 6 Ao ar livre De Bragança siga para o norte pela rodovia N103-7 em direção à fronteira da Espanha e a Puebla de Sanabria. Passe por Rabal e França e depois pegue à esquerda em direção a Montesinho

RESIDENCIAL TULIPA

O Residencial Tulipa é simples mas agradável e oferece excelente relação custo-benefício para quem quer montar base bem no centro da velha Bragança. Os quartos são modernos, com banheiro e chuveiro, e alguns têm sacadas (embora sejam bem pequenas). O Tulipa conta com um restaurante regional no térreo do edifício que serve pratos tradicionais do norte.

✉ Rua Dr. Francisco Felgueiras 8-10, 5300-134 Bragança ☎ 273 331 675 €35 sem café da manhã 28

CHAVES

HOTEL FORTE DE SÃO FRANCISCO

www.forte-s-francisco-hoteis.pt

Vá até o ponto mais alto da cidade para encontrar o Forte de São Francisco, com seus imponentes muros de pedra e um canhão. O hotel ocupa todo o interior do forte. O edifício principal fica no mosteiro franciscano reformado, no qual adequadas estruturas modernas foram construídas em torno das ruínas antigas. Os quartos são bem decorados em estilo antigo. Não deixe de visitar a capela. Tem quadra de tênis.

Alto da Pedisqueira, 5400-435 Chaves 276 333 700 €125-€165 53 quartos, 5 suítes Ao ar livre

GUIMARÃES

CASA DE SEZIM

www.sezim.pt

A Casa de Sezim, construção aristocrática ocre que data de 1376, é acessada por um grande portal, com seu imponente brasão de armas. Os salões espaçosos são decorados com retratos de ancestrais, lustres sofisticados e papel de parede do século XIX; alguns quartos têm cama com dossel. A piscina tem grama em volta, em vez de concreto. A propriedade produz vinho desde 1390 e oferece visitas guiadas.

Turismo de Habitação, Lugar de Santo Amaro, Nespereira, Guimarães 253 523 000 €110 8 Ao ar livre Siga para o sul de Guimarães pela rodovia N105 sinalizada para Santo Tirso. Em Covas saia à direita para Santo Amaro. A casa fica 1,5km depois de Santo Amaro, à esquerda

POUSADA NOSSA SENHORA DA OLIVEIRA

www.pousadas.pt

No meio do centro histórico (o chamado "berço da nacionalidade portuguesa"), esta pousada foi convertida em 1973 a partir de uma fileira de casas do século XVIII. Hoje, é um lugar acolhedor com teto baixo de vigas aparentes, piso antigo de madeira, poltronas de couro e, nos quartos, atraente interior e excelente roupa de cama. No verão, as mesas do restaurante se espalham pela praça medieval. No inverno, a pousada oferece uma acolhedora lareira.

Rua de Santa Maria, 4801-910 Guimarães 253 514 157 €120-€198 10 quartos, 6 suítes

POUSADA DE SANTA MARINHA

www.pousadas.pt

Os monges fizeram uma boa escolha quando decidiram construir este mosteiro, entre os séculos X e XII, em um monte com vista indescritível de Guimarães. A reconstrução dos edifícios do século XVII preserva a sobriedade monástica e oferece os confortos modernos. Belos azulejos, fontes e claustro compõem o ambiente. Alguns quartos são as antigas celas dos monges reformadas, por isso são pequenos, mas bem equipados. O restaurante serve culinária do Minho de alta qualidade.

Largo Domingos Leite de Castro, 4810-011 Guimarães 253 511 259 €150-€250 49 quartos, 2 suítes Ao ar livre

MESÃO FRIO

POUSADA DO SOLAR DA REDE

www.pousadas.pt

Um portal barroco leva a este lindo palacete e a sua espetacular capela do século XVIII, com belos azulejos e um altar dourado. Dentro da propriedade da quinta, nota-se influência francesa no opulento salão e nas camas elaboradas das suítes. Há outros quartos em edifícios no jardim.

Santa Cristina, 5040-336 Mesão Frio 254 890 130 €150-€250 19 quartos, 10 suítes Ao ar livre Pela rodovia N101, entre Peso da Régua e Amarante

MIRANDA DO DOURO

ESTALAGEM DE SANTA CATARINA

www.estalagemsantacatarina.pt

Esta estalagem fica defronte à represa de Miranda e ao rio Douro, perto da Espanha. A mobília é um tanto datada, mas das janelas e sacadas há vistas de tirar o fôlego. O restaurante serve cozinha transmontana.

Largo da Pousada, 5210-183 Miranda do Douro 273 431 005 €92-€102 9 quartos, 3 suítes

PINHÃO

HOTEL VINTAGE HOUSE

www.csvintagehouse.com

Este idílico lugar às margens do rio Douro já foi armazém de vinho do Porto. Os quartos ainda conservam detalhes originais do século XVIII e cada um tem sua sacada com vista do rio. A sala de refeições serve pratos tradicionais mas inovadores. Você pode apreciar um cálice de vinho do Porto na sombra do terraço. Tem quadra de tênis.

Lugar da Ponte, 5085-034 Pinhão 291 775 936 €113-€161 37 quartos, 6 suítes (há quartos para não fumantes) Ao ar livre

VIANA DO CASTELO

ESTALAGEM CASA MELO ALVIM

www.meloalvimhouse.com

Foi construída em 1509 em estilo manuelino, e é um dos edifícios mais antigos desse tipo em Viana do Castelo. Com acréscimos ao longo dos anos, tem uma adorável fachada, fonte neobarroca e claustros tranquilos. Adequado à arquitetura original, o interior moderno é sóbrio e elegante. Os quartos, com acesso por uma escada de pedra, são decorados individualmente.

Avenida Conde Carreira 28, 4900-343 Viana do Castelo 258 808 200 €115-€140 16 quartos, 4 suítes

VILA REAL

CASA AGRÍCOLA DA LEVADA

www.casadalevada.com

A curta distância de Vila Real, este é um paraíso de calma. Tem quatro quartos de hóspedes, que datam de 1922, e uma bela fachada decorativa. Os apartamentos no térreo foram convertidos a partir de alas adicionais. No verão, pode-se tomar o café da manhã no pátio da Casa Agrícola e saborear o pão caseiro, geleias e mel.

Lugar da Timpeira, 5000-419 Vila Real 259 322 190 €68-€80 4 quartos, 5 apartamentos de 2 quartos Ao ar livre Vindo do Porto para Vila Real pela rodovia IP4, saia em Vila Real Norte. Vire à esquerda para o centro e depois à esquerda na rotatória com placa "Mateus/Sabrosa". Na segunda à esquerda, procure as placas de "Casa Agrícola/Turismo de Habitação"

PORTO
BARROS
PORTO
BARROS
PORTO
BARROS

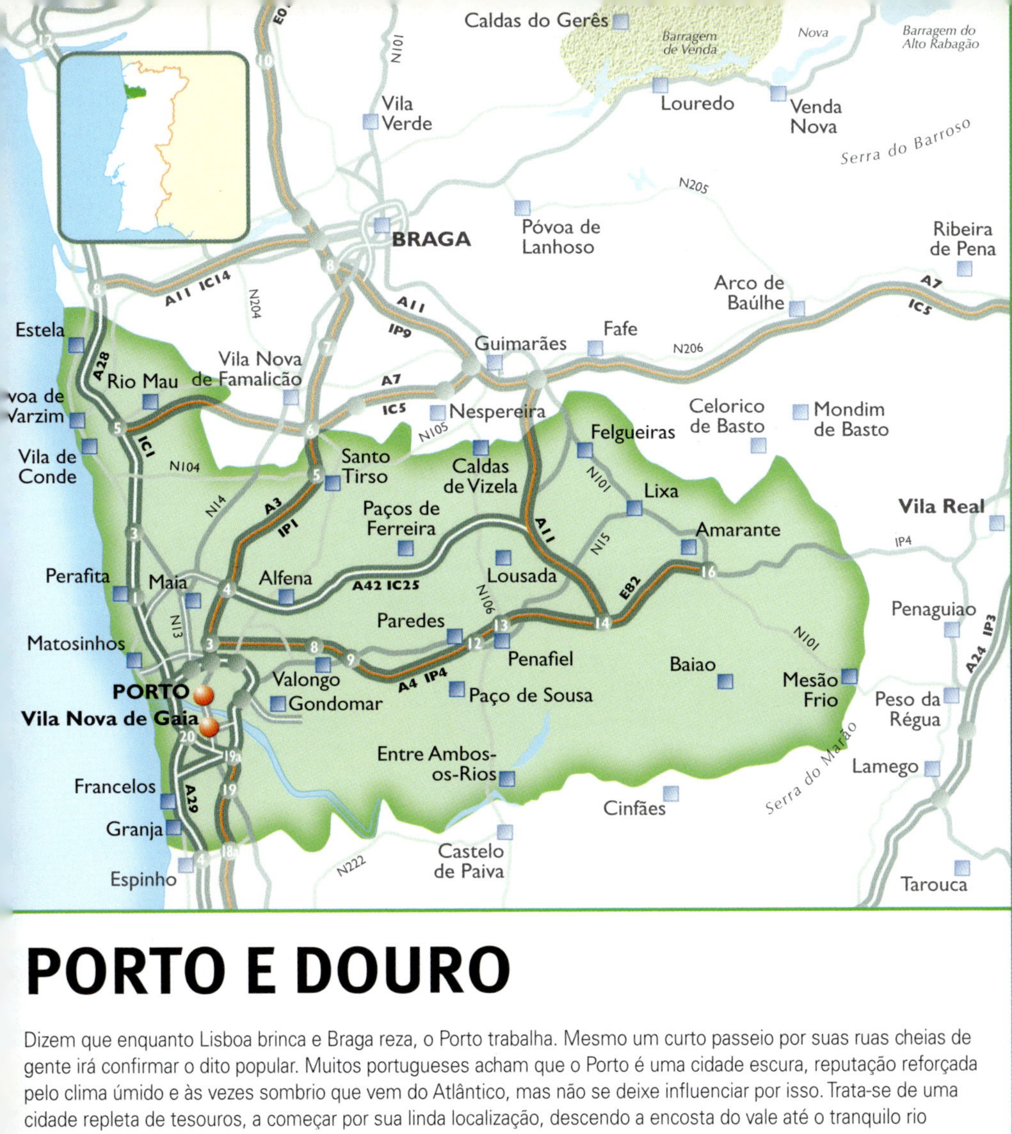

PORTO E DOURO

Dizem que enquanto Lisboa brinca e Braga reza, o Porto trabalha. Mesmo um curto passeio por suas ruas cheias de gente irá confirmar o dito popular. Muitos portugueses acham que o Porto é uma cidade escura, reputação reforçada pelo clima úmido e às vezes sombrio que vem do Atlântico, mas não se deixe influenciar por isso. Trata-se de uma cidade repleta de tesouros, a começar por sua linda localização, descendo a encosta do vale até o tranquilo rio Douro, abaixo.

Arquitetonicamente há um pouco para cada gosto, desde a catedral-fortaleza do século XII, passando pela barroca Torre dos Clérigos e pelo Palácio da Bolsa, neoclássico, até a cativante simplicidade art déco da Casa de Serralves e, ao lado dela, o ultramoderno museu de arte contemporânea. Na área cultural, o Porto tem várias atrações, como museus, teatros tradicionais, locais de concertos e a vanguardista Casa da Música, sede da Orquestra Nacional do Porto. Explore seus bairros históricos, a começar pelo mais antigo, a Ribeira, um exuberante labirinto de ruelas junto à orla do rio; depois siga até as ruas e avenidas mais ordenadas dos bairros comerciais na parte alta ou pegue o bonde até a Foz, na orla marítima.

Naturalmente, o vinho do Porto é parte obrigatória da visita à cidade; no mínimo, dê um pulo no Instituto dos Vinhos do Douro e Porto para tomar um cálice, mas se possível vá até Vila Nova de Gaia para conhecer uma das vinícolas e fazer uma degustação. Ou passeie de barco pelo rio ou de carro pelo idílico vale do Douro, para ver os terraços cultivados de uvas, visitar uma das quintas e provar seus vinhos.

AMARANTE

www.amarante.pt
www.rtsmarao.pt

A bela cidade histórica de Amarante fica às margens do rio Tâmega, afluente do Douro, em um vale de encostas verdejantes e vinhedos. É uma região de vinhos, onde nasceu o leve e espumante vinho verde, e seus arredores são pontuados por velhos solares (mansões senhoriais), muitos com hospedagem para visitantes.

Historicamente, o melhor momento de Amarante foi durante a Guerra Peninsular, quando, em 1809, uma heroica defesa do povo da cidade conseguiu deter o marechal Soult e suas forças francesas quando elas batiam em retirada diante do avanço das colunas britânicas de Beresford. Amarante resistiu duas semanas, e seus habitantes escaparam para local seguro antes que os franceses explodissem as defesas e tomassem a cidade. Ainda são visíveis marcas de baionetas francesas nas pinturas do interior da Igreja de São Gonçalo, padroeiro da cidade, feitas enquanto os franceses procuravam tesouros ocultos.

As principais atrações da cidade são a igreja e o antigo mosteiro, ambos dedicados a São Gonçalo, um interessante complexo ao lado da graciosa ponte antiga, que é hoje o Museu Municipal (tel 255 420 272; ter-dom 10h-12h30, 14h-15h30, €1). O acervo é basicamente dedicado ao pintor cubista Amadeo de Souza Cardoso (1887-1918), que nasceu na cidade e é um dos artistas portugueses de fama mundial.

Atravessando a ponte, alcança-se a Rua de Janeiro, cheia de antigos edifícios cujas sacadas se debruçam sobre o Tâmega. Há muitos cafés à beira do rio, além das praias, onde é possível alugar barcos e pedalinhos. O rio não é sempre tranquilo – as placas nos edifícios da cidade marcam os níveis das enchentes nos piores anos, a saber, 1909, 1939, 1962 e 2001. Rio abaixo a partir da ponte, o Parque Florestal é verde e fresco no verão e o complexo de piscinas é ideal para as crianças. A cidade e as vilas que a cercam oferecem boas lojas de artesanato. Amarante tem uma excelente feira duas vezes por semana (quarta e sábado).

326 C3 Alameda Teixeira de Pascoaes, 4600-011 Amarante 255 420 246 Amarante

PAÇO DE SOUSA

www.cm-penafiel.pt

Às margens do rio Sousa, a vila de Paço de Sousa é dominada pela Igreja-Mosteiro de São Salvador, antiga sede da ordem beneditina em Portugal.

Foram os monges beneditinos que primeiro abriram terraços nas encostas do vale para as vinhas, e seu outro legado foram as diversas igrejas românicas que deixaram por toda a área.

A grande igreja medieval no Paço tem fachada simples com uma rosácea, e, no interior, o túmulo de Egas Moniz, herói português cujo nome é sinônimo de lealdade, pode ser visto à direita dos três corredores mais escuros. Em 1127, Egas negociou a paz com o rei de Leão a mando do seu senhor, o rei Afonso Henriques, o que permitiu ao monarca se concentrar no esforço militar de derrotar os mouros no Sul. Três anos mais tarde, Afonso convenientemente ignorou o acordo e houve nova ameaça de guerra. Egas viajou a Toledo e ofereceu a si mesmo e a sua família para receberem a punição devida a Afonso. Sua lealdade foi recompensada quando o rei espanhol o mandou de volta ileso.

326 C4 Avenida Sacadura Cabral 90, 4560-480 Penafiel 255 712 561

PENAFIEL

www.cm-penafiel.pt

Os amantes de vinho devem ir direto para Penafiel, principal produtora do vinho verde português.

Cidade pequena e pacata, tem apenas uma atração cultural, o Museu Municipal (tel 255 712 760; seg-sex 9h30-12h, 14h-17h30, sáb 9h30-12h30), com uma coleção de achados arqueológicos do assentamento celta de Mozinho, próximo dali. Vale conferir as joias de ouro da coleção.

São muitas as oportunidades de degustar vinho – a Quinta da Aveleda, logo na saída da cidade, é uma boa opção, e o escritório de turismo pode dar outras sugestões. Penafiel também é uma boa base para explorar algumas lindas igrejas românicas – as de Abragão, Gandra e da pequena Boelhe.

326 C4 Avenida Sacadura Cabral 90, 4560-480 Penafiel 255 712 561 Penafiel

Página ao lado *O mosteiro de Paço de Sousa, que já foi sede da ordem beneditina*
Abaixo *A graciosa cidade de Amarante, cortada pelo rio Tâmega*

INFORMAÇÕES

www.portoturismo.pt

326 B4

Rua Clube dos Fenianos 25, 4000-172 Porto 223 393 470 Meados jul-meados set: diariam 9h-19h; resto do ano: seg-sex 9h-17h30, sáb-dom 9h-16h30

Rua Infante D. Henrique 63, 4050-297 Porto 222 060 412 Meados jul-meados set: diariam 9h-19h; resto do ano: seg-sex 9h-17h30, sáb-dom 9h30-16h

Casa da Câmara, Terreiro da Sé, 4050-573 Porto 223 325 174 Seg-sex 9h-17h30 Estação de Campanhã, Estação de São Bento

Acima *Os claustros decorados com azulejos azuis do século XVIII são uma das grandes atrações da catedral do Porto*

INTRODUÇÃO

Apesar de ser uma cidade grande, o Porto tem a maior parte de suas atrações concentrada em pontos próximos. O turista precisa conhecer um pouco da cidade antes de decidir alugar um carro, pois é bem difícil estacionar e a parte central do Porto é uma série confusa de ruas de mão única.

O eixo central da cidade é a Avenida dos Aliados, que termina na Praça da Liberdade, a minutos da estação de São Bento, uma das duas principais estações de trem. Ao sul, fica o centro histórico, que desce pelas encostas em direção ao Cais da Ribeira, a antiga orla, com o complexo da Catedral da Sé espreitando a leste. Esse é o bairro mais interessante e merece o maior tempo possível para ser explorado. Depois, é só subir a ladeira, no sentido da Bolsa, até as ruas a leste da Liberdade. Na área, fica a Torre dos Clérigos, que oferece uma esplêndida vista da cidade. Para chegar às outras atrações, use o sistema de ônibus ou de metrô.

O Porto ganhou importância durante a ocupação romana, quando dois núcleos cresceram em margens opostas do rio Douro. Em 1095, por conta de casamentos reais, a área passou para Henrique da Borgonha. Sob Afonso Henriques, tornou-se a base da reconquista cristã. Já houve uma época em que o país todo era chamado de Porto.

Em 1387, celebrou-se na cidade o casamento de dom João I e Filipa de Lencastre. O filho deles, Henrique, o Navegador, nasceu na cidade. O porto e os estaleiros desenvolveram-se rapidamente e forjaram-se vínculos de comércio com várias nações europeias – em particular com a Inglaterra, por meio de tratados assinados em 1654 e 1703. Na Guerra Peninsular, os soldados britânicos de Wellington recapturaram a cidade dos ocupantes franceses em 1809. Os cidadãos do Porto tiveram papel crucial, em 1820, ao forçar a adoção de uma constituição mais liberal para o país.

Hoje, o Porto é a segunda cidade de Portugal. Por anos, preocupou-se mais em se modernizar, o que comprometeu a conservação de seus tesouros históricos. Nomeada Capital Cultural da Europa em 2001, teve uma radical renovação urbana. O bairro da Ribeira, Patrimônio da Humanidade, foi revitalizado: edifícios restaurados e ruas e praças destinadas só para pedestres. Além disso, criou-se um passeio marítimo ligando o centro ao mar.

DESTAQUES

SÉ

Há vistas panorâmicas do rio a partir do piso de lajotas do Terreiro da Sé, o amplo espaço aberto, com pelourinho, na frente da catedral do Porto. A Sé, como muitas catedrais antigas de Portugal, é meio igreja meio fortaleza, um austero e belo edifício românico de granito, fundado no século XII por dona Tareja, mãe de Afonso Henriques. O interior foi remodelado no século XVIII. Brilhando no transepto norte, à esquerda do altar, fica uma belíssima peça de altar de prata, datada de meados do século XVII.

De apelo mais instantâneo que a igreja é o claustro, iniciado em 1385 e ornado com reluzentes painéis de azulejos do século XVIII. Dali, uma bela escadaria projetada pelo arquiteto italiano Nicolau Nasoni, responsável por introduzir a arquitetura barroca no país entre 1735 e 1748, leva até o capítulo e o terraço – de onde se tem linda vista do rio e da cidade. Fora, vale admirar a fachada clássica, parte do que já foi o palácio do arcebispo, projetado por Nasoni em 1772. Na parte de trás, junto a um tranquilo jardim, fica o Museu Guerra Junqueiro, Rua Dom Hugo 32 (tel 222 003 689; ter-dom 10h-12h, 14h-17h; €2), com uma ótima coleção de arte islâmica ibérica.

160 B3 · Terreiro da Sé, 4050-573 Porto · 222 059 028 · Catedral: nov-mar seg-sáb 9h-12h15, 14h30-17h15, dom 8h30-12h30, 14h30-18h; abr-out seg-sáb 8h45-12h30, 14h30-19h, dom 8h30-12h30, 14h30-19h. Claustro: nov-mar seg-sáb 9h-12h15, 14h30-17h15, dom 14h30-17h15; abr-out seg-sáb 9h-12h15, 14h30-18h, dom 14h30-18h · €3

RIBEIRA

Do Terreiro da Sé você cai direto no centro do bairro mais antigo do Porto, um confuso labirinto de ruas estreitas, degraus sinuosos e vielas. Apesar de uma recente remodelação, ainda é uma área agitada e bastante barulhenta, que gravita em torno do Cais da Ribeira, onde há uma animada feira diária. A oeste dali, a Praça da Ribeira, rodeada de casas antigas, altas e estreitas, é a praça principal, de onde ruas íngremes sobem para as partes mais modernas da cidade. É um ótimo ponto para apreciar a linda vista dos dois níveis da Ponte Dom Luís I – o nível inferior dá acesso aos armazéns do porto em Vila Nova de Gaia (▷ 164-5). A oeste da Praça da Ribeira, subindo a Rua da Alfândega, é possível visitar a Casa do Infante, que dizem ser o local de nascimento do príncipe Henrique, o Navegador, em 1394.

160 B4 · Cais da Ribeira, 4050-029 Porto

Boa variedade de lojas, incluindo algumas de artesanato

DICAS

» Vale a pena investir no Porto Card, para um, dois ou três dias. O cartão inclui todo o sistema de transporte público e dá acesso gratuito ou com desconto em monumentos e museus, além de descontos em lojas, restaurantes e cruzeiros pelo rio. É vendido nos escritórios de informação turística (o de um dia custa €7,50, o de dois dias custa €11,50 e o de três, €15,50).

» Os cruzeiros pelo rio são a melhor maneira de apreciar as pontes do Porto e o vale do Douro. Horários e trajetos variam ao longo do ano, com poucas viagens nos meses de inverno. Contate a Barcadouro (tel 222 722 415; www.barcadouro.pt) ou o escritório de turismo para mais detalhes.

» Use sapatos confortáveis – o Porto é cheio de ladeiras, com ruas íngremes de pedra na parte histórica.

Abaixo *Casas na Ribeira, o bairro mais antigo do Porto*

TORRE DOS CLÉRIGOS E IGREJA DOS CLÉRIGOS

Poucos minutos a pé a oeste da Praça da Liberdade, ergue-se a barroca Torre dos Clérigos, com seus 75,6m. Ela já foi a estrutura mais alta de Portugal e oferece uma boa vista aérea da cidade e arredores, além de ser um excelente marco de orientação. Ela também foi projetada por Nasoni. A Igreja dos Clérigos, bem ao lado da torre, foi a primeira igreja de planta oval construída em Portugal, e é luxuosamente enfeitada com uma combinação de festões e guirlandas.

160 B2 ✉ Rua São Felipe de Nery, 4050-546 Porto ☎ 222 001 729 ⌚ Igreja: diariam 8h45-12h30, 15h30-19h. Torre: ago diariam 10h-18h15; abr-jul, set-out diariam 9h30-12h30, 14h-18h15; nov-mar diariam 10h-12h30, 14h-16h30 Torre: €2 🚌 201, 302, 501 de Boavista

PALÁCIO DA BOLSA

www.palaciodabolsa.pt

Subindo a montanha e indo a oeste da Ribeira fica a área comercial da cidade, a Bolsa, cujo edifício – típico do auge comercial e industrial do Porto no século XIX – é o marco da região. Construído para impressionar, sua fachada neoclássica é a perfeita expressão da solidez e probidade financeiras. Projetado e construído em 1834, tem interior ricamente decorado com uma profusão de pedras preciosas, mármore e madeira, que alcançam o auge do luxo no maravilhosamente kitsch Salão Árabe, um impressionante pastiche do Alhambra de Granada, na Espanha, até com estuque em estilo mourisco, ricos vitrais e elaborados entalhes em madeira.

Há mais ostentação ao lado, na Igreja de São Francisco (fev-mai: diariam 8h-18h; jul-ago: diariam 9h-20h; jun, set, out diariam 9h-19h; nov-jan: diariam 9h-17h30, €3), erguida para os franciscanos e que começou como uma estrutura gótica simples. O interior foi reconstruído no século XVIII e hoje está cheio de entalhes rococó dourados, com os altares, paredes e abóbadas lotados de querubins, videiras e cenas de vida silvestre. O clero ficou tão chocado com sua extravagância quando foi desvelado que a igreja foi desconsagrada – e assim continua. O museu da igreja tem um piso que esconde um vasto ossário, onde milhares de ossos foram enterrados antes que os cemitérios públicos fossem instituídos em Portugal, no ano de 1845.
160 B4 Rua Ferreira Borges, 4050-253 Porto 226 399 000 Nov-mar: diariam 9h-13h, 14h-18h; abr-out: diariam 9h-19h €5 500, 202 da estação; 900 do centro

Acima *Detalhe do austero exterior românico da catedral*

Abaixo *Barcos pesqueiros ficam atracados no Douro, com a graciosa Ponte Dom Luís I ao fundo*

FUNDAÇÃO DE SERRALVES

www.serralves.com

O museu de arte contemporânea do Porto, a Fundação de Serralves, fica em um parque cheio de esculturas, logo a oeste do centro. A coleção permanente focaliza a relação entre os artistas portugueses e seus contemporâneos estrangeiros desde o final da década de 1960 até hoje. Fica exposta em um edifício bem moderno, projetado pelo renomado arquiteto português Álvaro Siza. O museu também abriga exposições temporárias no edifício art déco da década de 1930, Casa de Serralves, que faz parte do complexo do museu.
Fora do mapa 160 A3 Rua Dom João de Castro 210, 4150-417 Porto 808 200 543 Out-mar: ter-dom 10h-19h; abr-set: ter-sex 10h-19h, sáb-dom 10h-20h €5 201, 203, 207, 504 do centro, ônibus vintage e Portobus Bons livros de arte e lembranças do museu

PÓVOA DE VARZIM

www.cm-pvarzim.pt/turismo

A região é uma ótima opção para quem procura um balneário de férias tradicional com toque português. Com mais de 7km de praia e areias limpas, hotéis e restaurantes para todos os bolsos e vários edifícios tradicionais, Póvoa de Varzim é um bom local para ficar alguns dias. A longa esplanada, pontuada por fontes, é repleta de opções de hospedagem, além de vários blocos de apartamento. Mas a cidade tem um astral que compensa a sua falta de estilo. No extremo sul de seu porto pesqueiro, há uma bela fortaleza do século XVIII e um cassino. Atrás dessa faixa ficam os vestígios da cidade original, com algumas agradáveis ruas e praças escondidas, boas igrejas e um pequeno Museu Municipal, recentemente reformado e ampliado (tel 252 090 002 para horários e preços), com acervo arqueológico e uma variedade de peças ligadas à atividade marítima da região.

Póvoa tem uma série de festas de verão, incluindo um evento de música clássica em julho. Para aproveitar bem, é preciso chegar por volta de 15 de agosto, na Festa da Assunção de Nossa Senhora, quando há procissões dos barcos pesqueiros em homenagem à Virgem, além dos fogos de artifício.

✚ 326 B3 ℹ Praça Marquês de Pombal, 4490-442 Póvoa de Varzim ☎ 252 298 120

VILA DO CONDE

http://cmviladoconde.wiremaze.com

Cerca de 30km ao norte do Porto, o velho porto de Vila do Conde, uma cidade dedicada à construção de barcos e à pesca que preservou seu compacto centro antigo e alguns atraentes edifícios, faz um grande contraste com a vizinha Póvoa. Fica na foz do rio Ave, onde é possível ver barcos de pesca amarrados ao longo da margem do rio com seus peixes frescos à venda, assim como o agitado estaleiro.

Aqui foi construída, em 1987, uma réplica da primeira caravela a contornar o Cabo da Boa Esperança – que agora está ancorada na África do Sul, onde terminou sua viagem. A área é dominada pelo domo da Capela do Socorro, do século XVII, e as ruas estreitas de pedra são ladeadas por uma agradável mistura de casas simples caiadas e belas mansões.

O destaque é o edifício do Convento de Santa Clara, hoje um reformatório, com sua igreja gótica e claustro. Atrás dela há os restos do antigo aqueduto que fornecia água ao convento. Descendo o monte, alcança-se a Igreja Matriz, mistura do estilo ornamentado português e do espanhol, mais contido – este último, resultado talvez do envolvimento de trabalhadores bascos na construção.

Vila tem dois museus que valem a visita. O Museu de Renda de Bilros (seg-sex 9h-12h, 14h-18h, grátis), onde é possível conhecer a famosa renda da cidade. O outro é o Centro Ciência Viva (ter-dom 10h-18h, €2,50) que oferece uma oficina interativa de ciência.

✚ 326 B3 ℹ Rua 25 de Abril 103, 4480-722 Vila do Conde ☎ 252 248 473

Acima *O Convento de Santa Clara é uma das grandes atrações de Vila do Conde*
Página ao lado *Vitral na Igreja da Matriz de Vila do Conde*

I
II
III
IV
V
VI
VII
VIII
IX
X

VILA NOVA DE GAIA

INFORMAÇÕES

www.portoturismo.pt
326 B4 Avenida Diogo Leite 242, 4000-111 Vila Nova de Gaia ou no Cais da Gaia, Loja 510, 4400-266 Vila Nova de Gaia 223 773 080 ou 223 756 216
Out-jun: seg-sex 9h-17h30, sáb-dom 9h-16h30; jul-set: diariam 9h-19h
Há 16 vinícolas abertas para visitas guiadas

DICAS

» Se tiver pouco tempo, faça um tour a partir do Porto: um deles engloba o Porto e Gaia; o outro é uma viagem em um minitrem partindo da Sé até Gaia – informe-se no escritório de turismo do Porto.

» Se você gosta de alturas, chegue a Gaia andando pelo nível superior da Ponte Luís I, que tem linda vista de Gaia e da orla da Ribeira.

» Gaia tem bons preços por excelentes vinhos do Porto.

Acima *Armazéns de vinho se enfileiram nas margens do rio Douro em Gaia*
Página ao lado *Barris de vinho do Porto*

INTRODUÇÃO

Núcleo principal do secular comércio de vinho do Porto, Vila Nova é famosa por suas vinícolas – os melhores locais para aprender a história desse grande vinho fortificado e degustá-lo. É fácil cruzar o rio a partir do Porto para visitar Vila Nova de Gaia. Embora muito próxima do Porto, é outra cidade, em geral chamada apenas de Gaia. Há diversas vinícolas a partir da beira do rio, por isso é bom escolher duas ou três para visitar – mas é bom conferir os horários com o escritório de turismo. Tente visitar os maiores produtores, como Sandeman ou Graham, e outros menores, como Barros ou Ramos Pinto. A Ferreira tem um dos melhores salões de degustação, com bela decoração de azulejos. Passeie pelas ruas de Gaia para mergulhar na atmosfera histórica. O Mosteiro da Serra do Pilar oferece magnífica vista de Gaia, do Porto e do rio. Mas a igreja e o mosteiro abrem apenas aos sábados e nas manhãs de domingo.

A história do vinho do Porto como variedade reconhecida de vinho data do início do século XVIII, quando mercadores ingleses baseados no Porto divulgaram sua qualidade. Isso ocorreu em boa hora para os ingleses, já que não dava para importar vinho francês para a Inglaterra, pois os dois países estavam em guerra. Com isso, tomar vinho do Porto virou moda, ainda mais quando o Tratado de Methuen, de 1703, reduziu as taxas sobre o vinho.

O comércio de vinho do Porto deu um grande salto. Era tão lucrativo que alguns produtores tentaram empurrar vinhos inferiores de outras partes do país como genuínos. Os demais produtores fundaram então a Companhia Geral de Agricultura dos Vinhos do Alto Douro em 1756, que demarcou a área do Porto e regulamentou sua produção e maturação.

Gaia tinha muita área disponível para erguer armazéns onde se pudessem maturar imensas quantidades do vinho. Ficava em local perfeito, junto à margem do Douro. Com isso, assumiu a liderança no comércio exportador e mantém a posição até hoje.

DESTAQUES

AS VINÍCOLAS (VINHERIAS) DE VINHO DO PORTO

Existem 16 vinícolas em Gaia que promovem visitas e oferecem degustações de vinho do Porto. A área de produção de vinho do Porto foi a primeira zona vinícola demarcada do mundo. Até 1987, o vinho só podia ser chamado de Porto se tivesse sido maturado em Vila Nova de Gaia. Tradicionalmente, o Porto era produzido rio acima e embarcado para Gaia. A produção ainda tem lugar nas quintas do vale do Douro, que agora têm permissão para maturar seu vinho in loco. Os produtores de vinho do Porto se orgulham de sua longa história e recebem bem os visitantes em suas lojas e armazéns.

COMO É FEITO O VINHO DO PORTO

O Porto é um vinho fortificado, ou seja, recebe adição de brandy em suas uvas durante a produção. Isso fortalece o produto e interrompe a fermentação, deixando metade do açúcar natural da uva no vinho. O clima e a geografia do vale têm papel vital: as temperaturas são extremas, com verões escaldantes e invernos gélidos e o solo é relativamente pobre, forçando as vinhas a se enraizarem a até 6m na pedra para encontrar a umidade de que precisam a fim de crescer e florescer.

A colheita é de meados de setembro a meados de outubro. As uvas são apanhadas, esmagadas e fermentadas e a temperatura é controlada. Depois, são armazenadas rio acima para assentar e clarear até a primavera seguinte. Em Gaia, o Porto matura o tempo necessário para produzir as diversas qualidades de vinho e depois é despachado para o mundo inteiro.

Há vários tipos de Porto: branco, sutilmente doce mas seco, em geral servido gelado como aperitivo; rubi, de vermelho-claro intenso; tawny, mais velho e mais complexo; o vintage engarrafado tardiamente e o Porto vintage. Os vintages têm classificação exclusivamente em anos quando são de alta qualidade; o vinho deve então maturar no barril por mais dois anos antes de ir para a garrafa.

AS VINÍCOLAS

Cálem

www.calem.pt

A Cálem foi fundada em 1859. Seu Porto tawny, Os Velhotes, é um dos melhores de Portugal. A visita inclui degustação.
Avenida Diogo Leite 344, 4400-111 Vila Nova de Gaia 223 746 660
Mar-fim out: diariam 10h-19h15; resto do ano: diariam 10h-18h15 €3

Graham's

www.grahams-port.com

Vinícola tradicional fundada em 1820. Visitas guiadas gratuitas são precedidas por um vídeo e seguidas de degustação.
Rua Rei Ramiro 514, 4400-281 Vila Nova de Gaia 223 776 330
Mai-set: diariam 9h30-18h; out-abr: seg-sex 9h30-13h, 14h-17h30

Ramos Pinto

www.ramospinto.pt

A Ramos Pinto foi fundada em 1880 especificamente para atender aos mercados da América do Sul. Durante a visita você verá antigos cartazes, fotos e outros objetos, antes de degustar o vinho. A casa tem uma ótima biblioteca e grandes adegas com teto em abóbada.
Avenida Ramos Pinto 400, 4400-266 Vila Nova de Gaia 223 707 000
Jul-ago: diariam 10h-17h; jun e set: seg-sáb 10h-17h; resto do ano: seg-sex 9h-12h, 14h-16h €2

Sandeman

www.sandeman.com

Esta é a melhor opção para conhecer a fundo uma vinícola, com visitas guiadas às adegas, degustação e um museu.
Largo Miguel Bombarda 3, 4400-222 Vila Nova de Gaia 223 740 533
Mar-fim out: diariam 10h-12h30, 14h-18h; nov-fim fev: diariam 9h30-12h30, 14h-17h30 €3 (entrada gratuita quando se compra uma garrafa de Porto)

Taylor's

www.taylor.pt

Esta vinícola é administrada por uma família há 300 anos. Especializada em Portos vintage bastante envelhecidos.
Rua do Choupelo 250, 4400-088 Vila Nova de Gaia 223 742 800 Jul-ago: 10h-18h30 (últ adm 1 hora antes de fechar); set-jun: seg-sex 10h-18h Grátis

PASSEIO A PÉ

O PORTO

Este passeio pelo centro do Porto mostra as singularidades da segunda maior cidade de Portugal e de seu maravilhoso bairro antigo. Além disso, você tem a chance de parar em alguns de seus tentadores cafés e bares para descansar um pouco.

O PASSEIO
Distância: 2,6km
Duração: 2 horas
Início/fim: Praça da Liberdade

★ Comece na parte sul da Praça da Liberdade. Atravesse a rua e siga à esquerda para chegar à principal estação do Porto, a Estação de São Bento.

❶ Vale a pena dar uma olhada nos fantásticos azulejos da sala de bilhetes da estação São Bento. São mais de 20 mil – todos pintados entre 1905 e 1930 pelo artista Jorge Colaço, retratando paisagens históricas e tradições rurais do norte.

Com a estação à sua esquerda, ande pela Avenida Dom Afonso Henriques, atravessando para virar na Rua Dom Hugo, onde você vai encontrar a Casa-Museu Guerra Junqueiro. Continue até chegar à catedral do Porto, a Sé (▷ 159).

❷ A Casa-Museu Guerra Junqueiro é uma incrível coleção de arte islâmica reunida pelo poeta Abílio de Guerra Junqueiro (1850-1923).

Passe pelo Palácio do Arcebispo e enverede pelos degraus e vielas medievais do Bairro do Barredo até o Cais da Ribeira às margens do rio – desde que continue descendo a encosta, o trajeto exato não importa muito. Você vai chegar à principal rua junto ao rio, que abriga um mercado. Vire à direita e ande ao longo do Douro até a Praça da Ribeira (▷ 159). Daqui siga à direita e suba a ladeira pela Rua dos Mercadores, dobrando a primeira à esquerda na Rua Infante Dom Henrique.

❸ Nos números 47-53 da Rua Infante Dom Henrique há uma incrível casa medieval doada por dom João I aos comerciantes da cidade, que acabou sendo a primeira Bolsa do Porto. Procure ver, também, a "fábrica" inglesa do século XVIII, projetada pelo cônsul inglês John Whitehead como ponto de encontro para comerciantes ingleses e exportadores de vinho. Na mesma rua você vai achar também a Igreja de São Francisco (▷ 161) e a Bolsa (▷ 161).

Acima *Prédios coloridos, cafés e lojas são a marca da Praça da Ribeira, a principal praça do mais antigo bairro do Porto*

Junto à igreja, vire na Rua Ferreira Borges. Depois siga em diagonal à direita cruzando o Largo São Domingos até a Rua das Flores.

❹ A Igreja da Misericórdia está à sua esquerda. É um edifício do século XVI com fachada do XVII desenhada por Nasoni. Ao lado fica a Santa Casa da Misericórdia, que abriga a *Fons Vitae*, uma das pinturas mais celebradas do Porto.

Passando a igreja, pegue a segunda à esquerda, a Rua Trindade Coelho, depois vire à esquerda na dos Caldeireiros e ande junto ao Campo Mártires da Pátria. Atravesse o jardim e então suba até a Igreja do Carmo.

❺ A Igreja do Carmo, do século XVIII, é uma das mais exuberantes do Porto, com uma belíssima fachada de 1912, toda coberta de azulejos do mais profundo azul. Vizinha à do Carmo fica a mais antiga Igreja das Carmelitas.

Saia da igreja e vire à esquerda, passando pela famosa Livraria Lello & Irmão, ricamente decorada (▷ 169), e desça então pela Rua das Carmelitas até a Igreja dos Clérigos e sua torre (▷ 160). Volte à Praça da Liberdade pela Rua dos Clérigos.

ONDE COMER

A Adega Vila Meã na Rua dos Caldeireiros serve boa comida regional (▷ 172). Vale a pena conferir.

QUANDO IR

Pode ser de manhã ou no meio da tarde, quando as ruas estão movimentadas, cheias de vida. Sente-se, dessa forma, a verdadeira atmosfera do Porto.

O QUE VISITAR

CASA-MUSEU GUERRA JUNQUEIRO

✉ Rua Dom Hugo 32, 4050-305 Porto
☎ 222 003 689 🕐 Ter-dom 10h-12h, 14h-17h 🎫 €2,06; grátis sáb-dom 🚉 S. Bento

DICA

» Prepare-se para subir e descer ladeiras.

Acima *Fachada da Igreja da Misericórdia, na Rua das Flores*

ARTE, COMPRAS, DIVERSÃO E NOITE

Acima *O Estádio do Dragão é a casa de um dos times de futebol mais tradicionais de Portugal, o FC Porto*

AMARANTE

CLUBE DE GOLFE AMARANTE

www.portugalgolf.pt

Saindo de Amarante rumo a Fregim, este campo tem 18 buracos (par 68) e belas vistas. Reserve pelo site.

✉ Quinta da Deveza, 4600-593 Fregim ☎ 255 446 060 🕐 Ter-sex 9h-19h, sáb-dom 8h-19h 18 buracos ter-sex €50, sáb-dom €75; aluguel dos tacos €30; carrinhos de mão €6

DOURO

QUINTA DO PANASCAL

www.fonseca.pt

Não é preciso fazer reserva para visitar esta quinta que promove visitas gratuitas aos seus vinhedos, além de degustação. Compre o vinho na loja (só em dinheiro).

✉ 5120-496 Valença do Douro ☎ 254 732 321 🕐 Abr-out: diariam 10h-13h, 14h-18h; nov-mar: seg-sex 10h-13h, 14h-18h Grátis De Régua pegue a rodovia N222 sentido Pinhão. A propriedade fica em Valença do Douro

QUINTA DE SÃO DOMINGOS

www.castelinho-vinhos.com

Esta quinta reformada tem uma das maiores instalações para visitantes da região. Não é preciso reservar suas visitas guiadas e degustações de vinhos do Porto e do Douro, que você pode comprar na loja (só em dinheiro).

✉ Juncal de Cima, 5050-207 Peso da Régua ☎ 254 320 260 🕐 Mai-set: diariam 9h30-18h30; resto do ano: diariam 9h-18h À esquerda na estrada que vai para Vila Real

PORTO

ANIKI BÓBÓ

Clube em dois níveis, um marco da Ribeira que atrai pessoal jovem. Embaixo tem pista de dança. Em cima, mais calmo, tem um bar, onde às vezes há teatro ao vivo ou exposições de arte às quintas-feiras.

✉ Rua da Fonte Taurina 36-38, Ribeira, 4050-269 Porto ☎ 223 324 619 🕐 Ter-sáb 22h-4h €5

A PÉROLA DO BOLHÃO

Mercearia que vende ótimos alimentos, como linguiça curada, em frente ao mercado. O edifício art nouveau tem uma fachada decorativa com duas figuras orientais em mantos azuis que simbolizam os lugares onde seus chás, cafés e especiarias se originaram.

✉ Rua Formosa 279, 4000-252 Porto ☎ 222 004 009 🕐 Seg-sex 9h30-13h, 15h-19h30, sáb 9h30-13h

ARCÁDIA

Desde 1933, esta loja produz o que muitos consideram os melhores chocolates da cidade. Feitos com extremo cuidado, usando receitas artesanais e ingredientes 100% naturais, eles vêm em embalagens azuis e brancas, amarradas com fita dourada – um ótimo presente.

✉ Rua do Alameda 63, 4050-036 Porto ☎ 222 001 518 🕐 Seg-sex 9h30-19h, sáb 9h30-13h

ARMAZÉM DOS LINHOS

Esta grande loja de cama e mesa funciona desde o final do século XIX. Vende peças bordadas e regionais, e também o famoso e decorativo algodão impresso de Alcobaça.

✉ Rua de Passos Manuel 19, 4000-384 Porto ☎ 222 004 750 🕐 Seg-qui 9h30-12h30, 14h30-19h: sex 10h-12h30, 14h30-19h, sáb 10h-13h

ARTE FACTO

Em um elegante edifício do século XVIII, a uma quadra do rio, vende artesanato local de boa qualidade. Promove exposições e oficinas.

Rua da Reboleira 37, Ribeira, 4050-492 Porto 223 320 201 Seg-sex 10h-13h, 14h-18h

CASA DA MÚSICA
www.casadamusica.com
A imponente Casa da Música foi projetada pelo arquiteto holandês Rem Koolhaas para celebrar a indicação do Porto como Capital Cultural da Europa em 2001. Abriga várias orquestras, como a Orquestra Nacional do Porto, e é um dos principais endereços da música e da cultura no Porto.
Avenida da Boavista 604-610, 4149-071 Porto 220 120 200 (9h-18h) ou 220 120 220 (10h-20h) Bilheteria: diariam 10h-20h e, em dia de espetáculo, 30min depois do início da sessão Variável, dependendo do espetáculo 201, 203, 502, 503, 504 Linhas A, B, C e E, Casa da Música

COLISEU DO PORTO
www.coliseudoporto.pt
Este grande teatro atraiu muitas estrelas internacionais ao longo dos anos, e ainda apresenta bandas de rock, shows de dança e concertos de música erudita.
Rua de Passos Manuel 137, 4000-385 Porto 223 394 940 Bilheteria: seg-sáb 14h-20h, 21h-22h (dias de espetáculo); fecha ago Os ingressos custam entre €15-€60, mas podem ser bem mais caros conforme o show Na plateia

DIANA TOURS
www.dianatours.pt
Esta empresa oferece ampla gama de passeios pela cidade, classificados por temas. Um deles é o Tripeiro (tripeiros, ou comedores de tripas, é como são chamados os habitantes do Porto); para os mais suscetíveis, recomenda-se o Rabelo (em barco típico do Douro). Reserve.
Escritório e reservas: Campo Grande 30B, 1700-093 Lisboa 217 998 540 O ano todo; ligue para se informar Preços começam em €10 e variam conforme o passeio

ESTÁDIO DO DRAGÃO
www.fcporto.pt
Sede do muitas vezes campeão nacional FC Porto, este impressionante estádio (foto ⊳ 168) foi concluído em 2003 para abrigar a partida de abertura da Eurocopa 2004. Com capacidade para 52 mil pessoas, faz parte de um complexo esportivo com diversos ginásios, lojas e alojamentos. Para detalhes sobre jogos veja o *Público* ou o *Jornal de Notícias*.
FC Porto (clube), Piso 3, Entrada Nascente, 4350-415 Porto 225 570 400 ou 707 281 893 (clube) Bilheteria para jogos: diariam 10h-13h, 15h-19h €15-€75 Antas 401 Linhas A, B, C e E

FERNANDO S. DIAS DOS SANTOS
Entre várias lojas de artesanato perto da Torre dos Clérigos, esta é uma das mais antigas e data do século XVIII. Além da variedade usual de cerâmica e têxteis, também vende uma grande coleção de trajes regionais usados nas diversas partes do país.
Rua dos Clérigos 45-47, 4050-205 Porto 222 006 053 Mai-set: diariam 10h-19h; resto do ano: seg-sex 9h30-12h30, 14h30-17h, sáb 9h30-13h

FERREIRA
www.sogrape.pt
Ferreira é o vinho do Porto que mais vende e a única grande empresa fundada por uma família nativa do Douro. Sua fundadora, Adelaide, começou com poucos vinhedos. Graças ao sucesso de seu produto, estenderam-se do Porto até a Espanha. Venha visitar e degustar os ótimos vinhos.
Avenida Ramos Pinto 70, 4400-082 Vila Nova de Gaia 223 746 107 Diariam 10h-12h30, 14h-18h €3 incluindo visita e degustação Ônibus 900, 901, 904 da Rua Mouzinho da Silveira, abaixo da estação São Bento de trem

GALERIA DE ARTESANATO "O GALO"
Situado em uma das ruas que descem da estação São Bento, este lugar atrai os apreciadores de cerâmica com suas prateleiras cheias de peças regionais, pratos decorativos e peças artísticas abstratas. As exposições permanentes mostram figuras cômicas dos descendentes da famosa Rosa Ramalho, junto com peças de Mistério e José Franco.
Rua Mouzinho de Silveira 68, 4050-415 Porto 223 325 294 Seg-sex 10h-12h30, 13h30-19h, sáb 10h-13h

GARRAFEIRA DO CARMO
A Garrafeira do Carmo vende uma variedade impressionante de vinhos do Porto – alguns de 1900 –, além de vinhos de mesa de alta qualidade a preços razoáveis.
Rua do Carmo 17, 4050-164 Porto 222 003 285 Seg-sex 9h-13h, 14h-19h, sáb 9h-13h

GARRAFEIRA TIO PEPE
www.garrafeiratiopepe.pt
Este imenso armazém de vinhos é um ótimo lugar para se abastecer se você estiver de carro (tem estacionamento). O pessoal bem treinado sabe orientar na escolha dos vinhos.
Rua Engº Ferreira Dias 51, 4100-247 Porto 226 184 656 Seg-sex 10h30-13h30, 15h-20h, sáb 10h-13h 302 da Avenida dos Aliados Linhas A, B, C ou E Ramalde Duas ruas depois da Avenida do Aeroporto, perto da rotatória de Nó de Francos

HOT FIVE JAZZ AND BLUES CLUB
www.hotfive.eu
Para ouvir um pouco do melhor jazz e blues que se faz no país, conheça este belo clube. Confira as atrações no site. Quinta é dia de jam sessions.
Largo Actor Dias 51, 4000-192 Porto 919 015 374 Qui-dom 22h-3h €5 em dias de show; nos outros, grátis

LIVRARIA LELLO & IRMÃO
http://lelloprologolivreiro.com.sapo.pt
Esta catedral literária neogótica, com teto de vitrais e escadaria entalhada, abriu em 1906 e com justiça se autoproclama a livraria mais palaciana do mundo. Os fãs de livros podem folhear qualquer um dos 60 mil títulos. Também vende obras em inglês, francês e alemão.
Rua das Carmelitas 144, 4050-161 Porto 222 018 170 Seg-sex 10h-19h30, sáb 10h-19h

MERCADO DO BOLHÃO

As bancas ao ar livre, no pátio central do mercado e em suas varandas sobrepostas, são muito movimentadas de manhã. Vendem de pão, queijos e carnes curadas a artigos domésticos, animais de estimação e flores, além de cerâmica e cestaria.
Rua Fernandez Tomás, 4000-214 Porto 223 326 024 Seg-sex 8h-17h, sáb 8h-13h

OPORTO GOLF CLUBE

www.oportogolfclub.com
É o clube de golfe mais antigo do país. O primeiro de seus 18 buracos, um par 4, foi astutamente construído contra a forte nortada (ventos do norte) e constitui um desafio para qualquer jogador. A casa do clube tem boas instalações, mas o restaurante é só para sócios.
Paramos, 4500 Espinho 227 342 008 Ter-dom 8h-anoitecer 18 buracos ter-sex €50, sáb-dom €60; aluguel do taco €20; carrinho de mão €5 Pegue a rodovia IC1 para o norte por quase 20km e saia em Espinho. O campo fica ao sul da cidade

Abaixo *Barris de vinho do Porto na Taylor's, vinícola de administração inglesa que oferece excelentes visitas e degustações*

PAVILHÃO DA ÁGUA

www.pavilhaodaagua.blogspot.com
Criado para Expo '98 de Lisboa, este pavilhão aquático foi transferido para o Parque da Cidade no Porto em 2002. Seu atraente design cúbico abriga exposições interativas voltadas para mostrar a importância da água na vida diária, como fonte de energia e nas áreas de tecnologia e ciência.
Parque da Cidade, Est. Circunvalação 15443, 4100-183 Porto 226 151 820 Jul-fim ago: ter-dom 10h-12h30, 14h30-17h30; resto do ano: seg-sáb 9h30-12h30, 14h-16h30 Adulto €3,50, criança (4-10) €2, família €8 501, do centro para a entrada norte do parque

ROTA DOS VINHOS VERDES

www.vinhoverde.pt
Organização que dá sugestões de roteiros de carro pela região do vinho verde, incluindo algumas das mais interessantes quintas. A Rota dos Vinhos Verdes indica também os melhores locais para degustar vinhos e para comer.
Comissão de Vinicultura da Região dos Vinhos Verdes, Rua da Restauração 318, 4050-501 Porto 226 077 300 Seg-sex 9h-12h30, 14h-17h30

SHERATON PORTO SPA

www.sheratonporto.com
Andar em rua de pedra cansa, e para se recuperar você pode ir até o Sheraton Spa. Tem banho turco, piscina e academia, e oferece terapia com pedras, massagem, tratamentos faciais, wraps e outros.
Rua Tenente Valdim 146, 4100-476 Porto 220 404 000 Preços começam em €40 e variam conforme o tratamento

SOLAR DO VINHO DO PORTO

www.ivdp.pt
Situada perto do Palácio de Cristal, esta adorável quinta com um gracioso pátio e lindas vistas do rio, oferece um cenário esplêndido para apreciar uma variedade dos melhores Portos do Douro, disponíveis no copo.
Quinta da Macieirinha, Rua de Entre Quintas 220, 4050-239 Porto 226 094 749 Seg-qui 16h-23h, sex-sáb 16h-24h Varia conforme o Porto escolhido 200, 207, 302, 601

SWING

Junto à Rotunda da Boavista fica o mais antigo clube do Porto, que continua na moda desde o dia em que abriu. O estilo da música varia duran-

te a semana, de noites de estudantes da década de 1980 a dance, com público variado.

Praceta Engº Amaro da Costa 766, perto da Rua de Júlio Dinis, Boavista, 4050-012 Porto 226 090 019 Qua-dom 24h-7h €7,50 ou €12,50 em eventos especiais (inclui drinques) 201, 302, 501 Linhas A, B, C e E, Casa da Música

TAYLOR'S

www.taylor.pt

De todas as antigas vinícolas dirigidas por ingleses, esta empresa, que existe há mais de três séculos, provavelmente oferece a melhor visita guiada e degustação de Portos vintage de engarrafamento tardio. Seu site traz todas as informações históricas.

Rua do Choupelo 250, 4400-088 Vila Nova de Gaia 223 742 800 Jul, ago: seg-sex 10h-18h30; set-jun: seg-sex 10h-18h (últ adm 1h antes de fechar) Visita e degustação gratuitas Ônibus 900, 901, 904 da Rua Mouzinho da Silveira, descendo da estação São Bento de trem

TEATRO NACIONAL DE SÃO JOÃO

www.tnsj.pt

Aberto em 1798, o teatro sofreu um incêndio e virou cinema. Comprado pelo governo e restaurado, reabriu como Teatro Nacional de São João em 1995 e sedia agora eventos teatrais importantes.

Praça da Batalha, 4000-102 Porto 223 401 900 Bilheteria: ter-sáb 13h-19h dias de espetáculo: 13h-22h €10-€50 Na plateia

VILA NOVA DE GAIA

BARCADOURO

www.barcadouro.pt

Para apreciar as melhores vistas da cidade, do rio e das pontes, faça um cruzeiro pelo rio Douro. Pode ser um passeio de uma hora pelas pontes da cidade, ou um cruzeiro com pernoite subindo o Douro até Régua e Barca de Alva. Há passeios curtos diariamente, o ano todo, se houver lotação suficiente. Recomenda-se reservar.

Avenida Ramos Pinto, loja 240, Cais de Gaia, 4400-161 Vila Nova de Gaia 222 722 415

FESTIVAIS E EVENTOS

FEVEREIRO-MARÇO

FANTASPORTO

www.fantasporto.com

O festival internacional de filmes de arte do Porto é realizado desde 1981 e é considerado por muito o maior fórum mundial de filmes de ficção científica e cinema fantástico; inclui palestras, projeções e oficinas de cinema.

Porto

ABRIL

FESTIVAL INTERCÉLTICO DO PORTO

www.discantus.pt

O maior encontro português de temática céltica atrai grupos do país e do exterior, além de bandas escocesas e irlandesas.

Rua Duque de Saldanha 97, 4300-464 Porto (informações) 225 193 100 Início abr

MAIO

QUEIMA DAS FITAS

O fim do ano acadêmico e início do período de exames é marcado pela Queima da Fitas, uma semana de shows de rock, com muita festa e cerveja, culminando em um grande desfile. Nele, os alunos se vestem com suas togas tradicionais.

Porto Início mai

JUNHO

ROMARIA DE SÃO GONÇALO

São Gonçalo, associado com casamento e fertilidade, é lembrado na mais importante festa anual de Amarante. A romaria é marcada por bandas, dança folclórica, procissões e bancas de rua. Na noite de sábado, há um belo espetáculo de fogos de artifício no rio. No domingo, acontece uma missa solene em homenagem ao santo.

Amarante 1º fim de semana jun

FESTAS DA CIDADE – SÃO JOÃO

Na noite de São João, uma multidão toma as ruas, com muita gente fantasiada, para comer sardinhadas (sardinha frita) e participar de desfiles e danças. Note os martelos de plástico usados para acertar a cabeça dos passantes, supostamente para lhes desejar boa sorte.

Porto 23-24 jun

JULHO

JAZZ NO PARQUE

www.serralves.com

Músicos do Porto e estrangeiros tocam nos belíssimos jardins de Serralves.

Fundação de Serralves, Rua D. João de Castro 210, 4150-417 Porto 808 200 543 ou 226 156 500 2º, 3º e 4º fins de semana jul €10 203, a partir do centro do Porto

AGOSTO

NOITES RITUAL ROCK

www.noitesritual.com

Realizado no Crystal Palace Gardens, é onde as bandas de rock portuguesas divulgam seu trabalho.

Rua Dom Manuel II, 4050-346 Porto 222 089 925

FESTAS DE SÃO BARTOLOMEU

Festa única que tem como cenário a antiga vila pesqueira de Foz do Douro. As pessoas se vestem com trajes de papel colorido, muito criativos, e desfilam pelas ruas antes de dar um mergulho simbólico e purificador no oceano.

Foz do Douro Dom depois 24 ago

OUTUBRO-DEZEMBRO

FESTIVAL MUNDIAL DO CARTOON

Este festival inusitado foi lançado em 1999 pelo Museu Nacional da Imprensa com o objetivo de colocar a cidade no cenário mundial do cartum. A iniciativa tem obtido grande sucesso. Apresenta exposições de cartuns do mundo todo e oferece sessões ao vivo com cartunistas de fama internacional.

Museu Nacional de Imprensa, EN108, 206, Freixo, 4300-316 Porto 225 300 648 ou 225 304 966 Grátis

ONDE COMER

Acima *O restaurante Dom Tonho, no Porto, ocupa um antigo armazém de bacalhau*

PREÇOS E SÍMBOLOS

Os restaurantes são listados em ordem alfabética. Os preços são os médios para um almoço com dois pratos (A) e um jantar com três pratos (J) para uma pessoa, sem bebidas. O preço do vinho é o da garrafa mais barata. Todos os restaurantes aceitam cartões de crédito, a menos que seja especificado o contrário.

Para a legenda dos símbolos, ▷ 2.

AMARANTE

TASQUINHA DA PONTE

A Tasquinha atende não só visitantes, mas também locais à procura de comida regional saudável, e serve porções generosas de pratos autênticos com muito sabor.

Rua 31 de Janeiro, 4600-043 Amarante
255 433 715 Ter-dom 9h-24h
A €10, J €12, vinho €3,50

PORTO

Para ir aos restaurantes da Foz do Douro, tome o ônibus ou o bonde no centro do Porto, ou um táxi (aproximadamente €12).

ADEGA VILA MEÃ

Esta adega imperdível serve uma comida regional sem adornos em grandes porções à moda antiga. Peça um quarto de porção se estiver sozinho. Cada dia da semana tem seu prato especial: bacalhau frito às segundas, polvo assado às terças, carne de porco à casserole às quartas, cozido à portuguesa às quintas, vitela e cabrito assados às sextas.

Rua dos Caldeireiros 62, 4050-137 Porto
222 082 967 Seg-sáb 12h-15h, 19h-22h A €15, J €20, vinho €7,50

BULL AND BEAR

Aclamado pela imprensa do país, este restaurante é um dos mais populares do Porto. O cardápio sazonal mescla tradição portuguesa e inovação internacional. Serve terrine de foie gras com vinho do Porto 10 anos, blini de ovas de peixe e cerveja, merluza com azeitonas e pão de milho, pato e torta de trufas, e mais de 400 vinhos à sua escolha.
O chef Miguel Castro e Silva é um dos mais famosos do país.

Avenida da Boavista 3431, Boavista, 4149-017 Porto 226 107 669 Seg-sex 12h30-15h, 20h-23h, sáb 8h-12h
A €25, J €35, vinho €12 502

CAFEÍNA

www.cafeina.pt

Este restaurante é um marco, com suas paredes verde-escuras e modernos painéis. Conhecido por seus ótimos filés, tem influência francesa e italiana, como mostram o foie gras com bacon e cogumelos e o tagliolini de trufas. Sobremesas como a deliciosa torta de pera e amêndoas com sorvete de baunilha.

Rua do Padrão 100, Foz do Douro, Porto
226 108 059 Diariam 12h30-18h, 19h30-1h30 A €20, J €30, vinho €12
500

CAFÉ MAJESTIC

www.cafemajestic.com

Luxuoso café art nouveau inaugurado em 1921. Tem querubins de estuque, belíssimos lustres, estofados de couro, pisos de mármore e espelhos de Antuérpia. É ideal para tomar um café e saborear um doce ou uma refeição leve.

Rua de Santa Catarina 112, Porto
222 003 887 Seg-sáb 9h30-24h
Lanche leve e bebida €9 por pessoa

CASA AGRÍCOLA

www.casa-agricola.com

No primeiro andar de um edifício do século XVIII com paredes escarlate e pisos de madeira, tem peixes grelhados, carnes (incluindo pato e su-

culentos filés com pimenta) e, o que é bem raro em Portugal, um cardápio vegetariano. Também oferece ótimo cardápio fixo no almoço por menos de €10. De sobremesa, pudim de Porto com sorvete de manga.
✉ Rua do Bom Sucesso 241-243, 4150-150 Porto ☎ 226 053 350 ⊕ Seg-sáb 12h-15h, 20h-23h ✋ A €23, J €30, vinho €7

O COMERCIAL
Imensos pilares de granito e azulejos antigos enfeitam os pisos e as paredes. Sopa de castanha e cebola, pataniscas de bacalhau (lascas fritas de bacalhau) são ótimas entradas, seguidas por bacalhau com favas e batata-doce, peixe sautée com molho de mostarda e o irresistível fondue de chocolate com frutas frescas.
✉ Rua Ferreira Borges, Palácio da Bolsa, Porto ☎ 223 399 000 ⊕ Seg-sex 12h30-15h, 19h30-22h30, sáb 19h30-22h30 ✋ A €15, J €20, vinho €6,50 🚌 500, 900

DOM TONHO
www.dtonho.com
Armazém de bacalhau reformado em frente ao Douro. As receitas são tradicionais e saborosas: carne de boi ou cabrito assada em forno a lenha, polvo assado e bolinhos de bacalhau. Há sempre dois pratos do dia.
✉ Cais da Ribeira 13-15, Ribeira, Porto ☎ 222 004 307 ⊕ Diariam 12h30-14h45, 19h30-23h15 ✋ A €25, J €35, vinho €12

ESCONDIDINHO
Comida francesa preparada com perfeição num cenário de casa de campo. Serve todos os tipos de peixes e sobremesas como a folhada de maçã.
✉ Rua Passos Manuel 144, 4000-382 Porto ☎ 222 001 079 ⊕ Seg-sáb 12h-15h, 19h-22h30 ✋ A €20, J €35, vinho €8

FILHA DA MÃE PRETA
Este restaurante tradicional serve boa comida caseira, como tripa, filés de brema ou cortes macios de carne de boi e porco. A generosa sobremesa de frutas secas e frescas e sorvete é chamada adequadamente de "fim do mundo".
✉ Cais da Ribeira 40, Ribeira, 4050-510 Porto ☎ 222 086 066 ⊕ Seg-sáb 12h-15h, 19h-22h ✋ A €15, J €20, vinho €8

FOZ VELHA
www.fozvelha.com
Este é um dos restaurantes mais badalados do Porto. Você pode comer à la carte ou escolher menus de preço fixo. Entre as indicações, foie gras com peras glacê em massa folhada ou filé grelhado com queijo da serra (de leite de ovelha).
✉ Esplanada do Castelo 141, Foz do Douro, 4150-141Porto ☎ 226 154 178 ⊕ Ter-sáb 12h30-15h, 19h30-24h, seg 19h30-24h ✋ A €25, J €35, vinho €12

HOMEM DO LEME
Fique no terraço ou no interior simples e moderno, com lareira. Bom para um drinque, um lanche rápido, ou para uma tranquila refeição com patês, crepes de camarão, peixe grelhado, musse de manga e bolo de laranja. O pôr do sol é lindo daqui.
✉ Avenida de Montevideu, Foz do Douro, 4150-516 Porto ☎ 226 181 847 ⊕ Diariam 9h-2h ✋ A €15, J €25, vinho €10 🚌 Na praia de Homem do Leme, sob a estátua do pescador no leme

MERCEARIA
Na beira do rio, já foi uma mercearia local. Pela sua localização, concentra-se em peixe fresco grelhado e frutos do mar, mas quem gosta de carne também é bem atendido. Entre os pratos, há coelho na grelha e o muito apreciado bife mirandesa (de uma raça de gado de alta qualidade).
✉ Cais da Ribeira 323/33, 4050-510 Porto ☎ 222 004 389 ⊕ Diariam 12h-16h, 19h-24h ✋ A €15, J €27, vinho €8

MUSEU DOS PRESUNTOS
Situado em uma rua estreita na parte velha da Foz, serve carne de primeira no espeto, linguiça caseira, vinagrete de feijão-fradinho e presunto defumado.
✉ Rua Padre Luís Cabral 1070, Foz do Douro, 4150-461 Porto ☎ 226 106 965 ⊕ Ter-sáb 19h-4h, dom 19h-2h ✋ J €25, vinho €6,50

PEIXES E COMPANHIA
Pargo, robalo, tainha e tamboril frescos grelhados, assados ou cozidos, acompanhados por legumes sautée e batatas ao murro são as especialidades deste restaurante. Termine com frutas tropicais frescas, torta de amêndoas ou brigadeiros.
✉ Rua do Ouro 133-135, Foz do Douro, 4150-552 Porto ☎ 226 185 655 ⊕ Seg-sáb 12h-15h30, 19h30-23h30. Fecha seg em ago ✋ A €17, J €25, vinho €10

PRAIA DA LUZ
www.praiadaluz.pt
Pode-se jantar no chique salão envidraçado ou no deque com vista para o mar e as rochas. Serve massas e opções mais tradicionais, como bacalhau assado, além de lanches leves.
✉ Avenida do Brasil, Foz do Douro, 4150-153 Porto ☎ 226 173 234 ⊕ Diariam 9h-2h ✋ A €10, J €25, vinho €12,50

RESTAURANTE CAFETARIA DA FUNDAÇÃO DE SERRALVES
Arquitetura art déco e incríveis vistas do parque tornam este lugar privilegiado. Há um bufê no almoço e uma ótima seleção de sobremesas; o jantar fica a cargo de chefs estrelados pelo Michelin.
✉ Rua Dom João de Castro 210, 4150-417 Porto ☎ 226 170 355 ⊕ Almoço: abr-set seg-sex 12h-19h, sáb 10h-19h, dom 10h-20h; resto do ano seg-sex 12h-19h, sáb-dom 10h-19h. Jantar: ter-sáb 20h-24h ✋ A €12, J €25, vinho €12,50

SESSENTA SETENTA
Um marco do Porto, com suas incríveis vistas do vale do Douro, oferece cardápio inovador. Fique tentado com as ostras frescas com abacaxi e molho de soja; caranguejo com creme de abacate; ou robalo com creme de batata. No final, prove as peras glacê.
✉ Rua Sobre o Douro 1A, 4050-592 Porto (com Rua da Restauração) ☎ 223 406 093 ⊕ Seg-sex 12h45-14h30, 20h-24h; sáb 8h-12h. Fechado duas primeiras semanas de jan e ago ✋ A €25, J €35, vinho €10

SURIBACHI
Este restaurante florido tem uma cascata e um lago com peixes. Serve refeições macrobióticas. Prove a sopa de algas, um dos pratos de tofu ou o cozido de frutos do mar.
✉ Rua do Bonfim 134-140, 4300-066 Porto ☎ 225 106 700 ⊕ Seg-sáb 12h-15h, 19h-22h ✋ A €10, J €15, vinho €6

ONDE FICAR

Acima *O Hotel da Bolsa, perto da Ribeira, foi construído no local do antigo Mosteiro de São Francisco*

PREÇOS E SÍMBOLOS

Os preços correspondem à diária mais baixa e mais alta em um quarto duplo, incluído o café da manhã, a menos que haja indicação em contrário. Todos os hotéis aceitam cartões de crédito, a menos que indicado. Note que os preços variam ao longo do ano.

Para a legenda dos símbolos, ▷ 2.

AMARANTE

CASA DA CALÇADA

www.casadacalcada.com

Este imponente edifício, pintado de amarelo, é um dos melhores lugares para ficar em Portugal. Às margens do rio Tâmega, com vista da igreja de Amarante e da ponte barroca, o hotel é mobiliado com uma harmoniosa combinação de peças contemporâneas e de época. As áreas sociais e os quartos têm tons quentes, e os tecidos luxuosos, enfeites e flores deixam os quartos com um clima de casa particular. O lindo jardim tem camélias antigas, um tanque de água de granito com uma fonte, além de quadra de tênis. O elegante restaurante serve culinária nacional e internacional.

✉ Largo do Paço 6, 4600-017 Amarante ☎ 255 410 830 💳 €170-€220 🛈 30 quartos, 3 suítes, 1 suíte presidencial ❄ 🏊 Ao ar livre 🚗 O hotel é um edifício todo amarelo no centro da cidade

POUSADA DE SÃO GONÇALO

www.pousadas.pt

Esta pousada não fica em um edifício histórico, mas tem vistas muito bonitas do rio Tâmega e da Serra do Marão e fica a apenas 20km de Amarante. Todos os quartos têm vista do vale e foram remodelados em estilo rural. A mobília de madeira escura e as colchas de bom gosto tornam o ambiente acolhedor. O restaurante serve comida regional de alto padrão.

✉ Curva do Lancete, Ansiães, 4604-038 Amarante ☎ 255 461 113 💳 €120-€198 🛈 14 quartos, 1 suíte ❄ 🚗 Saia de Amarante pela rodovia IP4. Siga para leste sentido Vila Real. Vire à direita na placa que indica "pousada"

PORTO

ALBERGARIA MIRADOURO

Este hotel de 13 andares com sua atmosfera dos anos 1960 parece pouco inspirador, até descobrirmos as vistas que oferece da cidade do Porto e do rio Douro, com os armazéns do porto de Vila Nova de Gaia na margem oposta. A Albergaria Miradouro possui muitos quartos grandes e bem equipados e os quartos dos cantos têm vistas de dois lados. Nesta albergaria, você pode tomar o café da manhã ao ar livre ou jantar no elogiado Restaurante Portucale.

✉ Rua da Alegria 598, 4000-037 Porto ☎ 225 370 717 💳 €50-€75 🛈 30 ❄

CASTELO DE SANTA CATARINA

www.castelosantacatarina.com.pt

Esta vistosa mansão em estilo gótico é cercada de palmeiras e coberta de azulejos com cenas da história portuguesa. Construída na década de 1920 a curta distância do centro da cidade, tem interior com estuque e lustres, espelhos dourados e bonitos salões. Adereços de banheiro no estilo art nouveau, camas e guarda-roupas reproduzindo estilo de época e tapetes de cores vivas deixam os quartos atraentes. A mansão é luxuosa e talvez um pouco berrante, mas a estada aqui é inesquecível.

✉ Rua de Santa Catarina 1347, 4000-457 Porto ☎ 225 095 599 💳 €48-€70 🛈 23 quartos, 3 suítes ❄

HOTEL BOA VISTA

www.hotelboavista.com

Este hotel clássico foi erguido durante o auge do Porto, no final do século XIX, e sua localização, de frente para a foz do rio e o Atlântico, não poderia ser melhor. A arquitetura elegante, típica daquele período, não foi comprometida pelas reformas, que acrescentaram à mansão uma ala moderna e uma piscina na cobertura. A vista de alguns dos quartos, do restaurante e do terraço na cobertura é esplêndida.

Esplanada do Castelo 58, 4150-196 Foz do Douro 225 320 020 €80-€92 67 quartos, 4 suítes Ao ar livre Do centro do Porto, siga a estrada junto ao rio direto até Foz, na boca do rio. O hotel fica depois do forte à direita

HOTEL DA BOLSA

www.hoteldabolsa.com

Descendo em direção à Ribeira, vizinho ao belo edifício da Bolsa e perto do Instituto do Vinho do Porto, o Hotel da Bolsa foi construído no local do velho Mosteiro de São Francisco. Sua arquetípica fachada do século XIX com vergas decorativas e janelas em arco dão acesso a um interior moderno e confortável. Os quartos, embora sem nada de excepcional, têm tudo o que você poderia esperar de um hotel três-estrelas.

Rua Ferreira Borges 101, 4050-253 Porto 222 026 768 €72-€87 36

Abaixo *O Castelo de Santa Catarina, com sua extravagante fachada neogótica*

HOTEL INFANTE SAGRES

www.hotelinfantesagres.pt

Construído por um rico industrial na década de 1950, este marco da cidade fica junto à Avenida dos Aliados. Sua mobília luxuosa, cortinas e porcelana chinesa do século XVII lembram uma era perdida de elegância. A escadaria delicada e sinuosa de ferro batido chama a atenção, assim como o pátio interno, que é usado para refeições ao ar livre e para banhos de sol no verão. Os quartos têm mobília de época. A luxuosa sala de jantar serve cozinha internacional e portuguesa e o hotel tem ainda um bar de coquetéis.

Praça Dona Felipa de Lencastre 62, 4050-259 Porto 223 398 500 €195 72 quartos, 9 suítes

HOTEL MERCURE BATALHA

www.mercure.com

A poucos minutos da Baixa, bem no centro do principal bairro comercial do Porto e em frente ao teatro nacional, o Mercure tem localização privilegiada. Os quartos são grandes e modernos, embora de estilo tradicional. O restaurante serve bons pratos regionais portugueses.

Praça da Batalha 116, 4049-028 Porto 222 043 300 €110, café da manhã à parte (€7,50) 140 quartos, 9 suítes (há quartos para não fumantes)

RESIDENCIAL DOS ALIADOS

www.residencialaliados.com

Este residencial apresenta ótima relação custo-benefício. Fica em localização prática no centro da cidade, e o serviço é atencioso. Os quartos têm mobília simples mas adequada e banheiro privativo. Alguns têm uma pequena sacada que dá para a avenida. Os do fundo, um pouco menores, são mais silenciosos.

Rua Elísio de Melo 27, 4000-196 Porto 222 004 853 €50-€95 38

RESIDENCIAL REX

No lado norte de uma das mais atraentes praças ajardinadas da cidade, o Rex oferece acomodação por baixo custo em um ambiente com toque majestoso. O exterior art nouveau é decorado com belos azulejos verde-esmeralda e uma escadaria de mármore impressionante leva até a área de recepção. Em seu interior, as áreas sociais são também majestosas, com tetos de estuque trabalhado. Os quartos, básicos, são decorados com uma mistura de peças antigas e modernas.

Praça da República 117, 4050-497 Porto 222 074 590 €40-€45 20

SHERATON PORTO HOTEL E SPA

www.sheraton.com/porto

Para um tratamento de alto nível, confira este novo hotel cinco--estrelas, localizado na Boavista. Os quartos do Sheraton são modernos, com muita madeira e vidro, TV de plasma e luxuoso banheiro. Aproveite a piscina coberta do spa, da área de relaxamento e dos tratamentos especiais, ou fique à vontade no banho turco ou na sauna. Para uma refeição rápida, vá até o Juice Bar, que oferece ótimos sucos de fruta e sanduíches vegetarianos.

Rua Tenente Valadim 146, 4100-476 Porto 220 404 000 €165-€220 241 quartos, 25 suítes Ao ar livre

VILA DO CONDE

www.forte.com.pt

Esta fortaleza do século XVIII foi convertida em um pequeno hotel, o Forte de São João. Os quartos têm travesseiro de penas de ganso, roupões de banho e velas, e as pinturas, de jovens artistas portugueses, estão à venda. É uma charmosa opção de hospedagem.

Forte de São João, Avenida Brasil, 4480-659 Vila do Conde 252 240 600 €100-€150 7 suítes

BEIRAS

Esta região varia muito, conforme se estende do Atlântico para o leste, até as montanhas e a fronteira com a Espanha. Tem lagunas e pântanos salobros, com acesso de barco a partir de Aveiro e ainda navegados pelas tradicionais embarcações de fundo chato, os moliceiros; tem a grande floresta nacional do Buçaco, com mais de 700 espécies vegetais nativas; e, ainda, o majestoso cenário da Serra da Estrela, com os picos mais altos de Portugal continental. As Beiras também oferecem ótimos exemplos de civilizações antigas, especialmente perto do rio Coa, onde há mostras únicas de arte paleolítica nos 17km do vale rochoso, e no assentamento celta de Conímbriga, já muito escavado.

A maior cidade desta região é Coimbra, sede da universidade mais antiga do país, cujos históricos edifícios, a maioria dos séculos XVII e XVIII, ficam bem acima do rio Mondego e podem ser visitados. Nas agitadas ruas mais abaixo há museus, igrejas e boas lojas; à noite, a população estudantil cria uma atmosfera vibrante ao se reunir nos muitos bares e cafés.

Para um ritmo mais tranquilo, explore as cidades menores da região. A medieval Guarda é a mais alta de Portugal e pode dar a impressão de ser pouco acolhedora por seu isolamento, fortes ventos e austera catedral; Viseu fica no centro da região vinícola do Dão e abriga uma importante coleção de pinturas do mestre português Grão Vasco; e Figueira da Foz tem praias ótimas para famílias. Mas talvez a maior atração sejam as vilas fortificadas nas montanhas em Sortelha, Monsanto e Belmonte, que ainda se erguem como sentinelas acima das planícies, e as fortificações do século XVIII de Almeida, palco das Guerras Peninsulares.

ALMEIDA

www.cm-almeida.pt

Escondida no interior árido, no leste da montanha Beiras, a apenas 15km da fronteira com a Espanha, Almeida é uma pequena cidade de fronteira totalmente encerrada dentro dos muros em forma de estrela de uma fortificação militar do século XVIII. O desenho holandês foi muito influenciado pelo trabalho do arquiteto militar francês Vauban e consiste em uma estrela de doze pontas com seis bastiões e seis muros em cortina.

Os muros são dotados de dois soberbos portões duplos cujos túneis correm sob os muros externos cobertos de erva.

Almeida teve papel crucial nas Guerras Peninsulares, caindo duas vezes nas mãos dos franceses, que acabaram expulsos por Wellington em 1811. Placas na cidade homenageiam lorde Beresford, um dos principais subordinados de Wellington, que organizou as forças portuguesas.

É preciso estacionar fora dos muros e caminhar até os túneis para entrar na cidade. Construídas no século XVIII, as ruas e praças harmoniosas têm um desenho geométrico e edificações homogêneas. Elas são reveladas quando você se aproxima das ruínas do castelo, destruído pelos franceses.

329 E5 Praça de Liberdade, 6350-130 Almeida 271 570 020

AROUCA

www.cm-arouca.pt

O assentamento monástico de Arouca fica em um pequeno vale verde cercado de terraços de agricultura e colinas cheias de bosques. O imenso Convento da Arouca foi fundado no século VIII e o que é visto hoje é uma construção barroca sobre alicerces da baixa Idade Média. A abadia de uma só nave é rica em prata e madeiras de lei. Aqui está enterrada a rainha Mafalda, filha de dom Sancho I, e foi onde ela viveu em retiro, após a morte do marido, dom Henrique I de Castela. Alguns objetos de Mafalda estão no Museu de Arte Sacra, como o dístico de prata do século XIII, além de pinturas primitivas portuguesas dos séculos XV e XVI.

328 C4 Rua Alfredo Vaz Pinto, 4540-118 Arouca 256 943 575

AVEIRO

▷ 180-1.

BELMONTE

www.cm-belmonte.pt

A pequena cidade agrícola de Belmonte foi fundada entre os séculos XI e XII como uma fortaleza contra os mouros. É dominada por seu castelo, presente de dom Afonso V, no século XV, à família de Cabral, que o transformou em uma casa senhorial fortificada. Dizem que Pedro Álvares Cabral nasceu no castelo – uma estátua da Virgem que o acompanhou em suas viagens está na Igreja Matriz, descendo a colina. Ao sul daqui fica o bairro judeu, um aglomerado de ruas antigas onde vivem mais de 120 famílias judias – essa comunidade existe em Belmonte desde o século XIII. Outra atração importante é a antiga igreja românica de Santiago, transformada no século XV em túmulo dos Cabrais – Pedro Álvares está enterrado aqui.

329 E6 Praça da República, 6250-048 Belmonte 275 911 488

BUÇACO

www.jtluso-bucaco.pt

O pico mais ao norte da Serra do Buçaco é coroado pela Mata Nacional, um bosque de 105ha, que é melhor apreciar a pé (▷ 197). Essa linda floresta é rodeada por muros de pedra e cheia de árvores exóticas e nativas e arbustos, além de lagos artificiais, riachos e fontes.

Monges beneditinos fundaram a primeira ermida aqui no século VI. O muro foi construído em volta da floresta em 1622, quando as mulheres foram proibidas de entrar sob pena de excomunhão segundo a regra da ordem dos Carmelitas Descalços. Perto daqui, ainda podem ser vistos vestígios de um convento carmelita do século XVII. Os carmelitas também plantaram uma imensa variedade de árvores, tradição que foi mantida depois que as ordens religiosas foram abolidas em 1834. Os bosques contêm agora cerca de 400 espécies nativas, 300 ou mais não nativas, fileiras de camélias, rododendros, magnólias e samambaias.

Entre 1888 e 1907, o rei Carlos construiu aqui um alojamento de caça palaciano. Esse pastiche de estilo manuelino é hoje um hotel de luxo. É permitido estacionar, caso queira caminhar pela floresta.

328 C6 Avenida Emídio Navarro 136, 3050-902 Luso 231 939 133 Luso (3km de Buçaco)

Página ao lado *O prédio deste hotel em Buçaco já foi um alojamento real de caça*
À dir. *Parte das muralhas de Almeida*

AVEIRO

INFORMAÇÕES
www.rotadaluz.pt
328 B5 Rua João Mendonça 8, 3810-200 Aveiro 234 420 760 ou 234 423 680 Jun-set: diariam 9h-20h; out-mai: seg-sáb 9h-19h; Aveiro

Acima *Edifícios à beira da água refletidos no Canal de São Roque*

INTRODUÇÃO

Cidade dinâmica, Aveiro oferece excelentes oportunidades de compras e várias opções de restaurantes, com fácil acesso a algumas lindas praias. A visita deve ter início nas ruas estreitas atrás do Rossio, a atraente praça rodeada de palmeiras no centro da cidade. Todas as ruas levam ao mercado de peixe, perto de uma entrada no canal. Volte a pé até a Praça Humberto Delgado e a ponte principal. A pouca profundidade da laguna de Aveiro deu origem aos moliceiros, barcos de fundo chato belamente pintados e decorados com desenhos tradicionais. Eles não são mais tão comuns, mas alguns ainda ficam ancorados no canal (o melhor lugar para observá-los fica embaixo da ponte principal e da Praça Humberto Delgado). Cruze o canal central para ver a Misericórdia. Depois, vá para nordeste pela Rua Homem Cristo, uma das principais ruas de compras. Na próxima ponte você pode atravessar e virar à esquerda para visitar a principal feira da cidade ou pegar à direita a Avenida 5 de Outubro até o Convento de Jesus e o museu. Depois de conhecer o acervo, passeie pelos belos edifícios, ruas espaçosas e agradáveis áreas verdes da região. Reserve tempo para fazer um passeio pela lagoa, o melhor jeito de vislumbrar a vida de Aveiro. Há belas praias ao norte e ao sul da cidade.

Aveiro foi um importante porto pesqueiro durante a Idade Média até sofrer um desastre. Em 1575, uma tempestade alterou o curso do rio Vouga e o porto entupiu de lama. O setor pesqueiro da cidade só renasceu em 1808, com a construção de um quebra-mar para abrir uma nova passagem da laguna para o oceano. O setor de cerâmica também floresceu e a nova renda da cidade ajudou a construir muitos de seus melhores edifícios.

Hoje Aveiro ainda é basicamente um porto pesqueiro. A atividade é realizada também na lagoa. É a terceira cidade mais industrializada do país, com construção de barcos, processamento de peixe, engenharia e produção de ferro e aço. E há ainda setores tradicionais, como produção de sal da lagoa, de fertilizantes à base de algas locais e plantio de arroz.

DESTAQUES

O BAIRRO ANTIGO

As ruas do lado norte do canal principal compõem o bairro antigo de Aveiro. Admire os moliceiros (barcos de fundo chato) à beira d'água antes de explorar as ruas laterais, onde fileiras de casas azulejadas se defrontam. Esta área mostra outra face à noite, quando as pessoas vêm beber nos agitados bares antes de jantar em um dos muitos e excelentes restaurantes de peixe.

CONVENTO DE JESUS

www.ipmuseus.pt

O Convento de Jesus, construído entre os séculos XV e XVII, e com uma fachada barroca acrescentada no século XVIII, é hoje o segundo maior museu de Portugal, depois do Museu Nacional de Arte Antiga de Lisboa (▷ 79). A riqueza das coleções deve muito à infanta Joana, filha de Afonso V, que viveu no convento de 1471 até sua morte, 18 anos mais tarde. Após sua morte, a igreja do convento foi luxuosamente decorada como local de seu túmulo e hoje faz parte do museu. O exuberante coro é coberto com intricados entalhes de madeira dourados e os azulejos que enfeitam as paredes retratam cenas da vida de Joana. O coro abriga seu túmulo, esculpido por João Antunes, no início do século XVIII.

Depois da igreja visite o claustro em estilo renascentista, cujo destaque é a peculiar capela lateral com belos túmulos renascentistas – ao lado, o refeitório é todo coberto de azulejos do século XVII com flores espalhadas. O museu tem outras lembranças de Joana, como seu retrato, atribuído a Nuno Gonçalves, e um oratório no quarto em que ela morreu. Também estão expostas pinturas primitivas portuguesas, estátuas barrocas de madeira, ricas vestimentas eclesiásticas e delicadas porcelanas e cerâmicas.

✉ Avenida Santa Joana Princesa, 3810-329 Aveiro ☎ 234 423 297 🕒 Ter-dom 10h-13h, 14h-17h30 ✋ Grátis

RIA DE AVEIRO E AS PRAIAS

A lagoa, conhecida como Ria de Aveiro, está sujeita a marés. Pode ser explorada de barco, saindo de Aveiro. Suas margens têm pântanos salgados, bosques e pequenas vilas. A oeste há uma estreita faixa de terra que a separa do mar. É um dos mais espetaculares trechos de dunas da Europa. A flora e a fauna da região podem ser apreciadas na Reserva Natural das Dunas de São Jacinto.

Do lado da terra, os assentamentos variam de tamanho, desde pequenos portos de pesca como Bico e São Jacinto a cidades maiores como Ílhavo, que tem um bom museu da pesca, e Vista Alegre, com sua famosa fábrica de porcelana e um museu, local perfeito para ver artesãos trabalhando e comprar seus produtos. Quanto às praias, as melhores são Praia da Barra, Costa Nova e Torreira.

OUTROS DESTAQUES

IGREJA DA MISERICÓRDIA

Tem bela fachada de azulejos e um portal do século XVII. Dentro, há mais azulejos e um belo banco na sacristia. É famosa pelo órgão de tubos do século XVIII.

✉ Rua Coimbra, 3810-086 Aveiro 🕒 Diariam 10h-12h30, 14h30-17h30 ✋ Grátis

SÉ

Antes parte de um convento, a catedral tem fachada barroca e interior em estilos variados.

✉ Rua Batalhão Caçadores, 3810-064 Aveiro 🕒 Diariam 8h30-19h ✋ Grátis

DICAS

» Se você vem de carro, a IP5 o conduz direto até a cidade.

» É difícil estacionar na cidade. Há vagas regulamentadas no Canal das Pirâmides, junto à IP5; senão atravesse a cidade em direção à N109 ou à N1.

» Fora da alta estação, de julho a setembro, é possível alugar um barco para passear pela Ria de Aveiro – informe-se no escritório de turismo.

COIMBRA

INFORMAÇÕES

www.cm-coimbra.pt
www.turismo-centro.pt
328 C6 Largo da Portagem, 3000-337 Coimbra; Largo Dom Dinis, 3000-143 Coimbra; ou Praça da República, 3000-343 Coimbra 239 488 120, 239 832 591 ou 239 833 202 Semana da Páscoa e meados jun-meados set: seg-sex 9h-20h, sáb-dom 9h30-13h, 14h30-18h; resto do ano: seg-sex 9h30-17h30, sáb-dom 10h-13h, 14h30-17h30 Basófias Passeios pelo Rio: Parque Dr. Manuel Braga, tel 239 912 444 ou 969 830 664; www.basofias.com; fev-mar: partidas diariam 15h, 16h e 17h; mai-set: partidas diariam 15h, 16h, 17h, 18h, 19h; €6 Coimbra A, Coimbra B, Coimbra Parque

Acima *O pátio e o campanário da velha universidade*
Página ao lado *Balcão no lado externo do Museu Nacional Machado de Castro*

INTRODUÇÃO

Coimbra é uma cidade dinâmica e histórica, sede da universidade mais antiga de Portugal, com boas lojas, esplêndidos monumentos e museus e uma vida noturna agitada, de forte presença estudantil. O núcleo da velha Coimbra estende-se descendo por um íngreme monte até o rio Mondego, com os prédios da universidade na parte mais alta. A maioria das atrações fica nesta parte mais reduzida, tradicionalmente dividida em Cidade Alta, onde estão a universidade e os edifícios religiosos mais importantes, e Cidade Baixa, com excelentes lojas em agradáveis ruas para pedestres.

O melhor local para começar a explorar Coimbra é pela universidade – é o lugar mais fácil de achar e as esplêndidas vistas que oferece são uma boa oportunidade para se orientar melhor na cidade. Depois de visitar os edifícios da universidade e da Sé Velha, passeie pelo labirinto de ruas antigas de pedra, descendo a colina até a Cidade Baixa. Aqui, a Praça do Comércio é o ponto de referência – as principais ruas de compras, Rua Visconde da Luz e Rua Ferreira Borges, correm para leste da praça até o Largo da Portagem. Daqui, você pode cruzar o rio pela Ponte Santa Clara, de onde se tem linda vista da parte antiga. Do outro lado estão os dois Conventos de Santa Clara, além do parque temático Portugal dos Pequenitos.

Coimbra é uma cidade antiga, que já foi habitada pelos romanos e ocupada pelos mouros. As origens da histórica universidade remontam a 1290. Ela fica em um antigo palácio, doado por dom João III em 1537. Foi a única universidade do país até 1911. Após a reforma do ensino, introduzida pelo marquês de Pombal em 1772, a universidade ganhou alguns de seus mais belos edifícios. Ela sempre esteve associada ao ativismo político e seus estudantes se opuseram ao regime de Salazar desde a década de 1950. Após a revolução de 1974, ela se expandiu. Hoje ainda é o estabelecimento de ensino de maior prestígio no país.

DESTAQUES

VELHA UNIVERSIDADE

Os edifícios da velha universidade, que faziam parte do palácio real, ficam em torno do Pátio das Escolas ou Paço dos Estudos. Pouco mudou aqui desde 1540, quando dom João III doou os edifícios. Mas ao entrar pela Porta Férrea no lado leste, você estará sem dúvida de volta a meados do século

XX, rodeado de edifícios de concreto sem estilo, resultado infeliz de uma modernização inspirada em Salazar, no estilo monumental típico de sua era. Em vez disso, concentre-se no harmonioso grupo arquitetônico em volta do pátio, admirando primeiro a vista da cidade e do rio na frente do terraço, ao qual se chega pela direita por meio de um complicado lance de terraços escalonados em zigue-zague, antes de dar a volta e ficar de frente à praça. Erguendo-se acima dos demais edifícios, há uma torre de relógio de 1733, que já foi usada para reunir os alunos para palestras e que é afetuosamente apelidada de "a cabra".

À esquerda fica a Capela de São Miguel, em estilo manuelino, e à direita, a elegante fachada das salas de conferência e escritórios da universidade, com sua Porta Férrea do século XVII, a entrada principal para o pátio da universidade. Ligando essas duas alas temos os Paços da Universidade, edifício original do palácio, que ganhou uma colunata, conhecida como Via Latina, no final do século XVIII.

185 B2 Largo da Porta Férrea, 3000-451 Coimbra 239 859 800 Abr-out: diariam 8h30-19h (ingressos), 9h-19h30 (visitas guiadas); nov-mar: seg-sex 9h-17h, sáb-dom 10h-16h (ingressos), seg-sex 9h30-17h30, sáb-dom 10h30-16h30 (visitas guiadas) Biblioteca, capela e Sala dos Capelos: adultos €6, maiores de 65 €4,20, menores de 12 grátis. Só a biblioteca: adultos €3,50, com desconto €2,45. Só a capela: adultos €3,50

SALA DOS CAPELOS

À direita da fileira central do complexo principal da universidade, fica a Sala dos Capelos, cujo nome vem dos chapéus dados aos estudantes na graduação. A imensa sala, com retratos de reis de Portugal, ainda é o local das cerimônias de graduação. Tem um belo teto manuelino pintado, assim como a sala de exames anexa. O edifício tem ainda salas de conferência e de aula – em geral, é possível dar uma rápida olhada ou ficar no subsolo, no bar dos estudantes.

BIBLIOTECA JOANINA

Sem dúvida, o destaque da universidade é sua antiga biblioteca, a Biblioteca Joanina, atrás da ala direita. Foi doada a Coimbra em 1724 por dom João V e é formada por três salas ricamente decoradas em estilo barroco. Procure ver o desenho em trompe l'oeil, que dirige o olhar para o retrato do doador na última sala. A riqueza dos dourados e laqueados denota forte influência do estilo e das técnicas chinesas de decoração. A biblioteca contém mais de 30 mil livros dispostos em dois andares, com escadas para alcançar as estantes mais altas. De volta ao Pátio das Escolas fica a entrada para a Capela de São Miguel, igreja de decoração elaborada com teto pintado, azulejos e intricadas e sinuosas colunas – o dourado e a decoração do órgão são particularmente chamativos.

DICAS

» A maioria das ruas no centro da cidade é só para pedestres, por isso dirigir em Coimbra pode ser um pesadelo. Pare em uma das áreas sinalizadas – você terá de chegar cedo para conseguir vaga. Ou pare do outro lado do rio e caminhe até a cidade.

» Maio, no fim do ano acadêmico, é uma boa época para vir. Há concertos, desfiles e cerimônias de estudantes por toda a cidade; as ruas ficam bastante agitadas.

» A parte antiga é muito íngreme – use sapatos confortáveis para enfrentar as ruas de pedra, ou pegue o bonde nº 1 no Largo da Portagem para fugir da íngreme subida.

» Faça um passeio pelo rio Mondego – e relaxe depois de uma manhã de caminhada.

AS REPÚBLICAS E A VIDA ESTUDANTIL

Existem cerca de 20 mil estudantes na Universidade de Coimbra. Muitos moram nas chamadas repúblicas, concebidas no fim do século XVIII. Ao longo dos anos, elas evoluíram para comunidades e hoje são formadas em geral por 15 a 20 estudantes, que alugam imensos apartamentos e rateiam as despesas. O custo mensal costuma incluir o salário de uma empregada para preparar as refeições comuns.

Você pode identificar as repúblicas na parte antiga de Coimbra por bandeiras penduradas nas fachadas. Também é muito comum ver os estudantes, em suas volumosas capas pretas, com fitas que identificam a faculdade a que pertencem: azul para as humanidades, amarela para medicina e vermelha para direito. Algumas capas são bastante esfarrapadas e os cortes em volta da bainha indicam o número de vezes em que o seu dono, ou dona, foi rejeitado por algum amor.

SÉ VELHA

Imponente mas serena, a belíssima e românica Sé Velha fica na metade da colina em uma praça inclinada. Encomendada por Afonso Henriques e construída entre 1140 e 1175, é a catedral mais antiga de Portugal e um dos edifícios românicos mais importantes do país. Já ficou na fronteira entre os mundos cristão e muçulmano e tem uma aparência de fortaleza que pouco se alterou com o tempo. Segue o modelo da igreja de Cluny e de outras igrejas do Auvergne, provável local de nascimento de Bernard e Robert, os dois arquitetos franceses da catedral. Permaneceu intocada, com a simplicidade de seu desenho geral acentuada por uns poucos ornamentos.

Um desses ornamentos é o portal norte, acrescentado em 1530. Embora seja uma parte relativamente recente do edifício, está em condições piores do que as áreas mais antigas. A admirável torre no lado leste tem uma galeria de arcadas muito bem integrada. No interior da Sé Velha, a sensação de solidez continua, com a simplicidade do desenho da nave realçada por uma ampla galeria acima dos corredores. Destaca-se a rica e dourada peça de altar gótica, esculpida pelos mestres flamencos Olivier de Ghent e Jean d'Ypres.

À direita do coro, a Capela do Sacramento contém uma obra de Tomé Velho, discípulo de João de Ruão, famoso escultor de Coimbra, responsável pela fonte renascentista-manuelina na frente da catedral. O claustro gótico, do fim do século XIII, é acessado pelo corredor sul – o capítulo, de um dos lados, é o local em que jaz dom Sesnando, primeiro governador cristão de Coimbra. Sesnando era um mouro convertido ao cristianismo.

185 B2 Largo da Sé Velha, 3000-291 Coimbra 239 825 273 Seg-qui e sáb 10h-13h, 14h-18h, sex 10h-13h, sáb 10h-13h, 14h-18h. Não são permitidas visitas durante as missas Grátis

MOSTEIRO DE SANTA CRUZ

O Mosteiro de Santa Cruz é um excelente local para admirar a obra de três grandes escultores de Coimbra no século XVI: João de Ruão, Nicolas Chanterene e João de Castilho. Embora o trabalho no pórtico tenha infelizmente se deteriorado, o detalhado entalhe no púlpito dentro da igreja é um ótimo exemplo da escola de Coimbra. Os escultores também trabalharam nos túmulos de Afonso Henriques e dom Sancho I de ambos os lados do altar, rico em decoração do início da Renascença.

Junto à igreja fica o Claustro do Silêncio. Projetado por Marcos Pires em 1524, seus arcos aéreos e a elaborada obra de cantaria são reconhecidos como exemplos puros do estilo manuelino. As esculturas em baixo-relevo ilustram cenas da Paixão de Cristo e os azulejos datam dos séculos XVI e XVII.

185 A1 Praça 8 de Maio, 3000-300 Coimbra 239 822 941 Seg-sáb 9h-12h, 14h-17h, dom 16h-17h30 Claustro: €2,50

OUTROS DESTAQUES

CONVENTO DE SANTA CLARA-A-NOVA

O convento é de 1560. A igreja, um bom exemplo de Barroco português, abriga o túmulo original do século XIV da rainha Isabel, assim como a réplica de prata do século XVII de seu túmulo situada no coro.

Fora do mapa 185 B3 Santa Clara, 3000-340 Coimbra 239 441 674
Igreja: diariam 8h30-18h30. Claustro: diariam 8h30-18h30 €2

JARDIM BOTÂNICO

www.uc.pt/jardimbotanico

Estes jardins em terraço já estiveram entre os mais importantes da Europa. É onde novas plantas descobertas eram aclimatadas. Também têm várias árvores tropicais raras.

185 C3 Calçada Martim de Freitas, 3000-393 Coimbra 239 855 233
Estufas: seg-sex 9h-12h, 14h30-17h; Jardins: seg-sex 9h-17h30 €2

MUSEU ACADÉMICO

Museu dedicado à vida universitária e suas tradições.

185 C1 · Praça de Dom Dinis, 3001-401 Coimbra · 239 857 000 · Seg-sex 9h-12h, 14h-17h · €1

MUSEU NACIONAL MACHADO DE CASTRO

www.impmuseus.pt

Excelente museu que fica no antigo palácio episcopal.

185 B1 · Largo Dr. José Rodrigues, 3000-236 Coimbra · 239 828 727

Confirme com o escritório de turismo os horários e os preços

PORTUGAL DOS PEQUENITOS

www.fbb.pt

Parque temático com modelos em escala de grandes edifícios portugueses e mais exemplos de arquitetura local e colonial.

Fora do mapa 185 B3 · Rossio de Santa Clara, 3040-256 Coimbra · 239 801 170

Jun-meados set: diariam 9h-20h; mar-mai e meados set-meados out: diariam 9h-19h; meados out-dez e fev: diariam 10h-17h · Páscoa e jun-meados set adultos €9, crianças (6-13) €4,50, menores de 6 grátis; resto do ano adultos €6, crianças (6-13) €3, menores de 6 grátis

SÉ NOVA

A catedral foi erguida pelos jesuítas em 1598; os nichos na fachada têm estátuas de santos jesuítas. A única grande nave tem um teto abobadado encimado por uma claraboia. O altar e as capelas laterais são barrocos; note a peça de altar dourada de madeira e o trono de prata.

185 B1 · Largo da Sé Nova, 3000 Coimbra · 239 823 138 · Ter-sáb 8h30-12h, 14h-18h · Grátis

Acima *A fachada oeste da Sé Velha, em que se destacam as ameias*

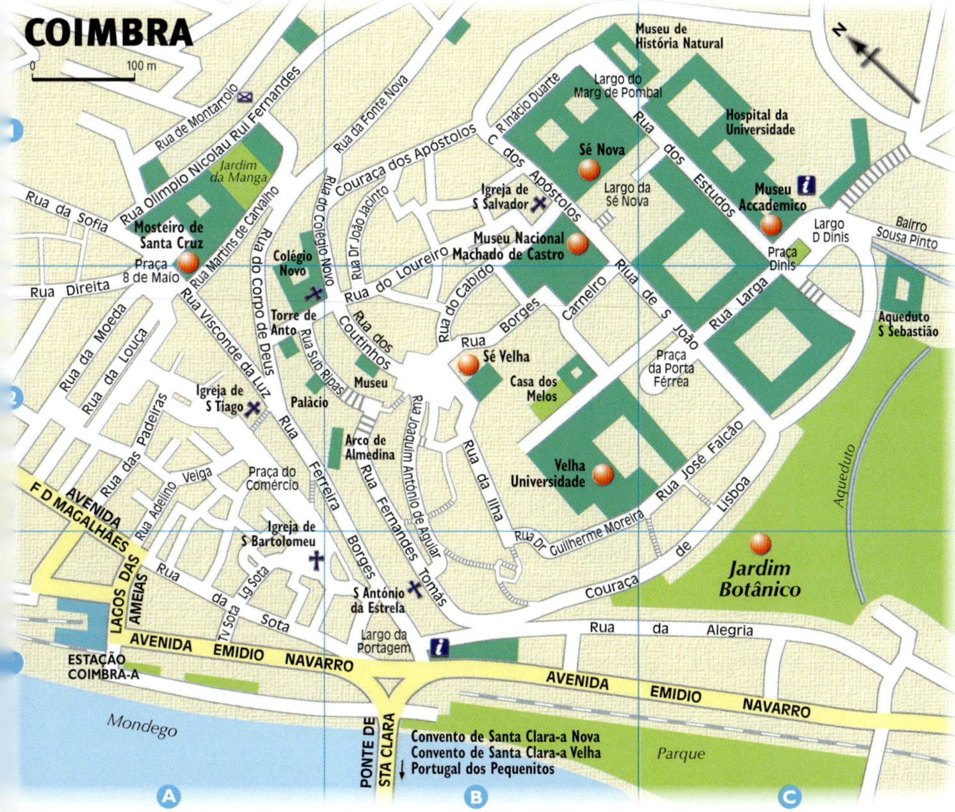

CARAMULO

www.turismodaolafoes.com

Esta região é adorada por quem gosta de trilhas. É uma área verde, cheia de pequenas vilas espalhadas, ricas em rododendros, azaleias e hortênsias. A cidade de Caramulo, a 800m de altitude, é uma boa base para explorar a Serra do Caramulo e seu principal pico, o Caramulino (1.075m). É também uma cidade--spa, no meio de parques e jardins. A cidade conta com o Museu do Caramulo (jul-set: diariam 10h-13h, 14h-18h; out-jun: diariam 10h-13h, 14h-17h, www. museu-caramulo. net, €6, que inclui entrada para o Museu do Automóvel). Ele abriga uma rica coleção de arte – tapeçarias de Tournai do século XVI, época da chegada dos portugueses à Índia. Tem também mobília e porcelana, e um pouco de arte do século XX, incluindo obras de Picasso e Dalí, além de um retrato da rainha Elizabeth II, pintado por Graham Sutherland e doado em reconhecimento aos séculos de aliança entre Inglaterra e Portugal. Perto dali fica o Museu do Automóvel (abr-out: diariam 10h-13h, 14h- 18h; resto do ano: diariam 10h-13h, 14h-17h, €6, que inclui entrada para o Museu do Caramulo e outras exposições). Mais especializado, exibe uma coleção de carros e motos antigos, muito bem conservada e ainda em funcionamento. A peça mais antiga é um Peugeot de 1899. Há também um grande lote de reluzentes Harley-Davidson dos anos 1950.

328 C5 Avenida Abel Lacerda, 3475-031 Caramulo 232 861 437

CASTELO BRANCO

www.cm-castelobranco.pt

A capital de Beira Baixa, Castelo Branco, é uma cidade de fronteira guardada por um antigo castelo templário. Fica a apenas 18km da fronteira com a Espanha. Séculos de invasões, sobretudo a de Napoleão, em 1807, fizeram com que restasse pouca coisa do castelo e da cidade antiga, mas vale a pena subir a montanha e apreciar as lindas vistas a partir do Miradouro de São Gens, uma esplanada coberta de flores à esquerda das ruínas do castelo.

Abaixo da cidade medieval ficam as ruas amplas e praças sombreadas de Castelo, um dinâmico e rico centro agrícola – o queijo e o mel vendem bem e o azeite de oliva é considerado um dos melhores de Portugal.

O orgulho cívico também fica evidente no Palácio Episcopal, do século XVII, e nos edifícios em volta, hoje ocupados pelo Museu Tavares Proença Júnior (tel 272 344 277; ter-dom 10h-12h30, 14h-17h30, €2), com uma coleção local de elaboradas colchas que tornaram a cidade famosa. Esses ricos bordados são feitos tradicionalmente pelas moças jovens para o seu enxoval.

Perto do palácio, e antes reservado apenas para o bispo, fica o jardim do Antigo Paço Episcopal, do século XVII – uma agradável surpresa nesse remoto canto leste do país. Chega-se aos canteiros de flores por uma elegante escadaria dupla, decorada por azulejos, um esplêndido conjunto de estátuas, flores brilhantes, água e fontes.

329 D7 Praço do Município, 6000-458 Castelo Branco 272 330 339 Castelo Branco

COIMBRA

▷ 182-5.

CONÍMBRIGA

www.conimbriga.pt

Conímbriga, antigo assentamento a 16km da moderna cidade de Coimbra, foi fundada pelos celtas e depois floresceu como cidade romana entre o segundo e o quarto séculos da nossa era. O sítio arqueológico de Conímbriga é o mais importante vestígio de assentamento romano em Portugal, sobretudo porque a área parece ter sido palco de reunião de tropas no caminho entre Lisboa e Braga. Foi abandonada na década de 460 d.C. e ficou intocada.

Antes de fugirem da ameaça dos bárbaros suevos, os habitantes romanos construíram um sólido muro em volta do centro da cidade para tentar conter os invasores. Para isso, derrubaram casas para aproveitar o material. É possível identificar pilastras, blocos de pedra e tijolos extraídos das residências para construção desse muro de proteção. O mais impressionante é que estão praticamente intactos. A maioria das escavações se situa em volta do muro e leva cerca de uma hora para explorá-las. Um dos destaques é a Casa de Cantaber, com seu átrio central (um pátio interno aberto), pórticos com arcadas, piscinas e banhos privativos. Em frente à Casa dos Repuxos, há uma casa do século II d.C., com um átrio e um triclinium (sala de jantar). Os lindos pisos em mosaico de Conímbriga, decorados com cenas de caça e marinhas, foram bem preservados, juntamente com as fontes originais que agora estão restauradas e voltaram a funcionar.

Em outras partes da cidade, há vestígios do aqueduto que fornecia água à cidade, do fórum e dos banheiros. Existe também um museu de vestígios arqueológicos encontrados no sítio. O museu é organizado por temas e segundo a localização. Os destaques são joias de jade, instrumentos cirúrgicos e vidros delicados. Vale a pena comprar o guia do museu.

328 C6 Museu Monográfico de Condeixa, 3150 Condeixa-a-Nova Ruínas: jun-set diariam 9h-20h; out-mai diariam 10h-18h. Museu: jun-set ter-dom 10h-20h; out-mai ter-dom 10h-18h €3

Abaixo *O belo trabalho de topiaria no Jardim do Antigo Paço Episcopal, em Castelo Branco*

FIGUEIRA DA FOZ

www.figueiraturismo.com

Figueira da Foz fica na desembocadura do Mondego. É um balneário e importante porto de pesca de águas profundas. Não espere nada de pitoresco desta cidade moderna e despretensiosa, com algumas indústrias nos subúrbios e um longo passeio ladeado por modernos blocos de apartamentos. O que Figueira tem de bom são as belas praias, restaurantes, bares, clubes e um cassino.

Também tem dois museus. O primeiro é a Casa do Paço no Largo Prof. Vitor Guerra 4 (tel 233 402 840; seg-sex 9h30-12h30, 14h-17h30, grátis), cujos muros são totalmente cobertos de azulejos de Delft, parte do carregamento de um navio que chegou em Figueira no século XVII. O segundo é o Museu Municipal na Rua Calouste Gulbenkian (tel 233 402 840; jun-meados set: ter-sex 9h30-17h15, sáb-dom 14h-19h; meados set-mai: ter-sex 9h30-17h15, sáb-dom 14h15-17h15, €1,30), cujo acervo privilegia a arqueologia

328 B6 Avenida 25 de Abril, 3080-501 Figueira da Foz 233 402 610 Jul-ago: diariam 9h-24h; set-jun: seg-sex 9h-12h30, 14h-17h30, sáb-dom 10h-12h30, 14h30-18h30 Figueira da Foz

LAMEGO

www.douro-turismo.pt

Lamego fica isolada nas montanhas de Beira e sua riqueza se baseia no vinho e na sua posição junto a grandes rotas de comércio. A elegante e próspera parte antiga da cidade tem belos edifícios aristocráticos e é dominada pela esplêndida Sé, predominantemente renascentista no estilo, mas que preserva ainda sua torre românica do século XIII e o claustro.

Em frente, no espaçoso Largo de Camões, fica o museu da cidade (tel 254 600 230; ter-dom 10h-12h30, 14h-17h, €2), cuja atração principal são cinco painéis de uma peça de altar de Grão Vasco. A noroeste, descendo uma pequena rua cheia de lojas, erguem-se os muros da antiga cidadela – entre no castelo, que data dos séculos XII e XIII.

De volta ao centro da cidade, reserve um tempo para passear pelos cantos escondidos e pelas majestosas mansões. A arborizada Avenida Dr. A. de Sousa atrai o olhar para oeste, para o grande santuário de Nossa Senhora dos Remédios, cujo acesso se dá por uma magnífica escadaria barroca do século XVIII, enfeitada por estátuas, fontes e capelas e que segue o modelo de Bom Jesus (▷ 129-31). Este é um dos principais locais de peregrinação de Portugal, visitado por milhares de pessoas todos os anos, sobretudo no mês de setembro.

326 D4 Avenida Visconde Guedes Teixera, 5100-074 Lamego 254 612 005

LUSO

www.jtluso-bucaco.pt

Luso, apenas 3km descendo a montanha a partir da Floresta Nacional do Buçaco (▷ 197), é uma cidade-spa, e suas águas medicinais são engarrafadas e vendidas no país inteiro. É ótima para fugir do calor do verão, com um ritmo de vida pacato e fácil acesso ao atraente lado rural.

A cidade é pontuada por saunas da virada do século XX e por elegantes casas. Tem alguns evocativos salões de chá no estilo do século XIX e um cassino. A maioria dos turistas vem para tomar as águas – é fácil marcar sessões de hidroterapia, massagem e outros tratamentos, ou nadar em uma piscina de água mineral.

328 C6 Avenida Emídio Navarro, 3050-902 Luso 231 939 133 Luso

MONSANTO

A antiga Monsanto fica ao pé de uma grande formação de granito no meio de uma planície. Fundada na pré-história, foi ocupada pelos romanos e em 1165 passou às mãos dos Templários, que construíram a sólida cidadela, cujas ruínas hoje estão meio perdidas entre as demais pedras. Aqui, nas montanhas de Beira Baixa, perto da fronteira com a Espanha, a vista é deslumbrante, e em dias claros se estende até a Serra da Estrela (▷ 191). Depois do forte e das ruínas da Capela de São Miguel, há casas de granito entre imensas rochas ao longo de ruas que parecem lavradas na pedra. A cidade atrai muitos turistas, por isso chegue cedo ou bem tarde, para poder apreciá-la melhor.

329 E6 Rua Marquês da Graciosa, 6060-091 Monsanto 277 314 642 Abr-out: diariam 10h-13h, 13h-18h; nov-mar: diariam 9h30-13h, 14h-17h30; Monsanto

Acima *As ruínas da cidadela dos Cavaleiros Templários jazem em meio às formações rochosas de Monsanto, nas montanhas da Beira Baixa, perto da fronteira com a Espanha*

GUARDA

Com invernos rigorosos, a severa Guarda é a cidade mais alta de Portugal (1.056m). Na segunda metade do século XX, a cidade se expandiu montanha abaixo e a população de estudantes também aumentou, trazendo uma atmosfera mais jovem a esse velho assentamento. A cidade oferece muitas atrações, mas o grande destaque são as ruas antigas, que formam um labirinto a ser explorado. As opções gastronômicas também são interessantes.

INFORMAÇÕES

www.mun-guarda.pt/turismo
329 E5 Praça Luís de Camões, 6300-725 Guarda 271 205 530
Diariam 9h-12h30, 14h-17h30
Guarda

DICAS

» Guarda é um tanto confusa para quem está de carro – chegue cedo ou após o almoço, quando é mais calma.

» A Serra da Estrela tem seu próprio escritório de informações, a 100m do escritório de turismo, na Rua Dom Sancho I (tel 271 225 454).

SÉ

A sólida catedral de pedra na Praça Luís de Camões (nov-mar: ter-dom 9h-12h30, 14h-17h30; abr-out: ter-dom 10h-13h30, 15h-18h30, grátis) domina a praça central de Guarda, com sua fachada de ameias ladeada por pesadas torres octogonais. Ela levou tanto tempo para ser concluída que se assemelha a um tratado de arquitetura, com elementos góticos, renascentistas e manuelinos, todos em evidência. A construção iniciou-se no século XIV e só foi completada em 1540. A fachada principal é gótica, com uma janela manuelina acrescentada mais tarde, mas as elevações laterais são mais leves, com pináculos bem elevados, arcobotantes delgados e grotescas gárgulas.

No vasto espaço da catedral, há colunas salomônicas e uma abóbada em arco com muita influência do estilo manuelino. Brilhando nas sombras do extremo da catedral fica o excelente retábulo, obra-prima da Renascença, de pedra branca e marmórea de Ançã, província de Coimbra, dourada no século XVIII. As figuras em alto-relevo, cem ao todo, são de João de Ruão, um expoente da escola de escultura de Coimbra.

Para uma vista aérea da cidade e de seus arredores, basta subir a escadaria no transepto sul para alcançar o teto da catedral.

MUSEU DA GUARDA

Localizado no antigo palácio do bispo, fora das fortificações originais (na Rua Alves Roçadas, tel 271 213 460; http://museudaguarda.imc-ip.pt; ter-dom 10h-12h30, 14h-17h30, €2), seu acervo abriga achados arqueológicos locais, pintura e escultura, além de objetos do cotidiano abrangendo vários séculos – um interessante refúgio em dias de muito vento e frio.

Acima *As torres da Catedral de Guarda se projetam na praça central*

MONTEMOR-O-VELHO

www.turismo-centro.pt

É impossível ignorar a impressionante vista de Montemor quando você se aproxima de Coimbra pelo oeste, cortando as planícies do vale do Mondego. A cidade tem um passado conturbado – fundada pelos romanos, passou várias vezes dos mouros para os cristãos e vice-versa, até ser por fim assegurada pelos cristãos em 1064. O castelo virou um posto avançado estratégico para pressionar os mouros para o sul e, por volta do século XIII, era a residência real favorita.

Hoje, é possível passear pelas ruas medievais, apreciar as belas vistas sobre o vale do rio e entrar na velha Igreja de Santa Maria da Alcáçova, fundada em 1095. A igreja, com colunas torsas, suporta um intricado teto de madeira. Também exibe belos azulejos em estilo mourisco e toques arquitetônicos manuelinos.

Há uma grande feira quinzenal às quartas, quando os fazendeiros locais trazem patos, lampreias e enguias para vender. Para os que apreciam a observação de pássaros é só agendar antecipadamente (tel 239 980 500).

328 B6 Castelo de Montemor, Paço das Infantas, 3140-258 Montemor-o-Velho 239 680 380 Montemor

PARQUE ARQUEOLÓGICO DO VALE DO COA

www.ipa.min-cultura.pt/coa

Em 1992 arqueólogos descobriram um imenso sítio com arte paleolítica ao ar livre: a região é conhecida como Parque Arqueológico do Vale do Coa. Maior achado desse tipo já feito na Europa, ele abriga 28 áreas que se estendem por 17km ao longo do íngreme e rochoso vale do rio. Novas descobertas estão sendo feitas – representações de cavalos, gamos, o extinto auroque, semelhante ao touro, e cabras, todos gravados na pedra. Esses entalhes de 20 mil anos são únicos.

O vale do Coa também tem arte rupestre posterior, que abrange o neolítico, a Idade do Bronze e a do Ferro. Há entalhes em pedra até dos séculos XVII e XVIII. Quando foram descobertos, o local estava ameaçado pela EDP, empresa nacional de eletricidade, que queria construir uma hidrelétrica. Arqueólogos, ambientalistas, historiadores da arte e habitantes da cidade se juntaram para lutar contra a construção da represa. A campanha deu certo e em 1995 o projeto foi abandonado. A área virou Patrimônio da Humanidade em 1998.

Há quatro sítios que dispõem de visita guiada, a cargo de estudantes de arqueologia. Canada do Inferno, No Rasto dos Caçadores Paleolíticos, Penascosa e Ribeiro de Piscos têm escritórios para informar sobre a área do sítio e sua arte e onde é possível agendar uma visita em um jipe de oito lugares. Mas é preciso reservar com antecedência, principalmente no verão. É bom levar botas e capas no inverno, e chapéu de sol e muita água no verão. As temperaturas no vale passam dos 40°C nos meses mais quentes.

Para quem só puder fazer um passeio, Penascosa talvez seja a melhor escolha – as inscrições aqui são as mais legíveis. Durante a tarde, quando o ângulo da luz é melhor, dá para reconhecer as vívidas representações de cavalos.

327 E4 Avenida Gago Coutinho e Sacadura Cabral 19A, 5150-610 Vila Nova de Foz Coa 279 768 260 para informações e reservas

PINHEL

www.cm-pinhel.pt

A remota Pinhel é uma típica cidade de Beira Alta, onde é difícil ver gente de fora e o ritmo de vida é muito lento comparado com o das cidades maiores. Tudo isso faz parte do charme contrastante da região.

Na parte antiga da cidade, lindas mansões, com delicadas sacadas de ferro forjado decoradas com brasões de armas, dão prova da riqueza de Pinhel em outros tempos. A rua principal abriga os melhores exemplares dessas mansões, em volta da bem situada praça central e ao longo das ruas adjacentes. Mais adiante, as estreitas ruas da parte antiga da cidade descem a montanha a partir das ruínas do antigo castelo, uma severa torre animada por uma janela manuelina.

Pinhel fica em uma área de produção de azeite de oliva e vinhos. É possível degustá-los na cooperativa local.

329 E5 Câmara Municipal, Rua Silva Gouveia 1, 6400-455 Pinhel 271 410 000

SANTA MARIA DA FEIRA

www.cm-feira.pt

Feira, como é mais conhecida, tem duas atrações contrastantes – um velho castelo e o maior e mais novo museu de ciências de Portugal, cheio de mostras interativas de primeira linha.

Visite primeiro o Castelo da Feira (tel 256 372 248; www.castelodafeira.com; abr-out: ter-sex 9h30-12h30, 13h30-18h, sáb-dom 10h-12h30, 13h30-18h30; resto do ano: ter-sex 9h30-12h30, 13h-17h, sáb-dom 9h30-12h30, 13h-17h30; €3), que fica em um bosque elevado, de frente para a parte principal da cidade. Datada do século XV, a fortaleza tem torres cônicas e pesados muros em volta. Um portão afundado leva ao castelo, cujo destaque é um grande salão gótico. O alto do castelo oferece bela vista – dá para ver até a Ria de Aveiro (▷ 181) ao longe. Da fortaleza, um túnel bem fortificado liga as duas partes do castelo – com destaque para as entradas ocultas. Depois do castelo, é só seguir para o parque de ciências.

Com seu nome grandioso, o Europarque Visionarium (seg-sex 9h-18h, sáb-dom 14h-20h, adultos €6,50, menores de 14 €5, www.visionarium.pt) contrasta fortemente com a arquitetura da cidade. É um museu em estilo contemporâneo, com um viés interativo que dá vida ao estudo da ciência. A visita começa com uma introdução audiovisual, que prepara o visitante para todas as atrações do museu. A ênfase é em Portugal, com excelente material sobre as grandes viagens dos descobrimentos.

328 C4 Praça da República, 4524-909 Santa Maria da Feira 256 370 802

SERRA DA ESTRELA

Majestoso cenário e vilas intocadas caracterizam este alto maciço de granito, que abriga o maior pico continental de Portugal. A Serra da Estrela é a que fica mais a oeste das altas serras que se espalham pela Península Ibérica. É um maciço de granito que contém alguns dos mais imponentes picos de Portugal, incluindo o da Torre (1993m), o mais alto do país. A maior parte da serra é um alto platô cortado por vales, nos quais nascem dois grandes rios, o Mondego e o Zêzere. As partes mais altas são uma profusão de rochas e escarpas. As encostas mais baixas ficam cobertas de verde. As plantações dos vales disputam espaço com os carneiros, cuja lã há muito tempo é o principal produto da economia da região. Há atividades ao ar livre o ano todo. O tempo pode mudar bruscamente, portanto previna-se com roupas e calçados adequados.

O SUL DA SERRA

Dá para cruzar toda a cadeia de montanhas, desde Covilhã até Seia, durante o verão. É um bonito passeio que abrange todo o cenário das montanhas do parque além de Torre e algumas atraentes vilas.

É só acessar a N339, passando por Penhas de Saúde. Depois, entrar à esquerda para tomar a estrada até Torre – dá para ir até o topo para ver a linda vista sobre as montanhas. Seguindo por uma desolada área de granito, o caminho passa pela imensa estátua de Nossa Senhora da Boa Estrela, cenário de uma grande procissão religiosa, no mês de agosto.

A nordeste de Torre, há um estreito cone de pedra conhecido como Cântaro Magro, que esconde a nascente do Zêzere. O cenário é extraordinário – uma imensidão de granito e lagos, como a Lagoa Comprida. Daqui a estrada desce abruptamente para o vale do Mondego e a Vila de Sabugeira, onde é possível saborear e comprar o pão local de centeio, a linguiça apimentada e o queijo da serra, o forte queijo de cabra local apreciado no país inteiro.

O NORTE DA SERRA

A melhor parte está entre Covilhã e Caldas de Manteigas (▷ 194-5). Mas é possível seguir para noroeste, a partir de Manteigas, pela N232 até Gouveia. A cidade perdeu sua atmosfera de isolamento, mas tem alguns belos edifícios. Linhares, ao norte, é uma vila tradicional sobre o Mondego, com um castelo e algumas excelentes pinturas na igreja. Em toda a Serra da Estrela, há muitos animais domesticados e o burro ainda é o principal meio de transporte.

INFORMAÇÕES

Manteigas (escritório principal para Parque Natural da Serra da Estrela)
www.icnb.pt
✚ 329 D6 ℹ Rua 1º de Maio 2, 6260-101 Manteigas ☎ 275 980 060 ⏲ Seg-sex 9h-12h30, 14h-17h30

Escritórios regionais

Gouveia
www.icnb.pt
✚ 329 D5 ℹ Casa da Torre, Avenida Bombeiros Voluntários 8, 6290-520 Gouveia ☎ 238 492 411 ⏲ Seg-sex 9h-12h30, 14h-17h30

Guarda
www.icnb.pt
✚ 329 E5 ℹ Rua D. Sancho I 3, 6300-548 Guarda ☎ 271 225 454 ⏲ Seg-sex 9h-12h30, 14h-17h30

Seia
www.icnb.pt
✚ 329 D6 ℹ Praça da República 28, 6270-496 Seia ☎ 238 310 440 ⏲ Seg-sex 9h-12h30, 14h-17h30

DICA

» Se for caminhar aqui, traga um bom mapa, bússola, além de comida e água. Deixe alguém informado sobre seu destino e a hora em que pretende voltar.

Acima *Bela vista a partir do pico da Torre*
Página ao lado *As atarracadas muralhas da velha fortaleza de Trancoso (▷ 192)*

SERNANCELHE

www.cm-sernancelhe.pt

No alto da Serra da Lapa, na típica região de montanha de Beira Alta, fica a velha cidade de granito de Sernancelhe. É um centro agrícola que atrai pessoas que vêm de longe em suas mulas para um disputado mercado semanal, às quintas-feiras.

Na parte antiga da cidade, a praça principal é rodeada de elegantes mansões de pedra, muitas delas dos séculos XVI e XVII e ornadas com brasões de armas. Esse admirável conjunto é dominado pela Igreja Matriz, uma bela obra românica com a fachada decorada por três estátuas isoladas colocadas em nichos de ambos os lados da porta – os historiadores da arte sustentam que são os únicos exemplos desse tipo de estátua em Portugal.

Sernancelhe teve muitos residentes judeus na Idade Média. Por isso, o antigo bairro judeu da cidade vale uma visita – o destaque são as casas com um par de portas de tamanho desigual, uma mais larga para questões de negócios e outra mais estreita para uso exclusivo da família.

329 D4 Rua Dr. Oliveira Serrão, 3640-240 Sernancelhe ☎ 254 598 300

TRANCOSO

www.cm-transcoso.pt
www.rt-serradaestrela.pt

Trancoso, cidade fortificada no planalto rochoso de Beiras, é bastante singular. Foi capturada pelos mouros no século X, cujo legado é evidente no sólido desenho do castelo, com suas poderosas ameias replicadas no alto dos portões da cidade.

Por volta do século XII, Trancoso estava nas mãos dos cristãos e foi aqui que se celebrou, em 1282, o casamento de dom Dinis com Isabel. Passeando em volta dos muros da cidade, pode-se passar direto pelos portões principais e se embrenhar por uma das estreitas passagens de entrada para se chegar ao centro. É lá que fica uma série de igrejas, capelas e finas mansões. Há ecos da Guerra Peninsular no Quartel do General Beresford – local que leva o nome do principal general de Wellington, líder das forças de Portugal na luta contra Napoleão – e um grupo de belas praças.

Trancoso tem uma boa feira às sextas e várias lojas interessantes de produtos locais como queijo, presunto e linguiças.

329 E5 Avenida Heróis de São Marcos, 6420-003 Trancoso ☎ 271 811 147

VILA NOVA DE FOZ COA

www.cm-fozcoa.pt

Para os que planejam visitar o Parque Arqueológico do Vale do Coa (▷ 189) várias vezes, a melhor base é Vila Nova de Foz Coa. Cidade pequena e agradável, felizmente não foi afetada pela proximidade de um local que é Patrimônio da Humanidade. A principal atração da cidade é a Igreja Matriz e seu pelourinho, ambos do século XVI. A fachada de granito da igreja é um notável exemplo de arquitetura manuelina, com pilastras em torno da porta, que é encimada por uma arquivolta sob uma bela Pietà de calcário. Dentro, as três naves são cobertas por um teto de madeira pintado, com as colunas inclinadas dando a impressão de que o edifício se abre para o céu. O pelourinho, com sua decoração, estátuas e colunas, também é um exemplo clássico do estilo manuelino.

327 E4 Avenida Cidade Nova-Centro Cultural, 5150-642 Vila Nova de Foz Côa ☎ 279 760 329

Abaixo *A praça da Vila Nova de Foz Coa tem como atrações a igreja do século XVI e o pelourinho da cidade*

VISEU

A moderna Viseu fica no local de um assentamento romano, erguido perto do campo de Viriato, líder dos rebeldes lusitanos contra Roma. As ruínas desse campo ficam ao norte – foi ali que Viriato lutou pela última vez. A cidade prosperou com a agricultura na Idade Média e a riqueza bancou a construção da catedral, igrejas e belas mansões, todas encerradas dentro dos fortes muros de defesa da cidade. Hoje, Viseu é a capital regional e também o centro da área vinícola de Dão, que produz e exporta seus ótimos tintos para o mundo inteiro.

MUSEU DE GRÃO VASCO

Como seu nome sugere, o principal museu de Viseu junto à catedral na Praça da Sé (tel 232 422 049; www.ipmuseus.pt; ter 14h-18h, qua-dom 10h-18h, €4, grátis dom de manhã) é dedicado principalmente à arte do grande pintor português Grão Vasco. É o único lugar de Portugal onde é possível ver um grande e representativo acervo de sua obra.

A coleção do museu se distribuía originalmente em volta da catedral, no palácio episcopal e outras igrejas da região. Reunir as obras de Vasco proporcionou aos historiadores a oportunidade de traçar a evolução do estilo do pintor, além de aprender mais sobre a arte portuguesa do período. As pinturas reunidas nesse acervo eram originalmente painéis que compunham uma série de grandes peças de altar destinadas à catedral de Viseu e a outras igrejas da região. As principais são as pinturas que estavam antes no coro da Sé de Viseu, que retratam cenas detalhadas da vida de Cristo.

SÉ

A Sé, remodelada entre os séculos XVI e XVIII, é românica e preservou suas grandes e austeras torres gêmeas, embora a fachada tenha sido alterada no século XVII. A vasta igreja tem um maravilhoso teto manuelino com intrincados entalhes de cordas, apoiado por pilares góticos. Brilhando entre a penumbra pode-se vislumbrar uma impressionante peça de altar barroca do século XVIII, tendo como destaque uma serena Madona do século XIV. Há também uma bela galeria e um contido claustro renascentista, decorado com azulejos do século XVIII. No primeiro andar fica o pequeno museu da catedral.

INFORMAÇÕES

www.cm-viseu.pt
www.turismodaolafoes.pt
329 D5
Avenida Calouste Gulbenkian, 3500-055 Viseu ☎ 232 420 950 Mai-set: seg-sex 9h30-12h30, 14h-18h, sáb 9h30-12h30, 14h30-17h30, dom 9h30-12h30; resto do ano: seg-sex 9h30-12h30, 14h-18h, sáb 9h30-12h30

DICA

» Dirigir em Viseu é complicado; vá até o centro da cidade e estacione antes de começar a explorar a região.

A ESCOLA DE VISEU

Como Lisboa, Viseu teve uma importante escola de pintura no século XVI, liderada por Gaspar Vaz, que morreu por volta de 1568, e Vasco Fernandes, que viveu de 1480 a cerca de 1543. Vaz estudou em Lisboa, onde foi influenciado pelos flamengos, em especial Van Eyck, embora seu trabalho seja bem português. Fernandes, apelidado de Grão Vasco, é um dos grandes pintores de Portugal. Ele combina um ótimo senso de composição e dramaticidade com ricas sombras, finos detalhes e um dom para o realismo inspirado nas pessoas e paisagens locais.

Acima *A Igreja da Misericórdia, com suas torres românicas, é uma das atrações da cidade de Viseu*

SERRA DA ESTRELA

Este passeio pela Serra da Estrela, a mais alta cadeia de montanhas de Portugal continental, leva você até a única área de esqui do país antes de entrar por um lindo vale glacial nas montanhas, saindo nas terras férteis embaixo.

O PASSEIO
Distância: 38km
Duração: 1h30 sem paradas
Início: Covilhã
Fim: Belmonte

★ Covilhã, uma cidade têxtil espalhada pelas encostas baixas da serra, é visitada o ano todo pelos portugueses que vão até o Parque Natural da Serra da Estrela (▷ 191). Cidade antiga, cujas ruas íngremes permitem vislumbrar a planície abaixo, é o lugar em que nasceu o explorador Pero de Covilhã, que chegou à Índia dobrando o Cabo da Boa Esperança em 1498.

Siga as placas marrons que indicam "Centro Histórico" e "Serra da Estrela", montanha acima pela cidade – fique atento, pois há poucas placas, além de elas estarem bem espaçadas. Na praça principal, a Praça do Município, prepare-se para virar à direita (não é sinalizado) em uma rua comercial e saia da cidade. A rua vai ficando cada vez mais íngreme. Nos próximos 8km você vai ganhar bastante altitude, por uma subida sinuosa, com muitas curvas fechadas; embora a estrada seja relativamente larga, causa certa tensão.

Os primeiros 3km são cheios de eucaliptos e acácias, mas depois da placa dos 1200m, que marca o início do parque natural, as árvores rareiam e você entra em uma área alta, árida, pontuada por pinheiros e coberta por grandes lajes e formações de granito. Continue até entrar em Penhas da Saúde.

❶ Penhas da Saúde é uma estância de esqui discreta com vários chalés alpinos, hotéis e cafés. É onde fica a maior parte da hospedagem da única área de esqui de Portugal. É também uma base de verão para caminhadas de longa distância pela serra. A estrada sobe pela vila e passa por um reservatório. Mais adiante você verá o pico da Torre, a 1993m, o ponto mais alto de Portugal continental. Na intersecção, vire à direita na rodovia N338 mas, no verão, vale a pena pegar um curto retorno para a esquerda e incluir o próprio pico da Torre. É melhor evitar essa estrada no inverno.

❷ O nome pico da Torre deve-se à torre acrescentada no século XIX para que a altura da montanha tivesse um número redondo. Você pode dirigir até o pico, passando por uma imensa estátua de pedra de Nossa Senhora da Boa Estrela, foco de uma imensa romaria em agosto.

Se você fez o retorno até o pico da Torre, volte à intersecção. A rodovia N338 desce até o vale do Zêzere. Perto do topo há uma série de locais para parar e admirar lindas vistas.

3 O vale do Zêzere é um exemplo clássico de uma formação geológica glacial. Dos mirantes ao longo da estrada você pode ver o espetacular vale rodeado de belas montanhas, com a estrada esculpida das paredes de rocha. Há correntes de água descendo pelas encostas.

Continue sua descida. Quando estiver no nível das árvores, verá pinheiros e faias, além de urzes.

4 As partes mais baixas do vale ainda têm os vestígios de terraços cultivados que antes proviam a subsistência dos residentes. Você também irá notar as últimas casas de pedra tradicionais remanescentes com seus primitivos tetos de sapé.

A primeira povoação que você irá encontrar é Caldas de Manteigas.

5 Caldas de Manteigas, uma adorável cidade-spa com água nascente, funde-se com a pequena Manteigas. Situada acima do rio Zêzere, Manteigas é onde fica o escritório principal do Parque Natural da Serra da Estrela, uma boa fonte de informações se você pretende ficar um tempo. A cidade é agradável para um passeio.

Pegue a rodovia N232 de Manteigas, sentido Belmonte. Daqui, a estrada passa por um vale mais bonito, com florestas e o rio Zêzere ao fundo.

6 O vale entre Manteigas e Belmonte dá a sensação de estar bem no meio da serra, já que é todo cercado pelas montanhas, com o rio de água clara, as pequenas hortas de repolhos e vilas minúsculas isoladas, como Sameiro. A paisagem é absolutamente imperdível. Conforme se vai descendo, o vale continua a se abrir, até que você cruza

Página ao lado *O vale glaciário do Zêzere*
À dir. *Cachoeira no rio Zêzere*

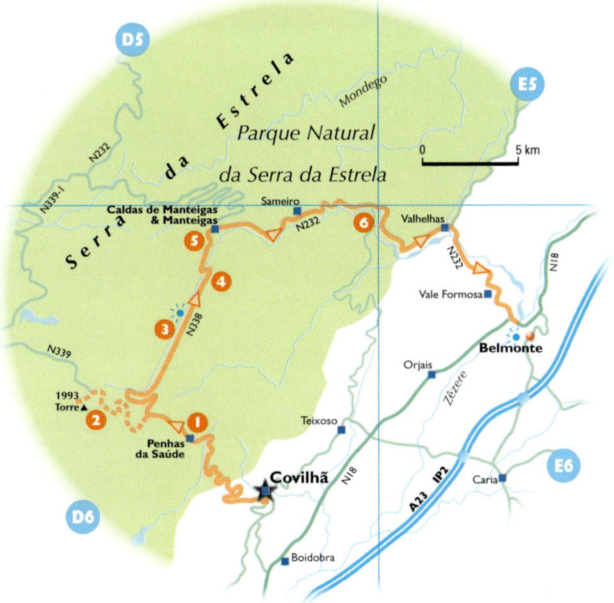

o rio e chega à cidade-fortaleza de Belmonte (▷ 179).

ONDE COMER

Em Covilhã, há a Cozinha da Avó no clube de campo da Quinta do Covelo. Também há o Hotel Serra da Estrela, em Penhas de Saúde; a Pousada de São Lourenço, em Caldas de Manteigas e, em Belmonte, a Pousada do Convento.

QUANDO IR

A paisagem tem o auge do esplendor na primavera e no outono, e o ar frio da montanha é bem-vindo no verão.

O QUE VISITAR

MANTEIGAS

Escritório de Informação Turística, Parque Natural de Serra da Estrela 2, Rua 1º de Maio, 6260-101 Manteigas
275 980 060
Seg-sex 9h-12h30, 14h-17h30

CASTELO DE BELMONTE

6250-048 Belmonte
275 913 901
Diariam 10h-12h30, 14h-17h

DICA

» Se você pretende fazer este passeio no inverno ou no início da primavera, verifique as condições das estradas, que podem estar bloqueadas por neve ou traiçoeiramente escorregadias devido ao gelo. Confira nos escritórios de turismo ou nos painéis no início das estradas de acesso.

PASSEIO A PÉ

CIRCULAR A PARTIR DE MANTEIGAS

Esta caminhada a partir da vila de Manteigas inclui uma cachoeira e um tanque para nadar, bem no meio do Parque Natural da Serra da Estrela.

O PASSEIO
Distância: 10,7km
Duração: 3-4 horas sem paradas
Início/fim: Manteigas

★ O início é no meio de Manteigas, no escritório de informações do parque. Atravesse a estrada até o posto de combustível Galp e pegue a trilha íngreme à direita da estrada principal passando o escritório de turismo. Desça por ela, mantendo a direita depois de passar pelas casas, até a ponte sobre o rio Zêzere. Atravesse a ponte e mantenha-se à esquerda passando a fábrica em São Gabriel. Continue à esquerda, atentando para as setas amarelas que apontam para os bosques. Essas marcas nem sempre são fáceis de achar, mas levam você direto à cachoeira Poço do Inferno.

❶ Poço do Inferno é uma cachoeira num local idílico, um bom lugar para um piquenique e até para nadar – mas cuidado porque a água é geladíssima. No trajeto até a cachoeira, você sobe uns 300m andando por bosques de pinheiros, faias e bétulas. Nas épocas certas do ano, em especial na primavera, você poderá ver também algumas flores silvestres.

Acima *O vilarejo de Manteigas, aninhado nas montanhas da Serra da Estrela*

No Poço do Inferno, você vai pegar a estrada que serpenteia montanha acima. Esse caminho levará à entrada do vale do rio Zêzere.

❷ Ao entrar em campo aberto, você verá rebanhos de carneiros; seu leite é usado para fazer o queijo da serra, famoso em Portugal. Talvez você tenha ainda a oportunidade de ver algum dos celebrados cães da Serra da Estrela, raça criada para guardar os rebanhos da região. Esses cães podem ter pelo curto ou longo.

Siga a estrada até encontrar a N338. Vire à direita para descer até Caldas de Manteigas.

❸ Caldas de Manteigas, uma cidade-spa que se estende ao longo do vale do rio, faz agora parte de Manteigas. Ela tem duas fontes sulfurosas quentes, usadas para tratar reumatismo, doenças de pele e pulmonares.

Siga a estrada descendo até o centro de Manteigas para chegar ao ponto de partida.

ONDE COMER
Faça um piquenique, ou, em Manteigas, tente a Pousada de São Lourenço.

QUANDO IR
Escolha um dia de sol entre maio e setembro. Evite fazer este passeio depois de uma nevasca ou com mau tempo.

DICA
» Embora seja uma excursão popular, trata-se de uma caminhada pela montanha. Leve calçado reforçado, roupa adequada (inclusive capa impermeável) e algo para comer e beber.

FLORESTA NACIONAL DO BUÇACO

Neste passeio pelos bosques mais conhecidos e queridos de Portugal, você pode ver muitos arbustos e árvores – cerca de 700 variedades de árvores, entre nativas e exóticas. A floresta também abriga fontes, lagos, correntes e cascatas.

O PASSEIO
Distância: 2,6km
Duração: 50 minutos sem paradas
Início/fim: área de estacionamento abaixo do Palace Hotel do Bussaco
Estacionamento: Na área principal de estacionamento junto ao hotel

★ Procure o caminho à direita, indicado pela placa "Fonte Fria". Siga os degraus que descem a montanha, ignorando a curva à esquerda. Siga pelo caminho que circunda uma cabana e continue descendo até chegar à parte alta da Fonte Fria.

❶ A Fonte Fria é uma escadaria de água com uma série de degraus de cada lado da cascata central. A água que cai forma lagos e terraços de água ligados pela corrente principal. Ao chegar ao fundo, tem-se uma bela vista a partir do lago, onde se destaca a samambaia (se não quiser fazer toda a caminhada, pode chegar aqui diretamente pela estrada do hotel). Vire à esquerda perto do lago, na placa "Vale dos Fretos".

❷ O caminho leva pelo Vale dos Fretos, uma trilha com pinheiros, sequoias e samambaias que chegam a 5m. A água que corre ao longo do caminho alimenta dois lagos e a área é repleta de camélias e rododendros.

No lado esquerdo do segundo lago maior, vire à esquerda subindo os degraus, depois à direita na intersecção. Cerca de 220m adiante, há uma bifurcação. Pegue a trilha de terra à esquerda subindo a montanha. Na outra bifurcação, pegue à esquerda e depois à direita na trilha mais ampla. Na próxima intersecção você verá a primeira série de fascinantes edifícios.

❸ O primeiro edifício decorado com seixos é a Porta Pedron. Mantendo-a à sua esquerda, vire à direita e tome o caminho largo até a Porta de Siloa, um arco duplo que constitui outra extravagância arquitetônica. Vire então à esquerda no segundo arco, suba os degraus e entre em uma ampla avenida, que tem outra extravagância.

Vire à esquerda por uma ampla trilha perto do último edifício. Ela cruza uma corrente e continua a subir. Na próxima intersecção vire à direita, depois de novo à direita, ainda subindo. Esse caminho leva você de volta ao ponto inicial no estacionamento.

ONDE COMER
Palace Hotel do Bussaco (⊳ 206) que vende mapas da floresta.

QUANDO IR
A qualquer hora com tempo seco.

DICA
» Os caminhos são uma mistura de cascalho, piso regular e degraus, por isso use calçado adequado.

Acima *Samambaias no Vale dos Fretos*

DE FIGUEIRA DA FOZ ATÉ MEALHADA

Um trajeto variado que leva você de Figueira da Foz, típico balneário de férias português, até as montanhas, com muitos lugares para visitar ao longo do caminho, incluindo a pitoresca Montemor, a histórica Coimbra e a Floresta Nacional de Buçaco.

O PASSEIO
Distância: 100km
Duração: 2-3 horas sem paradas e um ou dois dias visitando todas as atrações
Início: Figueira da Foz
Fim: Mealhada
Pernoite: Coimbra

★ Dê um passeio pela bela praia de Buarcos, na periferia norte de Figueira da Foz (▷ 187), antes de iniciar seu passeio pela rotatória central. Siga as placas marrons que indicam "outras direções" pela orla até ver o farol e o porto de pesca adiante. Siga a estrada pela esquerda, deixando o velho castelo à sua direita, e continue rio acima.

❶ À sua direita fica a marina, o ponto de partida para diversos passeios de barco. Você vai notar a parte antiga de Figueira à sua esquerda, em volta da área dos jardins municipais.

Siga a placa azul das rodovias A1/A14, para Lisboa, Porto, Coimbra e Viseu depois de passar pelo porto e sob a ponte em cantiléver. Na rotatória, vire à esquerda seguindo as placas Coimbra e Viseu da A14, depois pegue a bifurcação à direita sentido Coimbra e Viseu. Fique nessa rodovia por 14km até a saída 4.

❷ Esse trecho do trajeto oferece bosques de pinheiros e eucaliptos acima do estuário do rio Mondego. O Mondego é um dos rios mais bonitos de Portugal, nascendo na Serra da Estrela e com a maior parte de seu curso passando pelos bosques, pontuados por pitorescas aldeias. Nas partes mais baixas abriga aves pernaltas e aves marinhas de inverno. Procure garças e garçotas, e ninhos de cegonhas em chaminés.

Pegue a saída 4 para Montemor-o-Velho (▷ 189), que você verá no alto de uma colina acima das salinas. Ao sair da cidade, siga as placas para Soure passando duas rotatórias – a estrada cruza o rio e a ferrovia. Imediatamente após a ferrovia, vire à direita, continuando a seguir as placas para Soure. Dirija montanha acima e vire à esquerda em uma junção em T com a placa "Soure 14". Na próxima rotatória siga as placas para Condeixa, cruzando a ferrovia de novo. Então, vire à esquerda na estrada da Granja na rotatória seguinte.

❸ Agora você está seguindo o Mondego rio acima na margem sul, por uma bela estrada rural que passa por terra fértil de aluvião. A estrada ondula e permite ver o rio à esquerda, além de passar por várias aldeias rurais intocadas. Isso dá uma boa ideia da vida tradicional no campo, onde predominam chácaras, com algumas plantações e poucos animais. A

Página ao lado *A praia de Figueira da Foz, larga e de areia fofa, é o lugar ideal para fazer uma caminhada antes do passeio*

ideia é procurar a autossuficiência, plantando para alimentar a família e trocando ou vendendo o excedente. Do ponto de vista econômico, é ineficiente, mas torna a área mais charmosa para os visitantes.

No cruzamento com a estrada principal, siga as placas na rodovia N341 em direção a Coimbra.

Acima *O Palace Hotel do Bussaco já abrigou um alojamento real de caça*

❹ Coimbra (▷ 182-4) tem a universidade mais antiga de Portugal e muitos edifícios históricos. Se não for visitar a cidade, passe pelo anel viário e pegue a IC2 e depois a IP3.

Saia de Coimbra pela IC2 e siga para o norte, desviando na saída 8 para pegar a IP3, uma estrada boa que passa por lindos bosques. Após 13km pegue a N235 à esquerda para Luso.

Daqui, você sobre pela bela área montanhosa por uma estrada sombreada ladeada de eucaliptos dos dois lados. As clareiras são preenchidas por oliveiras, e você irá notar terraços – que já foram muito cultivados e ainda são usados como pasto e para cultivo de alimentos –, que os moradores do local criaram para melhor usar os bolsões de solo fértil. Pequenos povoados, cheios de gerânios e cercados por laranjais, são vistos ao longo da estrada – uma paisagem característica da área rural do país.

❺ Procure um alto muro de pedra à sua direita, que cerca a Floresta Nacional de Buçaco (▷ 197). Entre na floresta pelo seu portão principal e dirija até o hotel, onde você pode estacionar para esticar as pernas ou dar um passeio pelo bosque (▷ 197). Reserve um tempo para essa caminhada, pois essa floresta é um dos mais importantes tesouros naturais de Portugal.

❻ Dirija montanha abaixo até a cidade-spa de Luso (▷ 187).

Pegue a rodovia N234 a oeste até Mealhada, um belo trecho que desce pelos bosques.

❼ Mealhada é famosa por seu leitão, considerado o mais delicioso de Portugal. A cidade fica a cinco minutos da rodovia A1, para o trecho de volta a Figueira.

ONDE COMER

Em Montemor-o-Velho, experimente o Ramalhão, na Rua Tenente Valadim, renomado por suas sobremesas. Buçaco tem o Palace Hotel do Bussaco, que serve cozinha regional e internacional (▷ 206).

QUANDO IR

No início do verão ou no outono, quando o tempo está firme, o campo está em seu esplendor e a própria Coimbra fica relativamente tranquila. O alto verão é mais agitado e mais quente.

DICA

» Passe uma noite em Coimbra, para explorar mais a fundo a cidade. Você pode sair na manhã seguinte para a segunda metade do passeio, o que dará tempo suficiente para uma caminhada pela floresta de Buçaco.

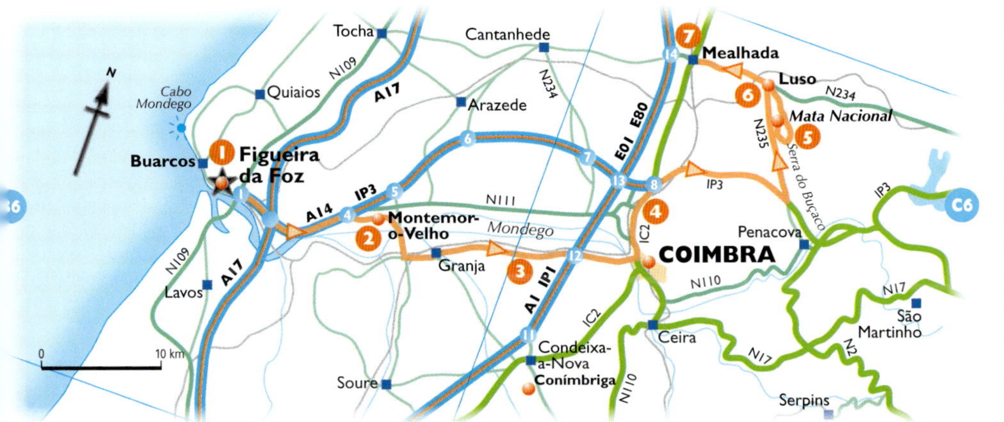

ARTE, COMPRAS, DIVERSÃO E NOITE

Acima *Figueira da Foz é um excelente ponto para windsurfe e outros esportes aquáticos*

AVEIRO

AVEIROSUB

www.aveirosub.com

Fica fora de Aveiro, em direção à Praia da Barra. Oferece aulas de mergulho e excursões para mergulhar, tanto na lagoa como em mar aberto. Para iniciantes, há aulas introdutórias, incluindo mergulhos.
✉ Avenida José Estevão 681, 3830-555 Gafanha da Nazaré ☎ 234 367 666
🕐 Telefones: seg-sáb 9h-12h30, 14h-19h
✋ Dia de mergulho (2 mergulhos) €50; curso de mergulho (17 aulas teóricas, 7 aulas em piscina, 5 no mar) €400; mergulho introdutório €35

BUGA

BUGA (Bicicleta de Utilização Gratuita de Aveiro) é o sistema de bicicleta gratuita de Aveiro. Dirija-se à loja no shopping Forum, apresente uma identificação, pegue a bicicleta e ande nos limites da cidade. Ao terminar de usar, devolva-a na loja.
✉ Centro Comercial Forum, 3800 Aveiro
☎ 967 050 441 🕐 Loja: diariam 9h-19h

CLUB 8

www.club8aveiro.com

Maior danceteria de Aveiro, ao sul do canal central, descendo do Rossio. O terraço tem vista para o rio e dois andares. House, drum 'n' bass e sucessos dos anos 1980 e 1990; na quinta-feira, noite dos estudantes.
✉ Cais do Paraíso 19, 3810-146 Aveiro
☎ 917 753 861 🕐 Qua-sáb 24h-4h
✋ Qua-qui grátis, sex-sáb €5 (inclui drinque)

ECO RIA

Oferece viagens regulares de lancha e moliceiros de maio ao fim de setembro. Quando as condições climáticas permitem, e dependendo de haver lotação suficiente, opera em outros meses.
✉ Rua Cândido dos Reis 59B, 3800-098 Aveiro ☎ 967 088 183 ou 234 425 563
🕐 Escritório: seg-sex 9h-12h30, 14h-17h30. Viagens de moliceiro: jun-fim set diariam 10h-18h, a cada hora. Viagens de lancha: jun-fim ago diariam, partida 12h30 volta 14h30 ✋ Viagens de moliceiro: €5 por pessoa, mínimo 8 pessoas; viagens de lancha (inclui almoço €4): €20 por pessoa (reserve 2-3 dias antes); horários sujeitos a alterações, ligue para confirmar

FÁBRICA VISTA ALEGRE

www.vistaalegre.pt

A vila de Vista Alegre, 6km ao sul de Aveiro, é o local de origem da famosa porcelana. O museu exibe e conta a história dessas peças.
✉ Vista Alegre, 3830-292 Ílhavo ☎ 234 324 223 🕐 Museu: ter-sex 10h-18h, sáb-dom 10h-12h30, 14h-17h. Loja: seg-sáb 9h30-18h30 ✋ Museu: €1,50 🚗 N109 para o sul, saindo de Aveiro, depois de Ílhavo

MARIA DA APRESENTAÇÃO DA CRUZ

A comida mais famosa de Aveiro são os ovos moles, bolinhos que esta loja familiar produz segundo uma receita muito bem guardada desde 1882. Eles são vendidos em barris de madeira pintados.
✉ Rua D. Jorge de Lencastre 37, 3800-142 Aveiro ☎ 234 422 323 🕐 Seg-sáb 9h-20h, dom 9h30-13h

COIMBRA

A CAMPONESA

Tradicional loja de vinhos, com bela decoração (a antiga caixa registradora e o grande relógio dourado encaixado entre as estantes de madeira originais ainda funcionam) que tem uma grande seleção de Portos e vinhos de diversas regiões de Portugal. Você pode entrar e dar uma olhada mesmo que não compre nada.
✉ Rua da Louça 80, 3000-243 Coimbra ☎ 239 827 947 🕐 Seg-sex 9h-19h, sáb 9h-13h

À CAPELLA
www.acapella.com.pt
Alojado em uma capela do século XIV, este inusitado bar apresenta shows de fado todos os dias de mar-out e eventualmente no inverno.
✉ Capela Nossa Senhora da Vitória, Rua Corpo de Deus, Largo da Vitória, 3000-111 Coimbra ☎ 239 833 985 🕒 Diariam fado a partir das 22h ✋ €10 (aconselhável reservar durante jul e ago)

BASÓFIAS
www.basofias.com
A Basófias faz viagens de barco pelo rio Mondego, com saídas ao lado do Parque Dr. Manuel Braga. No caminho, você terá belas vistas de edifícios históricos na margem distante.
✉ Parque Dr. Manuel Braga, Coimbra ☎ 239 912 444 ou 969 830 664 🕒 Out-mar: diariam 15h, 16h, 17h; abr-set: diariam 15h, 16h, 17h, 18h, 19h ✋ €6

GOLF QUINTA DAS LÁGRIMAS
www.quintadaslagrimas.pt
A academia de golfe de Quinta das Lágrimas, às margens do Mondego, tem um campo de nove buracos. Aluga equipamentos necessários.
✉ Rua António Augusto Gonçalves Santa Clara, 3041-901 Coimbra ☎ 239 802 388 🕒 Ter-dom 10h-19h ✋ Taxa diária de €12,50; aluguel de tacos grátis 🚗 Atravesse a Ponte Santa Clara, vire à esquerda e depois à direita na placa

O CANTINHO DA ANITA
A fachada de aspecto medieval esconde uma ótima loja que vende cerâmica tradicional de Coimbra, lindas imitações dos azulejos viúva Lamego, do século XVII, e tecidos de algodão bordados.
✉ Rua Sargento-Mor 2, 3000-382 Coimbra ☎ 239 827 415 🕒 Jul-ago: seg-sex 9h-19h, sáb 9h-13h; set-jun: seg-sex 9h-13h, 15h-19h, sáb 9h-13h

O PIONEIRO DO MONDEGO
www.opioneirodomondego.com
Alugue um caiaque para uma viagem no rio Mondego, entre Penacova e Coimbra. Você pode remar 25km (cerca de quatro horas, mas há outras opções de programas mais breves). Uma van pega o cliente no outro lado (canto leste) do Parque Dom Manuel Braga, às 10h.
✉ Rua da Calçada 21, 3360-184 Penacova ☎ 239 478 385 🕒 Telefones: jun-set diariam 8h-10h, 13h-15h, 20h-22h ✋ €20 incluindo o transporte

PORTUGAL DOS PEQUENITOS
www.fbb.pt
Este parque temático é a atração mais visitada de Coimbra (embora um pouco cara). Oferece diversão para a família, com maquetes em miniatura dos mais famosos monumentos de Portugal e áreas dedicadas às antigas colônias do país.
✉ Rossio de Santa Clara, 3040-256 Coimbra ☎ 239 801 170 🕒 Jun-meados set: diariam 9h-20h; mar-mai e meados set-meados out: diariam 9h-19h; meados out-dez e fev: diariam 10h-17h; fechado jan ✋ Semana da Páscoa jun-meados set adultos €9, crianças (menores de 14) €4,50; resto do ano: adultos €6, crianças (menores de 14) €3, menores de 6 grátis

TEATRO ACADÉMICO GIL VICENTE
www.uc.pt/tagv
Apresenta shows e eventos variados, incluindo música, dança, cinema e peças de teatro.
✉ Praça da República, 3000-343 Coimbra ☎ 239 855 630 🕒 Bilheteria: seg-sáb 17h-22h, dom (em dias de apresentação) 17h-22h ✋ €10-€30 🚫 Na plateia 🍷

TERMAS DA CURIA
www.termasdacuria.com
Existe desde o século XIX, quando as propriedades curativas de suas águas tinham fama internacional. Oferece massagens, saunas e tratamentos de beleza. Tem ainda um hotel, bicicletas, minigolfe e piscinas.
✉ Curia, 3780-541 Tamengos ☎ 231 519 825 🕒 Seg-sáb 8h-12h30, 16h30-19h, dom 8h-12h30 ✋ €7-€110, dependendo dos tratamentos 🏊 🚗 Pegue a rodovia IC2 norte saindo de Coimbra. Vire à esquerda na placa para Curia e siga as placas "Termas", 25km ao norte de Coimbra

VIA LATINA
Junto à Praça da República, este é um dos clubes mais populares da cidade, especialmente entre os estudantes. Durante a semana há festas da universidade, e nos fins de semana DJs nacionais e internacionais se apresentam.
✉ Rua Almeida Garrett 1, 3000-021 Coimbra ☎ 239 820 293 🕒 Seg-sáb 24h-6h ✋ €5 (inclui drinque)

FIGUEIRA DA FOZ

BAR HAVANA
De temática latina, o Little Havana traz um sabor de Cuba para o litoral europeu. Palmeiras, cores vivas, margaritas e mojitos embalam as bandas ao vivo que tocam salsa e canções latino-americanas.
✉ Rua Cândido dos Reis 86A, 3080-155 Figueira da Foz ☎ 233 434 899 (escritório de turismo) 🕒 Ter-dom 21h-2h ✋ Grátis

CAPITÃO DUREZA
www.capitaodureza.com
Atividades ao ar livre com instrutores qualificados e ótimo equipamento. Organiza excursões para prática de paintball, rafting, canoagem, montanhismo, caiaque e canyoning.
✉ Rua Principal 64C, Telhado, 3360-062 Penacova ☎ 239 918 148 ou 918 315 357 🕒 Telefones: seg-sex 9h30-20h30 ✋ €18-€97, dependendo da atividade

CASINO DA FIGUEIRA DA FOZ
www.casinofigueira.pt
Atrai a aristocracia de Portugal desde o início do século XX. As elegantes salas de jogos hoje ficam atrás de uma fachada de vidro, com máquinas caça-níqueis, um excelente restaurante, um clube noturno e shows.
✉ Rua Dr. Calado 1, 3080-153 Figueira da Foz ☎ 233 408 400 🕒 Jul-ago: diariam 16h-4h; resto do ano: diariam 15h-3h. Shows: qua-qui 22h30, sex 23h, dom 16h ✋ Entrada gratuita

CENTRO DE ARTES E ESPECTÁCULOS DA FIGUEIRA DA FOZ
O principal lugar na cidade para teatro música e dança foi construído em 2000. Tem um auditório com capacidade para 800 pessoas, um pequeno cinema, uma sala de exposições e um anfiteatro ao ar livre.
✉ Rua Abade Pedro, 3080-081 Figueira da Foz ☎ 233 407 200 🕒 Bilheteria: seg-sex 9h-19h, sáb 10h-20h, dom 10h-21h30 (em dias de shows, aberta até 23h). ✋ €10-€40 🚫 Na plateia ☕

JOGOS DE PRAIA
Nos meses de julho e agosto as praias de Figueira se animam com os Jogos de Praia, com atividades como vôlei de praia, aulas de aeróbica e desfiles de moda.
Figueira da Foz 233 422 610 (escritório de turismo)

PERFUMARIA PUB
Com dois andares, luz suave e ótima música, este pub é um dos mais antigos de Figueira, ideal para um drinque tranquilo. Cuidado com a escada em espiral, muito estreita.
Rua Dr. Calado 37, 3080-081 Figueira da Foz 233 426 442 Diariam 21h30-6h Grátis

TOURADA
Nos fins de semana de agosto, a arena municipal, junto à Rua do Viso, apresenta vários talentos taurinos. Maiores detalhes no escritório de turismo.
Praça de Touros, Figueira da Foz 233 422 610 (escritório de turismo) €15-€60 de acordo com o nível técnico dos toureiros

GUARDA

A CATEDRAL
Os melhores bares de Guarda ficam espalhados em volta da cidade velha em antigas casas. Por isso, todos têm um interior bastante pequeno. Este bar, decorado com grandes pinturas de temas religiosos – daí seu nome –, é um dos mais populares e costuma ficar lotado.
Rua dos Cavaleiros 22, 6300-675 Guarda 271 223 386 Ter-sáb 22h-3h

CASA ESPIGADO
Fundada em 1916, esta loja vende objetos de cobre, aço inox, ferro e latão, tanto práticos como curiosos.
Rua da Torre 21, 6300-768 Guarda 271 212 269 Seg-sex 9h30-13h, 15h-19h, sáb 9h30-13h

O PECADO DO REI
Bar com clima de casa, junto à Rua Dom Francisco de Passos, que atrai muitos estudantes. Tem cinco salas cujas paredes de pedra são decoradas com uma coleção de instrumentos de cordas. Embora seja bastante calmo nos dias de semana, ganha vida de fato nos fins de semana, com karaokê e bandas ao vivo.
Rua D. Dinis 9, 6300-546 Guarda 271 215 170 Seg-sáb 20h-2h

UNIVERSO TT
www.universott.pt
Empresa que oferece ótimos roteiros (em uma Land Rover) pelo vale do rio Mondego, pela Serra de Malcate, pelo castelo de fronteira ou pelas rotas da lã ou do queijo. Também organiza atividades ao ar livre, como caminhadas e voos de balão.
Rua Almirante Gago Coutinho 10, 2º andar, porta à direita, 6300-507 Guarda 271 084 400 ou 967 949 196 Diariam 10h-19h. Telefones: diariam 9h-21h Passeios de meio dia, 1 dia e 2 dias a partir de €35

LUSO

TERMAS DO LUSO
www.termasdoluso.com
As propriedades medicinais das águas de Luso foram descobertas no final do século XVIII. O primeiro spa abriu na década de 1850. Tem piscina, um potente chuveiro de água de Vichy e oferece massagens.
3050-902 Luso 231 937 910 2 mai-31 out: seg-sáb 8h-12h, 16h-19h €7-€75, dependendo do tratamento; recomenda-se reserva antecipada em jul e ago

VISEU

CASA DA RIBEIRA
Viseu é bem conhecida por suas rendas e cestaria, que você pode encontrar aqui. Podem-se ver artesãos em seu trabalho, e comprar artigos de vidro, cerâmica e tecidos.
Largo da Nossa Senhora de Conceição, 3500-198 Viseu 232 427 400 Ter-sáb 9h-12h30, 14h-17h30

CENTRO HÍPICO MONTEBELO
www.centrohipicomontebelo.pt
Este centro equestre fica a 10 minutos de carro de Viseu. Tem espaços cobertos e ao ar livre, cercados e uma sede. Aluga cavalos por hora. É melhor ligar um dia antes para confirmar disponibilidade e horários.
Farminhão, 3510-643 Viseu 232 856 474 Ter-dom 9h-20h €20 por hora

Acima *As cidades e aldeias das Beiras têm muito a oferecer à noite*

Pegue a rodovia IP3 sentido sul, saindo de Viseu. Saia em São Miguel de Outeiro/Sabugosa. Há placas do centro

GOLFE MONTEBELO
www.golfemontebelo.pt
Este campo tem como cenário as magníficas montanhas da Serra da Estrela e da Serra do Caramulo. Seus 18 buracos ficam em volta de pinheiros, carvalhos e da vegetação típica dessas duas serras.
Farminhão, 3510-643 Viseu 232 856 464 Mai-set: 8h-20h; out-abr: 8h-19h 18 buracos: seg-sex €41, sáb-dom €54; aluguel de tacos €25; buggy €27 seg-sex, €34 sáb-dom Pegue a rodovia IP3 sentido sul, saindo de Viseu. Saia dela em São Miguel de Outeiro/Sabugosa. O campo de golfe é sinalizado a partir dessa saída

MTM TEAM
www.mtm-team.com
Para quem gosta de aventura, esta empresa, localizada ao norte de Viseu, oferece rafting, bungee jump, canoagem e muito mais nas idílicas paisagens do vale do rio Paiva.
Sete Pães, Vale de Matos, 3600 Castro D'Aire 936 933 111 ou 938 460 246 Telefones: diariam 9h-18h Depende da atividade escolhida

OBVIAMENTE
Este bar é tranquilo até as 23h, quando começa a tocar dance e música dos anos 1980 para um público jovem. Serve lanches até bem tarde, o que salva a noite de dançarinos famintos.

Largo do Pintor Gata 26, 3500-136 Viseu
232 426 635 Seg-sáb 20h30-4h
Grátis

PALÁCIO DO GELO SHOPPING
www.palaciodogelo.pt
Imenso complexo com lojas, restaurantes, cinemas, academias, instalações esportivas e pista de patinação no gelo. É o maior shopping da região, com grandes lojas de rede, hipermercado e sete cinemas. A maior pista de patinação no gelo de Portugal fica aqui. Os patins podem ser alugados no local. Uma academia oferece sauna, hidromassagem, ducha escocesa, solário e sala de relaxamento. Os preços variam conforme o que se escolher.
Quinta da Alagoa, 3500-606 Viseu
232 483 900 Diariam 10h-23h
Na rodovia EN231, logo ao sul da cidade

TERMAS ALCAFACHE
www.termasdealcafache.pt
A sudeste de Viseu, este spa entre os pinheiros do vale do Dão oferece tratamentos para dores nas articulações e problemas respiratórios, além de hidromassagens.
Rua do Balneário, 3530-026 Alcafache
232 479 797 Abr-nov €3-€75, conforme o tratamento e a época do ano
De Viseu, pegue a rodovia EN231 sentido sul. Então, vire à esquerda na EM594 para Alcafache, a 8km de Viseu

TERMAS DE SÃO PEDRO DO SUL
www.termas-spsul.com
Usadas com fins medicinais desde a época anterior à dos romanos, estas fontes de água quente são as mais populares do país e recebem 25 mil visitantes por ano. Acredita-se que as águas, além de relaxantes, são benéficas para problemas respiratórios, reumatismo e dores musculares.
Praça Dr Antonio José de Almeida, Termas de São Pedro do Sul, 3660-692 Várzea 232 720 300 D. Afonso Henriques: diariam 8h-13h, 16h-19h; Rainha D. Amélia: seg-sex 7h-13h, 15h-21h, sáb-dom 7h-13h, 16h-20h
€3-€97, dependendo do tratamento e da época do ano Siga para noroeste saindo de Viseu pela rodovia N16 até São Pedro do Sul. Ali pegue a N16 sentido Vouzela. As fontes ficam nessa estrada, após cerca de 2km

FESTIVAIS E EVENTOS

FESTA DE SÃO GONÇALINHO
A cidade velha é ricamente decorada em homenagem a São Gonçalo. Filões de pão chamados de cavacas são atirados para a multidão do alto de uma capela como agradecimento pela volta dos pescadores.
Aveiro 234 423 680 (escritório de turismo) 1ª ou 2ª semana jan

CARNAVAL
Carnaval no estilo carioca no sábado e na terça atraem visitantes de todo o país. As principais atrações são os carros alegóricos, as fantasias e os artistas de TV.
Figueira da Foz 233 422 610 (escritório de turismo)

FEIRA DE MARÇO
Realizada desde meados do século XV, a feira tem danças folclóricas, festas de rua e, nos fins de semana, desfiles e procissões.
Aveiro 234 423 680 (escritório de turismo) Fim mar-fim abr

FESTA DE SANTA JOANA
Realizada em homenagem a Santa Joana, a filha beatificada de dom Afonso V que viveu em um convento de Aveiro por 20 anos. O dia mais importante é 12 de maio, com a procissão em homenagem à santa.
Aveiro 234 423 680 (escritório de turismo) 12 mai

QUEIMA DAS FITAS
www.queimadasfitas.org
Celebrada em Coimbra desde 1899, esta festa marca o fim do ano acadêmico e, para os do último ano, o fim do curso. Há danças, concertos ao ar livre, cerimônias e os desfiles das faculdades. Confira as datas no escritório de turismo.
Coimbra 239 488 120 (escritório de turismo) Meados mai

FESTAS DA VILA
Realizada em homenagem a São João, padroeiro de Figueira, esta festa de duas semanas tem artesanato regional, gastronomia e concertos. Culmina em 24 de junho com uma mostra de danças e trajes folclóricos.
Figueira da Foz 233 422 610 (escritório de turismo) 13-24 jun

FESTA MEDIEVAL
Nesta festa de um dia há apresentações de rua e barracas com visual medieval vendendo comidas da região. Ligue para o escritório de turismo para confirmar a data.
Coimbra 239 488 120 (escritório de turismo)

FESTA DA RIA
A festa mais importante de Aveiro celebra seus canais e os decorativos moliceiros (barcos), que competem pela melhor decoração.
Aveiro 234 423 680 (escritório de turismo) Meados jul

FEIRA DE SÃO MATEUS
Feira anual no Campo de Feira de São Mateus em homenagem ao santo, com música folclórica, dança, fogos de artifício e uma feira agrícola e de artesanato.
Viseu 232 420 950 (escritório de turismo) 14 ago-21 set

MAGUSTO DA VELHA
Os festejos de Magusto da Velha (magusto quer dizer castanha assada) começaram depois que uma velha senhora ordenou em seu testamento que 50kg de castanhas fossem assadas e atiradas da torre da igreja todo ano em 26 de dezembro.
Guarda 271 205 530 (escritório de turismo) 26 dez Pegue a rodovia EN16 a oeste, depois ao norte, saindo de Guarda. Pegue a estrada para Aldeia Viçosa, que tem placa à esquerda depois de 15km

ONDE COMER

PREÇOS E SÍMBOLOS
Os restaurantes são listados em ordem alfabética. Os preços são os médios para um almoço com dois pratos (A) e um jantar com três pratos (J) para uma pessoa, sem bebidas. O preço do vinho é o da garrafa mais barata. Todos os restaurantes aceitam cartões de crédito, a menos que seja especificado o contrário.

Para a legenda dos símbolos, ⊳ 2.

AVEIRO

SALPOENTE
www.salpoente.com
No térreo deste restaurante tradicional há uma mostra de trajes regionais e implementos para coleta de sal; no andar de cima avistam-se as salinas. O cardápio é especializado em peixe e frutos do mar, cozidos em cataplanas de cobre e as famosas enguias da região (na estação).
✉ Canal de São Roque 83, 3800-256 Aveiro ☎ 234 382 674 🕒 Dom 12h-14h, ter-sáb 12h-14h30, 19h30-22h30 ✋ A €18, J €22, vinho €8

A TASCA DO CONFRADE
Restaurante com temática de Beiras, tem barris de vinho no balcão, louça de barro e alguns manequins, um pouco cômicos, em trajes regionais. Tem um bar e painéis que retratam atividades do cotidiano. Prove o polvo assado, tamboril com arroz e camarão ou cabrito assado.
✉ Rua dos Marnotos 34, 3800-220 Aveiro ☎ 234 386 381 🕒 Ter-sáb 12h-15h, 19h-23h, dom 12h-15h ✋ A €14, J €18, vinho €8 🚘 Perto da feira de peixe no Rossio

COIMBRA

ARCADAS DA CAPELA
www.quintadaslagrimas.pt
O restaurante deste famoso hotel combina um ambiente refinado com excelente serviço. Foi premiado pelo Guia Michelin. O cardápio internacional muda a cada estação, mas pode incluir lagosta com abacate, peito de pombo recheado com carnes e foie gras com molho de café. Termine com pudim de chocolate com sorvete de canela.
✉ Hotel Quinta das Lágrimas, Rua António Augusto Gonçalves, Santa Clara, 3041-901 Coimbra ☎ 239 802 380 🕒 Jul-set: diariam 19h30-22h30; resto do ano: diariam 12h30-14h30. Ligue para reservar ✋ A €40, J €50, vinho €15 🚘 Cruze a Ponte Santa Clara e, junto à placa, vire à esquerda e à direita

Acima *O restaurante Salpoente, em Aveiro, é especializado em pescados*

CAFÉ SANTA CRUZ
Mais famoso e imponente café da cidade. Fica em uma capela construída entre os séculos XV e XVI, perto da catedral, e tem interior com madeira escura e espelhos antigos. Um fluxo constante de estudantes, professores e visitantes passa por sua porta manuelina – não há melhor lugar para um café e um lanche.
✉ Praça 8 de Maio, 3000-300 Coimbra ☎ 239 833 617 🕒 Seg-sáb 19h-2h ✋ Bebida e lanche €5 por pessoa

A TABERNA
Toda a comida deste pequeno restaurante vem do forno a lenha ou da grelha a carvão – ambos bem à mostra. O pão feito em casa é uma delícia, assim como o polvo grelhado servido com couve e batatas ao murro. O cabrito assado e o bife casserole d'A Taberna são famosos na cidade. Não perca as sobremesas, sobretudo o leite creme (crème brûlée) ou os crepes.
✉ Rua dos Combatentes da Grande Guerra 86, 3030-181 Coimbra ☎ 239 716 265 🕒 Ter-sáb 12h30-15h, 19h30-22h, dom 12h30-15h ✋ A €20, J €25, vinho €6,50

Entre a universidade e o estádio de futebol, a sudeste do centro da cidade

ZÉ CARIOCA RESTAURANTE

Experimente este restaurante brasileiro entre a Praça da República e o shopping Avenida. Eles recomendam filé de garoupa com molho de camarão, além de rodízio de picanha e feijoada à brasileira. Música ao vivo todas as noites.
Avenida Sá de Bandeira 89, 3000-351 Coimbra 239 835 450 Diariam 12h-15h, 19h-22h30 A €14, J €18, vinho €7

FIGUEIRA DA FOZ

CAÇAROLA

Perto do cassino, este restaurante pode não vencer nenhum prêmio de melhor decoração com sua mistura de objetos náuticos e plantas de plástico, mas a comida é excelente. A especialidade são peixes e frutos do mar de preparo simples.
Rua Cândido dos Reis 65, 3080-155 Figueira da Foz 233 424 861 Diariam 10h-5h A €12, €J €15, vinho €5,50

GUARDA

CASAS DO BRAGAL

www.casasdobragal.com
Localizado 2km a leste de Guarda, este restaurante ganhou vários prêmios nacionais de gastronomia. Comece com a seleção de "coisinhas boas", como favas com linguiça caseira, chouriço com maçã ou coelho no molho verde. Como pratos principais, os consagrados cordeiro com alecrim, carne de porco, de vaca, polvo, cabrito, bacalhau e leitãozinho.
João Bragal de Baixo 271 963 896 Qui-seg 12h30-15h, 19h30-22h, qua 19h30-22h A €20, J €25, vinho €8

O BULE

Perto da praça da catedral, estes salões de chá decorados em tons quentes, com forração de madeira e gravuras, são a pedida para um café da manhã ou um chá da tarde. É difícil resistir ao balcão cheio de bolos fresquinhos. Destacam-se as delícias locais, como o pão de ló de ovos. Não aceita cartões de crédito.
Rua Dom Miguel de Alarcão 25-27, 6300-684 Guarda 271 214 392 Diariam 8h-20h Café e bolo €3,50

RESTAURANTE BELO HORIZONTE

Para apreciar a verdadeira cozinha do Norte, venha ao Belo Horizonte, na esquina da praça da catedral. Com uma austera fachada de pedra e cortinas brancas de linho na porta, conta com uma atenciosa equipe. Serve pratos regionais, como carnes assadas, grelhadas ou cozidas e peixe fresco. Mas o forte do restaurante é o bucho recheado, uma imensa linguiça caseira que dá para quatro pessoas.
Largo de São Vicente 2, 6300-600 Guarda 271 211 454 Dom-sex 12h30-14h30, 19h30-22h A €14, J €18, vinho €6

SORTELHA

RESTAURANTE DOM SANCHO I

A aldeia fortificada de Sortelha, encravada em seus sólidos rochedos, é um local fantástico, e uma refeição no Dom Sancho irá potencializar a experiência. O restaurante fica no alto de um lance de escadas, em uma das pequenas casas da vila, com suas paredes nuas de granito suavizadas por teto baixo com vigas aparentes e armários rústicos. O cardápio divide-se em cozidos (cordeiro e cabrito), grelhados (bacalhau, cordeiro ou porco) e caça (lebre, javali, vitela). Sobremesas regionais ficam expostas no aparador. Não aceita cartões.
Largo do Corro, 6320-536 Sortelha 271 388 267 Ter-sáb 10h-14h30, 19h-21h30, dom 10h-14h30 A €16, J €20, vinho €6 Passe pelo portão principal; o restaurante fica à sua direita

VISEU

CLUBE DE CAÇADORES

Como o nome sugere, este restaurante está ligado a um clube de caça e de tiro junto à área de prática. Suas três salas de jantar têm cada uma sua lareira, e as paredes são cheias de garrafas de vinho tinto e – como esperado – de vários troféus preservados pelos taxidermistas locais. O tema da caça continua, com salada de coelho, lebre e arroz, pato selvagem com pinhole e perdiz com cebola como presenças regulares do cardápio.
Muna, Lordosa, 3500-000 Viseu 232 450 401 Qui-ter 12h-15h, 19h-22h A €15, J €20, vinho €7 Pegue a rodovia EN2 para o norte saindo de Viseu sentido Lamego. Após 10km, siga as placas do autódromo. O restaurante fica ao lado

O CORTIÇO

www.restaurantecortico.com
Propriedade da mesma família há 35 anos, este é o restaurante que os portugueses dessa região recomendam para uma refeição memorável e não muito cara. A comida é simples, saudável e, acima de tudo, deliciosa. Alguns pratos têm nomes engraçados, como bacalhau podre e coelho bêbado, mas não há motivo para preocupação. Os demais são pratos regionais, como cabrito assado, chouriço frito, queijos e presunto defumado. Ricota com geleia de abóbora é uma das excelentes sobremesas.
Rua Augusto Hilário 45-47, 3500-089 Viseu 232 423 853 Diariam 12h-15h, 19h-23h A €15, J €20, vinho €6 No centro, perto da estátua de dom Duarte

MURALHA DA SÉ

Descendo à esquerda da Igreja da Misericórdia, o Muralha da Sé serve ótima comida regional. O interior é de granito com piso de terracota e cortinas vermelhas, que destacam as molduras de janela vermelho-escuras. No verão, o belo terraço é aberto. Durante o inverno, o restaurante oferece um saboroso menu-degustação, que inclui os melhores pratos da casa. Mas só vale se você realmente estiver faminto, pois trata-se de muita comida. No cardápio regular há pratos como bolinhos de peixe, costeletas de porco e polvo frito.
Adro da Sé 24, 3500-195 Viseu 232 437 777 Ter-sáb 12h30-14h30, 19h30-22h30, dom 12h30-14h30 A €14, J €20, vinho €7

ONDE FICAR

Acima *O Palace Hotel do Bussaco exibe bela arquitetura neomanuelina*

PREÇOS E SÍMBOLOS

Os preços correspondem à diária mais baixa e mais alta em um quarto duplo, incluído o café da manhã, a menos que haja indicação em contrário. Todos os hotéis aceitam cartões de crédito, a menos que indicado. Note que os preços variam ao longo do ano.

Para a legenda dos símbolos, ▷ 2.

AVEIRO

HOTEL MERCURE

www.mercure.com

Fica em uma imponente residência da década de 1930, conhecida como Hotel Paloma Blanca. Comprada pelo grupo Accor, ela felizmente manteve seu charme e individualidade. Um atraente vão de escada com azulejos e vitral leva aos grandes quartos, decorados em tons suaves e acolhedores. Alguns quartos dão para o tanque de peixes dourados e há uma bela estufa.

Rua Luís Gomes de Carvalho 23, 3800-211 Aveiro 234 404 400 €68-€95 café da manhã à parte (€8) 49

HOTEL MOLICEIRO

www.hotelmoliceiro.com

No meio da cidade, em frente ao canal principal, este hotel moderno tem alojamentos elegantes, atmosfera familiar e serviço pessoal. As áreas sociais têm madeira polida e mármore, e os grandes quartos têm camas de ferro forjado e vista do bairro antigo de Aveiro. Os melhores quartos, em estilo "sótão", ficam no último andar e têm pequenas sacadas. Na chegada, o hotel serve vinho do Porto e ovos moles (bolo tradicional), além de oferecer chá e biscoitos de cortesia.

Rua Barbosa de Magalhães 15-17, 3800-154 Aveiro 234 377 400 €98-€115 49

BELMONTE

POUSADA DO CONVENTO DE BELMONTE

www.pousadas.pt

Ao sul de Belmonte, esta pousada, uma das mais atraentes de Portugal, foi erguida a partir das ruínas de um mosteiro franciscano do século XIII. A capela de granito e a sacristia abrigam agora um aconchegante bar e lounge com antiguidades. Os quartos com design individual têm todos vista panorâmica do vale do Zêzere e da Serra da Estrela. O restaurante serve pratos tradicionais.

Convento de Belmonte, 6250-073 275 910 300 €170-€250 23 quartos, 1 suíte Ao ar livre

BUÇACO

PALACE HOTEL DO BUSSACO

www.almeidahotels.com

Este edifício impressionante, criado como alojamento de caça para a família real, mostra o melhor de Manini, arquiteto neomanuelino. Instalado em uma floresta protegida, foi transformado em hotel em 1917 após a queda da monarquia. Sua profusão de pedra esculpida, painéis de madeira, azulejos pintados e mobília valiosa é impressionante. O restaurante serve cozinha luso-francesa e tem uma ótima carta de vinhos.

Mata do Buçaco, 3050-261 Luso 231 937 970 €90-€205 60 quartos, 4 suítes

COIMBRA

HOTEL ASTÓRIA

www.almeidahotels.com

O Astória, com sua forma de cunha e cúpula característica, oferece ótimo serviço desde 1926. Restaurado em 1990, preservou seu charme original. O elevador original – o mais antigo da cidade – leva os hóspedes do saguão de mármore e madeira até os

quartos art déco. A sala de jantar tem belos pisos e painéis de madeira.
Avenida Emídio Navarro 21, 3000-150 Coimbra 239 853 020 €90-€110 60 quartos, 2 suítes

HOTEL QUINTA DAS LÁGRIMAS
www.quintadaslagrimas.pt
Cruzando o rio ao sair do centro da cidade, este maravilhoso palacete do século XVII com sua dupla escada na entrada é hoje um hotel de luxo. Note as salas de café da manhã com delicada pintura à mão e a impressionante biblioteca. Ela dá acesso aos jardins, cheios de plantas raras. A ala nova abriga quartos mais baratos e um spa, mas foge um pouco (juntamente com os prédios altos dos arredores) do romântico charme do restante do complexo.
Rua António Augusto Gonçalves, Santa Clara, 3041-901 Coimbra 239 802 380 €153-€219 48 quartos, 5 suítes (há quartos para não fumantes) Ao ar livre e coberta Cruze a Ponte Santa Clara, dobre à esquerda, e depois à direita na placa

PENSÃO LAR BELO
O Lar Belo é uma opção barata e central, no lado oeste da cidade. Os quartos têm mobília simples, um pouco datada, mas são limpos e com todos os equipamentos. Os quartos da frente têm vista para o rio Mondego e vidro duplo. Os quartos ficam do primeiro ao terceiro andar; não há elevador. Não aceita cartões de crédito.
Largo da Portagem 33, 3000-337 Coimbra 239 829 092 €35-€45 café da manhã à parte (€2,50) 17

FIGUEIRA DA FOZ

CASA DA AZENHA VELHA
Com sua piscina ao ar livre, tênis, cavalos e bicicletas, a Casa da Azenha é ótima caso esteja com crianças. Os quartos ficam em alas adicionais muito bonitas e o café da manhã é servido na casa principal. Tem um salão confortável e um bom restaurante. Não aceita cartões de crédito.
Turismo Rural, Caceira de Cima, 3080-390 Alhadas 233 425 041 €75-€100 6 quartos, 1 suíte Ao ar livre De Coimbra, pegue a rodovia N111 para Figueira da Foz. Pouco antes de Figueira, vire sentido Caceira e logo depois à esquerda, seguindo as placas "Turismo Rural". Após 2km, vire à direita por 500m. A Casa fica à esquerda

GUARDA

CASAS DO CORO
www.assec.pt/casa-do-coro
Ótimos tecidos, lençóis bordados à mão, tons pastel e ricas nuances enfeitam uma fusão de mobília clássica e contemporânea para oferecer ao hóspede todo o luxo nestes chalés reformados. Depois de um café da manhã de pão fresco, bolos, tortas de maçã e geleias caseiras, aproveite uma das trilhas de caminhada ou bicicleta antes de relaxar na banheira de hidro, sauna, ou na piscina aquecida ao ar livre.
Marialva Meda, 6430-081 Guarda 271 590 003 €135-€700 (várias combinações possíveis – confira detalhes no site) 5 quartos, 1 suíte, 6 chalés com 2, 3 ou 4 dormitórios Ao ar livre Ao norte de Guarda, pela N102, ande 20km, saia à esquerda em Marialva e siga as placas

QUINTA DA PONTE
www.quintadaponte.com
Na casa principal (que data do século XVIII) há dois quartos e mais um atraente salão com um bonito teto pintado em estilo italiano. Cinco apartamentos ficam em um edifício moderno defronte à piscina. Todos têm salão, lareira, pequena cozinha, quarto duplo e banheiro. Há quadra de tênis no local. Fechado de outubro até a Páscoa.
Faia, 6300-095 Guarda 271 010 005 Quartos €90, apartments €100 2 quartos, 5 apartments Ao ar livre Deixe a IP5 na saída 26. Pegue a EN16 para Porto da Carne. A casa tem placa "Turismo de Habitação", à direita

RESIDENCIAL SANTOS
www.residencialsantos.com
Este flat tem boa relação custo-benefício e vale uma visita só por sua arquitetura. O moderno interior em vários níveis foi habilmente construído em torno de resquícios medievais e pedras de granito. Os quartos são simples, com tecidos combinados. O café da manhã é servido em uma sala com ótima iluminação natural, no último andar.
Rua Tenente Valdim 14, 6300-764 Guarda 271 205 400 €35-€45 27 quartos, 1 suíte Em alguns quartos

MONSANTO

DIVINO MONSANTO
www.divinomonsanto.pt
Localizada naquela que foi chamada de "a vila mais portuguesa de Portugal", esta estalagem tem exterior moderno. Para ter uma boa vista, peça o quarto do canto no andar de cima. O restaurante serve ótimos pratos regionais.
Rua da Capela 3, 6060-091 Monsanto 277 314 471 €70-€80 10

VISEU

ALBERGARIA JOSÉ ALBERTO
Situado em um elegante edifício, o interior desta hospedaria foi todo reformado. Apresenta agora linhas minimalistas e mobília moderna. Alguns dos quartos têm sua própria sacada, são confortáveis e bem equipados com banheiro privativo. Fica a 500m do Rossio (praça principal). Tem estacionamento próprio e é ideal para pernoitar para quem explora a região.
Rua Cândido dos Reis 42-48, 3510-056 Viseu 232 467 310 €50 30 quartos, 2 suítes

HOTEL AVENIDA
www.hotelavenida.com.pt
Junto ao Rossio, este estabelecimento dirigido por uma família ousou adotar cores vivas, coisa rara nos hotéis do interior do país. O salão do primeiro andar é uma acolhedora mistura de paredes verde-escuras, sofás confortáveis e uma lareira. Os quartos, com muito estilo, têm cores quentes. Oferece ótima relação custo-benefício.
Avenida Alberto Sampaio 1, 3500-030 Viseu 232 423 432 €40-€50 29 quartos, 2 suítes

ESTREMADURA E RIBATEJO

Situada ao norte de Lisboa, esta região tem os mais famosos monumentos religiosos de Portugal. As igrejas de Batalha e Alcobaça exibem magníficos ornamentos de pedra, estatuária, arcobotantes e interiores góticos com abóbada e alguns refinados detalhes manuelinos; o Santuário de Fátima inspira tanto turistas quanto peregrinos, com sua imensa esplanada e sua basílica neoclássica; e, em Tomar, o Convento de Cristo, edifício românico do século XII, uma das sedes da Ordem dos Cavaleiros Templários, impressiona também pelos acréscimos decorativos feitos na fachada, considerados os melhores exemplos de ornamentação manuelina do país.

As cidades da região são pequenas e provincianas, em geral evitadas pelos visitantes, mas dão uma boa visão da verdadeira vida portuguesa. Abrantes, Leiria e Ourém preservam seus interessantes centros históricos, e Santarém é famosa pelos touros e pelo festival gastronômico. Para quem gosta de iguarias, há também a festa anual do chocolate na pitoresca e montanhosa Óbidos; o peixe fresco e os frutos do mar diretamente do barco em Ericeira, Peniche ou Nazaré; e o cálice de ginjinha, o licor de cereja.

A área tem ainda atrações menos conhecidas. Não deixe de visitar as montanhas da Serra de Aire, cheias de grutas e cavernas, várias delas iluminadas para criar maior impacto; ou Almourol, um castelo de conto de fadas numa ilha no meio do Tejo; ou de fazer a viagem de barco até a reserva natural no arquipélago das Berlengas, famosa pelos aves e pelas opções de mergulho.

Como sugestões para compras há as ofertas de cerâmica nas lojas de fábrica em Caldas da Rainha e Alcobaça e alguns excepcionais produtos de vidro em Marinha Grande.

ABRANTES

www.cm-abrantes.pt

Abrantes, no alto de uma montanha acima do Tejo, é famosa por seu histórico papel como fortaleza. A cidade foi dominada por romanos e mouros, que a encheram de fortes. Mas o castelo foi construído bem depois dessa época, no início do século XIV. Mais tarde ficou degradado e estava quase em ruínas quando foi tomado pelos franceses em 1807 durante a Guerra Peninsular. O general Wellesley (duque de Wellington) conseguiu recapturá-lo e montou aqui seu quartel-general por um breve período em 1809. Subir as ruas estreitas e floridas até o castelo é obrigatório, com sua bela vista do rio e do sul (vilas de casas brancas e oliveiras desenham o horizonte). Dentro da fortaleza está a Igreja de Santa Maria, que é hoje o museu arqueológico da cidade. Os destaques do pequeno acervo são alguns raros azulejos hispano-mouriscos do século XVI e uma bela estátua da Virgem com o Menino, do século XV. As duas grandes igrejas brancas visíveis das ameias são a Igreja da Misericórdia e a Igreja de São João Baptista, ambas reformadas no século XVI.

330 C8 · Largo 1º de Maio, 2200-320 Abrantes · 241 362 555 · Abrantes

ALCOBAÇA

▷ 212-3.

BATALHA

▷ 214-6.

CALDAS DA RAINHA

www.rt-oeste.pt

Caldas da Rainha é uma agitada cidade-spa e boa parada para quem vai para Alcobaça (▷ 212-3). O nome foi dado em 1484, quando a rainha Leonor, mulher de dom João II, ficou curiosa ao ver gente se banhando em águas sulfurosas à beira da estrada. As pessoas do local explicaram que as águas eram boas para tratar de reumatismo e Leonor decidiu experimentar. Ela fundou um hospital e, pelos quatro séculos seguintes, Caldas foi popular retiro de banhos entre a realeza e os nobres. Seu auge foi no século XIX, embora ainda atraia visitantes. Caldas também é conhecida por sua cerâmica, uma das mais peculiares do país, com flora e fauna míticas. É possível ver alguns exemplos das peças no Museu da Cerâmica (tel 262 840 280; ter-dom 10h-12h30, 14h-17h, €2). O belo parque da cidade e a feira, que ocorre diariamente na Praça da República, também são atrações imperdíveis de Caldas.

330 A8 · Rua Engº Duarte Pacheco, 2500-110 Caldas da Rainha · 262 839 700 · Caldas da Rainha

CASTELO DE ALMOUROL

www.castelodealmourol.com

O Castelo de Almourol, que parece saído dos contos de fadas, coroa as encostas de uma ilha verdejante no meio do rio Tejo. Este local privilegiado foi provavelmente fortificado em épocas pré-romanas e pode ter sido usado pelos mouros – já que documentos mostram que o castelo deve ter sido construído por volta de 1129. Mas uma outra versão da história diz que, em 1171, Gualdin Pais, mestre dos Templários em Tomar (▷ 118), ergueu o atual castelo, a partir de um estilo arquitetônico inédito no país. Rodeado por muros duplos, uma alta praça-forte – 85 degraus levam você até o alto –, o castelo tem também nove pequenas torres em volta dos muros. O Almourol nunca foi testado em conflitos, mas foi cenário de muitos contos românticos, como *Palmeirim de Inglaterra*, de Francisco de Morais, uma história cheia de lutas e duelos que tem o castelo como cenário principal. Chega-se a ele de barco, em um romântico passeio até a ilha fluvial onde foi erigido.

330 C8 · Centro Cultural Vila Nova da Barquinha, Castelo de Almourol · 249 720 358 · Out-abr: diariam 10h-17h; mai-set: diariam 10h-19h · Entrada: gratuita. · Do cais, na margem norte do rio €1,25; maior barco da aldeia de Tancos €2

ERICEIRA

www.ericeira.net

Seguindo ao norte pela costa a partir de Lisboa, encravada em um rochedo de frente para o Atlântico, fica a cidade balneária e porto pesqueiro de Ericeira. No Largo das Ribas, dá para ver os barcos de pesca saindo ou voltando da praia. É uma animada praça em frente à praia de pescadores, protegida por um longo quebra-mar e pelos rochedos em volta. As estreitas alamedas de pedra ao seu redor, ladeadas por casinhas brancas, leva até a praça principal da cidade, a Praça da República. Lá, fica a Igreja Matriz, decorada com azulejos azuis. A Praia de São Sebastião, um trecho de areia intocada com ondas fortes, é ideal para os que querem fugir das multidões. A Praia de Ribeira d'Ilhas é uma das melhores da Europa para surfar. Há ótimos restaurantes na cidade.

330 A9 · Rua Dr. Eduardo Burnay 46, 2655-370 Ericeira · 261 863 122

Página ao lado *O Castelo de Almourol, com suas nove torres, foi erigido em 1171*
Abaixo *Ondas quebram nos rochedos do porto pesqueiro de Ericeira*

ALCOBAÇA

INFORMAÇÕES

www.ippar.pt

330 B8 Praça 25 de Abril, 2460-018 Alcobaça 262 582 377 Mosteiro de Alcobaça, 2460-018 Alcobaça 262 505 120 Abr-fim set: diariam 9h-19h; out-mar: diariam 9h-17h Entrada para a igreja: gratuita. Complexo do mosteiro: adultos €4,50; menores de 14, grátis; dom 9h-14h, grátis Folheto €1; também disponível em inglês, francês, espanhol e alemão Pequena loja, que vende postais, livros e caros suvenires do museu, que têm pouco a ver com Alcobaça

Acima *Monges faziam suas abluções no lavabo hexagonal do século XIV no Mosteiro de Alcobaça*

INTRODUÇÃO

É difícil estacionar perto do mosteiro. Por isso, pare o carro fora da cidade e caminhe pelas ruas até a igreja. Caminhar até o mosteiro dá a noção exata das dimensões do edifício. Pare na praça do lado de fora e sinta a onipotência dessa fachada do século XVIII, flanqueada por suas duas alas. Entre no claustro e nos edifícios monásticos pela porta que fica logo à entrada da igreja, à esquerda. Aprecie a igreja, e depois explore o resto do mosteiro. Reserve duas horas para a visita. Suba a montanha voltada para a cidade e tenha privilegiadas vistas do complexo do mosteiro.

Ele deve sua existência a Afonso Henriques, primeiro rei de Portugal, que, dizem, teria prometido fundar um mosteiro aqui caso capturasse Santarém das mãos dos mouros. A construção começou em 1178, a igreja foi concluída em 1253 e, ao final do século, Alcobaça era o mosteiro mais rico e mais poderoso de Portugal. Ele continuou crescendo, e em pouco tempo mais de 900 monges moravam aqui, celebrando missa e cantando suas orações ao longo do dia.

No século XVIII, porém, Alcobaça era mais famosa pelo estilo de vida liberal dos monges do que por sua espiritualidade, embora a hospitalidade e a caridade do mosteiro continuassem, com os visitantes sendo agraciados com a melhor comida e bebida. Também ficou famoso pela ótima biblioteca e pelo Panteão Real, local de enterro dos reis e das rainhas de Portugal. Em 1834, Portugal aboliu as ordens religiosas, os monges saíram do mosteiro e as coleções de Alcobaça foram divididas entre museus de Portugal ou vendidas. Alcobaça tornou-se Patrimônio da Humanidade em 1985.

DESTAQUES

A IGREJA

Cheio de luz, o vasto interior da igreja é um exemplo supremo do estilo gótico na arquitetura portuguesa. Contrasta com a fachada, reformada em estilo barroco. A igreja é dividida em uma nave central e duas laterais, separadas por sólidos pilares que suportam uma magnífica abóbada. As naves laterais têm quase as mesmas dimensões em comprimento e altura, o que dá à igreja uma perspectiva única. A parte de trás do transepto abriga o altar e o mortuário. Nele, estão enterrados dom Pedro I e dona Inês de Castro, os infelizes protagonistas de uma das mais trágicas histórias de amor da Idade Média e inspiração para diversas obras da literatura portuguesa.

Dona Inês de Castro era filha de um nobre galego. Seu casamento com dom Pedro, herdeiro direto do trono, já que era o filho mais velho de dom Afonso IV, não era visto com bons olhos. Quando a primeira mulher de Pedro morreu, ele se casou em segredo com dona Inês na remota Bragança e a instalou em Coimbra, provocando a ira do pai, que mandou matá-la em 1355. Quando dom Afonso morreu dois anos mais tarde, dom Pedro mandou matar os assassinos de sua amada e, em 1361, ordenou a exumação de dona Inês. Seu cadáver foi coroado e depois enterrado em Alcobaça. Por ordem do próprio dom Pedro I, ele e dona Inês estão enterrados um em frente ao outro, para que os dois possam se erguer e ficar face a face no dia do Juízo Final.

Dona Inês, amparada por seis anjos, está deitada sobre o túmulo, entalhado com cenas bíblicas, animais, símbolos heráldicos e ornamentos. No pé do túmulo, há um dragão, representando o Inferno que consome, entre outros, seus assassinos. O sepulcro de Pedro, igualmente soberbo, tem uma roda da fortuna na parte superior e cenas de sua vida e morte. O epitáfio é comovente: "Até o Fim do Mundo".

OS EDIFÍCIOS DA ABADIA

Entra-se nos edifícios monásticos pela Sala dos Reis. Foi construída no século XVIII e decorada com estátuas de reis portugueses feitas pelos monges e azulejos azuis que contam a história da fundação do mosteiro. Ela se abre para o Claustro do Silêncio, encomendado por dom Dinis no século XIV. As janelas bordadas contrastam com os arcos simples do andar superior, acrescentados 299 anos mais tarde. O pequeno edifício hexagonal que se projeta para o lado leste do claustro era o *lavatorium* para lavar as mãos antes das refeições, posicionado, como era o costume, em frente à entrada do refeitório, uma sala abobadada com uma estante simples de leitura, de onde os monges eram entretidos com leituras enquanto se alimentavam. Ao lado fica a grande cozinha, cujo tamanho talvez explique a reputação do mosteiro de oferecer boa vida. A imensa dependência tem uma grande lareira e uma corrente de água passando por dentro. Ela fornecia água não só para os cozinheiros, mas também despejava peixes do tanque externo diretamente na cozinha. De volta ao claustro, suba as estreitas escadas até a esquerda, no dormitório dos monges. O que você verá, outro grandioso espaço de 60m de comprimento, é uma das muitas áreas originais para dormir. A visita termina no capítulo.

GINGINHA

Além de ser conhecida pelo mosteiro, Alcobaça também é conhecida pela ginginha, um licor de cereja, feito de frutos cultivados na região – você pode prová-lo em muitos locais na cidade. O Museu da Junta Nacional do Vinho, fora da cidade na estrada para Leiria, conta mais a respeito de como é feita. Procure também a atraente cerâmica azul fabricada em Alcobaça.

DICA

» Para um ótimo contraste, combine Alcobaça com uma visita a Batalha, 20km ao norte (▷ 214-6).

Abaixo *As construções monásticas de Alcobaça estão entre os mais belos exemplos da arquitetura gótica*

BATALHA

INFORMAÇÕES
www.ippar.pt
328 B7 Mosteiro de Santa Maria da Vitória, 2440-109 Batalha 244 765 497 Abr-set: diariam 9h-18h; out-mar: diariam 9h-17h Igreja: grátis. Complexo do mosteiro: adultos €5, menores de 14, grátis; dom 9h-14h grátis Folheto €1,50; também disponível em inglês, francês, espanhol e alemão Pequena loja que vende postais, livros e suvenires do museu

Acima *A entrada da Capela do Fundador, uma das glórias do grande Mosteiro de Batalha*

INTRODUÇÃO

Além da própria abadia, há pouco para ver em Batalha, por isso concentre-se nesse magnífico edifício. Se estiver dirigindo, é bem provável que não encontre dificuldade para estacionar a uma distância boa para chegar a pé. Comece pela igreja e pela Capela do Fundador, antes de passar para o claustro, capítulo e edifícios monásticos. Para visitar as Capelas Imperfeitas, você terá de sair do complexo principal e dar a volta a pé em torno do extremo leste da igreja.

Em 1383, a morte de dom Fernando, último governante da Casa de Borgonha, marcou o início de um período de intrigas políticas, à medida que os rivais tentavam assegurar o trono. A viúva de Fernando, fortemente pró-Espanha, noivou sua filha com dom Juan I de Castela, sobrinho do rei morto, mas João, grão-mestre da Ordem de Avis, também reclamava o trono.

Em 13 de agosto de 1385, os exércitos dos dois pretendentes se enfrentaram em Aljubarrota, ao sul de Batalha. O prognóstico era desfavorável a João, que, sabendo que a derrota significaria o domínio da Espanha sobre Portugal, jurou à Virgem Maria que ergueria para ela uma grande igreja se lhe desse a vitória. Ela parece ter ouvido suas preces: os espanhóis perderam e a independência de Portugal ficou garantida pelos 200 anos seguintes.

Em 1386, começou o trabalho de construção de Batalha sob o comando do arquiteto português Afonso Domingues, prosseguindo de 1402 a 1438 sob David Huguet. Foi ele que projetou a Capela do Fundador e iniciou o trabalho nas Capelas Imperfeitas. Dom Afonso V mandou construir o claustro e algumas alterações nas capelas. Mas nunca foram completados, pois Batalha foi abandonada por dom João III em favor do seu novo Mosteiro dos Jerónimos em Lisboa (▷ 74).

O Mosteiro de Batalha, cujo nome homenageia Nossa Senhora das Batalhas, começou a se degradar após sua dissolução em 1834. Foi iniciado um processo de restauração, em 1840, mas o mosteiro sofre com a poluição que hoje corrói o calcário usado em sua construção. Há também a vibração causada pelo constante e pesado tráfego de veículos na rodovia próxima. Batalha foi declarada Patrimônio da Humanidade em 1983.

DESTAQUES

A IGREJA

O exterior amarelo-claro da igreja é uma profusão de pináculos, arcobotantes, agulhas, parapeitos e torres, a mais acabada expressão de uma forma particularmente ornamentada do gótico francês. A maior parte dela foi construída entre 1388 e 1434, com acréscimos posteriores no século XV e início do XVI em estilo manuelino. O interior é simples, com suas linhas verticais elevando-se a partir de sólidas pilastras para acentuar a abóbada de um modo que lembra as catedrais inglesas contemporâneas, como as de York e de Winchester. O coro é iluminado por vitrais, usados pela primeira vez nessa abadia e desenhados e instalados por artesãos de Flandres e da Alemanha.

A CAPELA DO FUNDADOR

A partir do corredor direito chega-se à Capela do Fundador, uma câmara quadrada encimada por uma claraboia octogonal e por uma cúpula. Sob a claraboia ficam os túmulos de dom João I e Filipa de Lencastre; seus filhos mais novos (o mais velho, Duarte, está enterrado no santuário) jazem em recintos recuados e ornamentados ao longo das paredes sul e oeste. O segundo da direita é o túmulo, em baldaquino, do príncipe Henrique, o Navegador, a força motriz do desenvolvimento das técnicas portuguesas de navegação, que teve papel crucial na época dos grandes descobrimentos. O início desse auspicioso período coincidiu com a construção de Batalha e, consequentemente, a abadia reflete a crescente autoconfiança e riqueza de Portugal.

O CLAUSTRO REAL E A SALA DO CAPÍTULO

O Claustro Real era uma construção gótica simples, mas, durante os reinados de dom Afonso V e dom Manuel, foi totalmente remodelado com uma surpreendente série de ornamentos manuelinos, como os bordados de pedra acrescentados às janelas sóbrias originais. As grades são consideradas o ponto alto da decoração manuelina. São enfeitadas com cruzes características, símbolos da Ordem de Cristo e esferas armilares, similares às de Tomar (▷ 220-2), e as colunas são decoradas com elaborados entalhes de cordas, pérolas e conchas.

DICAS

» Evite visitas nos fins de semana de 13 de maio e 13 de outubro, as datas mais importantes de peregrinação à vizinha Fátima, quando milhares de romeiros aproveitam para visitar Batalha.

» A hospedagem é limitada, por isso é melhor visitar Batalha e voltar no mesmo dia – Leiria, Fátima e Nazaré ficam próximas, e também é possível viajar partindo de Lisboa.

» Combine uma visita a Batalha com uma ida à contrastante Alcobaça, 20km ao sul (▷ 212-3).

À esq. *Vitrais filtram a luz na Capela do Fundador*

Abaixo *O elaborado exterior confere ainda mais grandiosidade ao edifício*

VELHA ALIANÇA

Um contingente de arqueiros ingleses lutou na batalha de Aljubarrota em 1385 e arquitetos e pedreiros, também ingleses, trabalharam na construção de Batalha. Estes últimos tinham vindo com Filipa de Lencastre a Portugal para o seu casamento com dom João em 1386 (a união era parte dos termos do Tratado de Windsor, um inviolável, sólido e perpétuo laço de amizade entre os dois países).

A amizade foi mantida desde então, fortalecida pelo casamento de dom Carlos II com Catarina de Bragança, em 1661, e pelo Tratado de Methuen de 1703.

Seiscentos anos depois, a aliança é a mais antiga da Europa. Ela permitiu aos ingleses construírem bases militares nos Açores na Segunda Guerra Mundial, embora Portugal fosse oficialmente neutro. Portugal ofereceu de novo aos ingleses suas instalações durante a Guerra das Malvinas em 1982.

O CAPÍTULO

À saída do lado leste do claustro fica o capítulo, uma estrutura inovadora em abóbada do século XV, cujo teto sem apoios se estende por mais de 20m. Era um projeto ousado na época, e havia grande receio de que o teto desabasse. A construção foi considerada tão perigosa que apenas criminosos condenados à morte trabalharam nela. O arquiteto dormiu ali na primeira noite após a remoção dos andaimes para afastar temores. Hoje é um santuário nacional, contendo o Túmulo do Soldado Desconhecido de Portugal (existem dois), guardado dia e noite pelo exército português. Há um museu em memória aos soldados portugueses mortos na guerra, no refeitório do outro lado do claustro.

AS CAPELAS IMPERFEITAS

No extremo leste da igreja ficam as Capelas Imperfeitas. Encomendadas em 1437 por dom Duarte, filho mais velho de dom João, como mausoléu real, foram totalmente remodeladas pelos arquitetos de dom Manuel. São o esplendor do luxo manuelino, com sua exuberante decoração de pedra. O portal de aproximadamente 15m que dá acesso ao extremo leste da igreja é um ótimo exemplo do estilo, seus arcos e pilares com muitos entalhes de bizarros motivos de vegetação e animais. Os túmulos de dom Duarte e sua rainha, Leonor de Aragão, jazem lado a lado em uma das sete capelas hexagonais em volta do espaço octogonal central.

OUTROS DESTAQUES

CLAUSTRO DE DOM AFONSO V

Sóbrio e impressionante claustro gótico, encomendado por dom Afonso V, que contrasta com a ostentação do Claustro Real.

LAVABO

Bela estrutura no canto noroeste do Claustro Real, oposta ao refeitório, que é usada pelos monges para purificações antes de suas refeições. O ponto focal do lavabo é uma fonte em três níveis muito ornamentada e os arcos exteriores são decorados com sofisticadas esculturas de cordas, ao estilo manuelino.

Abaixo *A Capela do Fundador foi a primeira edificação portuguesa a possuir vitrais*

FÁTIMA

Em 13 de maio de 1917, três crianças camponesas, Francisco, Jacinta e Lúcia, cuidavam do rebanho de seus pais perto de Fátima quando viram um clarão de luz e uma mulher mais clara que o sol em pé nos galhos de um carvalho. Ela pediu que voltassem no mesmo dia do mês pelos seis meses seguintes, e prometeu que, ao fim desse tempo, contaria quem era e o que queria. Embora apenas as crianças pudessem ver a Virgem, e Lúcia fosse a única capaz de ouvi-la, multidões iam surgindo a cada mês. Em outubro, havia mais de 70 mil presentes.

A Virgem, segundo consta, revelou três segredos a Lúcia. O primeiro era uma profecia de paz, o segundo previu a chegada do comunismo à Rússia e o terceiro profetizou a tentativa de assassinato do papa João Paulo II em 1981. Nos anos seguintes o culto foi crescendo e a basílica foi concluída em 1953. Francisco e Jacinta morreram pouco depois da última aparição. Lúcia morreu em 2005. Hoje, o santuário atrai milhares de peregrinos. Por volta dos dias 12 e 13 de cada mês, as multidões se aglomeram para pagar suas promessas e rezar para a Virgem.

A ESPLANADA E A BASÍLICA

A esplanada pode abrigar até 1 milhão de pessoas. Mede 540m por 160m e vai de uma encosta, em um extremo, até a basílica, no outro. Com duas vezes o tamanho da Praça de São Pedro em Roma, as proporções só podem ser percebidas quando se anda de um extremo ao outro. A basílica neoclássica, com seu altar aberto em frente e uma vasta torre, tem um peristilo circular e capacidade para 300 mil pessoas. Francisco, Jacinta e Lúcia, os três pastores para quem a Virgem apareceu, estão enterrados nessa basílica.

CAPELA DAS APARIÇÕES

A Capela das Aparições é bem mais compacta em relação ao que existe à sua volta. Foi erguida no local em que a Virgem supostamente apareceu e é uma estrutura simples, de linhas modernas, com bancos sóbrios ocupados por peregrinos. Há um fluxo constante de pessoas esperando para acender velas diante da estátua de Nossa Senhora de Fátima. Nas proximidades vê-se um carvalho – ele substitui a árvore original, que foi destruída pelos peregrinos em busca de lembranças do santuário.

INFORMAÇÕES

www.santuario-fatima.pt
www.rt-leiriafatima.pt
328 B7 Avenida Dom José Correia da Silva, 2495-402 Fátima
249 531 139

DICAS

» Para apreciar totalmente Fátima, visite-a quando o santuário não estiver cheio; celebrações no dia 13 de cada mês, mas as maiores são em 13 de maio e 13 de outubro.

» De maio a outubro, há procissões todos os dias ao entardecer.

Acima *Lembranças religiosas estão à venda em qualquer lugar em Fátima*

LEIRIA

www.rt-leiriafatima.pt

Leiria, na confluência dos rios Liz e Lena, é uma cidade do interior com fácil acesso à bonita Pinhal de Leiria. A paisagem é dominada por uma grande floresta de pinheiro e por uma das mais belas e intocadas praias de Estremadura.

A cidade antiga e seus despretensiosos subúrbios abriga lindas praças e ruas de pedra com vários jardins. A principal atração de Leiria é seu castelo (tel 244 813 982; out-mar ter-dom 9h30-17h30; resto do ano ter-dom 9h30-17h30; castelo €1,18, castelo e museu €2,37), que ocupa um local privilegiado. A edificação é estrategicamente importante. Ela foi capturada dos mouros por Afonso Henriques em 1135 e reconstruída nos séculos XIV e XV.

Dentro dos muros há um forte e um palácio real erigido por dom Dinis para dona Isabel, sua amada rainha, para quem ergueu também o castelo de Óbidos. O forte tem uma bela galeria com vista para a cidade. Descendo, chega-se à espaçosa Praça Rodrigues Lobo, o coração da cidade antiga, ladeada por edifícios com arcadas, de onde sai um labirinto de belas ruas.

Leiria é particularmente conhecida pelo grande número de festas folclóricas. Os artigos locais incluem cerâmica e vidro, tapeçaria e cestaria.

328 B7 Jardim Luís de Camões, 2401-801 Leiria 244 848 770 Leiria

NAZARÉ

www.rt-leiriafatima.pt

Apesar do grande fluxo de visitantes no verão, Nazaré ainda consegue preservar seu perfil original de pitoresca vila pesqueira. Esta cidade portuária mantém seus costumes ancestrais: o porto é cheio de barcos que estão sempre sendo arrastados para a praia e as mulheres transitam do porto para a cidade com cestos de peixe na cabeça.

No verão, Nazaré atrai muitos turistas, que buscam suas belas praias e seus ótimos restaurantes de peixe e frutos do mar. A principal praia da cidade – o local mais seguro para nadar nessa costa perigosa – abre-se em uma grande enseada. Nela, há duas pacatas praças, cheias de bares e de cafés ao ar livre. O funicular (jul-ago diariam 7h-14h; resto do ano 7h-24h, €0,90, embora feche em março para manutenção) até o Sítio, 110m acima da cidade, proporciona vistas belíssimas do litoral. Esse era o local do assentamento original, fora do alcance dos piratas, e abriga a Igreja de Nossa Senhora da Nazaré, construída no século XVII e decorada com os típicos azulejos portugueses. Neles, está retratada a lenda de dom Fuas Roupinho, cavaleiro que foi poupado, pela Virgem Maria, de despencar dos rochedos ao perseguir um cervo na neblina.

328 B7 Avenida da República, 2450 Nazaré 262 561 194

ÓBIDOS

www.cm-obidos.pt; www.rt-oeste.pt

Com sua paisagem de cartão-postal, Óbidos atrai inúmeros visitantes todos os dias, por isso talvez seja mais apropriado chegar cedo ou visitá-la fora da estação, reservando dois dias para apreciá-la melhor. A cidade, cercada por muros medievais, ficou à beira-mar até o século XV e Peniche (▷ 122), 23km a oeste e agora junto à costa, era uma ilha. A partir de 1282 a cidade passou a ser o presente de casamento tradicional dos reis de Portugal a suas esposas. O principal doador, dom Dinis, construiu em Óbidos o grande castelo, que é hoje uma das mais charmosas, caras e prestigiadas pousadas de Portugal.

Uma longa rua central corta a cidade. Dela, saem muitas outras ruas, bem íngremes, além de lances de escada e pequenas praças com pavimento de pedra, todas cheias de flores e casas caiadas. É um prazer explorar a rede de ruas e praças e caminhar em volta dos muros perimetrais da cidade. A partir deles, é possível apreciar a área rural em volta. A luz do entardecer confere à cidade uma nova dimensão.

A Igreja de Santa Maria, em uma pequena praça à sombra de árvores, foi onde dom Afonso V, aos dez anos de idade, casou-se com sua prima de oito anos, Isabel, em 1444. Dentro, a igreja renascentista é decorada com azulejos azuis do século XVII.

330 A8 Parque de Estacionamento da Porta da Vila, 2510-089 Óbidos 262 959 231 Óbidos

Abaixo *Muralhas medievais estendem-se sobre as colinas e circundam a bela Óbidos*

Acima *O castelo de Ourém foi destruído por tropas napoleônicas, mas hoje está restaurado*

OURÉM

Ourém fica entre Tomar (▷ 220-2) e Fátima (▷ 217). É uma boa opção para uma parada.

A Vila Nova é a parte menos interessante de Ourém, mas é só subir a montanha para chegar à área medieval fortificada, onde ficam as ruínas de um castelo, além da igreja e da atraente vila. O pátio do castelo preserva as velhas cisternas mouriscas do século IX, mas o auge de Ourém foi no século XV, quando Dom Afonso, filho do duque de Bragança, converteu o castelo existente num palácio e construiu vários monumentos – Afonso está enterrado na cripta da igreja. Destruído pelas tropas de Napoleão durante a Guerra Peninsular, o castelo foi restaurado, e oferece bela vista de Fátima a oeste e de Pinhel ao norte (▷ 189).

328 B7 Rua Beato Simão Lopes, NªSª das Misericórdias, Castelo de Ourém, 2490-473 Ourém 249 544 654

PALMELA

www.costa-azul.rts.pt

Na mente dos portugueses, a bela cidade de Palmela está associada ao vinho. Em meados do século XVIII, a bebida era produzida aqui em larga escala. Em setembro, ocorre a festa da uva da cidade, grande data do calendário local. Os vinhos tintos e brancos da região são famosos pelo sabor característico e por serem encorpados, com a uva Periquita produzindo um tinto profundo e a Fernão Pires um branco suave. As adegas nos arredores da cidade promovem visitas e degustações.

A cidade fica em um desvio da serra da Arrábida, com seu imenso castelo dominando o horizonte. Após várias tentativas, ele foi finalmente tomado dos mouros em 1196 e se tornou uma fortaleza dos Cavaleiros de Santiago, ordem militar envolvida na reconquista. O castelo é uma mistura de estilos e épocas, que vão do século XIV ao XVIII, e sua principal atração é a pousada nos edifícios do convento e a linda vista panorâmica do alto da defesa – que vale cada um dos 64 degraus. Perto do castelo, fica a Igreja de São Tiago, com suas límpidas linhas românicas e góticas acentuadas pelos azulejos nas paredes. Há mais azulejos na Igreja de São Pedro.

330 B10 Castelo de Palmela, 2950-221 Palmela 212 332 122

PARQUE NATURAL DAS SERRAS DE AIRE E CANDEEIROS

O trecho de terras entre Fátima e Batalha foi delimitado como parque natural, para preservar tanto a paisagem como o modo de vida. Conhecido por sua altitude e suas montanhas de calcário, é uma mistura de montanhas escarpadas e terras altas de cultivo, com trilhas para caminhadas bem sinalizadas e uma flora exuberante, sobretudo na primavera e no início do verão. A maioria dos visitantes vem aqui para ver a incrível rede de cavernas subterrâneas, a maioria descoberta na segunda metade do século XX.

Atualmente, as cavernas são abertas ao público e as estalactites e estalagmites são bem iluminadas por holofotes. A caverna mais conhecida e de acesso mais fácil são as Grutas de Mira de Aire (tel 244 440 322; out-mar diariam 9h30-17h30; abr-mai diariam 9h30-18h; jun e set diariam 9h30-19h; jul e ago diariam 9h30-19h30, €5; www.grutasmiradaire.com), um sistema labiríntico cheio de formações rochosas muito bem iluminadas e com um lago subterrâneo. Há mais cavernas em Santo António, São Mamede, Alvados e Moeda.

330 B8

PENICHE

Até o século XV, Peniche era uma ilha, mas as areias aos poucos foram se acumulando e agora ela está unida ao continente por um estreito istmo com praias. É um ativo porto pesqueiro onde a construção tradicional de barcos ainda sobrevive. É só passear pela orla para ver os estaleiros em atividade. Na cidade antiga, dentro dos muros, o destaque é a grande fortaleza do século XVI, uma das mais famosas prisões políticas de Portugal na época do regime de Salazar. Hoje é um pequeno museu.

Seguindo pela costa, ao norte da cidade, fica o Cabo Carvoeiro, uma península com incríveis formações de rocha laminada. Daqui, avistam-se as Ilhas Berlengas, pequeno arquipélago que é hoje uma reserva natural. Sua costa, cheia de enseadas e grutas, é um dos melhores locais para mergulho em Portugal. Para os que se interessam por pássaros, é um ótimo lugar para ver cormorões e gaivotas, além da possibiliade de fazer uma viagem de barco para explorar o melhor do litoral do arquipélago (barcos: 15 mai-15 set; o tempo de travessia é de uma hora. A empresa Viamar organiza os passeios. É só reservar pelo tel 262 785 646; www.viamar-berlenga.com; €18 ida e volta). O número de visitantes é limitado a 300 por dia.

330 A8 Rua Alexandre Herculano, 2520-273 Peniche 262 789 571

TOMAR

INFORMAÇÕES

www.rtt.ipt.pt

328 C7 Avenida Dr. Cândido Madureira, 2300-351 Tomar; Rua Serpa Pinto 1, 2300-592 Tomar 249 329 000 Tomar

Acima *A Charola, em Tomar, construída pelos templários, tem como modelo a Igreja do Santo Sepulcro, em Jerusalém*

INTRODUÇÃO

A maioria das atrações de Tomar fica na margem oeste do rio, uma atraente grade de ruas, algumas paralelas ao rio e outras transversais. No alto, vê-se o espetacular Convento de Cristo, situado em uma montanha que oferece excelente vista da cidade e de seus arredores. Se o tempo for curto, concentre as energias aqui – você deve reservar pelo menos duas horas para explorar a igreja e o castelo. Depois, desça passando pela Igreja de Nossa Senhora da Conceição até a Praça da República, um bom ponto para iniciar um passeio pela cidade. Não deixe de dar uma volta ao longo do rio, incluindo o Parque do Mouchão – parque oficial da cidade, localizado em uma ilha do rio.

A Ordem dos Cavaleiros Templários, precursores da Ordem de Cristo, foi fundada em Jerusalém pouco antes da criação do Reino Cruzado Latino de Jerusalém em 1118. A atribuição dos cavaleiros era guardar os locais sagrados e suas crenças estavam envoltas em mistério e segredo – alguns diziam que eles haviam procurado e encontrado a Arca da Aliança e o Santo Graal, outros que haviam descoberto como transformar metais comuns em ouro com auxílio da legendária pedra filosofal. Seja como for, a ordem estava formalmente estabelecida em 1128, constituindo uma organização independente de cavaleiros-monges, que respondia diretamente ao papa. Os templários prosperaram rapidamente, reunindo riquezas, propriedades e poder em tal dimensão que passaram a ser vistos como uma ameaça pelos governantes temporais da Europa. Mas, para os reis portugueses, eram uma ferramenta essencial na consolidação da reconquista cristã e, portanto, seu papel estava intimamente associado à expulsão dos mouros. Em 1158, eles estabeleceram seu quartel-general em Tomar e a construção do edifício de seu castelo e igreja foi iniciada dois anos mais tarde. Em 1312, dom Filipe IV da França, decidido a pôr um fim no poder dos templários, extinguiu a ordem. Em 1319, dom Dinis seguiu o exemplo francês e criou sua própria ordem, a Ordem de Cristo, para a qual transferiu as posses e os privilégios dos templários. Tomar continuou como quartel-general, agora da Ordem de Cristo, que acabou envolvida com a expansão ultramarina do país, reportando-se apenas aos monarcas de Portugal. Ela continuou se expandindo em Tomar, ampliando as estruturas dos templários até criar o castelo existente.

Mais ou menos a cada quatro anos Tomar celebra a Festa dos Tabuleiros. Ela mantém viva uma tradição iniciada pela rainha Isabel no século XIV como uma forma de distribuir pão, vinho e carne aos pobres. Hoje em dia, a celebração dura cinco dias, quando mais de 400 jovens mulheres e seus parceiros fazem procissão pelas ruas. Cada moça, vestida de branco, carrega um imenso edifício sobre a cabeça, tão alto quanto ela. Esse tabuleiro é constituído por 30 pequenos pães, entretecidos com flores e folhas e apoiados em hastes verticais. Ele tem no alto uma pomba branca, símbolo do Espírito Santo, e chega a pesar 15kg – daí a necessidade de um jovem parceiro para firmar a carga. A festa inclui ainda danças pelas ruas, festejos, bebidas e fogos de artifício. O festival mais recente foi realizado em julho de 2011.

DESTAQUES

CONVENTO DE CRISTO

www.ippar.pt

O Convento de Cristo é um tour de force arquitetônico que em sua grandiosidade abarca o poder religioso, político e militar de uma ordem de cavaleiros medieval. Em 1834, as ordens religiosas foram extintas em Portugal e o Convento de Cristo passou a ser usado como residência dos condes de Tomar e como seminário religioso. Virou monumento nacional em 1910 e Patrimônio da Humanidade em 1983.

A CHAROLA

O termo charola descreve as estruturas redondas usadas nos cultos dos templários. Como todas as igrejas circulares, a de Tomar segue o modelo da Igreja do Santo Sepulcro em Jerusalém, para cuja proteção a Ordem dos Cavaleiros Templários foi fundada. Daqui os cavaleiros extraíam força espiritual, assistindo à missa em seus cavalos e passando noites solitárias de vigília antes da iniciação. A Charola de Tomar é românica e data do século XII, um edifício octogonal contendo o altar da igreja, que se estende para oeste. Foi decorada com pinturas e estátuas de madeira policromada no século XVI. O templo central fica em uma capela quase circular de 16 lados, que serve de claustro.

A IGREJA E O CAPÍTULO

Em 1492, dom Manuel, mais tarde dom Manuel I, tornou-se grão-mestre da ordem e incentivou uma série de alterações que mudaram radicalmente o edifício. Ele ampliou o convento construindo uma nave para oeste a partir da Charola, aumentando a igreja e criando dois níveis diferentes. O superior funcionava como coro da igreja e o inferior como capítulo.

Internamente, essas extensões em abóbada contrastam de modo admirável com os excessos da Charola, mas é a decoração exterior que impressiona. O portal, e em especial a janela, são tidos como exemplos máximos da ornamentação manuelina, decorados com motivos marítimos. O trabalho de escultura em corda, típico do estilo, é proeminente, mas há também as algas, corais, cabos e correntes de âncoras, além das esferas armilares de Manuel – instrumentos de navegação que se tornaram emblema pessoal do monarca.

O CLAUSTRO PRINCIPAL

Dom João III foi responsável pela construção de outro grande anexo, entre 1557 e 1566. Ele transformou o local de mera sede política da ordem em um complexo monástico, acrescentando dormitórios, cozinhas e nada menos que quatro novos claustros, totalizando sete. O maior é o Claustro Principal, com seus dois andares a sudoeste da igreja e da Charola. João reformou a parte posterior em estilo manuelino e procurou inspiração na Itália. O Claustro Principal é, portanto, um exemplo de puro Classicismo renascentista, com colunas jônicas e toscanas influenciadas pelas ideias e pelos princípios do arquiteto italiano Andrea Palladio. Os arcos arredondados, balaustradas

DICAS

» Ao visitar o Convento de Cristo você pode escolher entre dois percursos, marcados por setas vermelhas ou azuis a determinados intervalos ao longo do edifício. O percurso vermelho cobre só os destaques das atrações; o azul, tudo o que há para ver.

» Tomar tem uma grande feira às sextas, que ocupa ambas as margens do rio.

» Durante o verão, um trem turístico dá a volta por Tomar, deixando os visitantes em todas as principais atrações. Ele sai da Praça da República às 11h, 16h e 18h, mas os horários estão sujeitos a alterações. Entre em contato com o escritório de turismo para mais detalhes.

Abaixo *O exterior do Convento de Cristo exibe alguns belos exemplos de decoração manuelina*

e aberturas quadradas e redondas alternadas são muito equilibrados, e as escadas em espiral nos cantos acrescentam um toque peculiar. Elas levam ao segundo andar e ao terraço, que oferece vistas gerais do Convento de Cristo. É um ponto privilegiado para admirar a fonte do claustro.

OUTROS CLAUSTROS, CELAS E EDIFÍCIOS DO CONVENTO

O restante do complexo deve ser admirado sem pressa. Trata-se de um atraente e confuso labirinto de claustros, corredores, cozinhas e celas monásticas, cercados por jardins em terraços, com laranjeiras, cercas em terrários, pérgolas e azulejos decorativos. Cada claustro é diferente do outro – são particularmente bonitos os de Santa Bárbara, com seus arcos atarracados; o verdejante Claustro do Cemitério, com seus arcos góticos; e o Claustro da Lavagem, com azulejos, onde as tarefas de lavar e tingir roupa eram realizadas – os dois últimos foram encomendados por Henrique, o Navegador, que era grão-mestre e, portanto, chefe da Ordem de Cristo entre 1417 e 1460. No terceiro andar, há um imenso corredor que corta o edifício de norte a sul, com ramificações em ângulos retos. Ambos são ladeados por celas monásticas surpreendentemente espaçosas e bem equipadas. Há ainda uma pequena capela no cruzamento, projetada para os monges que não podiam se deslocar até a igreja principal para rezar.

✉ Castelo dos Templários, 2300-303 Tomar ☎ 249 313 481 🕒 Jun-set: diariam 9h-18h; resto do ano: diariam 9h-17h; última admissão 1 hora antes de fechar 🎫 Adultos €5, menores de 14 grátis; dom 9h-14h grátis

OUTROS DESTAQUES

CAPELA DE NOSSA SENHORA DA CONCEIÇÃO

Isolada na descida da montanha ao norte do Convento de Cristo, esta serena igreja renascentista do século XVI foi iniciada por João de Castilho e concluída por Diogo de Torralva. Tem três naves em abóbada.

✉ Rua Convento de Cristo, 2300-322 Tomar 🕒 Normalmente fechado ao público, mas o zelador pode abrir para visitas (tel 249 313 481 ou contate o escritório de turismo)

IGREJA SANTA MARIA DOS OLIVAIS

Igreja do século XIII, no local da original construída para os templários. Gótica no estilo, tem uma bela rosácea e um interior remodelado no século XVI. É o local onde jaz Gualdim Pais, fundador do castelo templário, e na era dos descobrimentos foi a igreja-mãe de todas as igrejas portuguesas do além-mar.

✉ Rua Aquiles da Mota, 2300-455 Tomar 🕒 Jul-set: diariam 10h-18h; out-jun: diariam 10h-17h, exceto durante missas 🎫 Grátis

Acima *A Igreja de São João Baptista fica no lado leste da praça principal*
Abaixo *O Claustro Principal, disposto em dois andares, é sobrepujado pela torre dos sinos*

IGREJA DE SÃO JOÃO BAPTISTA

A leste da praça principal de Tomar, a igreja gótica de São João Baptista tem alguns belos elementos manuelinos, como o campanário com sua bonita e aparatosa porta. O interior tem lindas pinturas e azulejos de boa qualidade.

✉ Praça da República, 2300-550 Tomar 🕒 Jul-set: ter-dom 10h-18h; out-jun: ter-dom 10h-19h 🎫 Grátis

MUSEU DOS FÓSFOROS

Um museu incomum que diz ter a maior coleção de caixas de fósforos da Europa.

✉ Convento de São Francisco, Várzea Grande, 2300-535 Tomar ☎ 249 329 814 🕒 Diariam 10h-17h 🎫 Grátis

SINAGOGA

A velha sinagoga de Tomar, datada do século XV, é a mais antiga do país, com sua abóbada apoiada em colunas isoladas. Fechada após a expulsão dos judeus em 1496, hoje mostra uma coleção de inscrições em hebraico, dos séculos XIII e XIV.

✉ Rua Joaquim Jacinto 73, 2300-577 Tomar ☎ 249 329 814 🕒 Diariam 10h-13h, 14h-18h 🎫 Grátis

Acima *A aldeia de Portinho da Arrábida fica em uma baía com praias de areia branca na borda da Serra da Arrábida*

QUINTA DA BACALHOA

www.azeitao.net
www.bacalhoa.eu

Para um contraste com a beleza natural da Serra da Arrábida, é preciso passar pela Quinta da Bacalhoa, uma mansão com um clássico jardim renascentista e uma propriedade vinícola na estrada de Setúbal. Foi construída na década de 1550 pelo filho de Afonso de Albuquerque, um vice-rei da Índia e grande navegador. Quando visitou a Itália, viu os grandes jardins criados pelas famílias ducais e absorveu ideias estilísticas que combinou com inspirações indianas e mouriscas em Bacalhoa. Das galerias e sacadas da mansão abrem-se canteiros geométricos, delineados por cercas em terrários e pontuados por fontes e topiaria. Um dos elementos mais importantes do projeto é o tanque refletor, uma ideia copiada dos jardins da Índia. Não há plantações de flores, mas as cores são dadas pelos azulejos nas galerias, pátios e edifícios.

330 B10 Quinta da Bacalhoa, Vila Nogueira Azeitão 212 180 011
Ter-sáb 9h-17h

SANTARÉM

www.cult.pt/turismo.pt

Santarém, capital do Ribatejo, fica no alto de uma montanha na margem norte do rio Tejo. A região de planícies é conhecida pelo vasto rebanho bovino. As ruas calmas da cidade antiga sobem até Portas do Sol, um esplêndido miradouro (mirante) com ampla vista da cidade e arredores. As duas principais igrejas da área são a da Marvila, com seu portal manuelino e o belo interior de azulejos, e a da Graça, do século XIV, com uma rosácea e uma nave sóbria. Santarém é famosa por suas festas. A melhor é a Feira Nacional da Agricultura em junho e o festival de gastronomia em novembro, com o melhor da culinária portuguesa.

330 B8 Rua Capelo e Ivens 63, 2000-039 Santarém 243 304 437
Santarém

SERRA DA ARRÁBIDA

www.visitcostaazul.com

A Serra de Arrábida estende-se por 35km ao longo da costa, de Sesimbra (▷ 110) a Setúbal.

É uma área bonita, de paisagem e vegetação mais mediterrâneos do que atlânticos, com arbustos perfumados, ciprestes, pinheiros e belos rochedos que descem até enseadas abrigadas.

Longe do mar, no lado norte das montanhas, a terra é fértil e cheia de vinhedos, oliveiras e pomares. As vilas prósperas e a área rural são pontuadas por antigas quintas (propriedades rurais). Desde 1976 boa parte da área é um parque natural, criado para proteger a flora e a fauna, os edifícios e o modo de vida tradicional.

A rodovia N379/N10 corta as montanhas, acompanha o litoral, e passa por Portinho da Arrábida, uma vila costeira em uma baía de areia branca guardada por um forte do século XVII. Há também uma estrada à beira de um penhasco na crista da serra, com belíssima vista da região.

O Convento Franciscano da Arrábida (é preciso reservar pelo tel 212 197 620, qua-dom 15h-16h, €3) também fica na mesma estrada.

330 B10 Travessa Frei Gaspar 10, 2900-388 Setúbal e Praça do Quebeda, 2900-575 Setúbal 265 539 120 ou 265 534 402

SETÚBAL

www.mun-setubal.pt

Setúbal, terceiro maior porto do país e grande centro industrial, não pretende ser um destino turístico de primeira linha, mas para quem vai para o sul, vindo de Lisboa, é uma boa parada.

A cidade abriga um belo centro histórico, boas lojas e alguns monumentos e museus. Também é um excelente lugar para quem gosta de atividades ao ar livre – do porto, é possível explorar o estuário do rio Sado para ver golfinhos ou mergulhar, e o escritório de turismo pode informar sobre caminhadas, safáris de jipe e passeios de balão.

A maior construção de Setúbal é a extraordinária Igreja de Jesus, na Rua Acácio Barradas (ter-sáb 9h-12h, 14h-17h, grátis), projetada em 1491 pelo arquiteto Boytac – primeiro edifício de Portugal com decoração manuelina. O interior, essencialmente gótico tardio, acessado por um vistoso portal, é ornamentado por esplêndidas colunas de granito que suportam as vigas em espiral da abóbada.

Dentre os museus de Setúbal, destacam-se o Museu da Cidade (ter-sáb 9h-12h, 13h30-17h30; €1,50), que fica perto da igreja; o Museu Arqueológico, na Avenida Luisa Todi (ter-sáb 9h-12h30, 14h-17h30, grátis), que tem mostras sobre pesca; e o Museu Michel Giacometti, no Largo Defensores da República (ter-sáb 9h30-18h; €1,50), com uma grande coleção etnográfica.

330 B10 Avenida Luisa Todi 466-468, 2900-456 Setúbal 936 515 845
Setúbal

TOMAR

▷ 220-2.

PASSEIO DE CARRO

O LITORAL, DE ALCOBAÇA ATÉ FÁTIMA

Começando por Alcobaça, sede de um belo complexo monástico, este passeio inclui a vila pesqueira e o balneário de Nazaré, um trecho de litoral pouco conhecido e aromáticos bosques de pinheiros, além da magnífica abadia de Batalha, antes de chegar a Fátima, o chamado "altar de Portugal" e um dos santuários católicos mais cultuados e visitados do mundo.

O PASSEIO
Distância: 80km
Duração: 2 horas sem paradas, de 2 a 6 horas (com paradas em Nazaré, praias de Pinhal, Leiria e Batalha)
Início: Alcobaça
Fim: Fátima

★ Em Alcobaça (▷ 212-3) siga as placas para Nazaré ao sair da cidade até a rotatória, onde deve seguir as placas para a rodovia A8, que levará você até a N8-5. Ela cruza uma ampla e fértil planície, com árvores frutíferas e montanhas à esquerda.

Depois de 5km você chega a uma rotatória; siga as placas marrons para Nazaré e suba por pinheirais até a vila de Tedeneira e depois Nazaré. Descendo a montanha, siga as placas que indicam "Centro", que o levarão ao centro da cidade. Ali, vire à direita e pegue a orla.

❶ Nazaré (▷ 218) é um agitado balneário, um bom lugar para parar e descansar. A vila pesqueira original foi inundada por edifícios de apartamentos de férias, e a praia de banhos da cidade provavelmente estará lotada, embora haja ótimos trechos de praias ao norte e ao sul. Mas é preciso tomar cuidado, pois essas praias são perigosas para nadar.

Deixe a cidade seguindo as placas montanha acima até Sítio e pegue a rodovia N242 para Leiria. Procure uma entrada à esquerda de Sítio – ignorando a N242 – sentido Falor, Miradouro e Hospital. A placa laranja que indica "Parque Aquático" é útil aqui. Uma placa indicando "Praia da Légua", à direita, leva você à estrada litorânea para o norte.

❷ A estrada litorânea corre pelo Pinhal de Leiria, com pinheiros plantados há mais de 700 anos por dom Dinis para proteger a terra arável das dunas. Quilômetros de árvores perfumadas são cortados por trilhas de areia, e estradas vicinais levam até lindas praias e pequenos povoados de férias. Considere fazer um retorno e explorar algumas delas – a pequena Légua é particularmente atraente.

A estrada principal vai direto até o mar na bela Praia de Esteleira.

Acima *A praça principal de Marinha Grande, um vilarejo no meio do percurso*

À esq. *A aldeia de Reguengo do Fetal, na borda da Serra de Aire*

❸ Esteleira é um bom lugar para nadar na água clara e limpa do mar, mas cuidado, pois essas praias têm forte inclinação e correntes perigosas. Há outra ótima praia ao norte em Polvoeira, local um pouco mais desenvolvido com apartamentos e casas de férias.

Depois, a uns 30km do início do passeio, vire à direita na placa pouco visível que indica Marinha Grande, em uma estrada que vai para o interior entre os bosques. Após 4km, passe direto pelos cruzamentos e siga por pequenas estradas do campo em direção à Marinha. Mantenha a direita na próxima intersecção, depois continue ainda à direita em Marinha Grande. Na rotatória, no meio da cidade, siga as placas para a rodovia A8 e Leiria, e, na intersecção com a A8/ IC1, continue em frente até a N242, uma boa estrada sombreada com pinheiros e eucaliptos. A não ser que queira visitar Leiria (▷ 218), pegue a estrada sinalizada para Lisboa e Batalha (IC2 N1). Depois, oriente-se pelas placas marrons para turistas até Batalha e Fátima. Batalha (▷ 214-6) fica a 8km.

❹ Batalha, com sua magnífica igreja gótico-manuelina, é visível desde a movimentada estrada bem antes de você chegar a ela. Na verdade, o revestimento exterior da igreja começa a sofrer degradação devido à sua proximidade com a rodovia N1. Os poluentes advindos dos veículos estão danificando o revestimento.

Saia da N356 para ir a Fátima e vire à esquerda na rotatória.

❺ O trecho de Batalha até Fátima é uma parte adorável do trajeto, pois passa pelo extremo norte da Serra de Aire e por terras altas pontuadas por vilas e pequenas propriedades rurais.

Na junção com a rodovia N357, siga as placas "Santuário" para chegar até Fátima (▷ 217).

ONDE COMER

Em Nazaré, experimente A Celeste na Avenida da República. Em Batalha, a Pousada Mestre Afonso Domingues, e em Fátima, a Tia Alice, na Rua do Adro (▷ 231).

QUANDO IR

Evite o auge do verão, quando o calor é excessivo e as atrações estão incrivelmente lotadas.

O QUE VISITAR

NAZARÉ
(▷ 218).

LEIRIA
(▷ 218).

BATALHA
(▷ 214-6).

DICA

» Você pode continuar até Tomar (▷ 220-2) via Ourém (▷ 219), um atraente passeio dominado por uma área rural intocada pontuada de pequenas fazendas.

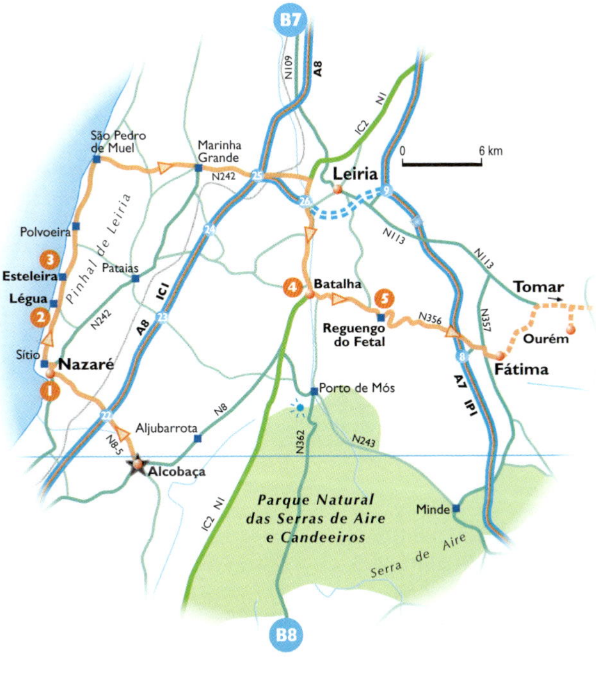

ARTE, COMPRAS, DIVERSÃO E NOITE

Acima *Estalactites e estalagmites são vistas no grande sistema de cavernas das Grutas de Mira de Aire*

ALCOBAÇA

ATLANTIS CRISTAIS DE ALCOBAÇA, S. A.

www.atlantis-cristais-de-alcobaca.pt

Fundada em 1945, a Atlantis é o mais conhecido fabricante de cristais de Portugal. Feitas com a mais pura areia, potassa e monóxido de chumbo, suas peças de cristal variam de objetos de mesa a figuras e vasos. Você pode visitar a fábrica, explorar o pequeno museu histórico e comprar alguns cristais da loja.

✉ Casal da Areia, Cós, 2460-392 Alcobaça ☎ 262 540 200 ⏲ Visitas à fábrica e ao museu: ter-sáb 9h-18h (a cada 30min), última visita 17h. Fecha duas semanas em ago e nas duas últimas semanas de dez. Loja: seg-sáb 9h30-18h30 ✋ Adultos €2,60, crianças (menores de 10) grátis 🚗 Pegue a rodovia N8-4 ao norte, saindo de Alcobaça. Vire à direita para Maiorga e Cós

MONUMENTO NATURAL DAS PEGADAS DE DINOSSÁURIOS

www.pegadasdedinossaurios.org

Se você ou seus filhos querem algo diferente de monumentos e museus, uma boa sugestão é ir ver as pegadas fossilizadas de dinossauros ao sul de Fátima. Acredita-se que datem do período Jurássico, há cerca de 175 milhões de anos. Folhetos e painéis informativos explicam como as pegadas se formaram e descrevem como estão sendo preservadas hoje.

✉ Estrada de Fátima, Bairro, 2490-216 Ourém ☎ 249 530 160 ⏲ Meados mar-meados set: ter-sex 10h-12h30, 14h-19h, sábdom 10h-12h30, 14h-20h; resto do ano ter-dom 10h-12h30, 14h-19h ✋ Adulto €2, criança (6-10) €1, menor de 6 grátis

SPAL

www.spal.pt

Para porcelanas finas ou de uso diário, dê um pulo na loja de fábrica deste prestigioso produtor. Os preços aqui são significativamente mais baixos do que nas lojas de varejo desses fabricantes.

✉ Ponte da Torre, Valado dos Frades, 2561-956 Alcobaça ☎ 262 580 498 ⏲ Seg-sex 10h-13h30, 15h-19h, sáb 10h-19h

CALDAS DA RAINHA

MOLDE

www.molde.com.pt

Encontra-se cerâmica de qualidade em desenhos de muito bom gosto na loja de fábrica da Molde, localizada no distrito industrial a oeste de Caldas. Não deixe de conferir as mesas de ofertas, onde se encontram muitas peças por apenas €1.

✉ Rua Inácio Perdigão 10, Zona Industrial, 2504-913 Caldas de Rainha ☎ 262 889 120 ⏲ Seg-sex 9h-13h, 14h-18h, sáb 10h-13h, 15h-18h

FÁTIMA

FUNPARQUE

www.funpark.pt

Este parque de aventuras ao ar livre oferece diversas atividades programadas para agradar todas as idades. Tem uma pista de kart de 1130m, com os veículos específicos, paintball, rapel, mountain-bike e muito mais. Tem restaurante e, para quem prefere preparar sua própria comida, um parque com área para churrasco.

✉ Boleiros, 2495-326 Fátima ☎ 249 521 030 ⌚ Jul-ago: diariam 10h-20h; set-mai: ter-sex 10h-19h, sáb-dom 9h-19h ✋ Karts €15 por 15min, €27,50 por 30min 🚗 Na rotatória dos Pastorinhos, siga sentido sul, pela rodovia EN360. Logo aparecerão as placas para o FunParque e para o Kartódromo

GRUTAS DE MIRA DE AIRE

www.grutasmiradaire.com

A maior rede de cavernas de Portugal se estende por 4km, embora as visitas cubram apenas 700m. A última caverna, com fontes e cachoeiras artificiais, tem um elevador que o trará de volta à superfície.

✉ Avenida Dr. Luciano Justo Ramos, 2485-050 Mira de Aire ☎ 244 440 322 ⌚ Jul-ago: diariam 9h30-19h30; abr-mai: diariam 9h30-18h; jun, set: diariam 9h30-19h; out-mar: diariam 9h30-17h30 ✋ €5 🚗 Pegue a rodovia N360 sentido sul, ao sair de Fátima, e vire à esquerda na N243 sentido Porto de Mós. As cavernas ficam à esquerda

GRUTAS DA MOEDA

www.grutasmoeda.com

Estas cavernas, a cerca de 3km de Fátima, foram descobertas por acaso em 1971 por dois caçadores. As imensas galerias se estendem por 350m e têm lagos verde-esmeralda e espetaculares formações de pedra, incluindo uma coluna de calcário que se acredita ter cerca de 30 mil anos de idade.

✉ São Mamede, 2495-326 Fátima ☎ 244 704 302 ⌚ Jul-set: 9h-19h; abr-jun: 9h-18h; out-mar: 9h-17h ✋ €5 🚗 Da rotatória ao norte de Fátima siga as placas até a rodovia A1. Antes de entrar nela, vire à direita. As cavernas são sinalizadas

LEIRIA

PARQUE AQUÁTICO – MARIPARQUE

Ótimo programa para as crianças, este parque aquático fica 25km ao norte de Leiria. Situado na orla, na Praia da Vieira, o complexo inclui quedas, corredeiras, tobogãs cheios de curvas e piscinas infantis. Há bares e restaurantes no local.

✉ Avenida Marginal, Praia da Vieira Apt. 62, 2430-696 Vieira de Leiria ☎ 244 440 700 ⌚ Jun-meados set (com tempo bom): diariam 10h-19h30 ✋ Adultos €4,90-€6,20, crianças €3,20-€4,90 (meio dia e dia inteiro) 🍴 🍷 🚗 Pegue a rodovia IC1 sentido norte saindo de Leiria. Vire à esquerda para Monte Real/Vieira de Leiria e siga as placas para a Praia da Vieira

MARINHA GRANDE

JASMIM-VICRIMAG

www.jasmimglass.com

Um dos muitos produtores de vidro da área, a Jasmim foi inaugurada em 1996 com o objetivo de resgatar os métodos antigos de soprar vidro e de usar materiais que fossem compatíveis com o meio ambiente. É possível ver os artesãos trabalhando e fazer perguntas a eles.

✉ Estrada de Leiria 227, Apt. 87, 2431-901 Marinha Grande ☎ 244 575 590 ⌚ Diariam 10h-19h

MUSEU DO VIDRO

Este museu foi inaugurado em 1998 para comemorar os 250 anos da produção de vidro em Marinha Grande. Suas incríveis coleções ficam no Palácio Stephens, do século XVIII, que leva o nome do inglês que reintroduziu a produção de vidro na cidade em 1769.

✉ Palácio Stephens, 2430-960 Marinha Grande ☎ 244 573 377 ⌚ Jun-set: diariam 10h-19h; out-mai: ter-dom 10h-18h ✋ €1,50

ÓBIDOS

ABRIGO DA BIQUINHA

Um dos bares mais antigos e mais apreciados da cidade, tem diversos níveis, com as pequenas salas criando um ambiente acolhedor. Não deixe de provar a ginjinha de Óbidos (aguardente da região, feita com cereja), e a excelente linguiça, oferecidos aqui.

✉ Rua da Biquinha, 2510-046 Óbidos ☎ 262 959 449 ⌚ Diariam 12h-2h

CASA DOS SABORES D'ÓBIDOS

Nesta loja, uma parte dela vinheria e loja de doces, a outra um café, você prova a deliciosa ginjinha servida numa taça feita de chocolate – e depois come a taça. Compre uma garrafa para levar ou, se preferir, um bom vinho do Porto.

✉ Rua Direita 66, 2510-060 Óbidos ☎ 262 959 729 ⌚ Abr-fim out: diariam 9h-19h; nov-fim mar: diariam 9h-18h

GOLFE DA PRAIA D'EL REY

www.praia-del-rey.com

www.portugalgolf.pt

Este campo de golfe faz parte do cinco-estrelas Praia d'El Rey Golf and Country Club. Tem 18 buracos (par 72) e oferece boa área de lazer com restaurante e piscina coberta.

✉ Vale de Janelas, 2510-451 Óbidos ☎ 262 905 005 ⌚ Abr-out: diariam 8h-20h; nov-mar: 8h-17h30 ✋ 18 buracos mar-out: seg-sex €100, sáb-dom e feriados €125; nov-fev: seg-sex €75, sáb-dom e feriados €93,75; aluguel de tacos €39, carrinho elétrico €20, carrinho €45 🍴 🏊 Coberta 🚗 Pegue a rodovia EN114 sentido oeste, saindo de Óbidos. Vire à direita na Serra d'El Rey e siga as placas até o Golfe da Praia d'El Rey

ÓBIDOS TUR

www.obidostur.pt

Entre outras atividades, esta empresa organiza passeios de charrete e carruagem por Óbidos e região. Os passeios duram entre 10 e 60 minutos. Há um painel com informações sobre o trajeto no ponto de partida.

✉ Animação Turística Ltd, Casal de Soitão, 2510 Óbidos ☎ 969 052 148 ⌚ Mai-set: diariam 10h-18h30 ✋ Trajetos e preços incluem: aqueduto €20, Vila de Pinhal €25, Igreja da Pedra €35, escavações romanas e rio Arnoia €60 🚗 Partidas do estacionamento de carros de Óbidos na entrada da cidade

RUA DIREITA

Esta rua é cheia de pequenas lojas que vendem uma variedade de curiosidades e suvenires. Vale a pena observar bem antes de comprar, para encontrar exemplos de artesanato regional de bom gosto em meio às quinquilharias. A feira semanal é aos sábados.

✉ 2510-001 Óbidos

PENICHE

BALEAL SURF CAMP

www.balealsurfcamp.com

Organiza aulas individuais de surfe, além de acampamentos de surfe de uma semana. Também aluga equipamento e providencia hospedagem.

Rua dos Amigos do Baleal 2, Praia do Baleal, 2520-052 Ferrel Baleal 963 982 899 ou 262 769 277 Abr-out: diariam 10h-20h; nov-mai: diariam, ligue para combinar horários Aula de 2 horas €30; curso de 1 semana seg-sex com 2 horas de aula por dia €130; acampamento de surfe de 1 semana incluindo aulas mais equipamento, seguro e hospedagem em dormitório €325-€465, em quarto privativo €395-€545

PASSEIOS NO ARQUIPÉLAGO DAS BERLENGAS

As ilhas do arquipélago das Berlengas, de águas claras, são santuários de pássaros. Você pode visitar as ilhas maiores (restritas a caminhos sinalizados). Várias empresas do cais oferecem viagens de cinco horas até o arquipélago.

Largo da Ribeira, 2520 Peniche 918 619 311 ou 917 601 114 Diariam 9h-20h Passeios às Berlengas €18 por pessoa, mínimo de 10 pessoas ou €180 pelo barco. As partidas dependem do clima

DANAU BAR

Este refúgio ao norte de Peniche, na Praia do Baleal, é um dos bares mais agitados da cidade. Costuma ter bandas ao vivo e karaokê no fins de semana. É frequentado por muitos surfistas.

Praia do Baleal, 2520 Baleal Ferrel 262 709 818 Jun-set: dom-qui 9h-24h, sex-sáb 9h-4h; resto do ano: dom-qui 10h-24h, sex-sáb 10h-4h A Praia do Baleal fica ao norte de Peniche. O Danau, todo de madeira, fica no extremo direito da praia

ESCOLA DE RENDAS DA CÂMARA MUNICIPAL DE PENICHE

Peniche é famosa por suas rendas. O escritório de turismo abriga também a escola de rendas da cidade, que promove demonstrações de como é feita.

Rua Alexandre Herculano, 2520-273 Peniche 262 789 571 Seg-sex 9h-12h30, 14h-17h30

HALIOTIS, AVENTURAS SUBMERSAS

www.haliotis.pt

Organiza excursões, bem profissionais, de mergulho pelas Ilhas Berlenga, além de cursos PADI. Confira as datas de mergulho no site.

Hotel Praia Norte, Avenida Monsenhor Manuel Bastos, 2520-206 Peniche 262 781 160 ou 913 054 926 Escritório: diariam 9h-18h30 €31,50 para um passeio com 1 mergulho, €70 para um de 2 mergulhos

MERCADO MUNICIPAL

Para quem quer se abastecer para um piquenique ou preparar comida em casa, este mercado tem produtos frescos da região. Também é excelente para peixe fresco, por bom preço, direto dos barcos de Peniche.

Rua Architecto Paulino Montez Seg-sáb 7h-14h

NAUTIPESCA

Esta loja organiza pesca costeira e de águas profundas, além de fornecer todo o equipamento necessário. Também organizar visitas às Berlengas de maio a setembro.

Largo da Ribeira Velha, Escritório A1, 2520 Peniche 917 588 358 ou 262 789 648 Escritório: jun-set 9h-19h. Telefones: diariam 9h-21h. Os passeios são diários, à hora combinada, dependendo do tempo Pelo litoral: seg-sex €60, sáb-dom €80; pré-reserva para viagem de pesca €400 por barco

TASCA DO JOEL

www.tascadojoel.com

Além do restaurante, este estabelecimento agora tem uma ótima enoteca, com uma impressionante coleção de vinhos nacionais, acessórios para o conhecedor de vinhos e uma seleção de delícias gourmet para acompanhar a bebida. Seus pernis, geleias, patês e queijos são de excelente qualidade.
✉ Rua do Lapadusso 73, 2520-370 Peniche ☎ 262 782 945 🕑 Ter-sáb 10h-16h, 18h-24h

TOMAR

PRAIA FLUVIAL DA CASTANHEIRA

Cerca de 15km a nordeste de Tomar, junto à N238, estas piscinas flutuantes são um ótimo lugar para levar as crianças numa tarde quente. Há também um bar e terraço que serve lanches, além de um restaurante.
✉ Castanheira, Lagoa Azul, 2240 Ferreira do Zêzere ☎ 249 360 150 🕑 Jul-fim set: diariam ✋ Grátis

TEMPLÁRIOS AVENTURA

www.templar.online.pt
Organiza excursões para atividades ao ar livre, como canoagem, mountain-bike, arco e flecha, caminhadas e montanhismo, além de esportes aquáticos (mergulho e esqui).
✉ Rua Dr Joaquim Jacinto 103, Tomar ☎ 249 323 414 🕑 Seg-sex 14h-17h30 ✋ Preços variam conforme a atividade escolhida

VIA AVENTURA

www.via-aventura.com
No verão, alugue uma canoa ou bicicleta. A empresa oferece ainda excursões de canyoning o ano todo.
✉ Rua Principal 45D, 2305-406 Carvalhal Pequeno, Tomar ☎ 939 641 425 ou 919 641 425 🕑 Diariam 9h-18h ✋ Aluguel de bicicleta incluindo capacete €15; canoagem, com todo o equipamento €15; passeios de canyoning (duração 3h a 4h30) €40. Reserve por telefone

Página ao lado *A região de Estremadura e Ribatejo oferece diversas opções para a prática de caiaque e outras atividades*

FESTIVAIS E EVENTOS

PÁSCOA

SEMANA SANTA

O evento religioso e cultural mais importante de Óbidos é a festa da Páscoa. Atrai milhares de visitantes e peregrinos de todo o país. Santos e imagens são tirados da igreja e saem em procissão pelas ruas. A mais comovente é a procissão da Via-Sacra, que reencena as últimas horas de Cristo.
✉ Óbidos ☎ 262 959 231 (escritório de turismo)

MAIO

ROMARIAS

As romarias marcam a primeira e última das supostas aparições da Virgem Maria aos três pastores (▷ 217). Embora sempre movimentada, Fátima se transforma nesses dias, quando milhares de romeiros cansados da viagem pelo país e pelo mundo andam de joelhos o último quilômetro até o alto da basílica.
✉ Fátima 🕑 12-13 mai (veja também out)

JULHO

FESTA DOS TABULEIROS

A festa homenageia o Espírito Santo e a santificada dona Isabel (casada com dom Dinis, um rei medieval de Portugal). A Festa dos Tabuleiros é particularmente famosa pelos imensos arranjos de cabeça, de pão e flores de papel, encimados por uma pomba branca – os tabuleiros –, que as mulheres da cidade usam nas procissões. A festa mais recente ocorreu em julho de 2011.
✉ Tomar ☎ 249 322 427 🕑 Durante 10 dias, até o desfile final no 2º dom jul

FESTA DA LAGOA

Para promover a lagoa de Óbidos e aqueles cuja subsistência depende dela, este festival inclui música ao vivo e delícias gastronômicas confeccionadas apenas com frutos do mar do lago. Vá até a ribeira (a orla) para provar algumas dessas especialidades locais.
✉ Óbidos ☎ 262 959 231 (escritório de turismo) 🕑 Último fim de semana jul

JULHO-AGOSTO

SEMANA INTERNACIONAL DE PIANO

www.pianobidos.org
Realizada em diversos locais de Óbidos, incluindo o Auditório da Casa da Música, a Semana Internacional de Piano traz nomes internacionais ao palco. Além dos concertos, os solistas dão aulas magnas e palestras, que culminam com o concerto dos estudantes no último dia do festival.
✉ Óbidos ☎ 262 959 231 🕑 Última semana jul-1ª semana ago

AGOSTO

FESTA DE NOSSA SENHORA DA BOA VIAGEM

O destaque dessa festa religiosa, cuja santa é padroeira dos pescadores de Peniche, é a noite de sábado. Na ocasião, uma estátua da Virgem Maria é carregada até o oceano e levada por uma procissão de barcos iluminados até Cabo Carvoeiro.
✉ Peniche ☎ 262 789 571 (escritório de turismo) 🕑 1ª sex ago, durante 4 dias

OUTUBRO

ROMARIAS

✉ Fátima 🕑 12-13 out (veja também mai)

NOVEMBRO

FESTIVAL INTERNACIONAL DO CHOCOLATE

Obrigatório para chocólatras, este festival traz chefs internacionais do chocolate até Óbidos. Confere prêmios à melhor receita internacional de chocolate, ao chocolateiro do ano e às peças artísticas de chocolate. Há também exposições, demonstrações e amostras gratuitas.
✉ Óbidos ☎ 262 959 231 (escritório de turismo) 🕑 Início nov

ONDE COMER

Acima *O restaurante Estelas, em Peniche, serve ótimos pratos de pescados e frutos do mar, muitos deles especialidades da região*

PREÇOS E SÍMBOLOS

Os restaurantes são listados em ordem alfabética. Os preços são os médios para um almoço com dois pratos (A) e um jantar com três pratos (J) para uma pessoa, sem bebidas. O preço do vinho é o da garrafa mais barata. Todos os restaurantes aceitam cartões de crédito, a menos que seja especificado o contrário.

Para a legenda dos símbolos, ⊳ 2.

ALCOBAÇA

ANTÓNIO PADEIRO

Depois de andar pelo convento, este é um lugar ideal para sentar e comer ou beber alguma coisa. Os pratos são tradicionais e substanciosos. Prove o típico frango na púcara à moda de Alcobaça, servido em recipiente rústico de barro; e, para encerrar, doces de conventuais, bem açucarados, à base de ovos, que fazem a fama do restaurante. O macio pão de ló é menos doce, mas também delicioso.

✉ Rua Dr. Maur Cocheril 27, 2460-032 Alcobaça ☎ 262 582 295 ⊙ Diariam 12h-16h30, 19h-23h30 ✋ A €14, J €17, vinho €7

TRINDADE

Graças à sua comida saudável e localização central, em uma praça arborizada perto do mosteiro, este pequeno restaurante costuma ficar lotado de visitantes. Serve ótimo frango na púcara (cozido de frango), peixe grelhado como pargo e linguado, frango assado e coelho. Também serve lanches leves, como sanduíches e tortas deliciosas. No verão coloca mesas extras na praça sombreada.

✉ Praça Dom Afonso Henriques 22, 2460-030 Alcobaça ☎ 262 582 397 ⊙ Diariam 12h-16h, 19h-22h ✋ A €12, J €18, vinho €8

BATALHA

VINHO EM QUALQUER CIRCUNSTÂNCIA

Este bar, também loja de vinhos e restaurante, começou como enoteca dedicada apenas a degustações, que servia apenas petiscos leves para acompanhar a bebida. Foi ficando popular e os clientes passaram a pedir comida mais substanciosa, que ainda é limitada, mas de qualidade. Uma boa sugestão é o bacalhau. Ótimo lugar para pedir orientações sobre vinhos portugueses antes de comprá-los.

✉ Estrada de Fátima 15, 2440-901 Batalha ☎ 244 768 777 ⊙ Seg-qui 17h-23h30, sex 17h-1h, sáb 12h-1h, dom 12h-16h ✋ A €18, J €22, vinho €8

CALDAS DA RAINHA

ADEGA DO ALBERTINO

Com toalhas xadrez, teto de vigas aparentes e arcos rústicos, este local tem um toque caseiro. Os pratos principais são substanciosos; prove o camarão grelhado com quibebe de lula e o cozido de cordeiro ou de carne de porco com mel, vinho e amêndoas. Reserve espaço para a pera cozida em vinho tinto, servida com trouxas de ovos.

✉ Rua Júlio Sousa 7, Imaginário, 2500-312 Caldas de Rainha ☎ 262 835 152 ⊙ Ter-sáb 12h-15h, 19h-22h, dom 12h-15h ✋ A €16, J €20, vinho €7,50

CARTAXO

CONDESTÁVEL

www.condestaveldeluissuspiro.net

Conhecido na região pela ótima comida, o Condestável é um lugar para comer sem pressa. O chef Luís Suspiro apresenta pratos inovadores mas dentro da tradição portuguesa. As especialidades incluem risoto de pato com cogumelos chanterelle, perdiz recheada com trufas brancas do Ribatejo e morangos sautée em

flocos de massa, de dar água na boca. Tem diversos tipos de cafés de qualidade à sua escolha, moídos na hora e servidos com a aguardente da casa.
✉ Travessa do Olival, Ereira, 2070-326 Cartaxo ☎ 243 719 786 ⏲ Seg, qua-sáb 13h-15h, 20h-22h, dom 13h-15h 🖐 A €25, J €37, vinho €12

FÁTIMA

TIA ALICE

O Tia Alice abriu em 1988 em uma casa simples perto da igreja paroquial de Fátima. As paredes de pedra nua foram mantidas e adicionou-se iluminação suave para criar uma atmosfera relaxante. Graças ao seu pão no forno a lenha, excelentes sopas, assados e açordas (cozidos de pão), a reputação de sua ótima culinária da Serra de Aire se espalhou pelo país. Tem apenas doze mesas, por isso reserve com boa antecedência.
✉ Rua do Adro 152, 2495-557 Fátima ☎ 249 531 737 ⏲ Ter-sáb 12h-15h, 19h30-22h, dom 12h-15h. Fecha jul 🖐 A €27, J €40, vinho €12 🚗 Deixe o santuário de Fátima pela rodovia EN356, sentido Tomar. O restaurante fica do lado direito, junto à igreja paroquial

LEIRIA

PUTTANESCA

Como o nome sugere, é um restaurante italiano mas serve também tapas no estilo espanhol, ideais para um almoço leve. Para algo mais substancioso, prove o cabrito ou cordeiro assado no forno a lenha, simples mas suculento. Porém, o forte da casa são as sobremesas carameladas e o sorvete caseiro. As paredes são decoradas com gravuras interessantes.
✉ Rua da Escola 463, Planalto Leiria, 2400-321 Leiria ☎ 244 856 180 ⏲ Seg-sáb 12h-15h, 18h-24h 🖐 A €15, J €20, vinho €8

TROMBA RIJA

www.trombarija.com
As pessoas vêm de todas as partes do país para comer neste renomado restaurante. Um dos dois cardápios de preço fixo oferece 50 entradas: queijos, linguiça caseira, polvo, grão-de-bico, saladas de bacalhau e mais. Se estiver com fome, peça um prato principal da tentadora seleção de pratos regionais do menu à la carte.
✉ Rua Professore Portelas 22, Marrazes, 2415-534 Leiria ☎ 244 852 277 ⏲ Seg-sáb 13h-15h30, 20h-22h, dom 13h-15h30 🖐 À la carte almoço e jantar (ter-qui), almoço (sex). Sabores de Portugal (bufê) jantar (sex), almoço e jantar (sáb), almoço (dom) €10 🚗 Pegue a saída de Figueira da Foz da rodovia A1. Siga as placas para Marrazes

ÓBIDOS

A ILUSTRE CASA DE RAMIRO

Dentro dos muros da cidade antiga fica esta sala rústica em dois níveis, pintada de cor-de-rosa terracota. Tem uma atmosfera medieval, com seus pilares sólidos, arcos e alcovas cheios de imensos potes de cerâmica. A comida é regional, com pratos especiais, como camarões assados no alho, lula recheada, kebabes de garoupa grelhada e pato com arroz. A extensa carta inclui vinhos de todo o país. Para encerrar, peça crepes à Ilustre.
✉ Rua Porta do Vale, 2510-084 Óbidos ☎ 262 959 194 ⏲ Sáb-qua 12h30-15h, 19h-22h30, qui-sex 19h-22h30 🖐 A €25, J €30, vinho €7

COZINHA DAS RAINHAS

www.senhorasrainhas.com
Instalado dentro do elegante hotel Casa das Senhoras Rainhas, este restaurante tranquilo tem acesso através das muralhas medievais de Óbidos; nos meses mais quentes é possível comer no terraço ajardinado. Todos os pratos são caseiros, feitos no local e de alta qualidade. Prove a sopa de peixe seguida de pata negra (carne de porco escura) com purê de castanhas, junto com um excelente vinho de Estremadura.
✉ Rua Padre Nunes Tavares 6, 2510-999 Óbidos ☎ 262 955 360 ⏲ Diariam 12h30-14h30, 19h30-22h 🖐 A €18, J €26, vinho €10

PENICHE

ESTELAS

Um dos melhores pratos daqui é a lagosta à Peniche, que você deve pedir com antecedência. Também oferece o sequinho de cherne, prato de garoupa inventado pelos pescadores locais. Há ainda as caldeiradas (cozido de peixes e frutos do mar) e vários tipos de peixe grelhado.
✉ Rua Arquitecto Paulino Montez 21, 2520-294 Peniche ☎ 262 782 435 ⏲ Qui-ter 12h-15h, 19h-24h. Fechado nas duas últimas semanas ago 🖐 A €18, J €25, vinho €9 🚗 Junto ao mercado municipal e ao fórum

SANTARÉM

TABERNA DO QUINZENA

www.quinzena.com
No ramo há quase 140 anos, esta taberna é um marco de Santarém, decorada com pôsteres de corridas de touros – nenhum deles muito sangrento, fique tranquilo. A comida é servida em porções generosas, em pratos tradicionais de barro. Cada dia tem seu prato especial – arroz com pato, cozido (bem substancioso), cabrito assado, perna de porco ou "touro selvagem", cozido no vinho.
✉ Rua Pedro de Santarém 93-94, 2000-223 Santarém ☎ 243 322 804 ⏲ Seg-sáb 12h-22h 🖐 A €10, J €13, vinho €6,50

TOMAR

CHICO ELIAS

As pessoas vêm até Tomar só para comer neste restaurante. Caldo de grão-de-bico, abóbora recheada com coelho, bacalhau com presunto e broa de milho são algumas das delícias que ele oferece. Peça com antecedência para que tenham tempo de marinar a comida a partir da noite anterior. Não aceita cartões de crédito.
✉ Rua Principal 70, Algarvias, 2300-302 Tomar ☎ 249 311 067 ⏲ Qua-sáb, seg 12h30-15h30, 19h-22h30, dom 12h30-15h30. Fecha nas duas últimas semanas jul e duas primeiras set 🖐 A €23, J €27, vinho €12 🚗 Pegue a estrada de Torres Novas que sai de Tomar. O restaurante fica 1,5km à esquerda

ONDE FICAR

Acima *Trepadeiras adornam os muros da entrada da Pousada do Castelo, em Óbidos*

PREÇOS E SÍMBOLOS

Os preços correspondem à diária mais baixa e mais alta em um quarto duplo, incluído o café da manhã, a menos que haja indicação em contrário. Todos os hotéis aceitam cartões de crédito, a menos que indicado. Note que os preços variam ao longo do ano.

Para a legenda dos símbolos, ▷ 2.

ALCOBAÇA

CASA DO VALE

www.casadovale.net

A decoração eclética, que o dono define como "rústico refinado", dá a esta pousada um toque caseiro. A cozinha estilo provençal é usada no inverno como salão de jantar; nos meses mais quentes os hóspedes comem sob um pórtico com vista para o vale verdejante e os pomares. Tem piscina infinita de bom tamanho e redes num tranquilo jardim. Serve refeições a pedidos. Não aceita cartão de crédito.

✉ Travessa dos Guedes Reis, Cela, 2460-355 Alcobaça ☎ 919 384 292 ou 262 500 243 € €65-€85 🛏 3 🏊 Ao ar livre

HOTEL SANTA MARIA

Este é o melhor dos hotéis modernos de Alcobaça, localizado em um canto tranquilo da cidade antiga, junto ao mosteiro. Os quartos são relativamente pequenos, mas impecavelmente limpos. Vários deles têm sacadas para a praça florida. O hotel fica em local ideal para explorar a cidade. Tem estacionamento no subsolo e, embora não disponha de restaurante próprio, as cercanias oferecem boas opções.

✉ Rua Francisco Zagalo 20-22, 2460-041 Alcobaça ☎ 262 590 160 € €50-€75 🛏 78 quartos, 2 suítes ❄

FÁTIMA

DOM GONÇALO HOTEL & SPA

www.hoteldg.com

O Santuário de Nossa Senhora de Fátima é visitado por milhares de peregrinos todo ano, mas as acomodações na área não são muito atraentes. A melhor opção é a recentemente reformada Dom Gonçalo, a 400m da basílica. Os quartos dispõem dos confortos modernos – a ala nova oferece acomodações de "designer" e recursos de spa. O restaurante é conhecido por sua cozinha tradicional e pela seleção de vinhos regionais.

✉ Rua Jacinta Marto 100, 4295-450 Fátima ☎ 249 539 330 € €65-€95 🛏 67 quartos, 4 suítes ❄

ÓBIDOS

CASA D'ÓBIDOS

www.casadobidos.com

Construída por engenheiros ferroviários do século XIX e com grande vista da cidade fortificada de Óbidos, esta casa oferece a escolha de quartos duplos e chalés com cozinha. Os quartos que ficam na casa principal têm mobília clássica com atraentes tecidos estampados, enquanto os do anexo e os do chalé são mais em estilo rural. O hotel não tem restaurante, mas há vários a uns 10 minutos a pé, e o proprietário pode indicar algum. Tem quadra de tênis.

✉ Turismo de Habitação, Quinta de São José, 2510-135 Óbidos ☎ 262 950 924 € €80 quartos com café da manhã, €80-€160 chalés sem café da manhã 🛏 6 quartos, 3 chalés no jardim 🏊 Ao ar livre

CASA DAS SENHORAS RAINHAS

www.senhorasrainhas.com

Dentro dos muros medievais de Óbidos, este pequeno hotel foi muito bem reformado para oferecer conforto, mas mantendo os detalhes da arquitetura tradicional. Todos os quartos têm pequenas varandas.

Para ocasiões especiais, reserve o quarto na torre maior, que dá para a monumental igreja de Jesus da Pedra. Um café da manhã delicioso está incluído na diária e no verão é servido no terraço. O estacionamento contíguo é limitado, por isso talvez você tenha que carregar as malas pelas ruas de pedra.
✉ Rua Padre Nunes Tavares 6, 2510-999 Óbidos ☎ 262 955 360 €163-€179 9 quartos, 1 suíte na torre

HOTEL REAL D'ÓBIDOS

www.hotelrealdobidos.com

Acredita-se que a parte mais antiga do hotel remonte ao século XIV, embora seu aspecto mais destacado seja a imponente fachada, que é do século XVIII. Os quartos têm nomes de reis portugueses e são decorados no estilo adequado à sua época. A sala de estar é rústica, com uma grande lareira de granito e pesadas vigas antigas. No exterior do Hotel Real, há uma piscina aquecida e um terraço para tomar sol olhando a cidade.
✉ Rua Dom João de Ornelas, 2510-074 Óbidos ☎ 262 955 090 €120-€140 15 quartos, 2 suítes Ao ar livre, de água salgada

POUSADA DO CASTELO

www.pousadas.pt

A pousada em Óbidos, dentro do castelo medieval da cidade, foi a primeira a ser convertida a partir de um edifício histórico classificado como monumento nacional. A entrada principal e as janelas são bons exemplos de esculturas manuelinas. Os melhores quartos são as suítes duplex nas torres, que têm mobília medieval e camas com dossel. Os quartos-padrão são mais modestos mas ainda confortáveis. O número de quartos é limitado, por isso reserve com antecedência.
✉ Rua do Castelo, 2510-999 Óbidos ☎ 262 955 080 €190-€320 9 quartos, 3 suítes duplex

PRAIA D'EL REY MARRIOTT GOLF AND BEACH RESORT

www.marriottpraiadelrey.com

A poucos minutos de Óbidos, o resort da Praia D'El Rey tem acomodações cinco-estrelas e é ideal para relaxar alguns dias depois de visitar a região. Entre as atividades oferecidas estão passeios a cavalo, jet-ski, mergulho e golfe. No final do dia, o spa local oferece um alívio para os músculos doloridos. Você pode escolher entre os vários pacotes, e incluir combinações de golfe, spa, vários planos de refeição e traslados para o aeroporto. Consulte o site ou ligue para obter mais informações.
✉ Avenida D. Inês de Castro 1, Vale de Janelas, 2510-451 Amoreira, Óbidos ☎ 262 905 100 €135-€195 179 quartos, 9 suítes Fechada e ao ar livre

OURÉM

CASA ALTA

www.casaaltaroyallodge.com

Para algo um pouco diferente na área de Fátima, tente este antigo alojamento real; Catarina de Bragança passou sua última noite aqui, antes de partir para se casar com Carlos II. Cheios de antiguidades, os elegantes quartos oferecem vista espetacular da área rural em volta. Têm lareira, roupa de cama bordada, acolchoados de plumas e flores frescas. O Padre Mariani oferece transporte gratuito até o santuário de Fátima todos os dias.
✉ Castelo de Ourém, 2400 000 Ourém ☎ 249 543 515 €120-€200 1 quarto, 1 suíte

CASA DA ALCAIDARIA-MOR

www.quintaalcaidaria-mor.pt

A cerca de 2km de Ourém, na estrada para Tomar, esta mansão senhorial do século XVII funciona como bed-and-breakfast e dispõe também de chalés autônomos com pequena cozinha. Construída para o médico pessoal do rei, a casa ostenta belo teto com painéis de madeira, pinturas e antiguidades, bem como uma histórica capela do século XIV. Tem piscina cercada no bem cuidado jardim, e você pode arranjar passeios a cavalo, com instrutor qualificado.
✉ 2490-799 Ourém ☎ 249 542 231 Quartos €90-€115, chalés completos €85-€130 6 quartos, 5 chalés com 2 quartos

SANTARÉM

CASA DA ALCÁÇOVA

www.alcacova.com

Esta mansão senhorial, dentro dos muros do castelo, oferece vistas inigualáveis das planícies do Tejo. Os quartos têm mobília clássica, e muitos dispõem de camas com dossel, fina roupa de cama e hidromassagem. Oferece sala de aparelhos e piscina ao ar livre sob os baluartes.
✉ Largo da Alcáçova 3, Portas do Sol, 2000-110 Santarém ☎ 243 304 030 €95-€180 8 Ao ar livre

TOMAR

CASA DA AVÓ GENOVEVA

www.avogenoveva.com

Esta casa rural do século XVII, com fachada cor-de-rosa e palmeiras, oferece um refúgio tranquilo. O pátio de pedra leva a uma série de áreas sociais – a biblioteca, a sala de música e a sala de bilhar, um pequeno bar, a sala de jantar e o salão, onde você pode apreciar as fotos da família. Os quartos, tanto os duplos na casa principal como os apartamentos no celeiro reformado, têm teto de madeira, antiguidades e pinturas a óleo. Tem quadras de tênis.
✉ Rua 25 de Abril 16, Curvaceiras, 2305-509 Tomar ☎ 249 982 219 €75; apartamento €85 para 2 pessoas, €140 para 4 3 quartos, 2 apartamentos Ao ar livre Saia de Tomar sentido sul, pela rodovia N110. Entre à direita na N358 para o povoado de Curvaceiras

ESTALAGEM DE SANTA IRIA

Embora bem menor que o luxuoso Hotel dos Templários perto dele, esta hospedaria, com sua antiga roda d'água, tem muita personalidade. Fica em uma ilha com bosque no rio Nabão, afastada do agito da cidade de Tomar. Os quartos são despretensiosos, claros e arejados, e dão para o parque ou para o rio. Quase todos têm sacadas grandes o suficiente para se poder sentar ao ar livre e tomar um drinque. O restaurante da Estalagem Santa Rita serve ótimos pratos regionais típicos.
✉ Parque do Mouchão, 2300-536 Tomar ☎ 249 313 326 €58-€85 13 quartos, 1 suíte

ALENTEJO

Alentejo significa literalmente "Além do Tejo" e abrange toda a área ao sul do rio, com exceção de Ribatejo ("margens do Tejo") e do Algarve, no extremo sul de Portugal. É uma região de planícies onduladas, com muitos carvalhos-corticeiros (ou sobreiros), gado pastando e vestígios megalíticos; no solo fértil crescem oliveiras, trigo e uvas. O litoral é muito bem preservado, quase intocado. As terras do interior são agrícolas. A primavera traz nova vida e muitas flores silvestres; o verão é tão quente que a vida parece se deter um pouco, já que o campo seca; o outono é sereno, banhado em luz laranja, e o inverno pode ser severo.

Na ponta norte do Alto Alentejo fica a Serra de São Mamede, que abriga uma reserva natural montanhosa, ótima para caminhadas, com flora e fauna diversificadas. Procure localizar javalis e cervos nas florestas de castanheiros e olmos, além do abutre-fouveiro (ou grifo) e das águias-de-bonelli; e prepare-se para enfrentar mudanças radicais de tempo. Nesse parque ficam também as vilas montanhosas de Castelo de Vide, com seu centro medieval e bairro judeu, e Marvão, no alto de um rochedo, com vista espetacular da Espanha.

Mais ao sul está Évora, capital regional e polo de atividade econômica, onde muita gente vem para ver o templo romano, as igrejas e as mansões. Mais calma, mas não menos interessante, é Estremoz, com seu famoso mercado de sábado; e vale a pena conhecer também Elvas, um dos mais impressionantes postos de fronteira do país; Vila Viçosa, sede da Casa de Bragança, com seu bonito palácio ducal; Arraiolos, com seus belos tapetes; Elvas, produtora de plumas; e Serpa, de queijos. Há bons vinhos por toda a região.

ALCÁCER DO SAL

www.cm-alcacerdosal.pt

Atrasada e um pouco mal cuidada, Alcácer do Sal fica no estuário do rio Sado, uma vasta reserva natural de alagados. A cidade está às margens do rio e avança montanha acima, de frente para os arrozais e as planícies de sal que asseguraram a prosperidade local. Os mouros construíram um castelo aqui, bem acima do rio, temporariamente tomado em 1158 no primeiro grande avanço de Afonso Henrique para o sul, e a cidade tornou-se cristã em 1217. Desde então vem prosperando sem alarde, e sua principal atividade econômica é a extração e a comercialização de sal.

Na alameda em frente ao rio, as mulheres da cidade remexem camarões recém-cozidos – a delícia de Alcácer. De lá se pode seguir para o grupo de estreitas ruas medievais e subir até o castelo. Hoje, o edifício é um hotel, de onde é possível ter uma boa vista acima dos telhados, cujas chaminés costumam ser coroadas por ninhos de cegonhas. Vale a pena ir até o estuário do rio Sado para ver mais cegonhas, garças e flamingos – e há um passeio de balão pelas laguna (informações no escritório de turismo).

330 B10 Praça Pedro Nunes, Edifício do Revês 1, R/c, 7580-125 Alcácer do Sal 265 610 070

ARRAIOLOS

www.cm-arraiolos.pt

Típica cidade do Alentejo, Arraiolos situa-se em uma colina acima da planície ondulante da região. Suas casas brancas, emolduradas por azul ou amarelo, enfeitam as ruas de pedra, cheias de igrejas, que conduzem até os muros antigos em volta do castelo. A cidade tem um grande número de lojas que vendem tapetes – manufaturados aqui desde o século XVII, quando se instalou uma indústria para fazer tapetes bordados de cânhamo e linho, usados como enfeite de parede e de mesa ou arca. No início, os padrões eram desenhos persas ou indianos, com motivos de animais ou plantas, mas essa complexidade aos poucos deu lugar a algo mais simples e mais geométrico, com predomínio de amarelo e azul. Vale a pena comprar um desses lindos tapetes – o preço é alto, mas é bom lembrar que o produto é artesanal e exclusivo.

A área rural em volta é belíssima, com imensos trigais pontuados por carvalhos e corticeiras. Há também áreas que se dedicam à produção de vinho. De Arraiolos, é possível seguir o trajeto circular do vinho, de uma vila a outra. O escritório de turismo local fornece folheto que detalha esse passeio.

330 C9 Praça Lima Brito, 7040-027 Arraiolos 266 490 254

AVIS

www.rtsm.pt

Depois do longo trajeto pelo planalto alentejano, restrito a árvores de cortiça e oliveiras, Avis aparece como uma bela visão e um bom lugar para uma parada. É um antigo povoado, que preserva vestígios de suas defesas e das torres medievais – ao chegar pela rodovia N244, as vistas são indescritíveis. A estrada cruza o vasto lago na confluência dos rios Seda e Avis, formado quando uma represa foi construída 15km rio abaixo.

Avis teve papel significativo na história de Portugal. Foi aqui que, no início do século XIII, a Ordem de Avis, a mais antiga ordem de cavalaria da Europa, foi fundada por Afonso Henriques para combater os mouros. Em 1385, o grão-mestre da Ordem, João, foi proclamado rei, primeiro monarca da Casa de Avis, que governaria Portugal até 1580. Dom João I foi um dos grandes soberanos de Portugal. Em 1387, ele se casou com Filipa de Lencastre, fortalecendo ainda mais a aliança anglo-lusitana.

331 D9 Câmara Municipal, Largo Serpa Pinto 1, 7480-122 Avis 242 412 024

BEJA

www.rt-planiciedourada.pt

Beja, capital do Baixo Alentejo, fica no coração dessa região do sul e é um bom ponto de parada. Primeiro romana, depois visigoda, moura e finalmente cristã, é uma próspera cidade agrícola, instalada em uma elevação das planícies. Suas principais atrações ficam no atraente centro histórico da cidade.

O destaque é o Convento de Nossa Senhora da Conceição, na Rua Conde de Boavista, hoje sede do Museu Regional (tel 284 323 351; www.museuregionaldebeja.net; ter-dom 9h30-12h30, 14h-17h15, €2, grátis aos dom 9h30-12h30, www.museuregionaldebeja.net). Os ornamentos manuelinos do convento atestam sua fundação no século XV, e os destaques do interior incluem um claustro e um capítulo cobertos de azulejos, além de uma capela rococó, com querubins dourados esvoaçantes. As peças do museu competem com sua própria arquitetura, mas oferecem um vislumbre do passado da cidade alentejana.

Do convento, vale seguir até o Castelo, cuja torre oferece linda vista. A Igreja de Santo Amaro, também no centro histórico, é hoje um museu de arqueologia. Rara lembrança do passado visigodo de Portugal, partes dessa basílica remontam ao século VI da era cristã.

333 D11 Rua Capitão João Francisco de Sousa 25, 7800-451 Beja 284 311 913 Beja

Página ao lado *Muralhas do castelo em Beja*
Abaixo *Interior do capítulo do convento de Beja, que hoje abriga um museu*

CASTELO DE VIDE

www.rtsm.pt
www.cm-castelo-vide.pt

Nas montanhas da Serra de São Mamede estão duas pitorescas vilas: Marvão e Castelo de Vide. As ruas de Castelo de Vide descem a encosta das montanhas a partir da ampla praça principal, espaço elegante com uma igreja e alguns belos edifícios do século XVII. Eles estão situados no labirinto de estreitas ruas da Judiaria, o antigo bairro judeu. As sinuosas alamedas, com flores dependuradas, são cheias de casas brancas, muitas delas com seus portais e janelas góticos. Ruas íngremes sobem até o castelo – uma delas passa por uma bela fonte renascentista até a sinagoga do século XIII, a mais antiga do país. O castelo se assenta firmemente dentro dos muros fortificados do povoamento medieval original – a sala com a cúpula e a cisterna góticas oferecem esplêndidas vistas da cidade.

331 E8 Praça Dom Pedro V, 7320-113 Castelo de Vide 245 901 361

CRATO

www.rtsm.pt
www.cm-crato.pt

Crato é uma antiga cidade agrícola no planalto a oeste de Portalegre (▷ 245). A cidade se destacou por sua grande produção têxtil no século XVI. Os monumentos que restam intactos datam principalmente desse período. Há três belas igrejas e um grupo de mansões, mas a edificação mais interessante é a Varanda do Grão-Prior na praça principal, espécie de galeria construída para celebrar missa ao ar livre. Bem mais antigo que todos os outros edifícios da cidade é o castelo. Em ruínas, já foi a sede de um priorado dos Cavaleiros Hospitalários de São João de Jerusalém, uma ordem religiosa militar que se tornaria os Cavaleiros de Malta.

A vila de Flor da Rosa fica a apenas 2km daqui. Seu destaque é o mosteiro muito bem restaurado, que já foi dos Cavaleiros de Malta. Hoje, é um hotel. A vila produz e comercializa sua própria cerâmica – a caçoila, um tipo de panela de cozinha, é o destaque. São bastante frágeis, por isso é preciso embrulhar bem, se você levar uma.

331 D8 Rua D. Nuno Álvares Pereira 58, 7430-221 Flor da Rosa 245 997 341

CROMELEQUE DOS ALMENDRES

A oeste de Évora (▷ 240-3) fica uma área rica em monumentos megalíticos – cromeleques, dolmens e cavernas, todos datando de 4000 a 2000 a.C. Chegar à região não é complicado. A rodovia N114, que segue em direção a Montemor-o-Novo, leva até os Almendres. É preciso seguir as placas para a vila de Guadalupe. A partir da vila, o caminho é bem sinalizado. Perto da vila, há um menir de 2,5m de altura e o impressionante círculo de pedras, composto por 95 monólitos de granito, fica um pouco adiante pela estrada de terra. Ele se assenta em uma clareira, de forma oval, entre carvalhos de corticeiras. A área é de 60m por 30m.

Ninguém sabe ao certo o significado desses círculos de pedra – talvez tivessem sentido religioso ou astronômico. É uma área de flora e fauna belíssimas, sobretudo na primavera e no início do verão. Com chuva, o acesso fica quase inviável.

330 C10 Escritório de Turismo de évora, Praça do Giraldo 73, 7000-508 Évora 266 777 071

ELVAS

www.rtsm.pt
www.cm-elvas.pt

Se o tempo for curto, vale a pena visitar pelo menos uma das cidades fortificadas do Alentejo, Elvas, posto de fronteira cujos muros em forma de estrela e fortes fazem da cidade uma das fortificações militares mais complexas da Europa. Mas resta pouco de seus muros mais antigos. Tomada dos mouros em 1230, sua história foi moldada por constantes atritos com os espanhóis, que levaram, no século XVII, à construção de um grande esquema defensivo a cargo do arquiteto militar francês Vauban, incorporando as defesas existentes em um complexo sistema de fortes, muros e bastiões.

Em Elvas, vale a pena conhecer a Praça da República, dominada pela igreja de estilos ecléticos de Nossa Senhora da Assunção (seg-sex 10h-12h30, 15h-17h30, dom para missa; horários variam). Foi catedral da cidade até 1882, quando o bispado se mudou. Ela foi projetada por Arruda, responsável também pelo Aqueduto da Amoreira. Subindo a montanha, fica Nossa Senhora da Consolação (ter-dom 9h-12h30, 14h-17h30; horários podem variar), igreja octogonal com interior muito bonito, inspirada nos Templários. Dentro, as paredes e o teto de oito lados são cobertos com azulejos amarelos e azuis do século XVII, e há um belo púlpito, tendo à frente uma graciosa balaustrada de ferro. Fora, no Largo de Santa Clara, fica o pelourinho da cidade, ainda com as correntes. Subir a montanha e explorar o castelo (seg-sex 9h30-13h, 14h30-17h30; €1,50) é obrigatório. Foi erguido pelos mouros em um sítio romano e oferece vista da Espanha.

331 E9 Praça da República, 7350-126 Elvas 268 622 236 Elvas

Abaixo *A Judiaria era o bairro judeu de Castelo de Vide*

Acima *O castelo de Marvão foi construído no século XIII para guardar a fronteira com a Espanha*

ESTREMOZ

www.cm-estremoz.pt
www.visitevora.pt

Estremoz fica no coração de uma área de pedreiras de mármore. É uma cidade agradável cuja feira, aos sábados, é uma das maiores e mais animadas de Portugal – ótima para comprar a cerâmica local, fabricada aqui desde o século XVI e às vezes decorada com lascas de mármore.

A cidade se divide claramente em duas partes, o Bairro Baixo, concentrado em volta da ampla área do mercado, e o Rossio, cheio de cafés e com a antiga Câmara Municipal, com fachada de mármore. É onde fica também o Museu Rural (tel 963 004 179; ter-sáb 10h-12h30, 14h-17h30, €1), um bom lugar para ver a grande variedade de cerâmica local, além de ferramentas, tecidos e objetos alentejanos. Para arte sacra e artefatos vá ao Museu de Arte Sacra no Rossio Marquês de Pombal (tel 967 528 298; seg-sex 9h-12h30, 14h-17h30, dom 14h-17h30; €1).

Do Rossio, dá para subir até a Vila Velha, que já foi uma das principais cidadelas de Portugal e faz esplêndido contraste com a cidade nova, abaixo. Sólidos muros cercam o centro dessa área histórica, coroada por uma harmoniosa praça, em volta da qual ficam edifícios góticos e manuelinos. Chama a atenção a Torre de Menagem, do século XIII, hoje um dos hotéis mais famosos do país. A partir da torre principal, a vista da cidade e dos arredores é indescritível. Depois do hotel, à direita, fica a linda Capela da Rainha Santa Isabel, repleta de painéis de azulejos retratando histórias da vida da rainha. Um deles conta o "milagre das rosas", quando um punhado de pães que ela levava dentro do avental para os pobres, contra a vontade do marido, por milagre se transformou em rosas quando ele quis saber o que ela carregava. Perto daqui, os velhos asilos de pobres abrigam hoje o Museu Municipal (tel 268 333 608; ter-dom 10h-12h30, 14h-17h30; €2,50), com mostras de personagens históricos da cerâmica.

✚ 331 D9 ℹ Praça da República 26, 7100-505 Estremoz ☎ 268 333 541

ÉVORA

▷ 240-3.

EVORAMONTE

www.visitevora.pt

Para quem vai no sentido norte, a partir de Évora pela E802, vai passar por esta área pontuada de vilas de casinhas caiadas, além de carvalhos e oliveiras. Uns 15km a sudoeste de Estremoz, fica um castelo cercado por muros e torres com ameias. Trata-se de Evoramonte, cidade medieval fortificada e castelo, em uma montanha de 474m de altura. Os romanos foram os primeiros a fortificar o lugar e, como nas demais partes, foram seguidos pelos mouros, expulsos por dom Afonso III.

No século XIII, dom Dinis murou o alto da montanha, porém o castelo ganhou sua aparência atual quando dom João III o reconstruiu após um terremoto no século XVI. Ele ergueu as sólidas torres redondas nos cantos e acrescentou aos muros externos uma imensa escultura de pedra representando cordas. Os nós são símbolos da dinastia dos Bragança e derivam de um jogo de palavras a partir de um dito da região: "Despois vós, nós". Não há muito o que ver no interior do castelo, mas se o tempo estiver bom, vale a pena subir até as ameias.

✚ 331 D9 ℹ Rua de Santa Maria, 7100-314 Evoramonte ☎ 268 959 227

MARVÃO

www.cm-marvao.pt
www.rtsm.pt

Encravada bem alto na fronteira leste, a pequena Marvão é uma compacta cidade fortificada. Abriga um castelo e oferece belíssima vista da fronteira montanhosa do Alentejo. Vale a pena pernoitar e acordar cedo para ver a aurora despontando na Espanha.

A Marvão murada foi ocupada por romanos, visigodos e mouros, e tomada pelos cristãos em 1166. Seu castelo passou para dom Dinis em 1229 e a partir de então foi uma peça-chave na guarda da fronteira portuguesa. Como a região é isolada e não dispõe de muita água, sempre foi difícil manter uma guarnição ali. Em geral, era composta por soldados exilados e descontentes, que prefeririam servir aqui a ir para a prisão.

Na cidade, a bela Igreja de Santa Maria é hoje escritório de turismo e abriga também um pequeno museu (tel 245 909 132; diariam 9h-12h30, 14h-17h30; €1). As portas manuelinas e as sacadas de ferro forjado enfeitam diversos edifícios da cidade. O castelo tem portões fortificados, passagens com parapeitos, torres com ameias e uma cisterna no subsolo, que fornecia água para a guarnição medieval.

✚ 331 E8 ℹ Posto de Turismo, Largo de Santa Maria, 7330-101 Marvão ☎ 245 909 131

ÉVORA

INFORMAÇÕES

www.cm-evora.pt/guiaturistico
www.visitevora.pt
331 D10 Praça do Giraldo 73, 7004-508 Évora 266 777 071
Abr-out: diariam 9h-19h; nov-mar: diariam 9h-18h Évora

INTRODUÇÃO

Procure passar uma noite em Évora para ter tempo suficiente de explorar bem a cidade e pelo prazer de apreciá-la após o anoitecer, quando vários edifícios ficam iluminados. Outra opção é chegar bem cedo para ver todas as principais atrações. Seja qual for a programação, você provavelmente vai ter de deixar o carro fora dos muros da cidade, por isso comece subindo a montanha até a Praça do Giraldo, a praça principal, onde pode obter informações no escritório de turismo. Daqui, suba uma das ruas íngremes até o alto da montanha, onde fica a maioria das principais atrações de Évora – a Sé (catedral), o Templo Romano e o museu. Depois de visitá-los, desça de volta, parando em algum café ao ar livre no Giraldo.

Ao sul, descendo a montanha pelo canto à esquerda da Praça do Giraldo, fica a Igreja de São Francisco e a extraordinária Capela dos Ossos. Para compras, as melhores opções são a Rua da República, a dos Mercadores e a João de Deus. Todas elas começam na Praça do Giraldo.

Évora era uma cidade importante no período romano, quando foi centro político da Ibéria. Com a queda de Roma, declinou, e o desenvolvimento da cidade só foi retomado durante os quatro séculos de ocupação moura. Virou, então, um importante centro agrícola e comercial, com um emaranhado de ruas tipicamente mouriscas em volta do velho centro histórico romano. Por volta de meados do século XII, questões internas enfraqueciam os muçulmanos, levando Afonso Henriques a atacar. Em 1165 a cidade virou a sede da real Casa de Avis e continuou como a capital durante o século XVI. Eruditos, escritores, arquitetos e artistas vieram aos montes para a corte, enriquecendo Évora com igrejas, monumentos e ricas mansões. Em 1559, dom Henriques fundou uma prestigiosa universidade jesuíta, que representou o último florescimento da era dourada de Évora, já que em 1580 Portugal foi anexado à Espanha.

Embora o país recuperasse sua independência em 1640, os monarcas posteriores mudaram a corte para mais perto de Lisboa, a universidade fechou e Évora ficou em segundo plano. Isso fez com que a cidade fosse preservada até o século XX, quando uma intensiva restauração começou, culminando com a elevação da cidade a Patrimônio da Humanidade em 1986. A universidade reabriu na década de 1970 e Évora é, de novo, uma bem-sucedida capital regional, cidade universitária e centro agrícola.

Acima *O belíssimo Templo Romano, no alto de uma colina de Évora, está incrivelmente bem preservado*

DESTAQUES

TEMPLO ROMANO

Para um passeio cronológico, comece pelo Templo Romano, logo a oeste da Sé no alto da colina. Esse fragmento arquitetônico é a ruína romana mais bem preservada de Portugal. O templo foi erguido no século II ou III para a adoração de Júpiter – embora os moradores acreditem que fosse dedicado à deusa Diana. À esquerda, há 14 elegantes colunas sobre uma base alta, com os entalhes nos capitéis de mármore coríntios muito bem preservados. O auge é a noite, quando a iluminação dá um toque dramático às ruínas.

243 B2

SÉ

A Sé é um edifício nos moldes de fortaleza, com seus arcos arredondados, típico do estilo românico português. A construção começou em 1185 no local de uma antiga mesquita e continuou pelo século XIII. O resultado é uma igreja que combina elementos românicos e góticos, como na fachada principal, onde torres sóbrias flanqueiam um intrincado portal, esculpido com figuras dos Apóstolos feitas por escultores portugueses e franceses do século XIII.

No interior da igreja, aspectos góticos dominam a alta nave, com teto em abóbada cilíndrica e o belo domo do transepto. Há ecos românicos na arcada do clerestório (conjunto de janelas laterais do andar superior) que corre sobre a nave e atrás da abside. Atente para as rosáceas – a da ala norte mostra a Estrela da Manhã e a da ala sul a Rosa Mística. Não deixe de visitar também o claustro gótico da catedral, construído entre 1322 e 1340, com ornatos de pedra que contrastam com o sólido granito. Na parte sudoeste, tem-se uma bela vista do campanário românico. Também vale a pena visitar o terraço, pela vista da cidade.

Uma paisagem ainda melhor da cidade é a que se vê do terraço sobre a porta principal, que se cruza indo para o Museu de Arte Sacra e o coro na galeria. Pare para ver os bancos do coro com entalhes de cenas agrícolas. O museu é repleto de ricos tecidos, trajes e muita prataria, joias e estátuas eclesiásticas – note o incrível rosário de ouro maciço e o cálice com esmeraldas e diamantes.

243 B2 Largo Marquês de Marialva, 7000-809 Évora 266 759 330 Sé: set-jun diariam 9h-12h15, 14h-16h45; jul-ago diariam 9h-17h. Museu: set-jun ter-dom 9h-12h, 14h-16h30; jul-ago ter-dom 9h-16h30 Sé €1; Sé e claustro €1,50; Sé, claustro e museu €3

Abaixo *A fachada da catedral, mescla dos estilos românico e gótico*

DICAS

» Não dirija dentro de Évora; use uma das bem sinalizadas áreas de estacionamento fora dos muros da cidade antiga.

» Évora tem um passeio muito movimentado, especialmente no fim de tarde, quando se tem a impressão de que a cidade inteira está na rua. Você verá isso melhor em volta da Praça do Giraldo.

IGREJA/CONVENTO DOS LOIOS

O Convento dos Loios, uma igreja e mosteiro dedicados a São João Batista, data de 1585. Pertencia aos duques de Cadaval, mas hoje foi transformado em uma das pousadas mais procuradas de Portugal, por isso, a não ser para hóspedes, é inacessível. Mas se pode visitar a igreja do convento, reconstruída após o terremoto de 1755, cuja nave é coberta do teto ao chão por azulejos com a história de São Lourenço Justiniano, patriarca de Veneza. A nave tem belos túmulos renascentistas e se pode espiar por uma grade o ossário, com ossos dos monges que viveram e morreram no convento.

243 B2 Largo do Conde de Vila Flor, 7000-804 Évora 266 704 714
Ter-dom 9h-12h30, 14h-18h (às vezes fecha sem aviso) €3

IGREJA DE SÃO FRANCISCO

Ao sul da Praça do Giraldo há outra atração famosa de Évora, a Igreja de São Francisco e seu sombrio anexo, a Capela dos Ossos. A igreja franciscana foi construída no início do século XVI e tem na frente um pórtico singular, com arcos diversificados – pontudos, arredondados e em ferradura –, coroados por ameias e pináculos. O amplo edifício é típico do estilo franciscano. As igrejas da ordem eram usadas para pregação, por isso era preciso espaço para as multidões que vinham de quilômetros ao redor para ouvir a missa.

243 B3 Praça 1º de Maio, 7000-650 Évora 266 704 521 Diariam 9h-12h45, 14h30-17h45 Grátis

CAPELA DOS OSSOS

O capítulo da Igreja de São Francisco dá acesso à Capela dos Ossos, construída entre 1460 e 1510 para abrigar os ossos de mais de 5.000 monges, recolhidos de vários lugares de Évora e organizados aqui. As paredes e colunas da capela são cobertas com tíbias, fêmures, vértebras e crânios, constituindo cena macabra enfatizada pela inscrição de boas-vindas sobre a porta. Nela, lê-se a filosofal inscrição "Nós ossos, que aqui estamos, pelos vossos esperamos". Também há algo de tétrico nos tufos de cabelos dependurados sobre a entrada. Foram deixados no local por jovens mulheres como oferta de boa sorte antes do casamento.

243 B3 Praça 1º de Maio, 7000-650 Évora 266 744 307 Diariam 9h-12h45, 14h30-17h45 €1,50

OUTROS DESTAQUES

ANTIGA UNIVERSIDADE

Edifícios da universidade, o belo pátio interior e o claustro do século XVI, com uma atraente galeria com arcos.

243 C2 Largo dos Colegiais, 7004-516 Évora 266 740 800 Seg-sex 8h-21h, sáb 10h-14h, 15h-18h €1,25 sáb 15h-18h e dom o dia todo (demais dias, grátis)

AQUEDUTO DA ÁGUA DE PRATA

Magnífico aqueduto medieval que entra pela cidade a noroeste – ande para oeste do Giraldo pela Rua do Cano para cruzá-lo e admirar as casas que foram construídas dentro dos arcos.

243 A1 7000-708 Évora

LARGO DA PORTA DE MOURA

Praça mais pitoresca de Évora, dividida em duas seções de tamanho desigual, a maior delas com uma fonte renascentista. A praça toda é rodeada por belas casas do século XVI, com arcadas mourisco-manuelinas.

243 C2 7000-708 Évora

Abaixo *Casas foram construídas no vão dos arcos do aqueduto medieval*

Acima *O interior da macabra Capela dos Ossos, na Igreja de São Francisco*

MOURARIA

O nome indica o antigo bairro mouro ao norte do complexo da catedral, composto por pitorescas ruas de pedra e pequenas praças.

243 B1 7000 Évora

PRAÇA DO GIRALDO

Bela praça central, com lojas em arcadas, que fica no coração da cidade. A fonte situada no local do arco triunfal romano data do século XVIII.

243 B2 Praça do Giraldo, 7000-508 Évora

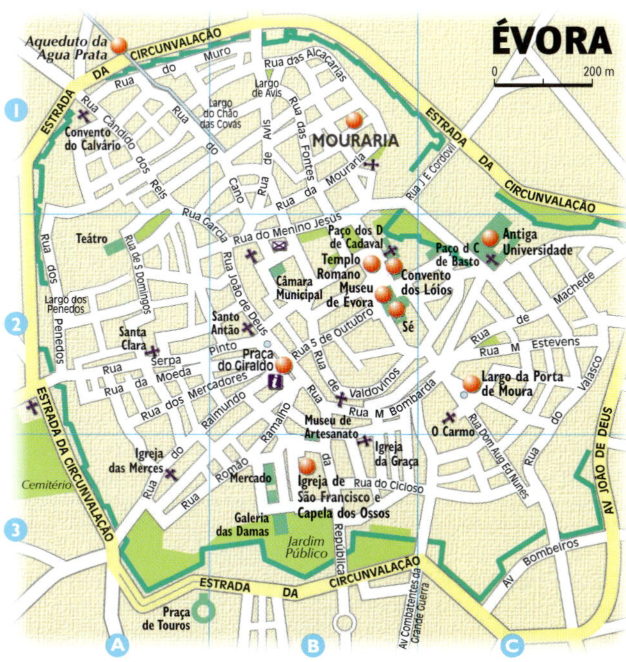

Acima *A Igreja Matriz de Mértola já foi mesquita* **À dir.** *Rua de pedra na minúscula Monsaraz*

MÉRTOLA

www.rt-planiciedourada.pt
www.cm-mertola.pt

Mértola fica na junção dos rios Guadiana e Oeiras. Aqui, o vale do rio quebra a monotonia das planícies, com a pequena cidade branca erguendo-se pelas encostas. No ponto mais alto fica o castelo do século XII – parcialmente arruinado, mas as escavações em sua volta estão aos poucos revelando vestígios de um passado romano e mourisco. O pequeno Museu de Mértola (jul-meados set ter-dom 9h30-12h30, 14h-18h; resto do ano ter-dom 9h-12h30, 14h-17h30; €2 por exposição ou €5 para todas as exposições) ajuda a saber mais sobre o local com seu bem apresentado acervo de achados arqueológicos.

Outra atração é a Igreja Matriz, que originalmente era uma mesquita. É um edifício esplêndido, com uma floresta mourisca típica de colunas apoiando o espaço central. Atrás do altar vê-se o mihrab, nicho do antigo pregador.

✚ 333 D12 ℹ Rua da Igreja 31, 7750-338 Mértola ☎ 286 610 109

MONSARAZ

O Alentejo é cheio de vilas e fica difícil escolher qual delas visitar. Não deixe de ver Marvão (▷ 239) e Monsaraz.

Monsaraz é uma povoação montanhosa com um castelo cercado de muros. Tem apenas quatro ruas de pedra, mas é um ótimo local para passear. Subindo a Rua Direita, vê-se o melhor do casario da vila, com muitas casas dos séculos XVI e XVII, enfeitadas com escadas externas e sacadas de ferro forjado, típicas da região.

No caminho está a Igreja Matriz, com um túmulo esculpido do século XIV, e o Antigo Tribunal – à esquerda, com arcos pontudos sobre as portas e janelas. No final, a rua se alarga em uma praça, com um pelourinho que data do século XVIII.

O castelo foi construído por dom Dinis no século XIV, cerca de 200 anos depois que Monsaraz foi tomada dos mouros e virou uma fortaleza da Ordem dos Cavaleiros Templários. Parte do forte templário foi transformado em uma arena de touros, mas é melhor usar o tempo admirando a incrível vista da paisagem ao redor, com corticeiras e oliveiras.

✚ 331 E10 ℹ Largo Dom Nuno Álvares Pereira, 7200-175 Monsaraz ✉ 266 557 136

MOURA

www.rt-planiciedourada.pt

Moura, cercada pelas prateadas folhas de oliveiras, é uma cidade-spa bonita, discreta e seu grupo de mansões e monumentos dá testemunho de seu rico passado. O nome vem de uma menina moura, que se atirou em desespero do castelo depois que seu amado foi morto por cavaleiros cristãos que vieram ocupar a cidade. Os mouros ficaram aqui do século VIII até 1233 e o bairro da Mouraria, com suas estreitas ruas e casas baixas decoradas com azulejos, é a parte mais antiga da cidade.

A elegante e espaçosa praça principal, só para pedestres, abriga a bela Câmara Municipal, em frente à igreja gótica de São João Baptista. Ao entrar na igreja pelo lindo portal manuelino, depara-se com colunas torcidas de mármore branco e com uma alta abóbada, e a simplicidade é realçada pelos brilhantes azulejos nas capelas laterais do altar. Ao sair, à direita, fica a entrada para os banhos termais, que abrigam um belíssimo jardim. A cidade é famosa também por suas águas, recomendadas para tratamento de reumatismo.

✚ 333 D11 ℹ Largo Santa Clara, 7860-204 Moura ☎ 285 251 375

PORTALEGRE

www.cm-portalegre.pt
www.rtsm.pt

Capital do Alto Alentejo, Portalegre fica à sombra da Serra de São Mamede. É uma cidade atraente, cujas mansões, herança do seu auge industrial nos séculos XVII e XVIII, dão ao centro histórico do lugar um ar de elegância esmaecida que sobreviveu até às invenções da modernidade.

Portalegre construiu sua riqueza com tecidos, em especial as intrincadas tapeçarias e a seda fina. A Fábrica Real de Tapeçarias, ainda em funcionamento, recebe encomendas de toda a Europa, tecendo mais de 5.000 matizes de lã 250 mil vezes para cada metro quadrado.

Alguns dos produtos históricos estão expostos no Museu da Tapeçaria do Guy Fino, na Rua da Figueira (tel 245 307 530; ter-dom 9h30-12h30, 14h30-17h30, €2). Para ver os frutos dessa indústria do século XVII, é só seguir a estreita Rua 19 de Junho, ladeada por esplêndidas mansões e com um trânsito terrível. Ela leva até o Largo da Sé e à catedral dos séculos XVI ao XVIII. Na praça destaca-se o antigo seminário. Hoje ele abriga o Museu Municipal (tel 245 300 120 ramal 344; ter-dom 9h30-12h30, 14h-18h, €2), com um eclético acervo de arte religiosa, marfins, cerâmica e alguns exemplos de tapetes antigos de Arraiolos (▷ 237).

333 E8 Rua Guilherme Gomes Fernandes 28, 7300-186 Portalegre 245 307 445 Portalegre

SANTIAGO DO CACÉM

www.visitcostaazul.com
www.cm-santiago-do-cacem.pt

Indo para o sul pelo Alentejo, vindo de Lisboa, Santiago do Cacém é uma boa parada. Esta agradável cidade tem um impressionante castelo mourisco, e oferece uma atmosfera pacata, além do fácil acesso a um dos mais interessantes sítios romanos de Portugal. É bom começar pelo castelo, reconstruído pelos Cavaleiros Templários e rodeado de ameias – com vistas esplêndidas. Depois, um passeio pela antiga cidade baixa termina no Museu Municipal, na Praça do Município (ter-sex 10h-12h, 14h-16h30, sáb 12h-18h, dom 14h30-17h, grátis). Esse museu regional fica onde antes funcionou uma das mais famosas prisões do regime de Salazar. Uma das celas foi preservada, mas o apelo maior está nas maquetes de interiores alentejanos – particularmente uma bela cozinha do campo. Miróbriga, ruínas de uma cidade romana que prosperou entre o primeiro e quarto século da era cristã, é uma atração imperdível da região. Pode-se ver o que um dia foi uma estrada romana. Começa no Templo de Júpiter e no Fórum, no ponto mais alto, e vai até os banhos, dos quais os sistemas de aquecimento e os canais de água são ainda visíveis.

332 B11 Praça do Mercado, 7540-135 Santiago do Cacém 269 826 696

SERPA

www.rt-planiciedourada.pt

Serpa, em uma paisagem típica alentejana de trigais ondulantes pontuados por carvalhos, vinhedos e oliveiras, tem todos os ingredientes de uma cidade de mercado – um centro histórico circundado por um muro, ruas estreitas e um castelo. É uma boa parada indo para o Algarve.

Para conhecer Serpa, é necessário entrar a pé pelo portão fortificado até o meio da cidade, onde fica a praça principal e a igreja paroquial. Descendo à direita, chega-se ao castelo com predomínio mourisco – subindo uma trilha "do vigia", tem-se uma vista esplêndida da cidade. O passado de Serpa é retratado no Museu Etnográfico, no Largo do Corro (ter-dom 9h-12h30, 14h-17h30, grátis), onde implementos agrícolas e domésticos, trajes e artesanato ilustram a história local.

333 D11 Largo Dom Jorge de Melo 2/3, 7830-382 Serpa 284 544 727

Abaixo *A elegante Portalegre ainda exerce atração, a despeito do tráfego moderno*

Acima *Vila Nova de Milfontes, o balneário turístico mais animado do Alentejo, cresceu à volta do estuário arenoso do rio Mira*

SERRA DE SÃO MAMEDE

www.icnb.pt

Escondida junto à fronteira da Espanha, a Serra de São Mamede é um oásis verdejante e montanhoso. Depois da sequência de planícies que vão para o sul, a serra é uma bela alteração na paisagem. É tida como uma aberração geológica, e a altitude, o granito e solo impermeável criam umidade suficiente para uma exuberante vegetação. Duas a três horas é o tempo suficiente para explorar a serra inteira, parando, inclusive, para apreciar o ar fresco da montanha e conhecendo as pitorescas vilas de Marvão (▷ 239) e Castelo de Vide (▷ 238) pelo caminho.

A estrada fica íngreme a partir de Portalegre (▷ 245), e passa por castanheiros e corticeiras até chegar a um planalto ondulado repleto de campos irrigados, oliveiras, vinhedos e casebres atemporais, com seus animais de estimação ou criação: porcos, galinhas e mulas. O ponto mais alto é São Mamede (1025m), sinalizada na estrada principal, de onde se tem linda vista do Alentejo e, para leste, das serras da Espanha. A área é pequena, um minúsculo cenário de montanha com boas caminhadas em trilhas bem sinalizadas. A maioria delas é circular e varia de 8 a 18km – conforme indica o folheto distribuído nos centros de turismo.

✚ 331 E8 ℹ Rua Guilherme Gomes Fernandes 22, 7300-954 Portalegre ☎ 245 307 445 ℹ Praça Dom Pedro V, Castelo de Vide ☎ 245 901 361 ℹ Largo de Santa Maria, Marvão ☎ 245 909 131

VILA NOVA DE MILFONTES

www.vnmilfontes.net

www.cm-odemira.pt

A costa sul do Alentejo é muito procurada para férias pelos portugueses. Muitos vão para Vila Nova, cidade litorânea básica, com boa relação custo-benefício, nas areias do estuário do Mira. Vila Nova de Milfontes é o balneário mais agitado do Alentejo, com muitos hotéis modernos, bons restaurantes e alguns clubes, o que torna a área bastante curiosa, já que é basicamente rural.

É tipicamente portuguesa, com um centro histórico e um castelo, o que lhe dá um ar mais genuíno em relação aos balneários do Algarve. Para fugir das praias lotadas na alta estação é só descer a costa no sentido sul, onde o mar e o cenário são mais intocados.

✚ 332 B12 ℹ Rua António Mantas, 7645-221 Vila Nova de Milfontes ☎ 283 996 599

VILA VIÇOSA

Sede da dinastia Bragança e local de seu último palácio, esta é uma cidade próspera e atraente, com um antigo castelo no alto da montanha e uma vila murada. Os duques de Bragança estabeleceram sua sede em Vila Viçosa no século XV. O quarto duque iniciou a obra do palácio ducal e, com o trabalho em andamento, a cidade se tornou a base de uma animada corte.

Os Bragança acabaram se mudando para palácios maiores em Lisboa (▷ 110), Queluz (▷ 110) e Sintra (▷ 112-5), levando muitos dos tesouros da sede original. Mas mantiveram o carinho pelo lugar, voltando com frequência para caçar. Os dois últimos reis de Portugal, dom Carlos I e dom Manuel II, gostavam particularmente de Vila Viçosa. Dom Manuel criou a Fundação da Casa de Bragança, e os portões do palácio foram abertos ao público na década de 1940.

O PAÇO DUCAL

Situado no Terreiro do Paço, o Paço Ducal estende-se por duas alas e três andares de um edifício elegante, recuado e de fachada plana, em uma espaçosa praça com uma estátua equestre de dom João IV.

Antes de entrar, admire a Porta dos Nós, um esplêndido portal e um dos últimos vestígios do muro do século XVI – seus nós manuelinos são uma brincadeira com o dito dos Bragança "Despois de vós, nós". No interior do Paço Ducal, a visita segue por uma série de salas decoradas luxuosamente. Destas, a Sala dos Duques se destaca, tanto por seu teto dourado e pintado mostrando os duques de Bragança, como pelas esplêndidas tapeçarias do século XVII, desenhadas por Rubens. Bem mais evocativos, no entanto, são os apartamentos de dom Carlos I e de sua esposa Maria Amélia, que ficaram intocados desde que o casal partiu para Lisboa em 1º de fevereiro de 1908, quando o rei foi assassinado.

A maior parte da imensa coleção de porcelana data dos séculos XVII a XIX. É particularmente forte em peças chinesas, mas há belos exemplos dos grandes centros europeus como Meissen, Limoges, Worcester, Dresden e Delft. Daqui, passe para o Museu das Carruagens nos antigos estábulos reais – que abriga mais de 70 veículos antigos, todos muito bem conservados.

✉ Terreiro do Paço, 7160-251 Vila Viçosa ☎ 268 980 659 🕓 Abr-set: ter 14h30-17h30, qua-sex 10h-13h, 14h30-17h30, sáb-dom 9h30-13h, 14h30-18h; out-mar: ter 14h-17h, qua 10h-13h, 14h-17h, qui-dom 9h30-13h, 14h-17h. Apenas com visitas guiadas (últ adm 1h antes de fechar). O tesouro abre só de out-mai. Visitas guiadas às 12h15 e 15h30 ✋ Palácio: €6, Arsenal: €2,50, Museu de Carruagens: €1,50, Coleção de Porcelana Chinesa: €2,50, Tesouro: €2,50, Castelo: €3, crianças (menores de 10) grátis

INFORMAÇÕES

www.cm-vilavicosa.pt

✚ 331 E9 ℹ Praça da República, 7160-207 Vila Viçosa ☎ 268 881 101 🕓 Abr-out seg-sex 9h-12h30, 14h-21h; resto do ano seg-sex 9h-12h30, 14h-18h

DICAS

» Reserve uma hora para o palácio principal, mais uma para o arsenal, 30 minutos para a coleção de carruagens, e o mesmo para as coleções de porcelana chinesa e o tesouro.

» Além de algumas opções bastante caras, há pouca hospedagem na cidade, por isso é melhor só passar o dia, vindo de Évora ou Estremoz.

Abaixo *A imponente fachada do Paço Ducal*

BAIXO ALENTEJO

Este passeio leva você pelos solitários campos do Baixo Alentejo, local de poucas vilas e cidades, bem afastadas umas das outras, cuja paisagem é de uma beleza única – é uma região inexplorada de Portugal que poucos têm o privilégio de conhecer.

O PASSEIO
Distância: 222km
Duração: de 4 a 5 horas
Início/fim: Mértola

★ Saia de Mértola (▷ 244) atravessando o rio Guadiana para pegar a rodovia N265 sentido Serpa. Você terá uma bela vista da cidade ao cruzar a ponte. A estrada sobe por uma área que é definida como Parque Natural do Vale do Guadiana.

❶ O Parque Natural do Vale do Guadiana é ótimo para observar aves. Atente para as cegonhas, pegas de asas azuis-celestes e garças junto às águas. Quando ganha altitude, a estrada passa por avenidas sombreadas de eucaliptos, trazidos para cá do Hemisfério Sul no início do século XX.

Depois de 17km você chega ao reservatório da Barragem da Tapada e à antiga cidade de mineração de cobre de Mina de São Domingos. Você está a menos de 5km da fronteira com a Espanha, embora não haja ponto de passagem.

❷ A Mina de São Domingos foi foco de mineração desde a época dos romanos até a década de 1960. A pequena Casa-Museu do Mineiro em São Domingos narra o impacto de mais de 2.000 anos de atividade sobre a paisagem. Vale a pena visitar o local, ainda mais se você gosta de arqueologia. Visitas guiadas podem ser agendadas no próprio museu (tel 286 647 534).

Continue para o norte pela rodovia N265 por 37km até chegar à placa para Serpa. Antes de entrar na cidade, vale a pena fazer um pequeno retorno. Siga as placas que indicam "pousada" subindo a montanha para apreciar as belas vistas da planície. Visite também a pequena capela caiada de Nossa Senhora da Guadalupe.

❸ Serpa (▷ 245) aparece no final de um trecho de estrada que atravessa a clássica paisagem do Alentejo. São campos ondulados com imensos trigais, pontuados por corticeiras e por pastos de carneiros e oliveiras. Eles têm uma beleza particular, em parte por serem praticamente desabitados. Santa Iria, logo depois do rio Limas, alivia um pouco a monotonia. É uma vila rural que se sustenta das plantações de oliveiras e laranjais.

Saia de Serpa pela N255, com placas indicando a Espanha.

❹ Pias é a primeira vila nessa bela estrada. Vale a pena parar para ver os afrescos na Igreja de Santa Luzia e provar o vinho local.

Daqui, continue na rodovia N255 pelas oliveiras e pelos vinhedos até chegar a Moura (▷ 244).

Página ao lado *Mértola fica na confluência dos rios Guadiana e Oeiras*
Abaixo *O vilarejo e o castelo de Serpa*

❺ Moura é uma cidade-spa com raízes mouras. Seu nome está associado à lenda de uma garota moura que se atirou da torre de um castelo quando cavaleiros cristãos mataram seu amado e capturaram a cidade no dia de seu casamento.

Saia de Moura pela mesma N255. Logo depois de cruzar o rio Ardila, vire à esquerda e entre na rodovia N233 sentido Alqueva e Portel. A represa de Alqueva logo aparecerá.

❻ A Barragem de Alqueva é o resultado de um imenso e controverso projeto bancado pela União Europeia para represar o rio Guadiana e que poderia ser muito prejudicial ao ecossistema de toda a área. Apesar da oposição dos ambientalistas do mundo inteiro, as comportas da represa foram fechadas e o reservatório começou a ser preenchido em 2002. Hoje cheio, é o maior reservatório da Europa, com uma área de 250km^2 e um perímetro de 1.200km. Os ambientalistas esperam que, suspendendo-se a entrada de água no nível atual, muitas árvores e habitats dessa região tão peculiar do país serão protegidos.

Siga a N384 para Portel e depois vire à esquerda na IP2 sentido Beja (▷ 237), uma agradável cidadezinha no coração das planícies do sul do Alentejo.

❼ A história de Beja remonta à época dos romanos. Na verdade, seu nome é uma corruptela do latim pax (paz) e foi dado à cidade para celebrar um tratado de paz acertado entre Júlio César e os lusitanos em 48 a.C.

Saia de Beja pela rodovia IP2 sul. Depois de 15km entre na N122 para voltar à cidade de Mértola.

ONDE COMER

Em Serpa, você tem o Molha o Bico, na rua Quente. Em Pias, o restaurante O Lagar na Estrada de Brinches. Em Moura, experimente O Trilho, na rua 5 de outubro. Em Beja, você pode tentar A Esquina, na rua Infante Dom Henrique ou, para algo um pouco mais sofisticado, a Pousada de São Francisco (▷ 256), que serve cozinha regional.

QUANDO IR

Primavera e outono são as boas épocas para este passeio. É bom evitar o auge do verão, pois o calor pode ser insuportável nessa parte do campo.

O QUE VISITAR

SERPA
(▷ 245).

MOURA
(▷ 244).

BEJA
(▷ 237).

ARTE, COMPRAS, DIVERSÃO E NOITE

Acima *Lojas na praça principal de Évora, a Praça do Giraldo*

ALQUEVA

BARRAGEM DE ALQUEVA

Tendo levado quatro anos para ser preenchida, Alqueva é o maior reservatório da Europa Ocidental, e provê irrigação e energia elétrica para o Alentejo. Suas comportas, entre a vila de Alqueva e a cidade de Moura, são impressionantes.
✉ Alqueva ☎ 285 251 375 (escritório de turismo em Barragem)

ALTER DO CHÃO

COUDELARIA REAL

www.snc.min-agricultura.pt
A Coudelaria Real de Alter foi fundado em 1748 por dom João V para criar e treinar cavalos para a Casa de Bragança. Cavalos andaluzes puros foram usados para formar a raça dos lusitanos, hoje mundialmente famosa, que podem ser vistos aqui em treinos.
✉ 7440-152 Alter do Chão ☎ 245 610 060 🕐 Visitas: ter-sex 10h, 11h30, 14h, 15h30, sáb-dom 10h30, 15h ✋ Visitas guiadas €3,80 🚗 4km a noroeste de Alter do Chão. Siga as placas até a Coudelaria

ARRAIOLOS

CALIFA

www.gratiswebs.com/califa
Fundada em 1916, a Califa é o mais antigo fabricante de tapetes de Arraiolos. Seus showrooms, decorados com antiguidades, têm fantásticas mostras dos tradicionais tapetes feitos à mão. Na oficina você pode ver artesãos trabalhando nos intricados desenhos. A empresa despacha para o exterior.
✉ Rua Alexandre Herculano 34, 7040-029 Arraiolos ☎ 965 538 829 🕐 Seg-sex 9h-13h, 14h-18h

BEJA

CAFÉ LUIS DA ROCHA

O Alentejo é famoso por seus doces conventuais (doces de ovos, tradicionalmente feitos pelas freiras nos conventos). Esta loja, em estilo art déco, junto com o escritório de turismo, é um dos melhores locais para comprá-los. Prove também os porquinhos doces, feitos com marzipã e ovos.
✉ Rua Capitão João Francisco de Sousa 63, 7800-451 Beja ☎ 284 323 179 🕐 Jul-set seg-sáb 8h-23h; resto do ano diariam 8h-23h

CASA DE CHÁ MALTESINHAS

Casa de chá especializada em doces conventuais, mas que limita o que produz a receitas típicas de Beja, extraídas dos conventos da vizinhança. Prove o toucinho do céu, fina massa com recheio de amêndoas, ou os queijinhos de hóstia, feitos com creme de ovos doce.
✉ Rua dos Açoutados 35, 7800-493 Beja ☎ 284 321 500 🕐 Seg-sáb 9h-19h30

IGREJA DA MISERICÓRDIA

Esta igreja convertida tem a melhor seleção de artesanato da cidade e se dedica agora a promover o trabalho do artesãos do sul do Alentejo. Não perca os lençóis e as toalhas bordados, considerados o ponto forte de Beja.
✉ Praça da República, 7800-427 Beja 🕐 Diariam 9h30-12h30, 14h-17h30

CASTELO DE VIDE

CASA DA VILA

Perto da fonte de mármore do século XVI, esta loja vende cerâmica, em geral pintada à mão no local. Se for ficar um tempo na região, peça a Claudina para decorar as peças que você escolher, que serão então levadas ao forno para buscar dias depois.
✉ Largo Dr. José Frederico Laranja 4, Fonte da Vila, 7320-110 Castelo de Vide ☎ 245 919 169 🕐 Abr-out: diariam 9h-19h; nov-mar: diariam 9h-18h

PARQUE NATURAL DA SERRA DE SÃO MAMEDE
Para um passeio na serra, vá até o escritório do parque, que informa sobre a flora e a fauna, além de fornecer mapas não muito confiáveis dos trajetos, que passam por caminhos de pedra medievais e trilhas.
✉ Centro de Interpretação do Parque de São Mamede, Praça Dom Pedro V, 7320-177 Castelo de Vide ☎ 245 901 306
🕐 Seg-sex 9h30-12h30, 14h-17h30 🚗 No mesmo edifício do escritório de turismo

ELVAS

AMEIXAS D'ELVAS
As ameixas são produzidas na região de Elvas desde o século XV. Constituem um presente excelente e costumam ser consumidas junto com a sobremesa local chamada "sericaia", um doce típico de Elvas. Os dois são vendidos em estabelecimentos conhecidos como "pastelarias" (no Brasil, "docerias"), como a Pastelaria Cantarinha (rua da Cadeia 41-A, 7350-146 Elvas; tel 268 624 241).

ESTREMOZ

JOÃO PORTUGAL RAMOS – VINHOS, S. A.
www.vinhosdoalentejo.pt
www.jportugalramos.com
Uma das paradas de uma das três rotas de vinho da região, a vinícola João Portugal Ramos usa uma seleção de nobres variedades de uva, como Aragonez, Trincadeira e Antão Vaz. Reserve a visita e a degustação um dia antes.
✉ Monte da Caldeira, 7100-149 Estremoz ☎ 268 339 910 🕐 Recepção/loja: seg-sex 9h-18h30, sáb 10h-18h; visitas/degustações seg-sex 9h30-12h30, 14h30-16h30, sáb 10h-16h30 ✋ Visita grátis; degustação €5,50 🚗 Saia da cidade pela rodovia EN4 sentido Montemor. As placas da vinícola começam 1,5km depois do posto Galp

MERCADO TRADICIONAL
Montado ao longo do lado sul do Rossio, o mercado de Estremoz é conhecido por seu artesanato, antiguidades rústicas e cerâmica de barro sem esmalte, incluindo as típicas estatuetas de Estremoz de terracota. Vende queijo de cabra e ovelha.
✉ Rossio do Marquês de Pombal, 7100-513 Estremoz ☎ 268 333 541 (escritório de turismo) 🕐 Sáb 8h-13h

ÉVORA

A CHAPELARIA
Sob os arcos da praça principal, esta chapelaria é a única loja de Évora que preservou seu interior tradicional. Os tetos são decorados com estuque e relevos e as paredes têm velhos gabinetes de madeira com chapéus para todos os gostos.
✉ Rua da República 7-9, 7000-656 Évora
🕐 Seg-sex 9h30-13h30, 15h-19h, sáb 9h30-13h

ARTESANATO DIANA
Para uma seleção de artesanato de boa qualidade, visite esta loja, a leste da Praça do Giraldo. Além de artigos de couro, cortiça e pele de carneiro, vende também os típicos capotes do Alentejo: pesadas capas de lã com gola de pele, ideais para o inverno.
✉ Rua 5 de Outubro 48, 7000-854 Évora
☎ 266 704 609 🕐 Diariam 9h30-13h, 15h-19h

CONCERTOS DE MÚSICA CLÁSSICA
Promovidos pela duquesa de Cadaval, estes concertos são realizados ao ar livre no Jardim do Paço ou na igreja de Loios, e considerados o destaque do calendário cultural de Évora. Para ingressos e informações, contate o escritório de turismo.
☎ 266 777 071 (escritório de turismo)
🕐 Nas noites de julho

LIVRARIA NAZARETH
Em frente ao escritório de turismo na praça principal, esta livraria funciona aqui desde 1890. A maioria das obras é em português. Vende também livros de mesa e mapas.
✉ Praça do Giraldo 46, 7000-508 Évora
☎ 266 702 221 🕐 Seg-sex 9h-13h, 15h-19h, sáb 9h-13h

FEIRAS
A principal feira de Évora é realizada na segunda terça-feira de cada mês no Rossio de São Brás. Suas inúmeras bancas vendem de tudo, de sapatos e roupas a equipamento agrícola e alimentos. No segundo domingo do mês há uma feira de antiguidades no Largo do Chão das Covas, perto do aqueduto.
☎ 226 777 071 (escritório de turismo)

OFICINA BAR
Junto à Praça Giraldo, o bar toca jazz, blues e canções de Lou Reed, atraindo gente de todas as idades, especialmente estudantes e tipos artísticos, que folheiam jornais, checam e-mails e apreciam o fabuloso shoarma (cordeiro no espeto), servido mais à noite.
✉ Rua da Moeda 27, 7000-513 Évora
☎ 266 707 312 🕐 Ter-sex 20h-2h, sáb 21h-2h

OFICINA DA TERRA
www.oficinadaterra.com
Se você se interessa por cerâmica, vale a pena visitar esta galeria e oficina junto ao lado oeste da Praça do Giraldo. Na Oficina da Terra, cerâmicas feitas à mão, em especial as estatuetas de terracota criadas por Tiago Cabeça, já ganharam vários prêmios nacionais.
✉ Travessa do Sertório 26, 7000-561 Évora (ao lado da Praça Municipal) ☎ 266 746 049
🕐 Seg-sáb 10h-19h; dom e feriados 13h-18h

PASTELARIA PÃO DE RALA
Esta doceria com painéis de azulejos é o melhor lugar de Évora para comprar os doces conventuais e provar o pão de rala, feito com marzipã, amêndoas e abóbora, ou a menos doce cericá, com aroma de canela.
✉ Rua do Cicioso 47, 7000-658 Évora
☎ 266 707 778 🕐 Diariam 7h30-20h

PISCINAS MUNICIPAIS
Estas piscinas municipais têm um pouco de tudo. Há uma piscina para bebês e crianças pequenas, outra para quem está aprendendo a nadar, uma para saltos e uma olímpica.
✉ Avenida Eng. Arantes e Oliveira, Évora
☎ 266 777 186 🕐 Jul-meados set: dom-seg 13h-20h, ter-sáb 9h-20h ✋ €2,50
🚗 Fora dos muros da cidade; siga as placas "Piscinas Municipais"

ROTA DOS VINHOS DO ALENTEJO
www.vinhosdoalentejo.pt
Contate este estabelecimento para informações, trajetos e listas de vinícolas na área das três rotas do vinho, famosas na região: a de São Mamede, a rota histórica e a rota do rio Guadiana.
✉ Praça Joaquim António de Aguiar 20-21, 7000-510 Évora ☎ 266 746 498 ou 266 746 609 🕑 Seg-sex 9h-12h30, 14h-17h30

SCOOTBIKE
A bicicleta é um ótimo veículo para explorar as ruas de pedra estreitas de Évora. A Scootbike fica junto à Câmara Municipal. Ela aluga bicicletas por hora ou por dia. Capacetes estão incluídos no preço do aluguel.
✉ Praça do Sertório 6, 7000-509 Évora ☎ 266 731 666 🕑 Seg-sáb 9h-13h, 15h-19h ✋ €3 por uma hora, €5 por duas horas, €20 por 24 horas, capacete incluído

Abaixo *Cerâmica colorida à venda no Mercado Tradicional, em Estremoz*

TURAVENTUR
www.turaventur.com
Com sede logo à saída de Évora (eles podem ir buscá-lo na cidade), a Turaventur organiza canoagem, mountain-bike e passeios em veículo 4x4 até sítios arqueológicos.
✉ Quinta do Serrado, Senhor dos Aflitos, 7000-173 Évora ☎ 266 743 134 ou 966 758 940 🕑 Escritório: seg-sex 9h30-18h ✋ €25-€100, dependendo da atividade

MARVÃO

AMMAIA CLUBE DE GOLF DO MARVÃO
www.portugalgolf.pt
www.marvaogolfe.com
Este campo de golfe fica abaixo da vila medieval fortificada de Marvão. É um campo de 18 buracos, par 72, com obstáculos e algumas partes íngremes desafiadoras.
✉ Quinta do Prado, São Salvador de Aramenha, 7330-330 Marvão ☎ 245 993 755 ✋ Ligue para informações 🚗 De Marvão, desça até o pé da montanha. Em Portagem, vire à direita pouco antes da junção principal; o clube de golfe fica à esquerda. De Castelo de Vide, siga as orientações até Marvão, e vire à esquerda quando sinalizado

MONSARAZ

LOJA DA LIZETTE
Pequena loja caseira que produz mantas alentejanas (cobertores pesados feitos no tear) em padrões tradicionais ou modernos. São ótimas para presente.
✉ Rua dos Celeiros, 7200-175 Monsaraz ☎ 266 557 159 🕑 Abr-out: seg-sex 9h30-13h, 14h30-19h; sáb-dom 10h-13h, 14h30-20h; nov-mar: seg-sex 9h-13h, 14h30-18h, sáb-dom 10h-13h, 14h30-18h

OLARIA CARTAXO
Situado na mais importante área de cerâmica da região, a Olaria Cartaxo é um bom lugar para comprar pratos com padrões ou lisos, potes e lajotas.
✉ Rua da Primavera 23, São Pedro do Corval, 7200-175 Reguengos de Monsaraz ☎ 266 549 681 🕑 Diariam 8h-12h, 13h-17h 🚗 5km a nordeste de Reguengos de Monsaraz

PORTALEGRE

ADEGA COOPERATIVA DE PORTALEGRE

www.adegaportalegre.pt

Fundada em 1955, a cooperativa de vinho de Portalegre produz ampla linha de vinhos naturais das montanhas da Serra de São Mamede. Ligue um dia antes para reservar uma degustação nesta vinícola de alto padrão.

Apartado 126, Tebaida, 7301-901 Portalegre 245 300 530 Seg-sex 9h-12h30, 14h-17h Visitas: gratuitas; Degustações: os preços variam dependendo dos vinhos escolhidos Pegue a estrada de sudeste saindo de Portalegre sentido Alegrete e procure as placas indicando Adega Cooperativa/Quinta da Cabaça

SANTIAGO DO CACÉM

BADOCA SAFARI PARK

www.badoca.com

Ao norte de Santiago de Cacém, este parque de aventuras permite a você percorrer recintos de girafas, zebras, impalas e gnus e assistir também a shows de répteis ou pássaros. Quem procura emoções mais fortes pode tentar o passeio pelas "Corredeiras Africanas" ou então saltar de um trampolim de elásticos de 7m. Ótimo programa familiar.

Herdade da Badoca, Apartado 170, 7501-909 Vila Nova de Santo André 269 708 850 Mar-fim out diariam 9h-20h ou anoitecer Adulto €16, criança (4-10) €12, menor de 4 grátis

VIDIGUEIRA

QUINTA DA FÉ

www.quintadafe.com

A cerca de 3km de Vidigueira, esta bela propriedade oferece aulas de equitação em vários níveis, além de passeios pelos arredores. O dono é um instrutor qualificado de montaria e dedicou sua atividade e seu centro de equitação aos famosos cavalos lusitanos. Dispõe também de hospedagem tipo bed-and-breakfast.

Estrada de Alcaria, Taipinhas, 7960 Vidigueira 284 434 105/284 434 148 €27,50 por 1h de passeio a cavalo. Reserve com bastante antecedência

FESTIVAIS E EVENTOS

FEVEREIRO

FEIRA DO QUEIJO SERPA

Realizada no Pavilhão de Multiusos na estrada para Serpa, esta feira anual dos queijos do Alentejo tem degustações, artesanato regional e gastronomia, e shows de grupos folclóricos.

Serpa 284 544 727 (escritório de turismo) Fim fev

ABRIL-MAIO

FEIRA INTERNACIONAL DE ARTESANATO E AGROPECUÁRIA DE ESTREMOZ (FIAPE)

www.fiape.estremozmarca.com

Este é o maior evento anual de Estremoz e de grande importância para a região norte do Alentejo, ao promover o gado e os criadores da área. Os festejos incluem festas temáticas, como a Noite do Fado e a Noite Espanhola.

Estremoz 268 333 541 (escritório de turismo) Fim abr-início mai

OVIBEJA

www.ovibeja.com

A maior feira ao sul do rio Tejo é realizada todo ano no Parque de Feiras e Exposições. Era uma feira só de gado, mas cresceu e inclui competições de pesca, eventos equestres, touradas e mostras de artesanato, dança e música.

Beja 284 310 350 ou 284 311 913 (escritório de turismo) Fim abr-início mai

JUNHO-JULHO

FEIRA DE SÃO JOÃO

A Feira de São João, celebrada desde 1569, é uma das maiores e melhores do Alentejo. Tradicionalmente agrícola, hoje inclui danças folclóricas, artesanato, praça de alimentação, música e touradas, realizadas de 24 a 29 de junho.

Évora 266 777 071 (escritório de turismo) 22 ou 23 jun-1º ou 2 jul

AGOSTO

FESTIVAL INTERNACIONAL DE FOLCLORE DOS POVOS DO MUNDO

Realizado geralmente na Praça da República, este festival internacional reúne grupos de dança, música de lugares distantes como Peru e Rússia, além de grupos nacionais de todo o país.

Elvas 268 622 236 (escritório de turismo) 2 primeiros fins de semana ago

SETEMBRO

FESTAS DAS FLORES DE CAMPO MAIOR

Esta festa é realizada a cada quatro anos, desde que os habitantes de Campo Maior decidam organizá-la. Vale a pena a visita, sobretudo para ver as ruas da cidade cobertas de flores. A próxima será em 2013.

Campo Maior (20km ao norte de Elvas pela rodovia N373) 268 622 236 (escritório de turismo) Set

FESTAS DO SENHOR DA PIEDADE E DE SÃO MATEUS

Realizada no Parque da Piedade, esta é de longe a maior festa anual de Elvas. Além das elaboradas procissões religiosas, há touradas, dança folclórica, espetáculos de rua, mostras de artesanato com peças à venda, e praça de alimentação que serve grande variedade de delícias locais. Reserve hospedagem com bastante antecedência.

Elvas 268 622 236 (escritório de turismo) 2 últimas semanas set

NOVEMBRO

FEIRA DA CASTANHA MARVÃO

Realizada há mais de 25 anos, esta feira atrai muita gente de toda a região. Além das diversas bancas de castanhas, há bancas em estilo medieval montadas dentro do castelo, vendendo artesanato regional, como cestaria.

Marvão 245 909 131 (escritório de turismo) Início nov

ONDE COMER

Acima *A Tasquinha do Oliveira, em Évora, serve pratos inovadores e originais*

PREÇOS E SÍMBOLOS

Os restaurantes são listados em ordem alfabética. Os preços são os médios para um almoço com dois pratos (A) e um jantar com três pratos (J) para uma pessoa, sem bebidas. O preço do vinho é o da garrafa mais barata. Todos os restaurantes aceitam cartões de crédito, a menos que seja especificado o contrário.

Para a legenda dos símbolos, ▷ 2.

ELVAS

A BOLOTA CASTANHA

Pisos de terracota, treliças de madeira e guarda-louças com pratos regionais de cerâmica dão ao Bolota um ar bucólico. As mesas são simples mas refinadas, com toalhas de linho e objetos de mesa finos, e o pessoal fica feliz em dar sugestões. Você pode ficar só nas deliciosas entradas, como espinafre com camarão, bacalhau com aspargos e sopa de hortelã e perdiz, ou provar um dos excelentes pratos principais, como o javali com purê de castanhas ou o pato recheado com framboesa.
✉ Quinta das Janelas Verdes, Terrugem, 7350-491 Elvas ☎ 268 657 401 ⌚ Ter-sáb 12h-16h, 19h-23h, dom 12h-16h
✋ A €25, J €35, vinho €11 🚗 Terrugem fica junto à N4 entre Elvas e Estremoz. A quinta é bem sinalizada

TABERNA DO ADRO

A taberna é ideal para um lanche, um almoço leve com petiscos ou uma refeição completa. Seu interior rústico, com painéis de madeira tingida de verde, é cheio de cerâmica regional de todas as formas e tamanhos. Pimentões vermelhos assados, linguiças temperadas, carnes e queijos curados são alguns dos petiscos oferecidos. Para algo mais substancial, peça o cozido de peixe com coentro ou cordeiro na panela, mas deixe espaço para uma das sobremesas de convento, que vêm mergulhadas em ginjinha, a aguardente de cereja de Portugal. Não aceita cartões de crédito.
✉ Largo João Dias de Deus 1, Vila Fernando, 7350-511 Elvas ☎ 268 661 194 ⌚ Qui-ter 12h30-14h, 19h-21h30 ✋ A €14, J €20, vinho €6 🚗 Da rotatória oeste, junto ao Hotel Dom Luís, pegue a EN372 e siga as placas para Vila Fernando (a 14km de Elvas)

ESTREMOZ

SÃO ROSAS

São Rosas fica dentro dos muros medievais em uma modesta casa junto à pousada. Tem uma atmosfera rural graças às paredes caiadas, o teto com vigas de madeira e as cadeiras sólidas, também de madeira. O pão vem embrulhado em pano, e o patê é servido em potinhos individuais. Na estação, aspargos e cogumelos silvestres têm destaque no cardápio. Prove também a torta de perdiz ou o lombo de porco com ameixas, com um dos ótimos vinhos regionais para acompanhar. Reserve com antecedência nos fins de semana.
✉ Largo Dom Dinis 11, 7100-509 Estremoz ☎ 268 333 345 ⌚ Ter-dom 12h30-15h30, 19h30-22h30. Fechado primeiras 2 semanas jan e primeiras 2 semanas jul ✋ A €25, J €35, vinho €14

ÉVORA

CAFÉ ALENTEJO

Esta antiga taberna, agora pintada de laranja-vivo, tem uma das melhores seleções regionais de petiscos da área e oferece a chance de saborear vários pratos em uma só refeição. Mas seus pratos principais também são ótimos. Incluem rabada de boi cozida no vinho tinto, e migas de espárragos (aspargos com migalhas de pão).

Se você não ouviu fado em Lisboa, venha ouvir aqui às quintas-feiras.
✉ Rua do Raimundo 5, 7000-661 Évora
☎ 266 706 296 🕒 Seg-sáb 12h30-15h, 19h30-22h 🖐 A €15, J €20, vinho €8

BOTEQUIM DA MOURARIA

Restaurante familiar no bairro mourisco. Só tem o número da rua como indicação, por isso procure com atenção. O interior é pequeno, mas o cardápio é ótimo. Prove as carnes curadas e os petiscos de queijo, e depois uma das sopas ou açordas, seguidas por cordeiro assado. Termine com uma sobremesa caseira.
✉ Rua da Mouraria 16A, 7000-585 Évora
☎ 266 746 775 🕒 Seg-sex 12h-15h, 19h-22h, sáb 12h-15h. Fechado ago
🖐 A €15, J €25, vinho €8

O FIALHO

Marco entre os restaurantes do Alentejo e um dos melhores lugares para provar a cozinha local, o Fialho atrai clientes que vêm de longe. Dirigido pela mesma família desde 1945, seu forte é o grande número de entradas que oferece, que você pode ver expostas no salão da frente. Tem polvo ao vinagrete, cogumelos recheados, camarões, feijões, pimentões e muito mais. Os especiais do dia incluem as delícias usuais do Alentejo, ótimos vinhos e sobremesas deliciosas.
✉ Travessa Mascarenhas 14-16, 7000-557 Évora ☎ 266 703 079 🕒 Ter-dom 12h-24h. Fechado 1º-15 set, 23 dez-2 jan
🖐 A €25, J €35, vinho €11 🚗 Em uma rua estreita, perto do teatro Garcia de Resende

O MOINHO

Parte de um moinho ainda em uso, este restaurante tipo cabana perto do campo do Juventude ao sul do centro da cidade já foi mercearia. Suas pequenas salas, com lajotas rústicas, teto de vigas de madeira e toalhas azuis de algodão, são decoradas com coleções de potes de cozinha de cobre, cerâmica e outros itens de artesanato local. Todos os pratos usuais do Alentejo estão no cardápio, incluindo um ótimo lombo de porco com migas de batata, uma mistura de tomate e batata típica da área. A carta de vinhos é impressionante.
✉ Rua Santo André 2A, Bairro Nossa Senhora do Carmo, 7005-401 Évora
☎ 266 771 060 🕒 Seg-sáb 12h-15h, 19h-22h 🖐 A €15, J €20, vinho €6
🚗 Saia da cidade na direção sul sentido hotel Ibis. Depois do hotel, vire à direita. O restaurante fica após o campo do Juventude

TASQUINHA DO OLIVEIRA

Este local é famoso pela cozinha inovadora. Vários críticos gastronômicos têm elogiado o cardápio da casa, que é cheio de prêmios e menções de gastronomia decorando suas paredes. Peça entradas frias, como alcachofra com presunto ou caranguejo recheado. Em dias mais frios, a pedida é o suflê de camarão com espinafre, ou cozido de grão-de-bico e hortelã. Na estação, costuma ter perdiz ou coelho e o mais tradicional: cordeiro assado. A carta de vinhos é extensa, e o proprietário tem prazer em fazer sugestões.
✉ Rua Cândido dos Reis 45A, 7000-582 Évora ☎ 266 744 841 🕒 Seg-sáb 12h30-15h, 19h30-22h. Fechado duas primeiras semanas ago 🖐 A €25, J €35, vinho €10

MARVÃO

POUSADA DE SANTA MARIA

www.pousadas.pt
Marvão é parada obrigatória em qualquer passeio pelas cidades fortificadas de montanha e esta pousada é um mirante privilegiado. A comida regional daqui é ótima, em especial o creme de ervilhas e os queijos locais. As mesas, decoradas com tecidos desenhados, são atraentes e o atendimento é profissional, mas a impressão mais duradoura é a das lindas vistas quando se olha além das oliveiras e corticeiras típicas do Alentejo (▷ 257 para detalhes sobre hospedagem).
✉ Rua 24 de Janeiro 7, 7330-122 Marvão
☎ 245 993 201 🕒 Diariam 13h-15h, 19h30-22h 🖐 A €25, J €30, vinho €12
🚗 Na entrada de portões duplos da cidade siga as placas de "pousada" – descendo à esquerda de carro ou subindo à direita a pé

REGUENGOS DE MONSARAZ

GALERIA DO ESPORÃO

www.esporao.com
Se você veio visitar a região vinícola do Alentejo, a enoteca Esporão é ideal para fazer um passeio pela propriedade (agende com antecedência), que termina com um belo almoço. A agradável sala de refeições com arcos serve comida regional de qualidade e fica cheia nos fins de semana, por isso reserve o almoço também. A refeição começa com uma sopa, em geral cozido de perdiz ou creme de aspargos verdes; depois vêm as especialidades – pratos de caça, como coelho, cervo ou javali, com creme de espinafre e purê de castanhas. Como sobremesa, prove as ameixas de Elvas com tericá (doce à base de ovos com aroma de canela).
✉ Herdade do Esporão, 7200-999 Reguengos de Monsaraz ☎ 266 509 280 🕒 Diariam 12h30-15h30 🖐 A €40, vinho €15

VILA VIÇOSA

POUSADA DOM JOÃO IV

www.pousadas.pt
No interior do edifício principal da pousada, esta acolhedora sala de jantar, com seus pisos polidos de terracota e persianas de treliça, tem tetos de madeira e abóbada alta decorada com belos afrescos. Serve culinária tradicional mas inventiva, em pratos com uma atraente combinação de profissionalismo e talento. Faisão ao Porto com purê de castanhas, repolho recheado com cordeiro e batatas e cordeiro assado em uma massa crocante com alcachofras e pinholis estão entre os pratos característicos do local. No verão há opção de comer ao ar livre no terraço da pousada. (▷ 257 para detalhes de hospedagem).
✉ Terreiro do Paço, 7160-251 Vila Viçosa
☎ 268 980 742 🕒 Diariam 13h-15h, 19h30-22h 🖐 A €25, J €30, vinho €12
🚗 Próximo ao Paço Ducal

ONDE FICAR

PREÇOS E SÍMBOLOS

Os preços correspondem à diária mais baixa e mais alta em um quarto duplo, incluído o café da manhã, a menos que haja indicação em contrário. Todos os hotéis aceitam cartões de crédito, a menos que indicado. Note que os preços variam ao longo do ano.

Para a legenda dos símbolos, ⊳ 2.

ARRAIOLOS

TEMBO BED-AND-BREAKFAST

www.tembo-alentejo.com

Este pequeno e fantástico refúgio nas planícies pedregosas do Alentejo oferece cinco opções de acomodações: a Suíte, com duas camas duplas e banheira de hidro em estilo marroquino; o Loft, com ótima banheira; a Duo, casa de pedra isolada com cabana de madeira e cozinha externa, churrasqueira, um banheiro adicional e piscina privativa (para quatro pessoas); ou as suítes Colonial ou Bali. Todos os hóspedes têm acesso a uma sala de estar e a uma cozinha equipada, e à piscina grande. Não aceita cartões de crédito.

Posto de Correio, 7040-641 Vimieiro, Arraiolos 966 883 842 €95-€140, suíte (Duo) €200 para quatro pessoas 4 quartos, 1 suíte (só no verão, pois não tem aquecimento) Ao ar livre De Arraiolos siga a leste pela rodovia N4, até Vimieiro. Em Vimieiro, pegue a rodovia N251 sentido Pavia. O Tembo fica entre o km 87 e o 88

BEJA

POUSADA DE SÃO FRANCISCO

www.pousadas.pt

No centro da cidade antiga, este ex-convento franciscano do século XIII é hoje uma bela pousada. Note o esplêndido teto com afrescos na antiga sala do capítulo, que hoje serve de salão. O antigo refeitório abriga o restaurante, que serve um elogiadíssimo cardápio regional. Os quartos, com seus tapetes produzidos na cidade, têm uma mobília de bom gosto e muitos dão para a grande piscina ao ar livre e para os jardins com palmeiras. Dispõe de quadra de tênis.

Largo Nuno Álvares Pereira, 7801-901 Beja 284 313 580 €150-€225 34 quartos, 1 suíte Ao ar livre

CASTELO DE VIDE

ALBERGARIA EL REI DOM MIGUEL

Uma das cidades de montanha mais atraentes do Alentejo, Castelo de Vide é uma boa base para explorar a região. Na principal rua da cidade, esta casa rural foi convertida em uma hospedagem dirigida por uma família. A paixão que o dono tem por antiguidades é visível no salão e nos corredores, mas os quartos são mais contemporâneos, decorados com tecidos combinados.

Rua Bartolomeu Álvares da Santa 45, 7320-117 Castelo de Vide 245 919 191 €50-€60 7

Acima *A Pousada Flor da Rosa, no Crato, ocupa um mosteiro-castelo do século XIV*

CRATO

POUSADA FLOR DA ROSA

www.pousadas.pt

Construído no século XIV como quartel-general dos cavaleiros de Malta, este castelo-mosteiro restaurado, com claustro e um belo teto de tijolos em abóbada, conseguiu manter a atmosfera de ruína antiga sem deixar de funcionar como alojamento moderno e elegante. Uma ampliação que não quebrou a unidade abriga quartos grandes, minimalistas, com janelas panorâmicas que dão para as plantações de oliveiras. Os quartos na parte antiga são menores, mas têm mais charme. O restaurante serve pratos regionais.

Mosteiro da Santa Maria de Flor da Rosa, 7430-999 Crato 245 997 210 €170-€270 24 Ao ar livre De Castelo de Vide pegue a rodovia N246 para Alpalhão, depois a N245 até Crato. Flor da Rosa e a pousada estão sinalizadas à direita

ESTREMOZ

MONTE DA FORNALHA

www.montedafornalha.com

Paredes caiadas e roupa de cama de linho dão um toque mediterrâneo aos quartos desta casa de ferreiro convertida. As áreas públicas são amplas e arejadas no verão e aquecidas por lareiras no inverno. Como o resto da casa, os quartos são simples, com decoração atraente em tons quentes e naturais e tetos com vigas de madeira. Não aceita cartões de crédito.

Turismo Rural, A. Maria Ruiva, Arcos, 7100 Estremoz 935 792 330 €95-€135 3 quartos, 3 suítes Ao ar livre Saia da rodovia A6 em Borba/Estremoz. Siga as placas para Estremoz. Depois de 500m, procure a placa à direita

ÉVORA

POUSADA DOS LOIOS

www.pousadas.pt

Esta ótima pousada é um dos edifícios mais impressionantes de Évora. Foi mosteiro no século XV e abrange vários estilos de arquitetura; a mobília é sóbria e clássica. Os quartos do primeiro andar, muitos deles convertidos a partir das celas dos monges, são acessados por uma linda escada de mármore. A cozinha regional é servida no antigo refeitório ou no claustro envidraçado. Note as paredes e o teto decorados com pinturas, no salão principal da Pousada dos Loios.

Largo Conde de Vila Flor, 7000-804 Évora 266 730 070 €150-€250 30 quartos, 2 suítes Ao ar livre Siga as placas "centro histórico", para o Templo de Diana. A pousada fica na mesma praça do templo

RESIDENCIAL RIVIERA

www.riviera-evora.com

Esta hospedaria fica em uma das ruas mais bonitas de Évora, descendo o monte a partir da catedral. Os quartos são claros, limpos e arejados (embora nem sempre as peças sejam bem combinadas), e o banheiro é grande e impecável. O serviço é profissional e o café da manhã muito bom. Originalmente era uma casa particular e mantém muitos de seus aspectos de design, como molduras das janelas de pedra, ferro forjado decorativo e atraentes azulejos no saguão de entrada.

Rua 5 de Outubro 49, 7000-854 Évora 266 737 210 €66-€77 21

SOLAR DE MONFALIM

www.monfalimtur.pt

O Solar de Monfalim fica em uma praça cheia de jacarandás, no centro da cidade. É um edifício do século XVI, que recebe hóspedes desde 1892. A arcada do primeiro andar e o brasão de armas facilitam sua identificação. Uma escada de granito leva da rua de pedra até a recepção. Os quartos têm cabeceiras antigas de ferro batido e latão. O café da manhã é servido no arejado salão ou no terraço.

Largo da Misericórdia 1, 7000-646 Évora 266 750 000 €70-€85 26

MARVÃO

POUSADA DE SANTA MARIA

www.pousadas.pt

Esta é uma das pousadas mais isoladas do país. Em compensação, tem a vista mais magnífica. Construída dentro de um conjunto de casas medievais, é acolhedora e oferece atendimento atencioso. Os quartos têm camas pintadas à mão, típicas do Alentejo.

Rua 24 de Janeiro 7, 7330-112 Marvão 245 993 201 €120-€198 28 quartos, 3 suítes Na entrada com portão duplo, siga as placas para a pousada. Pegue a bifurcação à direita se estiver de carro ou a da esquerda se estiver a pé

MONSARAZ

ESTALAGEM DE MONSARAZ

www.estalagemdemonsaraz.com

Esta estalagem pequena, caiada e com molduras azuis, fica perto da principal entrada para a vila medieval de Monsaraz. A área social tem aspecto rústico, acolhedor, com sofás imitando couro, arcos e uma grande lareira. Todos os quartos têm banheiro privativo. A piscina e o terraço oferecem vista espetacular. Dispõe ainda de um bom restaurante.

Largo de São Bartolomeu 5, 7200-175 Monsaraz 266 557 112 €84-€90 15 quartos, 4 suítes Ao ar livre

MOURA

HORTA DE TORREJAIS

www.hortadetorrejais.com

Esta propriedade foi aclamada pela crítica depois da excepcional reforma, usando técnicas e materiais tradicionais. A parte externa caiada leva até um interior em vários níveis, que segue os contornos naturais do solo. Os quartos, de clima caseiro, são decorados com bom gosto, com camas de ferro forjado. Note a bela abóbada de tijolos da sala de jantar. Descendo as oliveiras há uma grande piscina ao ar livre. Não aceita cartões.

Estrada da Barca, Apartado 116, 7860-909 Moura 285 253 658 ou 963 272 562 €70 5 Ao ar livre

SANTIAGO DE CACÉM

CAMINHOS DE SANTIAGO

www.hotelcaminhosdesantiago.pt

Inaugurado em 2008, este hotel ultramoderno era antes uma pousada, mas restam só três dos quartos originais. A maioria das acomodações fica na nova ala, com quartos estilo hotel-butique, com mármore local, ardósia, cortiça e tecidos.

Rua Cidade de Beja, 7540-163 Santiago do Cacém 269 825 350 €115-€150 Ao ar livre

VILA VIÇOSA

POUSADA DE DOM JOÃO IV

www.pousadas.pt

Este convento do século XVI reformado, junto ao imponente palácio ducal, no centro da cidade, é pousada desde 1996. As áreas sociais são mobiliadas com peças dos séculos XVI e XVII. Os quartos são grandes e têm colchas bordadas e tapetes de Arraiolos. O restaurante serve cozinha tradicional portuguesa.

Convento das Chagas, Terreiro do Paço, 7160-251 Vila Viçosa 268 980 742 €150-€250 32 quartos, 7 suítes Ao ar livre

ALGARVE

Isolado do resto do país por uma série de cadeias montanhosas baixas, o Algarve se desenvolveu em um ritmo e com um estilo bem próprios. Longas praias de areia, enseadas abrigadas e promontórios rochosos – originalmente domínios dos pescadores locais – foram tomados pelo turismo internacional, atraído também pelo clima ameno.

Conforme cresceu o número de visitantes, as construções foram se multiplicando, com frequência de modo desordenado, com pouca atenção à questão da sustentabilidade a longo prazo. Felizmente, nos últimos anos houve uma desaceleração na construção de altos edifícios e resorts de baixo custo, já que portugueses e investidores estrangeiros passaram a querer atrair clientes mais conscientes. Hotéis de luxo e spas procuram ocupar altos rochedos, os projetos buscam fundir-se às montanhas de maneira mais discreta e os campos de golfe tentam ser mais ecológicos.

Em meio a essa atividade, é reconfortante saber que o "verdadeiro" Algarve ainda está ao alcance do visitante, aguardando ser descoberto por quem se dispõe a procurar. Pontos turísticos agitados como Faro, Tavira e Lagos escondem tesouros em seus centros históricos; cidades como Olhão, com sua grande frota pesqueira, oferecem um vislumbre da vida local; e as montanhas têm aldeias pacatas, inalteradas há séculos, entre amendoeiras, pés de cítricos e oliveiras. Para praias desertas e surfe, procure as partes mais inóspitas do Atlântico; para ver aves nativas e migratórias, visite as dunas e pântanos de Ria Formosa. Sinta também o verdadeiro Algarve no litoral, nos peixes frescos grelhados ao ar livre sobre carvão; ou nas montanhas, nos pratos de carne de porco e caça; ou, ainda, tomando uma boa dose de medronho, licor local produzido com um fruto semelhante ao morango.

ALBUFEIRA

www.cm-albufeira.pt

Desde a década de 1960, quando ainda era basicamente uma vila pesqueira, Albufeira mudou muito, até ficar irreconhecível. Hoje, consta de quase todos os pacotes turísticos vendidos em Portugal e nos outros países europeus. Pouco resta do antigo modo de vida. A antiga vila, entre dois promontórios, está agora cheia de apartamentos e hotéis, que vão se expandindo cada vez mais para o interior.

Apesar disso, ainda é possível ver pescadores na praia no início da manhã e um pouco do charme antigo de Albufeira em alguns pontos. Por exemplo, nas ruas íngremes de pedra e na arquitetura característica da cidade antiga, em volta da praça principal – Largo Duarte Pacheco. É no centro histórico da cidade, com bares e cafés ao ar livre, onde se toma um ótimo café da manhã.

Daqui, a rua principal leva à praia, com seus altos rochedos e areia fina. Seguindo por uma rua à beira do penhasco acima da praia principal, chega-se até a Gruta do Xorino, uma caverna marinha com águas cristalinas.

Para uma mudança de ritmo, a cidade tem algumas igrejas históricas que merecem ser visitadas. Uma boa hora para dar um pulo na cidade antiga, em especial na Rua Cândido dos Reis, é o início da noite, quando as lojas estão abertas, os bares estão movimentados e a cidade inteira se prepara para comer, beber e dançar. A maioria dos bares fica aberta até bem depois da meia-noite e os clubes de verão ao longo de Montechoro ficam abertos até às 6 da manhã.

332 C13 · Rua 5 de Outubro, 8200-109 Albufeira · 289 585 279

ALMANCIL

www.portugal-info.net

Na periferia ao leste de Almancil (Almansil), um centro de abastecimento na rodovia N125, fica a Igreja de São Lourenço (ter-sáb 10h-12h30, 14h-18h, dom 14h-18h; €2), cujo interior é um dos melhores exemplos em Portugal de obras do século XVIII com azulejo. Cada centímetro dos muros e do teto é coberto por azulejos azuis e brancos, que retratam histórias da vida do mártir São Lourenço. Eles foram pintados em 1730 por Policarpo de Oliveira Bernardes, tido como um dos melhores artistas do país. Merecem destaque os detalhes da vida local no fundo dos grandes painéis e também as maravilhosas colunas trompe l'oeil no teto.

332 C13

ALTE

www.visitalgarve.pt

Seguindo para o interior, a partir de Albufeira, logo se perceberá uma área rural intocada, com amendoeiras, árvores de cítricos e oliveiras pelas encostas, e vilas ainda não afetadas pelo turismo. Uma das mais bonitas é Alte, parada de ônibus e um popular destino de fim de semana entre a gente do local – é melhor ir fora desse período.

A vila se aninha nas colinas de calcário da área conhecida como Barrocal e se estende pela encosta, com suas estreitas ruas de pedra cheias de cantos escondidos, casas caiadas com molduras de janelas coloridas, formando um cenário exclusivo. A exposição no escritório de turismo mostra um pouco da história local ao turista. Subir a montanha para explorar a cidade e conhecer a Igreja Matriz é programa obrigatório. Ela data do século XVI e tem um magnífico portal manuelino, ricamente detalhado, além dos azulejos do século XVIII. Tem também duas fontes manuelinas e belas estátuas dos séculos XVII e XVIII.

Do centro da vila são cinco minutos a pé até duas fontes naturais, a Fonte Pequena e a Fonte Grande, locais muito bonitos, com mesas de piquenique sob as árvores junto a uma série de canais rasos. Para os que gostam de trilhas, o lugar é cheio delas, principalmente nas montanhas a oeste de São Bartolomeu de Messines. Todas elas farão parte de uma futura trilha de caminhada transalgarvina.

332 C13 · Estrada da Ponte 17, 8100-021 Alte · 289 478 666

CACELA VELHA

www.visitalgarve.pt

A visita a Cacela Velha é ótima para ter uma ideia de como o leste do Algarve era tempos atrás. É uma pequena aldeia de casas caiadas à beira de uma estrada sem saída, 10km a leste de Tavira (▷ 270). Encravada em um penhasco acima da ponta leste do Parque Natural da Ria Formosa (▷ 267), Cacela Velha é pouco mais que um punhado de chalés, uma igreja e um forte do século XVIII.

Embaixo da vila ficam a lagoa e a praia, onde se pode andar pelas dunas e oliveiras e atravessar até a ilha (quando a maré estiver baixa). É possível também pegar o barco na aldeia de Fábrica. As praias se estendem a leste por quilômetros de costa. Mesmo na alta estação, basta uma curta caminhada para se afastar das multidões que se juntam nos balneários mais conhecidos da região e em suas respectivas praias.

333 D13

Página ao lado *Fachada da Igreja de São Lourenço, do século XVIII, em Almancil*
Abaixo *Barcos pesqueiros na praia de Albufeira*

FARO

INTRODUÇÃO

A capital do Algarve tem um centro histórico pitoresco, um porto charmoso com muitos iates e barcos de pesca, lojas fabulosas e uma vida noturna muito animada. A maioria que chega de avião a Faro passa ao largo da cidade, mas ela é uma parada ideal para uma ou duas noites se você chegar de madrugada ou for sair de manhã. Vá primeiro até o porto, depois explore o centro histórico e siga pelas ruas de compras só para pedestres até o Museu Regional. Daqui, são apenas 10 a 15 minutos a pé para noroeste até as igrejas.

A área de Faro foi colonizada pelos romanos, baseados em Milreu. Depois o controle passou para os mouros, que a transformaram em importante porto. Foi reconquistada por dom Afonso III para os cristãos em 1249 e prosperou, tornando-se, a partir do século XV, uma das mais importantes cidades do sul do país.

Em 1580, dom Filipe II da Espanha usurpou o trono português, dando aos ingleses a desculpa perfeita para atacarem o Algarve, então nominalmente parte da Espanha. O conde de Essex aportou em Faro em 1596, saqueou a cidade e o palácio do bispo, que transformou em seu quartel-general. Os livros da biblioteca foram mandados para a Inglaterra como um presente ao amigo do conde, Thomas Bodley, fundador da Bodleian Library, em Oxford. Ao se retirar, o conde ateou fogo à cidade como um gesto de despedida. A devastação resultante

INFORMAÇÕES

www.cm-faro.pt
www.visitalgarve.pt
333 D13 Rua da Misericórdia 8, 8000-269 Faro 289 803 604, 808 781 212 (linha para turistas) Mai-set diariam 9h30-19h; out-abr diariam 9h30-17h30 Faro

Acima *O Largo da Sé, no coração da cidade antiga de Faro*
Página ao lado *Claustro no Convento Nossa Senhora da Assunção, que abriga o Museu Arqueológico*

DICAS

» É difícil estacionar no centro de Faro – chegue cedo e você conseguirá estacionar ao longo do porto, perto das estações de trem e de ônibus.

» Há barcos para as praias das ilhas de meados jun-fim set, com quatro partidas diárias.

somou-se à provocada pelos terremotos de 1722 e 1755, que destruíram o pouco que restava da antiga Faro. Em 1776, quando Faro se tornou capital regional, a maior parte da cidade já tinha sido reconstruída.

A cidade ganhou impulso com a abertura da ferrovia Lisboa-Faro, em 1889, que facilitou o acesso para os turistas. Mas embora houvesse algum turismo pouco sofisticado na primeira metade do século XX, foi só com a construção do aeroporto em 1965 que Faro e o Algarve decolaram como destino de férias. Hoje, cerca de 5 milhões de turistas passam pelo aeroporto anualmente e o turismo de massa vem trazendo uma prosperidade crescente à cidade e aos arredores.

DESTAQUES

CIDADE VELHA

A cidade antiga de Faro ainda é completamente murada, formando um denso complexo de ruas estreitas e casas antigas com o majestoso Largo da Sé e a catedral (mai-set dom-sex 10h-18h, sáb 10h-12h; resto do ano dom-sex 10h-17h30, sáb 10h-12h; €3) ao centro. Passe pelo Arco da Vila, o portal do século XIX desenhado pelo italiano Francisco Fabri, até a harmoniosa praça da catedral, com laranjeiras e edifícios do século XVIII, um dos quais era o palácio episcopal.

A catedral é um híbrido de arquitetura gótica, renascentista e barroca, resultado de sua reconstrução após o terremoto de 1755. O interior, ricamente decorado, tem um excelente órgão e alguns azulejos do século XVIII. Da torre, a vista é indescritível.

Depois do Largo da Sé, fica o Largo Dom Afonso III, dominado por uma estátua desse rei e pelo Museu Arqueológico (mai-set ter-sex 12h30-24h, sáb-dom 17h30-24h; resto do ano ter-dom 10h-17h30; €2). O museu, o mais antigo do Algarve, fica no Convento de Nossa Senhora da Assunção, um elegante edifício do século XVI com um arejado pátio interno. Seu acervo destaca-se com os achados romanos e medievais, muitos deles das escavações de Estói (▷ 266). Procure ver as estátuas do sítio. Não perca o soberbo mosaico do século III mostrando Netuno e os quatro ventos, encontrado perto da estação de Faro. Pegue um caminho diferente ao voltar para o Arco da Vila, para ter uma visão da vida cotidiana nesse pitoresco bairro.

✚ 265 A3

A ÁREA DO PORTO

Belos iates ficam ancorados no porto de Faro, foco de uma área movimentada dia e noite. Atrás do porto há belos jardins e cafés. Duas atrações boas para crianças ficam aqui – o Museu Marítimo (Capitania do Porto de Faro, Rua da Comunidade Lusíada, tel 289 894 990, seg-sex 9h-12h, 14h 17h, €1), e o Centro Ciência Viva, na Rua Comandante Francisco Manuel (tel 289 890 920; jun-meados set ter-dom 10h-20h; resto do ano ter-sex 10h-17h, sáb-dom 11h-18h; adultos pagam €4, crianças menores de 12 anos, €2, e o ingresso familiar, para dois adultos e duas crianças menores de 12 anos, custa €8). O primeiro se concentra em maquetes de barco e em pesca, e o centro de ciências, junto à orla, é mais moderno e apresenta tudo com muita interatividade. Não perca o simulador de voo.

Faça um passeio junto ao mar e à ferrovia antes de ir para a cidade antiga ou pegue um barco para uma das praias fora da costa. Outra opção é ir para o interior a partir do Jardim Manuel Bivar até a área de lojas de Faro, com suas ruas só para pedestres, onde você encontra tanto as melhores lojas de rede internacionais quanto lojas tipicamente portuguesas, muito peculiares.

AS PRAIAS

A maioria das praias fica no extremo leste do Parque Natural da Ria Formosa e são bancos de areia longos e rasos, alcançados por canais de alagados. Há barcos do cais do porto de Faro até Farol, na Ilha da Culatra, e até a Ilha Deserta (ou Ilha da Barreta), o ponto mais ao sul da parte continental do país, onde você encontra esportes aquáticos, restaurantes e bares. Farol tende a ser mais calma. A melhor época para visitar ambos os locais é durante os dias de semana ou fora da alta estação, quando não há muitas pessoas. Durante os fins de semana, sobretudo no verão, a região fica lotada.

Se tiver umas duas horas antes de um voo, a praia de Faro, perto do aeroporto, vale a visita. É outro típico trecho de praia da cidade, com suas belas areias e um lado abrigado junto ao continente. Fora da estação é calma, porém mais bem equipada do que as praias fora da costa, com bares, restaurantes e casas de veraneio.

OUTROS DESTAQUES

IGREJA DE NOSSA SENHORA DO CARMO

Igreja barroca do início do século XVIII, com um altar esculpido. A principal atração é a Capela dos Ossos, uma capela lateral com mostras decorativas de ossos de monges – desenterrados de um cemitério no século XIX e exibidos como metáfora da mortalidade.

265 A2 Largo do Carmo, 8000-148 Faro Mai-set seg-sex 10h-13h, 15h-18h, sáb 10h-13h; resto do ano seg-sex 10h-13h, 15h-17h30, sáb 10h-13h Igreja grátis, Capela dos Ossos €1

IGREJA DE SÃO PEDRO

Bela igreja do século XVI, decorada com um friso multicolorido de azulejos. As capelas laterais têm mais lindos azulejos azuis e brancos e altares dourados.

265 A2 Largo de São Pedro, 8000-145 Faro Seg-sex 9h-17h30, sáb 9h-16h, dom 9h-13h (horários podem variar) Grátis

IGREJA DE SÃO FRANCISCO

Aberta para visitas, no final da tarde, pelos monges do mosteiro adjacente, esta igreja medieval foi quase toda destruída pelo fogo. Reconstruída no século XIX, ostenta um belo campanário barroco e estatuária do século XVIII.

265 B3 Largo de São Francisco, 8000-142 Faro Diariam 5h-19h30 Grátis

Acima *A entrada da cidade antiga*
Abaixo *O porto de Faro oferece diversas atrações, e ainda recebe pescadores*

CARVOEIRO

www.carvoeiro.com

Um estreito e fértil vale liga a cidade vinícola de Lagoa ao mar. É onde fica Carvoeiro, antiga vila pesqueira intocada. Hoje, é um balneário que aparece em todos os pacotes turísticos da região. Para apreciar melhor, o ideal é vir fora da estação, quando a pequena praia triangular fica vazia e as ruas antigas de ambos os lados da enseada, cheias de casas pintadas, ficam livres das multidões.

No verão, Carvoeiro fica lotada de visitantes, muitos deles sediados nos extensos blocos de apartamentos e condomínios de ambos os lados da cidade antiga. Ou seja, estacionar não é tarefa fácil aqui. O melhor é pegar algum dos muitos barcos de pesca, que levam visitantes até as diversas praias arenosas das enseadas da área, algumas com rochedos espetaculares. A melhor delas é Algar Seco, onde os ventos e as ondas formam grutas e pináculos nos rochedos. A água clara é ideal para mergulhar. Outras praias próximas incluem a do Paraíso, logo a oeste da vila, Centianes, a intocada Benagil e Marinha, lugar bonito e sem muitas construções. Na estrada, a sinalização para as praias em geral é precária e, na alta estação, estacionar em qualquer lugar é praticamente impossível.

332 C13 Praia do Carvoeiro, 8400-517 Lagoa 282 357 728

Acima *Cavernas de arenito e formações rochosas singulares marcam o litoral perto de Carvoeiro*

CASTRO MARIM

www.cm-castromarim.pt

Dois castelos testemunham a importância estratégica passada de Castro Marim, pequena vila em uma montanha sobre as áreas alagadas do rio Guadiana, que aqui divide Portugal e Espanha.

O castelo principal, ao norte da cidade, foi erguido em 1319 como sede da Ordem de Cristo, sucessora dos templários, e foi sua base até a mudança da ordem para Tomar (▷ 220-2) ao norte, em 1334. Foi construído sobre uma antiga fortificação moura do século XII, que ainda pode ser vista dentro dos muros principais. Atualmente, abriga um pequeno museu arqueológico. Os muros foram erguidos no século XVII e são encimados por parapeitos, de onde se tem belas vistas do rio, das salinas, dos telhados da cidade e do mar, ao sul. A cidade é base para os que vão explorar a Reserva Natural do Sapal, nos arredores. É uma área de proteção ambiental (alagados em volta da cidade e ao longo do rio) e habitat variado, com mais de 150 espécies de pássaros, incluindo flamingos, cegonhas, avocetas, patos e outras aves. Pela cidade, veem-se vestígios do Forte de São Sebastião, do século XVII, outro ótimo mirante.

333 D13 Rua José Afonso Moreira 2-4, 8950-138 Castro Marim 281 531 232

ESTÓI

www.portugalvirtual.pt

O róseo Palácio d'Estói lembra os castelos de contos de fada. O edifício e seus jardins datam da década de 1740, quando o conde de Cavalhal construiu aqui uma versão em miniatura do palácio real rococó de Queluz (▷ 110). Hoje, tanto o palácio como os jardins ganharam cara nova com a injeção de milhões de euros, e o palácio virou uma pousada de luxo (inaugurada em 2009). Partes do hotel são inacessíveis (exceto para hóspedes), mas você pode entrar para um drinque ou almoço e dar uma volta nos jardins.

Palmeiras e laranjeiras ladeiam a avenida de acesso, no fim da qual uma escadaria dupla, decorada com azulejos e estatuária, leva até o tanque refletor e o terraço em frente ao palácio. Há estátuas, bustos e imensos vasos espalhados. O ar fica perfumado com o cheiro de laranjas e plantas aromáticas. A vila também merece uma rápida visita, particularmente a Igreja Matriz na praça principal – foi construída depois do terremoto de 1755 com projeto de Fabri, que trabalhou em Faro.

333 D13

FARO

⊳ 262-5.

LAGOS

www.cm-lagos.pt

Maior cidade no oeste do Algarve, Lagos é um lugar vibrante com muita história e uma boa base para passar algumas noites. Para quem gosta de agito, este é o lugar ideal, já que nas cidades menores, a oeste, a vida ainda segue pacata. A área é ocupada desde a época dos fenícios, mas ganhou fama na Europa no século XV, quando o porto foi o local de partida dos exploradores de Henrique, o Navegador, em suas viagens de descoberta. Lagos fica às margens do rio Bensafrim. As melhores vistas são as de dentro dos muros medievais da cidade antiga.

A orla, enfeitada por jardins e guardada pelo pequeno Forte da Ponte da Bandeira, do século XVII, é um bom ponto para começar o passeio. Rio acima, seguindo os sólidos muros da cidade, chega-se à Praça Infante Dom Henrique, dominada por uma estátua em sua homenagem. A antiga alfândega também fica nessa região. Sua pequena arcada já foi o local do primeiro mercado de escravos da Europa, que funcionou de 1444 a 1756. O Museu Municipal, na Rua General Alberto da Silveira (tel 282 762 301; ter-dom 9h30-12h30, 14h-17h, €2), abriga exposições sobre a história da região. Há uma maquete de uma vila do Algarve e outras curiosidades, como uma cabra de oito patas. A bela Igreja de Santo António, uma exuberância barroca de dourados construída entre 1710 e 1720, também é parte do museu.

A leste da igreja há ruas com lojas, bares e restaurantes. As melhores são as que ficam em volta de duas praças com piso de mosaico: a Praça Luís de Camões e a Praça Gil Eanes. Para mudar de ritmo e de paisagem, vale a pena fazer a viagem de meia hora de barco até Ponta da Piedade, uma espetacular formação rochosa com muitos arcos de pedra e grutas. Perto daqui, há uma série de belas praias de enseada. A leste de Lagos, cruzando o rio, fica Meia Praia, um trecho de 4km de areia fina. Na cidade, há também um zoológico (out-mar diariam 10h-17h; abr-set diariam 10h-19h; adultos €10, crianças menores de 12 anos €6; www.zoolagos.com), bem planejado para pequenos mamíferos, pássaros e outros animais.

332 B13 Rua Belchior Moreira Barbudo, 8600-772 Lagos ☎ 282 763 031
Lagos

OLHÃO

www.cm-olhao.pt

Olhão é o maior porto pesqueiro do Algarve, e uma boa base para explorar o Parque Natural da Ria Formosa. Seus destaques são a área da orla e do porto, com ótimos peixes e produtos de mercado, além da Praça da Restauração, à qual se chega passando por um emaranhado de ruas sinuosas que compõem o bairro dos pescadores. Do alto da torre da antiga Igreja Matriz, do século XVIII, tem-se linda vista dos terraços das casas cúbicas caiadas, que lembram as construções do norte da África e refletem os antigos laços comerciais de Olhão.

333 D13 Largo Sebastião M. Mestre 8A, 8700-349 Olhão ☎ 289 713 936
Olhão

PARQUE NATURAL DA RIA FORMOSA

www.icnb.pt

Logo a oeste de Faro, em direção a Manta Rota fica o Parque Natural da Ria Formosa, criado em 1987 para proteger as ilhas de barragens e lagunas ao longo da ponta leste do Algarve. As lagoas, ladeadas por planícies alagadas, ilhotas, canais e pântanos salgados, formam um habitat único e uma importante área de acasalamento. Aves residentes, de inverno e migratórias vêm se alimentar aqui, e as dunas e os pântanos abrigam rica vegetação.

Cerca de 7.500 pessoas vivem no parque, a maioria trabalhando em atividades ligadas à exploração da lagoa – 80% dos caranguejos e outros frutos do mar de Portugal vêm daqui. No verão, a população triplica e as autoridades do parque precisam equilibrar as necessidades ambientais com as demandas do turismo. Para promover esse trabalho, o Centro de Educação Ambiental foi criado perto de Olhão. Outras atrações são um moinho d'água tradicional alimentado pelas marés e uma lagoa onde um velho pesqueiro leva os visitantes para explorar melhor o local. A região é o habitat dos cães-d'água portugueses, uma espécie única com patas adaptadas para trabalhar em barcos de pesca.

333 D14 Centro de Educação Ambiental de Marim, Quinta do Marim, Quelfes, 8700 Olhão ☎ 289 700 210
Parque: diariam 10h30-18h. Escritório: seg-sex 9h-12h30, 14h-17h30

À esq. *As construções caiadas do bairro de pescadores de Olhão vistas da torre da Igreja Matriz, do século XVIII*

PORTIMÃO

www.cm-portimao.pt

Romanos e mouros habitaram a área de Portimão, mas a cidade atual às margens do rio Arade foi fundada em 1463, florescendo durante a era das grandes navegações. O terremoto de 1755 destruiu a maior parte da cidade e o declínio econômico que se seguiu só foi interrompido ao final do século XIX, quando a indústria da pesca deslanchou.

Hoje, Portimão é a segunda maior cidade do Algarve. Moderna e dinâmica, sua economia apoia-se no turismo e na construção civil. A tradicional atividade pesqueira tem papel cada vez menor. Os famosos restaurantes de sardinha ao ar livre junto ao rio, grelhando peixes frescos que vinham diretamente dos barcos, foram trasladados e uma bela marina ocupa seu lugar. A área depois da Rua Serpa Pinto ainda é talvez a parte mais agradável da cidade, com seus jardins à sombra, bares e restaurantes. A marina e a área do cais também são ponto de partida para excursões de barco, que partem para leste e oeste ao longo da costa ou sobem o vale do rio para a histórica Silves (▷ 270).

A oeste do cais fica o centro da cidade, com suas ruas, a maioria só para pedestres, e ótimas lojas, que atraem muita gente – Portimão também tem vários shoppings fora do perímetro urbano. A principal igreja da cidade, a Nossa Senhora da Conceição, fica a poucas quadras da praia. Seu portal, em estilo manuelino, remonta ao século XV, mas muito do restante do edifício é de uma data posterior ao terremoto de 1755.

332 B13 Avenida Zeca Afonso, 8500-516 Portimão 282 470 717
Portimão

PRAIA DA ROCHA

www.cm-portimao.pt

Praia da Rocha é o balneário mais antigo do Algarve, popular desde o início do século XX. Era sede de um grupo de escritores e artistas, a maioria ingleses, desde a década de 1930 até os anos 1950. Cresceu muito nas duas décadas seguintes, quando ficou conhecida como a "Rainha do Algarve". Hoje é um famoso balneário de férias que abriga imensos hotéis, apartamentos, bares e danceterias barulhentas.

Mas nada disso tira a beleza das formações rochosas e da praia, a maior extensão de areia ladeada por rochedos da Europa. Foi criada artificialmente em 1969, quando 1 milhão de toneladas de areia foi trazido para cá, empurrando o mar 150m e deixando as rochas, que eram atingidas pelas ondas, mais altas e secas.

O acesso à praia se dá por vários pontos ao longo da Avenida Tomas Cabreira, que corre ao longo do alto do rochedo desde a Fortaleza de Santa Caterina. Construída em 1691 para proteger o estuário do rio, a fortaleza é um ótimo lugar para ver os barcos de pesca chegando ao porto ou para apreciar o pôr do sol. Na avenida, há ainda algumas mansões que datam da virada do século XX. São relíquias de quando a região era um reduto de grandes festas internacionais.

332 B13 Avenida Tomás Cabreira, 8500-802 Portimão 282 419 132

QUARTEIRA

www.portugal-info.net

Quarteira, primeiro balneário do Algarve a ser construído na década de 1970, é alvo de muitas críticas. Com altos e feios edifícios, a cidade costuma ficar lotada na alta estação, mas é abençoada por uma bela praia, perfeita para as crianças brincarem e nadarem em segurança. Outros pontos fortes são a atmosfera familiar e os preços honestos.

A bela praia tem um passeio com palmeiras e um pequeno porto pesqueiro no extremo oeste. As ruas são muito animadas, há uma boa feira diária e, às quartas, a cidade tem um dos maiores e mais agitados mercados ciganos do Algarve.

332 C13 Praça do Mar, 8125-156 Quarteira 289 389 209

QUINTA DO LAGO

www.quintadolago.com

As ruas calmas de Quinta do Lago são cheias de mansões escondidas atrás de árvores, hotéis de luxo e clubes de campo. Este balneário foi especialmente construído para os ricos, que pagam mais por privacidade, exclusividade e acesso aos melhores campos de golfe do Algarve. Para quem vai ficar em algum dos hotéis, o escritório de turismo dá todas as informações sobre o que está acontecendo na cidade. Para os que vão apenas passar o dia, vale a pena ir até a praia na ponta oeste do Parque Natural da Ria Formosa.

A ponte sobre a lagoa e os pântanos dá acesso à excelente praia. Há também diversas trilhas naturais para explorar as regiões alagadas e os bosques. É possível conhecer os tanques de sal, da época dos romanos, ou observar alguns pássaros – o lugar é bom para ver flamingos. Golfe, tênis ou equitação são algumas das opções da Quinta do Lago, que também é um ótimo lugar para compras, já que abriga algumas das lojas de grife mais finas da região.

332 C13 Quinta do Lago, 8135-024 Almansil 289 351 900

Abaixo *A partir de Portimão, vista do velho forte na outra margem do rio Arade*

SAGRES E CABO DE SÃO VICENTE

Seu velho forte do tempo de Henrique, o Navegador, e da era dos descobrimentos é uma visita obrigatória nesse longo trecho de magnífico cenário litorâneo.

Chamado pelos romanos de Promontorium Sacrum (Promontório Sagrado) e pelos antigos marinheiros portugueses de "O Fim do Mundo", o Cabo de São Vicente é o ponto mais a sudoeste da Europa continental. Sua fama data da época em que o príncipe Henrique, o Navegador, montou a importante Escola de Navegação de Sagres, em 1415. Henrique reuniu os melhores astrônomos, cartógrafos e construtores de instrumentos de navegação da época para dar início à grande era dos descobrimentos. A revolucionária caravela também foi projetada e construída em Sagres.

FORTALEZA DE SAGRES

www.ippar.pt

É geralmente aceito que a Escola de Navegação, criada por Henrique, ocupou o promontório de Sagres, embora seu forte tenha sido saqueado por Sir Francis Drake em 1587. O forte atual data de 1793.

A área toda é cercada por sólidos muros e bastiões. Ao andar por ela, você verá um vasto espaço batido por ventos, tendo à frente edifícios modernos e à direita a pequena Igreja de Nossa Senhora da Graça, onde Henrique com certeza rezou. Antes de visitá-la, suba a rampa à direita da entrada para uma visão geral da área – embaixo fica o contorno da Rosa dos Ventos, com 39m de diâmetro, que se imagina ter servido para ajudar a ensinar questões de navegação. Desenterrada por acidente em 1921, seguramente data da época de Henrique, mas ainda não se sabe como funcionava.

8650-360 Sagres 282 620 140 Mai-set diariam 9h30-20h (últ adm 15min antes de fechar); out-abr diariam 9h30-17h30 €3

CABO DE SÃO VICENTE

Em qualquer tempo, o ponto mais remoto da Europa continental tem grande vista, ar fresco e mar revolto. Você pode entrar no complexo do farol – antes uma fortaleza – e olhar as rochas e as ondas batendo nelas ou fotografar a excelente vista da costa. A lâmpada do farol é a mais poderosa da Europa. O local não é oficialmente aberto ao público, mas o zelador do farol às vezes se dispõe a acompanhar as pessoas para uma visita.

INFORMAÇÕES

www.visitalgarve.pt
www.sagres.net
332 B13 Rua Comandante Matoso, 8650-357 Sagres 282 624 873 Seg-sáb 9h30-13h, 14h-17h30

DICAS

» O Cabo de São Vicente pode ficar muito cheio de turistas no verão.
» Se fizer uma visita ao farol, dê uma gorjeta ao zelador no final.

Pôr do sol espetacular no afastado Cabo de São Vicente

SERRA DE MONCHIQUE

www.cm-monchique.pt

A apenas 25km do agitado litoral, as montanhas da Serra de Monchique são um mundo à parte – a Portugal rural, com seu campo intocado e pequenas vilas tradicionais ainda não atingidas pelo intenso turismo e comércio ao longo da maior parte do litoral. As montanhas têm bosques, com amendoeiras, oliveiras e mimosas que dão lugar a eucaliptos e pinheiros nas encostas mais altas. Acima da linha das árvores ficam os picos de Foia, a 902m de altitude, ponto mais alto do Algarve, e da Picota, com 774m. Dá para ir até o topo, a pé ou de carro, e apreciar a bela vista sobre o oeste do Algarve.

A base e o ponto de partida para as caminhadas na região é Monchique, pequena cidade de montanha famosa por seu artesanato e pela bela igreja do século XVI. Descendo alguns quilômetros fica o pequeno spa de Caldas de Monchique, cujas águas ricas em minerais jorram a 32°C. Popular no século XIX, a cidade-spa tem uma elegância decadente fin-de-siècle. As águas são usadas no tratamento de reumatismo e de doenças respiratórias. Das montanhas, é possível seguir para oeste até Aljezur. Esse passeio fica ainda mais belo pegando a estrada sinuosa que leva para a intocada costa oeste.

332 B13 Largo de São Sebastião, 8550 Monchique 282 911 189

SILVES

www.cm-silves.pt

Silves, que os mouros chamavam de Xelb, é a cidade do Algarve mais importante historicamente. Foi capital islâmica do Al-Gharb (origem da palavra algarve), grande fortaleza, porto no rio Arade e centro comercial, cuja riqueza e influência eram famosas em toda a Europa. Com a expulsão dos mouros no século XIII, a cidade decaiu, o rio assoreou e, três séculos depois, caiu no esquecimento. Da população de 30 mil habitantes só restaram 150.

O processamento de cortiça revitalizou a cidade no século XIX e hoje Silves prospera com o turismo e o cultivo de cítricos. A cidade recebe milhares de visitantes que vêm ver os muros e o castelo da cidade, um dos monumentos mouros mais bem preservados de Portugal. Para chegar ao castelo, é preciso pegar a íngreme subida da montanha (diariam 9h-19h €1,25). As vistas a partir de seus muros são deslumbrantes. À saída dele fica a Sé (diariam 8h30-18h30; horários variam, grátis), bela catedral gótica de duas torres erguida no local de uma mesquita. Era a principal igreja do Algarve até que o bispado foi transferido para Faro em 1577.

Descendo a montanha fica o Museu Arqueológico (tel 282 444 832; seg-sáb 9h30-17h30, €1,50), que conta a história local passando pelas eras fenícia, romana e moura. A antiga fábrica de cortiça da cidade, a Fábrica do Inglês (tel 282 440 480; www.fabrica-do-ingles.pt; jul-ago diariam 9h-24h; resto do ano ter-sáb 9h-22h, horários podem mudar; museu: mai-set diariam 9h30-12h45, 14h-20h45; resto do ano diariam 9h30-12h45, 14h-18h15), virou um centro de cultura e lazer. Fica perto do rio, onde há uma feira todas as manhãs.

332 C13 Rua 25 de Abril 26-28, 8300-184 Silves 282 442 255

TAVIRA

www.cm-tavira.pt

Próspera cidade às margens do rio Gilão, Tavira é famosa pela pesca de atum. A cidade conseguiu resistir ao impacto do turismo de massa no século XX. Tavira manteve sua alma e seis belos edifícios, ruas estreitas, lojas à moda antiga, cafés e modo de vida tradicional. A imitação de ponte romana, do século XVII, é o caminho para o centro histórico: um emaranhado de ruas estreitas e de casas antigas que contrasta com as amplas avenidas junto ao rio. Tavira tem dezenas de igrejas. As que mais se destacam são a bela Igreja da Misericórdia, erguida entre 1541 e 1551 por Pilarté, pedreiro que trabalhou em Belém, e Santa Maria do Castelo, famosa pelos túmulos de sete cavaleiros cristãos mortos pelos mouros. Essas mortes catalisaram a revolta que levou à expulsão dos mouros da região.

As ruínas do castelo mourisco, dispostas em jardins imaculados, ficam logo na encosta da montanha. É um bom local para uma parada, assim como os jardins junto ao rio que saem da Praça da República. Da praça, um pequeno trem vai até o ponto de partida de barcos para a Ilha de Tavira, onde há uma linda praia que é famosa por suas dunas, ótimas para caminhadas.

333 D13 Rua da Galeria 9, 8800-329 Tavira 281 322 511 Tavira

À esq. *Tavira, no rio Gilão, prosperou graças à pesca do atum no século XVIII*

VALE DO LOBO

www.valedolobo.com

Como Quinta do Lago (▷ 268), Vale do Lobo é outro balneário cheio de ricaços, que vêm aqui jogar golfe e relaxar. De estilo similar ao de Quinta do Lago, Vale do Lobo tem uma praia maravilhosa, que vale a pena visitar na alta estação – as mansões do balneário têm piscinas, de modo que, em geral, a praia não fica lotada.

Quem joga golfe deve se informar a respeito no escritório de turismo. Como os campos são exclusivos (e os preços bem altos), é obrigatório reservar com certa antecedência. Vale do Lobo tem vários hotéis finos e clubes de campo, e é bem servido por restaurantes de estilo internacional, bares e lojas de grife.

332 C13

VILA REAL DE SANTO ANTÓNIO

www.cm-vrsa.pt

Às margens do rio Guadiana, Vila Real de Santo António fica em frente à espanhola Ayamonte. Fundada em 1773 para substituir um assentamento anterior engolido por ondas e deslizamentos de areia, a cidade foi concebida pelo ministro-chefe de Portugal, marquês de Pombal, responsável também pela remodelação do bairro da Baixa em Lisboa (▷ 77). Foi feito um projeto em grade, encomendou-se pedra pré-cortada e a cidade inteira foi reconstruída em seis meses. Ruas diagonais com edifícios homogêneos convergem para a praça central, a Praça Marquês de Pombal, com sua igreja, sede da prefeitura e antigo quartel. Passear pela cidade ao longo do rio ou pegar um barco e ficar algumas horas na Espanha são programas indicados. Os barcos também sobem o rio, em um idílico cruzeiro pela área rural. As lojas de Vila Real de Santo António são muito procuradas pelos espanhóis por suas ofertas.

333 D13 Centro Cultural António Aleixo, Rua Teófilo Braga, 8900-303 Vila Real de Santo António 281 510 045 Vila Real de Santo António

Acima *A marina de Vilamoura, uma das maiores da Europa, atrai praticantes de esportes aquáticos e é um centro de compras, diversão e vida noturna*

VILA ROMANA DE MILREU

www.ippar.pt

Descendo a montanha a partir do palácio de Estói (▷ 266) ficam as ruínas de Milreu, aldeia e complexo balneário do século I ao III da era cristã. Constituem a mais importante escavação romana do Algarve. É preciso se esforçar bastante para imaginar como era o local, a maior parte dele ocupada por uma imensa casa rural do século III, com piscina central e jardim rodeado por um peristilo com colunas. Em volta dela há fragmentos de um grande complexo balneário, que ainda preserva as banheiras e os fornos de aquecimento.

O grande número de vestiários e piscinas originou a hipótese de que Milreu era um complexo de spa e templo – há provas de que foi construído aqui um grande santuário no século IV.

Os esplêndidos mosaicos espalhados pela mansão são tudo o que sobrou dos tesouros arqueológicos da região. O restante do que foi encontrado está exposto nos museus de Faro e Lagos. Os mosaicos retratam, de modo preciso e criativo, golfinhos e diversos peixes, conchas e algas. Para alguns estudiosos isso pode ser uma pista do proprietário da mansão, que talvez fosse um processador de peixe com uma fábrica na costa. Vale apreciar também o interior da casa do século XVI construída sobre parte das ruínas. É um ótimo exemplo de arquitetura nativa que adota técnicas romanas de construção.

333 D13 Ruínas de Milreu, Estói, 8000 Faro 289 997 823 Abr-set ter-dom 9h30-12h30, 14h-18h; out-mar ter-dom 9h30-12h30, 14h-17h €2

VILAMOURA

www.vilamoura.net

Hotéis, lojas, um cassino, restaurantes e bares cercam a imensa marina de Vilamoura. A história do local é recente e remonta à década de 1970, quando se popularizou o turismo no Algarve. Vilamoura continua a se expandir, com condomínios e hotéis irradiando-se para o interior.

O golfe é a principal atividade esportiva da região. Há cinco campos, todos desafiadores e muito bem mantidos. A marina é o centro dos esportes aquáticos como jet ski e pesca profissional. Há também quadras de tênis. A noroeste da marina fica o Museu Cerro da Vila (tel 289 312 153; mai-out diariam 10h-13h, 16h-21h; resto do ano diariam 9h30-12h30, 14h-18h, €2), um sítio arqueológico romano com um pequeno museu anexo, que mostra os achados arqueológicos locais. Há duas grandes praias: a de Marinha (com 3km) e a da Falésia, que é alcançada por uma ponte sobre uma ilhota, tornando-a mais isolada.

332 C13

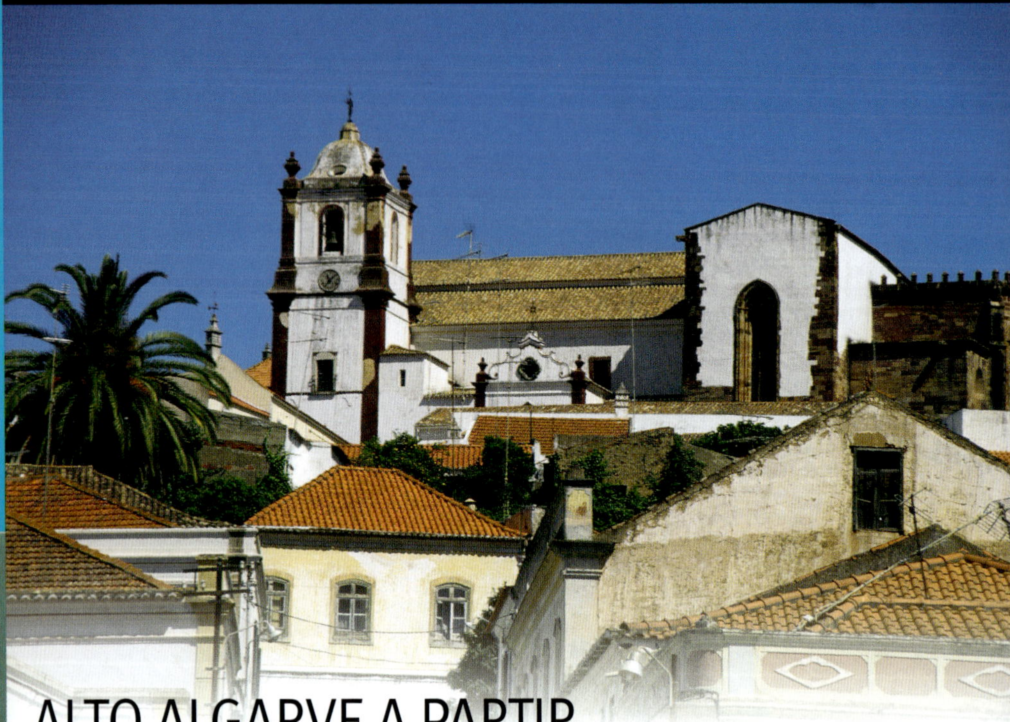

ALTO ALGARVE A PARTIR DE PORTIMÃO

Este passeio é pelo interior, da agitada Portimão à cidade histórica de Silves, e irá conduzi-lo a atraentes vilas e ao ponto mais alto do Algarve, com sua vista maravilhosa.

O PASSEIO
Distância: 80km
Duração: 2 horas, sem paradas; de 3 a 5 horas, com paradas
Início/fim: Portimão

★ Saia de Portimão (▷ 268) pela N124 seguindo as placas para Monchique (se entrar na estrada pela N125, pegue a estrada de acesso que sai da N125 na periferia norte de Portimão.) Siga para o norte por 6km, e depois entre à direita em Porto de Lagos, continuando pela N124 até Silves. A estrada segue pelo fértil vale do Arade, uma área de plantações de cítricos. Os pequenos proprietários locais colocam bancas do lado de fora de suas casas e vendem frutas frescas por cerca de €1,50 (cada 2kg).

❶ Silves (▷ 270), ex-capital real moura, famosa em todo o mundo islâmico, vale uma parada longa. Estacione o carro e explore a cidade a pé. Muitos edifícios antigos foram destruídos pelo terremoto de 1755, mas o grande forte de arenito vermelho, símbolo do domínio mouro, ainda resiste, incólume.

Ao sair de Silves, volte até a intersecção com a N266 (mesma estrada, com novo número) e vire à direita para subir o vale do Boina e ir até Monchique.

❷ O vale do Boina é cortado por uma estrada de bosques, sombreada, onde predominam acácias e eucaliptos – um mar amarelo-claro perfumado no início da primavera. Essas duas espécies do Hemisfério Sul foram descobertas pelo botânico sir Joseph Banks, que acompanhou o capitão Cook em sua épica viagem pelo Pacífico em 1770. Ambas se adaptaram bem à Europa e há grandes áreas do Algarve onde elas dominam as espécies nativas. Mas são bastante propensas a incêndios, em especial os eucaliptos, que têm muitos óleos naturais.

Após 11km pegue a pequena estrada que desce até a cidade-spa de Caldas de Monchique (▷ 270). Continue morro acima até Monchique (▷ 270).

❸ Monchique sedia um grande mercado na segunda sexta-feira de cada do mês, no qual você pode comprar o famoso presunto local e – se tiver coragem – um pouco de medronho, o poderoso destilado local feito de frutas do medronheiro, também chamado de êrvedo. Procure também os tamancos tradicionais feitos a partir de um design que data da época dos construtores romanos de móveis.

Na praça principal, suba à esquerda o morro para sair da cidade pela N266-3 em direção ao pico do Foia – siga as placas.

❹ Foia, a 902m, é o ponto mais alto do Algarve, por isso, caso o dia esteja claro, vale a pena levar um mapa até o topo para identificar os marcos que estarão espalhados a seus pés. Toda a ponta sudoeste de Portugal, incluindo Portimão (▷ 268) e Lagos (▷ 267), aparecerá ao sul, com o Cabo de São Vicente (▷ 269) no ponto mais distante. Foia é um popular destino turístico, por isso chegue cedo para evitar as multidões, ou, melhor ainda, bem tarde – é um lugar incrível para ver o pôr do sol.

Saia do pico e volte pelo mesmo trajeto até Portimão. Como alternativa, vire à esquerda na rodovia N267 ao sul de Monchique e continue até a pequena vila de Casais. Lá, pegue a estrada sem nome que vai para o sul, via Montes de Cima. Depois de uns 3km você pode tanto virar à direita para pegar de novo a N266 ou continuar para o sul para chegar à N125, a oeste de Portimão.

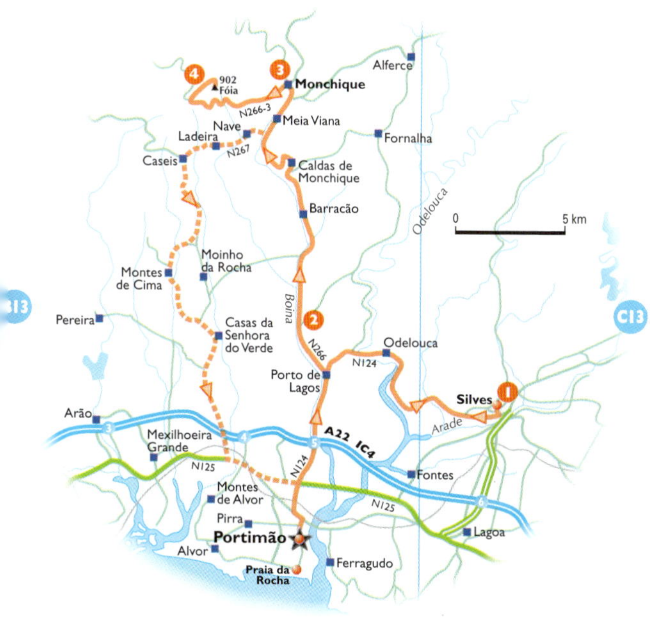

ONDE COMER

Para uma refeição leve vá ao Café Inglês, nas Escadas do Castelo, em Silves (▷ 287). Em Caldas de Monchique, tente o restaurante no complexo do spa. Depois de Monchique, na estrada de Foia, você encontra o Jardim das Oliveiras (▷ 287), com seu belo terraço e ótimo cardápio.

QUANDO IR

Este é um passeio de carro bom para o fim do inverno, quando os amendoeiros florescem e a estrada entre Silves e Caldas de Monchique fica toda coberta de acácias. No verão, é uma boa alternativa para fugir das multidões que costumam lotar o litoral.

Acima *A praça principal de Silves*
Pág ao lado *A torre da catedral gótica se destaca entre os telhados da cidade histórica*

PASSEIO A PÉ

PÉ DA SERRA DE MONCHIQUE

Neste adorável passeio pelos bosques do pé da Serra de Monchique, no Algarve, você pode fugir das multidões do litoral e entrar em outro mundo, mais tranquilo e acolhedor.

O PASSEIO
Distância: 7,5km
Duração: de 2 a 3 horas
Início/fim: Caldas de Monchique

★ Da cabine telefônica vermelha em Caldas de Monchique (⊳ 270) desça o morro pela vila até a engarrafadora de água. A água mineral produzida aqui é tida como a melhor de Portugal, com seu gosto doce e alto teor de minerais. Com a engarrafadora à sua esquerda, vire à direita na estrada e entre pela trilha que desce pela montanha.

❶ O caminho é cheio de acácias que ficam lindas no final do inverno, cobertas de flores amarelas. Você poderá ver ou ouvir o rio embaixo à direita enquanto caminha.

Continue até chegar à ponte que cruza o rio. Atravesse-a – com cuidado, pois se choveu pode estar escorregadia – e vire à esquerda em um caminho estreito que corre junto à água.

❷ Nessas montanhas, o verde é exuberante no fim do inverno e na primavera, com o florescimento de amêndoas e acácias. Há pequenos arbustos com frutas vermelhas parecidas com morangos. É o *Arbutus unedo*, o medronheiro, cuja fruta é a base da aguardente mais conhecida do Algarve, o medronho. Ele vai de uma versão de 40° para turistas até outra de tirar qualquer um do prumo, com 70° a 90°, que é destilada nas montanhas.

Continue pela trilha junto à água, passando por uma ponte a sua esquerda, e ande até ver pequenos campos acima do rio, com árvores de cítricos e uma casa grande na margem oposta. Na bifurcação do caminho, pegue à direita e suba o morro, afastando-se da água. Esse caminho desce e vira uma trilha larga, que sobe o morro bem íngreme. Siga por ela até um cruzamento onde outra trilha vem da esquerda. Aqui, vire à direita e fique nessa trilha por 25 a 30 minutos.

❸ Ranúnculos amarelos cobrem o chão no final do inverno e na primavera, e os aromas de lavanda, tomilho, alecrim e orégano enchem o ar nos meses mais quentes.

Ao alcançar uma curva à esquerda você verá um caminho que sobe um pouco antes de ficar plano por um bom trecho. Siga por ele – logo você terá embaixo uma bela vista de Caldas de Monchique. Desça essa trilha íngreme, passando no final por uma casa à esquerda. A trilha dobra à direita e logo poderá ser vista a ponte sobre o córrego que você pegou perto do início do passeio. Cruze-a e refaça o trajeto até Caldas.

ONDE COMER
Não há nenhum lugar para comer neste passeio, por isso leve um lanche. Também é bom levar uma garrafa de água, especialmente no verão.

Acima *Caldas de Monchique fica nos contrafortes da Serra de Monchique*

ALTO ALGARVE

Ótimas trilhas levam você de Silves, ex-capital moura do Algarve, até pequenas propriedades no campo, com maravilhosas vistas pelo caminho.

O PASSEIO
Distância: 7,5km
Duração: de 2 a 3 horas
Início/fim: Silves

★ Comece no Largo do Município em Silves (▷ 270). Siga até a Sé, vire à direita e circunde os vestígios do castelo. Com o castelo à sua esquerda, siga morro abaixo. Depois de uns dez minutos, você irá chegar a um cruzamento. Vire à esquerda, depois à direita em uma trilha que corre junto a um laranjal. Ela dá em uma levada, como os portugueses chamam um canal de concreto. Cruze a ponte para pedestres e vire à direita, andando junto ao canal. Siga o caminho à esquerda em direção a um grupo de casas e vire à esquerda. No próximo cruzamento, vire à direita. Para chegar às ruínas do moinho vá até o aqueduto, passe por baixo dele e vire à esquerda na junção de várias trilhas e depois à direita quando a nova trilha se bifurcar nas ruínas, com plantações de amendoeiras e figueiras e passe por simpáticas e tradicionais casas caiadas. No fim do inverno, o chão fica cheio de ranúnculos amarelos e de perfumados narcisos silvestres.

❶ Moinhos são comuns em Portugal e são usados quase sempre para bombear água. Aqui, restam poucos vestígios da estrutura original, exceto o sólido trabalho em pedra da torre. É um bom local para uma pausa e para apreciar a linda vista de Silves para trás, de Portimão (▷ 268) abaixo e das montanhas da Serra de Monchique (▷ 270). Há muitas flores cor-de-rosa, brancas e púrpura de cistos e densos tufos de lavanda. Na primavera as orquídeas florescem. A pequena de abas verdes é bem rara.

No sentido contrário ao mar, siga a cadeia para o norte até o fim; à frente e à direita fica o vale de Bastos. Vire à esquerda morro abaixo e à direita na trilha mais baixa, depois, logo à frente, à esquerda no cruzamento. Siga essa trilha acima de um vale com bosques, até descer onde vários caminhos se encontram. Aqui, vire à esquerda para a trilha principal e siga ao sul morro abaixo.

❷ Ao andar para o sul, a paisagem de oliveiras e eucaliptos dá lugar a hortas de vegetais, amendoeiras, árvores de cítricos, lavanda, alecrim, cistos e perpétua-das-areias.

Vire à esquerda ao chegar à trilha principal, que se torna uma estrada pavimentada quando você chega aos arredores de Silves. Fique à direita nas primeiras casas, depois vire à esquerda e suba os degraus. Quando chegar no alto vire à esquerda e siga à direita até o canal de água, a ponte e o ponto de partida.

ONDE COMER
Você pode fazer um piquenique no caminho ou ir ao Café Inglês, nas Escadas do Castelo (▷ 287).

Acima *Vista a partir das ruínas do moinho*

MONTANHAS DO BARROCAL

Este passeio circular a partir de Loulé abrange as férteis montanhas do Algarve central, uma área rural intocada conhecida como jardim do Algarve, cheia de amendoeiras e laranjais.

O PASSEIO
Distância: 50km
Duração: de 2 a 3 horas, sem paradas
Início/fim: Loulé

★ Loulé é uma agitada cidade de mercado. Situada no interior, a noroeste de Faro, era um local importante bem antes do desenvolvimento do litoral. Hoje é capital administrativa da área. A parte antiga é uma grade de ruas de pedra com casas caiadas em volta da igreja gótica do século XIII, a Igreja Matriz. O campanário mais antigo era o minarete de uma torre mourisca, única parte do edifício islâmico que restou. Nessa área, há muitas lojas de artesanato, boa parte dedicada a peças de cobre e renda feita à mão. Nas ruínas do castelo há um museu arqueológico, e você pode subir até os muros do castelo para apreciar a vista. Há também o ótimo mercado de alimentos, abrigado em um atraente edifício com uma cúpula em estilo mourisco, perto do centro.

Saia da cidade seguindo as placas para Querença/Ameixial pela rodovia N396. Depois de uns 8km você verá uma bonita ponte com arcos e uma placa indicando "fonte". Vire à esquerda (placa para Querença), depois de novo à esquerda para o centro da vila.

❶ A intocada Querença é uma parada agradável. Você pode dar uma espiada na igreja ou lanchar em um dos singulares cafés da cidade. Se houver a linguiça local, vale a pena prová-la – é tão famosa que a festa da cidade, que ocorre em janeiro, é dedicada a ela.

Desça a montanha e vire à esquerda na N524. Depois de 3km, estacione e faça uma caminhada até a Fonte da Benémola (▷ 280). Ou então continue à esquerda em direção a Salir (há placas sinalizando).

❷ A estrada para Salir passa por uma área rural típica do Barrocal. A terra aqui é muito fértil e cultivada

À esq. *A estrada passa pelas ruínas do castelo mouro de Salir*
Página ao lado *Salir, onde os mouros estabeleceram uma fortaleza*

O QUE VISITAR

LOULÉ

Rua 25 de Abril 9, 8100-506 Loulé
289 463 900 ou 808 781 212 (número para informações) Jul-set seg-sáb 9h30-19h; out-jun seg-sáb 9h30-17h30

MUSEU ARQUEOLÓGICO, CASTELO DE LOULÉ

Largo Dom Pedro 1, 8100-519 Loulé
289 400 642 Museu: seg-sex 9h-17h30, sáb 10h-14h

DICA

» Encha o tanque antes de partir, porque os postos são poucos e muito distantes entre si.

por pequenos proprietários, muitos deles ligados ao modo de vida de seus ancestrais. Ainda se usa o burro como meio de transporte, e você pode ver pessoas mais velhas usando orgulhosamente os trajes locais tradicionais. Os principais cultivos dessa região, além das verduras e dos legumes, são laranjas, amêndoas, alfarrobas e figos. Há também inúmeras plantações de cortiça. Mais de 50% do suprimento mundial de cortiça vem do interior do Algarve e do Alentejo, com colheitas a cada nove anos mais ou menos.

No cruzamento com a rodovia N124, vire à esquerda para Salir e siga a estrada íngreme montanha acima até o meio da vila.

❸ Salir é outra tradicional vila agrícola, onde você pode passear por alamedas floridas, da antiga igreja até as ruínas do castelo mourisco. Não há muito o que visitar, mas a localização é belíssima, com ótima vista da vila e do vale ao longe.

Saia de Salir e pegue uma estrada sem nome ao sul por 16km de volta para Loulé.

ONDE COMER

Saindo do centro de Loulé, na estrada Clareanes/Querença, fica a Casa Paixanito (▷ 287). Em Querença, experimente o De Querença na praça da igreja. Em Salir, a dica é o Mouro Bar Castelo, junto ao castelo.

QUANDO IR

É melhor fazer este agradável passeio na primavera, quando as amendoeiras estão florindo.

PASSEIO DE CARRO

OESTE DO ALGARVE

No ainda pouco explorado oeste do Algarve, você pode dirigir por estradas desertas de montanha e experimentar a grandiosidade dos magníficos rochedos e o cenário natural do belíssimo litoral do Atlântico.

O PASSEIO
Distância: 153km
Duração: 3 horas sem paradas, de 5 a 7 horas com paradas e desvios
Início/fim: Lagos

★ Saia de Lagos (▷ 267) pela movimentada rodovia N125 e siga para oeste, até Vila do Bispo.

❶ Vila do Bispo é uma típica vila agrícola do Algarve, ainda intocada pelo turismo. O destaque é a ornamentada igreja paroquial do século XVII, no centro histórico, pontuado por casas caiadas. Depois, você pode ir para oeste cruzando 5km de montanhas até a praia do Castelejo, uma imensa praia ao pé de rochedos inacessíveis.

Saindo de Vila do Bispo, vire à esquerda e siga a N268 para o sul, até Sagres (▷ 269). No caminho para Sagres você vai passar pela Surf Planet, loja que atrai os amantes do esporte (▷ 285).

❷ Sagres é a cidade onde se acredita que o príncipe Henrique, o Navegador, estabeleceu sua sede quando se tornou governador do Algarve em 1419. Seu assentamento, conhecido como Vila do Infante, talvez ficasse no mesmo local da fortaleza de Sagres.

De Sagres, vá para o norte pela costa por 6km até Cabo de São Vicente (▷ 269).

❸ O inóspito Cabo de São Vicente é onde fica o segundo farol mais potente da Europa. Embora não seja oficialmente aberto ao público, o zelador permite visitas.

Volte para Sagres e pegue a estrada até o cruzamento com a rodovia N125 em Vila do Bispo. Vire à esquerda e pegue a N268 sentido norte, para Carrapateira.

❹ A estrada ao norte de Vila do Bispo passa por uma bela paisagem de colinas, eucaliptos e acácias, além de bem cuidadas chácaras. Pequenas estradas que saem da N268 dão acesso a lindas praias. Uma boa opção é pegar o desvio para a Praia do Amado, ao sul de Carrapateira. É uma baía larga e arenosa, protegida por montes baixos, boa para surfe e tranquila, mesmo no verão.

Em Carrapateira, vire à esquerda e entre na estrada em anel que corre pelo promontório e desce até a Praia da Bordeira.

❺ A Praia da Bordeira tem uma paisagem bem distinta: a ampla extensão de areia, protegida por dunas e pelo vale de um pequeno rio, oferece agradável contraste com os rochedos cheios de precipícios de outras partes do litoral português.

Volte para a estrada principal (N268) e continue ao norte até o cruzamento com a N120. Vire à esquerda sentido Aljezur.

Para explorar mais praias, você pode fazer um retorno depois de cerca de 1,8km. Vire à esquerda em uma estrada sem nome com placa de "arrifana". Continue ao norte pelo Vale da Telha até a Praia de Monte Clérigo (ótima para famílias) e volte subindo o vale do rio até a rodovia N120. Vire à esquerda e siga ao norte até Aljezur.

❻ Aljezur, embora seja pouco mais do que uma grande vila, é o maior povoamento da costa oeste do Algarve. Estacione na moderna cidade baixa, onde fica a maioria das lojas e restaurantes, e suba pelas íngremes ruas de pedra da cidade antiga até as ruínas do castelo mourisco do século X, de onde terá esplêndida vista da cidade e dos arredores. A cidade abriga também dois museus.

Em Aljezur, vire à direita na rodovia N267 e continue por 10km, antes de virar à direita numa estrada secundária que leva até Corsino e a Barragem da Bravura. Essa estrada de montanha corre por uma agradável área rural entre o lado oeste da parte baixa da Serra de Monchique (▷ 270) e a Serra do Espinhaço de Cão. Siga as placas até a Barragem da Bravura pela N125-9.

❼ O imenso reservatório da Bravura é um dos mais bonitos do Algarve. É constituído por uma extensão de águas verdes e profundas, tendo ao fundo montanhas preenchidas por densos bosques. Você pode andar ao longo da represa e por um caminho do outro lado ou simplesmente descansar no café.

Volte para a N125-9 e vá para o sul de volta à N125. Vire à direita para voltar para Lagos.

ONDE COMER

Em Sagres, há a A Tasca na Praia da Baleeira (▷ 286-7). Na Praia da Bordeira, você encontra o Sítio do Rio, que serve grelhados no carvão (▷ 286), e a praia de Monte Clérigo oferece a Casa de Pasto O Zé e o Snack Bar a Rede. Há vários bares à sua escolha na praia do Amado. Em Aljezur, você encontra o Restaurante Ruth, na rua 25 de abril.

QUANDO IR

Tanto Sagres como Cabo de São Vicente são populares pontos turísticos de parada no verão, por isso procure chegar cedo para evitar as multidões.

DICA

» Aqui o mar é mais frio do que ao longo da costa sul do Algarve. As correntes e as marés podem também ser perigosas. Tenha cuidado ao nadar.

À esq. *A colorida marina de Lagos*
Página ao lado *O acidentado Cabo de São Vicente e seu farol*

PASSEIO A PÉ

MONTANHAS DO BARROCAL

Um passeio tranquilo, por caminhos sombreados, com variedade de árvores, arbustos e flores silvestres, através de um agradável vale até um belo ponto pouco conhecido.

O PASSEIO
Distância: 5km
Duração: 1 hora
Início/fim: 3km ao norte de Querença pela rodovia N524, na placa "Fonte de Benémola, círculo pedestre"
Estacionamento: Junto à estrada, à esquerda no início da trilha. É perto da casa em ruínas

★ Comece a caminhada na placa "círculo pedestre" e siga a trilha por 1km. Na bifurcação, pegue à esquerda e siga as placas para "fonte", cruzando uma pequena ponte.

❶ Ao longo do primeiro trecho você verá dois tipos de vegetação: campos cultivados de frutas, oliveiras, legumes e verduras à esquerda e, à direita, a vegetação nativa, com orquídeas, alecrim, lavanda, tomilho e zimbro.

Vire à esquerda depois da ponte, de novo à esquerda, com o rio à sua esquerda, em um paraíso natural.

❷ O som relaxante da água corrente e o aroma de laranja, limão e alfarroba são um deleite para os sentidos. Também é possível ouvir, mesmo sem ver, uma variedade de pássaros canoros. Se chover, veem-se marcas de lontras na terra macia junto à água. As lontras alimentam-se de pequenos peixes do rio.

Ande mais cinco minutos e chegará à famosa Fonte de Benémola.

❸ A Fonte de Benémola é rica em minerais e há a tradição de se banhar na água por razões terapêuticas – é considerada benéfica para artrite. Há mesas de piquenique em uma clareira na trilha. Você pode explorar mais a área rio acima, onde encontrará cavernas quando o rio passa por uma garganta rochosa.

Atravesse o rio pelas pedras e vire imediatamente à esquerda, seguindo a água corrente abaixo e mantendo-a à sua esquerda.

❹ Há uma cabana de cesteiro poucos minutos a pé ao longo do rio. Um artesão costuma ficar ali, vendendo uma variedade de cestas tradicionais.

Continue por uma plantação de cortiça até voltar à rodovia N124. Vire à esquerda, atravesse a ponte e pegue a estrada de volta.

ONDE COMER
Leve um lanche, ou tente o De Querença ao voltar à cidade, no Largo da Igreja.

DICAS
» Se o rio estiver alto, as pedras para atravessá-lo no ponto mais distante da caminhada estarão submersas e você terá que voltar para trás.
» Há diversas placas para a fonte, além de marcas vermelhas, brancas e amarelas nos muros e árvores. Embora os moradores do local sigam de carro até a fonte – a trilha comporta só um carro –, não é recomendável fazê-lo.

Acima *Os campos cultivados de Barrocal*

ROCHEDOS DE LAGOS E PRAIA DA LUZ

Este revigorante passeio abrange um trecho que é a quintessência do litoral oeste do Algarve. No caminho, você pode apreciar lindas vistas das formações rochosas da costa e do Atlântico.

O PASSEIO
Distância: 6km
Duração: 3 horas
Início: Lagos
Fim: Praia da Luz

★ Comece à beira do rio em Lagos (▷ 267), onde a Avenida dos Descobrimentos, à sombra de palmeiras, corre ao longo do rio Bensafrim. Ande para o fim do passeio até o Forte da Ponta da Bandeira.

❶ O Forte da Ponta da Bandeira, do século XVII, foi erguido para proteger a entrada do porto. Entre no forte para apreciar a vista. Logo abaixo fica a Praia da Batata, em uma enseada.

Continue colina acima saindo da cidade até alcançar o mirante, com seu grande monumento de pedra.

❷ O monumento no mirante celebra São Gonçalo, filho de um pescador local que se tornou um monge e é o santo padroeiro de Lagos.

No alto da colina procure uma praia à esquerda que indica "Praia do Pinhão" e siga o caminho. Ele leva pelos rochedos até a pequena Praia do Pinhão e à Praia de dona Ana.

❸ A Praia de dona Ana tem areia e belas formações rochosas, além das cavernas bem típicas desse trecho do litoral português. Os rochedos são repletos de hotéis, cafés e blocos de apartamentos. Fora da estação é muito agradável.

Atravesse a praia e o estacionamento acima dela e volte para os rochedos. Há muitas trilhas estreitas por aqui, mas mantenha sempre o mar à sua esquerda para não se perder. A próxima enseada é a da praia do Camilo, uma praia clássica que fica menos lotada. Continue até Ponta da Piedade.

❹ A Ponta da Piedade é uma série espetacular de rochas vermelhas que se erguem da água cristalina, rodeadas por grutas. No verão, pescadores locais fazem passeios até elas. Após o farol há uma bela vista do mar.

Com o mar sempre à sua esquerda, continue pelos rochedos. Na Praia de Porto de Mós o caminho cai em direção ao mar. Daqui, siga o caminho subindo a montanha por 40 minutos. O ponto mais alto da caminhada é o obelisco, a 109m. Passe pela brecha nos arbustos à esquerda e desça a íngreme encosta até um caminho de pedra que leva à Praia da Luz.

❺ A Praia da Luz é um atraente balneário, tranquilo, com um agradável passeio, alguns bares e restaurantes, além de um centro tipicamente português.

Há ônibus regulares para Lagos.

ONDE COMER
Os moradores recomendam o Restaurante Paraíso, na Praia da Luz.

Acima *A Praia de Dona Ana*

ARTE, COMPRAS, DIVERSÃO E NOITE

Acima *O Algarve tem alguns dos melhores campos de golfe da Europa*

ALBUFEIRA

AQUALAND

www.aqualand.pt

Ao norte de Albufeira, piscinas com ondas e corredeiras, tobogãs sinuosos e, para os intrépidos, uma cachoeira de 92m e um salto de 23m.

Apartado 11, 8365-908 Alcantarilha 282 320 230 Mai-meados set diariam 10h-18h Adultos €18,50, crianças (4-12) €15 Junto à rodovia EN125, em Alcantarilha

MERCADO

Mercado quinzenal ao norte da cidade, perto da nova estação de ônibus. Vende roupa e calçados, e no verão tem mais bancas ao longo das ruas comerciais vendendo joias, cerâmica, artigos de cobre e couro e suvenires.

289 585 279 (escritório de turismo) 1ª e 3ª terças do mês

RUA CÂNDIDO DOS REIS

Esta rua, junto ao Largo Engenheiro Duarte Pacheco, é repleta de lojas de artesanato e suvenires. As melhores são a Infante Dom Henrique (nº 40), que vende cerâmica de qualidade, e La Lojas (nºs 20-22), com porcelanas e cristais.

Albufeira Seg-sáb 10h-20h

ZEBRA SAFARI

www.zebraincentives.com

Esta empresa de atividades ao ar livre, com seus veículos 4x4 pintados de zebra, organiza passeios guiados de um dia (9h-17h) a monumentos, regiões de montanha e artesãos locais. Também oferece inúmeras atividades de aventura.

Arcadas de São João, apt. 836, Areias de São João, 8201-911 Albufeira 289 583 300 Escritório: seg-sex 9h-13h, 15h-19h, sáb 16h-18h Um dia de passeio em 4x4 €47,50 incluindo almoço De Albufeira siga as placas até Areias de São João. O escritório fica na rua principal junto à Caixa Geral de Depósitos

ZOOMARINE

www.zoomarine.com

Parque oceanográfico cujo propósito é a conservação e educação ambiental. Um museu marítimo e um cinema complementam o grande aquário; as atrações diárias incluem shows do leão-marinho e de golfinhos. Você tem também a oportunidade de nadar junto com os golfinhos.

Na rodovia EN125 (km 65), junção Guia, 8200-864 Albufeira 289 560 300 Jun-6 set diariam 10h-19h30; abr-mai e 7 set-out diariam 10h-18h; resto do ano ter-dom 10h-17h Adultos €23, crianças (5-10) €14; nadar com golfinhos €145 Junto à rodovia EN125, entre Guia e Alcantarilha

ALMANCIL

GRIFFIN BOOKSHOP

www.griffinbookshop.com

É provavelmente o melhor lugar para encontrar livros em inglês no Algarve. Tem muitos títulos de ficção, não ficção, literatura infantil e livros usados.

Rua 5 de Outubro 206-A, 8135-103 Almancil 289 393 904 Seg-sex 9h30-18h, sáb 9h30-14h

KARTING ALMANCIL

www.mundokarting.pt

A pista de 760m é uma réplica do circuito de Jacarepaguá de Fórmula 1 e atrai mais de 250 mil visitantes por ano. Fica dentro de um parque temático estilo western, com café, bar e restaurante. Tem um circuito infantil para a garotada se divertir.

Sitio das Pereiras, 8135-022 Almancil 289 399 899 Jul-ago diariam 10h-24h; set diariam 10h-20h; fev-mai e out-dez ter 15h-18h, qua-sex 10h-18h, sáb-dom

10h-19h €15 para 160cc, €22,50 para 390cc Entre em Almancil pela rodovia EN125. O Karting Almancil fica à direita

FARO

FORUM ALGARVE

www.forumalgarve.net

Este shopping na periferia da cidade tem mais de 120 lojas, incluindo algumas de redes internacionais conhecidas. É uma boa opção para um dia chuvoso, com lojas, cinemas, restaurantes, lanchonetes e estacionamento, tudo no mesmo local.

Na rodovia EN125, Pontes de Marfil 289 889 300 Jun-set e dez diariam 10h-24h; jan-mai e out-nov dom-qui 10h-23h, sex-sáb 10h-24h Minibus nº 1 seg-sex 8h-20h a cada 15min de vários pontos centrais O shopping fica no km 103 da rodovia N125, no lado oeste da cidade

O ATELIER

A loja parece uma caverna de Aladim, com três salas lotadas de mobília de fazenda, pinturas, livros, prataria, faiança, cartões-postais e alguns relógios antigos incríveis.

Rua Brites de Almeida 32, 8000-234 Faro 289 821 777 Seg-sex 9h-13h, 15h-19h, sáb 10h-13h

LAGOA

OLARIAS DE PORCHES

A vila de Porches, a leste de Lagoa, é um dos poucos lugares da região que vendem a genuína cerâmica do Algarve, em vez das peças trazidas do Alentejo. É conhecida por sua cerâmica de boa qualidade, azul e verde, em estilo de Maiorca, geralmente decorada à mão com motivos de folhas, frutos, pássaros e flores.

Na rodovia, Porches

SLIDE & SPLASH

www.slidesplash.com

Este é o maior parque aquático de Portugal, com cerca de 6,5ha de piscinas infantis, com ondas, corredeiras, trajetos sinuosos e, para os mais corajosos, o incrível Kamikaze ou o salto no escuro do Black Hole. Para os mais tranquilos, o parque abriga belos gramados para tomar sol.

Na rodovia, Vale de Deus, Estombar, 8401-901 Lagoa 282 340 800 Páscoa-out diariam 10h-17h, 17h30, 18h Adultos €18, crianças (5-10) €14,50 Vá para oeste saindo de Lagoa pela rodovia EN125 sentido Portimão. Na rotatória siga para Estombar. Passados 500m, o Slide & Splash está sinalizado à esquerda

LAGOS

BOM DIA

www.bomdia.info

Esta empresa organiza excursões pela costa do Algarve em tradicionais barcos a vela portugueses. Você pode almoçar em Sagres, ou fazer viagens mais curtas para explorar as grutas de Ponta da Piedade.

Marina de Lagos, loja 10, 8600-780 Lagos 282 087 587 Jul-set diariam saídas 10h-17h; out, nov e fev-jun diariam saídas 10h-15h Viagem por grutas com churrasco (cinco horas): adultos €49, crianças (5-10) €29; viagem de pesca familiar (três horas): adultos €39, crianças (5-10) €29; viagem pelas grutas (duas horas): adultos €25, crianças (5-10) €12,50 inclui vinho Siga as placas para a marina

CENTRO CULTURAL DE LAGOS

Este centro cultural abriga exposições de arte e de fotos, recitais de música e peças de teatro. Na hora do almoço, o bar serve também um prato do dia a preço razoável.

Rua Lançarote de Freitas 7, 8600-605 Lagos 282 770 450 Meados jun-meados set diariam 13h-24h; resto do ano seg-sáb 10h-20h €2,50-€30, dependendo da exposição ou espetáculo

DOLPHIN SEAFARIS

www.dolphinseafaris.com

Sediada na marina de Lagos, a Dolphin organiza excursões para ver golfinhos de um barco rígido inflável (RIB, em inglês); segundo eles, a chance de ver um golfinho é de 85%.

Marina de Lagos, 8600-780 Lagos 282 799 209 ou 918 704 267 Jun-ago diariam 8h30, 10h, 11h30, 13h e 15h; resto do ano ligue para saber os horários Adultos €40, menores de 11 €30 O escritório é bem sinalizado dentro do Centro Comercial da Marinha na marina de Lagos

MERCADO

O mercado coberto de Lagos tem frutas, legumes e vegetais, pão fresco e queijos especiais. No primeiro sábado de cada mês, há um mercado cigano a céu aberto que vende calçados, roupas e tecidos.

Rua das Portas de Portugal, 8600-657 Lagos Seg-sáb 8h-13h

MOTORENT

www.motorent.pt

Uma das melhores maneiras de explorar as estreitas ruas da cidade velha de Lagos é de bicicleta. Como opção, vá de moto para as montanhas nos arredores da cidade. A Motorent aluga motos e bicicletas.

Rua Victor Costa e Silva, Ed. Vasco da Gama, Loja 8b, 8600-764 Lagos 282 769 716 Diariam 9h-13h, 14h-19h Aluguel de bicicleta €13 por dia (mais €50 de depósito); capacete €2,50; assento para criança €2,50; aluguel de bicicleta: €28-€80, dependendo do tipo; quad €80, entrega no hotel

PARQUE ZOOLÓGICO DE LAGOS

www.zoolagos.com

Pequeno zoológico com cerca de 120 animais, com ênfase em pássaros, que podem ser observados depois de andar 60m pelo aviário. Tem também uma boa fazendinha para crianças.

Quinta Figueiras, Sítio do Medronhal, Barão de S. João, 8600-013 Lagos 282 680 100 Abr-set 10h-19h; out-mar 10h-17h Adultos €10, crianças (4-11) €6 Pegue a rodovia EN120 para noroeste, saindo de Lagos até Bensafrim. Em Bensafrim, vire à esquerda seguindo as placas

TIFFANY'S

www.valegrifo.com

Organiza viagens de férias e passeios de um dia.

Vale Grifo, Almádena, Luz, 8600-102 Lagos 282 697 395 Abr-set diariam 9h-13h, 15h-19h; out-mar diariam 9h-13h, 15h-17h Passeio pelo campo (uma hora): €30; passeio de uma hora e meia seguido de café da manhã: €50; passeio de aventura (cinco horas): €125 Saia de Lagos a oeste pela rodovia EN125, sentido Sagres. Depois de Espiche, dê atenção às placas à direita para a Tiffany's antes de Almadena

LOULÉ

CENTRO DE ARTESANATO

Este centro tem uma boa coleção de rendas, artigos de couro, objetos de cerâmica e cobre, e um bonita mostra de maquetes de caravelas de madeira.

✉ Rua da Barbaça 11-13, Loulé
☎ 289 412 190 ⏱ 9h30-19h

MERCADOS

O mercado diário de Loulé (seg-sex 8h-13h) fica na Praça da República. Vende alimentos e artesanato tradicional. A feira semanal, realizada nas manhãs de sábado no lado oeste da cidade, vende roupas, calçados e suvenires baratos.

☎ 289 463 900 (escritório de turismo)

MEGASPORT

www.megasport.pt

A Megasport é uma boa opção para alugar diversos tipos de bicicleta (para mulheres, crianças, mountain-bikes, bicicletas de corrida e downhill). Tem ainda guias para acompanhá-lo em seus passeios.

✉ Estrada Nacional 125, Quatro Estrados, 8100-321 Loulé ☎ 289 393 044
⏱ Diariam 9h-13h, 15h-19h ✋ 1dia de aluguel de bicicleta de adulto €9-€30, dependendo do tipo, bicicleta infantil €9; passeios de tandem guiados €30 por hora; capacete €2; assento para criança €3; tandem €25

MONCHIQUE

ALTERNATIV TOUR

www.alternativtour.com

As montanhas com bosques de Monchique são ótimas para caminhadas e passeios de bicicleta. Se quiser levar um guia, contate a Alternativ, especializada na região. Ela também informa sobre trajetos independentes e organiza passeios de canoa. Você pode ligar para agendar o ano todo. Não há escritório central; a equipe marca pontos de encontro para cada pessoa.

✉ Sítio das Relvinhas, 8550-909 Monchique
☎ 282 913 204 ou 965 004 337 ✋ Passeios a pé guiados (com almoço tipo piquenique): €30; passeios de biclicleta (com almoço): €37; passeios de bicicleta (independentes com mapas): €15; canoagem €30

MERCADO DE MONCHIQUE

O mercado mensal de Monchique é um bom lugar para comprar artesanato local, como peças de lã, cortiça e cestaria. São interessantes as cadeiras de crianças pintadas e os banquinhos dobráveis em X, que alguns acreditam ser de origem romana.

☎ 282 911 189 (escritório de turismo)
⏱ 2ª sex mês

TERMAS DE MONCHIQUE

www.monchiquetermas.com

Desde a época dos romanos essas termas quentes são usadas com fins medicinais. Você pode provar as águas sem pagar nada. Há também um spa terapêutico, com tratamentos de pele, para problemas digestivos e reumatismo. Se quiser algo mais forte, tome um medronho, a aguardente local, em um dos bares do lado de fora.

✉ Caldas de Monchique, 8550-232 Monchique ☎ 282 910 910 ⏱ Qua-seg 9h-19h, ter 10h30-19h ✋ €25-€195, dependendo do tratamento

OLHÃO

MERCADO

A cidade não é voltada para o turismo, mas seu mercado proporciona um vislumbre da vida cotidiana do Algarve. É o maior mercado coberto da região, com dois enormes salões (um para vegetais e outro para carnes) em estilo mourisco.

✉ Avenida 5 de Outubro, 8700 Olhão
⏱ Seg-sáb 8h-13h

PARQUE NATURAL DA RIA FORMOSA

www.icnb.pt

Parque natural intocado que abriga muitos pássaros de alagados, incluindo raras galinholas. São 80km de lagoas, pântanos, praias e dunas. É uma ótima área para caminhadas. Contate o escritório do parque para mapas e informações sobre trilhas sinalizadas.

✉ Centro de Educação Ambiental de Marim, Quinta do Marim, Quelfes, 8700 Olhão ☎ 289 700 210 ⏱ Diariam 10h30-18h (parque), seg-sex 9h-12h30, 14h-17h30 (escritórios) 🚌 Pegue a rodovia EN125 a leste, saindo de Olhão. Vire à direita no posto Cepsa. O escritório fica 1km descendo a rua em direção ao mar

PORTIMÃO

DOLPHIN SEAFARIS

www.dolphinseafaris.com

A empresa, que também opera na marina de Lagos (▷ 283), organiza excursões para observação de golfinhos a partir da marina de Portimão.

✉ Marina de Portimão, 8500 Portimão
☎ 282 799 209 ou 918 704 267 ⏱ Jun-9 ago 10h30, 12h, 13h30, 15h30; resto ano ligue para saber os horários ✋ Adultos €40, menores de 11 €30 🚌 O escritório fica junto à Pizza Hut do Centro Comercial da Marinha na marina de Portimão

O AQUÁRIO

Lojas centrais com grande variedade de peças de cobre, metal e cerâmica, além do valorizado cristal Atlantis de Alcobaça (▷ 226) e da porcelana de desenho clássico de Vista Alegre.

✉ Rua Vasco da Gama 42-46 e Praça da República 42-46, 8500 Portimão
☎ 282 426 673 ⏱ Seg-sex 9h30-13h, 15h-19h, sáb 9h30-13h

PRAINHA THALGO

www.prainha.net

Esta clínica de talassoterapia da Thalgo oferece tratamentos à base de água do mar, além de terapias de saúde, beleza e relaxamento. Curta um relaxante cataplasma de algas marinhas antes de ser revigorado em uma ducha escocesa, ou desacelere em um banho turco ou na hidromassagem.

✉ Prainha dos três Irmãos, 8500-072 Alvor Portimão ☎ 282 480 000 ⏱ Seg-sáb 9h-22h ✋ €15-€195 conforme o tratamento 🚌 Saia de Portimão na direção de Alvor. Siga as placas da Prainha. O clube fica ao lado do Hotel Prainha

QUINTA DO LAGO

GOLF QUINTA DO LAGO

www.portugalgolf.pt
www.quintadolagogolf.com

Quatro campos de golfe de nove buracos impecavelmente mantidos, pontuados por pinheiros que ficam em frente ao Parque Natural da Ria Formosa. Preste atenção ao lago do buraco seis do "C", que recolhe cerca de mil bolas por semana.

Quinta do Lago, 8135-024 Almancil 289 390 700 Diariam 7h-19h 18 buracos €160; aluguel do clube €40; carrinho €6; buggy €50 Da EN125, pegue o desvio para vale do Lobo em Almancil. Vire à esquerda na placa para o campo

CENTRO HÍPICO QUINTA DO LAGO

Além de alugar cavalos por hora para andar dentro da escola, o centro oferece passeios acompanhados pelos arredores. Em noites de lua cheia, você pode fazer um passeio de duas horas pelas lagoas e florestas de pinheiros. Aqui as crianças são bem cuidadas, com passeios acompanhados de meia hora em pôneis e atividades práticas de meio dia.
Lote Hípico, Avenida Ayrton Senna, Quinta do Lago, 8135-161 Almancil 289 396 099 Abr-set 7h-12h, 16h-21h; out-mar 8h-12h, 14h-18h Adultos €35 por hora, €60 por trilha de duas horas até a praia; crianças €20 por passeio de meia hora, €65 por criança para um dia de atividades e passeios com pôneis Saia da cidade em direção à N125. Na segunda rotatória, vire à direita e siga as placas

SAGRES

SURF PLANET

www.surfplanet-pt.com
Esta loja fica perto da Costa Vicentina e tem tudo para quem gosta de surfe: pranchas, bodysurfe e skinsurfe, pés de pato, roupas e acessórios para a prática do esporte. Também organiza aulas de surfe nas praias vizinhas.
EN268, 268, Vila do Bispo, 8650-355 Sagres 282 624 815 Seg-sáb 9h30-19h

TAVIRA

FERRIES

Para chegar às praias do Parque Natural da Ria Formosa em volta de Tavira pegue um barco até a restinga. A Aquataxis recolhe pessoas em vários pontos para passeios até Tavira.
281 322 511 (escritório de turismo) Do centro: jul-meados set diariam 8h-20h (€1,80 ida e volta); de Quatro Águas: jul-meados set diariam 8h-24h; resto do ano diariam 8h30-anoitecer (€1,30 ida e volta).

FESTIVAIS E EVENTOS

PÁSCOA

CARNAVAL DE LOULÉ

Loulé ganha vida na época do carnaval, com o show mais impressionante do Algarve. Desfiles, sambistas, música ao vivo, dança, fogos de artifício e carros alegóricos alegram a multidão, que lota a cidade.
Loulé 289 463 900 (escritório de turismo) Fim fev-início mar

JUNHO

FESTA DA CIDADE

A maior celebração anual de Tavira é realizada em junho, quando as ruas da cidade são ricamente decoradas com flores de papel e folhas de murta. Pelas ruas, sardinhas são assadas e servidas de graça.
Tavira 281 322 511 (escritório de turismo) 24-25 jun

JULHO

CONCENTRAÇÃO INTERNACIONAL DE MOTOS DO ALGARVE

www.motoclubefaro.pt
Shows de rock e barracas com acessórios atraem mais de 30 mil motociclistas à beira-mar de Faro.
Moto Clube de Faro, Sítio Vale da Amoreira 328A, 8005-334 Faro 289 823 845 3 dias jul

AGOSTO

FESTIVAL DO MARISCO

Este festival atrai quase 100 mil pessoas para as suas bancas, que vendem lagostas, camarões e diversos outros tipos de mariscos. A comilança é animada ainda por vários shows ao vivo.
Jardim Pescador Olhanense, 8700 Olhão 289 713 936 (escritório de turismo) 2ª semana ago

Para táxi aquático, contate a Aquataxis no cais da cidade ou em Quatro Águas (ou ligue para 917 035 207)

RENT-A-BIKE

Oferece passeios guiados de bicicleta de quatro horas e caminhadas de uma ou duas horas pelo Parque Natural da Ria Formosa ou por Tavira.
Rua do Forno 33, Tavira 281 321 973 Diariam 9h-17h Passeio de bicicleta €25 por pessoa; caminhadas €6-€10 Saindo do final da Rua Infante Dom Henrique

VILAMOURA

CASINO DE VILAMOURA

www.solverde.pt
O cassino de Vilamoura tem 350 máquinas caça-níqueis e 14 mesas de jogo, além de bares, um restaurante, shows e uma danceteria.
Praça do Casino, Vilamoura, 8125-410 Quarteira 289 310 000 Diariam 16h-3h Entrada para as mesas de jogo €4 No lado leste da marina de Vilamoura, entre o Hotel Atlantis e o Hotel Marina

ILLUMINATI CAFÉ

Este bar acolhedor, perto do cinema de Vilamoura, é ótimo para começar a noite. Toca principalmente pop comercial e costuma organizar festas temáticas nos meses de verão.
Praça do Cinema, Edifício Pirâmides, 8125-432 Vilamoura 289 316 272 Ter-dom 20h-2h

THE OLD COURSE

www.portugalgolf.pt
Listado entre os cem melhores campos de golfe de toda a Europa, o Old Course, com seu design de escola inglesa, está instalado em uma belíssima área, cercada por bosques de pinheiros. O quarto buraco par 3, por cima de um pequeno lago, e o 16º par 6 de volta são os destaques do campo.
8125-507 Vilamoura 289 310 333 Mai-set diariam 7h-20h; out-abr diariam 7h-16h30 18 buracos €140; aluguel do clube €27,50; carrinho €5; buggy €50 Pegue a saída para Vilamoura, na rodovia EN125. Vire à direita e siga as placas para o campo à esquerda

ONDE COMER

PREÇOS E SÍMBOLOS
Os restaurantes são listados em ordem alfabética. Os preços são os médios para um almoço com dois pratos (A) e um jantar com três pratos (J) para uma pessoa, sem bebidas. O preço do vinho é o da garrafa mais barata. Todos os restaurantes aceitam cartões de crédito, a menos que seja especificado o contrário.

Para a legenda dos símbolos, ▷ 2.

ALBUFEIRA

A RUÍNA

www.restauranteruina.com

Situado na face rochosa da Praia dos Pescadores, onde ficava o antigo castelo, este restaurante tem um terraço ao nível do mar, um salão interno no andar do meio e um pátio no superior. O cardápio é convencional e despretensioso, mas tudo é de alta qualidade. O peixe fresco é temperado com sal e grelhado e há uma boa seleção de frutos do mar.

✉ Praia dos Pescadores, Largo Cais Herculano, 8200-061 Albufeira ☎ 289 512 094 🕓 Diariam 12h-14h30, 19h-23h 💳 A €20, J €30, vinho €12

ALJEZUR

SÍTIO DO RIO

Tamboril, perca, tainha, carne bovina, de porco e de cabrito, todos habilmente preparados no carvão, são os destaques do cardápio do Sítio do Rio. As saladas levam apenas azeite de oliva e vinagre. Todos os legumes vêm da horta e o frango é caipira. Não aceita cartões de crédito.

✉ Praia Bordeira, Carrapateira, 8670-230 Aljezur ☎ 282 973 119 🕓 Qua-seg 12h-22h. Fechado nov-jan 💳 A €15, J €18, vinho €6 🚗 Pegue a rodovia N125 para Vila do Bispo, depois ao norte pela N268 até Carrapateira. Logo depois de Carrapateira, vire à esquerda para as praias. O restaurante é o último edifício à direita antes da praia

ALMANCIL

AUX BONS ENFANTS

Com elegante salão e agradável terraço, este restaurante à luz de velas serve um dos melhores cardápios franceses do Algarve e tem uma carta de vinhos à altura. Escargots ou foie gras fresco são boas entradas, seguidos por um filé Chateaubriand em molho de pimenta e confit de canard. As sobremesas são de dar água na boca, e o vinho do Porto é servido por copo.

✉ Sítio das Areias, 8135-000 Almancil ☎ 289 396 840 🕓 Seg-sáb 19h-22h 💳 J €40, vinho €16 🚗 Pegue a estrada da Quinta do Lago saindo de Almancil. Cerca de 1km depois de Almancil, vire à esquerda; Aux Bons Enfants fica embaixo, à direita

VINCENT

No verão, reserve uma mesa no agradável terraço ou na arejada sala, com a imensa lareira curva do Algarve. Antes conhecido como Tradicional, este local foi comprado pelos legendários Vincent Nas e Willemina Zuydervelt (antigos donos do famoso Ermitage). Como antes, Vincent cozinha e Willemina cuida dos clientes. Vincent recomenda a terrina de foie gras, carne com molho de fígado de ganso. Tem uma excelente carta de vinhos.

✉ Estrada da Fonte Santa, Escanxinas, 8135-016 Almancil ☎ 289 399 093 🕓 Jul-ago seg-sáb 19h-22h30; resto do ano ter-sáb 19h-22h30. Fechado 13 dez-1º fev 💳 J €55, vinho €18 🚗 Vá para o sul saindo de Almancil, sentido vale do Lobo. O Vincent fica perto do posto Avia

FARO

A TASKA

Perto do Largo do Carmo, este restaurante português sem exageros é popular entre os moradores do

Acima *Sardinhas frescas são uma das especialidades do Algarve*

local. Os salões são divididos em dois andares e há uma lareira no inverno. As paredes são decoradas com obras de artistas locais e com versos de António Aleixo, um poeta contemporâneo, do Algarve. A cozinha serve pratos regionais, em generosas porções, como, por exemplo, risoto de feijão com peixe-cachimbo, curry de camarão, lula frita e muito mais. Não aceita cartões de crédito.
Rua Alportel 38, 8000-293 Faro 289 824 739 Seg-sáb 12h30-15h, 19h30-23h30 A €12, J €16, vinho €5

LOULÉ

CASA PAIXANITO

Há décadas passando de pai para filho, este lugar tem um clima acolhedor, vigas aparentes e paredes amarelas, enfeitadas por gravuras coloridas. Peça um dos muitos petiscos, como salada de polvo, patês, linguiça caseira, frios e outros. Dentre os notáveis pratos principais, destacam-se javali, vitela, pato assado ou cordeiro. A perdiz marinada no vinho tinto também é muito elogiada. Não aceita cartões de crédito.
Estrada Querença, 8100-129 Loulé 289 412 775 Jul-ago diariam 19h-22h30; resto do ano diariam 12h-15h, 19h-22h30 A €30, J €40, vinho €9 Pegue a estrada Clareanes/Querença para o norte. O restaurante fica 2km adiante à direita, logo depois do Centro de Saúde

MONCHIQUE

JARDIM DAS OLIVEIRAS

O Jardim das Oliveiras, em Monchique, é um pequeno restaurante rústico onde você saboreia um pouco do melhor da região. Oferece uma saudável culinária de montanha. Comece com berinjelas recheadas ou ricota e salada de castanhas, seguidas por cabrito assado com ameixas. Não deixe de provar o medronho, aguardente das frutas do medronheiro. Se fizer tempo bom, sente ao ar livre, no terraço.
Sítio do Porto Escuro, 8550-351 Monchique 282 912 874 Diariam 12h-22h A €15, J €20, vinho €8 Siga para oeste saindo de Monchique pela estrada de Foia. O restaurante está sinalizado à direita

PORTIMÃO

DONA BARCA

Este restaurante no centro de Portimão, atrás do cais de sardinha, oferece ótima relação custo-benefício. O peixe vem direto do cais para a grelha do terraço, por isso o prato do dia é sempre fresco.
Largo da Barca 9, 8500-527 Portimão 282 484 189 Diariam 12h-15h, 18h-22h30. Fechado duas semanas jan A €10, J €14, vinho €5,50

SAGRES

A TASCA

De frente para a marina, tem uma atmosfera levemente excêntrica, com as paredes cobertas de garrafas, pedras e pratos de cerâmica encaixados no reboco, em contraste com as mesas e cadeiras pretas. Você também pode ficar no terraço. O serviço é atencioso, e o cardápio, embora simples, é de alta qualidade. Tem ostras grelhadas, lagosta, caranguejo, cozido de atum, kebab de lula e peixe grelhado com amêndoas. Para terminar, experimente a torta de laranja.
Praia da Baleeira, Sagres 282 624 177 Diariam 12h-15h30, 18h-22h A €15, J €20, vinho €12 No porto pesqueiro de Sagres

SILVES

CAFÉ INGLÊS

Atrás da catedral, nos degraus abaixo do castelo, esta elegante casa da década de 1920 é hoje um popular café e restaurante, ótimo lugar para parar depois de um dia de passeios. Entrar e sentar tanto no interior da casa quanto ao ar livre, no terraço, no meio da manhã, é uma bela maneira de recuperar as forças com um café e uma fatia de bolo caseiro, saladas, massas, pizzas ou um dos pratos tradicionais da região.
Escadas do Castelo 11, 8300-144 Silves 282 442 585 Mai-out ter-dom 9h-24h, seg 9h-18h; resto do ano ter-sáb 9h-22h, dom-seg 9h-18h A €12, J €18, vinho €7

TAVIRA

AQUASUL

O Aquasul tem um toque alegre, do sul da Europa. O cardápio é de inspiração italiana e mediterrânea. Você pode escolher uma salada de folhas, pratos vegetarianos ou pizza do forno a lenha. A torta de chocolate branco é muito recomendada. O Aquasul não aceita cartões de crédito.
Rua Dr. A. Silva Carvalho 13, 8000-324 Tavira 281 325 166 Ter-sáb 18h-22h30 J €18, vinho€7,50 Da ponte romana vá até a rua de pedestres. Descendo essa rua, à esquerda, está o Aquasul

O PÁTIO

Vencedor de vários prêmios de gastronomia, O Pátio serve um saudável cardápio regional. Os especiais da casa incluem cataplana de peixe ou frutos do mar (cozido preparado em grandes panelas de cobre), camarões fritos no conhaque e frango com amêndoas. Termine com bolo de amêndoas torradas e um cálice de aguardente de figo e medronheiro.
Rua António Cabreira 30-1º, 880-344 Tavira 281 323 008 Seg-sáb 19h-23h30 A €12, J €17, vinho €8 Perto da ponte romana, na cidade antiga

VALE DO LOBO

SÃO GABRIEL

www.sao-gabriel.com
Menos formal que os demais, o São Gabriel é um dos melhores restaurantes da região, tanto que foi premiado com uma estrela do guia Michelin. As influências francesa, italiana e suíça no seu cardápio produziram, nos últimos anos, pratos mediterrâneos mais leves, como a lagosta com legumes frescos e molho de limão, assim como o linguado sautée com aspargos. O restaurante São Gabriel conta com uma ala para não fumantes.
Estrada Quinta do Lago, vale do Lobo, 8135-107 Almancil 289 394 521 Ter-dom 19h-24h. Fecha jan-meados mar J €65, vinho €18,50 Do vale do Lobo pegue a estrada para Quinta do Lago. O restaurante fica 2km adiante nessa estrada, à esquerda

ONDE FICAR

PREÇOS E SÍMBOLOS

Os preços correspondem à diária mais baixa e mais alta em um quarto duplo, incluído o café da manhã, a menos que haja indicação em contrário. Todos os hotéis aceitam cartões de crédito, a menos que indicado. Note que os preços variam ao longo do ano.

Para a legenda dos símbolos, ⊳ 2.

ALBUFEIRA

MONTE DAS CORTELHAS

www.montecortelhas.com

Esta atraente casa rural a noroeste de Albufeira é rodeada de terrenos agrícolas protegidos. Com um só andar, caiada e com a tradicional moldura azul-clara, fica no meio de jardins sombreados e pátios de pedra cheios de palmeiras e pérgolas. Os quartos são rústicos, simples, com piso de terracota, vigas toscas de madeira e trechos pintados de cores vivas ou revestidos com tecidos. Fica a minutos de conhecidas praias. É um refúgio tranquilo, com vista da Serra de Monchique. Não aceita cartões de crédito.

✉ Caminho do Monte, Guia, 8200-413 Albufeira ☎ 289 561 487 💳 €75-€85 ⓘ 4 quartos, 1 apartamento 🏊 Ao ar livre 🚗 De Albufeira pegue a rodovia EN125 para oeste, sentido Guia. No semáforo de Guia, siga as placas para Portimão. Monte das Cortelhas está sinalizada cerca de 500m depois do semáforo

SHERATON ALGARVE HOTEL NO PINE CLIFFS RESORT

www.pinecliffs.com

No alto de um rochedo junto ao Atlântico, o Sheraton Algarve é cercado de pinheiros e faz parte do impressionante Pine Cliffs Resort. Perto do hotel, há longos trechos de praias intocadas e águas claras. A arquitetura de influência mourisca oferece interiores arejados, pátios e jardins abertos, quartos bem equipados e ótimo serviço – o que se espera de uma rede de hotéis de classe mundial. Academia de ginástica, atividades para crianças, minigolfe e tênis são complementados por vários campos de golfe PGA gold de 18 buracos nas proximidades, além do campo de golfe do hotel, de nove buracos. Nada menos do que seis restaurantes e bares atendem a todas as necessidades, de lanches junto à piscina a coquetéis e refeições acompanhadas por ótimos vinhos.

✉ Pinhal do Concelho, 8200-912 Albufeira ☎ 289 500 100 💳 €130-€400 ⓘ 215 ❄ 🏊 3 ao ar livre, 1 coberta 🚗 Em Albufeira, siga as placas azuis do Sheraton

Acima *O Vila Joya, a oeste de Albufeira, é um hotel exclusivo, elegante e requintado*

VILA JOYA

www.vilajoya.com

Hotel mais exclusivo do Algarve, em uma mansão de estilo mourisco encravada em uma elevação junto ao mar, a oeste de Albufeira. Os jardins tranquilos, à sombra de palmeiras e buganvílias, levam aos luxuosos quartos. Os banheiros com azulejos de ricas nuances de cores, que lembram casas de banho árabes, a roupa de cama sofisticada e a fina mobília, tudo contribui para um sentimento geral de luxo discreto. No terraço, há um dos melhores restaurantes de Portugal. O hotel oferece também várias quadras de tênis.

✉ Praia da Galé, 8201-902 Guia Albufeira ☎ 289 591 795 💳 €390-€700 inclui almoço ou jantar ⓘ 6 quartos, 7 suítes ❄ 🏊 Ao ar livre 🚗 A Praia da Galé fica 10km a oeste de Albufeira em direção a Armação de Pera. Siga as placas para a Praia da Galé. O hotel é sinalizado

BOLIQUEIME

QUINTA DA CEBOLA VERMELHA

www.quintadacebolavermelha.com

Esta quinta de terracota fica em uma baixa elevação a 1km de Boliqueime e 11km a oeste de Loulé. Tem quartos, decorados com tons quentes e bonitos tecidos, que no verão ficam à sombra das árvores frutíferas e das oliveiras em volta, e no inverno ficam quentes devido ao aquecimento sob o piso. Na maior parte do ano, o café da manhã é servido no terraço sombreado. É possível almoçar à beira da piscina e três dias por semana um delicioso jantar de três pratos é servido por €29,50 por pessoa. Há bicicletas para os hóspedes.

Campina, 8100-908 Boliqueime 289 363 680 €115 6 Ao ar livre, de água salgada

CARRAPATEIRA

MONTE VELHO

www.wonderfulland.com

Este hotel simples e informal fica no Parque Natural da Costa Vicentina, entre as praias de Amado e Carrapateira. Opera com energia eólica e solar e a decoração é simples e alegre. Os quartos têm tons quentes, com mosquiteiros protegendo as camas e redes na varanda. Nos dias ensolarados, o café da manhã é servido fora. Se não, na sala amarelo-viva com divertidas pinturas de peixes nas paredes. Não aceita cartões de crédito.

Carrapateira, 8670-230 Bordeira 282 973 207 €100-€120 (quartos), €120-€160 (suítes) 2 quartos, 7 suítes De Carrapateira siga as placas para Vilarinha, sentido sul. Atente para o desvio à direita indicando "Monte Velho"

ESTÓI

MONTE DO CASAL

www.montedocasal.pt

Excelentes acomodações e belos arredores. O restaurante oferece pratos com influência francesa, servidos no pátio, para você apreciá-los à sombra de palmeiras e buganvílias. O café da manhã é servido nas sacadas e nos terraços dos quartos, que são muito bem decorados. Há deques para tomar sol, piscinas e fontes nos jardins.

Cerro do Lobo, Estói, 8005-436 Faro 289 991 503 €155-€360. Almoço e jantar sob encomenda 18 quartos, 6 suítes Ao ar livre (aquecida) Entre em Estói saindo da rodovia IP1 ou da N125. Vá até o mercado, que fica do lado direito. À esquerda, há uma placa para Monte do Casal

ESTÔMBAR

CASA DO RIO ARADE

www.rioarade-accommodation.com

Esta casa senhorial do século XVIII é ótima escolha se você procura localização central. Algumas das melhores praias do Algarve ficam próximas e há 10 campos de golfe de primeira em um raio de 20km. A agitada Portimão fica a 15 minutos. Os quartos da casa são arejados e as áreas comuns são confortáveis, mas mantêm um charme rústico.

Rua D. João II 33, 8400-092 Mexilhoeira da Carregação, Estômbar 282 423 202 €59-€125 9 Ao ar livre Saia da rodovia A22, no cruzamento 6 (Lagoa/Silves). Pegue a 3ª saída da rotatória para Estômbar. Siga as placas para Estômbar. Na rotatória, vire à direita para Mexilhoeira da Carregação. A Casa do Rio Arade fica 350m adiante, à esquerda

LAGOS

CASA DA MOURA

www.casadamoura.com

Dentro dos muros medievais e cinco minutos a pé do centro da cidade, é um ponto ideal para ficar na cidade. Como o nome sugere, tem um toque de norte da África, com suas luminárias, tapetes e mesas de ferro forjado do Marrocos. Todos os quartos são em tons quentes e os apartamentos têm uma pequena cozinha. Serve café da manhã no terraço e o pátio tem piscina.

Rua Cardeal Neto 10, 8600 Lagos 282 770 730 €60-€149 8 apartamentos de 1 quarto Ao ar livre

QUINTA DAS ACHADAS

www.algarveholiday.net

Os quartos e apartamentos daqui receberam nomes de flores, inspirados na sua bela localização. Possuem tetos de madeira e são decorados com simplicidade, com quadros modernos e antiguidades rurais. Todos têm terraço para os jardins. Os apartamentos dipõem de cozinha, e o restaurante serve culinária internacional.

Estrada da Barragem, Odiáxere, 8600-251 Lagos 282 798 425 Quartos €80-€110, apartamentos €360-€1.050 (3 dias de estada mínima nos apartamentos) 2 quartos, 3 apartamentos com cozinha Ao ar livre Saia da rodovia IP1 no cruzamento 3, com placa para Odiáxere e Mexilhoeira. Cruze a primeira rotatória. Na segunda, pegue a primeira saída à direita para Odiáxere. Em Odiáxere, vire à direita no semáforo. Siga pela estrada por 1,3km. A quinta fica à direita

LOULÉ

LOULÉ JARDIM

www.loulejardimhotel.com

Atraente edifício no canto de uma praça, reformado para oferecer acomodações com ótima relação custo-benefício no centro histórico de Loulé. O hotel, branco e amarelo, tem quartos simples e modernos. Os do quarto andar têm sacadas com vista da cidade, assim como o terraço da piscina e o bar no andar de baixo.

Praça Manuel de Arriaga, 8100-665 Loulé 289 413 094 €50-€78 52 Do escritório de turismo, siga à esquerda pela rua 5 de outubro, depois entre à esquerda na rua Vasco da Gama. O hotel fica no canto da Praça Manuel de Arriaga

QUINTA DO CORAÇÃO

www.algarveparadise.com

Para sentir o verdadeiro gosto do Algarve, suba até as montanhas, ao norte de Loulé. Cercada por flores silvestres, pássaros e árvores frutíferas, esta pequena hospedaria ecológica oferece paz e tranquilidade, ideal para amantes da natureza e de caminhadas. Nos meses de calor, o café da manhã (que inclui pão fresquinho, ovos caipiras e suco de laranja natural) é servido no terraço com fantástica vista do vale. O jantar pode ser servido mais cedo e as opções incluem pratos vegetarianos. Não aceita cartões de crédito.

Carrasqueiro, 8100-202 Salir 289 489 959 €50 (estúdio €55, chalé €59, sem café da manhã) 2 quartos, 1 estúdio, 1 chalé (estada mínima de 2 noites no chalé)

MONCHIQUE

ESTALAGEM D. LOURENÇO VILLA TERMAL DAS CALDAS DE MONCHIQUE

www.monchiquetermas.com

O spa de Monchique, que era originalmente romano, viveu seu auge no século XIX, quando os ricos e famosos vinham aqui de todas as partes do país. Atualmente, ele vive uma nova fase, já que os spas estão novamente na moda. Parte de uma cadeia de hotéis, este é provavelmente o melhor deles, com quartos decorados com estilo e um bom restaurante, que no inverno acende uma lareira.

Caldas de Monchique, 8550-233 Monchique 282 910 910 €90-€130 12 Pegue a rodovia N266, sentido Monchique. O spa fica logo antes da vila. O hotel é bem sinalizado

QUINTA DA CORTE

www.quintadacorte.com

Este calmo retiro, a 7km de Monchique, fica em uma área montanhosa intocada. É um paraíso dos trilheiros. Oferece quatro quartos em um edifício moderno, todos com janelas panorâmicas que dão para varandas privativas com vista das montanhas e, ao longe, do mar. O estilo é moderno-rústico, com colchas de retalhos coloridas e cobertores de lã para as noites frias. Para garantir a paz e o silêncio não há televisores por aqui. Pode-se encomendar o jantar.

Corte Grande, 8550-909 Monchique 282 911 290/919 002 827 €80-€90 4 Pegue a N266 em direção a Monchique. Logo após o campo de golfe vire à direita, rumo a Alferce. No cruzamento, vire à esquerda e suba a colina. Quando chegar ao alto, dobre à esquerda, rumo a Picota e Monchique, e depois siga as placas para a Quinta

Abaixo *Caldas de Monchique é famosa por seus spas e retiros*

OLHÃO

HOSPEDARIA PEDRAS VERDES

www.pedrasverdes.com

Se você quer ficar em algum lugar descolado, o Pedras Verdes é ideal. A decoração dos quartos minimalistas desta moderna hospedaria foi inspirada na Ásia, África e Arábia, no Barroco e no zen. Simples, mas com flashes de cores vivas, todos têm banheiros modernos e áreas de chuveiro com seixos ou ripas de madeira no piso. O edifício mourisco, baixo, é cercado de oliveiras e tem terraços ao ar livre.

Sítio da Boavista 658T, Quelfes, 8700 Olhão 963 364 252 €65-€95 6 Pegue a saída Olhão/Quelfes da IP1, depois a N398 sul. Siga as placas para Quelfes. Na vila, faça uma curva fechada na mercearia e continue por 1,5km

PORCHES

HOTEL VILA VITA PARC

www.vilavita.com

Um resort com o que você imaginar. O Vila Vita Parc é caro, mas vale por tudo o que oferece. Os jardins, no alto do rochedo, têm degraus até a praia. Há um spa de água do mar, quadra de tênis e squash, piscinas e um campo de golfe de nove buracos. Os quartos são elegantes e ficam no edifício principal, de quatro andares. Na parte externa, há também chalés, de estilo mourisco, e casas. O restaurante serve cardápio bastante variado.

Alporchinhos, 8400-450 Porches 282 310 200 €190-€555 84 quartos, 86 suítes, 12 apartamentos Coberta e ao ar livre Em Porches, pegue a saída Alporchinhos/Armação de Pera, na rodovia N125. Siga as placas para Vila Vita Parc

PORTIMÃO

QUINTA DAS FLORES

Esta agradável mansão do Algarve é cuidadosamente planejada, com palmeiras, bela piscina, cantos de sombra e pérgolas com buganvílias. O interior é decorado com tons quentes de amarelo, tecidos estampados e pinturas, em geral com temas africanos. Há quadras de tênis. Não aceita cartões de crédito.

Vale de Pega, Mexilhoeira Grande, 8500-132 Portimão 282 968 649 Quartos €85-€95, chalé €120 por noite (€800 por semana, mínimo de três noites) 1 quarto, 1 estúdio com cozinha, um chalé com cozinha (quatro pessoas) Ao ar livre Pegue a saída de Figueira, na rodovia N125, entre Portimão e Lagos. Passe a igreja e vire à direita pouco antes do Café Célia

SAGRES

POUSADA DO INFANTE

www.pousadas.pt

Posicionada estrategicamente em escarpados rochedos junto ao Atlântico, a Pousada do Infante tem decoração baseada no tema dos grandes descobrimentos. Os quartos têm sacadas ou terraços de frente para o Atlântico. A pousada fica em um edifício comprido, baixo e caiado, com teto de telhas vermelhas, colunas em arco e chaminés decorativas. O restaurante da pousada serve comida regional portuguesa.

Ponta da Atalaia, 8650-385 Sagres 282 620 240 €120-€198 50 quartos, 1 suíte Ao ar livre Em Sagres, siga as placas que indicam "pousada"

TAVIRA

QUINTA DA LUA

www.quintadalua.com.pt

A impressão mais duradoura deste refúgio tranquilo é a da qualidade do serviço oferecido pelos anfitriões, Miguel e Vimal. Os quartos são uma harmoniosa mistura de mobília simples e rústica no estilo hotel-butique. Fora, jardins sombreados, deques cobertos de bambus para café da manhã ao ar livre e piscina de água salgada completam o quadro. Não admite crianças e não aceita cartões de crédito.

Bernardinho 1662-x, Santo Estevão, 8800-513 Tavira 281 961 070 €155 6 quartos, 2 suítes (todas para não fumantes) Ao ar livre De Tavira pegue a N125, sentido Olhão. Entre à direita em Santo Estevão, depois a 1ª à esquerda e a próxima à direita. Procure localizar a entrada em arco

INFORMAÇÕES ESSENCIAIS

Nesta seção você encontrará todas as informações necessárias para fazer uma viagem tranquila.

INFORMAÇÕES

ANTES DE PARTIR

CLIMA

Apesar de sua posição junto ao Atlântico, o clima de Portugal é mais mediterrâneo, com verões quentes e secos e invernos suaves e chuvosos. Sua posição geográfica no extremo oeste da Europa assegura que a média de precipitações seja bem mais alta do que na Espanha, a leste. Isso significa que a paisagem do norte de Lisboa é verdejante o ano todo. A maior parte da chuva cai entre novembro e abril, com os níveis aumentando em direção ao norte; pancadas de chuva ocorrem ao longo do ano no extremo norte, em especial nas partes altas do Douro e Trás-os-Montes. Os invernos no Douro e em Trás-os-Montes podem ser rigorosos, com temperaturas bem baixas e neve. No centro e no sul de Portugal, sobretudo no litoral, o clima é ameno o ano todo. Mas no inverno costuma ficar mais nublado. Os verões são quentes e ensolarados em todo o país, e as altas temperaturas são contrabalançadas por brisas .

QUANDO IR

A maioria das pessoas que visita regularmente Portugal concorda que a primavera e o início do verão são as melhores épocas para ir. O clima é ótimo e você escapa do grande fluxo de turistas do alto verão. No fim da primavera, o país inteiro fica enfeitado de flores silvestres. O outono é ameno, mas não chega a esquentar demais. É uma época particularmente boa para visitar o Douro e as áreas de produção de vinho, pois a colheita de uva está a todo vapor e os tons vermelhos e dourados da estação atingem seu auge.

Julho e agosto são o principal período de férias, com centenas de milhares de estrangeiros entrando no país e muitos portugueses em férias. O Algarve fica particularmente agitado: os preços sobem e os bares, lojas e praias lotam. Mas essa época do ano é ideal para explorar o norte de Portugal, pois os dias são quentes e ensolarados e há menos possibilidade de chover do que no resto do ano. Lisboa e o terço mais ao sul do país têm invernos menos rigorosos, por isso é uma época ótima para explorar a capital, o Alentejo e o Algarve. Algumas instalações para turistas talvez estejam fechadas, mas há vantagens, como o fato de os preços serem bem menores e de haver poucos visitantes. O Algarve, em particular, parece um local bem diferente sem aquelas multidões todas e com encostas das montanhas tingidas de cor-de-rosa e amarelo pelas exuberantes com os amendoeiras e acácias floridas.

LISBOA

TEMPERATURA

CHUVAS

Página ao lado *A Costa de Caparica recebe brisas refrescantes do Atlântico no verão*

PREVISÃO DO TEMPO

O site do Instituto de Meteorologia de Portugal fornece previsão detalhada para todas as regiões do país. A BBC World News, a CNN e o Weather Channel têm sites dedicados ao assunto e transmitem boletins regulares sobre o tempo no mundo:
www.meteo.pt
www.bbc.co.uk/weather
www.cnn.com
www.weather.com

O QUE LEVAR

» As exigências de roupa mudam em função da época do ano e do seu destino. Traga roupa leve de linho e algodão para usar no verão e alguma roupa leve de lã ou jaqueta de algodão para as noites mais frias no norte. Capa impermeável e guarda-chuva são essenciais no inverno e necessários em qualquer época do ano se você for para o norte de Portugal.

» Se pretende visitar igrejas ou outros edifícios religiosos, leve algumas roupas que cubram seus ombros e joelhos.

» Roupa casual é a norma de dia, mas leve mais roupas formais para a noite, ainda mais se for para Lisboa, Porto e os balneários mais finos do Algarve.

» Calçados confortáveis são essenciais para ver as atrações.

» Leve telefones de contato e endereços para emergências, os números de seus traveller's cheques para o caso de perda ou roubo, os números dos cartões de banco e os números de registro de celulares, câmeras ou equipamentos mais caros (caso tenha de dar queixa por perda ou roubo).

» Tenha à mão os detalhes de seu seguro de viagem, pois podem ser úteis para o pagamento de emergências, e em caso de perda ou roubo você precisa notificar a seguradora imediatamente.

» Se você está tomando algum remédio, traga o suficiente para a duração da viagem. Se precisar de mais, será bom ter anotado o nome farmacêutico de seu remédio, pois nomes comerciais mudam de país para país.

FUSOS HORÁRIOS

CIDADE	DIFERENÇA DE HORÁRIO	HORA AO MEIO-DIA EM PORTUGAL
Auckland	+12	24h
Berlim	+1	13h
Brasília	-3	9h
Bruxelas	+1	13h
Chicago	-6	6h
Dublin	0	12h
Johannesburgo	+2	14h
Londres	0	12h
Madri	+1	13h
Montreal	-5	7h
Nova York	-5	7h
São Francisco	-8	4h
Sydney	+10	22h
Tóquio	+9	21h

Portugal usa a hora GMT no inverno, adiantando os relógios uma hora entre o último domingo de março e o último domingo de outubro. Em geral expressam-se as horas usando o relógio de 1 a 24 horas.

» Se esqueceu de trazer algo, em geral é possível comprar em Portugal tudo de que você possa precisar, embora a escolha seja mais restrita em algumas áreas remotas do país.

COIMBRA

TEMPERATURA

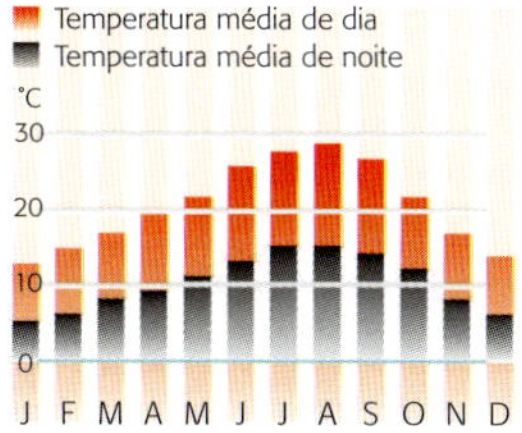

CHUVAS

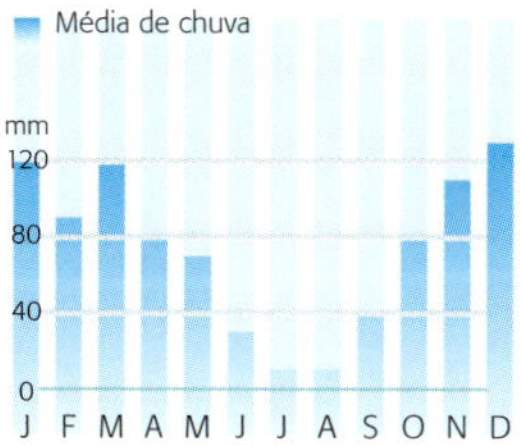

FARO

TEMPERATURA

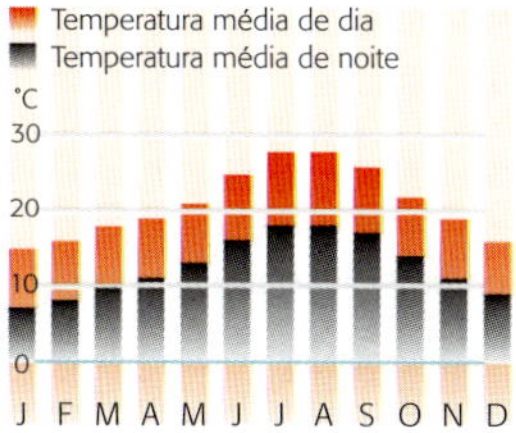

CHUVAS

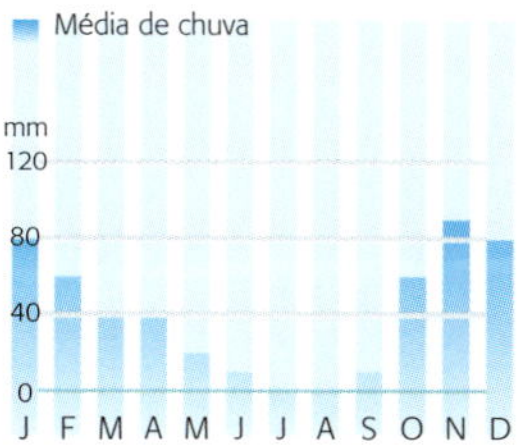

PORTO

TEMPERATURA

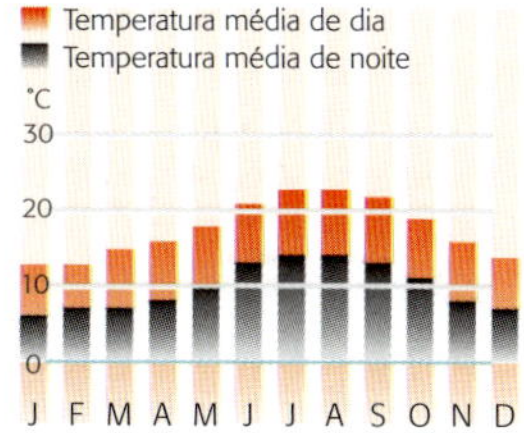

CHUVAS

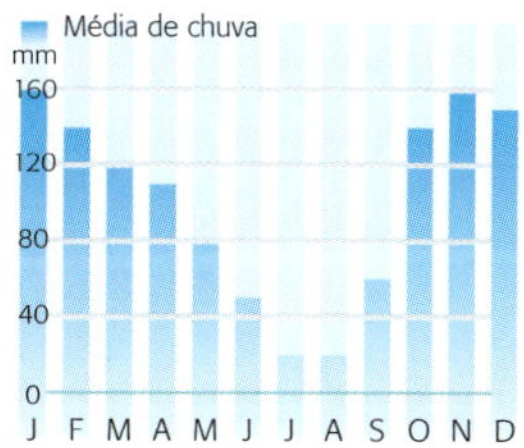

LEMBRE-SE DE LEVAR

» Capa impermeável e guarda-chuva dobrável;
» Uma bolsa segura para o dia a dia, para guardar câmeras, livros, mapas etc.;
» Carteira de habilitação;
» Agenda de endereços;
» Lanterna e binóculos;
» Filtro solar e um kit de primeiros socorros, incluindo band-aids, pomada antisséptica e anti-histamínica e analgésicos.

DOCUMENTOS

PASSAPORTES E VISTOS

» Todos os brasileiros que visitam Portugal devem ter passaporte válido, no mínimo, para os seis meses subsequentes à entrada no país.
» Nos aeroportos internacionais de Lisboa ou do Porto, a imigração dá permissão, quando o visto é concedido, de 90 dias de permanência em território português, a partir da data de chegada ao país.
» É obrigatório fazer um seguro de saúde com cobertura para toda a União Europeia.
» Além do passaporte, é recomendável ter as reservas dos hotéis onde vai se hospedar e ser proprietário de cartão de crédito internacional (Amex, Mastercard ou Visa).
» É possível estender sua estada obtendo uma prorrogação na delegacia de polícia ou em uma unidade do Serviço de Estrangeiros e Fronteiras, que tem escritórios na maioria das áreas turísticas mais populares.

A solicitação deve ser feita pelo menos uma semana antes que vença o prazo de permanência, e quem solicita deve poder provar que tem condições de se sustentar sem trabalhar.
» As regras sobre vistos podem mudar sem aviso prévio, e é bom checar com a embaixada de Portugal, em Brasília, ou nos vários consulados espalhados por todo o Brasil.

SEGURO DE VIAGEM E DE SAÚDE

» Providencie o seguro assim que marcar sua viagem para garantir que ela tenha cobertura contra cancelamentos e atrasos.
» Certifique-se de que a apólice inclui repatriação, despesas médicas, perda de bagagem e dinheiro, indenização por acidente e obrigações financeiras.
» Mantenha todos os recibos caso precise fazer alguma solicitação de seguro.
» Faça uma queixa por perdas ou roubos à polícia e requisite uma cópia do boletim de ocorrência. Nenhum seguro irá considerar seu pedido sem essa documentação.
» Se tem seguro médico privado, verifique se ele oferece cobertura em outro país.
» Se você viaja muito, talvez valha a pena fazer um seguro anual.

ALFÂNDEGA

Restrições alfandegárias

O site da Receita Federal lista o que é e o que não é permitido levar do Brasil para o exterior e trazer do exterior para o Brasil: www.receita.fazenda.gov.br/Aduana/Viajantes.

Compras em Loja Franca (Duty Free)

O viajante pode adquirir com isenção de tributos – nas lojas francas (duty free shops) dos portos e aeroportos, após o desembarque no Brasil e antes de sua apresentação à fiscalização aduaneira – mercadorias até o valor total de U$500. Esse valor não é debitado da cota de isenção de bagagem a que o viajante tem direito. Além do limite global de U$500, as mercadorias adquiridas nas lojas francas estão sujeitas aos seguintes limites quantitativos:

» 24 unidades de bebidas alcoólicas, máximo de 12 unidades por tipo de bebida
» 20 maços de cigarro de fabricação estrangeira
» 25 unidades de charuto ou cigarrilha
» 250g de fumo preparado para cachimbo
» 10 unidades de artigos de toucador
» 3 unidades de relógios, máquinas, aparelhos, equipamentos, brinquedos, jogos ou instrumentos elétricos ou eletrônicos
» Menores de 18 anos não podem adquirir bebidas alcoólicas e artigos de tabacaria.

Bens adquiridos nas lojas francas do Brasil, no momento da partida do viajante para o exterior, nas lojas duty free no exterior e os adquiridos em lojas, catálogos e exposições duty free dentro de ônibus, aeronaves ou embarcações de viagem têm o mesmo tratamento de outros bens adquiridos no exterior, passando a integrar a bagagem do viajante. Em resumo, essas mercadorias não se beneficiam da isenção concedido às compras nas lojas francas do Brasil, efetuadas no momento da chegada do viajante.

EMBAIXADA E CONSULADOS DE PORTUGAL NO BRASIL

Embaixada de Portugal no Brasil	Setor de Embaixadas Sul, Av. das Nações, quadra 801, lote 2, Brasília, DF, tel (61) 30329600	www.embaixadadeportugal.org.br
CONSULADOS		
São Paulo, SP	R. Canadá, 324 – Jardim América, tel (11) 3084-1800	www.consuladoportugalsp.org.br
Rio de Janeiro, RJ	Av. Marechal Câmara, 160, sala 1.809 – Ed. Orly, tel (21) 3231-7250	www.consuladoportugalrj.org.br
Belo Horizonte, MG	Av. Álvares Cabral 1366, 9º andar – Lourdes, tel (31) 3291-8192	www.secomunidades.pt/web/belohorizonte
Campo Grande, MS	R. Silvina Tomé Veríssimo, 20, tel (67) 3312-0400	
Curitiba, PR	R. Visconde do Rio Branco, 1.358, 20º andar – Centro, tel (41) 3233-4211	www.secomunidades.pt/web/curitiba
Manaus, AM	R. Ferreira Pena, 37 – Centro, tel (92) 3633-1577	
Porto Alegre, RS	R. Prof. Annes Dias, 112, 10º andar, tel (51) 3061-5767	www.secomunidades.pt/web/portoalegre
Recife, PE	Av. Eng. Domingos Ferreira, 4.060, 6º andar – Boa Viagem, tel (81) 3327-1514	www.secomunidades.pt/web/recife

DINHEIRO

Como muitos outros países da União Europeia, Portugal adotou o euro como moeda oficial. Fora das grandes cidades e principais centros turísticos, o dinheiro é muito usado, mas em geral os hotéis aceitam cartões. É bom ter dinheiro para pequenas transações (os comerciantes de feiras e mercados não aceitam cartão). Certifique-se de levar alguns euros ao sair do aeroporto, embora os hotéis maiores possam trocar dinheiro.

Vale a pena combinar dinheiro, traveller's cheques e cartões de crédito, em vez de se basear em apenas uma forma de pagamento. Antes de partir, verifique com seu banco se você pode fazer saques a partir dos caixas automáticos de Portugal, se o banco cobra por isso, e anote algum telefone de emergência caso perca seu cartão ou ele seja roubado.

Os traveller's cheques são a maneira mais segura de carregar dinheiro, porque você fica garantido contra perda. Anote os números dos cheques (ou faça cópias) separadamente. Tenha os números da administradora, para o caso de perda ou roubo. É preciso mostrar o passaporte para descontar os cheques.

CAIXAS ELETRÔNICOS

Caixas automáticos, chamados multibancos, são a maneira mais fácil de retirar dinheiro em Portugal. Você encontrará caixas mesmo nos lugares mais remotos e pode retirar até €200 por dia com um cartão nacional multibanco ou €200 em uma única operação (que pode então ser repetida) com um cartão de crédito internacional aceito. Os terminais são 24 horas e têm instruções na tela.

Antes de partir, confira com seu banco se você poderá usar o cartão de débito para transações em Portugal. Em geral será cobrada uma taxa de movimentação de dinheiro nos saques com cartão de crédito, além da taxa usual para conversão de moeda.

Abaixo *Muitas lojas aceitam cartão de crédito; verifique os selos nas janelas*

BANCOS

Existem agências de bancos na maioria das cidades. Elas ficam abertas normalmente de segunda a sexta-feira das 8h30 às 15h, mas em Lisboa e em alguns balneários podem ficar até mais tarde. As comissões para troca de moedas giram em torno de €3 a €5. Alguns bancos têm caixas de câmbio automáticos. As taxas de comissão para trocar traveller's cheques em um banco podem ser muito altas – é melhor ir até uma caixa (banco de poupança) ou um câmbio (agência de câmbio).

Há diversas agências do Banco do Brasil em Portugal. Para maiores informações, ligue para 0800 729 0722.

AGÊNCIAS DE CÂMBIO

Existem câmbios, onde você pode trocar dinheiro e traveller's cheques, em todas as cidades e áreas costeiras. A comissão para trocar traveller's cheques será mais baixa do que a cobrada pelos bancos.

CARTÕES DE CRÉDITO

American Express, Mastercard e Visa são os cartões mais usados, mas ainda não são aceitos pelos estabelecimentos menores ou para pequenas compras. Procure os logotipos dos cartões nas vitrines dos estabelecimentos ou pergunte aos funcionários antes de comprar algo. Você pode usar seu cartão de crédito para sacar dinheiro, mas a operadora do cartão vai cobrá-lo por isso. Os bancos também fazem essa operação nos caixas das agências.

PERDA OU ROUBO DE CARTÃO	
American Express	800 205 598
www.americanexpress.com	
Diners Club	213 159 856
www.dinersclub.com	
Mastercard	800 811 272
www.mastercard.com	
Visa	800 811 824
www.visa.com	

REEMBOLSO DE IMPOSTOS

Um imposto sobre vendas (chamado de IVA) é somado ao preço no país. Os brasileiros podem pedir reembolso desse imposto cobrado em lojas que fazem parte do programa de isenção. Guarde os recibos e preencha o formulário de reembolso no balcão de impostos do aeroporto antes de partir.

REMESSA DE DINHEIRO

Transferir dinheiro do Brasil em situações de emergência pode ficar caro. A Western Union (www.westernunion.com) e a Moneygram (www.moneygram.com) oferecem esse serviço.

CUSTO DE DEZ ITENS DO DIA A DIA	
Sanduíche	€3-€5
Garrafa de água mineral	€1-€2
Xícara de chá ou café	€2-€4
Cerveja (meio litro)	€2-€4
Copo de vinho	€1-€5
Jornal português	€1-€1,50
Cartão de memória	€20-€40
Maço de cigarros	€3,30
Sorvete	€1-€2
Litro de gasolina	€1,52

GORJETAS

Os portugueses não são muito pródigos em gorjetas, embora o serviço raramente seja incluído na sua conta de hotel ou restaurante. Portanto, é usual deixar um pouco a mais se o serviço foi particularmente bom. A seguir, algumas linhas gerais:

Bares e cafés:	arredonde
Restaurantes:	10%
Táxis:	arredonde
Porteiros e camareiras:	€0,50-€1 por dia
Atendentes de chapelaria:	€0,20-€0,50

SAÚDE

ANTES DE VIAJAR

» Se precisar de uma receita durante a viagem, providencie antes de viajar. Peça também ao seu médico o nome farmacêutico dos remédios que estiver tomando, para o caso de acabarem. Os nomes comerciais dos remédios mudam conforme o país.

» Se você planeja uma estadia longa, faça um check-up, um teste de visão e passe no dentista antes de partir.

» Não se exigem vacinações para entrar em Portugal, mas é uma boa ideia verificar a data da sua última vacina antitetânica e tomar um reforço se necessário.

SEGURO

» Como parte da União Europeia, Portugal tem acordos recíprocos gratuitos de saúde com outros Estados-membros.

» Em algumas partes de Portugal, o atendimento de saúde pública fica um pouco aquém do de outros países da Europa, e é bom fazer um seguro para cobrir os custos de um tratamento particular. Verifique se seu plano de saúde tem cobertura para o exterior.

» Se precisar de tratamento, leve cópia de seus documentos de seguro ao médico ou hospital – eles saberão como cobrar direto de sua companhia de seguros.

» Talvez você precise entrar em contato com sua companhia de seguros para esclarecimentos antes do tratamento, por isso certifique-se de ter seu número de emergência 24 horas à mão.

» Se tiver que pagar por tratamento ou remédios, tenha todas as receitas para depois pedir o reembolso à seguradora.

» Os brasileiros podem recorrer ao sistema público de saúde de Portugal. Um acordo entre os dois países garante atendimento em caso de urgência em qualquer hospital público. Você deve apresentar o passaporte e o certificado de direito à assistência médica no exterior (formulário PB-4), emitido no Brasil pelos escritórios regionais do Ministério da Saúde (no Brasil, disque 135 ou vá a uma agência da Previdência Social na sua cidade). Só tem direito a esse serviço quem contribui para o INSS. Para conseguir o certificado, que é válido por um ano, será necessário apresentar os comprovantes de pagamento do INSS, o passaporte e a passagem aérea de ida e de volta.

ASSISTÊNCIA MÉDICA
Ambulância (emergências)
112

O QUE LEVAR

» Mosquitos podem ser incômodos em Portugal, por isso compre repelentes para usar no quarto à noite;

» Uma pequena caixa de primeiros socorros é uma boa ideia, especialmente se estiver com crianças. Inclua analgésicos (como paracetamol, por exemplo), loção para queimaduras de sol, pomadas antissépticas e anti-histamínicas e band-aids;

» Um par de óculos ou lentes de contato sobressalentes podem ser úteis;

» Medicamentos prescritos, mas é preciso verificar a legislação no Brasil e em Portugal.

Acima *As farmácias exibem uma relação de estabelecimentos abertos até tarde*

COMO ENCONTRAR UM MÉDICO OU UM HOSPITAL

» Vá até o centro de saúde local mais próximo de onde você está. Existe um em cada cidade e alguns têm pronto socorro 24 horas, o chamado SAP/CATUS.

EXPOSIÇÃO AO SOL

TIPO DE PELE E RISCO DE QUEIMADURAS

Índice	Pele clara	Pele bronzeada	Pele morena	Pele negra
1/2	Baixo risco	Baixo risco	Baixo risco	Baixo risco
3/4	Risco médio	Baixo risco	Baixo risco	Baixo risco
5	Alto risco	Risco médio	Baixo risco	Baixo risco
6	Risco muito alto	Risco médio	Risco médio	Baixo risco
7	Risco muito alto	Alto risco	Risco médio	Risco médio
8	Risco muito alto	Alto risco	Risco médio	Risco médio
9	Risco muito alto	Alto risco	Risco médio	Risco médio
10	Risco muito alto	Alto risco	Alto risco	Risco médio

Baixo risco: não é provável que o sol cause danos, mas mesmo assim use filtro solar.

Risco médio: não fique em exposição direta ao sol por mais de duas horas.

Alto risco: você pode sofrer queimaduras em apenas meia hora. Evite exposição direta ao sol, cubra-se e use filtro solar SPF 15+.

Risco muito alto: você pode sofrer queimaduras em 20 minutos. Evite exposição direta ao sol, cubra-se e use filtro solar SPF 15+.

HOSPITAIS COM SERVIÇOS DE EMERGÊNCIA

CIDADE	ENDEREÇO	TELEFONE
Lisboa	Hospital de Santa Maria, Avenida Prof. Egas Moniz, 1649-035 Lisboa	217 805 111
Porto	Hospital Santo António, Largo Prof. Abel Salazar, 4099-001 Porto	222 077 500
Coimbra	Hospital da Universidade de Coimbra, Praça Prof. Mota Pinto, 3004-561 Coimbra	239 400 400
Lagos	Hospital Distrital, Rua do Castelo dos Governadores, 8600-563 Lagos	282 770 100
Portimão	Centro Hospitalar do Barlavento Algarvio, Sítio do Poço Seco, 8500-338 Portimão	282 450 300

» Pergunte na farmácia local.
» Peça ao seu hotel para chamar um médico.
» Para ambulância, ligue 112.

FARMÁCIAS

» As farmácias são identificadas por uma cruz verde sobre um fundo branco.
» Ficam geralmente abertas das 9h às 13h e das 15h às 19h, de segunda a sexta-feira, e das 9h às 13h, aos sábados.
» Toda farmácia exibe na porta o endereço da farmácia de plantão mais próxima, e uma lista das que ficam abertas até 22h. Para mais informações ligue 800 202 134.
» Os farmacêuticos de Portugal são muito bem treinados e podem dar aconselhamento médico e sobre remédios, como antibióticos, que em outros países seriam disponíveis apenas com receita.
» Para muitos problemas menos graves pode valer a pena consultar um farmacêutico antes de procurar um médico.

ÁGUA

» Em geral, a água de torneira não é ideal para beber. Prefira sempre água mineral.
» Você vai ver fontes à beira das estradas portuguesas, onde as pessoas enchem garrafas com água. Mas não faça isso, pode ser perigoso para seu organismo.
» Água mineral é relativamente barata (há água com e sem gás).
» Se você estiver de carro, leve sempre um bom suprimento de água mineral – e procure tomar bastante água, especialmente quando a temperatura aumenta. Bebidas açucaradas, café e álcool são diuréticos e em vez de saciar a sede vão aumentá-la.
» Se sentir muita sede, pode ser sinal de desidratação.

RISCOS DO VERÃO

Portugal é extremamente quente no verão, por isso você vai ter de se proteger do calor e do sol.
» Vista roupas folgadas e mantenha a parte de trás do pescoço coberta. Use óculos e chapéu.
» Aplique filtro solar de fator alto (SPF 15+) e renove a aplicação com frequência.
» Beba cerca de 2 litros de água por dia durante os dias mais quentes.
» Fuja do sol. Das 12h às 16h é o pior intervalo, sobretudo para as crianças.

TRATAMENTO MÉDICO ALTERNATIVO

Portugal não tem tradição de medicina complementar, exceto o uso difundido de remédios de ervas tradicionais nas áreas rurais. A medicina alternativa só agora começa a dar os primeiros passos, com um crescente interesse por homeopatia e tratamentos holísticos. A melhor maneira de encontrar especialistas nessa área é consultar as Páginas Amarelas, em Homeopatia.

VOO SAUDÁVEL

» Se você chegar a Portugal em voos transatlânticos, como os do Brasil, talvez fique apreensivo com os efeitos do voo de longa distância sobre sua saúde. A maior preocupação costuma ser com a trombose venosa profunda. Erroneamente chamada "síndrome da classe econômica", ela ocorre quando há formação de um coágulo nas veias profundas, particularmente das pernas. O coágulo pode percorrer a corrente sanguínea e ser fatal.
» As pessoas mais sujeitas a esse risco são idosos, mulheres grávidas ou que usam anticoncepcionais, fumantes e obesos. Se você está num grupo de risco, consulte seu médico antes de viajar. O voo aumenta a chance de trombose porque os passageiros ficam sentados num espaço limitado por longos períodos de tempo e podem ficar desidratados.

Para minimizar o risco:
Beba água (e não bebida alcóolica).
Não fique imóvel por horas seguidas.
Alongue-se e exercite as pernas periodicamente.
Use meias elásticas, que sustentam as veias e reduzem a chance de formação de um coágulo.

Exercícios

Tornozelos
Levante o pé do chão. Desenhe círculos com os pés, movendo um no sentido horário e o outro no sentido anti-horário.

Panturrilhas
Mantenha o calcanhar no chão e levante a ponta do pé bem para cima. Depois erga o tornozelo, mantendo a ponta do pé no chão.

Joelhos
Levante a perna com o joelho dobrado, contraindo a coxa. Depois estique a perna, pressionando o pé esticado no chão.

Outros problemas decorrentes do voo são as doenças transmitidas pelo ar e pelas bactérias disseminadas pelo sistema de ar-condicionado do avião. São problemas inevitáveis, mas, se tiver uma doença grave, procure um médico antes de decolar.

INDICAÇÕES ÚTEIS

ELETRICIDADE

» A voltagem em Portugal é de 220/380 volts. As tomadas elétricas seguem as normas europeias e aceitam plugues com dois pinos redondos. Se seus aparelhos são para 240 volts, você precisará de um adaptador, que pode ser comprado antes da viagem.

» Aparelhos brasileiros que usam 110-220 volts vão precisar de um adaptador e de um transformador. É melhor comprá-los antes de partir, pois não são fáceis de encontrar em Portugal.

LAVANDERIA

Muitos hotéis na faixa média e alta têm serviço de lavanderia, com a roupa recolhida e entregue no quarto mediante uma taxa (em geral alta) cobrada na conta. Não há muitas lavanderias self-service, mas as "lavandarias" são comuns. Os serviços incluem o de roupa branca, ou seja, lavar de um dia para o outro, passar e consertar (se necessário), a um custo relativamente baixo, e limpeza a seco. Algumas lavandarias só fazem limpeza a seco.

BANHEIROS PÚBLICOS

Você encontrará as instalações mais limpas em museus, restaurantes e shoppings. Fora daí, os banheiros públicos são poucos e distantes uns dos outros, e a higiene deixa muito a desejar. É aceitável pedir para usar o banheiro dos bares, e eles são geralmente bastante limpos. Procure placas de lavabos ou WC. Dentro, há a esperada divisão entre homens ou cavalheiros e senhoras ou mulheres. Na dúvida, pergunte pela casa de banho ou pelos serviços.

FUMO

» Atualmente é proibido fumar em locais públicos fechados. Alguns restaurantes ainda oferecem área para fumantes.

» É proibido fumar em museus, aeroportos e transportes públicos.

» Vendem-se cigarros nas tabacarias ou em máquinas dentro de bares e cafés. São bem mais caros que no Brasil.

TABELA DE CONVERSÃO

de	para	Multipicar por
Polegadas	Centímetros	2,54
Centímetros	Polegadas	0,3937
Pés	Metros	0,3048
Metros	Pés	3,2810
Jardas	Metros	0,9144
Metros	Jardas	1,0940
Milhas	Quilômetros	1,6090
Quilômetros	Milhas	0,6214
Acres	Hectares	0,4047
Hectares	Acres	2,4710
Galões	Litros	4,5460
Litros	Galões	0,2200
Onças	Gramas	28,35
Gramas	Onças	0,0353
Libras	Gramas	453,6
Gramas	Libras	0,0022
Libras	Quilogramas	0,4536
Quilogramas	Libras	2,205
Toneladas	Ton. longas	1,0160
Ton. longas	Toneladas	0,9842

CRIANÇAS

Você não deverá ter muitos problemas se estiver em uma excursão de férias, pois são organizadas pelas operadoras estrangeiras tendo em

Página ao lado *A maioria das instalações públicas é bem sinalizada em Portugal*

mente os costumes de Portugal e do país de origem. Quem viaja por sua conta com crianças deve observar alguns pontos.

» Como muitos outros europeus do sul, os portugueses adoram crianças e são tolerantes com elas, fazendo brincadeiras e sendo acolhedores em bares, restaurantes e outros estabelecimentos.

» Apesar disso, nem sempre é fácil encontrar instalações como fraldários, cadeirões e cardápios especiais para crianças.

» As crianças portuguesas dormem tarde – se os pais saem para comer, elas vão junto. Por isso, a maioria dos hotéis não dispõe de serviço de babá.

» No verão, adapte-se à rotina local e faça as crianças terem também um tempo de descanso durante os horários da sesta, quando o calor é maior.

» A maioria dos hotéis, se avisada com antecedência, vai colocar até três ou quatro camas no quarto para que uma família possa ficar reunida. Em geral, não se cobra para crianças menores de 6 anos dormirem no quarto dos pais e as crianças entre 6 e 12 anos podem ter desconto de até 50%.

» Fraldas descartáveis e outros itens para bebês são fáceis de encontrar, mas, se você estiver dando mamadeira para o bebê, é melhor trazer seu leite em pó. O leite do dia (leite fresco) só é vendido em grandes lojas e supermercados. Você pode comprar fraldas descartáveis em supermercados e/ou em farmácias.

» Crianças entre 5 e 11 anos pagam meio bilhete em trens e passagem inteira em ônibus e metrô. Menores de 5 anos não pagam.

» Ingressos de museus e da maioria das atrações costumam ser de graça para crianças.

» Carrinhos de bebê podem ser incômodos em ruas de pedra.

» Em áreas de tráfego pesado, fique de olho nas crianças. Os motoristas portugueses às vezes ignoram as faixas para pedestres.

» O sol em Portugal é forte. Use filtro solar de fator alto e deixe as crianças de camiseta no início. Faça com que fiquem na sombra na hora mais quente do dia e, se estiverem nadando, convença-as a colocar uma camiseta – melhor uma roupa molhada do que incômodas queimaduras de sol.

» Não se surpreenda se estranhos conversarem com seus filhos. Isso é comum em Portugal.

VISITANTES COM NECESSIDADES ESPECIAIS

» Não são todos os lugares do país que estão bem equipados para atender pessoas com necessidades especiais, por isso não espere o alto padrão de outros países. No entanto, a situação está melhorando aos poucos, e os grandes hotéis das cidades maiores e áreas turísticas costumam oferecer bom acesso, assim como os prédios oficiais, incluindo alguns museus.

» Os escritórios nacionais de turismo de Portugal no exterior podem fornecer listas de hotéis com acesso a cadeirantes.

» Aeroportos e grandes estações de trem geralmente têm boas instalações para portadores de deficiência.

» Os portugueses costumam ser muito solícitos para que sua estada seja a melhor possível.

Endereços para contato

» O Secretariado Nacional para a Reabilitação e Integração das Pessoas com Deficiência em Portugal edita um guia de turismo abrangente e acessível, com relações de restaurantes e hotéis, além de outras informações (Av. Conde Valbom 63, 1069-178 Lisboa, tel 217 929 500 ou www.inr.pt).

» A Holiday Care é uma organização do Reino Unido que publica informação sobre acessibilidade para pessoas com necessidades especiais em férias (consulte o site da instituição para mais informações, www. holidaycare.org.uk).

» Nos Estados Unidos, a SATH (Society for Accessible Travel and Hospitality) dá muitas dicas para quem viaja de férias com deficiência visual ou problemas de mobilidade (consulte o site da instituição para mais informações, www.sath.org).

LOCAIS DE CULTO

Você encontrará igrejas católicas até nas menores cidades e vilas, e há locais de peregrinação famosos que vale a pena conhecer. O país celebra muitas festas religiosas durante o ano todo, e os escritórios de turismo podem dar detalhes a respeito de locais de culto e horários.

Com suas grandes comunidades de exilados, o Algarve também está bem servido de locais de culto para outras religiões e denominações religiosas. Veja os detalhes nos escritórios de turismo e na imprensa local.

Em Lisboa, há diversos locais de culto não católicos. Entre os principais estão:

Igreja anglicana
St. George's Church
Rua São Jorge, Jardim de Estrela
tel 214 692 303
www.lisbonanglicans.org

Igreja batista
Igreja Evangélica Baptista da Graça
Rua Capitão Humberto Ataíde 28, Santa Apolónia, 1170-072 Lisboa
tel 218 132 889

Mesquita islâmica
Mesquita Central de Lisboa
Avenida José Malhôa, Praça de Espanha, 1070-158 Lisboa
tel 213 874 142
www.comunidadeislamica.pt.

Sinagoga
Comunidade Israelita de Lisboa
Rua Alexandre Herculano 59, Rato, 1250-101 Lisboa
tel 213 931 130
www.cilisboa.org

Ismaelita
Centro Cultural Ismaili
Avenida Lusíada, 1600-001 Lisboa
tel 217 229 002
www.fakp.pt

AJUDA

SEGURANÇA PESSOAL

Embora Portugal seja um país seguro, com baixos índices de criminalidade – particularmente contra visitantes–, sempre é bom tomar algumas precauções:

» Fique atento em locais como estações de trem, no transporte público das cidades e em áreas cheias de visitantes nas cidades grandes, onde pode haver batedores de carteira.

» Cuidado com ladrões que agem em dupla. Um vai tentar distraí-lo com uma pergunta ou comentário enquanto o outro faz o furto.

» Nunca carregue mais dinheiro do que aquele que precisa, e deixe passaporte, cartões de crédito e bilhetes de passagem separados do seu dinheiro.

» Nunca carregue carteira ou dinheiro no bolso de trás.

» Deposite seus objetos de valor no cofre do hotel.

» Use a bolsa ou câmera em diagonal no seu peito, em vez de deixá-la a tiracolo. Mochilas também são uma boa opção.

» Trave sempre o seu carro, mesmo que saia dele só por pouco tempo. Certifique-se de que a bagagem e outros valores estejam seguros, de preferência no porta-malas.

» Tenha cuidado especial se sua visita inclui uma viagem de trem noturna, pois alguns ladrões costumam visar passageiros que dormem. Faça turnos com algum companheiro de viagem para ficar de olho na bagagem. Fique também de olho na mala em viagens diurnas.

» Nunca deixe valores no balcão de bar, mesa de restaurante ou dependurados no encosto da cadeira.

» Deixe joias de valor em casa ou no cofre do hotel.

» À noite, prefira andar em ruas principais e bem iluminadas.

» Se for assaltado, não reaja.

OBJETOS PERDIDOS

» Se perder dinheiro ou objetos, informe a polícia e contate sua companhia de seguros assim que possível.

» Se roubarem seus traveller's cheques, notifique a empresa que os emitiu, informando o número da primeira e da última folha de cheque e os números daqueles que você já descontou.

» Se roubarem seu cartão de banco, dê queixa à polícia e ligue para o número de emergência do cartão para cancelá-lo o quanto antes. Linhas de emergência operam 24 horas.

» Se quiser fazer uma solicitação de reembolso do seguro após o roubo, terá de ter o boletim de ocorrência da polícia. Isso pode consumir bastante tempo. Muitas vezes não vale a pena dar queixa de perda de itens muito baratos ou de quantias muito pequenas de dinheiro, pois o procedimento será bastante cansativo.

PERDA DE PASSAPORTE

» Se perder seu passaporte ou ele for roubado, dê queixa à polícia e entre em contato com a embaixada ou consulado para orientação (veja no quadro abaixo os contatos da embaixada e dos consulados brasileiros em Portugal).

» Anote o número de seu passaporte e faça cópia da página de onde constam a foto e os dados pessoais. Deixe a cópia com seu companheiro de viagem ou em local protegido.

REPRESENTAÇÕES DIPLOMÁTICAS DO BRASIL EM PORTUGAL	
Embaixada do Brasil	Estrada das Laranjeiras, 144, Lisboa, 1649-021, tel (351) 217 248 510, e-mail: geral@embaixadadobrasil.pt, www.embaixadadobrasil.pt
Consulado em Lisboa	Praça Luís de Camões, 22, 1º andar, Lisboa, 1200-243, tel (351) 213 214 100, fax (351 21) 347-3926, e-mail: consbras.lisboa@netcabo.pt, www.portalconsular.mre.gov.br/mundo/europa/republica-portuguesa/lisboa
Consulado no Porto	Av. de França, 20, 1º andar, Porto, 4050-275, tel (351) 226 084 070, fax (351) 226 084 089 www.portalconsular.mre.gov.br/mundo/europa/republica-portuguesa/porto

NÚMEROS DE EMERGÊNCIA

De qualquer lugar de Portugal, disque 112 caso necessite de ajuda. Este número serve para os três tipos de auxílio abaixo:
Polícia
Ambulância
Bombeiros

POLÍCIA

Existem quatro tipos diferentes de forças policiais em Portugal. A polícia portuguesa preserva, às vezes, atitudes autoritárias herdadas do período da ditadura de Salazar. Se for abordado pela polícia, não discuta, e trate o policial com cortesia. Desse modo, você irá se livrar mais depressa do problema.

» A PSP (Polícia de Segurança Pública) usa uniformes azuis, e sua jurisdição são as cidades. Entre as suas atribuições, é responsável por incidentes envolvendo visitantes.

» A GNR (Guarda Nacional Republicana) usa uniformes azuis e cinza e botas até os joelhos. Atua em áreas rurais e patrulha as estradas e rodovias.

» A PJ (Polícia Judiciária), em geral, se veste à paisana e trata da investigação de crimes graves.

» O Serviço de Estrangeiros e Fronteiras trata de assuntos como imigração, aduana e autorizações de trabalho.

» A Polícia Municipal opera nas principais cidades e lida com incidentes de pequena gravidade.

INCÊNDIOS

» Ao entrar no seu quarto, leia as instruções sobre incêndio atrás da porta e verifique onde ficam as saídas de incêndio mais próximas.

» Nunca use elevadores em caso de emergência.

» Se ficar preso, vede a parte de baixo da porta com toalhas molhadas e aguarde o auxílio.

HORÁRIOS E INGRESSOS

A maioria dos estabelecimentos comerciais de Portugal fecha durante a hora da sesta, em geral das 12h30 às 13h30 ou 15h.

BANCOS

Os bancos abrem de segunda a sexta-feira (8h30-15h). Algumas agências, nas grandes cidades, podem ficar abertas até as 18h.

BARES

Os bares abrem por volta das 20h30 e fecham entre 22h e 2h. Os horários variam em áreas rurais ou balneários. No verão, podem ficar abertos até as 5h.

CAFÉS

Costumam abrir a partir das 7h.

IGREJAS

A maioria das igrejas abre cedo para a missa da manhã, mas algumas ficam trancadas e só podem ser visitadas mediante agendamento prévio com o zelador. Outras têm horários de abertura específicos e cobram para acesso a claustros, tesouros etc. As que abrem regularmente podem fechar por duas horas no meio do dia, reabrindo entre 15h e 18h. Veja a seção Atrações, para detalhes de horários, ou ligue para a igreja.

MUSEUS E GALERIAS

Museus e monumentos ficam abertos entre 10h e 12h30 e entre 14h e 18h, mas os horários variam segundo a estação e a localização. Consulte a seção de Atrações deste guia, ou contate o museu, galeria ou o escritório de turismo local. Quase todos os museus portugueses fecham às segundas, e os palácios nacionais às quartas-feiras.

ESCRITÓRIOS

Em geral, o expediente é das 9h às12h30 e das 14h30 às 18h.

CORREIOS

As agências de correios costumam abrir das 8h30 às 18h, de segunda a sexta-feira. As maiores podem abrir também aos sábados, e os escritórios principais em Lisboa e Porto têm horários mais dilatados.

LOJAS

As lojas usualmente funcionam das 9h às 13h e das 15h às 19h. Fora das cidades maiores geralmente fecham aos sábados à tarde e aos domingos. Os shoppings podem ficar abertos a semana toda, em geral até meia-noite. Os supermercados maiores abrem todos os dias das 9h às 22h (13h ou 17h, aos domingos).

FARMÁCIAS

As farmácias abrem das 9h às 13h e das 15h às 19h, de segunda a sexta-feira (até as 13h, aos sábados). Toda farmácia exibe uma lista na porta com as farmácias 24 horas da área e as que ficam abertas até as 22h.

RESTAURANTES

Os restaurantes que servem almoço abrem a partir do meio-dia e costumam fechar por um tempo durante a tarde. Eles reabrem – junto com os que servem apenas jantar – por volta das 19h e ficam abertos até as 23h. Em áreas remotas ou rurais podem fechar mais cedo. Restaurantes que atendem visitantes no Algarve costumam ficar abertos o dia inteiro. A maioria dos restaurantes de Portugal fecha uma das noites da semana – geralmente aos domingos ou às segundas-feiras.

INGRESSOS

Muitas atrações, museus e galerias cobram ingresso, mas em geral o preço é relativamente baixo. As instalações recreativas voltadas para visitantes em férias, como parques aquáticos, tendem a ser mais caras.

INGRESSOS COMBINADOS

Lisboa, Porto e Braga têm ingressos combinados (o Lisboa Card, o Porto Card e o Braga Card), que dão descontos ou entrada gratuita em museus, monumentos e locais de interesse e incluem toda a rede de transporte público dessas duas cidades. Se você pretende ver muitas atrações, ambos os cartões têm ótima relação custo-benefício.

Acima *Placa indica o caminho para um museu em Lisboa*

DESCONTOS

Há descontos para estudantes e idosos em passagens e ingressos para museus, galerias e outras atrações. Vale a pena mostrar seu cartão de idoso ou carteira de identidade estudantil (International Student ID Card) ao comprar ingresso. As ofertas incluem 50% de desconto no bilhete turístico para trem, além de descontos de até 35% em pacotes sazonais nas pousadas.

FERIADOS NACIONAIS

Nos feriados, quase tudo fica fechado. O transporte público pode ser afetado.

1º jan	Dia de Ano-Novo
mar-abr	Sexta-Feira Santa
25 abr	Dia da Liberdade (comemora a Revolução de 1974)
1º mai	Dia do Trabalho
fim mai-início jun	Corpus Christi
10 jun	Dia de Camões
15 ago	Festa da Assunção
5 out	Dia da República
1º nov	Todos os Santos
1º dez	Dia da Independência (da Espanha, em 1640)
8 dez	Imaculada Conceição
25 dez	Natal

INFORMAÇÃO TURÍSTICA

Todas as cidades e vilas do país têm centros de informação turística – procure a palavra turismo. Eles podem fornecer informações locais de todo tipo, além de ajudá-lo a encontrar hospedagem. Alguns escritórios podem até fazer reservas. Outros oferecem apenas listas com as diversas opções de hospedagem na região onde se encontram. Esses centros fornecem ainda informações atualizadas a respeito de horários de funcionamento de museus e atrações locais (que podem variar, dependendo da época do ano), mapas das cidades e vários folhetos sobre a região. Os escritórios de turismo nas grandes cidades e nos principais balneários têm horários de funcionamento mais estendidos do que os das áreas remotas. Geralmente, ficam abertos o dia todo, enquanto os da zona rural normalmente fecham umas duas horas no decorrer do dia e podem também não funcionar nos fins de semana.

O Conselho de Turismo de Portugal disponibiliza um número chamado Linha Verde Turista (tel 808 781 212, seg-dom, 8h-19h). Essa linha dá informações a respeito de assuntos como transporte, hospedagem e horários de museus. Você vai descobrir que as informações fornecidas pelos diferentes escritórios de turismo variam muito. Alguns locais oferecem excelentes informações gratuitas e o pessoal que atende é muito solícito. Em outros, fica claro que têm pouco a oferecer. Nesse último caso, insista um pouco – às vezes um sorriso pode se transformar em uma profusão de mapas e folhetos saindo de debaixo do balcão. Eles podem ser bastante valiosos.

ESCRITÓRIOS NO EXTERIOR

Austrália
Suite 507/147A, King Street, Sydney NSW-2000
Tel 02/9221 9866

Canadá
60 Bloor Street West, Suite 1005, Toronto, Ontario M4W 3B8
Tel 416/921-7376

República da Irlanda
54 Dawson Street, Dublin 2
Tel 01/670 9133

Reino Unido
Embaixada de Portugal, 11 Belgrave Square, London SW1X 8PP
Tel 0845 355 1212

Estados Unidos
3rd Floor, 590 Fifth Avenue, New York, NY 10036-4702
Tel 646/723 0200

Não há escritório no Brasil

ESCRITÓRIOS DE TURISMO

Albufeira
Rua 5 de Outubro, tel 289 585 279

Alcobaça
Praça 25 de Abril, tel 262 582 377

Amarante
Alameda Teixeira Pascoaes, tel 255 420 246

Arraiolos
Praça Lima e Brito, tel 266 490 524

Aveiro
Rua João Mendonça 8, tel 234 420 760

Beja
Rua Capitão João Francisco de Sousa 25, tel 284 311 913

Braga
Avenida da Liberdade 1, tel 253 262 550

Bragança
Avenida Cidade de Zamora, tel 273 381 273

Cascais
Avenida Visconde da Luz 14, tel 214 868 204

Castelo Branco
Praça do Município, tel 272 330 339

Castelo de Vide
Praça Dom Pedro V, tel 245 901 361

Coimbra
Largo da Portagem, tel 239 488 120; Largo Dom Dinis, tel 239 832 591; Praça da República, tel 239 833 202

Elvas
Praça da República, tel 268 622 236

Estoril
Arcadas do Parque Poente, tel 214 663 813

Estremoz
Praça da República 26, tel 268 333 451

Évora
Praça do Giraldo 73, tel 266 777 071

Faro
Rua da Misericórdia 8, tel 289 803 604

Fátima
Avenida Dom José Correia da Silva, tel 249 531 139

Guarda
Praça Luís de Camões, tel 271 205 530

Guimarães
Alameda de São Dâmaso 86, tel 253 412 450; Praça de Santiago, tel 253 518 790

Lagos
Rua Belchoir Moreira Barbudo, tel 282 959 231

Lamego
Avenida Visconde Guedes Teixera, tel 254 612 005

Leiria
Jardim Luís de Camões, tel 244 848 770

Lisboa
Praça do Comércio, tel 210 312 810; Palácio Foz, Praça dos Restauradores, tel 213 463 314

Mafra
Palácio Nacional de Mafra, tel 261 817 170

Marvão
Largo de Santa Maria, tel 245 909 131

Miranda do Douro
Largo do Menino Jesus da Cartolinha, tel 273 431 132

Monsaraz
Largo Dom Nuno Álvares Pereira, tel 266 557 136

Nazaré
Avenida da República, tel 262 561 194

Óbidos
Rua do estacionamento da Porta da Vila, tel 262 959 231

Peniche
Rua Alexandre Herculano, tel 262 789 571

Ponte de Lima
Paço do Marquês, tel 258 942 335

Portalegre
Rua Guilherme Gomes Fernandes 28, tel 245 307 445

Portimão
Avenida Zeca Afonso, tel 282 470 717

Porto
Rua Clube dos Fenianos 25, tel 223 393 470; Rua Infante Dom Henrique, tel 222 060 412

Sagres
Rua Comandante Matoso, tel 282 624 873

Santiago do Cacém
Praça do Mercado, tel 269 826 696

Sesimbra
Largo da Marinha, tel 212 288 540

Setúbal
Casa do Corpo Santo, Praça do Quebedo, tel 265 534 402

Sintra
Praça da República 23, tel 219 231 157

Tavira
Rua da Galeria 9, tel 281 322 511

Tomar
Avenida Dr. Cândido Madureira, tel 249 322 427

Valença do Minho
Avenida de Espanha, tel 251 823 374

Viana do Castelo
Rua do Hospital Velho, tel 258 822 620

Vila Nova de Gaia
Avenida Diogo Leite 242, tel 223 773 080

Vila Viçosa
Praça da República, tel 268 881 101

Viseu
Avenida Calouste Gulbenkian, tel 232 420 950

SITES

TURISMO

www.visitportugal.com
www.portugal.org
Sites do Conselho de Turismo.
www.portugalvirtual.pt
Informações sobre todas as regiões de Portugal.
www.obrigado.com
Site geral independente.

TURISMO REGIONAL

www.rt-atb.pt
www.bragancanet.pt
Ambos cobrem o nordeste de Portugal.
www.rtam.pt
Alto Minho.
www.rtvm.pt
Verde Minho, nordeste do Porto.
www.guimaraesturismo.com
Guimarães.
www.portoturismo.pt
Porto.
www.cm-gaia.pt
Vila Nova de Gaia.
www.rotadaluz.pt
Aveiro e arredores.
www.turismo-centro.pt
Coimbra e arredores.
www.rtdaolafoes.com
Região de Viseu.
www.serra-caramulo.com
Serra de Caramulo.
www.rt-serradaestrela.pt
Serra da Estrela.
www.cm-covilha.pt
Covilhã e Serra da Estrela.
www.mun-guarda.pt
Guarda.
www.visitlisboa.com
Lisboa.
www.costa-azul.rts.pt
Costa Azul, sul de Lisboa.
www.rt-leiriafatima.pt
Leiria e arredores (inclui Alcobaça, Fátima e Batalha).
www.rt-oeste.pt
Norte de Lisboa.
www.mafra.net
Mafra.
www.estorilcoast-tourism.com
Estoril, Mafra e Sintra.
www.rtsm.pt
Norte do Alentejo.
www.cm-evora.pt
Évora.
www.rt-planiciedourada.pt
Sul do Alentejo.
www.visitalgarve.pt
Algarve.

TRANSPORTE

www.ana-aeroportos.pt
Aeroportos portugueses (inclui Faro, Lisboa e Porto).
www.tap.pt
www.flytap.com.br
TAP Portugal.
www.cp.pt
Trens portugueses.
www.rede-expressos.pt
Serviços de ônibus expressos em Portugal.
www.rodonorte.pt
Ônibus expressos no norte e no centro de Portugal.
www.carris.pt
Transporte público em Lisboa.
www.metrolisboa.pt
Sistema de metrô de Lisboa.
www.eva-bus.com
Ônibus para e dentro do Algarve.
www.transtejo.pt
Barcos e cruzeiros pelo Tejo.
www.metrodoporto.pt
Sistema de metrô do Porto.
www.stcp.pt
Transporte público no Porto.

HOSPEDAGEM

www.maisturismo.pt
Site de reservas de hotel.
www.pousadas.pt
Site para reservas de pousadas.
www.roteiro-campista.pt
Agendamento de campings.

INTERESSES ESPECIAIS

www.icn.pt
Parques nacionais e reservas naturais.
www.ippar.pt
Patrimônio histórico do país.
www.ipmuseus.pt
Site de museus, com links.
www.termasdeportugal.pt
Site sobre spas portugueses.
www.vinhoverde.com
Site sobre vinho verde.
www.ivp.pt
Site da região do Porto e do Douro.
www.wannasurf.com
Informação sobre surfe.
www.portugalgolf.pt
Turismo com golfe.

GERAL

www.portugal.gov.br
Site do governo português.
www.turismo.gov.br
Site do Ministério do Turismo.
www.embaixadadobrasil.pt
Site da Embaixada do Brasil em Lisboa.

SITES DAS PRINCIPAIS ATRAÇÕES

ATRAÇÃO	SITE	PÁGINA
Braga	www.cm-braga.pt	129
Porto	www.portoturismo.pt	158
Aveiro	www.rotadaluz.pt	180
Coimbra	www.cm-coimbra.pt	182
Alcobaça	www.ippar.pt	212
Batalha	www.ippar.pt	214
Fátima	www.santuario-fatima.pt	217
Tomar	www.rttemplarios.pt	220
Lisboa	www.visitlisboa.com	70
Sintra	www.cm-sintra.pt	112

COMUNICAÇÕES

TELEFONES

» A maneira mais fácil de ligar é usar os cartões credifones ou o seu cartão de crédito; mas os telefones públicos também aceitam moedas.
» Os cartões estão à venda nos correios, bancas de jornais, quiosques e tabacarias, nos valores de €5 e €10.
» Há credifones na rua, em bares e cafés e em alguns centros de informação turística.
» As principais agências de correios também têm cabines telefônicas onde você pode fazer sua ligação e pagar depois. Um funcionário indicará a cabine.
» As ligações internacionais e nacionais são mais baratas entre 21h e 9h de segunda a sexta-feira e o dia inteiro nos fins de semana e feriados nacionais.
» As tarifas de telefone para ligar do quarto de hotel costumam ser altas.
» Você pode fazer uma "chamada a cobrar ao destinatário" a partir de qualquer aparelho com auxílio de um operador. Digite 120 para uma ligação dentro da Europa e 172 para o resto do mundo (ligações a cobrar para o Brasil ▷ 305).
» Ligue para 800 210 520 para informações gerais ao cliente.
» Se tiver dificuldades, digite 179 para falar com o operador.

CELULARES

» Pode ficar caro usar seu celular em Portugal, pois você irá pagar tanto para ligar como para receber ligações.
» Se o cartão SIM de seu celular é removível, faz sentido removê-lo e colocar no lugar dele um cartão local, ao chegar. Com isso você poderá usar o sistema português de telefonia celular e pagar tarifas locais.
» Mensagens de texto são uma alternativa mais barata, mas confira a tarifa com sua operadora antes de viajar.
» Os brasileiros precisam dispor de um celular triband ou quadriband para poder usá-lo em Portugal sem ter de trocar o cartão SIM.

TELEFONES ÚTEIS	
Emergências	112
Ligações internacionais com auxílio de operadora	171
Auxílio à lista	118
Auxílio à lista (internacional)	177
Relógio falado	12151
Informações turísticas (ligação gratuita)	800 781 212

COMO MANDAR CARTAS

» Você pode comprar selos nos correios, bancas, tabacarias, máquinas automáticas ou outros lugares que tenham a placa de um cavalo branco em fundo vermelho e a expressão "Correio de Portugal".
» Há dois tipos de serviço de correio: o correio azul para cartas urgentes, que devem ser pesadas e postadas em uma caixa azul, e o correio normal, que é coletado de caixas vermelhas. Cartas para a União Europeia costumam chegar em até 8 dias e para o Brasil, entre 10 e 20 dias.

CÓDIGOS DE ÁREA DAS PRINCIPAIS CIDADES	
Aveiro	234
Beja	284
Braga	253
Bragança	273
Coimbra	239
Évora	266
Faro	289
Guarda	271
Leiria	244
Lisboa	21
Portimão	282
Porto	22

Para ligar para Portugal do exterior, digite o código de acesso internacional + 351 + número de nove dígitos

CORREIOS

» Os correios abrem normalmente entre 9h-18h de segunda a sexta-fei-

Abaixo *Você pode usar um credifone, dinheiro ou cartão para ligar de um telefone público*

À esq. *As caixas azuis do correio são para urgências; as vermelhas, para correspondência regular, nacional e internacional*

ra. As agências maiores podem também abrir aos sábados, e as agências principais de Lisboa e do Porto têm horários mais dilatados.

» Você pode receber cartas em qualquer agência de Portugal por meio da posta-restante. Você deve ir até o balcão Encomendas e mostrar seu passaporte. O sistema de arquivamento pode variar, por isso peça ao funcionário para verificar a partir das iniciais de seu nome e também de seu sobrenome ao recolher as cartas. Cobra-se uma pequena tarifa (cerca de €1) pelo serviço.

» As cartas para Encomendas devem ser assim endereçadas:
SOBRENOME, primeiro nome
Posta-Restante
Correios de Portugal
Endereço do Correio

INTERNET E CIBERCAFÉS

» Você encontra cibercafés nas grandes cidades e nos balneários. Em geral, o preço da conexão varia de €3 a €5 por hora.

» Pode ser mais barato comprar um cartão de débito para uso em postos de internet, disponíveis em algumas das agências dos correios. Ele permite até três horas de acesso por cerca de €5,50.

» O site www.netcafes.com traz listas de cibercafés em Portugal e no mundo todo.

» Lembre-se de sair da conexão (log out) ao terminar e feche o browser para jogar fora os arquivos temporários da sua sessão. Esses computadores são compartilhados e não é bom deixar que outras pessoas vejam seus e-mails ou acessem informações pessoais.

» Se o seu celular tiver bluetooth e você assinar um serviço de internet, é possível ter acesso pelo aparelho.

CÓDIGO DOS PAÍSES

Para ligar de Portugal, digite o código de acesso internacional (00) seguido pelo código do país (veja abaixo), o código da área (omitindo o 0) e o número:

Argentina	**54**
Brasil	**55**
Estados Unidos	**1**
França	**33**
Itália	**39**
Reino Unido	**44**

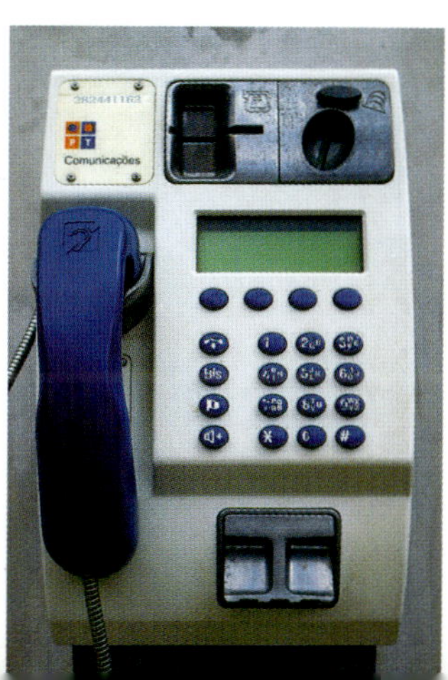

TARIFAS DE CORREIO

Dentro de Portugal	€0,30
Dentro da Europa	€0,60
Para os EUA	€0,75
Para a África	€0,75
Para a Ásia	€0,75
Para a América do Sul	€0,75

SERVIÇOS DE ENTREGA

DHL	707 505 606
Federal Express	800 244 144
UPS	707 232 323
EMS-International	707 262 626

LIGAÇÕES A COBRAR PARA O BRASIL

Para fazer ligações a cobrar de Portugal para o Brasil, disque gratuitamente 800 800 550. Uma gravação indicará os procedimentos para ligações a cobrar para qualquer telefone (fixo ou móvel) no Brasil. O pagamento é feito em reais, pelo destinatário.

NOTEBOOKS

Se você prentende usar seu notebook em Portugal, lembre-se de trazer a fonte para recarregar e um adaptador, pelo tipo de tomada incompatível. Você também vai precisar de um adaptador para a tomada do telefone e, se possível, tente trazer um filtro de corrente elétrica.

COMO USAR UM TELEFONE COM CARTÃO OU MOEDAS

1 Tire o fone do gancho e espere o sinal para discagem.

2 Insira o cartão ou as moedas. A moeda cai assim que você a insere.

3 Digite o número desejado.

4 Para cancelar a ligação antes que alguém atenda, ou se a ligação não se completar, aperte a alavanca de liberar moedas ou ponha o fone no gancho e retire as moedas.

5 Quando alguém atender, o mostrador irá indicar quanto dinheiro ou unidades você ainda tem para gastar. As moedas não utilizadas são devolvidas ao final da ligação.

MÍDIA

JORNAIS

O país conta com diversos jornais diários. A seguir você tem uma lista dos principais e do enfoque geral de alguns deles.

» *Público*: jornal diário de qualidade, com uma cobertura abrangente. Tem boa seção de notícias internacionais. Publica um guia de artes e espetáculos às sextas-feiras (www.publico.clix.pt).

» *Diário de Notícias*: jornal tradicional de Lisboa, com alta tiragem e muitos anúncios classificados (www.dn.sapo.pt).

» *Jornal de Notícias*: versão do *Diário* publicada no Porto. Há versões locais em praticamente todas as cidades do país (http://jn.sapo.pt).

» *Diário Económico*: jornal nacional de negócios que cobre também a área de finanças internacionais (http://diarioeconomico.com).

» *Expresso*: periódico semanal com diversas seções e resenha das notícias da semana. Sua análise política é considerada boa, e tem ótima seção de programação cultural (http://aeiou.expresso.pt).

» *O Comércio do Oporto* e *O Primeiro de Janeiro*: dois diários do Porto (www.ocomerciodo porto.pt e www.oprimeirode janeiro.pt).

» *Açoriano Oriental*, *Diário dos Açores*, *Correio dos Açores*, *O Telégrafo*, *Correio da Horta*, *Diário Insular* e *A União*: todos circulam nos Açores. Os três primeiros circulam em Ponta Delgada (www.acoriano oriental.pt). *O Telégrafo* e *Correio da Horta* são de Horta (www.ciber acores.pt) e os dois últimos, de Angra (www.diarioinsular.com e www.auniao.com).

» *Diário de Notícias da Madeira* e *Jornal da Madeira*: são os dois principais diários que circulam no arquipélago da Madeira, especializados em notícias da região (www.dnoticias.pt e www.jornaldamadeira.pt).

» *As Beiras* e *Diário de Coimbra*: são os dois jornais da cidade de Coimbra (www.asbeiras.pt e www.diario coimbra.pt).

» *Diário do Sul*: jornal que circula na região de Évora, no Alto Alentejo.

» *Diário do Minho* e *Correio do Minho*: diários de Braga que circulam em toda a região do Minho (www. diariodominho.pt e www. correio dominho.pt).

» *A Bola*, *Record* e *O Jogo*: três jornais diários de esportes concentrados na obsessão dos portugueses por futebol – embora cubram um pouco outros esportes. São cheios de fotos e ilustrações e concentram-se, respectivamente, nas equipes do Benfica, do Sporting (os dois maiores times de Lisboa) e do Porto (www.abola.pt, www.record.pt, www.ojogo.pt).

REVISTAS

Em Portugal, a televisão e as celebridades são o principal assunto da maioria das revistas. A popularíssima *TV Mais* é semanal e traz notícias sobre a programação e fofocas. A *Caras*, a exemplo do Brasil, é outra revista semanal bastante popular, com muitas fofocas e fotos. Entre as publicações de qualidade estão a *Visão*, revista semanal de notícias similar à *Veja* ou à *IstoÉ*, e a *Grande Reportagem*, que, apesar de sua aparência vistosa, é uma revista séria mensal dedicada a grandes coberturas jornalísticas. A *Happy* e a *Cosmopolitan* são para o público feminino e tratam de moda e beleza, enquanto *Boa Mesa*, *Caras Decoração* e *Casa Claudia* concentram-se em comida, casa e design. Para um vislumbre da obsessão dos portugueses por TV, dê uma olhada na *Telenovelas*. A Disney publica quatro títulos voltados para o público infantil. Algumas revistas brasileiras, como por exemplo a *Veja*, são vendidas nas grandes cidades portuguesas, normalmente uma semana após a publicação.

TELEVISÃO

Portugal dispõe de dois canais de televisão estatais, a RTP1 e a RTP2, e dois canais privados, a SIC e a TV1. Os canais abertos têm forte ênfase em notícias e em jornalismo investigativo. Também importam programas dos EUA e do Reino Unido, na maioria das vezes legendados em vez de dublados. Isso também se aplica a todos os filmes exibidos na televisão.

A SIC e a TV1 são os canais assistidos pelas camadas mais populares, a primeira dedicando horas de programação a telenovelas brasileiras e programas de variedades. Canais a cabo e por satélite em bares e restaurantes, em geral, ficam sintonizados em esportes. Os melhores hotéis (sobretudo os de rede) oferecem a maioria dos canais a cabo.

RÁDIO

As rádios portuguesas se concentram em música, com flashes de notícias, futebol e reportagens sobre o trânsito. A Rádio Cidade (107,2FM) é uma das mais ouvidas de Lisboa. Toca música popular e sucessos internacionais alternados com música latino-americana e portuguesa. A Rádio Renascença, de propriedade da igreja, tem programas de entrevistas com grande audiência. Há também uma rádio com notícias 24 horas, a TSF (89,5FM).

LIVROS, MAPAS E FILMES

LIVROS

A leitura enriquece seu conhecimento a respeito de um determinado país e de sua história e cultura. As sugestões de livros a seguir podem ajudá-lo a saciar seu apetite antes de partir para Portugal ou responder a algumas de suas perguntas e entretê-lo durante sua estada.

» *Os endereços curiosos de Lisboa* – Marion Frank. Lista de endereços curiosos da capital portuguesa.
» *Literatura, história e política em Portugal* – Sérgio Nazar David, Paulo Motta Oliveira e Lúcia Maria das Neves. Coletânea com textos literários, históricos e políticos relacionados a Portugal.
» *Viagem a Portugal* – José Saramago. A viagem que o escritor vencedor do Prêmio Nobel de Literatura fez por Portugal na década de 1990.
» *Breve história de Portugal* – José Hermano Saraiva. Livro excelente, conciso e atualizado, escrito para leitores estrangeiros não especializados.
» *Os Lusíadas* – Luís de Camões. Grande poema épico do século XVI, sobre a viagem de Vasco da Gama à Índia.
» *Guia de vinhos de Portugal* – Editorial Presença. Tudo o que você precisa saber a respeito dos vinhos portugueses.
» *Sabores de Portugal* – Tania Gomes. Uma bela história da culinária e das comidas do país, que vai deixar você com vontade de cozinhar.
» *O último cabalista de Lisboa* – Richard Zimler. Romance histórico cujo cenário é a capital portuguesa.
» *Uma pequena morte em Lisboa* – Robert Wilson. Romance policial sobre um assassinato misterioso, ambientado em Lisboa e Cascais, escrito por um autor residente em Portugal.

MAPAS

Além dos mapas ao longo dos capítulos, no final do guia você encontra um atlas detalhado de cada região do país. O Conselho Nacional de Turismo de Portugal e suas unidades nas grandes cidades podem fornecer um mapa gratuito e muito útil do país, com os principais aspectos topográficos, estradas de ferro, rodovias e estradas claramente assinaladas. Os escritórios locais podem enriquecer ainda mais sua estada com mapas regionais e plantas, embora não sejam muito detalhados. Vale a pena consultar o site http://snig.igeo.pt por suas imagens aéreas e de satélite, assim como mapas que abrangem, praticamente, o país inteiro. Se você for fazer caminhadas, consulte o escritório de turismo local, ou entre em contato com o Instituto Geográfico do Exército, na Avenida Dr. Alfredo Bensaúde, Olivais Norte 1849-014 Lisboa (tel 218 505 300, www.igeoe.pt), mas é bom saber que muitos de seus mapas, embora bem detalhados, estão desatualizados.

LOJAS ESPECIALIZADAS EM MAPAS

Reino Unido	EUA
National Map Centre 22-24 Caxton Street Londres SW1 0QU Tel 020 7222 2466 www.mapsnmc.co.uk	**The Complete Traveler** 199 Madison Avenue Nova York, NY 10016 Tel 212/685-9007 www.ctrarebooks.com
Stanfords 12-14 Long Acre Londres WC2 9LP Tel 020 7836 1321 www.stanfords.co.uk	**Map Link Inc.** 30 La Patera Lane, Unit 5 Santa Barbara, CA 93117 Tel 805/692-6777 www.maplink.com

FILMES

Os filmes portugueses raramente conseguem atingir plateias mundiais. Há poucos filmes que tenham feito sucesso no exterior. O gênero tende a refletir preocupações políticas que datam da Revolução de 1974 e – estranhamente para um país tão cheio de luz – há uma forte ênfase em interiores sombrios.

O grande nome entre os diretores de cinema portugueses é Manoel de Oliveira, cuja obra abrange 70 anos do século XX. Seu filme de estreia, *Aniki-BóBó* (1942), é uma delicada história de crianças pobres do Porto que foi mal recebida pela crítica do país mas muito elogiada no exterior. Impossibilitado de trabalhar na era Salazar, Manuel se tornou o padrão do cinema português com *Amor de perdição*, de 1978. Em 1990, foram lançados *O convento*, com Catherine Deneuve e John Malkovich, e *Viagem ao princípio do mundo*, que foi o último filme do ator italiano Marcello Mastroianni.

Em 2000, Maria de Medeiros dirigiu *Capitães de abril*, que retratou a Revolução dos Cravos, ocorrida em 1974. Com esse filme, a aclamada atriz portuguesa despontou como nova promessa do cinema português contemporâneo.

ARTE, COMPRAS, DIVERSÃO E NOITE

COMPRAS

Até Portugal entrar para a União Europeia, em 1986, as compras ficavam em geral restritas a lojas especializadas, e só Lisboa e o Porto ofereciam outras opções. Agora o cenário é outro – e a maioria das grandes cidades tem shoppings nos subúrbios com muitos artigos em oferta. Lisboa e o Porto ainda lideram o mercado de produtos de luxo, mas outras cidades seguem o exemplo, particularmente no norte mais populoso e no próspero Algarve. Ainda há muitas pequenas lojas especializadas em todas as cidades, e as vilas mais remotas têm alguns ótimos armazéns que suprem as necessidades da população local.

LOJAS DE DEPARTAMENTOS E SHOPPINGS

Quase não há lojas de departamentos em Portugal, onde a ênfase sempre foi o varejo individualizado. El Corte Inglés, a imensa rede de lojas espanhola, tem filiais em Lisboa e no Porto. Outra está prevista para Cascais, a oeste de Lisboa.

Desde 1987, quando o shopping Amoreiras, o primeiro de Portugal, abriu em Lisboa, os portugueses se renderam aos imensos complexos de lojas, que são locais de compras e também programas em si. Todos têm filiais de redes portuguesas e estrangeiras – que você em geral não encontra em locais tradicionais do centro. Seus horários são mais estendidos do que os de estabelecimentos comerciais do centro, e quase sempre há um grande supermercado que funciona como loja-âncora. Além de comida, esses locais vendem roupas, artigos de cama e mesa e equipamentos eletrônicos. As principais redes portuguesas são a Continente, a Jumbo e a Pingo Doce, menor.

HORÁRIOS

Lojas pequenas abrem por volta das 10h, fecham entre 12h e 14h, e reabrem até 18h ou 19h. Nas cidades menores, as lojas ficam fechadas no fim de semana a partir da hora do almoço do sábado.

Estabelecimentos tradicionais podem ter horários aleatórios; a placa "volto já" na porta não deve ser tomada ao pé da letra. Lojas pequenas podem ficar um mês fechadas no verão.

PAGAMENTO

Cartões de crédito são cada vez mais aceitos, mas não para pequenas compras ou na mesma escala que em outros países da Europa. Em mercados e feiras paga-se em dinheiro.

REEMBOLSO DE IMPOSTO

Aqueles que moram em países fora da União Europeia podem pedir o reembolso do IVA (VAT) para bens comprados em lojas que façam parte do programa de isenção de impostos identificadas por um adesivo colado na vitrine. Para solicitar o reembolso, preencha o formulário disponível no balcão de isenção de impostos do aeroporto ao deixar o país.

ARTESANATO

Portugal tem forte tradição de artesanato, mais visível nas feiras livres por todo o país e nos grandes mercados. Você também encontra pontos de venda especializados nos diversos artesanatos nas cidades em que são feitos.

CERÂMICA

A cerâmica tem excelente preço. Os azulejos são um dos grandes produtos de Portugal, e os vendedores em geral despacham a mercadoria se você compra em quantidade.

O maior fabricante de porcelana de Portugal é a Vista Alegre, que exporta para o mundo todo. A variedade e os preços são melhores em Portugal do que fora do país, e vale a pena visitar a fábrica da empresa, perto de Aveiro.

TECIDOS

Portugal produz ótimos têxteis, e muitos dos desenhos são tradicionalmente associados a determinados lugares. Renda e bordados costumam decorar produtos têxteis, e a melhor renda vem de áreas do litoral. As colchas bordadas a seda de Castelo Branco são um dos tecidos mais conhecidos do país. Arraiolos é famosa pelos tapetes de lã bordados.

COURO

A indústria de calçados e artigos de couro constitui um dos principais setores econômicos do país. Os preços são bem competitivos, mas observe a qualidade se a conta parecer baixa demais.

JOALHERIA

Portugal tem uma tradição de trabalho em filigrana. Você encontrará peças intrincadas feitas de fio de ouro em diferentes formatos. Broches e brincos também são boas opções de compras.

MADEIRA E CESTARIA

Cadeiras, bandejas e armários de madeira são feitos em diferentes regiões portuguesas, em geral com belas decorações em desenhos alegres. Trabalhos de cestaria são mais fáceis de transportar. Você encontra cestas muito bem-feitas, em vários tamanhos e formatos, à venda em mercados e lojas de todo o país.

COMIDA E VINHOS

Cada região de Portugal tem sua comida e vinhos próprios, que você encontra nos mercados, em lojas e nas mercearias locais. Também se podem comprar vinho e azeite de oliva direto dos produtores – procure as placas ou informe-se no escritório de turismo local.

Página ao lado *O shopping center Armazéns do Chiado, em Lisboa*
Abaixo *A cerâmica portuguesa é exportada para o mundo todo*

DIVERSÃO E VIDA NOTURNA

Se você quiser parar um pouco de visitar atrações ou de aproveitar só a praia, vai encontrar diversas opções de entretenimento em Portugal. Lisboa é o principal centro para shows ao vivo, mas o Porto e outras grandes cidades provinciais têm boa variedade de concertos e peças de teatro. Não perca a chance de ouvir o fado, a música melancólica de Portugal, ou um pouco de música regional, tocada com instrumentos tradicionais, únicos do país. A vida noturna em Lisboa e no Porto está à altura da das cidades mais agitadas da Europa, como Paris, Londres ou Berlim. Há diversas opções para todos os gostos. Fora dessas duas cidades (com exceção de Coimbra durante o período de aulas) a vida noturna é praticamente inexistente nos dias de semana, quando as opções se limitam a um ou dois bares de música; mas nos fins de semana em geral há mais oferta. O Algarve tem muitas alternativas interessantes, e o mesmo vale para outros balneários de verão no litoral. Não perca a chance de participar das festas locais, quando pequenas comunidades se entregam à celebração descontraída e alegre, no estilo único dos portugueses.

CINEMA

Os cinemas do tipo Multiplex proliferaram no país nos últimos anos, muitos deles localizados nos grandes shoppings. Todos os filmes são exibidos na língua original e legendados, e nas grandes cidades há salas especiais que exibem filmes de arte do mundo todo. O preço dos ingressos fica por volta de €5,50, com descontos às segundas. Informe-se sobre a programação e compre ingressos para os filmes pela internet, nos sites www.iol.pt, http://cinema.sapo.pt e www.lusomundo.pt.

Os detalhes e as sinopses sobre os filmes em exibição podem ser encontrados nas edições dos jornais que circulam às sextas-feiras, aos sábados e domingos. As revistas semanais ou mensais especializadas em roteiros de cultura também contam com seção de cinema.

MÚSICA ERUDITA E DANÇA

Entre outubro e maio, há uma boa seleção de concertos de música erudita. Lisboa tem três orquestras, que se apresentam na cidade e no resto do país. Há muitos concertos em locais históricos, como mosteiros, catedrais, palácios e castelos, por isso é bom descobrir o que está em cartaz para você aproveitar ótimas opotunidades de apreciar boa música em belos locais.

A Companhia Nacional de Bailado de Portugal realiza espetáculos de balé clássico nos meses de inverno, e o Festival de Música e Dança de Sintra (jun-jul) traz companhias de diversos países.

Os fãs de dança moderna devem tentar assistir a algum espetáculo de grupos como a Companhia Portu-

Página ao lado *Azulejo retratando o fado*
Abaixo *O Teatro Nacional de Dona Maria, em Lisboa*

guesa de Bailado Contemporâneo, que encena obras com forte influência africana.

FADO

É a melancólica música de Portugal, uma invenção urbana que requer um cantor ou cantora e um violão, e que expressa sentimentos como a saudade. Existem duas tradições de fado, a de Lisboa e a de Coimbra, por isso as duas melhores expressões do fado estão nessas cidades.

O fado de Lisboa é vocal, cantado tanto por um homem como por uma mulher. O de Coimbra inclui peças para violão além de canções, e é executado só por homens.

Você ouvirá fado em casas especializadas, onde comer e beber também fazem parte da experiência. Algumas casas de fado são muito caras, verdadeiras armadilhas para turistas, e não há como saber de fato quem ou o que você vai ouvir em uma determinada noite. Feita a ressalva, em Lisboa há alguns fadistas bem conhecidos que têm suas próprias casas. A música fica a cargo de um cantor solista, em geral acompanhado pela guitarra portuguesa, uma espécie de violão do século XVIII, e pela viola de fado, similar ao violão comum. Para os portugueses, a letra é parte essencial do fado, mas mesmo que você não compreenda a música, por conta do sotaque carregado, a combinação de voz e instrumentos pode ser uma experiência emocionante. Em Lisboa, você encontra várias casas de fado no Bairro Alto. Em Coimbra, ele está associado à universidade.

MÚSICA ATUAL AO VIVO

Bandas e astros internacionais tendem a se concentrar em Lisboa e no Porto, onde em geral se apresentam em estádios e grandes locais de espetáculos. Entre os artistas há grandes nomes do Brasil, o que dá a chance de ver coisas que normalmente não chegam a outras cidades da Europa. Nas principais cidades de Portugal pode-se ouvir ampla variedade de estilos musicais, em geral a cargo de músicos africanos, cabo-verdianos e brasileiros. Os concertos são anunciados nas revistas de programação cultural, em cartazes de rua e em folhetos de bar – e nos escritórios de turismo. O rock local é tocado em todo o país, em geral em bares onde você pode relaxar tomando uma bebida, e o jazz aparece em festivais de música de verão.

MÚSICA REGIONAL E FOLCLÓRICA

Canções, grupos e instrumentos típicos sobrevivem em cada região e podem ser apreciados em áreas como Trás-os-Montes, Beiras e Alentejo.

Muitas cidades e vilas têm seus próprios ranchos folclóricos, grupos que se apresentam em festivais e mantêm vivas as tradições. Em geral, tocam instrumentos típicos, como a gaita de foles em Trás-os-Montes e no Minho, ou a flauta pastoril (apito) e tambores como o adufe (pandeiro quadrado), o bombo e a caixa, em outros locais. Informe-se no escritório de turismo local sobre apresentações ou acesse www.attambur.com para programações de festivais.

TEATRO

O teatro é muito apreciado em Portugal. Além dos teatros convencionais há locais que apresentam espetáculos teatrais e também música ou dança, especialmente nas grandes cidades. Verifique a programação ou consulte o escritório de turismo.

PROGRAMAÇÃO EM LISBOA

A melhor revista de programação cultural é a *Agenda Cultural*, mensal e gratuita. Há também um livreto em inglês chamado *Follow me Lisboa*, produzido pelo conselho de turismo. Ambos podem ser encontrados nos escritórios de turismo das cidades. Tanto o Gulbenkian como o Centro Cultural Belém publicam a sua programação de concertos, exposições e eventos, disponível nas recepções desses locais. Dois jornais, o *Diário de Notícias* e *O Independente*, trazem suplementos às sextas-feiras com toda a programação de entretenimento.

PROGRAMAÇÃO NO PORTO

Você encontra a programação no livreto trimestral gratuito *Agenda do Porto* (www.cm-porto.pt), disponível no escritório de turismo. O jornal *Público* tem um suplemento às sextas, e há informações também no *Jornal de Notícias*, principal periódico do Porto.

PROGRAMAÇÃO NO ALGARVE

A programação é veiculada nos jornais mensais gratuitos *Welcome to the Algarve* e *Algarve Guide*.

PROGRAMAÇÃO EM GERAL

Em outras cidades, confira a programação nos jornais locais, especialmente para eventos musicais e para clubes noturnos. Em localidades menores, contate o escritório de informação turística ou pegue folhetos nos bares.

INGRESSOS EM LISBOA

Reserve com antecedência nos seguintes locais:

ABEP (Agência de Bilhetes para Espectáculos Públicos)
✉ Praça dos Restauradores, 1250-188 Lisboa ☎ 213 425 360 🕐 Seg-sáb 10h-19h30 🚇 Restauradores

Agência de Bilhetes Alvalade
Praça de Alvalade 6, Edifício Centro Comercial Alvalade, Loja 43, Alvalade, 1700-036 Lisboa 217 955 859
Seg-sáb 11h-23h30, dom 12h30-20h30
Alvalade

FNAC Centro Comercial Colombo
Avenida Lusíada, Loja A-103, 1500-392 Lisboa 760 309 330 (ticket line)
Diariam 10h-24h Colégio Militar

FNAC Chiado Armazéns do Chiado
www.fnac.pt
Rua do Carmo 2, Loja 407, 1200-094 Lisboa 760 309 330 (bilhetes)
Diariam 10h-22h Baixa-Chiado

BARES E CASAS NOTURNAS

Não há um limite muito rígido entre o que é bar e o que é clube, e muitos bares têm música ao vivo algumas noites da semana. A maioria dos bares abre às 20h, e o clima esquenta perto da meia-noite e vai até 2h ou mais. Os clubes abrem por volta de 22h-24h e fervem por volta das 2h. Em Lisboa e Porto os clubes lotam a noite inteira nos fins de semana, e as pessoas passam de um clube para outro.

Em Lisboa, a vida noturna é tradicionalmente mais agitada no Bairro Alto, embora essa área agora concentre mais bares (que fecham tarde) do que locais para dançar. Os melhores, mais ousados e empolgantes ficam na orla, em volta de Santa Apolónia e da Doca de Santo Amaro depois da Ponte 25 de Abril. Outros pontos agitados de Lisboa se localizam em torno da Avenida 24 de Julho e em Alcântara.

No Porto, muitos dos principais locais para dançar ficam fora da cidade, embora haja bares com música e alguns clubes que fecham tarde na orla da Ribeira. Cruzando o rio, também há clubes em Vila Nova de Gaia, e no verão o foco se transfere para os clubes à beira-mar, em Foz do Douro.

Se você está no Algarve, vai encontrar clubes e bares de todo tipo, das danceterias lotadas de Albufeira aos bares de música, românticos e caros, em balneários mais sofisticados. Confira com o escritório de turismo local ou nas revistas de programação (▷ 311) as novidades e os horários, e fique de olho em cartazes e folhetos de bares.

Diversos clubes trabalham no esquema de consumo mínimo, especificando um mínimo que você deve gastar enquanto estiver no clube. Em outras palavras, trata-se de uma cobrança de ingresso disfarçada, embora inclua o preço de um ou mais drinques. Na entrada você recebe um cartão, no qual cada bebida pedida é anotada. Ao sair você paga o consumo mínimo estipulado no cartão – mesmo que não tenha bebido nada. Em alguns poucos clubes, bem exclusivos, o consumo mínimo pode variar muito de pessoa para pessoa (de €10 a €250), pois serve para filtrar os clientes menos "desejáveis" ou menos "bem vestidos". Nas descrições deste guia, o consumo mínimo é tratado como preço do ingresso.

GAYS E LÉSBICAS

Ao longo da última década, a atitude em relação a gays e lésbicas se tornou mais simpática e tolerante, apesar de a sociedade portuguesa ainda ser bastante conservadora.

Lisboa sempre se mostrou mais amistosa em relação aos gays, e o Algarve também oferece uma boa acolhida em clubes e bares, mas é melhor manter uma atitude discreta nos lugares mais conservadores e católicos do interior.

Para conferir a programação dos bares e das boates para gays e lésbicas, pegue um exemplar da revista gay trimestral *Korpus*, ou da *Zona Livre*, para lésbicas, à venda nas bancas. Em Lisboa, a maioria dos bares e clubes gays fica no Bairro Alto e em Príncipe Real. O Centro Comunitário Gay e Lésbico de Lisboa (tel 218 873 918) é um bom ponto para obter contatos e informações.

Confira também o site, em inglês, www.portugalgay.pt.

Abaixo *Lisboa possui uma infinidade de cafés, bares e casas noturnas*

ESPORTES E ATIVIDADES

Portugal tem algumas das melhores instalações esportivas da Europa, especialmente os excelentes campos de golfe e complexos de tênis no Algarve. Os visitantes podem participar de inúmeras atividades, e nas cidades as instalações para lazer e esportes estão em expansão. O futebol é o esporte de que os portugueses mais gostam. O hóquei sobre patins também é muito apreciado, e o time feminino do país foi campeão mundial em 2003.

TOURADAS

O centro das touradas em Portugal é Ribatejo, onde os animais são criados. As touradas portuguesas diferem das espanholas, pois aqui o touro não é morto na arena, mas derrubado no chão. A estação vai de abril a outubro, com festas em Vila Franca de Xira e Santarém. Outras cidades e vilas do Ribatejo também promovem touradas de rua similares às de Pamplona, na Espanha.

PESCA

Os rios ao norte de Portugal são ricos em trutas. Os do Minho oferecem a melhor pescaria. Se tiver interesse, você vai precisar de uma autorização, expedida pela prefeitura local.

GOLFE

Portugal tem alguns dos melhores campos de golfe da Europa. Dentre eles, destacam-se os da costa do Algarve, sobretudo em Vilamoura, Quinta do Lago e Vale do Lobo. Mais ao norte, há belos campos na área de Lisboa. O Aberto de Portugal é realizado no Algarve em abril. Para mais informações, acesse www.portugalgolfe.com ou www.portugalgolf.pt.

ACADEMIAS

A cultura de manter a forma física demorou a chegar a Portugal. Ainda é raro ver pessoas praticando corrida, mesmo nas grandes cidades, embora haja academias por toda parte. Informe-se nos escritórios de turismo. As academias de Lisboa e do Porto têm os equipamentos usuais. Elas funcionam das 7h às 22h de segunda a sexta, com horários mais reduzidos nos fins de semana.

ANDAR A CAVALO

Há empresas que organizam excursões com passeios a cavalo no país inteiro. Existe a possibilidade de cavalgar os lusitanos, raça mais famosa de Portugal. Mais detalhes nos escritórios de turismo.

FUTEBOL

Ao sediar com sucesso a edição de 2004 da Eurocopa, o futebol português entrou no mapa. Três equipes dominam o esporte no país: o Benfica e o Sporting, ambas de Lisboa, e o FC Porto, do Porto. A temporada vai de setembro a maio, com jogos aos domingos. Os ingressos geralmente são baratos (€3-€30). Os jogos são cobertos com destaque pela imprensa esportiva, como nos jornais *A Bola* e *Jogo*, e você pode se informar também pelos sites www.portuguesesoccer.com e www.infordesporto.sapo.pt.

SPAS

Há spas por todo o país. Alguns são cinco-estrelas, outros são mais tradicionais. Mas lembre-se de que alguns ficam em lugares afastados. Se você busca alívio para algum problema, procure um médico ao chegar, que irá indicar o melhor regime para seu caso. Mas se quer apenas mergulhar em uma banheira com água quente, faça a reserva e aproveite os bons momentos.

Os spas de Portugal são supervisionados pela Termas de Portugal (Avenida Miguel Bombard 110, 2º andar, 1050-167 Lisboa, tel 217 940 574, 217 940 505, fax 217 938 233, www.termasdeportugal.pt), que pode dar mais informações e fazer reservas.

SURFE E WINDSURFE

O litoral português oferece boas condições para o surfe o ano todo. Windsurfe é outro esporte bastante comum no país. É possível alugar pranchas em muitos locais do Algarve, nos maiores balneários do norte português e nos arredores de Lisboa. Os mais populares são a Praia do Guincho, ao norte de Lisboa, e Ericeira, subindo a costa para o norte. Várias empresas oferecem pacotes com surfe (e com instrutores). Para mais informações, consulte www.surf-experience.com ou www.purevacations.com/surf/portugal.

NATAÇÃO E ESPORTES AQUÁTICOS

Com seu clima ameno o ano todo, o Algarve é a região que atrai mais visitantes interessados em esportes aquáticos. Mais para o norte, é melhor nadar só no verão, pois a água é bastante fria. Praias populares são providas de salva-vidas; mesmo assim, fique atento às fortes correntes. Os maiores balneários do litoral também alugam jet ski e barcos a motor, e em algumas áreas você pode alugar um pequeno veleiro. O mergulho é muito apreciado nas águas claras do Algarve.

TÊNIS

Muitos hotéis têm suas próprias quadras de tênis. Cursos de tênis e férias ligadas ao esporte são organizados por clubes, no centro do Algarve, especialmente na fina Quinta do Lago e no Vale do Lobo.

CAMINHADAS E TRILHAS

Caminhadas com o objetivo de lazer são um conceito novo no país. A melhor maneira de fazer caminhadas mais a sério é reservar os passeios guiados com uma empresa especializada. Empresas locais oferecem passeios de um dia, com ou sem guia. Alguns escritórios de turismo fornecem folhetos com detalhes de trilhas seguras para caminhadas.

PARA CRIANÇAS

Crianças são muito integradas ao dia a dia em Portugal. Pessoas de todas as idades são simpáticas e há espaço para que participem da maioria das atividades diárias. Se por um lado o nível de tolerância dos adultos é alto, por outro há relativamente poucas instalações e diversões específicas para os pequenos. Nem se deve esperar muita coisa em termos de descontos para crianças, fraldários ou cardápios infantis. De qualquer maneira, os pequenos irão se divertir muito, especialmente no litoral e nas grandes cidades, com seus museus e outras atrações. Crianças mais velhas vão gostar dos espaços ao ar livre do país, ótimos para caminhadas, cavalgadas, ciclismo e esportes aquáticos.

ÁREAS FAMILIARES

Se você vem com filhos pequenos, férias de praia fazem todo o sentido, e o Algarve e suas várias atrações constituem uma ótima escolha. Todos os balneários são equipados para receber crianças. Há muitos tipos de praias à sua escolha, além de parques aquáticos e outras atrações. O clima ameno permite que qualquer mês seja escolhido para as férias. Visitar Portugal fora da alta estação significa que você vai pagar menos e vai poder fugir das altas temperaturas, que podem fazer mal às crianças.

Com lindas praias de areia, a costa oeste tem animados balneários com mais opções para as crianças experimentarem a verdadeira vida do país. Mas lembre-se de que as temperaturas do mar aqui são mais frias do que no sul e de que um pouco de chuva é inevitável, mesmo no verão.

Para crianças mais velhas, combinar visitas a atrações e atividades no campo e no litoral pode funcionar muito bem – Beira Alta, Trás-os-Montes e Minho podem ser ótimos para os adolescentes.

PRAIAS

A costa portuguesa fica absurdamente lotada entre julho e agosto. No Algarve, isso se estende, já que a alta estação dura um pouco mais: de maio até outubro.

Crianças menores vão se sentir bem a leste do Algarve, que tem muitos quilômetros de praias de areia protegidas. Crianças mais velhas podem preferir áreas de paisagens mais bonitas, como as enseadas e os rochedos a oeste do Algarve e ao sul do Alentejo.

Se você planeja férias de praia mais ao norte, lembre-se de que a água pode estar fria e de que há correntes perigosas em muitos lugares. Por isso, é melhor ficar em praias mais movimentadas, mesmo que seus filhos nadem bem. Viagens de barco costumam agradar às crianças de todas as idades – informe-se no escritório de turismo local sobre os horários.

PARQUES TEMÁTICOS

Os melhores parques aquáticos de Portugal estão no Algarve, mas você também encontra aventura e parques temáticos em outras regiões, embora não na mesma proporção que em outros países da Europa. Informe-se nos escritórios de turismo sobre atrações para crianças.

CIDADES

As cidades portuguesas não têm a mesma variedade de atrações para crianças que outros centros da Europa, mas Lisboa oferece muita coisa para elas. Passear de bonde, funicular, ônibus aberto ou barco é muito divertido, e o Parque das Nações tem muitas atrações para crianças, a exemplo do Oceanário.

Em outros lugares, passar férias na cidade com crianças pode ser difícil, mas os shoppings oferecem muitas diversões, como o cinema. Os escritórios de turismo podem também dar sugestões de atrações para o público infantil.

À esq. *Diversão no parque aquático Slide and Splash, em Estômbar*

FESTIVAIS E EVENTOS

Portugal promove festivais de artes ao longo do ano. O país conta também com um número imenso de festas locais tradicionais, desde pequenas e exuberantes celebrações em aldeias até feiras que duram uma semana. Portugal é bastante lembrado pelo turismo religioso e pelas peregrinações, que atraem milhares de pessoas. A maioria reflete temas importantes da vida portuguesa, e não há melhor maneira de experimentar a alma do país do que se misturar à multidão. Procure o escritório de turismo para obter informações de última hora ou fique de olho nos cartazes.

RELIGIÃO

As festas religiosas estão ligadas às grandes datas do calendário da Igreja Católica e também aos santuários religiosos, muitos deles dedicados à Virgem Maria. A festa de Fátima (⊳ 217) é a principal, seguida pelas de Viana do Castelo, no Minho, e de Lamego, nas Beiras, que combinam descontração com fervor religioso. As festas de Santo António e de São João são similares às do Brasil, e as pequenas festas em vilarejos constituem também uma agradável mistura de religiosidade e animação.

TRADICIONAIS

Um dos festejos mais interessantes de Portugal são as feiras, mistura de tradicionais feiras do interior com festividades sérias. Elas também são uma estimulante mescla de show agrícola, festa folclórica e parque de diversões, com muita comida e bebida.

FESTIVAIS DE ARTE

Muitos dos principais festivais de arte de Portugal são realizados em Lisboa e no Porto, e apresentam música erudita, jazz e cinema. Peça informações nos escritórios de turismo locais.

MAIORES E MELHORES

Carnaval

Celebra o início da Quaresma com desfiles de rua em muitas cidades de Portugal; os melhores são em Lisboa e nos grandes balneários do Algarve (fev-início mar).

Queima das Fitas (Coimbra)

Marca o fim do ano acadêmico em Coimbra, com trajes tradicionais, festas e muito fado de Coimbra (meados mai, ⊳ 203).

Fátima

Mais famosa peregrinação de Portugal em homenagem à Virgem Maria (13 mai). Em outubro, é realizada a segunda peregrinação.

Feira Nacional da Agricultura (Santarém)

Imensa mostra agrícola com ênfase em agricultura tradicional, touradas e dança (dura 10 dias, a partir da 1ª sex jun).

Santos Populares

O país todo celebra Santo António (12-23 jun), São João (23-24 jun) e São Pedro (28-29 jun). Lisboa enfatiza Santo António, enquanto o Porto destaca São João.

Romaria da Nossa Senhora da Agonia (Viana do Castelo)

Peregrinação de fim de semana e festas com dança, desfiles, música e fogos de artifício (fim de semana mais próximo de 20 ago).

Romaria da Nossa Senhora dos Remédios (Lamego)

Peregrinação e festa com procissões, desfiles, corridas de automóveis, rock e festa o tempo todo (peregrinação de 6 a 8 set e outros eventos que duram uma quinzena).

Feiras Novas (Ponte de Lima)

Imenso mercado e feira – música, bonecos gigantes, bazares e bandas (2º e 3º fins de semana set).

Feira Nacional do Cavalo (Golegã)

Maior feira de cavalos de Portugal, com desfiles de magníficos animais, corridas de bois e festa de rua (2ª semana nov).

Abaixo *Procissão na Festa das Cruzes, em Barcelos, típica dos festivais religiosos realizados em todo o país*

ONDE COMER

A variedade de comida de Portugal reflete sua história e sua cultura, com destaque para produtos frescos, locais, da estação. Mouros, espanhóis e ingleses deixaram sua marca na comida e na bebida do país, e o litoral e as grandes viagens de descobrimento produziram uma paixão por peixe e frutos do mar, especiarias e ingredientes do mundo todo. A culinária é bem regional, e cada área tem seus próprios pratos especiais.

REFEIÇÕES E HORÁRIOS DAS REFEIÇÕES

O pequeno almoço (café da manhã) é feito entre 8h e 9h, em geral em um café ou pastaleria (confeitaria), e consiste em algum tipo de bolo ou doce e uma xícara de café. Em áreas mais remotas pode-se servir pão e sopa no café da manhã, ou só uma rosquinha com manteiga.

O almoço começa com pão, servido com vários patês, azeitonas, queijo e outros petiscos – em alguns lugares, sopa. Isso é seguido por um prato de carne com batatas fritas e arroz e por uma salada simples de alface, tomate e cebola, ou peixe com batatas cozidas e legumes. As sobremesas são geralmente doces simples.

O jantar começa por volta das 19h30. Fora das grandes cidades e dos balneários, usualmente só é servido a partir das 21h30. Nas áreas rurais pode ser servido bem mais cedo.

Os cardápios às vezes trazem uma "ementa turística", que não é um cardápio para turistas, mas o prato do dia. São dois pratos mais cerveja ou vinho. Muitas vezes, o custo-benefício é ótimo.

ONDE COMER E O QUE ESPERAR

As refeições típicas, geralmente as melhores, são encontradas em estabelecimentos aparentemente despretensiosos. São os lugares mais indicados para apreciar os pratos locais. Só os restaurantes mais caros das grandes cidades e áreas turísticas aceitam reservas – convém fazê-las com boa antecedência na alta estação e nos fins de semana.

» Os *restaurantes* são bem convencionais e servem refeições de dois ou três pratos. Abrem normalmente entre 12h e 15h (almoço) e das 19h às 22h (jantar). Podem ter horários mais flexíveis nas áreas turísticas ou na alta estação.

» A *casa de pasto* é, geralmente, um local mais barato. A maioria delas é familiar, com refeições de três pratos, em geral só no almoço. Costumam ter excelente custo-benefício.

» As *tascas* são estabelecimentos pequenos e geridos por famílias. Servem grandes porções de cozidos, sardinha grelhada, frango e sopa de feijão. O preço costuma ser baixo.

» A *marisqueira* é um restaurante de frutos do mar que serve mariscos e peixes. Você pode escolher o seu em um aquário, e o prato será feito à sua maneira. Os preços são por quilo, por isso a conta pode ser relativamente alta.

» Almoçar em uma mesa compartilhada de uma *taberna* é uma verdadeira experiência portuguesa. Muitas servem um prato regional diferente a cada dia. O serviço é rápido e atencioso.

» As *churrasqueiras* são especializadas em "frango no churrasco" com

À esq. *As fortes pimentas piri-piri entram no preparo de diversos pratos regionais*

batatas fritas, mas também servem outros grelhados.

» As *cervejarias* servem basicamente cerveja e petiscos. Ficam abertas até tarde da noite.

» As *pousadas*, que aqui são uma rede ampla de hotéis de luxo, têm restaurantes com comida regional e vinho, embora o padrão varie.

» Um restaurante *típico* serve comida regional e vinho e tem, por lei, que oferecer entretenimento tradicional e exibir objetos locais. O padrão varia bastante, mas vale a pena olhar o cardápio.

COSTUMES LOCAIS

» Assim que você senta, o garçom coloca pão e petiscos na mesa (desde patê de peixe e azeitonas até queijo, chouriço e pratos mais elaborados). Isso é pago à parte (aparece na conta como couvert).

» É proibido fumar nos restaurantes.

» Alguns restaurantes têm uma TV ligada.

» Em restaurantes simples é aceitável pedir meia-dose (meia-porção), pois as porções costumam ser generosas.

» Quem se senta à mesa com pessoas que já estão comendo ouve com frequência: "É servido?". Nesse caso, agradeça com um simpático "Não, muito obrigado".

CONTA

Peça a conta e confira para ver se o serviço está incluído, como ocasionalmente acontece em restaurantes mais caros. Se não estiver, é praxe deixar de 5% a 10% de gorjeta.

» Alguns poucos restaurantes aceitam somente dinheiro. Verifique antes para ver se trabalham com cartões de crédito.

» Muitos restaurantes fecham aos domingos. Outros fecham nas tardes e noites de domingo ou às segundas-feiras.

CAFÉS

Os cafés ficam abertos desde manhã cedo até bem tarde. Algumas vezes os preços são mais altos se você ocupar uma mesa; se for tomar apenas um cafezinho rápido, é mais barato no balcão.

Os cafés também servem ampla variedade de lanches, de tortinhas para o café da manhã a algo mais especial no almoço, que pode ser comida simples como "prego no pão" (sanduíche de carne) ou pastéis de bacalhau.

SALÕES DE CHÁ

As casas de chá servem chás excelentes, além de infusões de ervas e café. Muitas delas oferecem também uma variedade inacreditável de bolos e doces. É a esses locais que você deve ir quando quiser experimentar os doces regionais ou doces conventuais, quase sempre ultradoces, feitos com açúcar e gema de ovo e originalmente preparados nos conventos. Na hora do almoço, são servidos também deliciosos lanches.

COZINHA INTERNACIONAL

As grandes cidades portuguesas contam com restaurantes franceses, italianos e de outras nacionalidades, incluindo alguns bons estabelecimentos de culinária sul-americana – particularmente a brasileira. Também há restaurantes chineses nas maiores cidades e nos balneários, em toda a costa portuguesa. Como seria de se esperar, você vai encontrar a maior variedade de restaurantes internacionais em Lisboa e no Porto, além de algumas cidades do Algarve, região especialmente cheia nos meses de verão.

EXIGÊNCIAS ESPECIAIS

Os vegetarianos terão dificuldades, pois até sopas aparentemente adequadas e pratos como arroz e feijão sempre levam carne ou são temperados com alguns pedacinhos de toucinho ou linguiça. Mesmo pratos de legumes podem conter gordura de porco. Se você come peixe, tudo bem; caso contrário, vai encontrar poucas opções no cardápio, exceto queijo, omelete e salada.

O QUE BEBER

» O café de Portugal é excelente e barato. É servido em cafés, casas de chá e bares. Os tipos mais populares são o *bica* ou *café*, curto, tipo expresso, o *garoto*, um expresso com leite, e o *meia de leite*, um café com leite maior.

» O chá é popular em Portugal e costuma ser relativamente fraco, sem leite. Se quiser leite, peça. É comum também o chá com limão, que é a xícara normal com uma rodela da fruta.

» O suco de laranja natural é chamado sumo de laranja natural. Há também os sucos engarrafados. As marcas de refrescos de laranja são a Tri Naranjus e a Sumol.

» A cerveja é bastante popular. As principais marcas são a Sagres, muito difundida no centro e no sul de Portugal, e a Super Bock, a preferida no norte. As variedades de chope são *imperial* (200ml), a menos comum *príncipe* (330ml) e *caneca* (500ml). O chope contém 6% de álcool, dependendo da marca.

» O chamado vinho da casa costuma ter boa relação custo-benefício, mas vale a pena pagar um pouco mais e provar alguns vinhos melhores. E a variedade é muito grande, incluindo diversas marcas que não são disponíveis fora de Portugal. O país está dividido em oito regiões vinícolas.

A região de proveniência do vinho consta na garrafa. A especificação DOC (denominação de origem controlada) é uma garantia mais específica da procedência do vinho.

» A principal bebida destilada do país é a mesma do Brasil, a aguardente. Entre os tipos que vale a pena provar estão o medronho, feito da fruta do medronheiro, a aguardente de figo e a ginjinha, feita de cereja.

» O vinho do Porto é uma boa dica. Tome um cálice após o jantar. Mas não perca a chance de provar como aperitivo o Porto branco, bem gelado, nem sempre encontrado fora de Portugal. O vinho da Madeira também é delicioso como aperitivo ou após o jantar.

CARDÁPIO – CULINÁRIA PORTUGUESA

À esq. *Uma porção de "pastéis" é um delicioso petisco*

A melhor maneira de apreciar a excelente cozinha portuguesa é aventurar-se fora da trilha turística e escolher os restaurantes onde os portugueses comem. A maioria dos nomes de pratos e ingredientes é idêntica nas duas versões do idioma (portuguesa e brasileira). No glossário apresentado a seguir foram colocados apenas os significados de palavras e expressões que podem gerar alguma dúvida, para ajudá-lo a conhecer melhor o cardápio português. Vale a pena conhecer as diversas culinárias regionais do país.

OS PRATOS E O CARDÁPIO

Entradas e acepipes ...... entradas e petiscos
Sopas
Peixes
Marisco e frutos do mar
Aves e caça
Carnes
Acompanhamento
Pratos completos
Sobremesas e doces
Fruta
Lista de vinhos .... carta de vinhos
Por pessoa
2 pessoas
Especialidade da casa ... prato do dia
Meia-dose .... meia-porção
Cozido
Assado
Frito
Grelhado
À casa .... à moda da casa
À moda da região
Pão e manteiga

CARNES

Alheiras .... linguiças com alho
Bife
Borrego/cordeiro .... cordeiro
Cabrito
Carne de vaca
Carneiro
Chouriços .... linguiça defumada
Coelho
Codorniz .... codorna
Costeletas
Farinheiras .... linguiça de porco
Fiambre .... presunto cozido
Frango
Javali
Lebre
Morcelas .... linguiça de sangue
Novilho .... vitela
Pato
Peru
Porco
Presunto
Toucinho

PEIXES

Alabote .... halibute
Arenque/sável
Arinca .... hadoque
Atum
Bacalhau
Dourada .... brema
Espadarte .... peixe-espada
Linguado
Peixe-espada
Peixe-espada preto
Pescada
Pescadinha
Pregado/rodovalho
Raia
Robalo
Salmão
Salmonete
Sardinha
Solha
Tamboril
Truta

MARISCOS E FRUTOS DO MAR

Amêijoas .... tipo de marisco
Anchova
Camarão/gambas
Chocos .... sépia
Enguia
Lagosta
Lulas
Mexilhões
Ostras
Perceves .... perceve/craca
Polvo
Sapateira .... caranguejo
Vieira

HORTALIÇAS

Abóbora
Aipo
Alcachofra

Alface
Alho
Alho-francês .... alho-poró
Arroz
Azeitona
Batata
Berinjela
Beterraba
Bróculos .... brócolis
Cebola
Cenoura
Cogumelos
Corgete .... abobrinha
Couve .... repolho
Couve-galega .... couve
Ervilhas
Espargos .... aspargos
Favas
Feijão
Feijão-verde
Grão-de-bico
Lentilha
Nabos
Pepino
Pimento verde .... pimentão verde
Pimento vermelho .... pimentão vermelho
Piri-piri .... pimenta
Salada
Tomate

DOCES E PASTÉIS
Arroz-doce
Bolos
Doce
Doces de amêndoa .... feitos de marzipã, em geral no formato de frutas
Doces conventuais ..... doces feitos originalmente pelas freiras
Doces de ovos
Figos cheios ....figos secos com amêndoas
Fios de ovos
Gelado .... sorvete
Leite creme ......creme caramelizado (crème brûlée)
Mel
Ovos moles ..gema de ovo adoçada
Pão de ló
Pastéis de nata
Queijadas .....tortas de queijo doces
Toucinho do céu ....bolo de amêndoas e canela

FRUTAS
Abacate
Ameixa
Ananás .... abacaxi
Cereja
Damasco/alperce .... abricó
Figo
Framboesa
Laranja
Limão
Maçã
Melão
Mirtilo ....blueberry
Morango
Pera
Pêssego
Romã
Salada de frutas
Tâmaras

QUEIJOS
Queijo de Azeitão .... queijo de ovelha curado, típico dos arredores de Setúbal
Queijo de cabra
Queijo da ilha ...... queijo de leite de vaca do arquipélago dos Açores
Queijo do Monte .... queijos de leite de ovelha e leite de vaca da região de Trás-os-Montes
Queijo de ovelha
Queijo da Serra/Estrela .... queijo de leite de ovelha fermentado com espinhos de cardo

ESPECIALIDADES
Açorda .... sopa de pão
Arroz ....pratos completos de arroz cozido com frutos do mar, pato ou cabrito
Bacalhau
Bolo rei .... pão com frutas secas e cristalizadas comido na época de Natal
Caldo verde ....sopa de couve e batata
Canja de galinha
Carne de porco à alentejana ..carne de porco cozida com mariscos
Cozido à portuguesa ....cozido à base de carne, miúdos, linguiça, hortaliças, arroz e batata
Empadas de frango
Feijoada
Frango no churrasco/Piri-piri .... frango grelhado com molho de pimenta
Polvo assado
Sardinhas grelhadas

TEMPEROS
Açúcar
Alho
Azeite
Caril ....curry
Especiarias
Mostarda
Pimenta
Piri-piri ....molho de pimenta
Sal
Vinagre

BEBIDAS
Água fresca ....água gelada
Água mineral com/sem gás
Água natural .... água sem gelo
Aguardente
Bica, café .... café pequeno
Café descafeinado
Cerveja
Chá
Chá com leite
Chá com limão
Garoto .... café curto com leite
Galão ou meia de leite .... café com leite grande
Gelo
Sumo de laranja ...... suco de laranja
Sumo de maçã ....suco de maçã
Vinho branco
Vinho doce
Vinho da Madeira . vinho fortificado do arquipélago da Madeira
Vinho do Porto
Vinho seco
Vinho tinto
Vinho verde .... vinho branco espumante

ONDE FICAR

Há muitos tipos de acomodação em Portugal. Quem viaja com baixo orçamento pode ficar em pensões, simples e limpas. Há também opções de locais em que se pode preparar a própria comida. Em geral a hospedagem é barata, e mesmo hotéis de primeira custam menos do que em outras partes da Europa. Você vai pagar mais caro em Lisboa e no Algarve na alta estação. Ainda assim, confirmará como o país é relativamente barato.

TIPOS DE HOSPEDAGEM

Pousadas. Uma rede nacional de mais de 40 hotéis de luxo espalhados pelo país, que oferecem nível de conforto difícil de igualar. Os preços variam muito e há promoções sazonais, além de descontos de até 35% para os maiores de 65 anos.

Hotéis. Em Portugal, os hotéis são classificados com uma a cinco estrelas. É comum pedir para ver o quarto antes. A lista oficial de preços (que inclui o imposto IVA) deve ser exibida atrás da porta. Por uma taxa adicional, alguns hotéis fornecem cama extra, mas, em geral, crianças com menos de 4 anos ficam de graça no quarto dos pais. Hotéis mais simples costumam ser bem básicos e têm aquecimento precário no inverno.

Pensões e **residenciais**. São uma boa escolha para economizar. Os residenciais só servem café da manhã, e sua classificação varia de uma a três estrelas. Uma pensão três-estrelas custa mais ou menos o mesmo que um hotel uma-estrela. Nem todos os quartos têm banheiro privativo, mas em geral as acomodações, embora simples, são limpas e relativamente confortáveis. As **hospedarias** têm estilo bem similar e são mais baratas.

Casas de campo particulares oferecem ótima acomodação por preço variável. Esses empreendimentos estatais inspecionados pelo conselho de turismo são ideais se você está passeando fora das cidades. Vão de simples casas de fazenda (casas rústicas) a casas senhoriais (quintas) e mesmo palacetes (casas antigas). Os quartos e as instalações devem atender a certos padrões, e são classificados de A a C. Você pode fazer reservas pelas várias operadoras de turismo. **As hospedarias rurais** são classificadas como turismo rural. São fiscalizadas pelo governo e recebem o símbolo de uma árvore verde.

LOCAIS ONDE SE PODE COZINHAR

Quem quer cozinhar tem opções em todo o país. Elas vão de apartamentos simples de um quarto a casas luxuosas com piscina, jardim e empregados. É preciso reservar com meses de antecedência, com uma das muitas operadoras de turismo especializadas. Há pacotes com tudo incluído, dos voos à locação de carro. Você pode alugar uma casa por conta própria – uma opção bem mais barata – seja conseguindo uma lista de propriedades de algum conselho de turismo local, seja consultando na internet os sites dedicados a aluguel de casas particulares.

CAMPINGS

Há campings oficiais (parques de campismo) em todo o país, muitos deles abertos o ano inteiro. Os melhores são operados pela Orbitur, e há alguns imensos, com espaço para veículos grandes, como vans e trailers. Há inclusive campings com trai-

Página ao lado *O vilarejo praiano de Carvoeiro*

lers permanentes e chalés para alugar. Eles podem ficar lotados nos meses de verão, sobretudo no Algarve, e é bom levar em conta que os assaltos são um problema crescente.

ALBERGUES

Portugal tem cerca de 30 pousadas de juventude, todas com excelente custo-benefício, embora as de Lisboa, do Porto e do Algarve sejam mais caras. São limpas, seguras e acolhedoras. Com acomodações tipo dormitório, a maioria tem um toque de recolher (23h ou 24h), e é preciso ter o cartão da Hostelling International.

COMO ENCONTRAR UM QUARTO

» Reservar com boa antecedência é essencial em julho e agosto, ou se sua estada coincidir com festas locais importantes ou romarias.
» Se você não fez reserva, comece informando-se no escritório de turismo, que tem listas de locais de hospedagem e pode cuidar da reserva.
» Vão pedir para você deixar seu passaporte ao fazer o check-in; lembre-se de pegá-lo ao sair.
» Em cidades maiores, há sempre boa disponibilidade de acomodações em pensões no centro.
» Muitos hotéis fecham fora da temporada em balneários e áreas rurais.
» A diária termina em geral ao meio-dia, mas há hotéis que guardam a bagagem até o fim do dia.
» Em locais menores, pague a conta na noite anterior se quiser sair sem se atrasar.
» Muitos hotéis e flats no Algarve estão bloqueados para reservas pelas operadoras de viagem durante o verão, por isso reserve bem antes.

PREÇOS

Os preços variam conforme a estação, às vezes em até 40%.
» Combine o preço antes de fazer a reserva e peça confirmação por escrito se estiver ligando com antecedência do seu país de origem.
» Os hotéis costumam mencionar seus preços mais altos. Pergunte se têm quartos mais baratos.

INFORMAÇÕES SOBRE HOSPEDAGEM

HOTÉIS

A seguir, alguns sites eficientes para fazer reservas de hotéis e de pacotes de férias com tudo incluído em Portugal, com boa relação custo-benefício.
www.decolar.com.br
www.strawberry-world.net
www.submarinoviagens.com.br

POUSADAS

✉ Rua Soares de Passos 3, Alto de Santo Amaro, 1300-314 Lisboa
☎ 218 442 001
www.pousadas.pt

HOSPEDAGEM EM CASAS NO CAMPO

Solares de Portugal
✉ Praça da República, 4990-062 Ponte de Lima
☎ 258 741 672
www.solares-de-portugal.com

Privetur
✉ Largo das Pereiras, 4990-047 Ponte de Lima ☎ 258 743 923
www.privetur.co.uk

Center
✉ Praça da República, 4990-062 Ponte de Lima ☎ 258 931 750
www.center.pt

CASAS E APARTAMENTOS PARA ALUGAR

CV Travel
www.cvtravel.co.uk
Especialistas em casas de luxo.

The Villa Holiday Centre
www.villaholidaycentre.co.uk
Muitas opções de casas em Carvoeiro, no Algarve.

Holidaylets
www.holidaylets.net
Boa seleção de casas e apartamentos particulares em Portugal.

Selfcatering Hols
www.selfcateringhols.com
Casas e apartamentos no Algarve e no norte de Portugal.

www.portugalvirtual.pt/_lodging
Site abrangente, com opções de casas e apartamentos em Portugal.

CAMPING

O livreto *Roteiro Campista* (€6,50) está disponível nos escritórios de turismo, livrarias e bancas de jornais, ou no Roteiro Campista, Apartado 3168, 1301-902 Lisboa;

Orbitur
✉ Rua Diogo Couto 1-8, 1149-024 Lisboa
www.orbitur.pt
Opera campings em Portugal.

Você pode obter um cartão internacional de camping no Camping Clube do Brasil:
✉ Rua Minerva, 156, Perdizes, São Paulo
☎ (11) 3864 7133
www.campingclube.com.br
✉ Rua Senador Dantas, 75, 29º andar, Centro, Rio de Janeiro
☎ (21) 2332 0203

ALBERGUES

Movijovem
✉ Rua Lúcio de Azevedo 27, 1600-146 Lisboa
☎ 217 232 100
www.pousadasdejuventude.pt

Associação Paulista de Albergues da Juventude (APAJ)
✉ Rua 7 de abril, 404, 12º andar, cj. 124, Centro, São Paulo
☎ (11) 3258 0388
www.hostel.org.br

Federação Brasileira dos Albergues da Juventude (FBAJ)
Rua da Assembleia, 10, sala 1617, Centro, Rio de Janeiro
☎ (21) 2531 1085
www.hostel.org.br

PALAVRAS E FRASES

O glossário abaixo lista algumas das muitas diferenças que há entre a língua portuguesa falada no Brasil e a falada em Portugal. Foram selecionadas palavras ou frases que podem aparecer no dia a dia do turista (emergências, compras, restaurantes, transportes etc).

EMERGÊNCIAS E PALAVRAS ÚTEIS

Acento
Sotaque

Adesivo
Esparadrapo

Adeus, adeuzinho
Até logo, tchau

Dorido
Dolorido

Esquadra
Delegacia

Fita-cola
Durex, fita adesiva

Fumador
Fumante

Magoado
Contundido

Multibanco
Caixa eletrônico

Pastilha elástica
Chiclete

Penso
Curativo

Penso higiênico
Absorvente higiênico

Perdidos e achados
Achados e perdidos

Pessoa singular / coletiva
Pessoa física / jurídica

Picada, pica
Injeção

Planear
Planejar

Serviço de urgência
Pronto-socorro

Tem lume?
Tem fogo?

Tenho muita pena
Sinto muito

Verniz de unhas
Esmalte de unhas

NAS COMPRAS / TIPOS DE LOJA

Capachinho
Peruca

Castanho
Marrom

Discoteca
Loja de discos

Drogaria
Armarinho, venda

Encarnado
Vermelho

Esplanadas
Bares com mesas ao ar livre

Gelateria
Sorveteria

Grossista
Atacadista

Mais pequeno
Menor

Montra
Vitrine

Pai Natal
Papai Noel

Para oferta
Para presente

Pastelaria
Loja de doces, doceria

Quiosque
Banca de revistas

Resto, trocos
Troco

Retalhista
Varejista

Saldos
Liquidações

Talho
Açougue

Tascas
Restaurantes econômicos

ROUPAS E ACESSÓRIOS

Algibeira
Bolso

Camisola
Blusão

Cueca feminina
Calcinha

Fato
Terno

Fato de banho
Maiô

Fato-macaco
Macacão

Gabardine
Capa

Ganga
Jeans

Peúgas masculinas
Meias

Saco
Sacola

T-Shirt
Camiseta

CARDÁPIO

Açorda
Papa de pão amassado com alho

Alheira
Linguiça feita de vários tipos de carne e frita com batata

Amêijoas
Tipo de marisco

Anho
Cordeiro

Bagaço
Aguardente

Batata a murro
Batata assada com casca no sal

Batata salteada
Batata cozida em molho de manteiga

Batido
Milk-shake

Bica
Cafezinho

Bifana
Churrasquinho de carne de porco

Bife panado
Bife à milanesa

Borrego
Cordeiro

Cacete
Baguete

Cachorro
Cachorro-quente

Carcaça
Pão de sanduíche

Chanfana
Cozido de carne de cabra

Cataplana
Panela e prato típico do Algarve

Cimbalino
Pequeno café preto

Dióspiro
Caqui

Enfrascar-se
Embebedar-se

Espargo
Aspargo

Esparregado
Creme de espinafre

Espirituosa
Bebida destilada

Espumante
Champanhe

Febra
Bife de carne de porco

Fiambre
Presunto

Filete
Filé de peixe

Fino
Chope (expressão mais comum no norte do país)

Fumado
Defumado

Galão
Café com leite servido em copo

Gamba
Camarão

Gelado
Sorvete

Grelos
Espécie de espinafre selvagem em sopa, creme ou salteado

Hortaliças
Legumes

(Uma) imperial
Chope (expressão mais comum no sul do país)

Joaquinzinho
Carapau (cavalinha) frito

Mariscos
Frutos do mar

Lombo
Filé mignon

Ovos escalfados
Ovos pochés (mergulhados em água fervente)

Pastel
Doce feito de massa (os mais famosos são os pastéis de Belém)

Pastel de bacalhau
Bolinho de bacalhau

Picante
Pimenta

Piri-piri
Pimenta forte

Prego
Churrasquinho de carne de vaca

Rebuçado
Doce de caramelo, pirulito

(Um) sandes
Sanduíche

Sopa de grelos
Sopa de verduras

Tarte
Torta doce ou salgada

Toranja
Grapefruit

Tosta
Sanduíche quente

Tosta mista
Misto quente

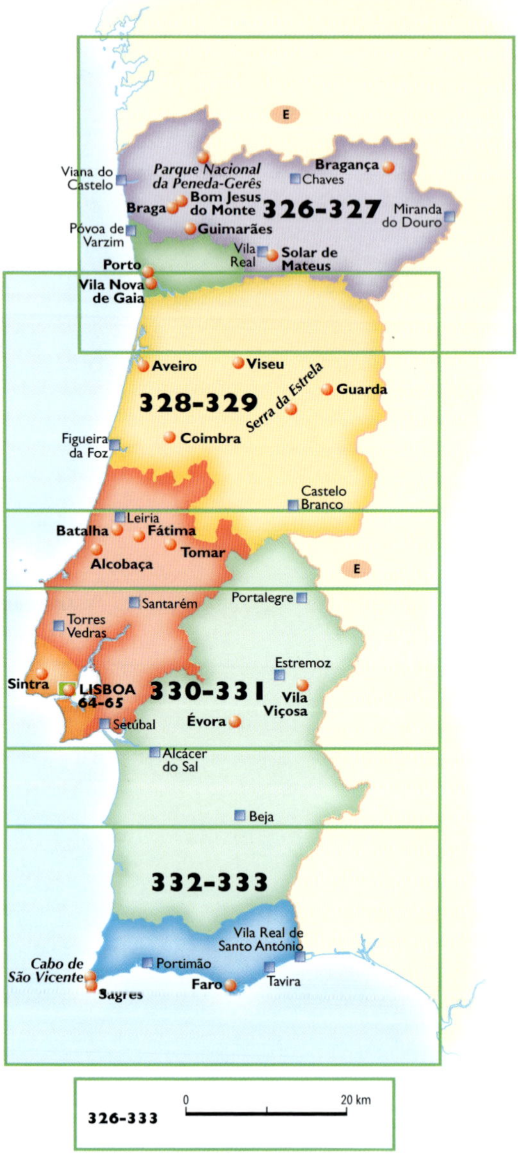

Rodovia com pedágio

Rodovia expressa

Intersecção de rodovias com e sem número

Estrada nacional

Outra estrada

Ferrovia

Fronteira internacional

Fronteira regional

Área construída

Cidade

Parque nacional

Local de interesse

Aeroporto

621 Altura em metros

Vista panorâmica

Passo de montanha

MAPAS

As referências dos mapas indicadas nas atrações turísticas remetem às páginas desta seção ou aos mapas de determinada cidade dentro de sua região. Por exemplo: Coimbra tem a referência 328 C6, que indica a página em que o mapa se encontra (328) e as coordenadas de localização da cidade (C6).

B
C
D
1
2
3
4
5
Punta de Couso
Ría de Arousa
Illa de Sálvora
O Grove
Cambados
O Convento
Poio
Sanxenxo
Marín
Illa de Ons
Pontevedra
Ría de Pontevedra
Ponte-Caldelas
Moaña
Hío
Cangas
Redondela
Illas Íles
VIGO
Vigo
Ría de Vigo
Panxón
Nigrán
Cabo Silleiro
Baiona
Ramallosa
Mondariz-Balneario
Mondariz
Ponteareas
O Porriño
Salvaterra de Miño
Tui
Miño
Monção
Melgaço
São Gregório
Padrenda
Celeiredo
Souteio
1012
Beariz
Sierra do Suido
Avión
O Carballiño
Leiro
La Barrela
Piñor
Cea
Maside
Punxin
Cambeo
OURENSE
Embalse dos Peares
Monforte de Lemos
Pantón
Sober
Embalse de San Esteban
Parada del Sil
Esgos
Maceda
950
Puerto de Alto do Rodicio
Ribadavia
Cartelle
A Cañiza
Cortegada
Ramirás
A Merca
Allariz
Celanova
Xunqueira de Ambia
Verea
Sandias
Vilar de Barrio
Bande
Xinzo de Limia/ Ginzo de Limia
Trasmiras
849
Puerto Estivada
Cualedro
Baltar
Muiños
Entrimo
Lobios
Randín
Arrabal/ Oia
A Guarda/ La Guardia
Valença do Minho
Vila Nova de Cerveira
Extremo
Paredes de Coura
1416
Serra da Peneda
Soajo
Lindoso
Caminha
Lanhelas
Moledo
VIANA DE CASTELO
Arcos de Valdevez
Vila Praia de Âncora
Afife
Lima
Ponte da Barca
Parque Nacional da Peneda-Gerês
Vale do Rio Cávado
Barragem de Paradela
Montalegre
Gralhos
Serra do Gerês
Paradela
Viana do Castelo
Ponte de Lima
Caldas do Gerês
Barragem de Venda
Nova
Barragem do Alto Rabagão
Chaves
Darque
Deão
Costa Verde
Vila Verde
Louredo
Venda Nova
Boticas
Balugães
Castelo do Neiva
Feitos
Serra do Barroso
VILA REAL
Póvoa de Lanhoso
BRAGA
Bom Jesus do Monte
Esposende
Barcelos
Citânia de Breiteros
Ribeira de Pena
Tâmega
Trás
Vila Pouca de Aguiar
Ofir
Arco de Baúlhe
Guimarães
Fafe
Estela
Rio Mau
Alfarela de Jales
Póvoa de Varzim
Vila Nova de Famalicão
Nespereira
Mondim de Basto
Vila de Conde
Santo Tirso
Caldas de Vizela
Felgueiras
Celorico de Basto
Lixa
Paços de Ferreira
Solar de Mateus
Amarante
Vila Real
Porto
Alfena
Lousada
1415
Penaguiao
Sabrosa
Perafita
Maia
PORTO
Paredes
Matosinhos
Penafiel
Erveda
PORTO
Vila Nova de Gaia
Valongo
Gondomar
Paço de Sousa
Baiao
Mesão Frio
Peso da Régua
Serra do Marão
Sousa
Entre Ambos-os-Rios
Douro
Tabuaço
Francelos
Cinfães
Lamego
Granja
Castelo de Paiva
Tarouca
Espinho
Santa Maria da Feira
Moimenta da Beira
Barragem de Vilar
328
Arouca
Furadouro
São João da Madeira
Rossas
Castro Daire
VISEU
Sernancelhe
Ovar
Válega
Vale de Cambra
Serra da Gralheira
Oliveira de Azeméis
1120
Vila Nova de Paiva
Bestida
São João da Serra
Aguiar da Beira
Estarreja
AVEIRO
São Pedro do Sul
Lordosa
Torreira
Murtosa
Sever
Oliveira
Vouga
Sátão

A Pobra de Brollón/ Puebla del Brollón
los Vados
Ponferrada
Puerto del Manzanal
Quiroga
Sierra do Courel
N120
C536
Priaranza del Bierzo
León
Rodrigatos de la Obispalía
Benavites
Astorga
Hospital de Órbigo
Castro Caldelas
A Rúa
O Barco de Valdeorras
Puente de Domingo Flórez
Montes de
Santa Colomba de Somoza
Pobladura de la Sierra
A Pobra de Trives
890
Puerto de Alto de Cerdeira
Manzaneda
Paredes
O Bolo
Embalse de Prada
1778
1052 Alto de Covelo
A Veiga
E
La Baña
Encinedo
Truchas
Morla
Destriana
NVI
La Bañeza
Cebrones del Río
Embalse de Chandrexa
Serra de Queixa
Embalse de Bao
Viana do Bolo
Sierra de la Cabrera
Castrocontrigo
Ayoó de Vidriales
Alija del Infantado
Villariño de Conso
Porto
Ribadelago
Donado
Santibáñez de Vidriales
Campobecerros
Laza
C533
1262 Portilla de la Canda
A52
Palacios de Sanabria
C125
N525
A Gudiña
N525
1360 Portilla del Padornelo
Puebla de Sanabria
Montbuey
Sitrama de Tera
A Mezquita
N525
Embalse de Cernadilla
Rionegro del Puente
Camarzana de Tera
Verín
Ríos
Calabor
Villardeciervos
Landedo
Portelo
Sierra de la Culebra
1243
Otero de Bodas
Parque Natural de Montesinho
Vilardevós
Oímbra
N103-7
Mahide
Pueblica de Valverde
820 Portillo de Sazadón
Vila Verde da Raia
Tronco
N103
Vinhais
N103
Serra da Nogueira
Bragança
N218
E82
San Vicente de la Cabeza
Tábara
Rebordelo
Quintanilha
San Martín del Pedroso
N122
Alcañices
Rabaçal
Torre de Dona Chama
1321
Santa Comba de Rossas
IP4
Carbajales de Alba
N630
Vilarandelo
Montes
N122
Fonfría
Montamarta
Valpaços
Podence
Vimioso
Embalse de Ricobayo
Carrazedo
Macedo de Cavaleiros
Izeda
N218
Malhadas
Miranda do Douro
N122
Mirandela
IP2
Serra de Bornes
Algoso
BRAGANÇA
Duas Igrejas
Torregamones
Muelas del Pan
IP4
E82
1199
Peredo
N221
Pereruela
Murça
Tua
Trindade
N216
Sendim
Bermillo de Sayago
Vila Flor
N102
E802
Serra de
Alfândenga
Mogadouro
Santiago
Douro
Brunheda
Bemposta
Fermoselle
Almeida de Sayago
Peñausende
Pinhão
Junqueira
Castelo Branco
Barragem de Aldeiadavila
Parque Natural do Douro Internacional
Carrazeda de Ansiães
Tua
Aldeadávila de la Ribera
Trabanca
Embalse de Almendra
Carviçais
N220
Torre de Moncorvo
São João da Pesqueira
C525
Villaseco de los Reyes
Vilarouco
Freixo de Espada-à-Cinta
Vila Nova de Foz Côa
IP2
Barruecopardo
Villaseco de los Gamitos
Ledesma
N102
E802
Barca de Alva
Penedono
Almendra
Parque Arqueológico do Vale do Côa
La Fregeneda
Vitigudino
Villarmayor
Golpejas
Meda
C517
Longroiva
329
Lumbrales
Yecla de Yeltes
El Cubo de Don Sancho
Sando
N332
Marialva
Figueira de Castelo Rodrigo
Villavieja
N620
E80
Côa
La Fuente de San Esteban
Robliza de Cojos
San Felices de los Gallegos
Martín de Yeltes
Trancoso
Pinhel
Villar de Ciervo
Vecinos
GUARDA
Almeida
Cabrillas

Vila Nova de Gaia
Gondomar
Paço de Sousa
Entre Ambos-os-Rios
Douro
Sousa
Francelos
Granja
Espinho
Cinfães
Castelo de Paiva
326
Santa Maria da Feira
Arouca
Rossas
Furadouro
São João da Madeira
Ovar
Válega
Vale de Cambra
Serra da Gralheira
1120
Oliveira de Azeméis
São João da Serra
Bestida
AVEIRO
Sever
São Pedro do Sul
Vouga
Estarreja
Torreira
Murtosa
Albergaria-a-Velha
Oliveira de Frades
Vouzela
Angeja
São Jacinto
Gafanha da Nazaré
Costa Nova do Prado
Aveiro
Lamas do Vouga
Alcofra
Caramulo
Serra do Caramulo
Águeda
Ílhavo
Oiã
Vagos
Oliveira do Bairro
Bolfiar
Boialvo
1074
Tondela
Praia de Mira
Mamarrosa
Anadia
Mira
Curia
Santa Comba Dão
Luso
Cantanhede
Mealhada
Buçaco
Rojão Grande
Tocha
Tábua
COIMBRA
Gândara
Quiaios
Arazede
Penacova
São Martinho
Cabo Mondego
Arganil
Figueira da Foz
Montemor-o-Velho
Ceira
Serpins
Góis
Lavos
Condeixa-a-Nova
Lousã
Leirosa
Soure
Conímbriga
Miranda do Corvo
Lourical
Penela
Castanheira de Pera
Carriço
Pedrógão
Pombal
Padrógão Grande
Monte Redondo
Pontão
Praia da Vieira
Vieira
Figueiró dos Vinhos
Abiúl
Alvaiázere
Cernache do Bom Jardim
São Pedro de Muel
Marinha Grande
Leiria
Freixianda
Sertã
Ferreira do Zêzere
Batalha
Vila Nova de Ourém
LEIRIA
Nazaré
Ourém
Fátima
Barragem do Castelo do Bode
Vila de Rei
Porto de Mós
Aljubarrota
Tomar
Serra de Aire
São Martinho do Porto
Alcobaça
330
Parque Natural das Serras de Aire e Candeeiros
Farilh'es
Alfeizerão
Torres Novas
Sardoal
Ilha Berlenga
Castelo de Almourol
Abrantes
Alcanena
Entroncamento
Foz do Arelho
Caldas da Rainha
Alcanede
Golegã
Rossio
Óbidos
Cabo Carvoeiro
Peniche
Pernes
Tremês
Rio Maior
Chamusca
SANTARÉM
Bempos

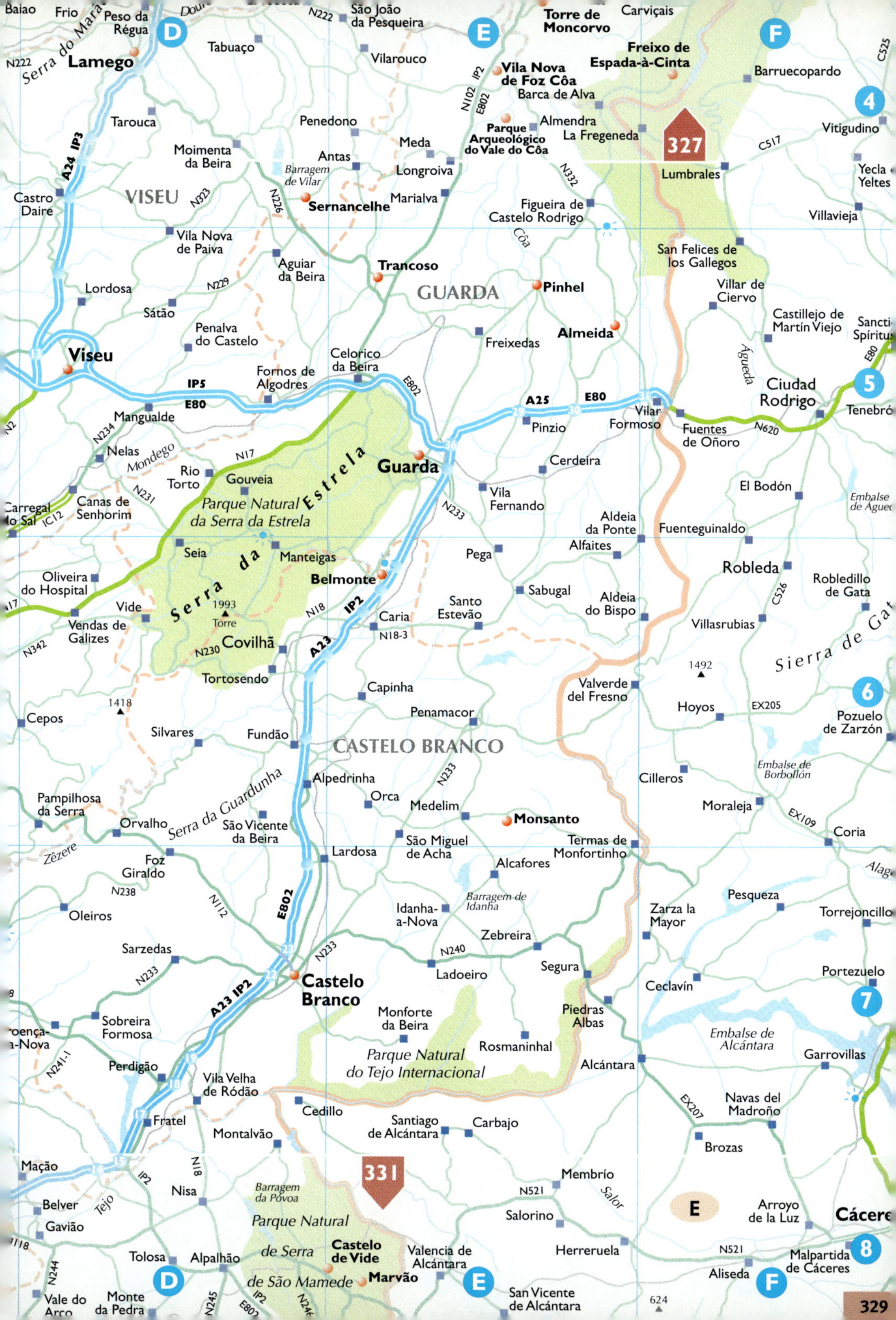
Lamego
Viseu
Guarda
Castelo Branco
Ciudad Rodrigo
VISEU
GUARDA
CASTELO BRANCO
Parque Natural da Serra da Estrela
Serra da Estrela
Parque Natural do Tejo Internacional
Parque Natural de Serra de São Mamede
Parque Arqueológico do Vale do Côa
Vila Nova de Foz Côa
Freixo de Espada-à-Cinta
Torre de Moncorvo
Sernancelhe
Trancoso
Pinhel
Almeida
Belmonte
Covilhã
Monsanto
Castelo de Vide
Marvão
Cáceres
Sierra de Gata
Serra da Guardunha
1993 Torre
327
331

A
B
C
7
8
9
10
11
de Muel
Marinha Grande
Leiria
Batalha
LEIRIA
Nazaré
Porto de Mós
Aljubarrota
328
Vila Nova de Ourém
Ourém
Fátima
Tomar
Ferreira do Zêzere
Barragem do Castelo do Bode
Vila de Rei
Chão de Codes
Sardoal
Abrantes
Castelo de Almourol
São Martinho do Porto
Alcobaça
Parque Natural das Serras de Aire e Candeeiros
Serra de Aire
Torres Novas
Entroncamento
Farilh'es
Ilha Berlenga
Alfeizerão
Alcanena
Rossio
Foz do Arelho
Caldas da Rainha
Alcanede
Golegã
Cabo Carvoeiro
Peniche
Óbidos
Tremês
Pernes
SANTARÉM
Chamusca
Rio Maior
Bemposta
Costa de Prata
Bombarral
Ulme
Cadaval
Quebradas
Santarém
Chouto
Domingão
Lourinhã
Cercal
Almeirim
Porto Novo
Alcoentre
Pernacha de Cima
Praia de Santa Cruz
Torres Vedras
Aveiras de Cima
Cartaxo
Marianos
Tejo
São Pedro da Cadeira
Sobral de Monte Agraço
Muge
Raposa
Barragem de Montargil
Montargil
Azambuja
Alenquer
Salvaterra de Magos
Marinhais
Lamarosa
LISBOA
Ericeira
Arruda dos Vinhos
Benavente
Mafra
Vila Franca de Xira
Couço
Cabaçã
Coruche
Malveira
Alverca do Ribatejo
Sorraia
Mora
Montelavar
Porto Alto
Santana do Mato
Lousa
Loures
Divôr
Praia Grande
Sintra
Lisboa
Infantado
Odivelas
Sacavém
Colares
Ciborro
Cabo da Roca
Palácio Nacional de Queluz
Alcochete
Canha
Lavre
Charneca
Cacém
Amadora
São Geraldo
Taipadas
Atalaia
LISBOA
Cascais
Estoril
Belém
Almada
Montijo
Vendas Novas
Pegões
Trafaria
Barreiro
Moita
Poceirão
Montemor-o-Novo
Seixal
Costa da Caparica
Arrentela
Cabrela
Cromeleque do Almendres
Coina
Palmela
Quinta da Bacalhoa
São Romão
Marateca
Santiago do Escoural
Vila Nogueira de Azeitão
Setúbal
Serra da Arrábida
Casa Branca
São Cristóvão
Tróia
Rio Sado
Praias-Sado
Nossa Senhora do Cabo
Portinho da Arrábida
Barragem Pego do Altar
Sesimbra
Cabo Espichel
Comporta
Montalvo
Alcáçovas
Alcácer do Sal
Costa Azul
SETÚBAL
Casa Branca
Torrão
Alentejo
São Romão
Barragem de Vale de Gaio
Barragem de Odivel
Grândola
Melides
Odivelas
332
São Francisco da Serra
Santa Margarida do Sado
Lagoa de Santo André
Azinheira dos Barros
Ferreira do Alentejo
Santo André
Serra de Grândola
Santiago do Cacém
Abela
Ermidas
Cabo de Sines
Sines
Santa Vitória
Ervidel

Sobreira Formosa
Proença-a-Nova
Perdigão
Vila Velha de Ródão
Fratel
Monforte da Beira
Parque Natural do Tejo Internacional
Rosmaninhal
Piedras Albas
Alcántara
Embalse de Alcántara
Garrovillas
Navas del Madroño
Brozas
Cedillo
Santiago de Alcántara
Carbajo
Montalvão
329
Mação
Nisa
Belver
Gavião
Tejo
Barragem da Póvoa
Parque Natural de Serra de São Mamede
Castelo de Vide
Marvão
Membrío
Salorino
Salor
Arroyo de la Luz
Cáceres
Tolosa
Alpalhão
Valencia de Alcántara
Herreruela
Aliseda
Malpartida de Cáceres
Vale do Arco
Monte da Pedra
Serra de São Mamede
1025
San Vicente de Alcántara
624
Sierra de San Pedro
425 Puerto de Clavín
Crato
Portalegre
Ponte de Sôr
Seda
Alter do Chão
La Codosera
Albuquerque
Puebla do Obando
Galveias
PORTALEGRE
Embalse de la Peña de Águila
Cordobilla de Lácara
Barragem do Maranhão
Cabeço de Vide
Arronches
Villar del Rey
La Roca de la Sierra
Benavila
Avis
Fronteira
Monforte
Barragem do Caia
Campo Maior
Botoa
La Nava de Santiago
Santa Eulália
Sousel
Casa Branca
Veiros
Santo Aleixo
Badajoz
Talavera la Real
Puebla de la Calzada
Montijo
Pavia
Estremoz
Elvas
BADAJOZ
Lobón
Arroyo de San Serván
Vimieiro
Borba
Évoramonte
Vila Viçosa
Arraiolos
Santa Justa
Solana de los Barros
Alandroal
La Albuera
Barragem do Divor
Azaruja
ÉVORA
Olivenza
Valverde de Leganés
Almendralejo
Aceuchal
Redondo
São Miguel de Machede
San Benito de la Contienda
Almendral
Santa Marta
Villalba de los Barros
Évora
Pias
Nogales
Fuente del Maestre
Guadiana
Montoito
Alconchel
Táliga
Barcarrota
Xarrama
Cheles
Feria
São Manços
Monsaraz
Higuera de Vargas
Zafra
Reguengos de Monsaraz
Villanueva del Fresno
Burguillos de Cerro
Viana do Alentejo
Mourao
Valle de Matamoros
Zahinos
570 Puerto de Santo Domingo
Barragem do Alvito
Degebe
Portel
Barragem do Alqueva
Granja
Oliva de la Frontera
Jerez de los Caballeros
Alvito
Valencia del Ventoso
Vidigueira
Alqueva
Póvoa
Valencia de Mombuey
Puerto de la Lá
Amareleja
Fregenal de la Sierra
Cuba
333
Ardila
Barrancos
Segura de León
Pedrógão
Moura
Safara
Encinasola
Higuera la Real
Fuentes de León
Ferreira do Alentejo
Brinches
Cumbres de San Bartolomé
Cumbres Mayores
Baleizão
Pias
Sobral da Adiça
Cañaveral de León
Beja
Parque Natural de la Sierra de Aracena y Picos de Aroche
Rosal de la Frontera

A
B
C
11
12
13
14
Alcácer do Sal
SETÚBAL
Casa Branca
330
326
Grândola
Alcaçovas
Torrão
São Romão
Barragem de Vale de Gaio
Barragem de Odivelas
Odivelas
Santa Margarida do Sado
Ferreira do Alentejo
Costa Azul
Alentejo
Melides
São Francisco da Serra
Lagoa de Santo André
Santo André
Serra de Grândola
Azinheira dos Barros
Santiago do Cacém
Abela
Ermidas
Cabo de Sines
Sines
São Domingos
Alvalade
Ervidel
Santa Vitória
Barragem de Campilhas
Porto Covo
Bicos
Torre Vã
Aljustrel
Barragem do Roxo
Cercal
Derreada
Carregueiro
Entradas
Santa Luzia
Sado
Vila Nova de Milfontes
São Luis
Garvão
Castro Verde
Barragem do Monte da Rocha
São Martinho das Amoreiras
Ourique
Almograve
Odemira
Telheiro
Mira
Barragem de Santa Clara
Zambujeira do Mar
São Teotónio
Santa Clara-a-Velha
Gomes Aires
Almodôvar
Odeceixe
Santana da Serra
Nave Redonda
Serra do Caldeirão
Rogil
São Marcos da Serra
São Barnabé
Praia de Monte Clérigo
Aljezur
Serra de Monchique
902
Monchique
Marmelete
Fóia
Barragem do Funcho
São Bartolomeu de Messines
Arrifana
Alfambras
Barragem da Bravura
Messines de Baixo
FARO
Salir
Algarve
Alte
Querença
Bordeira
Bensafrim
Silves
Carrapateira
Paderne
Loulé
Portimão
Alvor
Praia da Rocha
Lagoa
Castelejo
Vila do Bispo
Lagos
Carvoeiro
Armação de Pera
Albufeira
Almancil
Vilamoura
Quarteira
Vale do Lobo
Quinta do Lago
Salema
Burgau
Ponta da Piedade
Cabo de São Vicente
Sagres
Ponta de Sagres
IP1
IP8
IC1
IC4
IC33
A2
A22
E01
N2
N5
N18
N120
N121
N123
N124
N125
N261
N261-1
N262
N263
N266
N268
N389
N390
N393

Alentejo
Barragem do Alvito
D
Degebe
Mourao
E
EX112
Zahinos
Valle de Matamoros
F
EX101
570 Puerto de Santo Domingo
Alvito
Portel
Barragem do Alqueva
Granja
Oliva de la Frontera
Jerez de los Caballeros
Vidigueira
Alqueva
331
Póvoa
Valencia de Mombuey
Valencia del Ventoso
Cuba
IP2
E802
Amareleja
N435
Fregenal de la Sierra
Puerto de la Lob
EX201
Pedrógão
Moura
Ardila
Safara
Barrancos
Encinasola
Higuera la Real
Segura de León
eringel
N255
N258
Fuentes de León
Baleizão
Brinches
Pias
Cumbres de San Bartolomé
Cumbres Mayores
11
Cañaveral de León
N18
Beja
N260
Sobral da Adiça
N433
Parque Natural de la Sierra de Aracena y Picos de Aroche
Embalse de Aracena
Salvada
Serpa
Vila Nova de São Bento
N260
Rosal de la Frontera
Aroche
Vila Verde de Ficalho
Cortegana
Jabugo
959
Santa Iria
Guadiana
Almonaster la Real
Aracena
N433
Albernoa
BEJA
N265
Santa Barbara
Sierra de Aracena
San Telmo
N435
E802
Vale de Açor
Chança
A495
La Granada de Rio Tino
N122
Parque Natural do Vale do Guadiana
Vale do Poço
Paymogo
Cabezas Rubias
El Cerro de Andévalo
Minas de Riotinto
Nerva
Alcaria Ruiva
Mina de São Domingos
Mértola
Villanueva de las Cruces
Calañas
Zalamea la Real
El Madroño
12
São João dos Caldeireiros
N267
Santana de Cambas
Puebla de Guzmán
Alosno
Berrocal
Semblana
Valverde del Camino
São Pedro de Solis
Espírito Santo
Villanueva de los Castillejos
Odiel
N435
El Tumbalejo
Pogueno
Vascão
Martim Longo
N124
Pereiro
Alcoutim
A499
A493
San Bartolome de la Torre
A495
Beas
Guadiana
La Palma del Condado
Ameixial
Cachopo
N122
San Silvestre de Guzmán
Gibraleón
Trigueros
Niebla
A472
E01
Manzanilla
A49
Odeleite
N431
San Juan del Puerto
Bonares
Bollullos Par del Condado
E01
Portos dos Fusos
IC27
A49
Aljaraque
Barranco do Velho
Lepe
Cartaya
Huelva
H624
Moguer
Almonte
18
Castro Marim
Ayamonte
La Antilla
Palos de la Frontera
13
São Brás de Alportel
A22
IP1
17
Isla Cristina
El Portil
E01
Monte Gordo
Vila Real de Santo António
Punta Umbría
Punta Umbría
El Rocío
N270
Vila Romana de Milreu
Cacela Velha
16
Mazagón
15
Tavira
N125
14
Moncarapacho
Costa de la Luz
A494
A483
N2
Estói
103 Asperillo
Parque Nacional de Doñana
Fuzeta
Faro
Olhão
Cabo de Santa Maria
Parque Natural da Ria Formosa
14
D
E
F

MAPAS | ÍNDICE DOS MAPAS

C

F

Q

R

U

V

W

X

Z

CRÉDITOS

A Automobile Association gostaria de agradecer aos seguintes fotógrafos, empresas e arquivos fotográficos pela ajuda na preparação deste guia. As abreviações para os créditos de imagens são as seguintes:

(a) alto;
(b) embaixo;
(e) esquerda;
(d) direita;
(c) centro;
(AA) AA World Travel Library

Capa Pat Behnke/Alamy;
Lombada AA/C Jones;
4ª capa AA/T Harris

4 AA/M Wells;
5 AA/A Mockford & N Bonetti6 AA/P Wilson;
7e AA/A Mockford & N Bonetti;
7d AA/T Harris;
8 AA/A Mockford & N Bonetti;
9 AA/A Mockford & N Bonetti;
10 AA/M Wells;
11 AA/T Harris;
10a AA/C Jones;
12b AA/A Kouprianoff;
13 AA/T Harris;
14 AA/A Kouprianoff;
15e José Pedro Fernandes/Alamy;
15d AA/M Wells;
16 AA;
17e Jean-Christophe Verhaegen/AFP/Getty Images;
17d Butchofsky-Houser/Corbis;
18 AA;
19e Pinto/ASP Europe;
19d AA/M Chaplow;
20 Serra Fernandes;
21a Editorial Caminho;
21b Eric Fougere/Corbis;
22 AA/M Wells;
23e Metro Porto;
23d AA/J Edmanson;
24 Kevin George/Alamy;
25e World Pictures/Photoshot;
25d AA/P Wilson;
26e Stuart Franklin/Bongarts/Getty Images;
26d AA/A Kouprianoff;
27 AA/A Kouprianoff;
28 AA/A Kouprianoff;
29e AA/A Mockford & N Bonetti;
29d AA/C Jones;
30 AA;
31e AA/M Chaplow;
31d AA/A Mockford & N Bonetti;
32 British Library Board/The Bridgeman Art Library;
33e AA/J Edmanson;
33d AA/C Jones;
34 Museo del Prado/Giraudon/The Bridgeman Art Library;
35e AA/A Kouprianoff;
35d AA/I Burgum;
36 AA/A Mockford & N Bonetti;
37e AA/M Wells;
37d AA/A Mockford & N Bonetti;
38 Mary Evans Picture Library/Mary Evans ILN Pictures;
39e AA/T Harris;
39d Keystone/Getty Images;
40 Fred Bridgland/Getty Images;
41e Rex Features Ltd.;
41d AA/J Tims;
42e AA/A Mockford & N Bonetti;
42d AA/T Harris;
43 AA/C Jones;
46 AA/M Wells;
47 AA/A Mockford & N Bonetti;
48 AA/M Wells;
50a Communicarta/Robin Woods;
50b AA/A Mockford & N Bonetti;
52 AA/A Mockford & N Bonetti;
55 AA/C Jones;
60 Wheeling Around the Algarve;
61 AA/A Mockford & N Bonetti;
62 AA/A Mockford & N Bonetti;
68 AA/A Mockford & N Bonetti;
69e AA/A Kouprianoff;
69d AA/A Mockford & N Bonetti;
70 AA/M Wells;
71 AA/A Mockford & N Bonetti;
72 AA/A Kouprianoff;
73 AA/M Wells;
74 AA/M Wells;
75 AA/M Wells;
76 AA/A Kouprianoff;
77 AA/A Mockford & N Bonetti;
78 AA/M Wells;
79 AA/A Kouprianoff;
80 Fundação Calouste Gulbenkian;
81 Fundação Calouste Gulbenkian;
83 AA/A Kouprianoff;
84 AA/M Wells;
85a AA/A Mockford & N Bonetti;
86 AA/A Mockford & N Bonetti;
87a AA/T Harris;
87b AA/M Wells;
88 AA/A Kouprianoff;
89 AA/A Kouprianoff;
90 AA/A Mockford & N Bonetti;
91 AA/T Harris;
92 Coliseu Lisboa;
95 AA/M Wells;

97 Moda Lisboa/Rui Vasco;
98 AA/M Wells;
102 AA/A Mockford & N Bonetti;
105 AA/A Mockford & N Bonetti;
106 AA/T Harris;
108 AA/A Mockford & N Bonetti;
109 AA/A Mockford & N Bonetti;
110 AA/A Mockford & N Bonetti;
111 AA/A Mockford & N Bonetti;
112 AA/T Harris;
113e AA/A Mockford & N Bonetti;
113d AA/A Kouprianoff;
114e AA/A Kouprianoff;
114d AA/A Mockford & N Bonetti;
115a AA/T Harris;
115b AA/A Kouprianoff;
116 AA/P Wilson;
117e José Manuel;
117d José Manuel;
118 AA/A Mockford & N Bonetti;
120 AA/A Mockford & N Bonetti;
122 AA/A Mockford & N Bonetti;
124 AA/P Wilson;
126 AA/A Mockford & N Bonetti;
127 AA/A Kouprianoff;
128 AA/A Mockford & N Bonetti;
129 AA/A Mockford & N Bonetti;
130 AA/A Mockford & N Bonetti;
131a AA/P Wilson;
131b AA;
132 AA/A Mockford & N Bonetti;
133 AA/A Mockford & N Bonetti;
134 AA;
135 AA;
136 AA;
137 World Pictures/Photoshot;
138 AA/T Harris;
139 AA/A Mockford & N Bonetti;
140e AA/T Harris;
140d AA/A Mockford & N Bonetti;
141 AA/A Kouprianoff;
142 AA/T Harris;
143 AA/J Edmanson;
144 AA/T Harris;
145 AA/T Harris;
146 AA/A Mockford & N Bonetti;
148 Cavaleiros do Mar;
150 AA/A Mockford & N Bonetti;
152 AA/A Mockford & N Bonetti;
154 AA/T Harris;
156 AA/A Mockford & N Bonetti;
157 AA/A Mockford & N Bonetti;
158 AA/A Mockford & N Bonetti;
159 AA/A Mockford & N Bonetti;
160 AA/A Mockford & N Bonetti;
161a AA/A Mockford & N Bonetti;
161b AA/A Kouprianoff;
162 AA/A Mockford & N Bonetti;
163 AA/A Mockford & N Bonetti;
164 AA/A Mockford & N Bonetti;
165 AA/T Harris;
166 AA/A Mockford & N Bonetti;
167 AA/A Mockford & N Bonetti;
168 AA/A Mockford & N Bonetti;
170 AA/T Harris;
172 AA/A Mockford & N Bonetti;
174 AA/A Mockford & N Bonetti;
175 AA/A Mockford & N Bonetti;
176 AA/T Harris;
178 AA/A Kouprianoff;
179 Bob Krist/Corbis;
180 AA/A Mockford & N Bonetti;
182 Aflo Co. Ltd./Alamy;
183 AA/A Kouprianoff;
185 AA/A Kouprianoff;
186 AA/A Mockford & N Bonetti;
187 edo loi/Alamy;
188 AA/A Kouprianoff;
190 AA/A Mockford & N Bonetti;
191 AA/T Harris;
192 AA/A Mockford & N Bonetti;
193 AA;
194 AA/A Mockford & N Bonetti;
195 AA/A Mockford & N Bonetti;
196 AA/T Harris;
197 AA/A Mockford & N Bonetti;
198 AA;
199 AA/A Kouprianoff;
200 AA/A Kouprianoff;
202 AA/A Mockford & N Bonetti;
204 AA/A Mockford & N Bonetti;
206 AA/A Mockford & N Bonetti;
208 AA/A Mockford & N Bonetti;
210 AA/A Kouprianoff;
211 Kevin Schafer/Corbis;
212 AA/A Kouprianoff;
213 AA/A Kouprianoff;
214 AA;
215e AA/A Kouprianoff;
215d AA/A Kouprianoff;
216 AA/A Kouprianoff;
217 AA/A Kouprianoff;
218 AA/A Kouprianoff;
219 AA/A Mockford & N Bonetti;
220 AA/A Kouprianoff;
221 AA/A Kouprianoff;
222a AA/T Harris;
222b AA/A Kouprianoff;
223 AA/A Mockford & N Bonetti;
224 AA/A Mockford & N Bonetti;
225 AA/A Mockford & N Bonetti;
226 AA/A Mockford & N Bonetti;
228 AA/M Langford;
230 AA/A Mockford & N Bonetti;

232 AA/A Kouprianoff;
234 AA/A Mockford & N Bonetti;
236 AA/A Kouprianoff;
237 AA/A Kouprianoff;
238 AA/A Mockford & N Bonetti;
239 AA/A Kouprianoff;
240 AA/A Mockford & N Bonetti;
241 AA/J Edmanson;
242 AA/A Mockford & N Bonetti;
243 AA/P Wilson;
244e AA/P Wilson;
244d AA/A Kouprianoff;
245 AA/A Kouprianoff;
246 AA/P Wilson;
247 AA/A Mockford & N Bonetti;
248 AA/A Kouprianoff;
249 AA;
250 AA/A Mockford & N Bonetti;
252 AA/A Kouprianoff;
254 AA/A Mockford & N Bonetti;
256 AA/A Mockford & N Bonetti;
258 AA/A Mockford & N Bonetti;
260 AA/M Chaplow;
261 AA/ C Jones;
262 AA/ C Jones;
263 AA/ C Jones;
265a AA/ C Jones;
265 AA/ C Jones;
266 AA/ C Jones;
267 AA/ C Jones;
268 AA/ C Jones;
269 AA/A Kouprianoff;
270 AA/ C Jones;
271 AA/ C Jones;
272 AA/M Chaplow;
273 AA/M Chaplow;
274 AA/M Chaplow;
275 AA/A Mockford & N Bonetti;
276 AA/M Chaplow;
277 AA/M Chaplow;
278 AA/ C Jones;
279 AA/ C Jones;
280 AA/M Chaplow;
281 AA/M Chaplow;
282 AA/ C Jones;
286 AA/ C Jones;
288 Vila Joya Hotel;
290 AA/J Edmanson;
291 AA/ C Jones;
292 AA/A Mockford & N Bonetti;
295 AA/M Wells;
296 AA/A Mockford & N Bonetti;
297 AA/A Mockford & N Bonetti;
301 AA/A Kouprianoff;
303 Stockbyte;
304 AA/T Harris;
305a AA/M Wells;
305b AA/A Mockford & N Bonetti;
306 AA/M Wells;
307 AA/A Mockford & N Bonetti;
308 AA/M Wells;
309 AA/ C Jones;
310 AA/A Mockford & N Bonetti;
311 AA/M Wells;
312 AA/M Wells;
314 AA/ C Jones;
315 AA/P Wilson;
316 AA/ C Jones;
318 AA/M Wells;
320 AA/M Chaplow;
325 AA/A Mockford & N Bonetti.

Foram feitos todos os esforços para localizar os detentores dos direitos autorais, porém, em caso de erros involuntários, teremos prazer em corrigi-los na próxima edição desta publicação.

O "AA KeyGuide – Portugal" foi publicado originalmente na Austrália em 2005 pela AA Publishing, Fanum House, Basing View, Basingstoke, RG21 4EA, Reino Unido. Número de registro 06112600. A04750.

ISBN 978-85-7914-243-7

PUBLIFOLHA
Divisão de Publicações do Grupo Folha
Al. Barão de Limeira, 401, 6º andar
CEP 01202-900, São Paulo, SP
Tel.: (11) 3224-2186/2187/2197
www.publifolha.com.br

COORDENAÇÃO DO PROJETO
Publifolha
Editor-assistente Rodrigo Villela
Assistência editorial Adriane Piscitelli e Thiago Blumenthal
Coordenação de produção gráfica Soraia Pauli Scarpa
Assistência de produção gráfica Mariana Metidieri

PRODUÇÃO EDITORIAL
Editora Página Viva
Edição Todotipo Editorial
Tradução Luis Reyes Gil
Direção de arte Priscylla Cabral
Assistência de arte Vagner Facuri

Atualização da 2ª edição: Editora Página Viva

AA TRAVEL GUIDES
Editora Sheila Hawkins
Edição do projeto Lodestone Publishing Ltd
Projeto gráfico Drew Jones, Pentacorbig
Pesquisa iconográfica Susana Vazquez Fernandez
Diagramação e retoque de imagens Sarah Montgomery
Colaboradores principais Emma Rowley-Ruas, Jo Chapman, Charlotte Eimer, Sally Roy
Atualizações Emma Rowley-Ruas
Produção Karen Gibson

Impressão e acabamento: Leo Paper Products Ltd, China.

Foi feito o possível para garantir que as informações deste livro fossem as mais atualizadas disponíveis até o momento da impressão. No entanto, alguns dados como telefones, preços, horários de funcionamento e informações de viagem estão sujeitos a mudanças. Os editores não podem se responsabilizar por qualquer consequência do uso deste guia, nem garantir a validade das informações contidas nos sites indicados.

Os leitores interessados em fazer sugestões ou comunicar eventuais correções podem escrever para a Publifolha, Al. Barão de Limeira, 401, 6º andar, CEP 01202-900, São Paulo, SP, enviar um fax para: (11) 3224-2163 ou um e-mail para: atendimento@publifolha.com.br

Dados internacionais de Catalogação na Publicação (CIP)
(Câmara Brasileira do Livro, SP, Brasil)

AA Keyguide : Portugal / AA Publishing ; [tradução Luis Reyes Gil]. – São Paulo : Publifolha, 2012.

1ª reimpr. da 2ª ed. de 2011
Título original: AA Keyguide : Portugal
ISBN 978-85-7914-243-7
1. Portugal - Descrição e viagens - Guias I. AA Publishing.

10-10693 CDD-914.69

Índices para catálogo sistemático:
1. Guias de viagem : Portugal 914.69
2. Portugal : Guias de viagem 914.69

Este livro segue as regras do Acordo Ortográfico da Língua Portuguesa (1990), em vigor desde 1º de janeiro de 2009.

CRÉDITOS DAS IMAGENS DAS CAPAS
Capa: Formações rochosas perto de Lagos, Algarve; Pat Behnke/Alamy
4ª capa: Palácio Nacional de Pena, Sintra
Lombada: Barcos pesqueiros em Armação de Pêra, Algarve; AA/C Jones